해커스소방

김정희

소방관계법규

고 빈칸노트

해커스소방

약력	저서
고려대학교 공학석사 고려대학교 공학박사 과정 미국 워싱턴 주립대학 MIS과정 수료 현 | 해커스소방 소방학개론, 소방관계법규 강의 현 | 충청소방학교 강의 현 | 한국화재소방학회 건축도시방재분과 의원 현 | 한국화재소방학회 정회원 현 | 대한건축학회 정회원	해커스소방 김정희 소방관계법규 기본서 해커스소방 김정희 소방학개론 기본서 해커스소방 김정희 소방관계법규 핵심정리+OX문제 해커스소방 김정희 소방학개론 핵심정리+OX문제 해커스소방 김정희 소방관계법규 3단 비교 빈칸노트 해커스소방 김정희 소방관계법규 단원별 기출문제집 해커스소방 김정희 소방학개론 단원별 기출문제집 해커스소방 김정희 소방관계법규 단원별 실전문제집 해커스소방 김정희 소방학개론 단원별 실전문제집 해커스소방 김정희 소방관계법규 실전동형모의고사 해커스소방 김정희 소방학개론 실전동형모의고사

해커스소방 김정희

소방관계법규 3단 비교 빈칸노트

개정 3판 1쇄 발행 2024년 9월 6일

지은이 김정희 편저
펴낸곳 해커스패스
펴낸이 해커스소방 출판팀

주소 서울특별시 강남구 강남대로 428 해커스소방
고객센터 1588-4055
교재 관련 문의 gosi@hackespass.com
해커스소방 사이트(fire.Hackers.com) 교재 Q&A 게시판
학원 강의 및 동영상강의 fire.Hackers.com

ISBN 979-11-7244-327-6(13350)
Serial Number 03-01-01

머리말

여러분들은 방대한 양의 소방관계법규를 학습하기 위해서 기본서의 학습과 더불어 기출문제집, 실전문제집 및 동형모의고사 등 많은 유형의 문제를 접하고 문제풀이 학습을 병행합니다. 그러나 기대만큼 성적이 향상되지 않습니다. 소방관계법규에서 고득점을 원하는 여러분들에게 「해커스소방 김정희 소방관계법규 3단 비교 빈칸노트」를 권해 드리고자 합니다.

본 교재는 수험생 여러분들이 실전 대비를 위해 효과적으로 학습할 수 있도록 다음과 같은 특징을 가지고 있습니다.

첫째, 최근 소방관계법규의 출제는 법조문을 바탕으로 시행령과 시행규칙을 함께 묻는 문제가 다수 출제되고 있습니다. 법과 명령의 유기적인 학습을 위해선 3단 비교표의 학습이 효과적입니다. 법조문과 위임규정인 시행령과 시행규칙이 바로 옆에 구성되어 쉽게 위임규정을 확인하면서 학습할 수 있습니다.

둘째, 학습을 극대화하기 위하여 기출된 문제와 꼭 알아야 할 부분은 빈칸으로 구성하여 수험생 여러분이 스스로 학습할 수 있게 하였습니다. 가독성과 학습의 효율성을 위하여 중요한 조문에 대해선 박스, 색자와 밑줄을 첨가하였습니다.

마지막으로 3단 비교표에 반영되기 어려운 관련 [별표]까지 꼼꼼하게 첨부하여 학습의 흐름이 끊기지 않도록 최선을 다하였습니다. 고득점을 위해서 반드시 학습하여야 할 3단 비교표를 기피하는 수험생 여러분들을 위하여 쉽게 정리된 요약내용을 다수 첨부하였습니다.

더불어, 소방공무원 시험 전문 사이트 해커스소방(fire.Hackers.com)에서 교재 학습 중 궁금한 점을 나누고, 다양한 무료 학습 자료를 함께 이용하여 학습 효과를 극대화할 수 있습니다.

「해커스소방 김정희 소방관계법규 3단 비교 빈칸노트」는 여러분들을 소방관계법규 과목에서 고득점으로 안내할 필독서입니다. 본 교재가 여러분의 합격의 밑거름이 되기를 기대하며, 여러분 모두의 건강과 조기합격을 기원합니다.

소방공무원을 준비하는 수험생 여러분!!!
포기하지 않고 열심히 준비하면 여러분의 꿈은 꼭 이루어집니다.
제가 여러분과 함께 그 꿈을 이루어질 수 있도록 함께 하겠습니다.

김정희

목차

이 책의 구성

위험물안전관리법	위험물안전관리법 시행령	위험물안전관리법 시행규칙
제3장 위험물시설의 안전관리		
제14조【위험물시설의 유지·관리】 ① 제조소 등의 관계인은 당해 제조소 등의 위치·구조 및 설비가 제5조 제4항의 규정에 따른 기술기준에 적합하도록 유지·관리하여야 한다. ② ❷ ________, 소방본부장 또는 소방서장은 제1항의 규정에 따른 유지·관리의 상황이 제5조 제4항의 규정에 따른 기술기준에 부적합하다고 인정하는 때에는 그 기술기준에 적합하도록 제조소 등의 위치·구조 및 설비의 수리·개조 또는 이전을 명할 수 있다.	위험물취급자격자 (see table below)	
제15조【위험물안전관리자】 ① 제조소 등[제6조 제3항의 규정에 따라 허가를 받지 아니하는 제조소등과 이동탱크저장소(차량에 고정된 탱크에 위험물을 저장 또는 취급하는 저장소를 말한다)를 제외한다. 이하 이 조에서 같다]의 관계인은 위험물의 안전관리에 관한 직무를 수행하게 하기 위하여 제조소 등마다 대통령령이 정하는 위험물의 취급에 관한 자격이 있는 자(이하 "위험물취급자격자"라 한다)를 위험물안전관리자(이하 "안전관리자"라 한다)로 선임하여야 한다. 다만, 제조소 등에서 저장·취급하는 위험물이 「화학물질관리법」에 따른 유독물질에 해당하는 경우 등 대통령령이 정하는 경우에는 당해 제조소 등을 설치한 자는 다른 법률에 의하여 안전관리업무를 하는 자로 선임된 자 가운데 대통령령이 정하는 자를 안전관리자로 선임할 수 있다.	**제11조【위험물안전관리자로 선임할 수 있는 위험물취급자격자 등】** ① 법 제15조 제1항 본문에서 "대통령령이 정하는 위험물의 취급에 관한 자격이 있는 자"라 함은 별표 5에 규정된 자를 말한다. ② 법 제15조 제1항 단서에서 "대통령령이 정하는 경우"란 다음 각 호의 어느 하나에 해당하는 경우를 말한다. 1. 제조소 등에서 저장·취급하는 위험물이 「화학물질관리법」 제2조 제2호에 따른 유독물질에 해당하는 경우 2. 「화재예방, 소방시설 설치·유지 및 안전관리에 관한 법률」 제2조 제1항 제3호에 따른 특정소방대상물의 난방·비상발전 또는 자가발전에 필요한 위험물을 저장·취급하기 위하여 설치된 저장소 또는 일반취급소가 해당 특정소방대상물 안에 있거나 인접하여 있는 경우 ③ 법 제15조 제1항 단서에서 "대통령령이 정하는 자"란 다음 각 호의 어느 하나에 해당하는 자를 말한다.	**제53조【안전관리자의 선임신고 등】** ① 제조소 등의 관계인은 법 제15조 제3항에 따라 안전관리자(「기업활동 규제완화에 관한 특별조치법」 제29조 제1항·제3항 및 제32조 제1항에 따른 안전관리자와 제57조 제1항에 따른 안전관리대행기관을 포함한다)의 선임을 신고하려는 경우에는 별지 제32호서식의 신고서(전자문서로 된 신고서를 포함한다)에 다음 각 호의 해당 서류(전자문서를 포함한다)를 첨부하여 소방본부장 또는 소방서장에게 제출하여야 한다. 1. 위험물안전관리업무대행계약서(제57조 제1항에 따른 안전관리대행기관에 한한다) 2. 위험물안전관리교육 수료증(제78조 제1항 및 별표 24에 따른 안전관리자 강습교육을 받은 자에 한한다)

위험물취급자격자

위험물취급자격자의 구분	취급할 수 있는 위험물
위험물기능장·위험물산업기사·위험물기능사	모든 위험물
안전관리자교육이수자(소방청장이 실시하는 안전관리자교육이수자)	제4류 위험물(인화성액체)
소방공무원 경력자(소방공무원 근무 경력 3년 이상)	제4류 위험물(인화성액체)

<제13조> ❶ 시·도지사
<제14조> ❷ 시·도지사

법/시행령/시행규칙의 3단 비교표 구성

핵심 개념을 암기·점검할 수 있는 빈칸 구성

주요 법령에 대한 보충·심화 내용 수록

놓치기 쉬운 별표 내용까지 함께 수록

암기해야 할 핵심만 짚어 주는 색글자 & 밑줄

제1편

소방기본법

소방기본법 [시행 2024.7.31] [법률 제20156호, 2024.1.30 일부개정]	소방기본법 시행령 [시행 2024.2.17] [대통령령 제34180호, 2024.2.6 일부개정]	소방기본법 시행규칙 [시행 2024.4.12] [행정안전부령 제463호, 2024.2.27 일부개정]
제1장 총칙		
제1조【목적】 이 법은 화재를 예방·경계하거나 진압하고 화재, 재난·재해, 그 밖의 위급한 상황에서의 구조·구급 활동 등을 통하여 국민의 생명·신체 및 재산을 보호함으로써 공공의 안녕 및 질서 유지와 복리증진에 이바지함을 목적으로 한다.	**제1조【목적】** 이 영은 「소방기본법」에서 위임된 사항과 그 시행에 관하여 필요한 사항을 규정함을 목적으로 한다.	**제1조【목적】** 이 규칙은 「소방기본법」 및 같은 법 시행령에서 위임된 사항과 그 시행에 관하여 필요한 사항을 규정함을 목적으로 한다.

제2조【정의】 이 법에서 사용하는 용어의 뜻은 다음과 같다.

1. "소방대상물"이란 건축물, 차량, 선박(「선박법」 제1조의2 제1항에 따른 선박으로서 항구에 매어둔 선박만 해당한다), 선박 건조 구조물, 산림, 그 밖의 인공 구조물 또는 물건을 말한다.
2. "관계지역"이란 소방대상물이 있는 장소 및 그 이웃 지역으로서 화재의 예방·경계·진압, 구조·구급 등의 활동에 필요한 지역을 말한다.
3. "관계인"이란 소방대상물의 소유자·관리자 또는 점유자를 말한다.
4. "❶ ____________"이란 특별시·광역시·특별자치시·도 또는 특별자치도(이하 "시·도"라 한다)에서 화재의 예방·경계·진압·조사 및 구조·구급 등의 업무를 담당하는 부서의 장을 말한다.
5. "소방대"(消防隊)란 화재를 진압하고 화재, 재난·재해, 그 밖의 위급한 상황에서 구조·구급 활동 등을 하기 위하여 다음 각 목의 사람으로 구성된 조직체를 말한다.
   가. 「소방공무원법」에 따른 소방공무원
   나. 「의무소방대설치법」 제3조에 따라 임용된 의무소방원(義務消防員)

6개분법상 '목적'

구분	목적
소방기본법	이 법은 화재를 예방·경계하거나 진압하고 화재, 재난·재해, 그 밖의 위급한 상황에서의 구조·구급 활동 등을 통하여 국민의 생명·신체 및 재산을 보호함으로써 공공의 안녕 및 질서 유지와 복리증진에 이바지함을 목적으로 한다.
화재예방법	이 법은 화재의 예방과 안전관리에 필요한 사항을 규정함으로써 화재로부터 국민의 생명·신체 및 재산을 보호하고 공공의 안전과 복리 증진에 이바지함을 목적으로 한다.
소방시설법	이 법은 특정소방대상물 등에 설치하여야 하는 소방시설등의 설치·관리와 소방용품 성능관리에 필요한 사항을 규정함으로써 국민의 생명·신체 및 재산을 보호하고 공공의 안전과 복리 증진에 이바지함을 목적으로 한다.
화재조사법	이 법은 화재예방 및 소방정책에 활용하기 위하여 화재원인, 화재성장 및 확산, 피해현황 등에 관한 과학적·전문적인 조사에 필요한 사항을 규정함을 목적으로 한다.
소방시설공사업법	이 법은 소방시설공사 및 소방기술의 관리에 필요한 사항을 규정함으로써 소방시설업을 건전하게 발전시키고 소방기술을 진흥시켜 화재로부터 공공의 안전을 확보하고 국민경제에 이바지함을 목적으로 한다.
위험물안전관리법	이 법은 위험물의 저장·취급 및 운반과 이에 따른 안전관리에 관한 사항을 규정함으로써 위험물로 인한 위해를 방지하여 공공의 안전을 확보함을 목적으로 한다.

소방기본법	소방기본법 시행령	소방기본법 시행규칙

다. 「의용소방대 설치 및 운영에 관한 법률」에 따른 의용소방대원(義勇消防隊員)

6. "소방대장"(消防隊長)이란 소방본부장 또는 소방서장 등 화재, 재난·재해, 그 밖의 위급한 상황이 발생한 현장에서 ❷ 를 지휘하는 사람을 말한다.

제2조의2 【국가와 지방자치단체의 책무】 국가와 지방자치단체는 화재, 재난·재해, 그 밖의 위급한 상황으로부터 국민의 생명·신체 및 재산을 보호하기 위하여 필요한 시책을 수립·시행하여야 한다.

제3조 【소방기관의 설치 등】 ① 시·도의 화재 예방·경계·진압 및 조사, 소방안전교육·홍보와 화재, 재난·재해, 그 밖의 위급한 상황에서의 구조·구급 등의 업무(이하 "소방업무"라 한다)를 수행하는 소방기관의 설치에 필요한 사항은 대통령령으로 정한다.

② 소방업무를 수행하는 소방본부장 또는 소방서장은 그 소재지를 관할하는 특별시장·광역시장·특별자치시장·도지사 또는 특별자치도지사(이하 "시·도지사"라 한다)의 지휘와 감독을 받는다.

③ 제2항에도 불구하고 소방청장은 화재 예방 및 대형 재난 등 필요한 경우 시·도 소방본부장 및 소방서장을 지휘·감독할 수 있다.

④ 시·도에서 소방업무를 수행하기 위하여 ❸ 직속으로 소방본부를 둔다.

6개분법 용어의 정의(각 법 제2조)

구분	용어정의
소방기본법	소방대상물, 관계지역, 관계인, 소방본부장, 소방대, 소방대장
화재예방법	예방, 안전관리, 화재안전조사, 화재예방강화지구, 화재안전진단
소방시설법	소방시설, 소방시설등, 특정소방대상물, 소방용품
화재조사법	화재, 화재조사, 화재조사관, 관계인등
소방공사업법	소방시설업, 소방시설업자, 감리원, 소방기술자, 발주자
위험물안전관리법	위험물, 지정수량, 저장소, 제조소, 취급소, 제조소등

용어의 정의

1. 소방대상물(「소방기본법」 제2조 제1호): 건축물, 차량, 선박, 선박 건조 구조물, 산림, 인공구조물, 물건
2. 특정소방대상물(소방시설법 제2조 제3호): 건축물 등의 규모·용도 및 수용인원 등을 고려하여 소방시설을 설치하여야 하는 소방대상물로서 대통령령으로 정하는 것
3. 소방안전관리대상물(화재예방법 제24조 제1항): 특정소방대상물 중 전문적인 안전관리가 요구되는 대통령령으로 정하는 특정소방대상물

<제2조> ❶ 소방본부장 ❷ 소방대
<제3조> ❸ 시·도지사

소방기본법

제3조의2【소방공무원의 배치】 제3조 제1항의 소방기관 및 같은 조 제4항의 소방본부에는 「지방자치단체에 두는 국가공무원의 정원에 관한 법률」에도 불구하고 대통령령으로 정하는 바에 따라 소방공무원을 둘 수 있다.

제3조의3【다른 법률과의 관계】 제주특별자치도에는 「제주특별자치도 설치 및 국제자유도시 조성을 위한 특별법」 제44조에도 불구하고 같은 법 제6조 제1항 단서에 따라 이 법 제3조의2를 우선하여 적용한다.

제4조【119종합상황실의 설치와 운영】 ① 소방청장, 소방본부장 및 소방서장은 화재, 재난·재해, 그 밖에 구조·구급이 필요한 상황이 발생하였을 때에 신속한 소방활동(소방업무를 위한 모든 활동을 말한다. 이하 같다)을 위한 정보의 수집·분석과 판단·전파, 상황관리, 현장 지휘 및 조정·통제 등의 업무를 수행하기 위하여 119종합상황실을 설치·운영하여야 한다.

② 제1항에 따라 소방본부에 설치하는 119종합상황실에는 「지방자치단체에 두는 국가공무원의 정원에 관한 법률」에도 불구하고 대통령령으로 정하는 바에 따라 경찰공무원을 둘 수 있다.

③ 제1항에 따른 119종합상황실의 설치·운영에 필요한 사항은 행정안전부령으로 정한다.

소방기본법 시행령

소방기본법 시행규칙

제2조【종합상황실의 설치·운영】 ① 「소방기본법」(이하 "법"이라 한다) 제4조 제2항의 규정에 의한 종합상황실은 소방청과 특별시·광역시·특별자치시·도 또는 특별자치도(이하 "시·도"라 한다)의 소방본부 및 소방서에 각각 설치·운영하여야 한다.

② 소방청장, 소방본부장 또는 소방서장은 신속한 소방활동을 위한 정보를 수집·전파하기 위하여 종합상황실에 「소방력 기준에 관한 규칙」에 의한 전산·통신요원을 배치하고, ❶ ______ 이 정하는 유·무선통신시설을 갖추어야 한다.

③ 종합상황실은 24시간 운영체제를 유지하여야 한다.

제3조【종합상황실의 실장의 업무 등】 ① 종합상황실의 실장[종합상황실에 근무하는 자 중 최고직위에 있는 자(최고직위에 있는 자가 2인이상인 경우에는 선임자)를 말한다. 이하 같다]은 다음 각 호의 업무를 행하고, 그에 관한 내용을 기록·관리하여야 한다.

1. 화재, 재난·재해 그 밖에 구조·구급이 필요한 상황(이하 "재난상황"이라 한다)의 발생의 신고접수
2. 접수된 재난상황을 검토하여 가까운 소방서에 인력 및 장비의 동원을 요청하는 등의 사고수습
3. 하급소방기관에 대한 출동지령 또는 동급 이상의 소방기관 및 유관기관에 대한 지원요청

소방기본법	소방기본법 시행령	소방기본법 시행규칙

규칙 [별표 1] 및 [별표 3의3]의 비교

시행규칙 [별표 1] 소방체험관	시행규칙 [별표 3의3] 소방안전교육훈련
설립 입지 및 규모기준 1. 소방안전 체험실: 900제곱미터 이상	시설 및 장비 기준 1. 소방안전교실: 100제곱미터 이상 2. 이동안전체험차량: 어린이 30명(성인은 15명)
교수요원(소방공무원 중에서) 1. 소방 관련학과의 석사학위 이상 2. 소방안전교육사, 소방시설관리사, 소방기술사 또는 소방설비기사 3. 간호사, 응급구조사 4. 소방청장이 실시하는 인명구조사시험 또는 화재대응능력시험에 합격한 사람 5. 소방활동이나 생활안전활동을 3년 이상 수행한 경력이 있는 사람 6. 5년 이상 근무한 소방공무원 중 시·도지사가 체험실의 교수요원으로 적합하다고 인정하는 사람	강사 1. 소방 관련학과의 석사학위 이상 2. 소방안전교육사, 소방시설관리사, 소방기술사 또는 소방설비기사 3. 응급구조사, 인명구조사, 화재대응능력 등 소방청장이 정하는 소방활동 관련 자격을 취득한 사람 4. 소방공무원으로서 5년 이상 근무한 경력이 있는 사람
조교 1. 교수요원의 자격을 갖춘 사람 2. 소방활동이나 생활안전활동을 1년 이상 수행한 경력이 있는 사람 3. 중앙소방학교 또는 지방소방학교에서 2주 이상의 소방안전교육사 관련 전문교육과정을 이수한 사람 4. 소방체험관에서 2주 이상의 체험교육에 관한 직무교육을 이수한 의무소방원 5. 자격 또는 능력을 갖추었다고 시·도지사가 인정하는 사람	보조강사 1. 강사의 자격을 갖춘 사람 2. 소방공무원으로서 3년 이상 근무한 경력이 있는 사람 3. 보조강사의 능력이 있다고 소방청장, 소방본부장 또는 소방서장이 인정하는 사람

4. 재난상황의 전파 및 보고
5. 재난상황이 발생한 현장에 대한 지휘 및 피해현황의 파악
6. 재난상황의 수습에 필요한 정보수집 및 제공

② 종합상황실의 실장은 다음 각 호의 어느 하나에 해당하는 상황이 발생하는 때에는 그 사실을 지체 없이 별지 제1호서식에 따라 서면·팩스 또는 컴퓨터통신 등으로 소방서의 종합상황실의 경우는 소방본부의 종합상황실에, 소방본부의 종합상황실의 경우는 소방청의 종합상황실에 각각 보고해야 한다.

1. 다음 각 목의 1에 해당하는 화재
   가. 사망자가 5인 이상 발생하거나 사상자가 10인 이상 발생한 화재
   나. 이재민이 100인 이상 발생한 화재
   다. 재산피해액이 50억원 이상 발생한 화재
   라. 관공서·학교·정부미도정공장·문화재·지하철 또는 지하구의 화재

<제2조> ❶ 소방청장

소방기본법	소방기본법 시행령
운영 기준 1. 체험교육 실시: 체험실 – 교수 1명 이상, 체험교육대상자 – 30명당 조교 1명 이상 2. 교수요원: 실시 전 주의사항 및 안전관리 협조사항 공지 3. 시·도지사: 체험교육 표준운영절차 마련 4. 시·도지사: 정신적·신체적 능력 고려하여 체험교육 운영 5. 시·도지사: 교육훈련 연간 12시간 이상 이수 6. 체험교육 운영인력: 기동장 착용	교육 방법(소방청장, 소방본부장 또는 소방서장) 1. 교육시간: 연령 등 고려 2. 이론교육, 실습(체험)교육[실습(체험)교육 30% 이상] 3. 연령 등을 고려 실습(체험)교육 시간의 비율 조정 4. 강사 1명당 30명을 넘지 않아야 함 5. 실시 전 주의사항 및 안전관리 협조사항 공지 6. 정신적·신체적 능력 고려하여 소방안전교육훈련 실시
안전관리 기준 1. 시·도지사: 보험 공제 가입 2. 교수요원: 교육훈련 실시 전 시설·장비 안전점검 3. 소방체험관의 장: 안전관리자 지정 4. 소방체험관의 장: 응급처치 및 병원 이송 조치 5. 소방체험관의 장: 이용자 출입금지, 행위제한, 체험교육 거절조치	안전관리 기준(소방청장, 소방본부장 또는 소방서장) 1. 보험 공제 가입 2. 교육훈련 실시 전 시설·장비 안전점검 3. 응급처치 및 병원 이송 조치
이용현황 관리(소방체험관의 장) 1. 체험교육의 운영결과, 만족도 조사결과 등 기록(3년간 보관) 2. 만족도 조사 3. 체험교육 이수증 발급	교육현황 관리(소방청장, 소방본부장 또는 소방서장) 1. 소방안전교육훈련의 실시결과, 만족도 조사결과 등 기록(3년간 보관) 2. 만족도 조사 3. 소방안전교육훈련 이수증

제4조의2【소방정보통신망 구축·운영】 ① 소방청장 및 ❶ 는 119종합상황실 등의 효율적 운영을 위하여 소방정보통신망을 구축·운영할 수 있다.

② 소방청장 및 시·도지사는 소방정보통신망의 안정적 운영을 위하여 소방정보통신망의 회선을 이중화할 수 있다. 이 경우 이중화된 각 회선은 서로 다른 사업자로부터 제공받아야 한다.

소방기본법 시행규칙

마. 관광호텔, 층수(「건축법 시행령」 제119조 제1항 제9호의 규정에 의하여 산정한 층수를 말한다. 이하 이 목에서 같다)가 11층 이상인 건축물, 지하상가, 시장, 백화점, 「위험물안전관리법」 제2조 제2항의 규정에 의한 지정수량의 3천배 이상의 위험물의 제조소·저장소·취급소, 층수가 5층 이상이거나 객실이 30실 이상인 숙박시설, 층수가 5층 이상이거나 병상이 30개 이상인 종합병원·정신병원·한방병원·요양소, 연면적 1만5천제곱미터 이상인 공장 또는 소방기본법 시행령(이하 "영"이라 한다) 제4조 제1항 각 목에 따른 화재경계지구에서 발생한 화재

바. 철도차량, 항구에 매어둔 총 톤수가 1천톤 이상인 선박, 항공기, 발전소 또는 변전소에서 발생한 화재

사. 가스 및 화약류의 폭발에 의한 화재

아. 「다중이용업소의 안전관리에 관한 특별법」 제2조에 따른 다중이용업소의 화재

2. 「긴급구조대응활동 및 현장지휘에 관한 규칙」에 의한 통제단장의 현장지휘가 필요한 재난상황
3. 언론에 보도된 재난상황
4. 그 밖에 소방청장이 정하는 재난상황

③ 종합상황실 근무자의 근무방법 등 종합상황실의 운영에 관하여 필요한 사항은 종합상황실을 설치하는 소방청장, 소방본부장 또는 소방서장이 각각 정한다.

제3조의2【소방정보통신망의 구축·운영】 ① 법 제4조의2 제1항에 따른 소방정보통신망(이하 "소방정보통신망"이라 한다)은 회선 수, 구간별 용도 및 속도 등을 고려하여 설계·구축해야 한다.

② 법 제4조의2 제2항 전단에 따라 소방정보통신망의 회선을 이중화한 경우 하나의 회선에 장애가 발생하면 다른 회선으로 즉시 전환되도록 구축·운영해야 한다.

소방기본법	소방기본법 시행령	소방기본법 시행규칙
③ 제1항 및 제2항에 따른 소방정보통신망의 구축 및 운영에 필요한 사항은 행정안전부령으로 정한다.		③ 소방청장 및 시 · 도지사는 소방정보통신망이 안정적으로 운영될 수 있도록 ❶ 이상 소방정보통신망을 주기적으로 점검 · 관리해야 한다. ④ 제1항부터 제3항까지에서 규정한 사항 외에 소방정보통신망의 속도, 점검 주기 등에 관한 세부 사항은 소방청장이 정한다.
제4조의3【소방기술민원센터의 설치 · 운영】 ① ❷ 또는 소방본부장은 소방시설, 소방공사 및 위험물 안전관리 등과 관련된 법령해석 등의 민원을 종합적으로 접수하여 처리할 수 있는 기구(이하 이 조에서 "소방기술민원센터"라 한다)를 설치 · 운영할 수 있다. ② 소방기술민원센터의 설치 · 운영 등에 필요한 사항은 대통령령으로 정한다.	**제1조의2【소방기술민원센터의 설치 · 운영】** ① 소방청장 또는 소방본부장은 「소방기본법」(이하 "법"이라 한다) 제4조의2 제1항에 따른 소방기술민원센터(이하 "소방기술민원센터"라 한다)를 소방청 또는 소방본부에 각각 설치 · 운영한다. ② 소방기술민원센터는 센터장을 포함하여 ❶ 이내로 구성한다. ③ 소방기술민원센터는 다음 각 호의 업무를 수행한다. 1. 소방시설, 소방공사와 위험물 안전관리 등과 관련된 법령해석 등의 민원(이하 "소방기술민원"이라 한다)의 처리 2. 소방기술민원과 관련된 질의회신집 및 해설서 발간 3. 소방기술민원과 관련된 정보시스템의 운영 · 관리 4. 소방기술민원과 관련된 현장 확인 및 처리 5. 그 밖에 소방기술민원과 관련된 업무로서 소방청장 또는 소방본부장이 필요하다고 인정하여 지시하는 업무 ④ 소방청장 또는 소방본부장은 소방기술민원센터의 업무수행을 위하여 필요하다고 인정하는 경우에는 관계 기관의 장에게 소속 공무원 또는 직원의 파견을 요청할 수 있다.	

<제4조의2> ❶ 시 · 도지사
<제4조의3> ❷ 소방청장

<제1조의2> ❶ 18명

<제3조의2> ❶ 연 1회

소방기본법

제5조【소방박물관 등의 설립과 운영】 ① 소방의 역사와 안전문화를 발전시키고 국민의 안전의식을 높이기 위하여 소방청장은 소방박물관을, ❶ 는 소방체험관(화재 현장에서의 피난 등을 체험할 수 있는 체험관을 말한다. 이하 이 조에서 같다)을 설립하여 운영할 수 있다.

② 제1항에 따른 소방박물관의 설립과 운영에 필요한 사항은 ❷ 으로 정하고, 소방체험관의 설립과 운영에 필요한 사항은 행정안전부령으로 정하는 기준에 따라 시·도의 조례로 정한다. [24. 경채]

소방기본법 시행령

⑤ 제1항부터 제4항까지에서 규정한 사항 외에 소방기술민원센터의 설치·운영에 필요한 사항은 소방청에 설치하는 경우에는 소방청장이 정하고, 소방본부에 설치하는 경우에는 해당 특별시·광역시·특별자치시·도 또는 특별자치도(이하 "시·도"라 한다)의 규칙으로 정한다.

[규칙 별표 1] 소방체험관의 설립 및 운영에 관한 기준

분야	체험실
생활안전	화재안전 체험실
	시설안전 체험실
교통안전	보행안전 체험실
	자동차안전 체험실
자연재난안전	기후성 재난 체험실
	지질성 재난 체험실
보건안전	응급처치 체험실

소방기본법 시행규칙

제4조【소방박물관의 설립과 운영】 ① 소방청장은 법 제5조 제2항의 규정에 의하여 소방박물관을 설립·운영하는 경우에는 소방박물관에 소방박물관장 1인과 부관장 1인을 두되, 소방박물관장은 소방공무원중에서 소방청장이 임명한다.

② 소방박물관은 국내·외의 소방의 역사, 소방공무원의 복장 및 소방장비 등의 변천 및 발전에 관한 자료를 수집·보관 및 전시한다.

③ 소방박물관에는 그 운영에 관한 중요한 사항을 심의하기 위하여 ❶ 이내의 위원으로 구성된 운영위원회를 둔다.

④ 제1항의 규정에 의하여 설립된 소방박물관의 관광업무·조직·운영위원회의 구성 등에 관하여 필요한 사항은 소방청장이 정한다.

제4조의2【소방체험관의 설립 및 운영】 ① 법 제5조 제1항에 따라 설립된 소방체험관(이하 "소방체험관"이라 한다)은 다음 각 호의 기능을 수행한다.

1. 재난 및 안전사고 유형에 따른 예방, 대처, 대응 등에 관한 체험교육(이하 "체험교육"이라 한다)의 제공
2. 체험교육 프로그램의 개발 및 국민 안전의식 향상을 위한 홍보·전시
3. 체험교육 인력의 양성 및 유관기관·단체 등과의 협력
4. 그 밖에 체험교육을 위하여 시·도지사가 필요하다고 인정하는 사업의 수행

② 법 제5조 제2항에서 "행정안전부령으로 정하는 기준"이란 별표 1에 따른 기준을 말한다.

소방기본법

제6조【소방업무에 관한 종합계획의 수립 · 시행 등】 ① 소방청장은 화재, 재난 · 재해, 그 밖의 위급한 상황으로부터 국민의 생명 · 신체 및 재산을 보호하기 위하여 소방업무에 관한 종합계획(이하 이 조에서 "종합계획"이라 한다)을 ❸ 수립 · 시행하여야 하고, 이에 필요한 재원을 확보하도록 노력하여야 한다.

② 종합계획에는 다음 각 호의 사항이 포함되어야 한다.

1. 소방서비스의 질 향상을 위한 정책의 기본방향
2. 소방업무에 필요한 체계의 구축, 소방기술의 연구 · 개발 및 보급
3. 소방업무에 필요한 장비의 구비
4. 소방전문인력 양성
5. 소방업무에 필요한 기반조성
6. 소방업무의 교육 및 홍보(제21조에 따른 소방자동차의 우선 통행 등에 관한 홍보를 포함한다)
7. 그 밖에 소방업무의 효율적 수행을 위하여 필요한 사항으로서 대통령령으로 정하는 사항

③ 소방청장은 제1항에 따라 수립한 종합계획을 관계 중앙행정기관의 장, 시 · 도지사에게 통보하여야 한다.

④ ❹ 는 관할 지역의 특성을 고려하여 종합계획의 시행에 필요한 세부계획(이하 이 조에서 "세부계획"이라 한다)을 매년 수립하여 소방청장에게 제출하여야 하며, 세부계획에 따른 소방업무를 성실히 수행하여야 한다.

⑤ 소방청장은 소방업무의 체계적 수행을 위하여 필요한 경우 제4항에 따라 시 · 도지사가 제출한 세부계획의 보완 또는 수정을 요청할 수 있다.

소방기본법 시행령

제1조의3【소방업무에 관한 종합계획 및 세부계획의 수립 · 시행】 ① 소방청장은 법 제6조 제1항에 따른 소방업무에 관한 종합계획을 ❶ 과의 협의를 거쳐 계획 시행 전년도 10월 31일까지 수립해야 한다.

② 법 제6조 제2항 제7호에서 "대통령령으로 정하는 사항"이란 다음 각 호의 사항을 말한다.

1. 재난 · 재해 환경 변화에 따른 소방업무에 필요한 대응 체계 마련
2. 장애인, 노인, 임산부, 영유아 및 어린이 등 이동이 어려운 사람을 대상으로 한 소방활동에 필요한 조치

③ 특별시장 · 광역시장 · 특별자치시장 · 도지사 또는 특별자치도지사(이하 "시 · 도지사"라 한다)는 법 제6조 제4항에 따른 종합계획의 시행에 필요한 세부계획을 계획 시행 전년도 12월 31일까지 수립하여 소방청장에게 제출하여야 한다.

소방기본법 시행규칙

유사내용 비교

소방업무에 관한 종합계획	화재의 예방 및 안전관리 기본계획 등 (화재예방법 제4조 등)
종합계획 1. 수립 · 시행권자: 소방청장 2. 5년마다 수립 · 시행 3. 수립기한: 10월 31일 4. 관계중앙행정기관의 장, 시 · 도지사에게 통보	기본계획 1. 수립 · 시행권자: 소방청장 2. 5년마다 수립 · 시행 3. 수립기한 - 협의기한: 08월 31일 - 수립기한: 09월 30일
	시행계획 1. 수립 · 시행권자: 소방청장 2. 기본계획 · 시행계획 수립 · 통보기한: 10월 31일
세부계획 1. 수립 · 시행권자: 시 · 도지사 2. 매년 수립 3. 수립기한: 12월 31일	세부시행계획 1. 수립 · 시행권자: 관계 중앙행정기관의 장 및 시 · 도지사 2. 매년 수립 3. 수립 · 통보기한: 12월 31일(소방청장)

<제5조> ❶ 시 · 도지사 ❷ 행정안전부령
<제6조> ❸ 5년마다 ❹ 시 · 도지사

<제1조의3> ❶ 관계 중앙행정기관의 장

<제4조> ❶ 7인

소방기본법	소방기본법 시행령	소방기본법 시행규칙

소방기본법

⑥ 그 밖에 종합계획 및 세부계획의 수립·시행에 필요한 사항은 대통령령으로 정한다.

제7조【소방의 날 제정과 운영 등】 ① 국민의 안전의식과 화재에 대한 경각심을 높이고 안전문화를 정착시키기 위하여 매년 11월 9일을 소방의 날로 정하여 기념행사를 한다.

② 소방의 날 행사에 관하여 필요한 사항은 소방청장 또는 시·도지사가 따로 정하여 시행할 수 있다.

③ 소방청장은 다음 각 호에 해당하는 사람을 명예직 소방대원으로 위촉할 수 있다.

1. 「의사상자 등 예우 및 지원에 관한 법률」 제2조에 따른 의사상자(義死傷者)로서 같은 법 제3조 제3호 또는 제4호에 해당하는 사람
2. 소방행정 발전에 공로가 있다고 인정되는 사람

소방기본법 시행령

소방활동장비의 종류와 규격

구분	종류			규격
소방자동차	펌프차	대형		240마력 이상
		중형		170마력 이상 240마력 미만
		소형		120마력 이상 170마력 미만
	물탱크소방차	대형		240마력 이상
		중형		170마력 이상 240마력 미만
	화학소방차	비활성가스를 이용한 소방차		
		고성능		340마력 이상
		내폭		340마력 이상
		일반	대형	240마력 이상
			중형	170마력 이상 240마력 미만
	사다리소방차	고가(사다리의 길이가 33m 이상인 것에 한한다)		330마력 이상
		굴절	27m 이상급	330마력 이상
			18m 이상 27m 미만급	240마력 이상
	조명차	중형		170마력
	배연차	중형		170마력 이상
	구조차	대형		240마력 이상
		중형		170마력 이상 240마력 미만
	구급차	특수		90마력 이상
		일반		85마력 이상 90마력 미만
소방정		소방정		100톤 이상급, 50톤급
		구조정		30톤급
소방헬리콥터				5~17인승

소방기본법 시행규칙

소방기본법	소방기본법 시행령	소방기본법 시행규칙
제2장 소방장비 및 소방용수시설 등		
제8조【소방력의 기준 등】 ① 소방기관이 소방업무를 수행하는 데에 필요한 인력과 장비 등[이하 "소방력"(消防力)이라 한다]에 관한 기준은 행정안전부령으로 정한다. ② 시·도지사는 제1항에 따른 소방력의 기준에 따라 관할구역의 소방력을 확충하기 위하여 필요한 계획을 수립하여 시행하여야 한다. ③ 소방자동차 등 소방장비의 분류·표준화와 그 관리 등에 필요한 사항은 따로 법률에서 정한다.		
제9조【소방장비 등에 대한 국고보조】 ① 국가는 소방장비의 구입 등 시·도의 소방업무에 필요한 경비의 ❶ 를 보조한다. ② 제1항에 따른 보조 대상사업의 범위와 기준보조율은 대통령령으로 정한다.	**제2조【국고보조 대상사업의 범위와 기준보조율】** ① 법 제9조 제2항에 따른 국고보조 대상사업의 범위는 다음 각 호와 같다. 1. 다음 각 목의 소방활동장비와 설비의 구입 및 설치 가. 소방자동차 나. 소방헬리콥터 및 ❶ 다. 소방전용통신설비 및 전산설비 라. 그 밖에 방화복 등 소방활동에 필요한 소방장비 2. 소방관서용 청사의 건축(「건축법」 제2조 제1항 제8호에 따른 건축을 말한다) ② 제1항 제1호에 따른 소방활동장비 및 설비의 종류와 규격은 행정안전부령으로 정한다. ③ 제1항에 따른 국고보조 대상사업의 기준보조율은 ❷ 에서 정하는 바에 따른다.	**제5조【소방활동장비 및 설비의 규격 및 종류와 기준가격】** ① 영 제2조 제2항의 규정에 의한 국고보조의 대상이 되는 소방활동장비 및 설비의 종류 및 규격은 별표 1의2와 같다. ② 영 제2조 제2항의 규정에 의한 국고보조산정을 위한 기준가격은 다음 각 호와 같다. 1. 국내조달품: 정부고시가격 2. 수입물품: 조달청에서 조사한 해외시장의 시가 3. 정부고시가격 또는 조달청에서 조사한 해외시장의 시가가 없는 물품: 2 이상의 공신력 있는 물가조사기관에서 조사한 가격의 평균가격

<제9조> ❶ 일부

<제2조> ❶ 소방정 ❷ 「보조금 관리에 관한 법률 시행령」

소방기본법

제10조【소방용수시설의 설치 및 관리 등】 ① 시·도지사는 소방활동에 필요한 소화전(消火栓)·급수탑(給水塔)·저수조(貯水槽)(이하 "소방용수시설"이라 한다)를 설치하고 유지·관리하여야 한다. 다만, 「수도법」 제45조에 따라 소화전을 설치하는 일반수도사업자는 관할 소방서장과 사전협의를 거친 후 소화전을 설치하여야 하며, 설치 사실을 관할 ❶ 에게 통지하고, 그 소화전을 유지·관리하여야 한다.

② 시·도지사는 제21조 제1항에 따른 소방자동차의 진입이 곤란한 지역 등 화재발생 시에 초기 대응이 필요한 지역으로서 대통령령으로 정하는 지역에 소방호스 또는 호스 릴 등을 소방용수시설에 연결하여 화재를 진압하는 시설이나 장치(이하 "비상소화장치"라 한다)를 설치하고 유지·관리할 수 있다.

③ 제1항에 따른 소방용수시설과 제2항에 따른 비상소화장치의 설치기준은 행정안전부령으로 정한다.

[규칙 별표 2] 소방용수표지

1. 지하에 설치하는 소화전 또는 저수조의 경우 소방용수표지는 다음 각 목의 기준에 의한다.
   가. 맨홀뚜껑은 지름 648밀리미터 이상의 것으로 할 것. 다만, 승하강식 소화전의 경우에는 이를 적용하지 아니한다.
   나. 맨홀뚜껑에는 "소화전·주차금지" 또는 "저수조·주차금지"의 표시를 할 것
   다. 맨홀뚜껑 부근에는 노란색 반사도료로 폭 ❷ 센티미터의 선을 그 둘레를 따라 칠할 것
2. 지상에 설치하는 소화전, 저수조 및 급수탑의 경우 소방용수표지는 다음 각 목의 기준에 따라 설치한다.
   가. 규격

소방기본법 시행령

제2조의2【비상소화장치의 설치대상 지역】 법 제10조 제2항에서 "대통령령으로 정하는 지역"이란 다음 각 호의 어느 하나에 해당하는 지역을 말한다.

1. 법 제13조 제1항에 따라 지정된 화재경계지구
2. 시·도지사가 법 제10조 제2항에 따른 비상소화장치의 설치가 필요하다고 인정하는 지역

[규칙 별표 3] 소방용수시설의 설치기준

1. 공통기준
   가. 국토의 계획 및 이용에 관한 법률 제36조 제1항 제1호의 규정에 의한 주거지역·상업지역 및 공업지역에 설치하는 경우: 소방대상물과의 수평거리를 100미터 이하가 되도록 할 것
   나. 가목 외의 지역에 설치하는 경우: 소방대상물과의 수평거리를 140미터 이하가 되도록 할 것
2. 소방용수시설별 설치기준
   가. 소화전의 설치기준: 상수도와 연결하여 지하식 또는 지상식의 구조로 하고, 소방용호스와 연결하는 소화전의 연결금속구의 구경은 65밀리미터로 할 것
   나. 급수탑의 설치기준: 급수배관의 구경은 100밀리미터 이상으로 하고, 개폐밸브는 지상에서 1.5미터 이상 1.7미터 이하의 위치에 설치하도록 할 것
   다. 저수조의 설치기준
      (1) 지면으로부터의 낙차가 4.5미터 이하일 것
      (2) 흡수부분의 수심이 0.5미터 이상일 것
      (3) 소방펌프자동차가 쉽게 접근할 수 있도록 할 것
      (4) 흡수에 지장이 없도록 토사 및 쓰레기 등을 제거할 수 있는 설비를 갖출 것
      (5) 흡수관의 투입구가 사각형의 경우에는 한 변의 길이가 60센티미터 이상, 원형의 경우에는 지름이 60센티미터 이상일 것
      (6) 저수조에 물을 공급하는 방법은 상수도에 연결하여 자동으로 급수되는 구조일 것

소방기본법 시행규칙

제6조【소방용수시설 및 비상소화장치의 설치기준】 ① 특별시장·광역시장·특별자치시장·도지사 또는 특별자치도지사(이하 "시·도지사"라 한다)는 법 제10조 제1항의 규정에 의하여 설치된 소방용수시설에 대하여 별표 2의 소방용수표지를 보기 쉬운 곳에 설치하여야 한다.

② 법 제10조 제1항에 따른 소방용수시설의 설치기준은 별표 3과 같다.

③ 법 제10조 제2항에 따른 비상소화장치의 설치기준은 다음 각 호와 같다.

1. 비상소화장치는 비상소화장치함, 소화전, ❶ (소화전의 방수구에 연결하여 소화용수를 방수하기 위한 도관으로서 호스와 연결금속구로 구성되어 있는 소방용릴호스 또는 소방용고무내장호스를 말한다), 관창(소방호스용 연결금속구 또는 중간연결금속구 등의 끝에 연결하여 소화용수를 방수하기 위한 나사식 또는 차입식 토출기구를 말한다)을 포함하여 구성할 것
2. 소방호스 및 관창은 「소방시설 설치 및 관리에 관한 법률」 제37조 제5항에 따라 소방청장이 정하여 고시하는 형식승인 및 제품검사의 기술기준에 적합한 것으로 설치할 것
3. 비상소화장치함은 「소방시설 설치 및 관리에 관한 법률」 제39조 제4항에 따라 소방청장이 정하여 고시하는 성능인증 및 제품검사의 기술기준에 적합한 것으로 설치할 것

④ 제3항에서 규정한 사항 외에 비상소화장치의 설치기준에 관한 세부 사항은 소방청장이 정한다.

제7조【소방용수시설 및 지리조사】 ① 소방본부장 또는 소방서장은 원활한 소방활동을 위하여 다음 각호의 조사를 월 1회 이상 실시하여야 한다.

1. 법 제10조의 규정에 의하여 설치된 소방용수시설에 대한 조사

소방기본법	소방기본법 시행령	소방기본법 시행규칙

소방기본법

나. 안쪽 문자는 흰색, 바깥쪽 문자는 노란색으로, 안쪽 바탕은 붉은색, 바깥쪽 바탕은 파란색으로 하고, 반사재료를 사용해야 한다.

다. 가목의 규격에 따른 소방용수표지를 세우는 것이 매우 어렵거나 부적당한 경우에는 그 규격 등을 다르게 할 수 있다.

제11조【소방업무의 응원】 ① 소방본부장이나 소방서장은 소방활동을 할 때에 긴급한 경우에는 이웃한 소방본부장 또는 소방서장에게 소방업무의 응원(應援)을 요청할 수 있다.

② 제1항에 따라 소방업무의 응원 요청을 받은 소방본부장 또는 소방서장은 정당한 사유 없이 그 요청을 거절하여서는 아니 된다.

③ 제1항에 따라 소방업무의 응원을 위하여 파견된 소방대원은 응원을 요청한 소방본부장 또는 소방서장의 지휘에 따라야 한다.

④ 시·도지사는 제1항에 따라 소방업무의 응원을 요청하는 경우를 대비하여 출동 대상지역 및 규모와 필요한 경비의 부담 등에 관하여 필요한 사항을 ❸ ______________ 으로 정하는 바에 따라 이웃하는 시·도지사와 협의하여 미리 규약(規約)으로 정하여야 한다.

소방기본법 시행규칙

2. 소방대상물에 인접한 도로의 폭·교통상황, 도로주변의 토지의 고저·건축물의 개황 그 밖의 소방활동에 필요한 지리에 대한 조사

② 제1항의 조사결과는 전자적 처리가 불가능한 특별한 사유가 없으면 전자적 처리가 가능한 방법으로 작성·관리하여야 한다.

③ 제1항 제1호의 조사는 별지 제2호 서식에 의하고, 제1항 제2호의 조사는 별지 제3호 서식에 의하되, 그 조사결과를 2년간 보관하여야 한다.

제8조【소방업무의 상호응원협정】 법 제11조 제4항에 따라 시·도지사는 이웃하는 다른 시·도지사와 소방업무에 관하여 상호응원협정을 체결하고자 하는 때에는 다음 각 호의 사항이 포함되도록 해야 한다.

1. 다음 각 목의 소방활동에 관한 사항
   가. 화재의 경계·진압활동
   나. 구조·구급업무의 지원
   다. 화재조사활동
2. 응원출동대상지역 및 규모
3. 다음 각 목의 소요경비의 부담에 관한 사항
   가. 출동대원의 수당·식사 및 의복의 수선
   나. 소방장비 및 기구의 정비와 연료의 보급
   다. 그 밖의 경비
4. ❷ ______________
5. 응원출동훈련 및 평가

<제10조> ❶ 소방서장
[규칙 별표 2] ❷ 15
<제11조> ❸ 행정안전부령

<제6조> ❶ 소방호스
<제8조> ❷ 응원출동의 요청방법

소방기본법

제11조의2【소방력의 동원】 ① 소방청장은 해당 시·도의 소방력만으로는 소방활동을 효율적으로 수행하기 어려운 화재, 재난·재해, 그 밖의 구조·구급이 필요한 상황이 발생하거나 특별히 국가적 차원에서 소방활동을 수행할 필요가 인정될 때에는 각 시·도지사에게 ❶ ______ 으로 정하는 바에 따라 소방력을 동원할 것을 요청할 수 있다.

② 제1항에 따라 동원 요청을 받은 시·도지사는 정당한 사유 없이 요청을 거절하여서는 아니 된다.

③ 소방청장은 시·도지사에게 제1항에 따라 동원된 소방력을 화재, 재난·재해 등이 발생한 지역에 지원·파견하여 줄 것을 요청하거나 필요한 경우 직접 소방대를 편성하여 화재진압 및 인명구조 등 소방에 필요한 활동을 하게 할 수 있다.

④ 제1항에 따라 동원된 소방대원이 다른 시·도에 파견·지원되어 소방활동을 수행할 때에는 특별한 사정이 없으면 화재, 재난·재해 등이 발생한 지역을 관할하는 소방본부장 또는 소방서장의 지휘에 따라야 한다. 다만, 소방청장이 직접 소방대를 편성하여 소방활동을 하게 하는 경우에는 소방청장의 지휘에 따라야 한다.

> ⑤ 제3항 및 제4항에 따른 소방활동을 수행하는 과정에서 발생하는 경비 부담에 관한 사항, 제3항 및 제4항에 따라 소방활동을 수행한 민간 소방 인력이 사망하거나 부상을 입었을 경우의 보상주체·보상기준 등에 관한 사항, 그 밖에 동원된 소방력의 운용과 관련하여 필요한 사항은 대통령령으로 정한다.

소방기본법 시행령

제2조의3【소방력의 동원】 ① 법 제11조의2 제3항 및 제4항에 따라 동원된 소방력의 소방활동 수행 과정에서 발생하는 경비는 화재, 재난·재해나 그 밖의 구조·구급이 필요한 상황이 발생한 시·도에서 부담하는 것을 원칙으로 하며, 구체적인 내용은 해당 시·도가 서로 협의하여 정한다.

② 법 제11조의2 제3항 및 제4항에 따라 동원된 민간 소방인력이 소방활동을 수행하다가 사망하거나 부상을 입은 경우 화재, 재난·재해 또는 그 밖의 구조·구급이 필요한 상황이 ❶ ______ 시·도가 해당 시·도의 조례로 정하는 바에 따라 보상한다.

③ 제1항 및 제2항에서 규정한 사항 외에 법 제11조의2에 따라 동원된 소방력의 운용과 관련하여 필요한 사항은 소방청장이 정한다.

소방기본법 시행규칙

제8조의2【소방력의 동원 요청】 ① 소방청장은 법 제11조의2 제1항에 따라 각 시·도지사에게 소방력 동원을 요청하는 경우 동원 요청 사실과 다음 각 호의 사항을 팩스 또는 전화 등의 방법으로 통지하여야 한다. 다만, 긴급을 요하는 경우에는 시·도 소방본부 또는 소방서의 종합상황실장에게 직접 요청할 수 있다.

1. 동원을 요청하는 인력 및 장비의 규모
2. 소방력 이송 수단 및 집결장소
3. 소방활동을 수행하게 될 재난의 규모, 원인 등 소방활동에 필요한 정보

② 제1항에서 규정한 사항 외에 그 밖의 시·도 소방력 동원에 필요한 사항은 소방청장이 정한다.

소방기본법	소방기본법 시행령	소방기본법 시행규칙
제4장 소방활동 등		
제16조 【소방활동】 ① 소방청장, 소방본부장 또는 소방서장은 화재, 재난·재해, 그 밖의 위급한 상황이 발생하였을 때에는 소방대를 현장에 신속하게 출동시켜 화재진압과 인명구조·구급 등 소방에 필요한 활동(이하 이 조에서 "소방활동"이라 한다)을 하게 하여야 한다. ② 누구든지 정당한 사유 없이 제1항에 따라 출동한 소방대의 소방활동을 방해하여서는 아니 된다. ▶**5년/5천(벌)** **제16조의2 【소방지원활동】** ① 소방청장·소방본부장 또는 소방서장은 공공의 안녕질서 유지 또는 복리증진을 위하여 필요한 경우 소방활동 외에 다음 각 호의 활동(이하 "소방지원활동"이라 한다)을 하게 할 수 있다. 24. 공채·경채 1. 산불에 대한 예방·진압 등 지원활동 2. 자연재해에 따른 급수·배수 및 제설 등 지원활동 3. 집회·공연 등 각종 행사 시 사고에 대비한 근접대기 등 지원활동 4. 화재, 재난·재해로 인한 피해복구 지원활동 5. 삭제 6. 그 밖에 ❷ 으로 정하는 활동 ② 소방지원활동은 제16조의 소방활동 수행에 지장을 주지 아니하는 범위에서 할 수 있다. ③ 유관기관·단체 등의 요청에 따른 소방지원활동에 드는 비용은 지원요청을 한 유관기관·단체 등에게 부담하게 할 수 있다. 다만, 부담금액 및 부담방법에 관하여는 지원요청을 한 유관기관·단체 등과 협의하여 결정한다.		**제8조의4 【소방지원활동】** 법 제16조의2 제1항 제6호에서 "그 밖에 행정안전부령으로 정하는 활동"이란 다음 각 호의 어느 하나에 해당하는 활동을 말한다. 1. 군·경찰 등 유관기관에서 실시하는 훈련지원 활동 2. 소방시설 오작동 신고에 따른 조치활동 3. ❶ 또는 촬영 관련 지원활동 **제8조의5 【소방지원활동 등의 기록관리】** ① 소방대원은 법 제16조의2 제1항에 따른 소방지원활동 및 법 제16조의3 제1항에 따른 생활안전활동(이하 "소방지원활동등"이라 한다)을 한 경우 별지 제3호의2 서식의 소방지원활동등 기록지에 해당 활동상황을 상세히 기록하고, 소속 소방관서에 ❷ 보관해야 한다. ② 소방본부장은 소방지원활동등의 상황을 종합하여 ❸ 소방청장에게 보고해야 한다.

<제11조의2> ❶ 행정안전부령
<제16조의2> ❷ 행정안전부령

<제2조의3> ❶ 발생한

<제8조의4> ❶ 방송제작
<제8조의5> ❷ 3년간 ❸ 연 2회

소방기본법	소방기본법 시행령	소방기본법 시행규칙
제16조의3【생활안전활동】 ① 소방청장·소방본부장 또는 소방서장은 신고가 접수된 생활안전 및 위험제거 활동(화재, 재난·재해, 그 밖의 위급한 상황에 해당하는 것은 제외한다)에 대응하기 위하여 소방대를 출동시켜 다음 각 호의 활동(이하 "생활안전활동"이라 한다)을 하게 하여야 한다. 1. 붕괴, 낙하 등이 우려되는 고드름, 나무, 위험 구조물 등의 제거활동 2. ❶ , 벌 등의 포획 및 퇴치 활동 3. 끼임, 고립 등에 따른 위험제거 및 구출 활동 4. 단전사고 시 비상전원 또는 조명의 공급 5. 그 밖에 방치하면 급박해질 우려가 있는 위험을 예방하기 위한 활동 ② 누구든지 정당한 사유 없이 제1항에 따라 출동하는 소방대의 생활안전활동을 방해하여서는 아니 된다. ▶ **1백(벌)** ③ 삭제 **제16조의4【소방자동차의 보험 가입 등】** ① 시·도지사는 소방자동차의 공무상 운행 중 교통사고가 발생한 경우 그 운전자의 법률상 분쟁에 소요되는 비용을 지원할 수 있는 보험에 가입하여야 한다. ② 국가는 제1항에 따른 보험 가입비용의 일부를 지원할 수 있다. **제16조의5【소방활동에 대한 면책】** 소방공무원이 제16조 제1항에 따른 소방활동으로 인하여 타인을 사상(死傷)에 이르게 한 경우 그 소방활동이 불가피하고 소방공무원에게 고의 또는 중대한 과실이 없는 때에는 그 정상을 참작하여 사상에 대한 형사책임을 감경하거나 면제할 수 있다.		

소방기본법	소방기본법 시행령	소방기본법 시행규칙

제16조의6【소송지원】 소방청장, 소방본부장 또는 소방서장은 소방공무원이 제16조 제1항에 따른 소방활동, 제16조의2 제1항에 따른 소방지원활동, 제16조의3 제1항에 따른 생활안전활동으로 인하여 민·형사상 책임과 관련된 소송을 수행할 경우 변호인 선임 등 소송수행에 필요한 지원을 할 수 있다.

제17조【소방교육·훈련】 ① 소방청장, 소방본부장 또는 소방서장은 소방업무를 전문적이고 효과적으로 수행하기 위하여 소방대원에게 필요한 교육·훈련을 실시하여야 한다.

② 소방청장, 소방본부장 또는 소방서장은 화재를 예방하고 화재 발생 시 인명과 재산피해를 최소화하기 위하여 다음 각 호에 해당하는 사람을 대상으로 ❷ 으로 정하는 바에 따라 소방안전에 관한 교육과 훈련을 실시할 수 있다. 이 경우 소방청장, 소방본부장 또는 소방서장은 해당 어린이집·유치원·학교의 장과 교육일정 등에 관하여 협의하여야 한다.

1. 「영유아보육법」 제2조에 따른 어린이집의 영유아
2. 「유아교육법」 제2조에 따른 유치원의 유아
3. 「초·중등교육법」 제2조에 따른 학교의 학생

③ 소방청장, 소방본부장 또는 소방서장은 국민의 안전의식을 높이기 위하여 화재 발생 시 피난 및 행동 방법 등을 홍보하여야 한다.

④ 제1항에 따른 교육·훈련의 종류 및 대상자, 그 밖에 교육·훈련의 실시에 필요한 사항은 ❸ 으로 정한다.

[규칙 별표 3의2] 소방대원에게 실시한 교육·훈련의 종류 등

1. 교육·훈련의 종류 및 교육·훈련을 받아야 할 대상자

종류	교육·훈련을 받아야 할 대상자
화재진압훈련	1) 화재진압 담당 소방공무원 2) 의무소방원 3) 의용소방대원
인명구조훈련	1) 구조업무 담당 소방공무원 2) 의무소방원 3) 의용소방대원
응급처치훈련	1) 구급업무 담당 소방공무원 2) 의무소방원 3) 의용소방대원
❶	1) 소방공무원 2) 의무소방원 3) 의용소방대원
현장지휘훈련 24. 공채·경채	1) 소방정 2) 소방령 3) 소방경 4) 소방위

2. 교육·훈련 횟수 및 기간

횟수	기간
2년마다 1회	2주 이상

제9조【소방교육·훈련의 종류 등】 ① 법 제17조 제1항에 따라 소방대원에게 실시할 교육·훈련의 종류, 해당 교육·훈련을 받아야 할 대상자 및 교육·훈련기간 등은 별표 3의2와 같다.

② 법 제17조 제2항에 따른 소방안전에 관한 교육과 훈련(이하 "소방안전교육훈련"이라 한다)에 필요한 시설, 장비, 강사자격 및 교육방법 등의 기준은 별표 3의3과 같다.

③ 소방청장, 소방본부장 또는 소방서장은 소방안전교육훈련을 실시하려는 경우 매년 12월 31일까지 다음 해의 소방안전교육훈련 운영계획을 수립하여야 한다.

④ ❶ 은 제3항에 따른 소방안전교육훈련 운영계획의 작성에 필요한 지침을 정하여 소방본부장과 소방서장에게 매년 10월 31일까지 통보하여야 한다.

<제16조의3> ❶ 위해동물
<제17조> ❷ 행정안전부령 ❸ 행정안전부령

[규칙 별표 3의2] ❶ 인명대피훈련

<제9조> ❶ 소방청장

소방기본법

제17조의2【소방안전교육사】 ① 소방청장은 제17조 제2항에 따른 소방안전교육을 위하여 소방청장이 실시하는 시험에 합격한 사람에게 소방안전교육사 자격을 부여한다.
② 소방안전교육사는 소방안전교육의 기획·진행·분석·평가 및 교수업무를 수행한다.
③ 제1항에 따른 소방안진교육사 시험의 응시자격, 시험방법, 시험과목, 시험위원, 그 밖에 소방안전교육사 시험의 실시에 필요한 사항은 대통령령으로 정한다.
④ 제1항에 따른 소방안전교육사 시험에 응시하려는 사람은 대통령령으로 정하는 바에 따라 수수료를 내야 한다.

제17조의3【소방안전교육사의 결격사유】 다음 각 호의 어느 하나에 해당하는 사람은 소방안전교육사가 될 수 없다.
1. 피성년후견인
2. 금고 이상의 실형을 선고받고 그 집행이 끝나거나(집행이 끝난 것으로 보는 경우를 포함한다) 집행이 면제된 날부터 ❶ 이 지나지 아니한 사람
3. 금고 이상의 형의 집행유예를 선고받고 그 유예기간 중에 있는 사람
4. 법원의 판결 또는 다른 법률에 따라 자격이 정지되거나 상실된 사람

제17조의4【부정행위자에 대한 조치】 ① 소방청장은 제17조의2에 따른 소방안전교육사 시험에서 부정행위를 한 사람에 대하여는 해당 시험을 정지시키거나 무효로 처리한다.
② 제1항에 따라 시험이 정지되거나 무효로 처리된 사람은 그 처분이 있은 날부터 2년간 소방안전교육사 시험에 응시하지 못한다.

소방기본법 시행령

제7조의2【소방안전교육사시험의 응시자격】 법 제17조의2 제3항에 따른 소방안전교육사시험의 응시자격은 별표 2의2와 같다.

[영 별표 2의2] 소방안전교육사시험의 응시자격

구분	소방공무원	교원/원장	안전분야/자격	간호사	응급구조사	소방 안전관리자	의용 소방대원
	(중앙·지방) 전문교육 2주 이상	교원/ 어린이집 원장	기술사/ 위험물 기능장, 소방시설관리사, 소방안전관련 6학점			특급	
1년 이상			안전기사	간호사	1급	1급	
2년 이상							
3년 이상	○	보육교사	안전 산업기사		2급	2급	
5년 이상							○

제7조의3【시험방법】 ① 소방안전교육사시험은 제1차 시험 및 제2차 시험으로 구분하여 시행한다.
② 제1차 시험은 선택형을, 제2차 시험은 논술형을 원칙으로 한다. 다만, 제2차 시험에는 주관식 단답형 또는 기입형을 포함할 수 있다.
③ 제1차 시험에 합격한 사람에 대해서는 다음 회의 시험에 한정하여 제1차 시험을 면제한다.

제7조의4【시험과목】 ① 소방안전교육사시험의 제1차 시험 및 제2차 시험 과목은 다음 각 호와 같다.
1. 제1차 시험: 소방학개론, 구급·응급처치론, 재난관리론 및 교육학개론 중 응시자가 선택하는 3과목
2. 제2차 시험: 국민안전교육 실무

② 제1항에 따른 시험 과목별 출제범위는 행정안전부령으로 정한다.

제7조의5【시험위원 등】 ① 소방청장은 소방안전교육사시험 응시자격심사, 출제 및 채점을 위하여 다음 각 호의 어느 하나에 해당하는 사람을 응시자격심사위원 및 시험위원으로 임명 또는 위촉하여야 한다.

소방기본법 시행규칙

제9조의2【시험 과목별 출제범위】 영 제7조의4 제2항에 따른 소방안전교육사 시험 과목별 출제범위는 별표 3의4와 같다.

소방기본법	소방기본법 시행령	소방기본법 시행규칙
	제7조의6【시험의 시행 및 공고】 ① 소방안전교육사시험은 2년마다 1회 시행함을 원칙으로 하되, 소방청장이 필요하다고 인정하는 때에는 그 횟수를 증감할 수 있다. ② 소방청장은 소방안전교육사시험을 시행하려는 때에는 응시자격 · 시험과목 · 일시 · 장소 및 응시절차 등에 관하여 필요한 사항을 모든 응시 희망자가 알 수 있도록 소방안전교육사시험의 시행일 90일 전까지 소방청의 인터넷 홈페이지 등에 공고해야 한다.	
	제7조의7【응시원서 제출 등】 ① 소방안전교육사시험에 응시하려는 자는 행정안전부령으로 정하는 소방안전교육사시험응시원서를 소방청장에게 제출(정보통신망에 의한 제출을 포함한다. 이하 이 조에서 같다)하여야 한다. ② 소방안전교육사시험에 응시하려는 자는 행정안전부령으로 정하는 제7조의2에 따른 응시자격에 관한 증명서류를 소방청장이 정하는 기간 내에 제출해야 한다. ③ 소방안전교육사시험에 응시하려는 자는 행정안전부령으로 정하는 응시수수료를 납부해야 한다. ④ 제3항에 따라 납부한 응시수수료는 다음 각 호의 어느 하나에 해당하는 경우에는 해당 금액을 반환하여야 한다. 1. 응시수수료를 과오납한 경우: 과오납한 응시수수료 전액 2. 시험 시행기관의 귀책사유로 시험에 응시하지 못한 경우: 납입한 응시수수료 전액 3. 시험시행일 20일 전까지 접수를 철회하는 경우: 납입한 응시수수료 전액 4. 시험시행일 10일 전까지 접수를 철회하는 경우: 납입한 응시수수료의 100분의 50	**제9조의3【응시원서 등】** ① 영 제7조의7 제1항에 따른 소방안전교육사시험 응시원서는 별지 제4호 서식과 같다. ② 영 제7조의7 제2항에 따라 응시자가 제출하여야 하는 증명서류는 다음 각 호의 서류 중 응시자에게 해당되는 것으로 한다. 1. 자격증 사본. 다만, 영 별표 2의2 제6호, 제8호 및 제9호에 해당하는 사람이 응시하는 경우 해당 자격증 사본은 제외한다. 2. 교육과정 이수증명서 또는 수료증 3. 교과목 이수증명서 또는 성적증명서 4. 별지 제5호 서식에 따른 경력(재직)증명서. 다만, 발행기관에 별도의 경력(재직)증명서 서식이 있는 경우는 그에 따를 수 있다. 5. 「화재의 예방 및 안전관리에 관한 법률 시행규칙」 제18조에 따른 소방안전관리자 자격증 사본 ③ 소방청장은 제2항 제1호 단서에 따라 응시자가 제출하지 아니한 영 별표 2의2 제6호, 제8호 및 제9호에 해당하는 국가기술자격증에 대해서는 「전자정부법」 제36조 제1항에 따른 행정정보의 공동이용을 통하여 확인하여야 한다. 다만, 응시자가 확인에 동의하지 아니하는 경우에는 해당 국가기술자격증 사본을 제출하도록 하여야 한다.

<제17조의3> ❶ 2년

소방기본법

제17조의5【소방안전교육사의 배치】 ① 제17조의2 제1항에 따른 소방안전교육사를 소방청, 소방본부 또는 소방서, 그 밖에 대통령령으로 정하는 대상에 배치할 수 있다.
② 제1항에 따른 소방안전교육사의 배치대상 및 배치기준, 그 밖에 필요한 사항은 ❶ 으로 정한다.

제17조의6【한국119청소년단】 ① 청소년에게 소방안전에 관한 올바른 이해와 안전의식을 함양시키기 위하여 한국119청소년단을 설립한다.
② 한국119청소년단은 법인으로 하고, 그 주된 사무소의 소재지에 설립등기를 함으로써 성립한다.
③ 국가나 지방자치단체는 한국119청소년단에 그 조직 및 활동에 필요한 시설·장비를 지원할 수 있으며, 운영경비와 시설비 및 국내외 행사에 필요한 경비를 보조할 수 있다.

소방기본법 시행령

제7조의8【시험의 합격자 결정 등】 ① 제1차 시험은 매과목 100점을 만점으로 하여 매과목 40점 이상, 전과목 평균 60점 이상 득점한 자를 합격자로 한다.
② 제2차 시험은 100점을 만점으로 하되, 시험위원의 채점점수 중 최고점수와 최저점수를 제외한 점수의 평균이 60점 이상인 사람을 합격자로 한다.
③ 소방청장은 제1항 및 제2항에 따라 소방안전교육사시험 합격자를 결정한 때에는 이를 소방청의 인터넷 홈페이지 등에 공고해야 한다.
④ 소방청장은 제3항에 따른 시험합격자 공고일부터 1개월 이내에 행정안전부령으로 정하는 소방안전교육사증을 시험합격자에게 발급하며, 이를 소방안전교육사증 교부대장에 기재하고 관리하여야 한다.

제7조의10【소방안전교육사의 배치대상】 법 제17조의5 제1항에서 "그 밖에 대통령령으로 정하는 대상"이란 다음 각 호의 어느 하나에 해당하는 기관이나 단체를 말한다.
1. 법 제40조에 따라 설립된 한국소방안전원(이하 "안전원"이라 한다)
2. 「소방산업의 진흥에 관한 법률」 제14조에 따른 한국소방산업기술원

제7조의11【소방안전교육사의 배치대상별 배치기준】 법 제17조의5 제2항에 따른 소방안전교육사의 배치대상별 배치기준은 별표 2의3과 같다.

소방기본법 시행규칙

제9조의4【응시수수료】 ① 영 제7조의7 제3항에 따른 응시수수료(이하 "수수료"라 한다)는 제1차 시험의 경우 3만원, 제2차 시험의 경우 2만5천원으로 한다.
② 수수료는 수입인지 또는 정보통신망을 이용한 전자화폐·전자결제 등의 방법으로 납부해야 한다.
③ 삭제

제9조의5【소방안전교육사증 등의 서식】 영 제7조의8 제4항에 따른 소방안전교육사증 및 소방안전교육사증 교부대장은 별지 제6호 서식 및 별지 제7호 서식과 같다.

[영 별표 2의3] 소방안전교육사의 배치대상별 배치기준

배치대상	배치기준(단위: 명)
소방청	2 이상
소방본부	2 이상
소방서	❶
한국소방안전원	본회 2 이상 / 시·도지부 1 이상
한국소방산업기술원	2 이상

제9조의6【한국119청소년단의 사업 범위 등】 ① 법 제17조의6에 따른 한국119청소년단의 사업 범위는 다음 각 호와 같다.
1. 한국119청소년단 단원의 선발·육성과 활동 지원
2. 한국119청소년단의 활동·체험 프로그램 개발 및 운영
3. 한국119청소년단의 활동과 관련된 학문·기술의 연구·교육 및 홍보
4. 한국119청소년단 단원의 교육·지도를 위한 전문인력 양성

소방기본법	소방기본법 시행령	소방기본법 시행규칙
④ 개인·법인 또는 단체는 한국119청소년단의 시설 및 운영 등을 지원하기 위하여 금전이나 그 밖의 재산을 기부할 수 있다. ⑤ 이 법에 따른 한국119청소년단이 아닌 자는 한국119청소년단 또는 이와 유사한 명칭을 사용할 수 없다. ▶2백(과) ⑥ 한국119청소년단의 정관 또는 사업의 범위·지도·감독 및 지원에 필요한 사항은 행정안전부령으로 정한다. ⑦ 한국119청소년단에 관하여 이 법에서 규정한 것을 제외하고는 「민법」 중 사단법인에 관한 규정을 준용한다.		5. 관련 기관·단체와의 자문 및 협력사업 6. 그 밖에 한국119청소년단의 설립목적에 부합하는 사업 ② 소방청장은 한국119청소년단의 설립목적 달성 및 원활한 사업 추진 등을 위하여 필요한 지원과 지도·감독을 할 수 있다. ③ 제1항 및 제2항에서 규정한 사항 외에 한국119청소년단의 구성 및 운영 등에 필요한 사항은 한국119청소년단 정관으로 정한다.
제18조 【소방신호】 화재예방, 소방활동 또는 소방훈련을 위하여 사용되는 소방신호의 종류와 방법은 행정안전부령으로 정한다.		**제10조 【소방신호의 종류 및 방법】** ① 법 제18조의 규정에 의한 소방신호의 종류는 다음 각 호와 같다. 1. 경계신호: 화재예방상 필요하다고 인정되거나 법 제14조의 규정에 의한 ❷ 　　　 시 발령 2. 발화신호: 화재가 발생한 때 발령 3. 해제신호: 소화활동이 필요없다고 인정되는 때 발령 4. 훈련신호: 훈련상 필요하다고 인정되는 때 발령 ② 제1항의 규정에 의한 소방신호의 종류별 소방신호의 방법은 별표 4와 같다.

<제17조의5> ❶ 대통령령

[영 별표 2의3] ❶ 1 이상
<제10조> ❷ 화재위험경보

소방기본법

제19조【화재 등의 통지】 ① 화재 현장 또는 구조·구급이 필요한 사고 현장을 발견한 사람은 그 현장의 상황을 소방본부, 소방서 또는 관계 행정기관에 지체 없이 알려야 한다. ▶5백(과)

② 다음 각 호의 어느 하나에 해당하는 지역 또는 장소에서 화재로 오인할 만한 우려가 있는 불을 피우거나 연막(煙幕) 소독을 하려는 자는 시·도의 조례로 정하는 바에 따라 관할 소방본부장 또는 소방서장에게 신고하여야 한다. 24. 공채·경채

1. 시장지역
2. 공장·창고가 밀집한 지역
3. 목조건물이 밀집한 지역
4. 위험물의 저장 및 처리시설이 밀집한 지역
5. ❶ 을 생산하는 공장이 있는 지역
6. 그 밖에 시·도의 조례로 정하는 지역 또는 장소

제20조【관계인의 소방활동】 ① 관계인은 소방대상물에 화재, 재난·재해, 그 밖의 위급한 상황이 발생한 경우에는 소방대가 현장에 도착할 때까지 경보를 울리거나 대피를 유도하는 등의 방법으로 사람을 구출하는 조치 또는 불을 끄거나 불이 번지지 아니하도록 필요한 조치를 하여야 한다. ▶1백(벌)

② 관계인은 소방대상물에 화재, 재난·재해, 그 밖의 위급한 상황이 발생한 경우에는 이를 소방본부, 소방서 또는 관계 행정기관에 지체 없이 알려야 한다. ▶5백(과) 24. 공채·경채

제20조의2【자체소방대의 설치·운영 등】 ① 관계인은 화재를 진압하거나 구조·구급 활동을 하기 위하여 상설 조직체(「위험물안전관리법」 제19조 및 그 밖의 다른 법령에 따라 설치된 자체소방대를 포함하며, 이하 이 조에서 "자체소방대"라 한다)를 설치·운영할 수 있다.

소방기본법 시행령

[규칙 별표 4] 소방신호의 방법 24. 경채

종별 \ 신호방법	타종 신호	사이렌 신호	그 밖의 신호
경계신호	1타와 연2타를 반복	5초 간격 30초씩 3회	• 통풍대 • 게시판 • 기(旗, Flag)
발화신호	난타	5초 간격 5초씩 3회	
해제신호	상당한 간격, 1타씩 반복	1분간 1회	
훈련신호	연3타 반복	10초 간격 1분씩 3회	

비고
1. 소방신호의 방법은 그 전부 또는 일부를 함께 사용할 수 있다.
2. 게시판을 철거하거나 통풍대 또는 기를 내리는 것으로 소방활동이 해제되었음을 알린다.
3. 소방대의 비상소집을 하는 경우에는 ❶ 를 사용할 수 있다.

소방기본법 시행규칙

제11조【자체소방대의 교육·훈련 등의 지원】 법 제20조의2 제3항에 따라 소방청장, 소방본부장 또는 소방서장은 같은 조 제1항에 따른 자체소방대(이하 "자체소방대"라 한다)의 역량 향상을 위하여 다음 각 호에 해당하는 교육·훈련 등을 지원할 수 있다.

소방기본법	소방기본법 시행령	소방기본법 시행규칙
② 자체소방대는 소방대가 현장에 도착한 경우 소방대장의 지휘 · 통제에 따라야 한다. ③ 소방청장, 소방본부장 또는 소방서장은 자체소방대의 역량 향상을 위하여 필요한 교육 · 훈련 등을 지원할 수 있다. ④ 제3항에 따른 교육 · 훈련 등의 지원에 필요한 사항은 행정안전부령으로 정한다. **제21조【소방자동차의 우선 통행 등】** ① 모든 차와 사람은 소방자동차(지휘를 위한 자동차와 구조 · 구급차를 포함한다. 이하 같다)가 화재진압 및 구조 · 구급 활동을 위하여 출동을 할 때에는 이를 방해하여서는 아니 된다. ▶ **5년/5천(벌)** ② 소방자동차가 화재진압 및 구조 · 구급 활동을 위하여 출동하거나 훈련을 위하여 필요할 때에는 사이렌을 사용할 수 있다. ③ 모든 차와 사람은 소방자동차가 화재진압 및 구조 · 구급 활동을 위하여 제2항에 따라 사이렌을 사용하여 출동하는 경우에는 다음 각 호의 행위를 하여서는 아니 된다. ▶ **2백(과)** 1. 소방자동차에 진로를 양보하지 아니하는 행위 2. 소방자동차 앞에 끼어들거나 소방자동차를 가로막는 행위 3. 그 밖에 소방자동차의 출동에 지장을 주는 행위 ④ 제3항의 경우를 제외하고 소방자동차의 우선 통행에 관하여는 「도로교통법」에서 정하는 바에 따른다.		1. 「소방공무원 교육훈련규정」 제2조에 따른 교육훈련기관에서의 자체소방대 교육훈련과정 2. 자체소방대에서 수립하는 교육 · 훈련 계획의 지도 · 자문 3. 「소방공무원임용령」 제2조 제3호에 따른 소방기관(이하 이 조에서 "소방기관"이라 한다)과 자체소방대와의 합동 소방훈련 4. 소방기관에서 실시하는 자체소방대의 현장실습 5. 그 밖에 소방청장이 자체소방대의 역량 향상을 위하여 필요하다고 인정하는 교육 · 훈련

<제19조> ❶ 석유화학제품

[규칙 별표 4] ❶ 훈련신호

소방기본법

제21조의2【소방자동차 전용구역 등】 ①「건축법」 제2조 제2항 제2호에 따른 공동주택 중 대통령령으로 정하는 공동주택의 건축주는 제16조 제1항에 따른 소방활동의 원활한 수행을 위하여 공동주택에 소방자동차 전용구역(이하 "전용구역"이라 한다)을 설치하여야 한다.

② 누구든지 전용구역에 차를 주차하거나 전용구역에의 진입을 가로막는 등의 방해행위를 하여서는 아니 된다. ▶1백(과) 24. 공채·경채

③ 전용구역의 설치 기준·방법, 제2항에 따른 방해행위의 기준, 그 밖의 필요한 사항은 대통령령으로 정한다.

소방기본법 시행령

제7조의12【소방자동차 전용구역 설치 대상】 법 제21조의2 제1항에서 "대통령령으로 정하는 공동주택"이란 다음 각 호의 주택을 말한다. 다만, 하나의 대지에 하나의 동(棟)으로 구성되고 「도로교통법」 제32조 또는 제33조에 따라 정차 또는 주차가 금지된 편도 2차선 이상의 도로에 직접 접하여 소방자동차가 도로에서 직접 소방활동이 가능한 공동주택은 제외한다.

1. 「건축법 시행령」 별표 1 제2호 가목의 아파트 중 세대수가 ❶ 이상인 아파트
2. 「건축법 시행령」 별표 1 제2호 라목의 기숙사 중 3층 이상의 기숙사

제7조의13【소방자동차 전용구역의 설치 기준·방법】 ① 제7조의12 각 호 외의 부분 본문에 따른 공동주택의 건축주는 소방자동차가 접근하기 쉽고 소방활동이 원활하게 수행될 수 있도록 각 동별 전면 또는 후면에 소방자동차 전용구역(이하 "전용구역"이라 한다)을 1개소 이상 설치해야 한다. 다만, 하나의 전용구역에서 여러 동에 접근하여 소방활동이 가능한 경우로서 소방청장이 정하는 경우에는 각 동별로 설치하지 않을 수 있다.

② 전용구역의 설치 방법은 별표 2의5와 같다.

제7조의14【전용구역 방해행위의 기준】 법 제21조의2 제2항에 따른 방해행위의 기준은 다음 각 호와 같다.

1. 전용구역에 물건 등을 쌓거나 주차하는 행위
2. 전용구역의 앞면, 뒷면 또는 양 측면에 물건 등을 쌓거나 주차하는 행위. 다만, 「주차장법」 제19조에 따른 부설주차장의 주차구획 내에 주차하는 경우는 제외한다.
3. 전용구역 진입로에 물건 등을 쌓거나 주차하여 전용구역으로의 진입을 가로막는 행위
4. 전용구역 노면표지를 지우거나 훼손하는 행위
5. 그 밖의 방법으로 소방자동차가 전용구역에 주차하는 것을 방해하거나 전용구역으로 진입하는 것을 방해하는 행위

소방기본법 시행규칙

[영 별표 2의5] 전용구역의 설치 방법

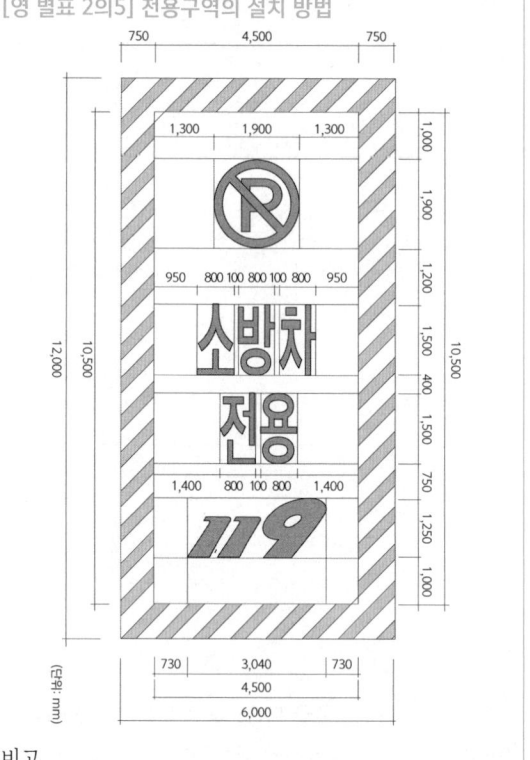

비고

1. 전용구역 노면표지의 외곽선은 빗금무늬로 표시하되, 빗금은 두께를 30센티미터로 하여 50센티미터 간격으로 표시한다.
2. 전용구역 노면표지 도료의 색채는 황색을 기본으로 하되, 문자(P, 소방차 전용)는 ❶ 으로 표시한다.

소방기본법	소방기본법 시행령	소방기본법 시행규칙
제21조의3【소방자동차 교통안전 분석 시스템 구축 · 운영】 ① 소방청장 또는 소방본부장은 대통령령으로 정하는 소방자동차에 행정안전부령으로 정하는 기준에 적합한 운행기록장치(이하 이 조에서 "운행기록장치"라 한다)를 장착하고 운용하여야 한다. ② 소방청장은 소방자동차의 안전한 운행 및 교통사고 예방을 위하여 운행기록장치 데이터의 수집 · 저장 · 통합 · 분석 등의 업무를 전자적으로 처리하기 위한 시스템(이하 이 조에서 "소방자동차 교통안전 분석 시스템"이라 한다)을 구축 · 운영할 수 있다. ③ 소방청장, 소방본부장 및 소방서장은 소방자동차 교통안전 분석 시스템으로 처리된 자료(이하 이 조에서 "전산자료"라 한다)를 이용하여 소방자동차의 장비운용자 등에게 어떠한 불리한 제재나 처벌을 하여서는 아니 된다. ④ 소방자동차 교통안전 분석 시스템의 구축 · 운영, 운행기록장치 데이터 및 전산자료의 보관 · 활용 등에 필요한 사항은 행정안전부령으로 정한다.	**제7조의15【운행기록장치 장착 소방자동차의 범위】** 법 제21조의3 제1항에서 "대통령령으로 정하는 소방자동차"란 「소방장비관리법 시행령」 제6조 및 별표 1 제1호 가목에 따른 다음 각 호의 소방자동차를 말한다. 1. 소방펌프차 2. 소방물탱크차 3. 소방화학차 4. 소방고가차(消防高架車) 5. ❷ 6. 구조차 7. 그 밖에 소방청장이 소방자동차의 안전한 운행 및 교통사고 예방을 위하여 운행기록장치 장착이 필요하다고 인정하여 정하는 소방자동차	**제12조【소방자동차 운행기록장치의 기준】** 법 제21조의3 제1항에서 "행정안전부령으로 정하는 기준에 적합한 운행기록장치"란 「교통안전법 시행규칙」 별표 4에서 정하는 장치 및 기능을 갖춘 전자식 운행기록장치(이하 "운행기록장치"라 한다)를 말한다. **제13조【운행기록장치 데이터의 보관】** 소방청장, 소방본부장 및 소방서장은 소방자동차 운행기록장치에 기록된 데이터(이하 "운행기록장치 데이터"라 한다)를 6개월 동안 저장 · 관리해야 한다. **제13조의2【운행기록장치 데이터 등의 제출】** ① 소방청장은 소방자동차의 안전한 운행 및 교통사고 예방을 위하여 소방본부장 또는 소방서장에게 운행기록장치 데이터 및 그 분석 결과 등 관련 자료의 제출을 요청할 수 있다. ② 소방본부장은 관할 구역 안의 소방서장에게 운행기록장치 데이터 등 관련 자료의 제출을 요청할 수 있다. ③ 소방본부장 또는 소방서장은 제1항 또는 제2항에 따라 자료의 제출을 요청받은 경우에는 소방청장 또는 소방본부장에게 해당 자료를 제출해야 한다. 이 경우 소방서장이 제1항에 따라 소방청장에게 자료를 제출하는 경우에는 소방본부장을 거쳐야 한다.
제22조【소방대의 긴급통행】 소방대는 화재, 재난 · 재해, 그 밖의 위급한 상황이 발생한 현장에 신속하게 출동하기 위하여 긴급할 때에는 일반적인 통행에 쓰이지 아니하는 도로 · 빈터 또는 물 위로 통행할 수 있다.		**제13조의3【운행기록장치 데이터의 분석 · 활용】** ① 소방청장 및 소방본부장은 운행기록장치 데이터 중 과속, 급감속, 급출발 등의 운행기록을 점검 · 분석해야 한다. ② 소방청장, 소방본부장 및 소방서장은 제1항에 따른 분석 결과를 소방자동차의 안전한 소방활동 수행에 필요한 교통안전정책의 수립, 교육 · 훈련 등에 활용할 수 있다.

<제7조의12> ❶ 100세대
<제7조의15> ❷ 무인방수차

[영 별표 2의5] ❶ 백색

소방기본법	소방기본법 시행령	소방기본법 시행규칙
		제13조의4【운행기록장치 데이터 보관 등에 관한 세부 사항】 제13조, 제13조의2 및 제13조의3에서 규정한 사항 외에 운행기록장치 데이터의 보관, 제출 및 활용 등에 필요한 세부 사항은 소방청장이 정한다.
제23조【소방활동구역의 설정】 ① 소방대장은 화재, 재난·재해, 그 밖의 위급한 상황이 발생한 현장에 소방활동구역을 정하여 소방활동에 필요한 사람으로서 ❶ 으로 정하는 사람 외에는 그 구역에 출입하는 것을 제한할 수 있다. ▶2백(과) ② 경찰공무원은 소방대가 제1항에 따른 소방활동구역에 있지 아니하거나 소방대장의 요청이 있을 때에는 제1항에 따른 조치를 할 수 있다. **제24조【소방활동 종사 명령】** ① 소방본부장, 소방서장 또는 소방대장은 화재, 재난·재해, 그 밖의 위급한 상황이 발생한 현장에서 소방활동을 위하여 필요할 때에는 그 관할구역에 사는 사람 또는 그 현장에 있는 사람으로 하여금 사람을 구출하는 일 또는 불을 끄거나 불이 번지지 아니하도록 하는 일을 하게 할 수 있다. 이 경우 소방본부장, 소방서장 또는 소방대장은 소방활동에 필요한 보호장구를 지급하는 등 안전을 위한 조치를 하여야 한다. ▶5년/5천(벌) ② 삭제 ③ 제1항에 따른 명령에 따라 소방활동에 종사한 사람은 ❷ 로부터 소방활동의 비용을 지급받을 수 있다. 다만, 다음 각 호의 어느 하나에 해당하는 사람의 경우에는 그러하지 아니하다. 1. 소방대상물에 화재, 재난·재해, 그 밖의 위급한 상황이 발생한 경우 그 관계인 2. 고의 또는 과실로 화재 또는 구조·구급 활동이 필요한 상황을 발생시킨 사람 3. 화재 또는 구조·구급 현장에서 물건을 가져간 사람	**제8조【소방활동구역의 출입자】** 법 제23조 제1항에서 "대통령령으로 정하는 사람"이란 다음 각 호의 사람을 말한다. 1. ❶ 에 있는 소방대상물의 소유자·관리자 또는 점유자 2. 전기·가스·수도·통신·교통의 업무에 종사하는 사람으로서 원활한 소방활동을 위하여 필요한 사람 3. 의사·간호사 그 밖의 구조·구급업무에 종사하는 사람 4. 취재인력 등 보도업무에 종사하는 사람 5. 수사업무에 종사하는 사람 6. 그 밖에 ❷ 이 소방활동을 위하여 출입을 허가한 사람	

소방기본법	소방기본법 시행령	소방기본법 시행규칙

제25조【강제처분 등】 ① 소방본부장, 소방서장 또는 소방대장은 사람을 구출하거나 불이 번지는 것을 막기 위하여 필요할 때에는 화재가 발생하거나 불이 번질 우려가 있는 소방대상물 및 토지를 일시적으로 사용하거나 그 사용의 제한 또는 소방활동에 필요한 처분을 할 수 있다. ▶ **3년/3천(벌)**

② 소방본부장, 소방서장 또는 소방대장은 사람을 구출하거나 불이 번지는 것을 막기 위하여 긴급하다고 인정할 때에는 제1항에 따른 소방대상물 또는 토지 외의 소방대상물과 토지에 대하여 제1항에 따른 처분을 할 수 있다. ▶ **3백(벌)**

③ 소방본부장, 소방서장 또는 소방대장은 소방활동을 위하여 긴급하게 출동할 때에는 소방자동차의 통행과 소방활동에 방해가 되는 주차 또는 정차된 차량 및 물건 등을 제거하거나 이동시킬 수 있다. ▶ **3백(벌)**

④ 소방본부장, 소방서장 또는 소방대장은 제3항에 따른 소방활동에 방해가 되는 주차 또는 정차된 차량의 제거나 이동을 위하여 관할 지방자치단체 등 관련 기관에 견인차량과 인력 등에 대한 지원을 요청할 수 있고, 요청을 받은 관련 기관의 장은 정당한 사유가 없으면 이에 협조하여야 한다.

⑤ 시·도지사는 제4항에 따라 견인차량과 인력 등을 지원한 자에게 ❸ ________ 로 정하는 바에 따라 비용을 지급할 수 있다.

강제처분 내용

시기	강제처분대상	강제처분
필요할 때	① 소방대상물·토지	일시적 사용, 제한, 처분
긴급할 때	② ① 외의 소방대상물·토지	
긴급출동할 때	③ 방해가 되는 주차·정차된 차량·물건	제거 또는 이동

벌칙 및 손실보상(제49조의2 및 제51조)

조문	벌칙*	손실보상	비고
제25조 제1항	3년 이하의 징역 또는 3천만원 이하의 벌금		
제25조 제2항	300만원 이하의 벌금	처분으로 인하여 손실을 입은 자	
제25조 제3항	300만원 이하의 벌금	처분으로 인하여 손실을 입은 자	법령을 위반하여 소방자동차의 통행과 소방활동에 방해가 된 경우는 제외한다.

* 처분을 방해한 자 또는 정당한 사유 없이 그 처분에 따르지 아니한 자

<제23조> ❶ 대통령령
<제24조> ❷ 시·도지사
<제25조> ❸ 시·도의 조례

<제8조> ❶ 소방활동구역 안 ❷ 소방대장

소방기본법

제26조【피난 명령】 ① 소방본부장, 소방서장 또는 소방대장은 화재, 재난·재해, 그 밖의 위급한 상황이 발생하여 사람의 생명을 위험하게 할 것으로 인정할 때에는 일정한 구역을 지정하여 그 구역에 있는 사람에게 그 구역 밖으로 피난할 것을 명할 수 있다. ▶**1백(벌)**

② 소방본부장, 소방서장 또는 소방대장은 제1항에 따른 명령을 할 때 필요하면 관할 경찰서장 또는 자치경찰단장에게 협조를 요청할 수 있다.

제27조【위험시설 등에 대한 긴급조치】 ① 소방본부장, 소방서장 또는 소방대장은 화재 진압 등 소방활동을 위하여 필요할 때에는 소방용수 외에 댐·저수지 또는 수영장 등의 물을 사용하거나 수도(水道)의 개폐장치 등을 조작할 수 있다. ▶**1백(벌)**

② 소방본부장, 소방서장 또는 소방대장은 화재 발생을 막거나 폭발 등으로 화재가 확대되는 것을 막기 위하여 ❶ ______·전기 또는 유류 등의 시설에 대하여 위험물질의 공급을 차단하는 등 필요한 조치를 할 수 있다. ▶**1백(벌)**

③ 삭제

제27조의2【방해행위의 제지 등】 소방대원은 제16조 제1항에 따른 소방활동 또는 제16조의3 제1항에 따른 생활안전활동을 방해하는 행위를 하는 사람에게 필요한 경고를 하고, 그 행위로 인하여 사람의 생명·신체에 위해를 끼치거나 재산에 중대한 손해를 끼칠 우려가 있는 긴급한 경우에는 그 행위를 제지할 수 있다.

제28조【소방용수시설 또는 비상소화장치의 사용금지 등】 누구든지 다음 각 호의 어느 하나에 해당하는 행위를 하여서는 아니 된다. ▶**5년/5천(벌)**

1. 정당한 사유 없이 소방용수시설 또는 비상소화장치를 사용하는 행위
2. 정당한 사유 없이 손상·파괴, 철거 또는 그 밖의 방법으로 소방용수시설 또는 비상소화장치의 효용(效用)을 해치는 행위
3. 소방용수시설 또는 비상소화장치의 정당한 사용을 방해하는 행위

소방기본법 시행령

제28조【소방용수시설 또는 비상소화장치의 사용금지 등】 누구든지 다음 각 호의 어느 하나에 해당하는 행위를 하여서는 아니 된다. ▶**5년/5천(벌)**

1. 정당한 사유 없이 소방용수시설 또는 비상소화장치를 사용하는 행위
2. 정당한 사유 없이 손상·파괴, 철거 또는 그 밖의 방법으로 소방용수시설 또는 비상소화장치의 효용(效用)을 해치는 행위
3. 소방용수시설 또는 비상소화장치의 정당한 사용을 방해하는 행위

소방기본법 시행규칙

소방기본법	소방기본법 시행령	소방기본법 시행규칙
제6장 구조 및 구급		
제34조【구조대 및 구급대의 편성과 운영】 구조대 및 구급대의 편성과 운영에 관하여는 별도의 법률로 정한다. **제35조** 삭제 **제36조** 삭제		
제7장 의용소방대		
제37조【의용소방대의 설치 및 운영】 의용소방대의 설치 및 운영에 관하여는 별도의 법률로 정한다. **제38조** 삭제 **제39조** 삭제 **제39조의2** 삭제		
제7장의2 소방산업의 육성 · 진흥 및 지원 등		
제39조의3【국가의 책무】 국가는 소방산업(소방용 기계 · 기구의 제조, 연구 · 개발 및 판매 등에 관한 일련의 산업을 말한다. 이하 같다)의 육성 · 진흥을 위하여 필요한 계획의 수립 등 행정상 · 재정상의 지원시책을 마련하여야 한다. **제39조의4** 삭제 **제39조의5【소방산업과 관련된 기술개발 등의 지원】** ① 국가는 소방산업과 관련된 기술(이하 "소방기술"이라 한다)의 개발을 촉진하기 위하여 기술개발을 실시하는 자에게 그 기술개발에 드는 자금의 전부나 일부를 출연하거나 보조할 수 있다.		

<제27조> ❶ 가스

소방기본법	소방기본법 시행령	소방기본법 시행규칙
② 국가는 우수소방제품의 전시·홍보를 위하여 「대외무역법」 제4조 제2항에 따른 무역전시장 등을 설치한 자에게 다음 각 호에서 정한 범위에서 재정적인 지원을 할 수 있다. 1. 소방산업전시회 운영에 따른 경비의 일부 2. 소방산업전시회 관련 국외 홍보비 3. 소방산업전시회 기간 중 국외의 구매자 초청 경비 **제39조의6【소방기술의 연구·개발사업 수행】** ① 국가는 국민의 생명과 재산을 보호하기 위하여 다음 각 호의 어느 하나에 해당하는 기관이나 단체로 하여금 소방기술의 연구·개발사업을 수행하게 할 수 있다. 1. 국공립 연구기관 2. 「과학기술분야 정부출연연구기관 등의 설립·운영 및 육성에 관한 법률」에 따라 설립된 연구기관 3. 「특정연구기관 육성법」 제2조에 따른 특정연구기관 4. 「고등교육법」에 따른 대학·산업대학·전문대학 및 기술대학 5. 「민법」이나 다른 법률에 따라 설립된 소방기술 분야의 법인인 연구기관 또는 법인 부설 연구소 6. 「기초연구진흥 및 기술개발지원에 관한 법률」 제14조의2 제1항에 따라 인정받은 기업부설연구소 7. 「소방산업의 진흥에 관한 법률」 제14조에 따른 한국소방산업기술원 8. 그 밖에 대통령령으로 정하는 소방에 관한 기술개발 및 연구를 수행하는 기관·협회		

소방기본법	소방기본법 시행령	소방기본법 시행규칙
② 국가가 제1항에 따른 기관이나 단체로 하여금 소방기술의 연구 · 개발사업을 수행하게 하는 경우에는 필요한 경비를 지원하여야 한다. **제39조의7【소방기술 및 소방산업의 국제화사업】** ① 국가는 소방기술 및 소방산업의 국제경쟁력과 국제적 통용성을 높이는 데에 필요한 기반 조성을 촉진하기 위한 시책을 마련하여야 한다. ② ❶ 은 소방기술 및 소방산업의 국제경쟁력과 국제적 통용성을 높이기 위하여 다음 각 호의 사업을 추진하여야 한다. 1. 소방기술 및 소방산업의 국제 협력을 위한 조사 · 연구 2. 소방기술 및 소방산업에 관한 국제 전시회, 국제 학술회의 개최 등 국제 교류 3. 소방기술 및 소방산업의 국외시장 개척 4. 그 밖에 소방기술 및 소방산업의 국제경쟁력과 국제적 통용성을 높이기 위하여 필요하다고 인정하는 사업		

<제39조의7> ❶ 소방청장

소방기본법	소방기본법 시행령	소방기본법 시행규칙
제8장 한국소방안전원		
제40조【한국소방안전원의 설립 등】 ① 소방기술과 안전관리기술의 향상 및 홍보, 그 밖의 교육·훈련 등 행정기관이 위탁하는 업무의 수행과 소방 관계 종사자의 기술 향상을 위하여 한국소방안전원(이하 "안전원"이라 한다)을 소방청장의 인가를 받아 설립한다. ② 제1항에 따라 설립되는 안전원은 법인으로 한다. ③ 안전원에 관하여 이 법에 규정된 것을 제외하고는 「민법」 중 재단법인에 관한 규정을 준용한다.		
제40조의2【교육계획의 수립 및 평가 등】 ① 안전원의 장(이하 "안전원장"이라 한다)은 소방기술과 안전관리의 기술향상을 위하여 매년 교육 수요조사를 실시하여 교육계획을 수립하고 소방청장의 승인을 받아야 한다. ② 안전원장은 소방청장에게 해당 연도 교육결과를 평가·분석하여 보고하여야 하며, 소방청장은 교육평가 결과를 제1항의 교육계획에 반영하게 할 수 있다. ③ 안전원장은 제2항의 교육결과를 객관적이고 정밀하게 분석하기 위하여 필요한 경우 교육 관련 전문가로 구성된 위원회를 운영할 수 있다. ④ 제3항에 따른 위원회의 구성·운영에 필요한 사항은 ❶ 으로 정한다.	**제9조【교육평가심의위원회의 구성·운영】** ① 안전원의 장(이하 "안전원장"이라 한다)은 법 제40조의2 제3항에 따라 다음 각 호의 사항을 심의하기 위하여 교육평가심의위원회(이하 "평가위원회"라 한다)를 둔다. 1. 교육평가 및 운영에 관한 사항 2. 교육결과 분석 및 개선에 관한 사항 3. 다음 연도의 교육계획에 관한 사항 ② 평가위원회는 위원장 1명을 포함하여 ❶ 이하의 위원으로 성별을 고려하여 구성한다. ③ 평가위원회의 위원장은 위원 중에서 호선(互選)한다. ④ 평가위원회의 위원은 다음 각 호의 어느 하나에 해당하는 사람 중에서 안전원장이 임명 또는 위촉한다. 1. 소방안전교육 업무 담당 소방공무원 중 소방청장이 추천하는 사람 2. 소방안전교육 전문가 3. 소방안전교육 수료자 4. 소방안전에 관한 학식과 경험이 풍부한 사람 ⑤ 평가위원회에 참석한 위원에게는 예산의 범위에서 수당을 지급할 수 있다. 다만, 공무원인 위원이 소관 업무와 직접 관련되어 참석하는 경우에는 수당을 지급하지 아니한다. ⑥ 제1항부터 제5항까지에서 규정한 사항 외에 평가위원회의 운영 등에 필요한 사항은 안전원장이 정한다.	

소방기본법	소방기본법 시행령	소방기본법 시행규칙

제41조【안전원의 업무】 안전원은 다음 각 호의 업무를 수행한다. 24. 경채

1. 소방기술과 안전관리에 관한 교육 및 조사 · 연구
2. 소방기술과 안전관리에 관한 각종 ❷ 발간
3. 화재 예방과 안전관리의식 고취를 위한 대국민 홍보
4. 소방업무에 관하여 행정기관이 위탁하는 업무
5. 소방안전에 관한 국제협력
6. 그 밖에 회원에 대한 기술지원 등 정관으로 정하는 사항

제42조【회원의 관리】 안전원은 소방기술과 안전관리 역량의 향상을 위하여 다음 각 호의 사람을 회원으로 관리할 수 있다.

1. 「소방시설 설치 및 관리에 관한 법률」, 「소방시설공사업법」 또는 「위험물안전관리법」에 따라 등록을 하거나 허가를 받은 사람으로서 회원이 되려는 사람
2. 「화재의 예방 및 안전관리에 관한 법률」, 「소방시설공사업법」 또는 「위험물안전관리법」에 따라 소방안전관리자, 소방기술자 또는 위험물안전관리자로 선임되거나 채용된 사람으로서 회원이 되려는 사람
3. 그 밖에 소방 분야에 관심이 있거나 학식과 경험이 풍부한 사람으로서 회원이 되려는 사람

제43조【안전원의 정관】 ① 안전원의 정관에는 다음 각 호의 사항이 포함되어야 한다.

위원회 · 평가단 구성 · 운영 등 I

소방기본법	1. 소방기술민원센터: 센터장 포함 18명 이내 2. 소방박물관: 관장 1인, 부관장 1인, 운영위원회 7인 이내 3. 한국소방안전원: 원장 1명 포함한 9명 이내의 이사와 1명의 감사 4. 교육평가위원회: 위원장 1명 포함하여 9명 이하의 위원 5. 손실보상심의위원회: 위원장 1명 포함하여 5명 이상 7명 이하의 위원
화재예방법	1. 중앙 · 지방화재안전조사단: 각각 단장 포함하여 50명 내외 성별 고려 2. 화재안전조사위원회: 위원장 1명 포함 7명 이내의 위원 성별 고려 3. 화재안전영향평가심의회: 위원장 1명 포함한 12명 이내의 위원 4. 우수 소방대상물의 선정을 위한 평가위원회(규칙): 2명 이상 포함된 평가위원회
소방시설법	1. 성능위주설계 평가단: 평가단장 1명 포함하여 50명 이내 단원 2. 성능위주설계 평가단 회의: 평가단장과 평가단장이 회의마다 지명하는 6명 이상 8명 이하의 평가단원(변경신고: 성능위주설계를 검토 · 평가한 평가단원 중 5명 이상으로 평가단 구성) 3. 중앙소방기술심의위원회 구성: 위원장을 포함한 60명 이내의 위원으로 구성 4. 중앙소방기술심의위원회 회의: 위원장과 위원장이 회의마다 지정하는 6명 이상 12명 이하의 위원 5. 지방소방기술심의위원회 구성: 위원장을 포함하여 5명 이상 9명 이하의 위원
화재조사법	1. 화재조사전담부서: 화재조사관 2명 이상 배치 2. 화재합동조사단 • 사망자가 5명 이상 발생한 화재 • 화재로 인한 사회적 · 경제적 영향이 광범위하다고 소방관서장이 인정하는 화재
소방시설공사업법	1. 하도급계약심사위원회(영): 위원장 1명과 부위원장 1명을 포함하여 10명 이내의 위원 2. 소방기술자 양성 · 인정 교육훈련 전담인력: 6명 이상 3. 소방기술자 실무교육에 필요한 기술인력(규칙 [별표 6]): 강사 4명 및 교무인원 2명 이상 4. 소방시설업자협회 설립인가: 소방시설업자 10명 이상 발기
위험물안전관리법	사고조사위원회: 위원장 1명을 포함하여 7명 이하의 위원

<제40조의2> ❶ 대통령령
<제41조> ❷ 간행물

<제9조> ❶ 9명

소방기본법	소방기본법 시행령	소방기본법 시행규칙

1. 목적
2. 명칭
3. 주된 사무소의 소재지
4. 사업에 관한 사항
5. 이사회에 관한 사항
6. 회원과 임원 및 직원에 관한 사항
7. 재정 및 회계에 관한 사항
8. 정관의 변경에 관한 사항

② 안전원은 정관을 변경하려면 소방청장의 인가를 받아야 한다.

제44조【안전원의 운영 경비】 안전원의 운영 및 사업에 소요되는 경비는 다음 각 호의 재원으로 충당한다.

1. 제41조 제1호 및 제4호의 업무 수행에 따른 수입금
2. 제42조에 따른 회원의 회비
3. 자산운영수익금
4. 그 밖의 부대수입

제44조의2【안전원의 임원】 ① 안전원에 임원으로 원장 1명을 포함한 ❶ 이내의 이사와 1명의 감사를 둔다.

② 제1항에 따른 원장과 감사는 소방청장이 임명한다.

제44조의3【유사명칭의 사용금지】 이 법에 따른 안전원이 아닌 자는 한국소방안전원 또는 이와 유사한 명칭을 사용하지 못한다. ▶2백(과)

제45조 삭제

제46조 삭제

제47조 삭제

위원회·평가단 구성·운영 등 II

구분	5명 이상 7명 이하	6명 이상 8명 이하	5명 이상 9명 이하	6명 이상 12명 이하
소방기본법	손실보상심의위원회 (위원장 포함)			
화재예방법				
소방시설법		단장+성능위주설계 평가단(회의) (변경신고: 5명 이상)	지방소방기술심의위원회[구성(위원장 포함)]	위원장+중앙소방기술심의위원회(회의)
화재조사법				
소방시설공사업법				
위험물안전관리법				

위원회·평가단 구성·운영 등 III

구분	60명 이내	50명 내외	18명 이내	12명 이내	10명 이내	9명 이내	7명 이내
소방기본법			소방기술 민원센터 (센터장 포함)			한국소방 안전원 이사 (위원장 포함)+ 1명의 감사 교육평가 위원회	관장 1인, 부관장 1인, 소방박물관 (운영위원회)
화재예방법		중앙·지방화재 안전조사단 (단장 포함)		화재안전 영향평가 심의회 (위원장 포함)			
소방시설법	중앙소방 기술심의 위원회	성능위주 설계평가단 (단장 포함)					화재안전 조사위원회 (위원장 포함)
화재조사법							
소방시설 공사업법					하도급계약 심사위원회		
위험물안전 관리법							사고조사 위원회 (위원장 포함)

소방기본법	소방기본법 시행령	소방기본법 시행규칙
제9장 보칙		
제48조【감독】 ① 소방청장은 안전원의 업무를 감독한다. ② 소방청장은 안전원에 대하여 업무 · 회계 및 재산에 관하여 필요한 사항을 보고하게 하거나, 소속 공무원으로 하여금 안전원의 장부 · 서류 및 그 밖의 물건을 검사하게 할 수 있다. ③ 소방청장은 제2항에 따른 보고 또는 검사의 결과 필요하다고 인정되면 시정명령 등 필요한 조치를 할 수 있다. **제49조【권한의 위임】** 소방청장은 이 법에 따른 권한의 일부를 대통령령으로 정하는 바에 따라 시 · 도지사, 소방본부장 또는 소방서장에게 위임할 수 있다.	**제10조【감독 등】** ① 소방청장은 법 제48조 제1항에 따라 안전원의 다음 각 호의 업무를 감독하여야 한다. 1. 이사회의 중요의결 사항 2. 회원의 가입 · 탈퇴 및 회비에 관한 사항 3. 사업계획 및 예산에 관한 사항 4. 기구 및 조직에 관한 사항 5. 그 밖에 소방청장이 위탁한 업무의 수행 또는 정관에서 정하고 있는 업무의 수행에 관한 사항 ② 협회의 사업계획 및 예산에 관하여는 소방청장의 승인을 얻어야 한다. ③ 소방청장은 협회의 업무감독을 위하여 필요한 자료의 제출을 명하거나 「소방시설 설치 및 관리에 관한 법률」 제50조, 「소방시설공사업법」 제33조 및 「위험물안전관리법」 제30조의 규정에 의하여 위탁된 업무와 관련된 규정의 개선을 명할 수 있다. 이 경우 협회는 정당한 사유가 없는 한 이에 따라야 한다.	
제49조의2【손실보상】 ① 소방청장 또는 시 · 도지사는 다음 각 호의 어느 하나에 해당하는 자에게 제3항의 손실보상심의위원회의 심사 · 의결에 따라 정당한 보상을 하여야 한다. 1. 제16조의3 제1항에 따른 조치로 인하여 손실을 입은 자 2. 제24조 제1항 전단에 따른 소방활동 종사로 인하여 사망하거나 부상을 입은 자	**제11조【손실보상의 기준 및 보상금액】** ① 법 제49조의2 제1항에 따라 같은 항 각 호(제2호는 제외한다)의 어느 하나에 해당하는 자에게 물건의 멸실 · 훼손으로 인한 손실보상을 하는 때에는 다음 각 호의 기준에 따른 금액으로 보상한다. 이 경우 영업자가 손실을 입은 물건의 수리나 교환으로 인하여 영업을 계속할 수 없는 때에는 영업을 계속할 수 없는 기간의 ❶ ______ 에 상당하는 금액을 더하여 보상한다. 1. 손실을 입은 물건을 수리할 수 있는 때: 수리비에 상당하는 금액	**제14조【보상금 지급 청구서 등의 서식】** ① 영 제12조 제1항에 따른 보상금 지급 청구서는 별지 제8호서식에 따른다. ② 영 제12조 제4항에 따라 결정 내용을 청구인에게 통지하는 경우에는 다음 각 호의 서식에 따른다. 1. 보상금을 지급하기로 결정한 경우: 별지 제9호서식의 보상금 지급 결정 통지서 2. 보상금을 지급하지 아니하기로 결정하거나 보상금 지급 청구를 각하한 경우: 별지 제10호서식의 보상금 지급 청구 (기각 · 각하) 통지서

<제44조의2> ❶ 9명

<제11조> ❶ 영업이익액

소방기본법	소방기본법 시행령	소방기본법 시행규칙
3. 제25조 제2항 또는 제3항에 따른 처분으로 인하여 손실을 입은 자. 다만, 같은 조 제3항에 해당하는 경우로서 법령을 위반하여 소방자동차의 통행과 소방활동에 방해가 된 경우는 제외한다. 4. 제27조 제1항 또는 제2항에 따른 조치로 인하여 손실을 입은 자 5. 그 밖에 소방기관 또는 소방대의 적법한 소방업무 또는 소방활동으로 인하여 손실을 입은 자 ② 제1항에 따라 손실보상을 청구할 수 있는 권리는 손실이 있음을 안 날부터 3년, 손실이 발생한 날부터 5년간 행사하지 아니하면 시효의 완성으로 소멸한다. ③ 소방청장 또는 시·도지사는 제1항에 따른 손실보상청구사건을 심사·의결하기 위하여 필요한 경우 손실보상심의위원회를 구성·운영할 수 있다. ④ 소방청장 또는 시·도지사는 손실보상심의위원회의 구성 목적을 달성하였다고 인정하는 경우에는 손실보상심의위원회를 해산할 수 있다. ⑤ 제1항에 따른 손실보상의 기준, 보상금액, 지급절차 및 방법, 제3항에 따른 손실보상심의위원회의 구성 및 운영, 그 밖에 필요한 사항은 ❶ 으로 정한다.	2. 손실을 입은 물건을 수리할 수 없는 때: 손실을 입은 당시의 해당 물건의 ❶ ② 물건의 멸실·훼손으로 인한 손실 외의 재산상 손실에 대해서는 직무집행과 상당한 인과관계가 있는 범위에서 보상한다. ③ 법 제49조의2 제1항 제2호에 따른 사상자의 보상금액 등의 기준은 별표 2의4와 같다.	

소방기본법 시행령

제12조【손실보상의 지급절차 및 방법】 ① 법 제49조의2 제1항에 따라 소방기관 또는 소방대의 적법한 소방업무 또는 소방활동으로 인하여 발생한 손실을 보상받으려는 자는 행정안전부령으로 정하는 보상금 지급 청구서에 손실내용과 손실금액을 증명할 수 있는 서류를 첨부하여 소방청장 또는 시·도지사(이하 "소방청장등"이라 한다)에게 제출하여야 한다. 이 경우 소방청장 등은 손실보상금의 산정을 위하여 필요하면 손실보상을 청구한 자에게 증빙·보완 자료의 제출을 요구할 수 있다.

② 소방청장등은 제13조에 따른 손실보상심의위원회의 심사·의결을 거쳐 특별한 사유가 없으면 보상금 지급 청구서를 받은 날부터 ❷ 이내에 보상금 지급 여부 및 보상금액을 결정하여야 한다.

③ 소방청장등은 다음 각 호의 어느 하나에 해당하는 경우에는 그 청구를 각하(却下)하는 결정을 하여야 한다.

1. 청구인이 같은 청구 원인으로 보상금 청구를 하여 보상금 지급 여부 결정을 받은 경우. 다만, 기각 결정을 받은 청구인이 손실을 증명할 수 있는 새로운 증거가 발견되었음을 소명(疎明)하는 경우는 제외한다.
2. 손실보상 청구가 요건과 절차를 갖추지 못한 경우. 다만, 그 잘못된 부분을 시정할 수 있는 경우는 제외한다.

④ 소방청장등은 제2항 또는 제3항에 따른 결정일부터 ❸ 이내에 행정안전부령으로 정하는 바에 따라 결정 내용을 청구인에게 통지하고, 보상금을 지급하기로 결정한 경우에는 특별한 사유가 없으면 통지한 날부터 ❹ 이내에 보상금을 지급하여야 한다.

⑤ 소방청장등은 보상금을 지급받을 자가 지정하는 예금계좌(「우체국예금·보험에 관한 법률」에 따른 체신관서 또는 「은행법」에 따른 은행의 계좌를 말한다)에 입금하는 방법으로 보상금을 지급한다. 다만, 보상금을 지급받을 자가 체신관서 또는 은행이 없는 지역에 거주하는 등 부득이한 사유가 있는 경우에는 그 보상금을 지급받을 자의 신청에 따라 현금으로 지급할 수 있다.

⑥ 보상금은 일시불로 지급하되, 예산 부족 등의 사유로 일시불로 지급할 수 없는 특별한 사정이 있는 경우에는 청구인의 동의를 받아 분할하여 지급할 수 있다.

⑦ 제1항부터 제6항까지에서 규정한 사항 외에 보상금의 청구 및 지급에 필요한 사항은 소방청장이 정한다.

소방기본법 시행령

제13조【손실보상심의위원회의 설치 및 구성】 ① 소방청장등은 법 제49조의2 제3항에 따라 손실보상청구 사건을 심사·의결하기 위하여 필요한 경우 각각 손실보상심의위원회(이하 "보상위원회"라 한다)를 구성·운영할 수 있다.

② 보상위원회는 위원장 1명을 포함하여 5명 이상 ❺ ______ 이하의 위원으로 구성한다. 다만, 청구금액이 100만원 이하인 사건에 대해서는 제3항 제1호에 해당하는 위원 3명으로만 구성할 수 있다.

③ 보상위원회의 위원은 다음 각 호의 어느 하나에 해당하는 사람 중에서 소방청장등이 위촉하거나 임명한다. 이 경우 제2항 본문에 따라 보상위원회를 구성할 때에는 위원의 과반수는 성별을 고려하여 소방공무원이 아닌 사람으로 하여야 한다.

1. 소속 소방공무원
2. 판사·검사 또는 변호사로 5년 이상 근무한 사람
3. 「고등교육법」 제2조에 따른 학교에서 법학 또는 행정학을 가르치는 부교수 이상으로 5년 이상 재직한 사람
4. 「보험업법」 제186조에 따른 손해사정사
5. 소방안전 또는 의학 분야에 관한 학식과 경험이 풍부한 사람

④ 제3항에 따라 위촉되는 위원의 임기는 2년으로 한다. 다만, 법 제49조의2 제4항에 따라 보상위원회가 해산되는 경우에는 그 해산되는 때에 임기가 만료되는 것으로 한다.

⑤ 보상위원회의 사무를 처리하기 위하여 보상위원회에 간사 1명을 두되, 간사는 소속 소방공무원 중에서 소방청장등이 지명한다.

제14조【보상위원회의 위원장】 ① 보상위원회의 위원장(이하 "보상위원장"이라 한다)은 제13조 제3항 제1호에 따른 위원 중에서 소방청장등이 지명한다.

② 보상위원장은 보상위원회를 대표하며, 보상위원회의 업무를 총괄한다.

③ 보상위원장이 부득이한 사유로 직무를 수행할 수 없는 때에는 보상위원장이 미리 지명한 위원이 그 직무를 대행한다.

제15조【보상위원회의 운영】 ① 보상위원장은 보상위원회의 회의를 소집하고, 그 의장이 된다.

② 보상위원회의 회의는 재적위원 과반수의 출석으로 개의(開議)하고, 출석위원 과반수의 찬성으로 의결한다.

③ 보상위원회는 심의를 위하여 필요한 경우에는 관계 공무원이나 관계 기관에 사실조사나 자료의 제출 등을 요구할 수 있으며, 관계 전문가에게 필요한 정보의 제공이나 의견의 진술 등을 요청할 수 있다.

제16조【보상위원회 위원의 제척·기피·회피】 ① 보상위원회의 위원이 다음 각 호의 어느 하나에 해당하는 경우에는 보상위원회의 심의·의결에서 제척(除斥)된다.

1. 위원 또는 그 배우자나 배우자였던 사람이 심의 안건의 청구인인 경우
2. 위원이 심의 안건의 청구인과 친족이거나 친족이었던 경우
3. 위원이 심의 안건에 대하여 증언, 진술, 자문, 용역 또는 감정을 한 경우
4. 위원이나 위원이 속한 법인(법무조합 및 공증인가합동법률사무소를 포함한다)이 심의 안건 청구인의 대리인이거나 대리인이었던 경우
5. 위원이 해당 심의 안건의 청구인인 법인의 임원인 경우

<제49조의2> ❶ 대통령령

<제11조> ❶ 교환가액
<제12조> ❷ 60일 ❸ 10일 ❹ 30일
<제13조> ❺ 7명

소방기본법	소방기본법 시행령	소방기본법 시행규칙

② 청구인은 보상위원회의 위원에게 공정한 심의·의결을 기대하기 어려운 사정이 있는 때에는 보상위원회에 기피 신청을 할 수 있고, 보상위원회는 의결로 이를 결정한다. 이 경우 기피 신청의 대상인 위원은 그 의결에 참여하지 못한다.

③ 보상위원회의 위원이 제1항 각 호에 따른 제척 사유에 해당하는 경우에는 스스로 해당 안건의 심의·의결에서 회피(回避)하여야 한다.

제17조【보상위원회 위원의 해촉 및 해임】 소방청장등은 보상위원회의 위원이 다음 각 호의 어느 하나에 해당하는 경우에는 해당 위원을 해촉(解嘱)하거나 해임할 수 있다.

1. 심신장애로 인하여 직무를 수행할 수 없게 된 경우
2. 직무태만, 품위손상이나 그 밖의 사유로 위원으로 적합하지 아니하다고 인정되는 경우
3. 제16조 제1항 각 호의 어느 하나에 해당하는 데에도 불구하고 회피하지 아니한 경우
4. 제17조의2를 위반하여 직무상 알게 된 비밀을 누설한 경우

제17조의2【보상위원회의 비밀 누설 금지】 보상위원회의 회의에 참석한 사람은 직무상 알게 된 비밀을 누설해서는 아니 된다.

제18조【보상위원회의 운영 등에 필요한 사항】 제13조부터 제17조까지 및 제17조의2에서 규정한 사항 외에 보상위원회의 운영 등에 필요한 사항은 소방청장 등이 정한다.

소방기본법	소방기본법 시행령	소방기본법 시행규칙
제49조의3【벌칙 적용에서 공무원 의제】 제41조 제4호에 따라 위탁받은 업무에 종사하는 안전원의 임직원은 「형법」 제129조부터 제132조까지를 적용할 때에는 공무원으로 본다.		

소방기본법	소방기본법 시행령	소방기본법 시행규칙
제10장 벌칙		

제50조【벌칙】 다음 각 호의 어느 하나에 해당하는 사람은 5년 이하의 징역 또는 5천만원 이하의 벌금에 처한다.

1. 제16조 제2항을 위반하여 다음 각 목의 어느 하나에 해당하는 행위를 한 사람

   가. 위력(威力)을 사용하여 출동한 소방대의 화재진압·인명구조 또는 구급활동을 방해하는 행위
   나. 소방대가 화재진압·인명구조 또는 구급활동을 위하여 현장에 출동하거나 현장에 출입하는 것을 고의로 방해하는 행위
   다. 출동한 소방대원에게 폭행 또는 협박을 행사하여 화재진압·인명구조 또는 구급활동을 방해하는 행위
   라. 출동한 소방대의 소방장비를 파손하거나 그 효용을 해하여 화재진압·인명구조 또는 구급활동을 방해하는 행위

2. 제21조 제1항을 위반하여 소방자동차의 출동을 방해한 사람
3. 제24조 제1항에 따른 사람을 구출하는 일 또는 불을 끄거나 불이 번지지 아니하도록 하는 일을 방해한 사람
4. 제28조를 위반하여 정당한 사유 없이 소방용수시설 또는 비상소화장치를 사용하거나 소방용수시설 또는 비상소화장치의 효용을 해치거나 그 정당한 사용을 방해한 사람

제51조【벌칙】 제25조 제1항에 따른 처분을 방해한 자 또는 정당한 사유 없이 그 처분에 따르지 아니한 자는 3년 이하의 징역 또는 3천만원 이하의 벌금에 처한다.

6분법상의 벌칙

벌칙	소방기본법 (1분법)	화재예방법 (3분법)	소방시설법 (4분법)	화재조사법 (2분법)	소방시설 공사업법 (5분법)	위험물 안전관리법 (6분법)
• 위험: 1년 이상 10년 이하 • 상해: 무기 또는 3년 이상 • 사망: 무기 또는 5년 이상						○
업무상 과실 • 위험: 7년 이하 금고, 7천만원 이하 • 사상: 10년 이하의 징역 또는 금고, 1억원 이하						○
5년 또는 1억원						○
5년 또는 5천만원	○		○			
• 상해: 7년 이하의 징역, 7천만원 이하 • 사망: 10년 이하의 징역, 1억원 이하			○			
3년 또는 3천만원	○	○	○		○	○
1년 또는 1천만원		○	○		○	○
1천5백만원						○
1,000만원						○
300만원	○	○	○	○	○	
200만원						
100만원	○				○	

소방기본법	소방기본법 시행령	소방기본법 시행규칙
제52조【벌칙】 다음 각 호의 어느 하나에 해당하는 자는 300만원 이하의 벌금에 처한다. 1. 제25조 제2항 및 제3항에 따른 처분을 방해한 자 또는 정당한 사유 없이 그 처분에 따르지 아니한 자 2. 삭제 **제53조** 삭제 **제54조【벌칙】** 다음 각 호의 어느 하나에 해당하는 자는 100만원 이하의 벌금에 처한다. 1. 삭제 1의2. 제16조의3 제2항을 위반하여 정당한 사유없이 소방대의 생활안전활동을 방해한 자 2. 제20조 제1항을 위반하여 정당한 사유 없이 소방대가 현장에 도착할 때까지 사람을 구출하는 조치 또는 불을 끄거나 불이 번지지 아니하도록 하는 조치를 하지 아니한 사람 3. 제26조 제1항에 따른 피난 명령을 위반한 사람 4. 제27조 제1항을 위반하여 정당한 사유 없이 물의 사용이나 수도의 개폐장치의 사용 또는 조작을 하지 못하게 하거나 방해한 자 5. 제27조 제2항에 따른 조치를 정당한 사유 없이 방해한 자 **제54조의2【「형법」상 감경규정에 관한 특례】** 음주 또는 약물로 인한 심신장애 상태에서 제50조 제1호 다목의 죄를 범한 때에는 「형법」 제10조 제1항 및 제2항을 적용하지 아니할 수 있다.		

소방기본법

제55조【양벌규정】 법인의 대표자나 법인 또는 개인의 대리인, 사용인, 그 밖의 종업원이 그 법인 또는 개인의 업무에 관하여 제50조부터 제54조까지의 어느 하나에 해당하는 위반행위를 하면 그 행위자를 벌하는 외에 그 법인 또는 개인에게도 해당 조문의 벌금형을 과(科)한다. 다만, 법인 또는 개인이 그 위반행위를 방지하기 위하여 해당 업무에 관하여 상당한 주의와 감독을 게을리하지 아니한 경우에는 그러하지 아니하다.

제56조【과태료】 ① 다음 각 호의 어느 하나에 해당하는 자에게는 ❶ 이하의 과태료를 부과한다.

1. 제19조 제1항을 위반하여 화재 또는 구조 · 구급이 필요한 상황을 거짓으로 알린 사람
2. 정당한 사유 없이 제20조 제2항을 위반하여 화재, 재난 · 재해, 그 밖의 위급한 상황을 소방본부, 소방서 또는 관계 행정기관에 알리지 아니한 관계인

② 다음 각 호의 어느 하나에 해당하는 자에게는 200만원 이하의 과태료를 부과한다.

1. 삭제
2. 삭제

2의2. 제17조의6 제5항을 위반하여 한국119청소년단 또는 이와 유사한 명칭을 사용한 자

3. 삭제

3의2. 제21조 제3항을 위반하여 소방자동차의 출동에 지장을 준 자

4. 제23조 제1항을 위반하여 소방활동구역을 출입한 사람
5. 삭제

소방기본법 시행령

제19조【과태료 부과기준】 법 제56조 제1항부터 제3항까지의 규정에 따른 과태료의 부과기준은 별표 3과 같다.

소방기본법 시행규칙

제15조【과태료의 징수절차】 영 제19조 제4항의 규정에 의한 과태료의 징수절차에 관하여는 「국고금관리법 시행규칙」을 준용한다. 이 경우 납입고지서에는 이의방법 및 이의기간 등을 함께 기재하여야 한다.

[영 별표 3] 과태료의 부과기준

1. 일반기준

가. 위반행위의 횟수에 따른 과태료의 가중된 부과기준은 최근 1년간 같은 위반행위로 과태료 부과처분을 받은 경우에 적용한다. 이 경우 기간의 계산은 위반행위에 대하여 과태료 부과처분을 받은 날과 그 처분 후 다시 같은 위반행위를 하여 적발된 날을 기준으로 한다.

나. 가목에 따라 가중된 부과처분을 하는 경우 가중처분의 적용 차수는 그 위반행위 전 부과처분 차수(가목에 따른 기간 내에 과태료 부과처분이 둘 이상 있었던 경우에는 높은 차수를 말한다)의 다음 차수로 한다.

다. 부과권자는 다음의 어느 하나에 해당하는 경우에는 제2호의 개별기준에 따른 과태료의 2분의 1 범위에서 그 금액을 줄여 부과할 수 있다. 다만, 과태료를 체납하고 있는 위반행위자에 대해서는 그렇지 않다. 24. 공채 · 경채

1) 위반행위가 사소한 부주의나 오류로 인한 것으로 인정되는 경우
2) 위반행위자가 법 위반상태를 시정하거나 해소하기 위하여 노력한 사실이 인정되는 경우
3) 위반행위자가 화재 등 재난으로 재산에 현저한 손실을 입거나 사업 여건의 악화로 그 사업이 중대한 위기에 처하는 등 사정이 있는 경우
4) 그 밖에 위반행위의 정도, 위반행위의 동기와 그 결과 등을 고려하여 감경할 필요가 있다고 인정되는 경우

<제56조> ❶ 500만원

소방기본법	소방기본법 시행령	소방기본법 시행규칙

6. 제44조의3을 위반하여 한국소방안전원 또는 이와 유사한 명칭을 사용한 자

③ 제21조의2 제2항을 위반하여 전용구역에 차를 주차하거나 전용구역에의 진입을 가로막는 등의 방해행위를 한 자에게는 100만원 이하의 과태료를 부과한다.

④ 제1항부터 제3항까지에 따른 과태료는 대통령령으로 정하는 바에 따라 관할 시·도지사, 소방본부장 또는 소방서장이 부과·징수한다.

제57조 【과태료】 ① 제19조 제2항에 따른 신고를 하지 아니하여 소방자동차를 출동하게 한 자에게는 20만원 이하의 과태료를 부과한다.

② 제1항에 따른 과태료는 ❶ 에 따라 관할 ❷ 이 부과·징수한다.

2. 개별기준

위반행위	근거 법조문	과태료 금액(만원)		
		1회	2회	3회 이상
가. 법 제17조의6 제5항을 위반하여 한국119청소년단 또는 이와 유사한 명칭을 사용한 경우	법 제56조 제2항 제2호의2	100	150	200
나. 법 제19조 제1항을 위반하여 화재 또는 구조·구급이 필요한 상황을 거짓으로 알린 경우	법 제56조 제1항 제1호	200	400	500
다. 정당한 사유 없이 법 제20조 제2항을 위반하여 화재, 재난·재해, 그 밖의 위급한 상황을 소방본부, 소방서 또는 관계 행정기관에 알리지 않은 경우	법 제56조 제1항 제2호	500		
라. 법 제21조 제3항을 위반하여 소방자동차의 출동에 지장을 준 경우	법 제56조 제2항 제3호의2	100		
마. 법 제21조의2 제2항을 위반하여 전용구역에 차를 주차하거나 전용구역에의 진입을 가로막는 등의 방해행위를 한 경우	법 제56조 제3항	50	100	100
바. 법 제23조 제1항을 위반하여 소방활동구역을 출입한 경우	법 제56조 제2항 제4호	100		
사. 법 제44조의3을 위반하여 한국소방안전원 또는 이와 유사한 명칭을 사용한 경우	법 제56조 제2항 제6호	200		

6분법상의 과태료

과태료	소방기본법 (1분법)	화재예방법 (3분법)	소방시설법 (4분법)	화재조사법 (2분법)	소방시설공사업법 (5분법)	위험물안전관리법 (6분법)
500만원	○					○
300만원		○	○			
200만원	○	○		○	○	
100만원	○	○				
20만원	○					

<제57조> ❶ 조례로 정하는 바 ❷ 소방본부장 또는 소방서장

fire.Hackers.com

소방관계법령 3단 비교표
[법률 - 시행령 - 시행규칙]

제2편

화재의 예방 및 안전관리에 관한 법률

화재의 예방 및 안전관리에 관한 법률

[시행 2024.5.17]
[법률 제19590호, 2023.8.8 타법개정]

제1장 총칙

제1조【목적】 이 법은 화재의 예방과 안전관리에 필요한 사항을 규정함으로써 화재로부터 국민의 생명·신체 및 재산을 보호하고 공공의 안전과 복리 증진에 이바지함을 목적으로 한다.

제2조【정의】 ① 이 법에서 사용하는 용어의 뜻은 다음과 같다.

1. "❶ ______"이란 화재의 위험으로부터 사람의 생명·신체 및 재산을 보호하기 위하여 화재발생을 사전에 제거하거나 방지하기 위한 모든 활동을 말한다.
2. "안전관리"란 화재로 인한 피해를 최소화하기 위한 예방, 대비, 대응 등의 활동을 말한다.
3. "화재안전조사"란 소방청장, 소방본부장 또는 소방서장(이하 "소방관서장"이라 한다)이 소방대상물, 관계지역 또는 관계인에 대하여 소방시설 등(「소방시설 설치 및 관리에 관한 법률」 제2조 제1항 제2호에 따른 소방시설 등을 말한다. 이하 같다)이 소방 관계 법령에 적합하게 설치·관리되고 있는지, 소방대상물에 화재의 발생 위험이 있는지 등을 확인하기 위하여 실시하는 현장조사·문서열람·보고요구 등을 하는 활동을 말한다.
4. "화재예방강화지구"란 특별시장·광역시장·특별자치시장·도지사 또는 특별자치도지사(이하 "시·도지사"라 한다)가 화재발생 우려가 크거나 화재가 발생할 경우 피해가 클 것으로 예상되는 지역에 대하여 화재의 예방 및 안전관리를 강화하기 위해 지정·관리하는 지역을 말한다.

화재의 예방 및 안전관리에 관한 법률 시행령

[시행 2024.5.17]
[대통령령 제34488호, 2024.5.7 타법개정]

제1조【목적】 이 영은 「화재의 예방 및 안전관리에 관한 법률」에서 위임된 사항과 그 시행에 필요한 사항을 규정함을 목적으로 한다.

화재의 예방 및 안전관리에 관한 법률 시행규칙

[시행 2022.12.1]
[행정안전부령 제361호, 2022.12.1 제정]

제1조【목적】 이 규칙은 「화재의 예방 및 안전관리에 관한 법률」 및 같은 법 시행령에서 위임된 사항과 그 시행에 필요한 사항을 규정함을 목적으로 한다.

6개분법 용어의 정의(각 법 제2조)

구분	용어정의
소방기본법	소방대상물, 관계지역, 관계인, 소방본부장, 소방대, 소방대장
화재예방법	예방, 안전관리, 화재안전조사, 화재예방강화지구, 화재안전진단
소방시설법	소방시설, 소방시설등, 특정소방대상물, 소방용품
화재조사법	화재, 화재조사, 화재조사관, 관계인등
소방공사업법	소방시설업, 소방시설업자, 감리원, 소방기술자, 발주자
위험물안전관리법	위험물, 지정수량, 저장소, 제조소, 취급소, 제조소등

화재의 예방 및 안전관리에 관한 법률	화재의 예방 및 안전관리에 관한 법률 시행령	화재의 예방 및 안전관리에 관한 법률 시행규칙
5. "화재예방안전진단"이란 화재가 발생할 경우 사회·경제적으로 피해 규모가 클 것으로 예상되는 ❷ ______ 에 대하여 화재위험요인을 조사하고 그 위험성을 평가하여 개선대책을 수립하는 것을 말한다. ② 이 법에서 사용하는 용어의 뜻은 제1항에서 규정하는 것을 제외하고는 「소방기본법」, 「소방시설 설치 및 관리에 관한 법률」, 「소방시설공사업법」, 「위험물안전관리법」 및 「건축법」에서 정하는 바에 따른다. **제3조【국가와 지방자치단체 등의 책무】** ① 국가는 화재로부터 국민의 생명과 재산을 보호할 수 있도록 화재의 예방 및 안전관리에 관한 정책(이하 "화재예방정책"이라 한다)을 수립·시행하여야 한다. ② 지방자치단체는 국가의 화재예방정책에 맞추어 지역의 실정에 부합하는 화재예방정책을 수립·시행하여야 한다. ③ 관계인은 국가와 지방자치단체의 화재예방정책에 적극적으로 협조하여야 한다.		

<제2조> ❶ 예방 ❷ 소방대상물

화재의 예방 및 안전관리에 관한 법률

제2장 화재의 예방 및 안전관리 기본계획의 수립·시행

제4조【화재의 예방 및 안전관리 기본계획 등의 수립·시행】 ① 소방청장은 화재예방정책을 체계적·효율적으로 추진하고 이에 필요한 기반 확충을 위하여 화재의 예방 및 안전관리에 관한 기본계획(이하 "기본계획"이라 한다)을 ❶ 수립·시행하여야 한다.

② 기본계획은 대통령령으로 정하는 바에 따라 소방청장이 관계 중앙행정기관의 장과 협의하여 수립한다.

③ 기본계획에는 다음 각 호의 사항이 포함되어야 한다.

1. 화재예방정책의 기본목표 및 추진방향
2. 화재의 예방과 안전관리를 위한 법령·제도의 마련 등 기반 조성
3. 화재의 예방과 안전관리를 위한 대국민 교육·홍보
4. 화재의 예방과 안전관리 관련 기술의 개발·보급
5. 화재의 예방과 안전관리 관련 전문인력의 육성·지원 및 관리
6. 화재의 예방과 안전관리 관련 산업의 국제경쟁력 향상
7. 그 밖에 대통령령으로 정하는 화재의 예방과 안전관리에 필요한 사항

④ ❷ 은 기본계획을 시행하기 위하여 매년 시행계획을 수립·시행하여야 한다.

⑤ 소방청장은 제1항 및 제4항에 따라 수립된 기본계획과 시행계획을 관계 중앙행정기관의 장과 시·도지사에게 통보하여야 한다.

⑥ 제5항에 따라 기본계획과 시행계획을 통보받은 관계 중앙행정기관의 장과 시·도지사는 소관 사무의 특성을 반영한 세부시행계획을 수립·시행하고 그 결과를 소방청장에게 통보하여야 한다.

화재의 예방 및 안전관리에 관한 법률 시행령

제2조【화재의 예방 및 안전관리 기본계획의 협의 및 수립】 소방청장은 「화재의 예방 및 안전관리에 관한 법률」(이하 "법"이라 한다) 제4조 제1항에 따른 화재의 예방 및 안전관리에 관한 기본계획(이하 "기본계획"이라 한다)을 계획 시행 전년도 8월 31일까지 관계 중앙행정기관의 장과 협의한 후 계획 시행 전년도 9월 30일까지 수립해야 한다.

제3조【기본계획의 내용】 법 제4조 제3항 제7호에서 "대통령령으로 정하는 화재의 예방과 안전관리에 필요한 사항"이란 다음 각 호의 사항을 말한다.

1. 화재발생 현황
2. 소방대상물의 환경 및 화재위험특성 변화 추세 등 화재예방정책의 여건 변화에 관한 사항
3. 소방시설의 설치·관리 및 화재안전기준의 개선에 관한 사항
4. 계절별·시기별·소방대상물별 화재예방대책의 추진 및 평가 등에 관한 사항
5. 그 밖에 화재의 예방 및 안전관리와 관련하여 소방청장이 필요하다고 인정하는 사항

제4조【시행계획의 수립·시행】 ① 소방청장은 법 제4조 제4항에 따라 기본계획을 시행하기 위한 계획(이하 "시행계획"이라 한다)을 계획 시행 전년도 10월 31일까지 수립해야 한다.

② 시행계획에는 다음 각 호의 사항이 포함되어야 한다.

1. 기본계획의 시행을 위하여 필요한 사항
2. 그 밖에 화재의 예방 및 안전관리와 관련하여 소방청장이 필요하다고 인정하는 사항

화재의 예방 및 안전관리에 관한 법률 시행규칙

협의·수립·통보기한

기본계획	협의기한	8월 31일
	수립기한	9월 30일
시행계획	수립기한	10월 31일
기본·시행계획	통보기한	10월 31일
세부시행계획	수립기한	12월 31일
	통보기한	12월 31일

화재의 예방 및 안전관리에 관한 법률	화재의 예방 및 안전관리에 관한 법률 시행령	화재의 예방 및 안전관리에 관한 법률 시행규칙
⑦ 소방청장은 기본계획 및 시행계획을 수립하기 위하여 필요한 경우에는 관계 중앙행정기관의 장 또는 시 · 도지사에게 관련 자료의 제출을 요청할 수 있다. 이 경우 자료 제출을 요청받은 관계 중앙행정기관의 장 또는 시 · 도지사는 특별한 사유가 없으면 이에 따라야 한다. ⑧ 제1항부터 제7항까지에서 규정한 사항 외에 기본계획, 시행계획 및 세부시행계획의 수립 · 시행에 필요한 사항은 대통령령으로 정한다.	**제5조【세부시행계획의 수립 · 시행】** ① 소방청장은 법 제4조 제5항에 따라 관계 중앙행정기관의 장과 특별시장 · 광역시장 · 특별자치시장 · 도지사 또는 특별자치도지사(이하 "시 · 도지사"라 한다)에게 기본계획 및 시행계획을 각각 계획 시행 전년도 ❶ 까지 통보해야 한다. ② 제1항에 따라 통보를 받은 관계 중앙행정기관의 장 및 시 · 도지사는 법 제4조 제6항에 따른 세부시행계획(이하 "세부시행계획"이라 한다)을 수립하여 계획 시행 전년도 12월 31일까지 소방청장에게 통보해야 한다. ③ 세부시행계획에는 다음 각 호의 사항이 포함되어야 한다. 1. 기본계획 및 시행계획에 대한 관계 중앙행정기관 또는 특별시 · 광역시 · 특별자치시 · 도 · 특별자치도(이하 "시 · 도"라 한다)의 세부 집행계획 2. 직전 세부시행계획의 시행 결과 3. 그 밖에 화재안전과 관련하여 관계 중앙행정기관의 장 또는 시 · 도지사가 필요하다고 결정한 사항	**화재예방법 처리기한** 1. 기본계획 수립주기(법): 5년 마다 2. 시행계획(법): 매년 3. 실태조사(규칙): 시작 7일 전까지 4. 화재안전조사 실시(영): 7일 이상 공개 5. 화재안전조사 연기 신청(규칙): 시작 3일 전까지 6. 화재안전조사 손실보상 지급 또는 공탁 통지 불복(영): 통지 받은 날부터 30일 이내 7. 화재안전조사 결과 공개: 30일 이상 공개, 10일 이내 이의신청, 10일 이내 심사 · 결정 8. 화재예방 안전조치의 적절성 검토(규칙): 5일 이내 9. 화재의 예방조치(영) • 옮긴물건등을 보관하는 경우 공고기간: 그 날부터 14일까지 • 옮긴물건등의 보관기간: 공고기간 종료일 다음 날부터 7일까지 10. 화재예방강화지구 훈련 · 교육 통지(영): 10일 전까지

<제4조> ❶ 5년마다 ❷ 소방청장

<제5조> ❶ 10월 31일

화재의 예방 및 안전관리에 관한 법률

제5조【실태조사】 ① 소방청장은 기본계획 및 시행계획의 수립·시행에 필요한 기초자료를 확보하기 위하여 다음 각 호의 사항에 대하여 실태조사를 할 수 있다. 이 경우 관계 중앙행정기관의 장의 요청이 있는 때에는 합동으로 실태조사를 할 수 있다.

1. 소방대상물의 용도별·규모별 현황
2. 소방대상물의 화재의 예방 및 안전관리 현황
3. 소방대상물의 소방시설 등 설치·관리 현황
4. 그 밖에 기본계획 및 시행계획의 수립·시행을 위하여 필요한 사항

② 소방청장은 소방대상물의 현황 등 관련 정보를 보유·운용하고 있는 관계 중앙행정기관의 장, 지방자치단체의 장, 「공공기관의 운영에 관한 법률」 제4조에 따른 공공기관(이하 "공공기관"이라 한다)의 장 또는 관계인 등에게 제1항에 따른 실태조사에 필요한 자료의 제출을 요청할 수 있다. 이 경우 자료 제출을 요청받은 자는 특별한 사유가 없으면 이에 따라야 한다.

③ 제1항에 따른 실태조사의 방법 및 절차 등에 필요한 사항은 행정안전부령으로 정한다.

화재의 예방 및 안전관리에 관한 법률 시행규칙

제2조【실태조사의 방법 및 절차 등】 ① 「화재의 예방 및 안전관리에 관한 법률」(이하 "법"이라 한다) 제5조 제1항에 따른 실태조사는 통계조사, 문헌조사 또는 현장조사의 방법으로 하며, 정보통신망 또는 전자적인 방식을 사용할 수 있다.

② 소방청장은 제1항에 따른 실태조사를 실시하려는 경우 실태조사 시작 ❶ 까지 조사 일시, 조사 사유 및 조사 내용 등을 포함한 조사계획을 조사대상자에게 서면 또는 전자우편 등의 방법으로 미리 알려야 한다.

③ 관계 공무원 및 제4항에 따라 실태조사를 의뢰받은 관계 전문가 등이 실태조사를 위하여 소방대상물에 출입할 때에는 그 권한 또는 자격을 표시하는 증표를 지니고 이를 관계인에게 내보여야 한다.

④ 소방청장은 실태조사를 전문연구기관·단체나 관계 전문가에게 의뢰하여 실시할 수 있다.

⑤ 소방청장은 실태조사의 결과를 인터넷 홈페이지 등에 공표할 수 있다.

⑥ 제1항부터 제5항까지에서 규정한 사항 외에 실태조사 방법 및 절차 등에 관하여 필요한 사항은 소방청장이 정한다.

화재의 예방 및 안전관리에 관한 법률

제6조【통계의 작성 및 관리】 ① 소방청장은 화재의 예방 및 안전관리에 관한 통계를 매년 작성·관리하여야 한다.

② 소방청장은 제1항의 통계자료를 작성·관리하기 위하여 관계 중앙행정기관의 장, 지방자치단체의 장, 공공기관의 장 또는 관계인 등에게 필요한 자료와 정보의 제공을 요청할 수 있다. 이 경우 자료와 정보의 제공을 요청받은 자는 특별한 사정이 없으면 이에 따라야 한다.

③ 소방청장은 제1항에 따른 통계자료의 작성·관리에 관한 업무의 전부 또는 일부를 행정안전부령으로 정하는 바에 따라 전문성이 있는 기관을 지정하여 수행하게 할 수 있다.

화재의 예방 및 안전관리에 관한 법률 시행령

제6조【통계의 작성·관리】 ① 법 제6조 제1항에 따른 통계의 작성·관리 항목은 다음 각 호와 같다.

1. 소방대상물의 현황 및 안전관리에 관한 사항
2. 소방시설등의 설치 및 관리에 관한 사항
3. 「다중이용업소의 안전관리에 관한 특별법」 제2조 제1항 제1호에 따른 다중이용업 현황 및 안전관리에 관한 사항
4. 「위험물안전관리법」 제2조 제1항 제6호에 따른 제조소등(이하 "제조소등"이라 한다) 현황
5. 화재발생 이력 및 화재안전조사 등 화재예방 활동에 관한 사항

화재의 예방 및 안전관리에 관한 법률 시행규칙

제3조【통계의 작성·관리】 소방청장은 법 제6조 제3항에 따라 다음 각 호의 기관으로 하여금 통계자료의 작성·관리에 관한 업무를 수행하게 할 수 있다.

1. 「소방기본법」 제40조 제1항에 따라 설립된 ❷
2. 「정부출연연구기관 등의 설립·운영 및 육성에 관한 법률」 제8조에 따라 설립된 정부출연연구기관
3. 「통계법」 제15조에 따라 지정된 통계작성지정기관

화재의 예방 및 안전관리에 관한 법률	화재의 예방 및 안전관리에 관한 법률 시행령	화재의 예방 및 안전관리에 관한 법률 시행규칙
④ 제1항에 따른 통계의 작성 · 관리 등에 필요한 사항은 ❶ 으로 정한다.	6. 법 제5조에 따른 실태조사 결과 7. 화재예방강화지구의 현황 및 안전관리에 관한 사항 8. 법 제23조에 따른 어린이, 노인, 장애인 등 화재의 예방 및 안전관리에 취약한 자에 대한 지역별 · 성별 · 연령별 지원 현황 9. 법 제24조 제1항에 따른 소방안전관리자 자격증 발급 및 선임 관련 지역별 · 성별 · 연령별 현황 10. 화재예방안전진단 대상의 현황 및 그 실시 결과 11. 소방시설업자, 소방기술자 및 「소방시설 설치 및 관리에 관한 법률」 제29조에 따른 소방시설관리업 등록을 한 자의 지역별 · 성별 · 연령별 현황 12. 그 밖에 화재의 예방 및 안전관리에 관한 자료로서 소방청장이 작성 · 관리가 필요하다고 인정하는 사항 ② 소방청장은 법 제6조 제1항에 따라 통계를 체계적으로 작성 · 관리하고 분석하기 위하여 전산시스템을 구축 · 운영할 수 있다. ③ 소방청장은 제2항에 따른 전산시스템을 구축 · 운영하는 경우 빅데이터(대용량의 정형 또는 비정형의 데이터 세트를 말한다. 이하 같다)를 활용하여 화재발생 동향 분석 및 전망 등을 할 수 있다. ④ 제3항에 따른 빅데이터를 활용하기 위한 방법 · 절차 등에 관하여 필요한 사항은 소방청장이 정한다.	

<제6조> ❶ 대통령령

<제2조> ❶ 7일 전
<제3조> ❷ 한국소방안전원(이하 "안전원")

화재의 예방 및 안전관리에 관한 법률	화재의 예방 및 안전관리에 관한 법률 시행령	화재의 예방 및 안전관리에 관한 법률 시행규칙
제3장 화재안전조사		
제7조【화재안전조사】 ① 소방관서장은 다음 각 호의 어느 하나에 해당하는 경우 화재안전조사를 실시할 수 있다. 다만, 개인의 주거(실제 주거용도로 사용되는 경우에 한정한다)에 대한 화재안전조사는 관계인의 승낙이 있거나 화재발생의 우려가 뚜렷하여 긴급한 필요가 있는 때에 한정한다. ▶ **3백(벌)** 1. 「소방시설 설치 및 관리에 관한 법률」 제22조에 따른 자체점검이 불성실하거나 불완전하다고 인정되는 경우 2. 화재예방강화지구 등 법령에서 화재안전조사를 하도록 규정되어 있는 경우 3. ❶ 이 불성실하거나 불완전하다고 인정되는 경우 4. 국가적 행사 등 주요 행사가 개최되는 장소 및 그 주변의 관계 지역에 대하여 소방안전관리 실태를 조사할 필요가 있는 경우 5. 화재가 자주 발생하였거나 발생할 우려가 뚜렷한 곳에 대한 조사가 필요한 경우 6. 재난예측정보, 기상예보 등을 분석한 결과 소방대상물에 화재의 발생 위험이 크다고 판단되는 경우 7. 제1호부터 제6호까지에서 규정한 경우 외에 화재, 그 밖의 긴급한 상황이 발생할 경우 인명 또는 재산 피해의 우려가 현저하다고 판단되는 경우 ② 화재안전조사의 항목은 ❷ 으로 정한다. 이 경우 화재안전조사의 항목에는 화재의 예방조치 상황, 소방시설 등의 관리 상황 및 소방대상물의 화재 등의 발생 위험과 관련된 사항이 포함되어야 한다. ▶ **3백(벌)** ③ 소방관서장은 화재안전조사를 실시하는 경우 다른 목적을 위하여 조사권을 남용하여서는 아니 된다.	**제7조【화재안전조사의 항목】** 소방청장, 소방본부장 또는 소방서장(이하 "소방관서장"이라 한다)은 법 제7조 제1항에 따라 다음 각 호의 항목에 대하여 화재안전조사를 실시한다. 1. 법 제17조에 따른 화재의 예방조치 등에 관한 사항 2. 법 제24조, 제25조, 제27조 및 제29조에 따른 소방안전관리 업무 수행에 관한 사항 3. 법 제36조에 따른 피난계획의 수립 및 시행에 관한 사항 4. 법 제37조에 따른 소화·통보·피난 등의 훈련 및 소방안전관리에 필요한 교육(이하 "소방훈련·교육"이라 한다)에 관한 사항 5. 「소방기본법」 제21조의2에 따른 소방자동차 전용구역의 설치에 관한 사항 6. 「소방시설공사업법」 제12조에 따른 시공, 같은 법 제16조에 따른 감리 및 같은 법 제18조에 따른 감리원의 배치에 관한 사항 7. 「소방시설 설치 및 관리에 관한 법률」 제12조에 따른 소방시설의 설치 및 관리에 관한 사항 8. 「소방시설 설치 및 관리에 관한 법률」 제15조에 따른 건설현장 임시소방시설의 설치 및 관리에 관한 사항 9. 「소방시설 설치 및 관리에 관한 법률」 제16조에 따른 피난시설, 방화구획(防火區劃) 및 방화시설의 관리에 관한 사항 10. 「소방시설 설치 및 관리에 관한 법률」 제20조에 따른 방염(防炎)에 관한 사항 11. 「소방시설 설치 및 관리에 관한 법률」 제22조에 따른 소방시설등의 자체점검에 관한 사항 12. 「다중이용업소의 안전관리에 관한 특별법」 제8조, 제9조, 제9조의2, 제10조, 제10조의2 및 제11조부터 제13조까지의 규정에 따른 안전관리에 관한 사항	

화재의 예방 및 안전관리에 관한 법률	화재의 예방 및 안전관리에 관한 법률 시행령	화재의 예방 및 안전관리에 관한 법률 시행규칙
	13.「위험물안전관리법」 제5조, 제6조, 제14조, 제15조 및 제18조에 따른 위험물 안전관리에 관한 사항 14.「초고층 및 지하연계 복합건축물 재난관리에 관한 특별법」 제9조, 제11조, 제12조, 제14조, 제16조 및 제22조에 따른 초고층 및 지하연계 복합건축물의 안전관리에 관한 사항 15. 그 밖에 소방대상물에 화재의 발생 위험이 있는지 등을 확인하기 위해 소방관서장이 화재안전조사가 필요하다고 인정하는 사항	
제8조 【화재안전조사의 방법 · 절차 등】 ① 소방관서장은 화재안전조사를 조사의 목적에 따라 제7조 제2항에 따른 화재안전조사의 항목 전체에 대하여 종합적으로 실시하거나 특정 항목에 한정하여 실시할 수 있다. ② 소방관서장은 화재안전조사를 실시하려는 경우 ❸ 에 관계인에게 조사대상, 조사기간 및 조사사유 등을 우편, 전화, 전자메일 또는 문자전송 등을 통하여 통지하고 이를 대통령령으로 정하는 바에 따라 인터넷 홈페이지나 제16조 제3항의 전산시스템 등을 통하여 공개하여야 한다. 다만, 다음 각 호의 어느 하나에 해당하는 경우에는 그러하지 아니하다. 1. 화재가 발생할 우려가 뚜렷하여 긴급하게 조사할 필요가 있는 경우 2. 제1호 외에 화재안전조사의 실시를 사전에 통지하거나 공개하면 조사목적을 달성할 수 없다고 인정되는 경우	**제8조 【화재안전조사의 방법 · 절차 등】** ① 소방관서장은 화재안전조사의 목적에 따라 다음 각 호의 어느 하나에 해당하는 방법으로 화재안전조사를 실시할 수 있다. 1. 종합조사: 제7조의 화재안전조사 항목 전부를 확인하는 조사 2. ❶ : 제7조의 화재안전조사 항목 중 일부를 확인하는 조사 ② 소방관서장은 화재안전조사를 실시하려는 경우 사전에 법 제8조 제2항 각 호 외의 부분 본문에 따라 조사대상, 조사기간 및 조사사유 등 조사계획을 소방청, 소방본부 또는 소방서(이하 "소방관서"라 한다)의 인터넷 홈페이지나 법 제16조 제3항에 따른 전산시스템을 통해 ❷ 이상 공개해야 한다. ③ 소방관서장은 법 제8조 제2항 각 호 외의 부분 단서에 따라 사전 통지 없이 화재안전조사를 실시하는 경우에는 화재안전조사를 실시하기 전에 관계인에게 조사사유 및 조사범위 등을 현장에서 설명해야 한다.	

<제7조> ❶ 화재예방 안전진단 ❷ 대통령령
<제8조> ❸ 사전

<제8조> ❶ 부분조사 ❷ 7일

화재의 예방 및 안전관리에 관한 법률	화재의 예방 및 안전관리에 관한 법률 시행령	화재의 예방 및 안전관리에 관한 법률 시행규칙
③ 화재안전조사는 관계인의 승낙 없이 소방대상물의 공개시간 또는 근무시간 이외에는 할 수 없다. 다만, 제2항 제1호에 해당하는 경우에는 그러하지 아니하다. ④ 제2항에 따른 통지를 받은 관계인은 천재지변이나 그 밖에 대통령령으로 정하는 사유로 화재안전조사를 받기 곤란한 경우에는 화재안전조사를 통지한 소방관서장에게 대통령령으로 정하는 바에 따라 화재안전조사를 연기하여 줄 것을 신청할 수 있다. 이 경우 소방관서장은 연기신청 승인 여부를 결정하고 그 결과를 조사 시작 전까지 관계인에게 알려 주어야 한다. ⑤ 제1항부터 제4항까지에서 규정한 사항 외에 화재안전조사의 방법 및 절차 등에 필요한 사항은 대통령령으로 정한다.	④ 소방관서장은 화재안전조사를 위하여 소속 공무원으로 하여금 관계인에게 보고 또는 자료의 제출을 요구하거나 소방대상물의 위치·구조·설비 또는 관리 상황에 대한 조사·질문을 하게 할 수 있다. ⑤ 소방관서장은 화재안전조사를 효율적으로 실시하기 위하여 필요한 경우 다음 각 호의 기관의 장과 합동으로 조사반을 편성하여 화재안전조사를 할 수 있다. 1. 관계 중앙행정기관 또는 지방자치단체 2. 「소방기본법」 제40조에 따른 한국소방안전원(이하 "안전원"이라 한다) 3. 「소방산업의 진흥에 관한 법률」 제14조에 따른 한국소방산업기술원(이하 "기술원"이라 한다) 4. 「화재로 인한 재해보상과 보험가입에 관한 법률」 제11조에 따른 한국화재보험협회(이하 "화재보험협회"라 한다) 5. 「고압가스 안전관리법」 제28조에 따른 한국가스안전공사(이하 "가스안전공사"라 한다) 6. 「전기안전관리법」 제30조에 따른 한국전기안전공사(이하 "전기안전공사"라 한다) 7. 그 밖에 소방청장이 정하여 고시하는 소방 관련 법인 또는 단체 ⑥ 제1항부터 제5항까지에서 규정한 사항 외에 화재안전조사 계획의 수립 등 화재안전조사에 필요한 사항은 소방청장이 정한다.	

화재의 예방 및 안전관리에 관한 법률	화재의 예방 및 안전관리에 관한 법률 시행령	화재의 예방 및 안전관리에 관한 법률 시행규칙
	제9조【화재안전조사의 연기】 ① 법 제8조 제4항 전단에서 "대통령령으로 정하는 사유"란 다음 각 호의 어느 하나에 해당하는 사유를 말한다. 1. 「재난 및 안전관리 기본법」 제3조 제1호에 해당하는 재난이 발생한 경우 2. 관계인의 질병, 사고, ❶ 의 경우 3. 권한 있는 기관에 자체점검기록부, 교육·훈련일지 등 화재안전조사에 필요한 장부·서류 등이 압수되거나 영치(領置)되어 있는 경우 4. 소방대상물의 증축·용도변경 또는 대수선 등의 공사로 화재안전조사를 실시하기 어려운 경우 ② 법 제8조 제4항 전단에 따라 화재안전조사의 연기를 신청하려는 관계인은 행정안전부령으로 정하는 바에 따라 연기신청서에 연기의 사유 및 기간 등을 적어 소방관서장에게 제출해야 한다. ③ 소방관서장은 법 제8조 제4항 후단에 따라 화재안전조사의 연기를 승인한 경우라도 연기기간이 끝나기 전에 연기사유가 없어졌거나 긴급히 조사를 해야 할 사유가 발생하였을 때는 관계인에게 미리 알리고 화재안전조사를 할 수 있다.	**제4조【화재안전조사의 연기신청 등】** ① 「화재의 예방 및 안전관리에 관한 법률 시행령」(이하 "영"이라 한다) 제9조 제2항에 따라 화재안전조사의 연기를 신청하려는 관계인은 화재안전조사 시작 ❶ 전까지 별지 제1호 서식의 화재안전조사 연기신청서(전자문서를 포함한다)에 화재안전조사를 받기 곤란함을 증명할 수 있는 서류(전자문서를 포함한다)를 첨부하여 소방청장, 소방본부장 또는 소방서장(이하 "소방관서장"이라 한다)에게 제출해야 한다. ② 제1항에 따른 신청서를 제출받은 소방관서장은 3일 이내에 연기신청의 승인 여부를 결정하여 별지 제2호 서식의 화재안전조사 연기신청 결과 통지서를 연기신청을 한 자에게 통지해야 하며 연기기간이 종료되면 지체 없이 화재안전조사를 시작해야 한다.

<제9조> ❶ 장기출장

<제4조> ❶ 3일

화재의 예방 및 안전관리에 관한 법률

제9조【화재안전조사단 편성·운영】 ① 소방관서장은 화재안전조사를 효율적으로 수행하기 위하여 대통령령으로 정하는 바에 따라 ❶ 에는 중앙화재안전조사단을, 소방본부 및 소방서에는 지방화재안전조사단을 편성하여 운영할 수 있다.

② 소방관서장은 제1항에 따른 중앙화재안전조사단 및 지방화재안전조사단의 업무 수행을 위하여 필요한 경우에는 관계 기관의 장에게 그 소속 공무원 또는 직원의 파견을 요청할 수 있다. 이 경우 공무원 또는 직원의 파견 요청을 받은 관계 기관의 장은 특별한 사유가 없으면 이에 협조하여야 한다.

제10조【화재안전조사위원회 구성·운영】 ① 소방관서장은 화재안전조사의 대상을 객관적이고 공정하게 선정하기 위하여 필요한 경우 ❷ 를 구성하여 화재안전조사의 대상을 선정할 수 있다.

② 화재안전조사위원회의 구성·운영 등에 필요한 사항은 대통령령으로 정한다.

화재의 예방 및 안전관리에 관한 법률 시행령

제10조【화재안전조사단 편성·운영】 ① 법 제9조 제1항에 따른 중앙화재안전조사단 및 지방화재안전조사단(이하 "조사단"이라 한다)은 각각 단장을 포함하여 ❶ 이내의 단원으로 성별을 고려하여 구성한다.

② 조사단의 단원은 다음 각 호의 어느 하나에 해당하는 사람 중에서 소방관서장이 임명하거나 위촉하고, 단장은 단원 중에서 소방관서장이 임명하거나 위촉한다.

1. 소방공무원
2. 소방업무와 관련된 단체 또는 연구기관 등의 임직원
3. 소방 관련 분야에서 전문적인 지식이나 경험이 풍부한 사람

화재의 예방 및 안전관리에 관한 법률 시행규칙

화재의 예방 및 안전관리에 관한 법률 시행령

제11조【화재안전조사위원회의 구성·운영 등】 ① 법 제10조 제1항에 따른 화재안전조사위원회(이하 "위원회"라 한다)는 위원장 1명을 포함하여 ❷ 이내의 위원으로 성별을 고려하여 구성한다.

② 위원회의 위원장은 소방관서장이 된다.

③ 위원회의 위원은 다음 각 호의 어느 하나에 해당하는 사람 중에서 소방관서장이 임명하거나 위촉한다.

1. 과장급 직위 이상의 소방공무원
2. 소방기술사
3. 소방시설관리사
4. 소방 관련 분야의 석사 이상 학위를 취득한 사람
5. 소방 관련 법인 또는 단체에서 소방 관련 업무에 5년 이상 종사한 사람
6. 「소방공무원 교육훈련규정」 제3조 제2항에 따른 소방공무원 교육훈련기관, 「고등교육법」 제2조의 학교 또는 연구소에서 소방과 관련한 교육 또는 연구에 5년 이상 종사한 사람

④ 위촉위원의 임기는 2년으로 하며, 한 차례만 연임할 수 있다.

⑤ 소방관서장은 위원회의 위원이 다음 각 호의 어느 하나에 해당하는 경우에는 해당 위원을 해임하거나 해촉(解囑)할 수 있다.

1. 심신장애로 직무를 수행할 수 없게 된 경우
2. 직무와 관련된 비위사실이 있는 경우
3. 직무태만, 품위손상이나 그 밖의 사유로 위원으로 적합하지 않다고 인정되는 경우
4. 제12조 제1항 각 호의 어느 하나에 해당함에도 불구하고 회피하지 않은 경우
5. 위원 스스로 직무를 수행하기 어렵다는 의사를 밝히는 경우

화재의 예방 및 안전관리에 관한 법률	화재의 예방 및 안전관리에 관한 법률 시행령	화재의 예방 및 안전관리에 관한 법률 시행규칙

조사단 및 위원회 구성

1. 중앙 · 지방화재안전조사단: 각각 단장 포함하여 50명 내외 성별 고려
2. 화재안전조사위원회: 위원장 1명 포함 7명 이내의 위원 성별 고려
3. 화재안전영향평가심의회: 위원장 1명 포함한 12명 이내의 위원
4. 우수 소방대상물의 선정을 위한 평가위원회(규칙): 2명 이상 포함된 평가위원회

⑥ 위원회에 출석한 위원에게는 예산의 범위에서 수당, 여비, 그 밖에 필요한 경비를 지급할 수 있다. 다만, 공무원인 위원이 소관 업무와 직접 관련하여 위원회에 출석하는 경우에는 그렇지 않다.

제12조【위원의 제척 · 기피 · 회피】 ① 위원회의 위원이 다음 각 호의 어느 하나에 해당하는 경우에는 위원회의 심의 · 의결에서 제척(除斥)된다.

1. 위원, 그 배우자나 배우자였던 사람 또는 위원의 친족이거나 친족이었던 사람이 다음 각 목의 어느 하나에 해당하는 경우
   가. 해당 소방대상물의 관계인이거나 그 관계인과 공동권리자 또는 공동의무자인 경우
   나. 해당 소방대상물의 설계, 공사, 감리 또는 자체점검 등을 수행한 경우
   다. 해당 소방대상물에 대하여 제7조 각 호의 업무를 수행한 경우 등 소방대상물과 직접적인 이해관계가 있는 경우
2. 위원이 해당 소방대상물에 관하여 자문, 연구, 용역(하도급을 포함한다), 감정 또는 조사를 한 경우
3. 위원이 임원 또는 직원으로 재직하고 있거나 최근 3년 내에 재직하였던 기업 등이 해당 소방대상물에 관하여 자문, 연구, 용역(하도급을 포함한다), 감정 또는 조사를 한 경우

② 당사자는 제1항에 따른 제척사유가 있거나 위원에게 공정한 심의 · 의결을 기대하기 어려운 사정이 있는 경우에는 위원회에 기피 신청을 할 수 있고, 위원회는 의결로 기피 여부를 결정한다. 이 경우 기피 신청의 대상인 위원은 그 의결에 참여하지 못한다.

③ 위원이 제1항 또는 제2항의 사유에 해당하는 경우에는 스스로 해당 안건의 심의 · 의결에서 회피(回避)해야 한다.

제13조【위원회 운영 세칙】 제11조 및 제12조에서 규정한 사항 외에 위원회의 구성 및 운영에 필요한 사항은 소방청장이 정한다.

<제9조> ❶ 소방청
<제10조> ❷ 화재안전조사위원회
<제10조> ❶ 50명
<제11조> ❷ 7명

화재의 예방 및 안전관리에 관한 법률	화재의 예방 및 안전관리에 관한 법률 시행령	화재의 예방 및 안전관리에 관한 법률 시행규칙
제11조【화재안전조사 전문가 참여】 ① 소방관서장은 필요한 경우에는 소방기술사, 소방시설관리사, 그 밖에 화재안전 분야에 전문지식을 갖춘 사람을 화재안전조사에 참여하게 할 수 있다. ② 제1항에 따라 조사에 참여하는 외부 전문가에게는 예산의 범위에서 수당, 여비, 그 밖에 필요한 경비를 지급할 수 있다. **제12조【증표의 제시 및 비밀유지 의무 등】** ① 화재안전조사 업무를 수행하는 관계 공무원 및 관계 전문가는 그 권한 또는 자격을 표시하는 증표를 지니고 이를 관계인에게 내보여야 한다. ② 화재안전조사 업무를 수행하는 관계 공무원 및 관계 전문가는 관계인의 정당한 업무를 방해하여서는 아니 되며, 조사업무를 수행하면서 취득한 자료나 알게 된 비밀을 다른 사람 또는 기관에 제공 또는 누설하거나 목적 외의 용도로 사용하여서는 아니 된다. ▶ **1년/1천(벌)** **제13조【화재안전조사 결과 통보】** 소방관서장은 화재안전조사를 마친 때에는 그 조사 결과를 관계인에게 ❶ ______으로 통지하여야 한다. 다만, 화재안전조사의 현장에서 관계인에게 조사의 결과를 설명하고 화재안전조사 결과서의 부본을 교부한 경우에는 그러하지 아니하다.		

화재의 예방 및 안전관리에 관한 법률	화재의 예방 및 안전관리에 관한 법률 시행령	화재의 예방 및 안전관리에 관한 법률 시행규칙
제14조【화재안전조사 결과에 따른 조치명령】 ① ❷ 은 화재안전조사 결과에 따른 소방대상물의 위치·구조·설비 또는 관리의 상황이 화재예방을 위하여 보완될 필요가 있거나 화재가 발생하면 인명 또는 재산의 피해가 클 것으로 예상되는 때에는 행정안전부령으로 정하는 바에 따라 관계인에게 그 소방대상물의 개수(改修)·이전·제거, 사용의 금지 또는 제한, ❸ , 공사의 정지 또는 중지, 그 밖에 필요한 조치를 명할 수 있다. ▶**3년/3천(벌)** ② 소방관서장은 화재안전조사 결과 소방대상물이 법령을 위반하여 건축 또는 설비되었거나 소방시설 등, 피난시설·방화구획, 방화시설 등이 법령에 적합하게 설치 또는 관리되고 있지 아니한 경우에는 관계인에게 제1항에 따른 조치를 명하거나 관계 행정기관의 장에게 필요한 조치를 하여 줄 것을 요청할 수 있다. ▶**3년/3천(벌)**		**제5조【화재안전조사에 따른 조치명령 등의 절차】** ① 소방관서장은 법 제14조에 따라 소방대상물의 개수(改修)·이전·제거, 사용의 금지 또는 제한, 사용폐쇄, 공사의 정지 또는 중지, 그 밖에 필요한 조치를 명할 때에는 별지 제3호 서식의 화재안전조사 조치명령서를 해당 소방대상물의 관계인에게 발급하고, 별지 제4호 서식의 화재안전조사 조치명령 대장에 이를 기록하여 관리해야 한다. ② 소방관서장은 법 제14조에 따른 명령으로 인하여 손실을 입은 자가 있는 경우에는 별지 제5호 서식의 화재안전조사 조치명령 손실확인서를 작성하여 관련 사진 및 그 밖의 증명자료와 함께 보관해야 한다.
제15조【손실보상】 소방청장 또는 시·도지사는 제14조 제1항에 따른 명령으로 인하여 손실을 입은 자가 있는 경우에는 대통령령으로 정하는 바에 따라 보상하여야 한다.	**제14조【손실보상】** ① 법 제15조에 따라 소방청장 또는 시·도지사가 손실을 보상하는 경우에는 ❶ 로 보상해야 한다. ② 제1항에 따른 손실보상에 관하여는 소방청장 또는 시·도지사와 손실을 입은 자가 협의해야 한다. ③ 소방청장 또는 시·도지사는 제2항에 따른 보상금액에 관한 협의가 성립되지 않은 경우에는 그 보상금액을 지급하거나 공탁하고 이를 상대방에게 알려야 한다.	**제6조【손실보상 청구자가 제출해야 하는 서류 등】** ① 법 제14조에 따른 명령으로 인하여 손실을 입은 자가 손실보상을 청구하려는 경우에는 별지 제6호 서식의 손실보상 청구서(전자문서를 포함한다)에 다음 각 호의 서류(전자문서를 포함한다)를 첨부하여 소방청장, 특별시장·광역시장·특별자치시장·도지사 또는 특별자치도지사(이하 "시·도지사"라 한다)에게 제출해야 한다. 이 경우 담당 공무원은 「전자정부법」 제36조 제1항에 따른 행정정보의 공동이용을 통하여 건축물대장(소방대상물의 관계인임을 증명할 수 있는 서류가 건축물대장인 경우만 해당한다)을 확인해야 한다.

<제13조> ❶ 서면
<제14조> ❷ 소방관서장 ❸ 사용폐쇄

<제14조> ❶ 시가(時價)

화재의 예방 및 안전관리에 관한 법률

제16조【화재안전조사 결과 공개】 ① 소방관서장은 화재안전조사를 실시한 경우 다음 각 호의 전부 또는 일부를 인터넷 홈페이지나 제3항의 전산시스템 등을 통하여 공개할 수 있다.

1. 소방대상물의 위치, 연면적, 용도 등 현황
2. 소방시설 등의 설치 및 관리 현황
3. 피난시설, 방화구획 및 방화시설의 설치 및 관리 현황
4. 그 밖에 대통령령으로 정하는 사항

② 제1항에 따라 화재안전조사 결과를 공개하는 경우 공개 절차, 공개 기간 및 공개 방법 등에 필요한 사항은 ❶ ________ 으로 정한다.

③ 소방청장은 제1항에 따른 화재안전조사 결과를 체계적으로 관리하고 활용하기 위하여 전산시스템을 구축·운영하여야 한다.

④ 소방청장은 건축, 전기 및 가스 등 화재안전과 관련된 정보를 소방활동 등에 활용하기 위하여 제3항에 따른 전산시스템과 관계 중앙행정기관, 지방자치단체 및 공공기관 등에서 구축·운용하고 있는 전산시스템을 연계하여 구축할 수 있다.

화재의 예방 및 안전관리에 관한 법률 시행령

④ 제3항에 따른 보상금의 지급 또는 공탁의 통지에 불복하는 자는 지급 또는 공탁의 통지를 받은 날부터 30일 이내에 「공익사업을 위한 토지 등의 취득 및 보상에 관한 법률」 제49조에 따른 중앙토지수용위원회 또는 관할 지방토지수용위원회에 재결(裁決)을 신청할 수 있다.

제15조【화재안전조사 결과 공개】 ① 법 제16조 제1항 제4호에서 "대통령령으로 정하는 사항"이란 다음 각 호의 사항을 말한다.

1. 제조소등 설치 현황
2. 소방안전관리자 선임 현황
3. 화재예방안전진단 실시 결과

② 소방관서장은 법 제16조 제1항에 따라 화재안전조사 결과를 공개하는 경우 ❶ ________ 이상 해당 소방관서 인터넷 홈페이지나 같은 조 제3항에 따른 전산시스템을 통해 공개해야 한다.

③ 소방관서장은 제2항에 따라 화재안전조사 결과를 공개하려는 경우 공개 기간, 공개 내용 및 공개 방법을 해당 소방대상물의 관계인에게 미리 알려야 한다.

④ 소방대상물의 관계인은 제3항에 따른 공개 내용 등을 통보받은 날부터 ❷ ________ 이내에 소방관서장에게 이의신청을 할 수 있다.

⑤ 소방관서장은 제4항에 따라 이의신청을 받은 날부터 10일 이내에 심사·결정하여 그 결과를 지체 없이 신청인에게 알려야 한다.

⑥ 화재안전조사 결과의 공개가 제3자의 법익을 침해하는 경우에는 제3자와 관련된 사실을 제외하고 공개해야 한다.

화재의 예방 및 안전관리에 관한 법률 시행규칙

1. 소방대상물의 관계인임을 증명할 수 있는 서류(건축물대장은 제외한다)
2. 손실을 증명할 수 있는 사진 및 그 밖의 증빙자료

② 소방청장 또는 시·도지사는 영 제14조 제2항에 따라 손실보상에 관하여 협의가 이루어진 경우에는 손실보상을 청구한 자와 연명으로 별지 제7호 서식의 손실보상 합의서를 작성하고 이를 보관해야 한다.

화재의 예방 및 안전관리에 관한 법률

제4장 화재의 예방조치 등

제17조【화재의 예방조치 등】 ① 누구든지 화재예방강화지구 및 이에 준하는 대통령령으로 정하는 장소에서는 다음 각 호의 어느 하나에 해당하는 행위를 하여서는 아니 된다. 다만, 행정안전부령으로 정하는 바에 따라 안전조치를 한 경우에는 그러하지 아니한다. ▶3백(과)

1. 모닥불, 흡연 등 화기의 취급
2. 풍등 등 소형열기구 날리기
3. 용접 · 용단 등 ❷ 을 발생시키는 행위
4. 그 밖에 대통령령으로 정하는 화재 발생 위험이 있는 행위

② 소방관서장은 화재 발생 위험이 크거나 소화 활동에 지장을 줄 수 있다고 인정되는 행위나 물건에 대하여 행위 당사자나 그 물건의 소유자, 관리자 또는 점유자에게 다음 각 호의 명령을 할 수 있다. 다만, 제2호 및 제3호에 해당하는 물건의 소유자, 관리자 또는 점유자를 알 수 없는 경우 소속 공무원으로 하여금 그 물건을 옮기거나 보관하는 등 필요한 조치를 하게 할 수 있다.

1. 제1항 각 호의 어느 하나에 해당하는 행위의 금지 또는 제한
2. 목재, 플라스틱 등 가연성이 큰 물건의 제거, 이격, 적재 금지 등
3. 소방차량의 통행이나 소화 활동에 지장을 줄 수 있는 물건의 이동

화재의 예방 및 안전관리에 관한 법률 시행령

제16조【화재의 예방조치 등】 ① 법 제17조 제1항 각 호 외의 부분 본문에서 "대통령령으로 정하는 장소"란 다음 각 호의 장소를 말한다.

1. 제조소등
2. 「고압가스 안전관리법」 제3조 제1호에 따른 저장소
3. 「액화석유가스의 안전관리 및 사업법」 제2조 제1호에 따른 액화석유가스의 저장소 · 판매소
4. 「수소경제 육성 및 수소 안전관리에 관한 법률」 제2조 제7호에 따른 수소연료공급시설 및 같은 조 제9호에 따른 수소연료사용시설
5. 「총포 · 도검 · 화약류 등의 안전관리에 관한 법률」 제2조 제3항에 따른 화약류를 저장하는 장소

② 법 제17조 제1항 제4호에서 "대통령령으로 정하는 화재 발생 위험이 있는 행위"란 「위험물안전관리법」 제2조 제1항 제1호에 따른 위험물을 방치하는 행위를 말한다.

제17조【옮긴 물건 등의 보관기간 및 보관기간 경과 후 처리】 ① 소방관서장은 법 제17조 제2항 각 호 외의 부분 단서에 따라 옮긴 물건 등(이하 "옮긴물건등"이라 한다)을 보관하는 경우에는 그날부터 ❸ 동안 해당 소방관서의 인터넷 홈페이지에 그 사실을 공고해야 한다.
② 옮긴물건등의 보관기간은 제1항에 따른 공고기간의 종료일 다음 날부터 ❹ 까지로 한다.
③ 소방관서장은 제2항에 따른 보관기간이 종료된 때에는 보관하고 있는 옮긴물건등을 매각해야 한다. 다만, 보관하고 있는 옮긴물건등이 부패 · 파손 또는 이와 유사한 사유로 정해진 용도로 계속 사용할 수 없는 경우에는 폐기할 수 있다.

화재의 예방 및 안전관리에 관한 법률 시행규칙

제7조【화재예방 안전조치 등】 ① 화재예방강화지구 및 영 제16조 제1항 각 호의 장소에서는 다음 각 호의 안전조치를 한 경우에 법 제17조 제1항 각 호의 행위를 할 수 있다.

1. 「국민건강증진법」 제9조 제4항 각 호 외의 부분 후단에 따라 설치한 흡연실 등 법령에 따라 지정된 장소에서 화기 등을 취급하는 경우
2. 소화기 등 소방시설을 비치 또는 설치한 장소에서 화기 등을 취급하는 경우
3. 「산업안전보건기준에 관한 규칙」 제241조의2 제1항에 따른❶ 등 안전요원이 배치된 장소에서 화기 등을 취급하는 경우
4. 그 밖에 소방관서장과 사전 협의하여 안전조치를 한 경우

② 제1항 제4호에 따라 소방관서장과 사전 협의하여 안전조치를 하려는 자는 별지 제8호 서식의 화재예방 안전조치 협의 신청서를 작성하여 소방관서장에게 제출해야 한다.
③ 소방관서장은 제2항에 따라 협의 신청서를 받은 경우에는 화재예방 안전조치의 적절성을 검토하고 ❷ 이내에 별지 제9호 서식의 화재예방 안전조치 협의 결과 통보서를 협의를 신청한 자에게 통보해야 한다.
④ 소방관서장은 법 제17조 제2항 각 호의 명령을 할 때에는 별지 제10호 서식의 화재예방 조치명령서를 해당 관계인에게 발급해야 한다.

제8조【화재예방강화지구 관리대장】 영 제20조 제4항 각 호 외의 부분에 따른 화재예방강화지구 관리대장은 별지 제11호 서식에 따른다.

<제16조> ❶ 대통령령
<제17조> ❷ 불꽃

<제15조> ❶ 30일 ❷ 10일
<제17조> ❸ 14일 ❹ 7일

<제7조> ❶ 화재감시자 ❷ 5일

화재의 예방 및 안전관리에 관한 법률

③ 제2항 단서에 따라 옮긴 물건 등에 대한 보관기간 및 보관기간 경과 후 처리 등에 필요한 사항은 대통령령으로 정한다.

④ 보일러, 난로, 건조설비, 가스·전기시설, 그 밖에 화재 발생 우려가 있는 대통령령으로 정하는 설비 또는 기구 등의 위치·구조 및 관리와 화재 예방을 위하여 불을 사용할 때 지켜야 하는 사항은 대통령령으로 정한다. ▶ 2백(과)

⑤ 화재가 발생하는 경우 불길이 빠르게 번지는 고무류·플라스틱류·석탄 및 목탄 등 대통령령으로 정하는 특수가연물(特殊可燃物)의 저장 및 취급 기준은 대통령령으로 정한다. ▶ 2백(과)

화재의 예방 및 안전관리에 관한 법률 시행령

④ 소방관서장은 보관하던 옮긴물건등을 제3항 본문에 따라 매각한 경우에는 지체 없이 「국가재정법」에 따라 세입조치를 해야 한다.

⑤ 소방관서장은 제3항에 따라 매각되거나 폐기된 옮긴물건등의 소유자가 보상을 요구하는 경우에는 보상금액에 대하여 소유자와의 협의를 거쳐 이를 보상해야 한다.

⑥ 제5항의 손실보상의 방법 및 절차 등에 관하여는 제14조를 준용한다.

제18조【불을 사용하는 설비의 관리기준 등】 ① 법 제17조 제4항에서 "대통령령으로 정하는 설비 또는 기구 등"이란 다음 각 호의 설비 또는 기구를 말한다.

1. 보일러
2. 난로
3. 건조설비
4. 가스·전기시설
5. 불꽃을 사용하는 용접·용단 기구
6. 노(爐)·화덕설비
7. 음식조리를 위하여 설치하는 설비

② 제1항 각 호에 따른 설비 또는 기구의 위치·구조 및 관리와 화재 예방을 위하여 불을 사용할 때 지켜야 하는 사항은 별표 1과 같다.

③ 제1항 및 제2항에서 규정한 사항 외에 화재 발생 우려가 있는 설비 또는 기구의 종류, 해당 설비 또는 기구의 위치·구조 및 관리와 화재 예방을 위하여 불을 사용할 때 지켜야 하는 사항은 시·도의 조례로 정한다.

제19조【화재의 확대가 빠른 특수가연물】 ① 법 제17조 제5항에서 "고무류·플라스틱류·석탄 및 목탄 등 대통령령으로 정하는 특수가연물(特殊可燃物)"이란 별표 2에서 정하는 품명별 수량 이상의 가연물을 말한다.

② 법 제17조 제5항에 따른 특수가연물의 저장 및 취급 기준은 별표 3과 같다.

화재의 예방 및 안전관리에 관한 법률 시행규칙

[영 별표 2] 특수가연물

품명		수량
면화류		200킬로그램 이상
나무껍질 및 대팻밥		400킬로그램 이상
넝마 및 종이부스러기		1,000킬로그램 이상
사류(絲類)		1,000킬로그램 이상
볏짚류		1,000킬로그램 이상
가연성 고체류		3,000킬로그램 이상
석탄·목탄류		10,000킬로그램 이상
가연성 액체류		❶ 이상
목재가공품 및 나무부스러기		10세제곱미터 이상
고무류·플라스틱류	발포시킨 것	20세제곱미터 이상
	그 밖의 것	3,000킬로그램 이상

[영 별표 1] 보일러 등의 설비 또는 기구 등의 위치 · 구조 및 관리와 화재예방을 위하여 불을 사용할 때 지켜야 하는 사항 24. 공채 · 경채

1. 보일러
   가. 가연성 벽 · 바닥 또는 천장과 접촉하는 증기기관 또는 연통의 부분은 규조토 등 난연성 또는 불연성 단열재로 덮어씌워야 한다.
   나. 경유 · 등유 등 액체연료를 사용할 때에는 다음 사항을 지켜야 한다.
      1) 연료탱크는 보일러 본체로부터 수평거리 1미터 이상의 간격을 두어 설치할 것
      2) 연료탱크에는 화재 등 긴급상황이 발생하는 경우 연료를 차단할 수 있는 개폐밸브를 연료탱크로부터 0.5미터 이내에 설치할 것
      3) 연료탱크 또는 보일러 등에 연료를 공급하는 배관에는 여과장치를 설치할 것
      4) 사용이 허용된 연료 외의 것을 사용하지 않을 것
      5) 연료탱크가 넘어지지 않도록 받침대를 설치하고, 연료탱크 및 연료탱크 받침대는 「건축법 시행령」 제2조 제10호에 따른 불연재료(이하 "불연재료"라 한다)로 할 것
   다. 기체연료를 사용할 때에는 다음 사항을 지켜야 한다.
      1) 보일러를 설치하는 장소에는 환기구를 설치하는 등 가연성 가스가 머무르지 않도록 할 것
      2) 연료를 공급하는 배관은 금속관으로 할 것
      3) 화재 등 긴급 시 연료를 차단할 수 있는 개폐밸브를 연료용기 등으로부터 ❶ ______ 이내에 설치할 것
      4) 보일러가 설치된 장소에는 가스누설경보기를 설치할 것
   라. 화목(火木) 등 고체연료를 사용할 때에는 다음 사항을 지켜야 한다.
      1) 고체연료는 보일러 본체와 수평거리 2미터 이상 간격을 두어 보관하거나 불연재료로 된 별도의 구획된 공간에 보관할 것
      2) 연통은 천장으로부터 0.6미터 떨어지고, 연통의 배출구는 건물 밖으로 0.6미터 이상 나오도록 설치할 것
      3) 연통의 배출구는 보일러 본체보다 2미터 이상 높게 설치할 것
      4) 연통이 관통하는 벽면, 지붕 등은 불연재료로 처리할 것
      5) 연통재질은 불연재료로 사용하고 연결부에 청소구를 설치할 것
   마. 보일러 본체와 벽 · 천장 사이의 거리는 0.6미터 이상이어야 한다.
   바. 보일러를 실내에 설치하는 경우에는 콘크리트바닥 또는 금속 외의 불연재료로 된 바닥 위에 설치해야 한다.
2. 난로
   가. 연통은 천장으로부터 0.6미터 이상 떨어지고, 연통의 배출구는 건물 밖으로 ❷ ______ 이상 나오게 설치해야 한다.
   나. 가연성 벽 · 바닥 또는 천장과 접촉하는 연통의 부분은 규조토 등 난연성 또는 불연성의 단열재로 덮어씌워야 한다.
   다. 이동식난로는 다음의 장소에서 사용해서는 안 된다. 다만, 난로가 쓰러지지 않도록 받침대를 두어 고정시키거나 쓰러지는 경우 즉시 소화되고 연료의 누출을 차단할 수 있는 장치가 부착된 경우에는 그렇지 않다.

- 중략 -

[영 별표 1] ❶ 0.5미터 ❷ 0.6미터

[영 별표 2] ❶ 2세제곱미터

화재의 예방 및 안전관리에 관한 법률	화재의 예방 및 안전관리에 관한 법률 시행령	화재의 예방 및 안전관리에 관한 법률 시행규칙

보일러의 관리 기준

액체연료	기체연료	고체연료
• 연료탱크는 보일러 본체로부터 수평거리 1m 이상 • 개폐밸브: 연료탱크로부터 0.5m 이내 • 배관: 여과장치 설치 • 허용된 연료만 사용 • 연료탱크 받침대 설치(연료탱크 및 연료탱크 받침대: 불연재료)	• 환기구 설치 • 연료 공급배관: 금속관 • 가스누설경보기 • 개폐밸브: 연료용기로부터 0.5m 이내	• 고체연료: 보일러 본체와 수평거리 2m 이상, 별도구획(불연재료) • 연통은 천장으로부터 0.6m 이격, 연통의 배출구는 건물 밖 0.6m 이상 도출 • 연통의 배출구: 보일러보다 2m 이상 높게 • 연통: 관통부분 불연재료 • 연통재질: 불연재료, 청소구설치

3. 건조설비
   가. 건조설비와 벽 · 천장 사이의 거리는 ❶ 이상이어야 한다.
   나. 건조물품이 열원과 직접 접촉하지 않도록 해야 한다.
   다. 실내에 설치하는 경우에 벽 · 천장 및 바닥은 불연재료로 해야 한다.
4. 가스 · 전기시설
   가. 가스시설의 경우 「고압가스 안전관리법」, 「도시가스사업법」 및 「액화석유가스의 안전관리 및 사업법」에서 정하는 바에 따른다.
   나. 전기시설의 경우 「전기사업법」 및 「전기안전관리법」에서 정하는 바에 따른다.
5. 불꽃을 사용하는 용접 · 용단 기구
   용접 또는 용단 작업장에서는 다음 각 목의 사항을 지켜야 한다. 다만, 「산업안전보건법」 제38조의 적용을 받는 사업장에는 적용하지 않는다.
   가. 용접 또는 용단 작업장 주변 반경 5미터 이내에 소화기를 갖추어 둘 것
   나. 용접 또는 용단 작업장 주변 반경 10미터 이내에는 가연물을 쌓아두거나 놓아두지 말 것. 다만, 가연물의 제거가 곤란하여 방화포 등으로 방호조치를 한 경우는 제외한다.
6. 노 · 화덕설비
   가. 실내에 설치하는 경우에는 흙바닥 또는 금속 외의 불연재료로 된 바닥에 설치해야 한다.
   나. 노 또는 화덕을 설치하는 장소의 벽 · 천장은 불연재료로 된 것이어야 한다.
   다. 노 또는 화덕의 주위에는 녹는 물질이 확산되지 않도록 높이 0.1미터 이상의 턱을 설치해야 한다.
   라. 시간당 열량이 30만킬로칼로리 이상인 노를 설치하는 경우에는 다음의 사항을 지켜야 한다.
      1) 「건축법」 제2조 제1항 제7호에 따른 주요구조부(이하 "주요구조부"라 한다)는 불연재료 이상으로 할 것
      2) 창문과 출입구는 「건축법 시행령」 제64조에 따른 60분+방화문 또는 60분 방화문으로 설치할 것
      3) 노 주위에는 1미터 이상 공간을 확보할 것
7. 음식조리를 위하여 설치하는 설비
   「식품위생법 시행령」 제21조 제8호에 따른 식품접객업 중 일반음식점 주방에서 조리를 위하여 불을 사용하는 설비를 설치하는 경우에는 다음 각 목의 사항을 지켜야 한다.
   가. 주방설비에 부속된 배출덕트(공기 배출통로)는 0.5밀리미터 이상의 아연도금강판 또는 이와 같거나 그 이상의 내식성 불연재료로 설치할 것
   나. 주방시설에는 동물 또는 식물의 기름을 제거할 수 있는 필터 등을 설치할 것
   다. 열을 발생하는 조리기구는 반자 또는 선반으로부터 0.6미터 이상 떨어지게 할 것
   라. 열을 발생하는 조리기구로부터 0.15미터 이내의 거리에 있는 가연성 주요구조부는 단열성이 있는 불연재료로 덮어 씌울 것

비고
1. "보일러"란 사업장 또는 영업장 등에서 사용하는 것을 말하며, 주택에서 사용하는 가정용 보일러는 제외한다.
2. "건조설비"란 산업용 건조설비를 말하며, 주택에서 사용하는 건조설비는 제외한다.
3. "노 · 화덕설비"란 제조업 · 가공업에서 사용되는 것을 말하며, 주택에서 조리용도로 사용되는 화덕은 제외한다.
4. 보일러, 난로, 건조설비, 불꽃을 사용하는 용접 · 용단기구 및 노 · 화덕설비가 설치된 장소에는 소화기 1개 이상을 갖추어 두어야 한다.

[영 별표 3] 특수가연물의 저장 및 취급 기준 24. 경채

1. 특수가연물의 저장 · 취급 기준
 특수가연물은 다음 각 목의 기준에 따라 쌓아 저장해야 한다. 다만, 석탄 · 목탄류를 발전용(發電用)으로 저장하는 경우는 제외한다.
 가. 품명별로 구분하여 쌓을 것
 나. 다음의 기준에 맞게 쌓을 것

구분	살수설비를 설치하거나 방사능력 범위에 해당 특수가연물이 포함되도록 대형수동식소화기를 설치하는 경우	그 밖의 경우
높이	15미터 이하	10미터 이하
쌓는 부분의 바닥면적	200제곱미터(석탄 · 목탄류의 경우에는 300제곱미터) 이하	50제곱미터(석탄 · 목탄류의 경우에는 200제곱미터) 이하

 다. 실외에 쌓아 저장하는 경우 쌓는 부분이 대지경계선, 도로 및 인접 건축물과 최소 6미터 이상 간격을 둘 것. 다만, 쌓는 높이보다 0.9미터 이상 높은 「건축법 시행령」 제2조 제7호에 따른 내화구조(이하 "내화구조"라 한다) 벽체를 설치한 경우는 그렇지 않다.
 라. 실내에 쌓아 저장하는 경우 주요구조부는 내화구조이면서 불연재료여야 하고, 다른 종류의 특수가연물과 같은 공간에 보관하지 않을 것. 다만, 내화구조의 벽으로 분리하는 경우는 그렇지 않다.
 마. 쌓는 부분 바닥면적의 사이는 실내의 경우 1.2미터 또는 쌓는 높이의 1/2 중 큰 값 이상으로 간격을 두어야 하며, 실외의 경우 3미터 또는 쌓는 높이 중 큰 값 이상으로 간격을 둘 것
2. 특수가연물 표지
 가. 특수가연물을 저장 또는 취급하는 장소에는 품명, 최대저장수량, 단위부피당 질량 또는 단위체적당 질량, 관리책임자 성명 · 직책, 연락처 및 화기취급의 금지표시가 포함된 특수가연물 표지를 설치해야 한다.
 나. 특수가연물 표지의 규격은 다음과 같다. (그림생략)
  1) 특수가연물 표지는 한 변의 길이가 0.3미터 이상, 다른 한 변의 길이가 0.6미터 이상인 직사각형으로 할 것
  2) 특수가연물 표지의 바탕은 흰색으로, 문자는 검은색으로 할 것. 다만, "화기엄금" 표시 부분은 제외한다.
  3) 특수가연물 표지 중 화기엄금 표시 부분의 바탕은 붉은색으로, 문자는 백색으로 할 것
 다. 특수가연물 표지는 특수가연물을 저장하거나 취급하는 장소 중 보기 쉬운 곳에 설치해야 한다.

[영 별표 1] ❶ 0.5미터

화재의 예방 및 안전관리에 관한 법률

제18조【화재예방강화지구의 지정 등】 ① 시·도지사는 다음 각 호의 어느 하나에 해당하는 지역을 화재예방강화지구로 지정하여 관리할 수 있다. 24. 경채

1. 시장지역
2. 공장·창고가 밀집한 지역
3. 목조건물이 밀집한 지역
4. 노후·불량건축물이 밀집한 지역
5. 위험물의 저장 및 처리 시설이 밀집한 지역
6. 석유화학제품을 생산하는 공장이 있는 지역
7. 「산업입지 및 개발에 관한 법률」 제2조 제8호에 따른 산업단지
8. 소방시설·소방용수시설 또는 소방출동로가 없는 지역
9. 「물류시설의 개발 및 운영에 관한 법률」 제2조 제6호에 따른 ❶
10. 그 밖에 제1호부터 제9호까지에 준하는 지역으로서 소방관서장이 화재예방강화지구로 지정할 필요가 있다고 인정하는 지역

② 제1항에도 불구하고 시·도지사가 화재예방강화지구로 지정할 필요가 있는 지역을 화재예방강화지구로 지정하지 아니하는 경우 소방청장은 해당 시·도지사에게 해당 지역의 화재예방강화지구 지정을 요청할 수 있다. ▶2백(과)

③ 소방관서장은 대통령령으로 정하는 바에 따라 제1항에 따른 화재예방강화지구 안의 소방대상물의 위치·구조 및 설비 등에 대하여 화재안전조사를 하여야 한다.

④ 소방관서장은 제3항에 따른 화재안전조사를 한 결과 화재의 예방강화를 위하여 필요하다고 인정할 때에는 관계인에게 소화기구, 소방용수시설 또는 그 밖에 소방에 필요한 설비(이하 "소방설비 등"이라 한다)의 설치(보수, 보강을 포함한다. 이하 같다)를 명할 수 있다.

⑤ 소방관서장은 화재예방강화지구 안의 관계인에 대하여 대통령령으로 정하는 바에 따라 소방에 필요한 훈련 및 교육을 실시할 수 있다.

화재의 예방 및 안전관리에 관한 법률 시행령

제20조【화재예방강화지구의 관리】 ① 소방관서장은 법 제18조 제3항에 따라 화재예방강화지구 안의 소방대상물의 위치·구조 및 설비 등에 대한 화재안전조사를 연 1회 이상 실시해야 한다.

② 소방관서장은 법 제18조 제5항에 따라 화재예방강화지구 안의 관계인에 대하여 소방에 필요한 훈련 및 교육을 ❶ 이상 실시할 수 있다.

③ 소방관서장은 제2항에 따라 훈련 및 교육을 실시하려는 경우에는 화재예방강화지구 안의 관계인에게 훈련 또는 교육 10일 전까지 그 사실을 통보해야 한다.

④ 시·도지사는 법 제18조 제6항에 따라 다음 각 호의 사항을 ❷ 으로 정하는 화재예방강화지구 관리대장에 작성하고 관리해야 한다.

1. 화재예방강화지구의 지정 현황
2. 화재안전조사의 결과
3. 법 제18조 제4항에 따른 소화기구, 소방용수시설 또는 그 밖에 소방에 필요한 설비(이하 "소방설비 등"이라 한다)의 설치(보수, 보강을 포함한다) 명령 현황
4. 법 제18조 제5항에 따른 소방훈련 및 교육의 실시 현황
5. 그 밖에 화재예방 강화를 위하여 필요한 사항

화재의 예방 및 안전관리에 관한 법률 시행규칙

제8조【화재예방강화지구 관리대장】 영 제20조 제4항 각 호 외의 부분에 따른 화재예방강화지구 관리대장은 별지 제11호 서식에 따른다.

화재의 예방 및 안전관리에 관한 법률	화재의 예방 및 안전관리에 관한 법률 시행령	화재의 예방 및 안전관리에 관한 법률 시행규칙
⑥ ❷ 는 대통령령으로 정하는 바에 따라 제1항에 따른 화재예방강화지구의 지정 현황, 제3항에 따른 화재안전조사의 결과, 제4항에 따른 소방설비 등의 설치 명령 현황, 제5항에 따른 소방훈련 및 교육 현황 등이 포함된 화재예방강화지구에서의 화재예방에 필요한 자료를 매년 작성 · 관리하여야 한다. **제19조【화재의 예방 등에 대한 지원】** ① 소방청장은 제18조 제4항에 따라 소방설비 등의 설치를 명하는 경우 해당 관계인에게 소방설비 등의 설치에 필요한 지원을 할 수 있다. ② 소방청장은 관계 중앙행정기관의 장 및 시 · 도지사에게 제1항에 따른 지원에 필요한 협조를 요청할 수 있다. ③ 시 · 도지사는 제2항에 따라 소방청장의 요청이 있거나 화재예방강화지구 안의 소방대상물의 화재안전성능 향상을 위하여 필요한 경우 특별시 · 광역시 · 특별자치시 · 도 또는 특별자치도(이하 "시 · 도"라 한다)의 조례로 정하는 바에 따라 소방설비 등의 설치에 필요한 비용을 지원할 수 있다.		
제20조【화재 위험경보】 소방관서장은 「기상법」 제13조에 따른 기상현상 및 기상영향에 대한 예보 · 특보에 따라 화재의 발생 위험이 높다고 분석 · 판단되는 경우에는 행정안전부령으로 정하는 바에 따라 화재에 관한 위험경보를 발령하고 그에 따른 필요한 조치를 할 수 있다.		**제9조【화재 위험경보】** ① 소방관서장은 「기상법」 제13조에 따른 기상현상 및 기상영향에 대한 예보 · 특보에 따라 화재의 발생 위험이 높다고 분석 · 판단되는 경우에는 법 제20조에 따라 화재 위험경보를 발령하고, 보도기관을 이용하거나 정보통신망에 게재하는 등 적절한 방법을 통하여 이를 일반인에게 알려야 한다. ② 제1항에 따른 화재 위험경보 발령 절차 및 조치사항에 관하여 필요한 사항은 소방청장이 정한다.

<제18조> ❶ 물류단지 ❷ 시 · 도지사

<제20조> ❶ 연 1회 ❷ 행정안전부령

화재의 예방 및 안전관리에 관한 법률

제21조【화재안전영향평가】 ① ❶ 은 화재발생 원인 및 연소과정을 조사·분석하는 등의 과정에서 법령이나 정책의 개선이 필요하다고 인정되는 경우 그 법령이나 정책에 대한 화재 위험성의 유발요인 및 완화 방안에 대한 평가(이하 "화재안전영향평가"라 한다)를 실시할 수 있다.

② 소방청장은 제1항에 따라 화재안전영향평가를 실시한 경우 그 결과를 해당 법령이나 정책의 소관 기관의 장에게 통보하여야 한다.

③ 제2항에 따라 결과를 통보받은 소관 기관의 장은 특별한 사정이 없는 한 이를 해당 법령이나 정책에 반영하도록 노력하여야 한다.

④ 화재안전영향평가의 방법·절차·기준 등에 필요한 사항은 대통령령으로 정한다.

화재의 예방 및 안전관리에 관한 법률 시행령

제21조【화재안전영향평가의 방법·절차·기준 등】 ① 소방청장은 법 제21조 제1항에 따른 화재안전영향평가(이하 "화재안전영향평가"라 한다)를 하는 경우 화재현장 및 자료 조사 등을 기초로 화재·피난 모의실험 등 과학적인 예측·분석 방법으로 실시할 수 있다.

② 소방청장은 화재안전영향평가를 위하여 필요한 경우 해당 법령이나 정책의 소관 기관의 장에게 관련 자료의 제출을 요청할 수 있다. 이 경우 자료 제출을 요청받은 소관 기관의 장은 특별한 사유가 없으면 이에 따라야 한다.

③ 소방청장은 다음 각 호의 사항이 포함된 화재안전영향평가의 기준을 법 제22조에 따른 화재안전영향평가심의회(이하 "심의회"라 한다)의 심의를 거쳐 정한다.

1. 법령이나 정책의 화재위험 유발요인
2. 법령이나 정책이 소방대상물의 재료, 공간, 이용자 특성 및 화재 확산 경로에 미치는 영향
3. 법령이나 정책이 화재피해에 미치는 영향 등 사회경제적 파급 효과
4. 화재위험 유발요인을 제어 또는 관리할 수 있는 법령이나 정책의 개선 방안

④ 제1항부터 제3항까지에서 규정한 사항 외에 화재안전영향평가의 방법·절차·기준 등에 관하여 필요한 사항은 소방청장이 정한다.

화재의 예방 및 안전관리에 관한 법률 시행규칙

화재의 예방 및 안전관리에 관한 법률

제22조【화재안전영향평가심의회】 ① 소방청장은 화재안전영향평가에 관한 업무를 수행하기 위하여 화재안전영향평가심의회(이하 "심의회"라 한다)를 구성 · 운영할 수 있다.

② 심의회는 위원장 1명을 포함한 ❷ 이내의 위원으로 구성한다.

③ 위원장은 위원 중에서 호선하고, 위원은 다음 각 호의 사람으로 한다.

1. 화재안전과 관련되는 법령이나 정책을 담당하는 관계 기관의 소속 직원으로서 대통령령으로 정하는 사람
2. 소방기술사 등 대통령령으로 정하는 화재안전과 관련된 분야의 학식과 경험이 풍부한 전문가로서 소방청장이 위촉한 사람

④ 제2항 및 제3항에서 규정한 사항 외에 심의회의 구성 · 운영 등에 필요한 사항은 대통령령으로 정한다.

화재의 예방 및 안전관리에 관한 법률 시행령

제22조【심의회의 구성】 ① 법 제22조 제3항 제1호에서 "대통령령으로 정하는 사람"이란 다음 각 호의 사람을 말한다.

1. 다음 각 목의 중앙행정기관에서 화재안전 관련 법령이나 정책을 담당하는 고위공무원단에 속하는 일반직 공무원(이에 상당하는 특정직공무원 및 별정직공무원을 포함한다) 중에서 해당 중앙행정기관의 장이 지명하는 사람 각 1명
   가. 행정안전부 · 산업통상자원부 · 보건복지부 · 고용노동부 · 국토교통부
   나. 그 밖에 심의회의 심의에 부치는 안건과 관련된 중앙행정기관
2. 소방청에서 화재안전 관련 업무를 수행하는 ❶ 이상의 소방공무원 중에서 소방청장이 지명하는 사람

② 법 제22조 제3항 제2호에서 "소방기술사 등 대통령령으로 정하는 화재안전과 관련된 분야의 학식과 경험이 풍부한 전문가"란 다음 각 호의 어느 하나에 해당하는 사람을 말한다.

1. 소방기술사
2. 다음 각 목의 기관이나 법인 또는 단체에서 화재안전 관련 업무를 수행하는 사람으로서 해당 기관이나 법인 또는 단체의 장이 추천하는 사람
   가. 안전원
   나. 기술원
   다. 화재보험협회
   라. 가스안전공사
   마. 전기안전공사
3. 「고등교육법」 제2조에 따른 학교 또는 이에 준하는 학교나 공인된 연구기관에서 부교수 이상의 직(職) 또는 이에 상당하는 직에 있거나 있었던 사람으로서 화재안전 또는 관련 법령이나 정책에 전문성이 있는 사람

화재의 예방 및 안전관리에 관한 법률 시행규칙

<제21조> ❶ 소방청장
<제22조> ❷ 12명

<제22조> ❶ 소방준감

화재의 예방 및 안전관리에 관한 법률	화재의 예방 및 안전관리에 관한 법률 시행령	화재의 예방 및 안전관리에 관한 법률 시행규칙
	③ 법 제22조 제3항 제2호에 따른 위촉위원의 임기는 2년으로 하며 한 차례만 연임할 수 있다. ④ 심의회의 위원장은 심의회를 대표하고 심의회 업무를 총괄한다. ⑤ 위원장이 부득이한 사유로 직무를 수행할 수 없을 때에는 위원장이 지명한 위원이 그 직무를 대행한다. ⑥ 소방청장은 심의회의 위원이 다음 각 호의 어느 하나에 해당하는 경우에는 해당 위원을 해촉할 수 있다. 1. 심신장애로 직무를 수행할 수 없게 된 경우 2. 직무와 관련된 비위사실이 있는 경우 3. 직무태만, 품위손상이나 그 밖의 사유로 위원으로 적합하지 않다고 인정되는 경우 4. 위원 스스로 직무를 수행하기 어렵다는 의사를 밝히는 경우 **제23조【심의회의 운영】** ① 심의회의 업무를 효율적으로 수행하기 위하여 심의회에 분야별로 전문위원회를 둘 수 있다. ② 심의회 및 전문위원회에 출석한 위원 및 전문위원회의 위원에게는 예산의 범위에서 수당, 여비, 그 밖에 필요한 경비를 지급할 수 있다. 다만, 공무원인 위원 또는 전문위원회의 위원이 소관 업무와 직접 관련하여 심의회에 출석하는 경우는 그렇지 않다. ③ 제1항 및 제2항에서 규정한 사항 외에 심의회의 운영 등에 필요한 사항은 소방청장이 정한다.	

화재의 예방 및 안전관리에 관한 법률	화재의 예방 및 안전관리에 관한 법률 시행령	화재의 예방 및 안전관리에 관한 법률 시행규칙
제23조【화재안전취약자에 대한 지원】 ① 소방관서장은 어린이, 노인, 장애인 등 화재의 예방 및 안전관리에 취약한 자(이하 "화재안전취약자"라 한다)의 안전한 생활환경을 조성하기 위하여 소방용품의 제공 및 소방시설의 개선 등 필요한 사항을 지원하기 위하여 노력하여야 한다. ② 제1항에 따른 화재안전취약자에 대한 지원의 대상·범위·방법 및 절차 등에 필요한 사항은 대통령령으로 정한다. ③ 소방관서장은 관계 행정기관의 장에게 제1항에 따른 지원이 원활히 수행되는 데 필요한 협력을 요청할 수 있다. 이 경우 요청받은 관계 행정기관의 장은 특별한 사정이 없으면 요청에 따라야 한다.	**제24조【화재안전취약자 지원 대상 및 방법 등】** ① 법 제23조 제1항에 따른 어린이, 노인, 장애인 등 화재의 예방 및 안전관리에 취약한 자(이하 "화재안전취약자"라 한다)에 대한 지원의 대상은 다음 각 호와 같다. 1. 「국민기초생활 보장법」 제2조 제2호에 따른 수급자 2. 「장애인복지법」 제6조에 따른 중증장애인 3. 「한부모가족지원법」 제5조에 따른 지원대상자 4. 「노인복지법」 제27조의2에 따른 홀로 사는 노인 5. 「다문화가족지원법」 제2조 제1호에 따른 다문화가족의 구성원 6. 그 밖에 화재안전에 취약하다고 소방관서장이 인정하는 사람 ② 소방관서장은 법 제23조 제1항에 따라 제1항 각 호의 사람에게 다음 각 호의 사항을 지원할 수 있다. 1. 소방시설등의 설치 및 개선 2. 소방시설등의 안전점검 3. 소방용품의 제공 4. 전기·가스 등 화재위험 설비의 점검 및 개선 5. 그 밖에 화재안전을 위하여 필요하다고 인정되는 사항 ③ 제1항 및 제2항에서 규정한 사항 외에 지원의 방법 및 절차 등에 관하여 필요한 사항은 소방청장이 정한다.	

화재의 예방 및 안전관리에 관한 법률

제5장 소방대상물의 소방안전관리

제24조【특정소방대상물의 소방안전관리】 ① 특정소방대상물 중 전문적인 안전관리가 요구되는 대통령령으로 정하는 특정소방대상물(이하 "소방안전관리대상물"이라 한다)의 관계인은 소방안전관리업무를 수행하기 위하여 제30조 제1항에 따른 소방안전관리자 자격증을 발급받은 사람을 소방안전관리자로 선임하여야 한다. 이 경우 소방안전관리자의 업무에 대하여 보조가 필요한 대통령령으로 정하는 소방안전관리대상물의 경우에는 소방안전관리자 외에 소방안전관리보조자를 추가로 선임하여야 한다. ▶3백(벌)

② 다른 안전관리자(다른 법령에 따라 전기·가스·위험물 등의 안전관리 업무에 종사하는 자를 말한다. 이하 같다)는 소방안전관리대상물 중 소방안전관리업무의 전담이 필요한 대통령령으로 정하는 소방안전관리대상물의 소방안전관리자를 겸할 수 없다. 다만, 다른 법령에 특별한 규정이 있는 경우에는 그러하지 아니하다. ▶3백(과)

③ 제1항에도 불구하고 제25조 제1항에 따른 소방안전관리대상물의 관계인은 소방안전관리업무를 대행하는 관리업자(「소방시설 설치 및 관리에 관한 법률」 제29조 제1항에 따른 소방시설관리업의 등록을 한 자를 말한다. 이하 "관리업자"라 한다)를 감독할 수 있는 사람을 지정하여 소방안전관리자로 선임할 수 있다. 이 경우 소방안전관리자로 선임된 자는 선임된 날부터 ❶ 이내에 제34조에 따른 교육을 받아야 한다. ▶3백(벌)

④ 소방안전관리자 및 소방안전관리보조자의 선임 대상별 자격 및 인원기준은 ❷ 으로 정하고, 선임 절차 등 그 밖에 필요한 사항은 ❸ 으로 정한다.

⑤ 특정소방대상물(소방안전관리대상물은 제외한다)의 관계인과 소방안전관리대상물의 소방안전관리자는 다음 각 호의 업무를 수행한다. 다만, 제1호·제2호·제5호 및 제7호의 업무는 소방안전관리대상물의 경우에만 해당한다. ▶3백(과)

화재의 예방 및 안전관리에 관한 법률 시행령

제25조【소방안전관리자 및 소방안전관리보조자를 두어야 하는 특정소방대상물】 ① 법 제24조 제1항 전단에 따라 특정소방대상물 중 전문적인 안전관리가 요구되는 특정소방대상물(이하 "소방안전관리대상물"이라 한다)의 범위와 같은 조 제4항에 따른 소방안전관리자의 선임 대상별 자격 및 인원기준은 별표 4와 같다.

② 법 제24조 제1항 후단에 따라 소방안전관리보조자를 추가로 선임해야 하는 소방안전관리대상물의 범위와 같은 조 제4항에 따른 소방안전관리보조자의 선임 대상별 자격 및 인원기준은 별표 5와 같다.

③ 제1항에도 불구하고 건축물대장의 건축물현황도에 표시된 대지경계선 안의 지역 또는 인접한 2개 이상의 대지에 제1항에 따라 소방안전관리자를 두어야 하는 특정소방대상물이 둘 이상 있고, 그 관리에 관한 권원(權原)을 가진 자가 동일인인 경우에는 이를 하나의 특정소방대상물로 본다. 이 경우 해당 특정소방대상물이 별표 4에 따른 등급 중 둘 이상에 해당하면 그 중에서 등급이 높은 특정소방대상물로 본다.

제26조【소방안전관리업무 전담 대상물】 법 제24조 제2항 본문에서 "대통령령으로 정하는 소방안전관리대상물"이란 다음 각 호의 소방안전관리대상물을 말한다.

1. 별표 4 제1호에 따른 특급 소방안전관리대상물
2. 별표 4 제2호에 따른 1급 소방안전관리대상물

제27조【소방안전관리대상물의 소방계획서 작성 등】 ① 법 제24조 제5항 제1호에서 "대통령령으로 정하는 사항"이란 다음 각 호의 사항을 말한다.

1. 소방안전관리대상물의 위치·구조·연면적(「건축법 시행령」 제119조 제1항 제4호에 따라 산정된 면적을 말한다. 이하 같다)·용도 및 수용인원 등 일반 현황
2. 소방안전관리대상물에 설치한 소방시설, 방화시설, 전기시설, 가스시설 및 위험물시설의 현황

화재의 예방 및 안전관리에 관한 법률 시행규칙

제10조【소방안전관리업무 수행에 관한 기록·유지】 ① 영 제25조 제1항의 소방안전관리대상물(이하 "소방안전관리대상물"이라 한다)의 소방안전관리자는 법 제24조 제5항 제7호에 따른 소방안전관리업무 수행에 관한 기록을 별지 제12호 서식에 따라 월 1회 이상 작성·관리해야 한다.

② 소방안전관리자는 소방안전관리업무 수행 중 보수 또는 정비가 필요한 사항을 발견한 경우에는 이를 지체 없이 관계인에게 알리고, 별지 제12호 서식에 기록해야 한다.

③ 소방안전관리자는 제1항에 따른 업무 수행에 관한 기록을 작성한 날부터 2년간 보관해야 한다.

제11조【자위소방대 및 초기대응체계의 구성·운영 및 교육 등】 ① 소방안전관리대상물의 소방안전관리자는 법 제24조 제5항 제2호에 따른 자위소방대를 다음 각 호의 기능을 효율적으로 수행할 수 있도록 편성·운영하되, 소방안전관리대상물의 규모·용도 등의 특성을 고려하여 응급구조 및 방호안전기능 등을 추가하여 수행할 수 있도록 편성할 수 있다.

1. 화재 발생 시 비상연락, 초기소화 및 피난유도
2. 화재 발생 시 인명·재산피해 최소화를 위한 조치

② 제1항에 따른 자위소방대에는 대장과 부대장 1명을 각각 두며, 편성 조직의 인원은 해당 소방안전관리대상물의 수용인원 등을 고려하여 구성한다. 이 경우 자위소방대의 대장·부대장 및 편성조직의 임무는 다음 각 호와 같다.

1. 대장은 자위소방대를 총괄 지휘한다.
2. 부대장은 대장을 보좌하고 대장이 부득이한 사유로 임무를 수행할 수 없는 때에는 그 임무를 대행한다.
3. 비상연락팀은 화재사실의 전파 및 신고 업무를 수행한다.
4. 초기소화팀은 화재 발생 시 초기화재 진압 활동을 수행한다.

화재의 예방 및 안전관리에 관한 법률	화재의 예방 및 안전관리에 관한 법률 시행령	화재의 예방 및 안전관리에 관한 법률 시행규칙
1. 제36조에 따른 피난계획에 관한 사항과 대통령령으로 정하는 사항이 포함된 소방계획서의 작성 및 시행 2. 자위소방대(自衛消防隊) 및 초기대응체계의 구성, 운영 및 교육 3. 「소방시설 설치 및 관리에 관한 법률」 제16조에 따른 피난시설, 방화구획 및 방화시설의 관리 4. 소방시설이나 그 밖의 소방 관련 시설의 관리 5. 제37조에 따른 소방훈련 및 교육 6. 화기(火氣) 취급의 감독 7. 행정안전부령으로 정하는 바에 따른 소방안전관리에 관한 업무수행에 관한 기록 · 유지(제3호 · 제4호 및 제6호의 업무를 말한다) 8. ❹ 9. 그 밖에 소방안전관리에 필요한 업무 ⑥ 제5항 제2호에 따른 자위소방대와 초기대응체계의 구성, 운영 및 교육 등에 필요한 사항은 행정안전부령으로 정한다.	3. 화재 예방을 위한 자체점검계획 및 대응대책 4. 소방시설 · 피난시설 및 방화시설의 점검 · 정비계획 5. 피난층 및 피난시설의 위치와 피난경로의 설정, 화재안전취약자의 피난계획 등을 포함한 피난계획 6. 방화구획, 제연구획(除煙區劃), 건축물의 내부 마감재료 및 방염대상물품의 사용 현황과 그 밖의 방화구조 및 설비의 유지 · 관리계획 7. 법 제35조 제1항에 따른 관리의 권원이 분리된 특정소방대상물의 소방안전관리에 관한 사항 8. 소방훈련 · 교육에 관한 계획 9. 법 제37조를 적용받는 소방안전관리대상물의 근무자 및 거주자의 자위소방대 조직과 대원의 임무(화재안전취약자의 피난 보조 임무를 포함한다)에 관한 사항 10. 화기 취급 작업에 대한 사전 안전조치 및 감독 등 공사 중 소방안전관리에 관한 사항 11. 소화에 관한 사항과 연소 방지에 관한 사항 12. 위험물의 저장 · 취급에 관한 사항(「위험물안전관리법」 제17조에 따라 예방규정을 정하는 제조소등은 제외한다) 13. 소방안전관리에 대한 업무수행에 관한 기록 및 유지에 관한 사항 14. 화재발생 시 화재경보, 초기소화 및 피난유도 등 초기대응에 관한 사항 15. 그 밖에 소방본부장 또는 소방서장이 소방안전관리대상물의 위치 · 구조 · 설비 또는 관리 상황 등을 고려하여 소방안전관리에 필요하여 요청하는 사항 ② 소방본부장 또는 소방서장은 소방안전관리대상물의 소방계획서의 작성 및 그 실시에 관하여 지도 · 감독한다.	5. 피난유도팀은 재실자(在室者) 및 장애인, 노인, 임산부, 영유아 및 어린이 등 이동이 어려운 사람(이하 "피난약자"라 한다)을 안전한 장소로 대피시키는 업무를 수행한다. 6. 응급구조팀은 인명을 구조하고, 부상자에 대한 응급조치를 수행한다. 7. 방호안전팀은 화재확산방지 및 위험시설의 비상정지 등 방호안전 업무를 수행한다. ③ 소방안전관리대상물의 소방안전관리자는 법 제24조 제5항 제2호에 따른 초기대응체계를 제1항에 따른 자위소방대에 포함하여 편성하되, 화재 발생 시 초기에 신속하게 대처할 수 있도록 해당 소방안전관리대상물에 근무하는 사람의 근무위치, 근무인원 등을 고려한다. ④ 소방안전관리대상물의 소방안전관리자는 해당 소방안전관리대상물이 이용되고 있는 동안 제3항에 따른 초기대응체계를 상시적으로 운영해야 한다. ⑤ 소방안전관리대상물의 소방안전관리자는 ❶ 이상 자위소방대를 소집하여 그 편성 상태 및 초기대응체계를 점검하고, 편성된 근무자에 대한 소방교육을 실시해야 한다. 이 경우 초기대응체계에 편성된 근무자 등에 대해서는 화재 발생 초기대응에 필요한 기본 요령을 숙지할 수 있도록 소방교육을 실시해야 한다. ⑥ 소방안전관리대상물의 소방안전관리자는 제5항에 따른 소방교육을 제36조 제1항에 따른 소방훈련과 병행하여 실시할 수 있다.

<제24조> ❶ 3개월 ❷ 대통령령 ❸ 행정안전부령 ❹ 화재발생 시 초기대응

<제11조> ❶ 연 1회

화재의 예방 및 안전관리에 관한 법률	화재의 예방 및 안전관리에 관한 법률 시행령	화재의 예방 및 안전관리에 관한 법률 시행규칙
		⑦ 소방안전관리대상물의 소방안전관리자는 제5항에 따른 소방교육을 실시하였을 때는 그 실시 결과를 별지 제13호 서식의 자위소방대 및 초기대응체계 교육·훈련 실시 결과 기록부에 기록하고, 교육을 실시한 날부터 2년간 보관해야 한다. ⑧ 소방청장은 자위소방대의 구성·운영 및 교육, 초기대응체계의 편성·운영 등에 필요한 지침을 작성하여 배포할 수 있으며, 소방본부장 또는 소방서장은 소방안전관리대상물의 소방안전관리자가 해당 지침을 준수하도록 지도할 수 있다. **화재예방법 처리기한** 1. 소방안전관리자 선임신고(법): 14일 이내 소방본부장 또는 소방서장에게 신고 2. 소방안전관리자 선임(규칙): 30일 이내 3. 소방안전관리자 선임연기신청서(규칙): 3일 이내 4. 건설현장의 소방안전관리자의 선임신고(규칙): 선임한 날부터 14일 이내 5. 소방안전관리자의 자격의 정지(법): 1년 이하의 기간 6. 강습교육(규칙): 실시 20일 전까지 7. 실무교육(규칙): 실시 30일 전까지 8. 실무교육(규칙): 선임된 날로부터 6개월 이내 9. 소방안전관리업무의 전담이 필요한 대통령령으로 정하는 특정소방대상물(규칙): 훈련 및 교육결과 30일 이내 제출 10. 불시 소방훈련·교육 사전통지(규칙): 교육 실시 10일 전까지 11. 소방본부장 또는 소방서장이 불시 소방훈련·교육 평가를 실시한 경우(규칙): 관계인에게 10일 이내 결과통지 12. 소방안전교육 대상자 통보(규칙): 교육일 10일 전까지

선임대상물 24. 공채·경채

구분	특급	1급	2급	3급
아파트	• 50층 이상 (지·제) • 높이 200미터 이상	• 30층 이상 (지·제) • 높이 120 미터 이상		
층수 (아·제)	30층 이상(지·포)	지상층의 층수: 11층 이상		
높이 (아·제)	높이 120미터 이상			
연면적 (아·제)	10만제곱미터 이상	1만 5천 제곱미터 이상		
가연성가스 등		1천톤 이상	• 100톤 이상 1천톤 미만 • 도시가스 사업 허가	
소방시설			• 옥내소화전설비 • 스프링클러설비 • 물분무등소화설비 (호스릴 제외)	• 간이 스프링클러설비 (주택전용 간이 S.P 제외) • 자동화재탐지설비
지하구			○	
공동주택 (옥내소화전설비, S.P)			○	
보물·국모 (목조건축)			○	
비고		특급 제외	특급·1급 제외	특급·1급·2급 제외
제외대상	동·식물원, 철강 등 불연성 물품을 저장·취급하는 창고, 위험물 저장 및 처리시설 중 위험물 제조소등과 지하구			

선임자격 24. 공채·경채

구분	특급	1급	2급	3급
소방 기술사	○			
소방시설 관리사	○			
소방설비 기사	1급 5년 이상*	○		
소방설비 산업기사	1급 7년 이상*	○		
소방 공무원	20년 이상	7년 이상	3년 이상	1년 이상
시험 합격자 (소방청장 실시)	특급	1급	2급	3급
위험물 기능장 위험물 산업기사 위험물 기능사			○	
포함사항		특급	특급· 1급	특급· 1급·2급

* 실무경력(법 제24조 제3항에 따라 소방안전관리자로 선임되어 근무한 경력)은 제외한다.

화재의 예방 및 안전관리에 관한 법률

제25조【소방안전관리업무의 대행】 ① 소방안전관리대상물 중 연면적 등이 일정규모 미만인 대통령령으로 정하는 소방안전관리대상물의 관계인은 제24조 제1항에도 불구하고 ❶ 로 하여금 같은 조 제5항에 따른 소방안전관리업무 중 대통령령으로 정하는 업무를 대행하게 할 수 있다. 이 경우 제24조 제3항에 따라 선임된 소방안전관리자는 관리업자의 대행업무 수행을 감독하고 대행업무 외의 소방안전관리업무는 직접 수행하여야 한다.
② 제1항 전단에 따라 소방안전관리업무를 대행하는 자는 대행인력의 배치기준·자격·방법 등 행정안전부령으로 정하는 준수사항을 지켜야 한다.
③ 제1항에 따라 소방안전관리업무를 관리업자에게 대행하게 하는 경우의 대가(代價)는 「엔지니어링산업 진흥법」 제31조에 따른 엔지니어링사업의 대가 기준 가운데 행정안전부령으로 정하는 방식에 따라 산정한다.

제26조【소방안전관리자 선임신고 등】 ① 소방안전관리대상물의 관계인이 제24조에 따라 소방안전관리자 또는 소방안전관리보조자를 선임한 경우에는 행정안전부령으로 정하는 바에 따라 선임한 날부터 ❷ 이내에 소방본부장 또는 소방서장에게 신고하고, 소방안전관리대상물의 출입자가 쉽게 알 수 있도록 소방안전관리자의 성명과 그 밖에 행정안전부령으로 정하는 사항을 게시하여야 한다. ▶2백(과)

② 소방안전관리대상물의 관계인이 소방안전관리자 또는 소방안전관리보조자를 해임한 경우에는 그 관계인 또는 해임된 소방안전관리자 또는 소방안전관리보조자는 소방본부장이나 소방서장에게 그 사실을 알려 해임한 사실의 확인을 받을 수 있다.

화재의 예방 및 안전관리에 관한 법률 시행령

제28조【소방안전관리 업무의 대행 대상 및 업무】 ① 법 제25조 제1항 전단에서 "대통령령으로 정하는 소방안전관리대상물"이란 다음 각 호의 소방안전관리대상물을 말한다.

1. 별표 4 제2호 가목 3)에 따른 지상층의 층수가 11층 이상인 1급 소방안전관리대상물(연면적 1만5천제곱미터 이상인 특정소방대상물과 아파트는 제외한다)
2. 별표 4 제3호에 따른 2급 소방안전관리대상물
3. 별표 4 제4호에 따른 3급 소방안전관리대상물

② 법 제25조 제1항 전단에서 "대통령령으로 정하는 업무"란 다음 각 호의 업무를 말한다.

1. 법 제24조 제5항 제3호에 따른 피난시설, 방화구획 및 방화시설의 관리
2. 법 제24조 제5항 제4호에 따른 소방시설이나 그 밖의 소방 관련 시설의 관리

화재의 예방 및 안전관리에 관한 법률 시행규칙

제12조【소방안전관리업무 대행 기준】 법 제25조 제2항에 따른 소방안전관리업무 대행인력의 배치기준·자격·방법 등 준수사항은 별표 1과 같다.

제13조【소방안전관리업무 대행의 대가】 법 제25조 제3항에서 "행정안전부령으로 정하는 방식"이란 「엔지니어링산업 진흥법」 제31조에 따라 산업통상자원부장관이 고시한 엔지니어링사업 대가의 기준 중 ❶ 을 말한다.

제14조【소방안전관리자의 선임신고 등】 ① 소방안전관리대상물의 관계인은 법 제24조 및 제35조에 따라 소방안전관리자를 다음 각 호의 구분에 따라 해당 호에서 정하는 날부터 ❷ 이내에 선임해야 한다.

- 중략 -

제15조【소방안전관리자 정보의 게시】 ① 법 제26조 제1항에서 "행정안전부령으로 정하는 사항"이란 다음 각 호의 사항을 말한다. 24. 공채·경채

1. 소방안전관리대상물의 명칭 및 등급
2. 소방안전관리자의 성명 및 선임일자
3. 소방안전관리자의 연락처
4. 소방안전관리자의 근무 위치(❸ 또는 종합방재실을 말한다)

화재의 예방 및 안전관리에 관한 법률	화재의 예방 및 안전관리에 관한 법률 시행령	화재의 예방 및 안전관리에 관한 법률 시행규칙
		② 제1항에 따른 소방안전관리자 성명 등의 게시는 별표 2의 소방안전관리자 현황표에 따른다. 이 경우 「소방시설 설치 및 관리에 관한 법률 시행규칙」 별표 5에 따른 소방시설등 자체점검기록표를 함께 게시할 수 있다. **제16조【소방안전관리보조자의 선임신고 등】** ① 소방안전관리대상물의 관계인은 법 제24조 제1항 후단에 따라 소방안전관리자보조자를 다음 각 호의 구분에 따라 해당 호에서 정하는 날부터 30일 이내에 선임해야 한다. - 중략 -

제27조【관계인 등의 의무】 ① 특정소방대상물의 관계인은 그 특정소방대상물에 대하여 제24조 제5항에 따른 소방안전관리업무를 수행하여야 한다.

② 소방안전관리대상물의 관계인은 소방안전관리자가 소방안전관리업무를 성실하게 수행할 수 있도록 지도·감독하여야 한다. ▶**3백(과)**

③ 소방안전관리자는 인명과 재산을 보호하기 위하여 소방시설·피난시설·방화시설 및 방화구획 등이 법령에 위반된 것을 발견한 때에는 지체 없이 소방안전관리대상물의 관계인에게 소방대상물의 개수·이전·제거·수리 등 필요한 조치를 할 것을 요구하여야 하며, 관계인이 시정하지 아니하는 경우 소방본부장 또는 소방서장에게 그 사실을 알려야 한다. 이 경우 소방안전관리자는 공정하고 객관적으로 그 업무를 수행하여야 한다. ▶**3백(벌)**

안전관리업무

특정소방대상물의 관계인 업무	소방안전관리대상물의 소방안전관리자 업무
• 「소방시설 설치 및 관리에 관한 법률」 제16조에 따른 피난시설, 방화구획 및 방화시설의 관리 • 소방시설이나 그 밖의 소방 관련 시설의 관리 • 화기(火氣) 취급의 감독 • 화재발생 시 초기대응 • 그 밖에 소방안전관리에 필요한 업무	• 피난계획에 관한 사항과 대통령령으로 정하는 사항이 포함된 소방계획서의 작성 및 시행 • 자위소방대 및 초기대응체계의 구성, 운영 및 교육 • 피난시설, 방화구획 및 방화시설의 관리 • 소방시설이나 그 밖의 소방 관련 시설의 관리 • 제37조에 따른 소방훈련 및 교육 • 화기 취급의 감독 • 행정안전부령으로 정하는 바에 따른 소방안전관리에 관한 업무수행에 관한 기록·유지 • 화재발생 시 초기대응 • 그 밖에 소방안전관리에 필요한 업무

<제25조> ❶ 관리업자
<제26조> ❷ 14일

<제13조> ❶ 실비정액 가산방식
<제14조> ❷ 30일
<제15조> ❸ 화재수신기

화재의 예방 및 안전관리에 관한 법률

④ 소방안전관리자로부터 제3항에 따른 조치요구 등을 받은 소방안전관리대상물의 관계인은 지체 없이 이에 따라야 하며, 이를 이유로 소방안전관리자를 해임하거나 보수(報酬)의 지급을 거부하는 등 불이익한 처우를 하여서는 아니 된다. ▶ 3백(벌)

제28조【소방안전관리자 선임명령 등】 ① ❶ 은 제24조 제1항에 따른 소방안전관리자 또는 소방안전관리보조자를 선임하지 아니한 소방안전관리대상물의 관계인에게 소방안전관리자 또는 소방안전관리보조자를 선임하도록 명할 수 있다. ▶ 3년/3천(벌)

② 소방본부장 또는 소방서장은 제24조 제5항에 따른 업무를 다하지 아니하는 특정소방대상물의 관계인 또는 소방안전관리자에게 그 업무의 이행을 명할 수 있다. ▶ 3년/3천(벌)

제29조【건설현장 소방안전관리】 ① 「소방시설 설치 및 관리에 관한 법률」 제15조 제1항에 따른 공사시공자가 화재발생 및 화재피해의 우려가 큰 대통령령으로 정하는 특정소방대상물(이하 "건설현장 소방안전관리대상물"이라 한다)을 신축·증축·개축·재축·이전·용도변경 또는 대수선 하는 경우에는 제24조 제1항에 따른 소방안전관리자로서 제34조에 따른 교육을 받은 사람을 소방시설공사 ❷ 부터 건축물 사용승인일(「건축법」 제22조에 따라 건축물을 사용할 수 있게 된 날을 말한다)까지 소방안전관리자로 선임하고 행정안전부령으로 정하는 바에 따라 소방본부장 또는 소방서장에게 신고하여야 한다. ▶ 3백(벌), 2백(과)

화재의 예방 및 안전관리에 관한 법률 시행령

제29조【건설현장 소방안전관리대상물】 법 제29조 제1항에서 "대통령령으로 정하는 특정소방대상물"이란 다음 각 호의 어느 하나에 해당하는 특정소방대상물을 말한다. 24. 공채·경채

1. 신축·증축·개축·재축·이전·용도변경 또는 대수선을 하려는 부분의 연면적의 합계가 ❶ 이상인 것
2. 신축·증축·개축·재축·이전·용도변경 또는 대수선을 하려는 부분의 연면적이 5천제곱미터 이상인 것으로서 다음 각 목의 어느 하나에 해당하는 것
   가. 지하층의 층수가 2개 층 이상인 것
   나. 지상층의 층수가 11층 이상인 것
   다. 냉동창고, 냉장창고 또는 냉동·냉장창고

화재의 예방 및 안전관리에 관한 법률 시행규칙

제17조【건설현장 소방안전관리자의 선임신고】 ① 법 제29조 제1항에 따른 건설현장 소방안전관리대상물(이하 "건설현장 소방안전관리대상물"이라 한다)의 공사시공자는 같은 항에 따라 소방안전관리자를 선임한 경우에는 선임한 날부터 14일 이내에 별지 제19호 서식의 건설현장 소방안전관리자 선임신고서(전자문서를 포함한다)에 다음 각 호의 서류(전자문서를 포함한다)를 첨부하여 ❶ 에게 신고해야 한다. 이 경우 건설현장 소방안전관리대상물의 공사시공자는 종합정보망을 이용하여 선임신고를 할 수 있다.

1. 제18조에 따른 소방안전관리자 자격증
2. 건설현장 소방안전관리자가 되려는 사람에 대한 강습교육 수료증
3. 건설현장 소방안전관리대상물의 공사 계약서 사본

화재의 예방 및 안전관리에 관한 법률	화재의 예방 및 안전관리에 관한 법률 시행령	화재의 예방 및 안전관리에 관한 법률 시행규칙

화재의 예방 및 안전관리에 관한 법률

② 제1항에 따른 건설현장 소방안전관리대상물의 소방안전관리자의 업무는 다음 각 호와 같다. ▶3백(과)

1. 건설현장의 소방계획서의 작성
2. 「소방시설 설치 및 관리에 관한 법률」 제15조 제1항에 따른 임시소방시설의 설치 및 관리에 대한 감독
3. 공사진행 단계별 피난안전구역, 피난로 등의 확보와 관리
4. 건설현장의 작업자에 대한 소방안전 교육 및 훈련
5. 초기대응체계의 구성 · 운영 및 교육
6. 화기취급의 감독, 화재위험작업의 허가 및 관리
7. 그 밖에 건설현장의 소방안전관리와 관련하여 소방청장이 고시하는 업무

③ 그 밖에 건설현장 소방안전관리대상물의 소방안전관리에 관하여는 제26조부터 제28조까지의 규정을 준용한다. 이 경우 "소방안전관리대상물의 관계인" 또는 "특정소방대상물의 관계인"은 "공사시공자"로 본다.

화재의 예방 및 안전관리에 관한 법률 시행령

벌칙정리

3백만원 이하의 벌금	제29조 제1항을 위반하여 소방안전관리자, 총괄소방안전관리자 또는 소방안전관리보조자를 선임하지 아니한 자
2백만원 이하의 과태료	제29조 제1항을 위반하여 기간 내에 선임신고를 하지 아니한 자

화재의 예방 및 안전관리에 관한 법률 시행규칙

② 소방본부장 또는 소방서장은 건설현장 소방안전관리대상물의 공사시공자가 소방안전관리자를 선임하고 제1항에 따라 신고하는 경우에는 신고인에게 별지 제16호 서식의 건설현장 소방안전관리자 선임증을 발급해야 한다. 이 경우 소방본부장 또는 소방서장은 신고인이 종전의 선임이력에 관한 확인을 신청하는 경우 별지 제17호 서식의 건설현장 소방안전관리자 선임 이력 확인서를 발급해야 한다.

③ 소방본부장 또는 소방서장은 건설현장 소방안전관리자의 선임신고를 접수하거나 해임 사실을 확인한 경우에는 지체 없이 관련 사실을 종합정보망에 입력해야 한다.

④ 소방본부장 또는 소방서장은 건설현장 소방안전관리대상물 선임신고의 효율적 처리를 위하여 「소방시설 설치 및 안전관리에 관한 법률」 제6조 제1항에 따라 건축허가등의 동의를 하는 경우에는 지체 없이 해당 소방안전관리대상물의 위치, 연면적 등의 정보를 종합정보망에 입력해야 한다.

<제28조> ❶ 소방본부장 또는 소방서장
<제29조> ❷ 착공 신고일

<제29조> ❶ 1만5천제곱미터

<제17조> ❶ 소방본부장 또는 소방서장

화재의 예방 및 안전관리에 관한 법률

제30조【소방안전관리자 자격 및 자격증의 발급 등】 ① 제24조 제1항에 따른 소방안전관리자의 자격은 다음 각 호의 어느 하나에 해당하는 사람으로서 소방청장으로부터 소방안전관리자 자격증을 발급받은 사람으로 한다.

1. 소방청장이 실시하는 소방안전관리자 자격시험에 합격한 사람
2. 다음 각 목에 해당하는 사람으로서 대통령령으로 정하는 사람
   가. 소방안전과 관련한 국가기술자격증을 소지한 사람
   나. 가목에 해당하는 국가기술자격증 중 일정 자격증을 소지한 사람으로서 소방안전관리자로 근무한 실무경력이 있는 사람
   다. 소방공무원 경력자
   라. 「기업활동 규제완화에 관한 특별조치법」에 따라 소방안전관리자로 선임된 사람(소방안전관리자로 선임된 기간에 한정한다)

② 소방청장은 제1항 각 호에 따른 자격을 갖춘 사람이 소방안전관리자 자격증 발급을 신청하는 경우 행정안전부령으로 정하는 바에 따라 자격증을 발급하여야 한다.
③ 제2항에 따라 소방안전관리자 자격증을 발급받은 사람이 소방안전관리자 자격증을 잃어버렸거나 못 쓰게 된 경우에는 행정안전부령으로 정하는 바에 따라 소방안전관리자 자격증을 재발급 받을 수 있다.
④ 제2항 또는 제3항에 따라 발급 또는 재발급 받은 소방안전관리자 자격증을 다른 사람에게 빌려 주거나 빌려서는 아니 되며, 이를 알선하여서도 아니 된다. ▶**1년/1천(벌)**

화재의 예방 및 안전관리에 관한 법률 시행령

제30조【소방안전관리자 자격증의 발급 등】 법 제30조 제1항 제2호 각 목 외의 부분에서 "대통령령으로 정하는 사람"이란 별표 4 각 호의 소방안전관리대상물별로 선임해야 하는 소방안전관리자의 자격을 갖춘 사람(법 제30조 제1항 제1호에 해당하는 사람은 제외한다)을 말한다.

화재의 예방 및 안전관리에 관한 법률 시행규칙

제18조【소방안전관리자 자격증의 발급 및 재발급 등】 ① 소방안전관리자 자격증을 발급받으려는 사람은 법 제30조 제2항에 따라 별지 제20호 서식의 소방안전관리자 자격증 발급 신청서(전자문서를 포함한다)에 다음 각 호의 서류(전자문서를 포함한다)를 첨부하여 ❶ 에게 제출해야 한다. 이 경우 소방청장은 「전자정부법」 제36조 제1항에 따른 행정정보의 공동이용을 통하여 소방안전관리자 자격증의 발급 요건인 국가기술자격증(자격증 발급을 위하여 필요한 경우만 해당한다)을 확인할 수 있으며, 신청인이 확인에 동의하지 않는 경우에는 그 사본을 제출하도록 해야 한다.

1. 법 제30조 제1항 각 호의 어느 하나에 해당하는 사람임을 증명하는 서류
2. 신분증 사본
3. 사진(가로 3.5센티미터 × 세로 4.5센티미터)

② 제1항에 따라 소방안전관리자 자격증의 발급을 신청받은 소방청장은 3일 이내에 법 제30조 제1항 각 호에 따른 자격을 갖춘 사람에게 별지 제21호 서식의 소방안전관리자 자격증을 발급해야 한다. 이 경우 소방청장은 별지 제22호 서식의 소방안전관리자 자격증 발급대장에 등급별로 기록하고 관리해야 한다.
③ 제2항에 따라 소방안전관리자 자격증을 발급받은 사람이 그 자격증을 잃어버렸거나 자격증이 못 쓰게 된 경우에는 별지 제20호 서식의 소방안전관리자 자격증 재발급 신청서(전자문서를 포함한다)를 작성하여 소방청장에게 자격증의 재발급을 신청할 수 있다. 이 경우 소방청장은 신청자에게 자격증을 3일 이내에 재발급하고 별지 제22호 서식의 소방안전관리자 자격증 재발급대장에 재발급 사항을 기록하고 관리해야 한다.
④ 소방청장은 별지 제22호 서식의 소방안전관리자 자격증 (재)발급대장을 종합정보망에서 전자적 처리가 가능한 방법으로 작성·관리해야 한다.

화재의 예방 및 안전관리에 관한 법률	화재의 예방 및 안전관리에 관한 법률 시행령	화재의 예방 및 안전관리에 관한 법률 시행규칙
제31조【소방안전관리자 자격의 정지 및 취소】 ① 소방청장은 제30조 제2항에 따라 소방안전관리자 자격증을 발급받은 사람이 다음 각 호의 어느 하나에 해당하는 경우에는 행정안전부령으로 정하는 바에 따라 그 자격을 취소하거나 ❶ ____ 의 기간을 정하여 그 자격을 정지시킬 수 있다. 다만, 제1호 또는 제3호에 해당하는 경우에는 그 자격을 취소하여야 한다. 1. 거짓이나 그 밖의 부정한 방법으로 소방안전관리자 자격증을 발급받은 경우 2. 제24조 제5항에 따른 소방안전관리업무를 게을리한 경우 3. 제30조 제4항을 위반하여 소방안전관리자 자격증을 다른 사람에게 빌려준 경우 4. 제34조에 따른 실무교육을 받지 아니한 경우 5. 이 법 또는 이 법에 따른 명령을 위반한 경우 ② 제1항에 따라 소방안전관리자 자격이 취소된 사람은 취소된 날부터 2년간 소방안전관리자 자격증을 발급받을 수 없다.	**제48조【권한의 위임·위탁 등】** 소방청장은 법 제48조 제1항에 따라 법 제31조에 따른 소방안전관리자 자격의 정지 및 취소에 관한 업무를 ❶ ____ 에게 위임한다.	**제19조【소방안전관리자 자격의 정지 및 취소 기준】** 법 제31조 제1항에 따른 소방안전관리자 자격의 정지 및 취소 기준은 별표 3과 같다.
제32조【소방안전관리자 자격시험】 ① 제30조 제1항 제1호에 따른 소방안전관리자 자격시험에 응시할 수 있는 사람의 자격은 대통령령으로 정한다. ② 제1항에 따른 소방안전관리자 자격의 시험방법, 시험의 공고 및 합격자 결정 등 소방안전관리자의 자격시험에 필요한 사항은 ❷ ____ 으로 정한다.	**제31조【소방안전관리자 자격시험 응시자격】** 법 제32조 제1항에 따라 소방안전관리자 자격시험에 응시할 수 있는 사람의 자격은 별표 6과 같다.	**제20조【소방안전관리자 자격시험의 방법】** ① 소방청장은 법 제30조 제1항 제1호에 따른 소방안전관리자 자격시험(이하 "소방안전관리자 자격시험"이라 한다)을 다음 각 호와 같이 실시한다. 이 경우 특급 소방안전관리자 자격시험은 제1차 시험과 제2차 시험으로 나누어 실시한다. 1. 특급 소방안전관리자 자격시험: ❷ ____ 이상 2. 1급·2급·3급 소방안전관리자 자격시험: 월 1회 이상

<제31조> ❶ 1년 이하
<제32조> ❷ 행정안전부령

<제48조> ❶ 소방서장

<제18조> ❶ 소방청장
<제20조> ❷ 연 2회

화재의 예방 및 안전관리에 관한 법률	화재의 예방 및 안전관리에 관한 법률 시행령	화재의 예방 및 안전관리에 관한 법률 시행규칙
		② 소방안전관리자 자격시험에 응시하려는 사람은 별지 제23호 서식의 소방안전관리자 자격시험 응시원서(전자문서를 포함한다)에 다음 각 호의 서류(전자문서를 포함한다)를 첨부하여 소방청장에게 제출해야 한다. 1. 사진(가로 3.5센티미터 × 세로 4.5센티미터) 2. 응시자격 증명서류 ③ 소방청장은 제2항에 따라 소방안전관리자 자격시험 응시원서를 접수한 경우에는 시험응시표를 발급해야 한다. **제21조【소방안전관리자 자격시험의 공고】** 소방청장은 특급, 1급, 2급 또는 3급 소방안전관리자 자격시험을 실시하려는 경우에는 응시자격·시험과목·일시·장소 및 응시절차를 모든 응시 희망자가 알 수 있도록 시험 시행일 ❶ 전에 인터넷 홈페이지에 공고해야 한다.

화재의 예방 및 안전관리에 관한 법률 시행규칙

제22조【소방안전관리자 자격시험의 합격자 결정 등】 ① 특급, 1급, 2급 및 3급 소방안전관리자 자격시험은 매과목을 100점 만점으로 하여 매과목 40점 이상, 전과목 평균 70점 이상 득점한 사람을 합격자로 한다.

② 소방안전관리자 자격시험은 다음 각 호의 방법으로 채점한다. 이 경우 특급 소방안전관리자 자격시험의 제2차 시험 채점은 제1차 시험 합격자의 답안지에 대해서만 실시한다.

1. 선택형 문제: 답안지 기재사항을 전산으로 판독하여 채점
2. 주관식 서술형 문제: 제23조 제2항에 따라 임명·위촉된 시험위원이 채점. 이 경우 3명 이상의 채점자가 문항별 배점과 채점 기준표에 따라 별도로 채점하고 그 평균 점수를 해당 문제의 점수로 한다.

③ 특급 소방안전관리자 자격시험의 제1차 시험에 합격한 사람은 제1차 시험에 합격한 날부터 2년간 제1차 시험을 면제한다.

④ 소방청장은 소방안전관리자 자격시험을 종료한 날부터 30일(특급 소방안전관리 자격시험의 경우에는 60일) 이내에 인터넷 홈페이지에 합격자를 공고하고, 응시자에게 휴대전화 문자 메시지로 합격 여부를 알려 줄 수 있다.

제23조【소방안전관리자 자격시험 과목 및 시험위원 위촉 등】 ① 소방안전관리자 자격시험 과목 및 시험방법은 별표 4와 같다.

② 소방청장은 소방안전관리자 자격시험의 시험문제 출제, 검토 및 채점을 위하여 다음 각 호의 어느 하나에 해당하는 사람 중에서 시험 위원을 임명 또는 위촉해야 한다.

1. 소방 관련 분야에서 석사 이상의 학위를 취득한 사람
2. 「고등교육법」 제2조 제1호부터 제6호까지에 해당하는 학교에서 소방안전 관련 학과의 조교수 이상으로 2년 이상 재직한 사람
3. 소방위 이상의 소방공무원
4. 소방기술사
5. 소방시설관리사
6. 그 밖에 화재안전 또는 소방 관련 법령이나 정책에 전문성이 있는 사람

화재의 예방 및 안전관리에 관한 법률	화재의 예방 및 안전관리에 관한 법률 시행령	화재의 예방 및 안전관리에 관한 법률 시행규칙

③ 제2항에 따라 위촉된 시험위원에게는 예산의 범위에서 수당, 여비 및 그 밖에 필요한 경비를 지급할 수 있다.
④ 제1항부터 제3항까지에서 규정한 사항 외에 소방안전관리자 자격시험의 운영 등에 필요한 세부적인 사항은 소방청장이 정한다.

제24조【부정행위 기준 등】 ① 소방안전관리자 자격시험에서의 부정행위는 다음 각 호와 같다.

1. 대리시험을 의뢰하거나 대리로 시험에 응시한 행위
2. 다른 수험자의 답안지 또는 문제지를 엿보거나, 다른 수험자에게 이를 알려주는 행위
3. 다른 수험자와 답안지 또는 문제지를 교환하는 행위
4. 시험 중 다른 수험자와 시험과 관련된 대화를 하는 행위
5. 시험 중 시험문제 내용과 관련된 물건을 휴대하여 사용하거나 이를 주고받는 행위(해당 물건의 휴대 여부를 확인하기 위한 검색 요구에 따르지 않는 행위를 포함한다)
6. 시험장 안이나 밖의 사람으로부터 도움을 받아 답안지를 작성하는 행위
7. 다른 수험자와 성명 또는 수험번호를 바꾸어 제출하는 행위
8. 수험자가 시험시간에 통신기기 및 전자기기 등을 사용하여 답안지를 작성하거나 다른 수험자를 위하여 답안을 송신하는 행위(해당 물건의 휴대 여부를 확인하기 위한 검색 요구에 따르지 않는 행위를 포함한다)
9. 감독관의 본인 확인 요구에 따르지 않는 행위
10. 시험 종료 후에도 계속해서 답안을 작성하거나 수정하는 행위
11. 그 밖의 부정 또는 불공정한 방법으로 시험을 치르는 행위

② 제1항 각 호에 따른 부정행위를 하는 응시자를 적발한 경우에는 해당 시험을 정지하고 무효로 처리한다.

제33조【소방안전관리자 등 종합정보망의 구축 · 운영】 ① 소방청장은 소방안전관리자 및 소방안전관리보조자에 대한 다음 각 호의 정보를 효율적으로 관리하기 위하여 종합정보망을 구축 · 운영할 수 있다.

1. 제26조 제1항에 따른 소방안전관리자 및 소방안전관리보조자의 선임신고 현황
2. 제26조 제2항에 따른 소방안전관리자 및 소방안전관리보조자의 해임 사실의 확인 현황
3. 제29조 제1항에 따른 건설현장 소방안전관리자 선임신고 현황

제32조【종합정보망의 구축 · 운영】 소방청장은 법 제33조 제1항에 따른 종합정보망(이하 "종합정보망"이라 한다)의 효율적인 운영을 위해 필요한 경우 다음 각 호의 업무를 수행할 수 있다.

1. 종합정보망과 유관 정보시스템의 연계 · 운영
2. 법 제33조 제1항 각 호의 정보를 저장 · 가공 및 제공하기 위한 시스템의 구축 · 운영

<제21조> ❶ 30일

화재의 예방 및 안전관리에 관한 법률

4. 제30조 제1항 및 제2항에 따른 소방안전관리자 자격시험 합격자 및 자격증의 발급 현황
5. 제31조 제1항에 따른 소방안전관리자 자격증의 정지·취소 처분 현황
6. 제34조에 따른 소방안전관리자 및 소방안전관리보조자의 교육 실시현황

② 제1항에 따른 종합정보망의 구축·운영 등에 필요한 사항은 대통령령으로 정한다.

제34조【소방안전관리자 등에 대한 교육】 ① 소방안전관리자가 되려고 하는 사람 또는 소방안전관리자(소방안전관리보조자를 포함한다)로 선임된 사람은 소방안전관리 업무에 관한 능력의 습득 또는 향상을 위하여 행정안전부령으로 정하는 바에 따라 ❶ 이 실시하는 다음 각 호의 강습교육 또는 실무교육을 받아야 한다. ▶**1백(과)**

1. 강습교육
   가. 소방안전관리자의 자격을 인정받으려는 사람으로서 대통령령으로 정하는 사람
   나. 제24조 제3항에 따른 소방안전관리자로 선임되고자 하는 사람
   다. 제29조에 따른 소방안전관리자로 선임되고자 하는 사람
2. 실무교육
   가. 제24조 제1항에 따라 선임된 소방안전관리자 및 소방안전관리보조자
   나. 제24조 제3항에 따라 선임된 소방안전관리자

② 제1항에 따른 교육실시방법은 다음 각 호와 같다. 다만, 「감염병의 예방 및 관리에 관한 법률」 제2조에 따른 감염병 등 불가피한 사유가 있는 경우에는 행정안전부령으로 정하는 바에 따라 제1호 또는 제3호의 교육을 제2호의 교육으로 실시할 수 있다. ▶**1백(과)**

화재의 예방 및 안전관리에 관한 법률 시행령

제33조【소방안전관리자의 자격을 인정받으려는 사람】 법 제34조 제1항 제1호 가목에서 "대통령령으로 정하는 사람"이란 다음 각 호의 사람을 말한다.

1. 특급 소방안전관리대상물의 소방안전관리자가 되려는 사람
2. 1급 소방안전관리대상물의 소방안전관리자가 되려는 사람
3. 2급 소방안전관리대상물의 소방안전관리자가 되려는 사람
4. 3급 소방안전관리대상물의 소방안전관리자가 되려는 사람
5. 「공공기관의 소방안전관리에 관한 규정」 제2조에 따른 공공기관의 소방안전관리자가 되려는 사람

화재의 예방 및 안전관리에 관한 법률 시행규칙

제25조【강습교육의 실시】 ① 소방청장은 법 제34조 제1항 제1호에 따른 강습교육(이하 "강습교육"이라 한다)의 대상·일정·횟수 등을 포함한 강습교육의 실시계획을 매년 수립·시행해야 한다.

② 소방청장은 강습교육을 실시하려는 경우에는 강습교육 실시 ❶ 전까지 일시·장소, 그 밖에 강습교육 실시에 필요한 사항을 인터넷 홈페이지에 공고해야 한다.

③ 소방청장은 강습교육을 실시한 경우에는 수료자에게 별지 제24호 서식의 수료증(전자문서를 포함한다)을 발급하고 강습교육의 과정별로 별지 제25호 서식의 강습교육수료자 명부대장(전자문서를 포함한다)을 작성·보관해야 한다.

제26조【강습교육 수강신청 등】 ① 강습교육을 받으려는 사람은 강습교육의 과정별로 별지 제26호 서식의 강습교육 수강신청서(전자문서를 포함한다)에 다음 각 호의 서류(전자문서를 포함한다)를 첨부하여 소방청장에게 제출해야 한다.

1. 사진(가로 3.5센티미터 × 세로 4.5센티미터)
2. 재직증명서(법 제39조 제1항에 따른 공공기관에 재직하는 사람만 해당한다)

② 소방청장은 강습교육 수강신청서를 접수한 경우에는 수강증을 발급해야 한다.

화재의 예방 및 안전관리에 관한 법률	화재의 예방 및 안전관리에 관한 법률 시행령	화재의 예방 및 안전관리에 관한 법률 시행규칙

1. 집합교육
2. 정보통신매체를 이용한 원격교육
3. 제1호 및 제2호를 혼용한 교육

[규칙 별표 4] 강습교육의 과목, 시간 및 운영방법 - 교육과정별 교육시간

구분	교육시간
특급 소방안전관리자	160시간
1급 소방안전관리자	80시간
2급 소방안전관리자	40시간
3급 소방안전관리자	24시간
공공기관 소방안전관리자	40시간
건설현장 소방안전관리자	24시간
업무대행 감독자	16시간

[규칙 별표 5] 교육과정별 교육시간 운영 편성기준

구분	시간 합계	이론(30%)	실무(70%)	
			일반(30%)	실습·평가(40%)
특급 소방안전관리자	160시간	48시간	48시간	64시간
1급 소방안전관리자	80시간	24시간	24시간	32시간
2급 소방안전관리자	40시간	12시간	12시간	16시간
3급 소방안전관리자	24시간	7시간	7시간	10시간
공공기관 소방안전관리자	40시간	12시간	12시간	16시간
건설현장 소방안전관리자	24시간	7시간	7시간	10시간
업무대행감독자	16시간	5시간	5시간	6시간

제27조【강습교육의 강사】 강습교육을 담당할 강사는 과목별로 다음 각 호의 어느 하나에 해당하는 사람 중에서 소방에 관한 학식·경험·능력 등을 고려하여 소방청장이 임명 또는 위촉한다.

1. 안전원 직원
2. 소방기술사
3. 소방시설관리사
4. 소방안전 관련 학과에서 부교수 이상의 직(職)에 재직 중이거나 재직한 사람
5. 소방안전 관련 분야에서 석사 이상의 학위를 취득한 사람
6. 소방공무원으로 5년 이상 근무한 사람

제28조【강습교육의 과목, 시간 및 운영방법】 강습교육의 과목, 시간 및 운영방법은 별표 5와 같다.

제29조【실무교육의 실시】 ① 소방청장은 법 제34조 제1항 제2호에 따른 실무교육(이하 "실무교육"이라 한다)의 대상·일정·횟수 등을 포함한 실무교육의 실시 계획을 매년 수립·시행해야 한다.

② 소방청장은 실무교육을 실시하려는 경우에는 실무교육 실시 ❷ 전까지 일시·장소, 그 밖에 실무교육 실시에 필요한 사항을 인터넷 홈페이지에 공고하고 교육대상자에게 통보해야 한다.

<제34조> ❶ 소방청장

<제25조> ❶ 20일
<제29조> ❷ 30일

화재의 예방 및 안전관리에 관한 법률	화재의 예방 및 안전관리에 관한 법률 시행령	화재의 예방 및 안전관리에 관한 법률 시행규칙

[규칙 별표 5] 소방안전관리자에 대한 실무교육의 과목 및 시간

교육과목	시간
가. 소방 관계 법규 및 화재 사례 나. 소방시설의 구조원리 및 현장실습 다. 소방시설의 유지·관리요령 라. 소방계획서의 작성 및 운영 마. 업무수행 기록·유지에 관한 사항 바. 자위소방대의 조직과 소방 훈련 및 교육 사. 피난시설 및 방화시설의 유지·관리 아. 화재 시 초기대응 및 인명 대피 요령 자. 소방 관련 질의회신 등	8시간 이내

[규칙 별표 5] 소방안전관리보조자에 대한 실무교육의 과목 및 시간

교육과목	시간
가. 소방 관계 법규 및 화재사례 나. 화재의 예방·대비 다. 소방시설 유지관리 실습 라. 초기대응체계 교육 및 훈련 실습 마. 화재발생 시 대응 실습 등	4시간

③ 소방안전관리자는 소방안전관리자로 선임된 날부터 6개월 이내에 실무교육을 받아야 하며, 그 이후에는 2년마다(최초 실무교육을 받은 날을 기준일로 하여 매 2년이 되는 해의 기준일과 같은 날 전까지를 말한다) 1회 이상 실무교육을 받아야 한다. 다만, 소방안전관리 강습교육 또는 실무교육을 받은 후 1년 이내에 소방안전관리자로 선임된 사람은 해당 강습교육을 수료하거나 실무교육을 이수한 날에 실무교육을 이수한 것으로 본다.

④ 소방안전관리보조자는 그 선임된 날부터 6개월(영 별표 5 제2호 마목에 따라 소방안전관리보조자로 지정된 사람의 경우 3개월을 말한다) 이내에 실무교육을 받아야 하며, 그 이후에는 2년마다(최초 실무교육을 받은 날을 기준일로 하여 매 2년이 되는 해의 기준일과 같은 날 전까지를 말한다) 1회 이상 실무교육을 받아야 한다. 다만, 소방안전관리자 강습교육 또는 실무교육이나 소방안전관리보조자 실무교육을 받은 후 1년 이내에 소방안전관리보조자로 선임된 사람은 해당 강습교육을 수료하거나 실무교육을 이수한 날에 실무교육을 이수한 것으로 본다.

제30조【실무교육의 강사】 실무교육을 담당할 강사는 다음 각 호의 어느 하나에 해당하는 사람 중에서 소방에 관한 학식·경험·능력 등을 종합적으로 고려하여 소방청장이 임명 또는 위촉한다.

1. 안전원 직원
2. 소방기술사
3. 소방시설관리사
4. 소방안전 관련 학과에서 부교수 이상의 직에 재직 중이거나 재직한 사람
5. 소방안전 관련 분야에서 석사 이상의 학위를 취득한 사람
6. 소방공무원으로 5년 이상 근무한 사람

화재의 예방 및 안전관리에 관한 법률	화재의 예방 및 안전관리에 관한 법률 시행령	화재의 예방 및 안전관리에 관한 법률 시행규칙
		제31조【실무교육의 과목, 시간 및 운영방법】 실무교육의 과목, 시간 및 운영방법은 별표 6과 같다. **제32조【실무교육 수료증 발급 및 실무교육 결과의 통보】** ① 소방청장은 실무교육을 수료한 사람에게 실무교육 수료증(전자문서를 포함한다)을 발급하고, 별지 제27호 서식의 실무교육 수료자명부(전자문서를 포함한다)에 작성·관리해야 한다. ② 소방청장은 해당 연도의 실무교육이 끝난 날부터 30일 이내에 그 결과를 소방본부장 또는 소방서장에게 통보해야 한다.
제35조【관리의 권원이 분리된 특정소방대상물의 소방안전관리】 ① 다음 각 호의 어느 하나에 해당하는 특정소방대상물로서 그 관리의 권원(權原)이 분리되어 있는 특정소방대상물의 경우 그 관리의 권원별 관계인은 대통령령으로 정하는 바에 따라 제24조 제1항에 따른 소방안전관리자를 선임하여야 한다. 다만, 소방본부장 또는 소방서장은 관리의 권원이 많아 효율적인 소방안전관리가 이루어지지 아니한다고 판단되는 경우 대통령령으로 정하는 바에 따라 관리의 권원을 조정하여 소방안전관리자를 선임하도록 할 수 있다. ▶ **3백(벌)**	**제34조【관리의 권원별 소방안전관리자 선임 및 조정 기준】** ① 법 제35조 제1항 본문에 따라 관리의 권원이 분리되어 있는 특정소방대상물의 관계인은 소유권, 관리권 및 점유권에 따라 각각 소방안전관리자를 선임해야 한다. 다만, 둘 이상의 소유권, 관리권 또는 ❶ ______ 이 동일인에게 귀속된 경우에는 하나의 관리 권원으로 보아 소방안전관리자를 선임할 수 있다. ② 제1항에도 불구 하고 다음 각 호의 어느 하나에 해당하는 경우에는 해당 호에서 정하는 바에 따라 소방안전관리자를 선임할 수 있다. 1. 법령 또는 계약 등에 따라 공동으로 관리하는 경우: 하나의 관리 권원으로 보아 소방안전관리자 1명 선임	**제33조【원격교육실시방법】** 법 제34조 제2항 제2호에 따른 원격교육은 실시간 양방향 교육, 인터넷을 통한 영상강의 등 정보통신매체를 이용하여 실시한다.

<제34조> ❶ 점유권

화재의 예방 및 안전관리에 관한 법률

1. 복합건축물(지하층을 제외한 층수가 11층 이상 또는 연면적 ❶ 이상인 건축물)
2. 지하가(지하의 인공구조물 안에 설치된 상점 및 사무실, 그 밖에 이와 비슷한 시설이 연속하여 지하도에 접하여 설치된 것과 그 지하도를 합한 것을 말한다)
3. 그 밖에 대통령령으로 정하는 특정소방대상물

② 제1항에 따른 관리의 권원별 관계인은 상호 협의하여 특정소방대상물의 전체에 걸쳐 소방안전관리상 필요한 업무를 총괄하는 소방안전관리자(이하 "총괄소방안전관리자"라 한다)를 제1항에 따라 선임된 소방안전관리자 중에서 선임하거나 별도로 선임하여야 한다. 이 경우 총괄소방안전관리자의 자격은 ❷ 으로 정하고 업무수행 등에 필요한 사항은 ❸ 으로 정한다. ▶3백(벌)

③ 제2항에 따른 총괄소방안전관리자에 대하여는 제24조, 제26조부터 제28조까지 및 제30조부터 제34조까지에서 규정한 사항 중 소방안전관리자에 관한 사항을 준용한다.

④ 제1항 및 제2항에 따라 선임된 소방안전관리자 및 총괄소방안전관리자는 해당 특정소방대상물의 소방안전관리를 효율적으로 수행하기 위하여 공동소방안전관리협의회를 구성하고, 해당 특정소방대상물에 대한 소방안전관리를 공동으로 수행하여야 한다. 이 경우 공동소방안전관리협의회의 구성·운영 및 공동소방안전관리의 수행 등에 필요한 사항은 대통령령으로 정한다.

화재의 예방 및 안전관리에 관한 법률 시행령

2. 화재 수신기 또는 소화펌프(가압송수장치를 포함한다. 이하 이 항에서 같다)가 별도로 설치되어 있는 경우: 설치된 화재 수신기 또는 소화펌프가 화재를 감지·소화 또는 경보할 수 있는 부분을 각각 하나의 관리 권원으로 보아 각각 소방안전관리자 선임
3. 하나의 화재 수신기 및 소화펌프가 설치된 경우: 하나의 관리 권원으로 보아 소방안전관리자 1명 선임

③ 제1항 및 제2항에도 불구하고 소방본부장 또는 소방서장은 법 제35조 제1항 각 호 외의 부분 단서에 따라 관리의 권원이 많아 효율적인 소방안전관리가 이루어지지 않는다고 판단되는 경우 제1항 각 호의 기준 및 해당 특정소방대상물의 화재위험성 등을 고려하여 관리의 권원이 분리되어 있는 특정소방대상물의 관리의 권원을 조정하여 소방안전관리자를 선임하도록 할 수 있다.

제35조【관리의 권원이 분리된 특정소방대상물】 법 제35조 제1항 제3호에서 "대통령령으로 정하는 특정소방대상물"이란 「소방시설 설치 및 관리에 관한 법률 시행령」 별표 2에 따른 판매시설 중 도매시장, 소매시장 및 ❶ 을 말한다.

제36조【총괄소방안전관리자 선임자격】 법 제35조 제2항에 따른 특정소방대상물의 전체에 걸쳐 소방안전관리상 필요한 업무를 총괄하는 소방안전관리자(이하 "총괄소방안전관리자"라 한다)는 별표 4에 따른 소방안전관리대상물의 등급별 선임자격을 갖춰야 한다. 이 경우 관리의 권원이 분리되어 있는 특정소방대상물에 대하여 소방안전관리대상물의 등급을 결정할 때에는 해당 특정소방대상물 전체를 기준으로 한다.

제37조【공동소방안전관리협의회의 구성·운영 등】 ① 법 제35조 제4항에 따른 공동소방안전관리협의회(이하 "협의회"라 한다)는 같은 조 제1항 및 제2항에 따라 선임된 소방안전관리자 및 총괄소방안전관리자(이하 이 조에서 "총괄소방안전관리자등"이라 한다)로 구성한다.

화재의 예방 및 안전관리에 관한 법률 시행규칙

화재의 예방 및 안전관리에 관한 법률	화재의 예방 및 안전관리에 관한 법률 시행령	화재의 예방 및 안전관리에 관한 법률 시행규칙
	② 총괄소방안전관리자등은 법 제35조 제4항에 따라 다음 각 호의 공동소방안전관리 업무를 협의회의 협의를 거쳐 공동으로 수행한다. 1. 특정소방대상물 전체의 소방계획 수립 및 시행에 관한 사항 2. 특정소방대상물 전체의 소방훈련 · 교육의 실시에 관한 사항 3. 공용 부분의 소방시설 및 피난 · 방화시설의 유지 · 관리에 관한 사항 4. 그 밖에 공동으로 소방안전관리를 할 필요가 있는 사항 ③ 협의회는 공동소방안전관리 업무의 수행에 필요한 기준을 정하여 운영할 수 있다.	
제36조【피난계획의 수립 및 시행】 ① 소방안전관리대상물의 관계인은 그 장소에 근무하거나 거주 또는 출입하는 사람들이 화재가 발생한 경우에 안전하게 피난할 수 있도록 피난계획을 수립 · 시행하여야 한다. ② 제1항의 피난계획에는 그 소방안전관리대상물의 구조, 피난시설 등을 고려하여 설정한 피난경로가 포함되어야 한다. ③ 소방안전관리대상물의 관계인은 피난시설의 위치, 피난경로 또는 대피요령이 포함된 피난유도 안내정보를 근무자 또는 거주자에게 정기적으로 제공하여야 한다. ▶ **3백(과)** ④ 제1항에 따른 피난계획의 수립 · 시행, 제3항에 따른 피난유도 안내정보 제공에 필요한 사항은 행정안전부령으로 정한다.		**제34조【피난계획의 수립 · 시행】** ① 법 제36조 제1항에 따른 피난계획(이하 "피난계획"이라 한다)에는 다음 각 호의 사항이 포함되어야 한다. 1. 화재경보의 수단 및 방식 2. 층별, 구역별 피난대상 인원의 연령별 · 성별 현황 3. 피난약자의 현황 4. 각 거실에서 옥외(옥상 또는 피난안전구역을 포함한다)로 이르는 피난경로 5. 피난약자 및 피난약자를 동반한 사람의 피난동선과 피난방법 6. 피난시설, 방화구획, 그 밖에 피난에 영향을 줄 수 있는 제반 사항 ② 소방안전관리대상물의 관계인은 해당 소방안전관리대상물의 구조 · 위치, 소방시설 등을 고려하여 피난계획을 수립해야 한다.

<제35조> ❶ 3만제곱미터 ❷ 대통령령 ❸ 행정안전부령

<제35조> ❶ 전통시장

화재의 예방 및 안전관리에 관한 법률	화재의 예방 및 안전관리에 관한 법률 시행령	화재의 예방 및 안전관리에 관한 법률 시행규칙
		③ 소방안전관리대상물의 관계인은 해당 소방안전관리대상물의 피난시설이 변경된 경우에는 그 변경사항을 반영하여 피난계획을 정비해야 한다. ④ 제1항부터 제3항까지에서 규정한 사항 외에 피난계획의 수립·시행에 필요한 세부 사항은 소방청장이 정하여 고시한다. **제35조【피난유도 안내정보의 제공】** ① 법 제36조 제3항에 따른 피난유도 안내정보는 다음 각 호의 어느 하나의 방법으로 제공한다. 1. ❶ 피난안내 교육을 실시하는 방법 2. 분기별 1회 이상 피난안내방송을 실시하는 방법 3. 피난안내도를 층마다 보기 쉬운 위치에 게시하는 방법 4. 엘리베이터, 출입구 등 시청이 용이한 장소에 피난안내영상을 제공하는 방법 ② 제1항에서 규정한 사항 외에 피난유도 안내정보의 제공에 필요한 세부 사항은 소방청장이 정하여 고시한다.
제37조【소방안전관리대상물 근무자 및 거주자 등에 대한 소방훈련 등】 ① 소방안전관리대상물의 관계인은 그 장소에 근무하거나 거주하는 사람 등(이하 이 조에서 "근무자 등"이라 한다)에게 소화·통보·피난 등의 훈련(이하 "소방훈련"이라 한다)과 소방안전관리에 필요한 교육을 하여야 하고, 피난훈련은 그 소방대상물에 출입하는 사람을 안전한 장소로 대피시키고 유도하는 훈련을 포함하여야 한다. 이 경우 소방훈련과 교육의 횟수 및 방법 등에 관하여 필요한 사항은 행정안전부령으로 정한다. ▶3백(과)	**제38조【소방훈련·교육 결과 제출의 대상】** 법 제37조 제2항에서 "대통령령으로 정하는 소방안전관리대상물"이란 다음 각 호의 소방안전관리대상물을 말한다. 1. 별표4 제1호에 따른 특급 소방안전관리대상물 2. 별표4 제2호에 따른 1급 소방안전관리대상물 **제39조【불시 소방훈련·교육의 대상】** 법 제37조 제4항에서 "대통령령으로 정하는 특정소방대상물"이란 소방안전관리대상물 중 다음 각 호의 특정소방대상물을 말한다. 1. 「소방시설 설치 및 관리에 관한 법률 시행령」 별표 2 제7호에 따른 의료시설 2. 「소방시설 설치 및 관리에 관한 법률 시행령」 별표 2 제8호에 따른 교육연구시설	**제36조【근무자 및 거주자에 대한 소방훈련과 교육】** ① 소방안전관리대상물의 관계인은 법 제37조 제1항에 따른 소방훈련과 교육을 ❷ 이상 실시해야 한다. 다만, 소방본부장 또는 소방서장이 화재예방을 위하여 필요하다고 인정하여 2회의 범위에서 추가로 실시할 것을 요청하는 경우에는 소방훈련과 교육을 추가로 실시해야 한다. ② 소방본부장 또는 소방서장은 특급 및 1급 소방안전관리대상물의 관계인으로 하여금 제1항에 따른 소방훈련과 교육을 소방기관과 합동으로 실시하게 할 수 있다. ③ 소방안전관리대상물의 관계인은 소방훈련과 교육을 실시하는 경우 소방훈련 및 교육에 필요한 장비 및 교재 등을 갖추어야 한다. ④ 소방안전관리대상물의 관계인은 제1항에 따라 소방훈련과 교육을 실시했을 때에는 그 실시 결과를 별지 제28호 서식의 소방훈련·교육 실시 결과 기록부에 기록하고, 이를 소방훈련 및 교육을 실시한 날부터 2년간 보관해야 한다. 24. 공채·경채

화재의 예방 및 안전관리에 관한 법률	화재의 예방 및 안전관리에 관한 법률 시행령	화재의 예방 및 안전관리에 관한 법률 시행규칙
② 소방안전관리대상물 중 소방안전관리업무의 전담이 필요한 대통령령으로 정하는 소방안전관리대상물의 관계인은 제1항에 따른 소방훈련 및 교육을 한 날부터 ❶ 이내에 소방훈련 및 교육 결과를 ❷ 으로 정하는 바에 따라 소방본부장 또는 소방서장에게 제출하여야 한다. ▶2백(과) ③ 소방본부장 또는 소방서장은 제1항에 따라 소방안전관리대상물의 관계인이 실시하는 소방훈련과 교육을 지도·감독할 수 있다. ④ 소방본부장 또는 소방서장은 소방안전관리대상물 중 불특정 다수인이 이용하는 대통령령으로 정하는 특정소방대상물의 근무자 등에게 불시에 소방훈련과 교육을 실시할 수 있다. 이 경우 소방본부장 또는 소방서장은 그 특정소방대상물 근무자 등의 불편을 최소화하고 안전 등을 확보하는 대책을 마련하여야 하며, 소방훈련과 교육의 내용, 방법 및 절차 등은 행정안전부령으로 정하는 바에 따라 관계인에게 사전에 통지하여야 한다. ⑤ 소방본부장 또는 소방서장은 제4항에 따라 소방훈련과 교육을 실시한 경우에는 그 결과를 평가할 수 있다. 이 경우 소방훈련과 교육의 평가방법 및 절차 등에 필요한 사항은 행정안전부령으로 정한다.	3. 「소방시설 설치 및 관리에 관한 법률 시행령」 별표 2 제9호에 따른 ❶ 4. 그 밖에 화재 발생 시 불특정 다수의 인명피해가 예상되어 소방본부장 또는 소방서장이 소방훈련·교육이 필요하다고 인정하는 특정소방대상물	**제37조【소방훈련 및 교육 실시 결과의 제출】** 영 제38조 각 호에 따른 소방안전관리대상물의 관계인은 제36조 제1항에 따라 소방훈련 및 교육을 실시한 날부터 30일 이내에 별지 제29호 서식의 소방훈련·교육 실시 결과서를 작성하여 소방본부장 또는 소방서장에게 제출해야 한다. **제38조【불시 소방훈련 및 교육 사전통지】** 소방본부장 또는 소방서장은 법 제37조 제4항에 따라 불시 소방훈련과 교육(이하 "불시 소방훈련·교육"이라 한다)을 실시하려는 경우에는 소방안전관리대상물의 관계인에게 불시 소방훈련·교육 실시 10일 전까지 별지 제30호 서식의 불시 소방훈련·교육 계획서를 통지해야 한다. **제39조【불시 소방훈련·교육의 평가 방법 및 절차】** ① 소방본부장 또는 소방서장은 법 제37조 제5항 전단에 따라 불시 소방훈련·교육 실시 결과에 대한 평가를 실시하려는 경우에는 평가 계획을 사전에 수립해야 한다. ② 제1항에 따른 평가의 기준은 다음 각 호와 같다. 1. 불시 소방훈련·교육 내용의 적절성 2. 불시 소방훈련·교육 유형 및 방법의 적합성 3. 불시 소방훈련·교육 참여인력, 시설 및 장비 등의 적정성 4. 불시 소방훈련·교육 여건 및 참여도 ③ 제1항에 따른 평가는 ❸ 를 원칙으로 하되, 필요에 따라 서면평가 등을 병행할 수 있다. 이 경우 불시 소방훈련·교육 참가자에 대한 설문조사 또는 면접조사 등을 함께 실시할 수 있다.

<제37조> ❶ 30일 ❷ 행정안전부령

<제39조> ❶ 노유자 시설

<제35조> ❶ 연 2회
<제36조> ❷ 연 1회
<제39조> ❸ 현장평가

화재의 예방 및 안전관리에 관한 법률	화재의 예방 및 안전관리에 관한 법률 시행령	화재의 예방 및 안전관리에 관한 법률 시행규칙
		④ 소방본부장 또는 소방서장은 제1항에 따른 평가를 실시한 경우 소방안전관리대상물의 관계인에게 불시 소방훈련·교육 종료일부터 10일 이내에 별지 제31호 서식의 불시 소방훈련·교육 평가 결과서를 통지해야 한다.
제38조【특정소방대상물의 관계인에 대한 소방안전교육】 ① 소방본부장이나 소방서장은 제37조를 적용받지 아니하는 특정소방대상물의 관계인에 대하여 특정소방대상물의 화재예방과 소방안전을 위하여 행정안전부령으로 정하는 바에 따라 소방안전교육을 할 수 있다. ② 제1항에 따른 교육대상자 및 특정소방대상물의 범위 등에 필요한 사항은 행정안전부령으로 정한다.		**제40조【소방안전교육 대상자 등】** ① 법 제38조 제1항에 따른 소방안전교육의 교육대상자는 법 제37조를 적용받지 않는 특정소방대상물 중 다음 각 호의 어느 하나에 해당하는 특정소방대상물의 관계인으로서 관할 소방서장이 소방안전교육이 필요하다고 인정하는 사람으로 한다. 1. 소화기 또는 비상경보설비가 설치된 공장·창고 등의 특정소방대상물 2. 그 밖에 관할 소방본부장 또는 소방서장이 화재에 대한 취약성이 높다고 인정하는 특정소방대상물 ② 소방본부장 또는 소방서장은 법 제38조 제1항에 따른 소방안전교육을 실시하려는 경우에는 교육일 10일 전까지 별지 제32호 서식의 특정소방대상물 관계인 소방안전교육 계획서를 작성하여 통보해야 한다.
제39조【공공기관의 소방안전관리】 ① 국가, 지방자치단체, 국공립학교 등 대통령령으로 정하는 공공기관의 장은 소관 기관의 근무자 등의 생명·신체와 건축물·인공구조물 및 물품 등을 화재로부터 보호하기 위하여 화재예방, 자위소방대의 조직 및 편성, 소방시설 등의 자체점검과 소방훈련 등의 소방안전관리를 하여야 한다. ② 제1항에 따른 공공기관에 대한 다음 각 호의 사항에 관하여는 제24조부터 제38조까지의 규정에도 불구하고 대통령령으로 정하는 바에 따른다. 1. 소방안전관리자의 자격·책임 및 선임 등 2. 소방안전관리의 업무대행 3. 자위소방대의 구성·운영 및 교육 4. 근무자 등에 대한 소방훈련 및 교육 5. 그 밖에 소방안전관리에 필요한 사항	**제40조【공공기관의 소방안전관리】** 법 제39조에 따른 공공기관의 소방안전관리에 관하여는 「공공기관의 소방안전관리에 관한 규정」으로 정한다.	

화재의 예방 및 안전관리에 관한 법률	화재의 예방 및 안전관리에 관한 법률 시행령	화재의 예방 및 안전관리에 관한 법률 시행규칙
제6장 특별관리시설물의 소방안전관리		
제40조【소방안전 특별관리시설물의 안전관리】 ① 소방청장은 화재 등 재난이 발생할 경우 사회·경제적으로 피해가 큰 다음 각 호의 시설(이하 "소방안전 특별관리시설물"이라 한다)에 대하여 소방안전 특별관리를 하여야 한다. 1. 「공항시설법」 제2조 제7호의 공항시설 2. 「철도산업발전기본법」 제3조 제2호의 철도시설 3. 「도시철도법」 제2조 제3호의 도시철도시설 4. 「항만법」 제2조 제5호의 항만시설 5. 「문화유산의 보존 및 활용에 관한 법률」 제2조 제3항의 지정문화유산 및 「자연유산의 보존 및 활용에 관한 법률」 제2조 제5호에 따른 천연기념물등인 시설(시설이 아닌 지정문화유산 및 천연기념물등을 보호하거나 소장하고 있는 시설을 포함한다) 6. 「산업기술단지 지원에 관한 특례법」 제2조 제1호의 산업기술단지 7. 「산업입지 및 개발에 관한 법률」 제2조 제8호의 산업단지 8. 「초고층 및 지하연계 복합건축물 재난관리에 관한 특별법」 제2조 제1호·제2호의 초고층 건축물 및 지하연계 복합건축물 9. 「영화 및 비디오물의 진흥에 관한 법률」 제2조 제10호의 영화상영관 중 수용인원 ❶ 인 영화상영관 10. 전력용 및 통신용 지하구 11. 「한국석유공사법」 제10조 제1항 제3호의 석유비축시설 12. 「한국가스공사법」 제11조 제1항 제2호의 천연가스 인수기지 및 공급망	**제41조【소방안전 특별관리시설물】** ① 법 제40조 제1항 제13호에서 "대통령령으로 정하는 전통시장"이란 점포가 500개 이상인 전통시장을 말한다. ② 법 제40조 제1항 제14호에서 "대통령령으로 정하는 시설물"이란 다음 각 호의 시설물을 말한다. 1. 「전기사업법」 제2조 제4호에 따른 발전사업자가 가동 중인 발전소(「발전소주변지역 지원에 관한 법률 시행령」 제2조 제2항에 따른 발전소는 제외한다) 2. 「물류시설의 개발 및 운영에 관한 법률」 제2조 제5호의2에 따른 물류창고로서 연면적 ❶ 이상인 것 3. 「도시가스사업법」 제2조 제5호에 따른 가스공급시설 **제42조【소방안전 특별관리기본계획·시행계획의 수립·시행】** ① 소방청장은 법 제40조 제2항에 따른 소방안전 특별관리기본계획(이하 "특별관리기본계획"이라 한다)을 ❷ 수립하여 시·도에 통보해야 한다. ② 특별관리기본계획에는 다음 각 호의 사항이 포함되어야 한다. 1. 화재예방을 위한 중기·장기 안전관리정책 2. 화재예방을 위한 교육·홍보 및 점검·진단 3. 화재대응을 위한 훈련 4. 화재대응과 사후 조치에 관한 역할 및 공조체계 5. 그 밖에 화재 등의 안전관리를 위하여 필요한 사항	**화재예방법 처리기한** 1. 특별관리기본계획(영): 5년마다 2. 특별관리시행계획(영): 매년 3. 화재예방안전진단 결과의 제출(규칙): 완료된 날부터 60일 이내 4. 화재예방안전진단 지정절차(규칙): 접수한 경우 60일 이내 5. 우수소방대상물의 선정(규칙): 매년 6. 조치명령 등의 기간연장(규칙): 3일 이내에 조치명령 등의 기간연장 여부 결정 7. 수수료 또는 교육비(영): 20일 전까지 - 전액, 10일 전까지 - 100분의 50

<제40조> ❶ 1천명 이상

<제41조> ❶ 10만제곱미터
<제42조> ❷ 5년마다

화재의 예방 및 안전관리에 관한 법률

13. 「전통시장 및 상점가 육성을 위한 특별법」 제2조 제1호의 전통시장으로서 대통령령으로 정하는 전통시장
14. 그 밖에 대통령령으로 정하는 시설물

② 소방청장은 제1항에 따른 특별관리를 체계적이고 효율적으로 하기 위하여 시·도지사와 협의하여 소방안전 특별관리기본계획을 제4조 제1항에 따른 기본계획에 포함하여 수립 및 시행하여야 한다.

③ ❶ 는 제2항에 따른 소방안전 특별관리기본계획에 저촉되지 아니하는 범위에서 관할 구역에 있는 소방안전 특별관리시설물의 안전관리에 적합한 소방안전 특별관리시행계획을 제4조 제6항에 따른 세부시행계획에 포함하여 수립 및 시행하여야 한다.

④ 그 밖에 제2항 및 제3항에 따른 소방안전 특별관리기본계획 및 소방안전 특별관리시행계획의 수립·시행에 필요한 사항은 대통령령으로 정한다.

제41조【화재예방안전진단】 ① 대통령령으로 정하는 소방안전 특별관리시설물의 관계인은 화재의 예방 및 안전관리를 체계적·효율적으로 수행하기 위하여 대통령령으로 정하는 바에 따라 「소방기본법」 제40조에 따른 한국소방안전원(이하 "안전원"이라 한다) 또는 소방청장이 지정하는 화재예방안전진단기관(이하 "진단기관"이라 한다)으로부터 정기적으로 화재예방안전진단을 받아야 한다. ▶ **1년/1천(벌)**

② 제1항에 따른 화재예방안전진단의 범위는 다음 각 호와 같다.

1. 화재위험요인의 조사에 관한 사항
2. 소방계획 및 피난계획 수립에 관한 사항
3. 소방시설 등의 유지·관리에 관한 사항
4. 비상대응조직 및 교육훈련에 관한 사항
5. 화재 위험성 평가에 관한 사항

화재의 예방 및 안전관리에 관한 법률 시행령

③ 시·도지사는 특별관리기본계획을 시행하기 위하여 매년 법 제40조 제3항에 따른 소방안전 특별관리시행계획(이하 "특별관리시행계획"이라 한다)을 수립·시행하고, 그 결과를 다음 연도 1월 31일까지 소방청장에게 통보해야 한다.

④ 특별관리시행계획에는 다음 각 호의 사항이 포함되어야 한다.

1. 특별관리기본계획의 집행을 위하여 필요한 사항
2. 시·도에서 화재 등의 안전관리를 위하여 필요한 사항

⑤ 소방청장 및 시·도지사는 특별관리기본계획 또는 특별관리시행계획을 수립하는 경우 성별, 연령별, 화재안전취약자별 화재 피해현황 및 실태 등을 고려해야 한다.

제43조【화재예방안전진단의 대상】 법 제41조 제1항에서 "대통령령으로 정하는 소방안전 특별관리시설물"이란 다음 각 호의 시설을 말한다. 24. 공채·경채

1. 법 제40조 제1항 제1호에 따른 공항시설 중 여객터미널의 연면적이 ❶ 이상인 공항시설
2. 법 제40조 제1항 제2호에 따른 철도시설 중 역 시설의 연면적이 5천제곱미터 이상인 철도시설
3. 법 제40조 제1항 제3호에 따른 도시철도시설 중 역사 및 역 시설의 연면적이 5천제곱미터 이상인 도시철도시설
4. 법 제40조 제1항 제4호에 따른 항만시설 중 여객이용시설 및 지원시설의 연면적이 5천제곱미터 이상인 항만시설
5. 법 제40조 제1항 제10호에 따른 전력용 및 통신용 지하구 중 「국토의 계획 및 이용에 관한 법률」 제2조 제9호에 따른 공동구

화재의 예방 및 안전관리에 관한 법률 시행규칙

제41조【화재예방안전진단의 절차 및 방법】 ① 법 제41조 제1항에 따라 화재예방안전진단을 받아야 하는 소방안전 특별관리시설물(이하 "소방안전 특별관리시설물"이라 한다)의 관계인은 별지 제33호 서식을 안전원 또는 소방청장이 지정하는 화재예방안전진단기관(이하 "진단기관"이라 한다)에 신청해야 한다.

② 제1항에 따라 화재예방안전진단 신청을 받은 안전원 또는 진단기관은 다음 각 호의 절차에 따라 화재예방안전진단을 실시한다.

1. 위험요인 조사
2. 위험성 평가
3. 위험성 감소대책의 수립

③ 화재예방안전진단은 다음 각 호의 방법으로 실시한다.

화재의 예방 및 안전관리에 관한 법률

6. 그 밖에 화재예방진단을 위하여 대통령령으로 정하는 사항

③ 제1항에 따라 안전원 또는 진단기관의 화재예방안전진단을 받은 연도에는 제37조에 따른 소방훈련과 교육 및 「소방시설 설치 및 관리에 관한 법률」 제22조에 따른 자체점검을 받은 것으로 본다.

④ 안전원 또는 진단기관은 제1항에 따른 화재예방안전진단 결과를 행정안전부령으로 정하는 바에 따라 소방본부장 또는 소방서장, 관계인에게 제출하여야 한다. ▶**3백(과)**

⑤ 소방본부장 또는 소방서장은 제4항에 따라 제출받은 화재예방안전진단 결과에 따라 보수·보강 등의 조치가 필요하다고 인정하는 경우에는 해당 소방안전 특별관리시설물의 관계인에게 보수·보강 등의 조치를 취할 것을 명할 수 있다. ▶**3년/3천(벌)**

⑥ 화재예방안전진단 업무에 종사하고 있거나 종사하였던 사람은 업무를 수행하면서 알게 된 비밀을 이 법에서 정한 목적 외의 용도로 사용하거나 다른 사람 또는 기관에 제공하거나 누설하여서는 아니 된다. ▶**3백(벌)**

[영 별표 7] 안전등급의 기준

등급	기준
우수(A)	화재예방안전진단 실시 결과 문제점이 발견되지 않은 상태
양호(B)	화재예방안전진단 실시 결과 문제점이 일부 발견되었으나 대상물의 화재안전에는 이상이 없으며 대상물 일부에 대해 법 제41조 제5항에 따른 보수·보강 등의 조치명령(이하 이 표에서 "조치명령"이라 한다)이 필요한 상태

화재의 예방 및 안전관리에 관한 법률 시행령

6. 법 제40조 제1항 제12호에 따른 천연가스 인수기지 및 공급망 중 「소방시설 설치 및 관리에 관한 법률 시행령」 별표 2 제17호 나목에 따른 가스시설
7. 제41조 제2항 제1호에 따른 발전소 중 연면적이 5천제곱미터 이상인 발전소
8. 제41조 제2항 제3호에 따른 가스공급시설 중 가연성 가스 탱크의 저장용량의 합계가 100톤 이상이거나 저장용량이 30톤 이상인 가연성 가스 탱크가 있는 가스공급시설

제44조 【화재예방안전진단의 실시 절차 등】 ① 소방안전관리대상물이 건축되어 제43조 각 호의 소방안전 특별관리시설물에 해당하게 된 경우 해당 소방안전 특별관리시설물의 관계인은 「건축법」 제22조에 따른 사용승인 또는 「소방시설공사업법」 제14조에 따른 완공검사를 받은 날부터 5년이 경과한 날이 속하는 해에 법 제41조 제1항에 따라 최초의 화재예방안전진단을 받아야 한다.

② 화재예방안전진단을 받은 소방안전 특별관리시설물의 관계인은 제3항에 따른 안전등급(이하 "안전등급"이라 한다)에 따라 정기적으로 다음 각 호의 기간에 법 제41조 제1항에 따라 화재예방안전진단을 받아야 한다.

1. 안전등급이 우수인 경우: 안전등급을 통보받은 날부터 ❷ ______ 이 경과한 날이 속하는 해
2. 안전등급이 양호·보통인 경우: 안전등급을 통보받은 날부터 5년이 경과한 날이 속하는 해
3. 안전등급이 미흡·불량인 경우: 안전등급을 통보받은 날부터 4년이 경과한 날이 속하는 해

③ 화재예방안전진단 결과는 우수, 양호, 보통, 미흡 및 불량의 안전등급으로 구분하며, 안전등급의 기준은 별표 7과 같다.

화재의 예방 및 안전관리에 관한 법률 시행규칙

1. 준공도면, 시설 현황, 소방계획서 등 자료수집 및 분석
2. 화재위험요인 조사, 소방시설등의 성능점검 등 현장조사 및 점검
3. 정성적·정량적 방법을 통한 화재위험성 평가
4. 불시·무각본 훈련에 의한 비상대응훈련 평가
5. 그 밖에 지진 등 외부 환경 위험요인에 대한 예방·대비·대응태세 평가

④ 제1항에 따라 화재예방안전진단을 신청한 소방안전 특별관리시설물의 관계인은 화재예방안전진단에 필요한 자료의 열람 및 화재예방안전진단에 적극 협조해야 한다.

⑤ 제1항부터 제4항까지에서 규정한 사항 외에 화재예방안전진단의 세부 절차 및 평가방법 등에 관하여 필요한 사항은 소방청장이 정하여 고시한다.

제42조 【화재예방안전진단 결과 제출】 ① 화재예방안전진단을 실시한 안전원 또는 진단기관은 법 제41조 제4항에 따라 화재예방안전진단이 완료된 날부터 ❶ ______ 이내에 소방본부장 또는 소방서장, 관계인에게 별지 제34호서식의 화재예방안전진단 결과 보고서(전자문서를 포함한다)에 다음 각 호의 서류(전자문서를 포함한다)를 첨부하여 제출해야 한다.

1. 화재예방안전진단 결과 세부 보고서
2. 화재예방안전진단기관 지정서

② 제1항에 따른 화재예방안전진단 결과 보고서에는 다음 각 호의 사항이 포함되어야 한다.

1. 해당 소방안전 특별관리시설물 현황
2. 화재예방안전진단 실시 기관 및 참여인력
3. 화재예방안전진단 범위 및 내용

<제40조> ❶ 시·도지사

<제43조> ❶ 1천제곱미터
<제44조> ❷ 6년

<제42조> ❶ 60일

화재의 예방 및 안전관리에 관한 법률

보통(C)	화재예방안전진단 실시 결과 문제점이 다수 발견되었으나 대상물의 전반적인 화재안전에는 이상이 없으며 대상물에 대한 다수의 조치명령이 필요한 상태
미흡(D)	화재예방안전진단 실시 결과 광범위한 문제점이 발견되어 대싱물의 화재안전을 위해 조치명령의 즉각적인 이행이 필요하고 대상물의 사용 제한을 권고할 필요가 있는 상태
불량(E)	화재예방안전진단 실시 결과 중대한 문제점이 발견되어 대상물의 화재안전을 위해 조치명령의 즉각적인 이행이 필요하고 대상물의 사용 중단을 권고할 필요가 있는 상태

제42조【진단기관의 지정 및 취소】 ① 제41조 제1항에 따라 소방청장으로부터 진단기관으로 지정을 받으려는 자는 대통령령으로 정하는 시설과 전문인력 등 지정기준을 갖추어 소방청장에게 지정을 신청하여야 한다. ▶ **3년/3천(벌)**

② 소방청장은 진단기관으로 지정받은 자가 다음 각 호의 어느 하나에 해당하는 경우에는 그 지정을 취소하거나 ❶ 이내의 기간을 정하여 업무의 전부 또는 일부의 정지를 명할 수 있다. 다만, 제1호 또는 제4호에 해당하는 경우에는 그 지정을 취소하여야 한다.

1. 거짓이나 그 밖의 부정한 방법으로 지정을 받은 경우
2. 제41조 제4항에 따른 화재예방안전진단 결과를 소방본부장 또는 소방서장, 관계인에게 제출하지 아니한 경우
3. 제1항에 따른 지정기준에 미달하게 된 경우
4. 업무정지기간에 화재예방안전진단 업무를 한 경우

③ 진단기관의 지정절차, 지정취소 또는 업무정지의 처분 등에 필요한 사항은 행정안전부령으로 정한다.

화재의 예방 및 안전관리에 관한 법률 시행령

④ 제1항부터 제3항까지에서 규정한 사항 외에 화재예방안전진단 절차 및 방법 등에 관하여 필요한 사항은 행정안전부령으로 정한다.

제45조【화재예방안전진단의 범위】 법 제41조 제2항 제6호에서 "대통령령으로 정하는 사항"이란 다음 각 호의 사항을 말한다.

1. 화재 등의 재난 발생 후 재발방지 대책의 수립 및 그 이행에 관한 사항
2. 지진 등 외부 환경 위험요인 등에 대한 예방·대비·대응에 관한 사항
3. 화재예방안전진단 결과 보수·보강 등 개선요구 사항 등에 대한 이행 여부

제46조【화재예방안전진단기관의 지정기준】 법 제42조 제1항에서 "대통령령으로 정하는 시설과 전문인력 등 지정기준"이란 별표 8에서 정하는 기준을 말한다.

화재의 예방 및 안전관리에 관한 법률 시행규칙

4. 화재위험요인의 조사·분석 및 평가 결과
5. 영 제44조 제2항에 따른 안전등급 및 위험성 감소대책
6. 그 밖에 소방안전 특별관리시설물의 화재예방 강화를 위하여 소방청장이 정하는 사항

제43조【진단기관의 장비기준】 영 별표 8 제3호에서 "행정안전부령으로 정하는 장비"란 별표 7의 장비를 말한다.

제44조【진단기관의 지정신청】 ① 진단기관으로 지정받으려는 자는 법 제42조 제1항에 따라 별지 제35호 서식의 화재예방안전진단기관 지정신청서(전자문서를 포함한다)에 다음 각 호의 서류(전자문서를 포함한다)를 첨부하여 소방청장에게 제출해야 한다.

1. 정관 사본
2. 시설 요건을 증명하는 서류 및 장비 명세서
3. 경력증명서 또는 재직증명서 등 기술인력의 자격요건을 증명하는 서류

② 제1항에 따른 화재예방안전진단기관 지정신청서를 제출받은 담당 공무원은 「전자정부법」 제36조 제1항에 따른 행정정보의 공동이용을 통하여 법인등기부 등본(법인인 경우만 해당한다) 및 국가기술자격증을 확인해야 한다. 다만, 신청인이 확인에 동의하지 않는 경우에는 이를 제출하도록 해야 한다.

화재의 예방 및 안전관리에 관한 법률	화재의 예방 및 안전관리에 관한 법률 시행령	화재의 예방 및 안전관리에 관한 법률 시행규칙

[영 별표 8] 화재예방안전진단 지정기관의 시설, 전문인력 및 장비기준 등 - 전문인력

1. 다음에 해당하는 사람 각 1명 이상
   가. 소방기술사
   나. ❶
   다. 전기안전기술사, 화공안전기술사, 가스기술사, 위험물기능장 또는 건축사
2. 다음의 분야별로 해당 자격 요건을 충족하는 사람 각 1명 이상

분야	자격 요건(다음의 어느 하나에 해당하는 사람)
소방	• 소방기술사 • 소방시설관리사 • 소방설비기사(산업기사를 포함한다) 자격 취득 후 소방 관련 업무경력이 3년(소방설비산업기사의 경우 5년) 이상인 사람
전기	• 전기안전기술사 • 전기기사(산업기사를 포함한다) 자격 취득 후 소방 관련 업무 경력이 3년(산업기사의 경우 5년) 이상인 사람
화공	• 화공안전기술사 • 화공기사(산업기사를 포함한다) 자격 취득 후 소방 관련 업무 경력이 3년(산업기사의 경우 5년) 이상인 사람
가스	• 가스기술사 • 가스기사(산업기사를 포함한다) 자격 취득 후 소방 관련 업무 경력이 3년(산업기사의 경우 5년) 이상인 사람
위험물	• 위험물기능장 • 위험물산업기사 자격 취득 후 소방 관련 업무 경력이 5년 이상인 사람
건축	• 건축사 • 건축기사(산업기사를 포함한다) 자격 취득 후 소방 관련 업무 경력이 3년(산업기사의 경우 5년) 이상인 사람
교육훈련	소방안전교육사

비고
소방관련 업무 경력이란 소방실무경력 인정범위에 관한 기준 고시에 따른다.

제45조【진단기관의 지정 절차】 ① 소방청장은 제44조 제1항에 따라 지정신청서를 접수한 경우에는 지정기준 등에 적합한지를 검토하여 60일 이내에 진단기관 지정 여부를 결정해야 한다.
② 소방청장은 제1항에 따라 진단기관의 지정을 결정한 경우에는 별지 제36호 서식의 화재예방안전진단기관 지정서를 발급하고, 별지 제37호서식의 화재예방안전진단기관 관리대장에 기록하고 관리해야 한다.
③ 소방청장은 제2항에 따라 지정서를 발급한 경우에는 그 내용을 소방청 인터넷 홈페이지에 공고해야 한다.

제46조【진단기관의 지정취소】 법 제42조 제2항에 따른 진단기관의 지정취소 및 업무정지의 처분기준은 별표 8과 같다.

[규칙 별표 8] 화재예방안전진단기관의 지정 취소 및 업무정지의 기준

1. 일반기준
   가. 위반행위가 둘 이상인 경우에는 각 위반행위에 따라 각각 처분한다.
   나. 위반행위의 횟수에 따른 행정처분 기준은 최근 3년간 같은 위반행위로 행정처분을 받은 경우에 적용한다. 이 경우 기준 적용일은 위반행위에 대한 행정처분일과 그 처분 후에 한 위반행위가 다시 적발된 날을 기준으로 한다.
   다. 나목에 따라 가중된 부과처분을 하는 경우 가중처분의 적용 차수는 그 위반행위 전 부과처분 차수(나목에 따른 기간 내에 처분이 둘 이상 있었던 경우에는 높은 차수를 말한다)의 다음 차수로 한다.

<제42조> ❶ 6개월

[영 별표 8] ❶ 소방시설관리사

화재의 예방 및 안전관리에 관한 법률	화재의 예방 및 안전관리에 관한 법률 시행령	화재의 예방 및 안전관리에 관한 법률 시행규칙
		라. 처분권자는 위반행위의 동기·내용·횟수 및 위반 정도 등 다음의 감경 사유에 해당하는 경우 그 처분기준의 2분의 1의 범위에서 감경할 수 있다. 1) 위반행위가 사소한 부주의나 오류로 인한 것으로 인정되는 경우 2) 위반의 내용 및 정도가 경미하여 화재예방안전진단등의 업무를 수행하는데 문제가 발생하지 않는 경우 3) 그 밖에 위반행위의 정도, 위반행위의 동기와 그 결과 등을 고려하여 감경할 필요가 있다고 인정되는 경우

화재의 예방 및 안전관리에 관한 법률	화재의 예방 및 안전관리에 관한 법률 시행령	화재의 예방 및 안전관리에 관한 법률 시행규칙
제7장 보칙		
제43조【화재의 예방과 안전문화 진흥을 위한 시책의 추진】 ① 소방관서장은 국민의 화재 예방과 안전에 관한 의식을 높이고 화재의 예방과 안전문화를 진흥시키기 위한 다음 각 호의 활동을 적극 추진하여야 한다. 1. 화재의 예방 및 안전관리에 관한 의식을 높이기 위한 활동 및 홍보 2. 소방대상물 특성별 화재의 예방과 안전관리에 필요한 행동요령의 개발 · 보급 3. 화재의 예방과 안전문화 우수사례의 발굴 및 확산 4. 화재 관련 통계 현황의 관리 · 활용 및 공개 5. 화재의 예방과 안전관리 취약계층에 대한 화재의 예방 및 안전관리 강화 6. 그 밖에 화재의 예방과 안전문화를 진흥하기 위한 활동 ② 소방관서장은 화재의 예방과 안전문화 활동에 국민 또는 주민이 참여할 수 있는 제도를 마련하여 시행할 수 있다. ③ ❶ ________ 은 국민이 화재의 예방과 안전문화를 실천하고 체험할 수 있는 체험시설을 설치 · 운영할 수 있다. ④ 국가와 지방자치단체는 지방자치단체 또는 그 밖의 기관 · 단체에서 추진하는 화재의 예방과 안전문화활동을 위하여 필요한 예산을 지원할 수 있다.		

<제43조> ❶ 소방청창

화재의 예방 및 안전관리에 관한 법률

제44조【우수 소방대상물 관계인에 대한 포상 등】 ① 소방청장은 소방대상물의 자율적인 안전관리를 유도하기 위하여 안전관리 상태가 우수한 소방대상물을 선정하여 우수 소방대상물 표지를 발급하고, 소방대상물의 관계인을 포상할 수 있다.

② 제1항에 따른 우수 소방대상물의 선정 방법, 평가 대상물의 범위 및 평가 절차 등에 필요한 사항은 행정안전부령으로 정한다.

화재의 예방 및 안전관리에 관한 법률 시행령

화재의 예방 및 안전관리에 관한 법률 시행규칙

제47조【우수 소방대상물의 선정 등】 ① 소방청장은 법 제44조 제1항에 따른 우수 소방대상물의 선정 및 관계인에 대한 포상을 위하여 우수 소방대상물의 선정방법, 평가 대상물의 범위 및 평가 절차 등에 관한 내용이 포함된 시행계획(이하 "시행계획"이라 한다)을 매년 수립·시행해야 한다.

② 소방청장은 우수 소방대상물 선정을 위하여 필요한 경우에는 소방대상물을 직접 방문하여 필요한 사항을 확인할 수 있다.

③ 소방청장은 우수 소방대상물 선정의 객관성 및 전문성을 확보하기 위하여 필요한 경우에는 다음 각 호의 어느 하나에 해당하는 사람이 ❶ 이상 포함된 평가위원회(이하 이 조에서 "평가위원회"라 한다)를 성별을 고려하여 구성·운영할 수 있다. 이 경우 평가위원회의 위원에게는 예산의 범위에서 수당, 여비 등 필요한 경비를 지급할 수 있다.

1. 소방기술사(소방안전관리자로 선임된 사람은 제외한다)
2. 소방시설관리사
3. 소방 관련 석사 이상의 학위를 취득한 사람
4. 소방 관련 법인 또는 단체에서 소방 관련 업무에 5년 이상 종사한 사람
5. 소방공무원 교육기관, 대학 또는 연구소에서 소방과 관련한 교육 또는 연구에 5년 이상 종사한 사람

④ 제1항부터 제3항까지에서 규정한 사항 외에 우수 소방대상물의 평가, 평가위원회 구성·운영, 포상의 종류·명칭 및 우수 소방대상물 표지 등에 관하여 필요한 사항은 소방청장이 정하여 고시한다.

화재의 예방 및 안전관리에 관한 법률

제45조【조치명령 등의 기간연장】 ① 다음 각 호에 따른 조치명령 · 선임명령 또는 이행명령(이하 "조치명령 등"이라 한다)을 받은 관계인 등은 천재지변이나 그 밖에 대통령령으로 정하는 사유로 조치명령 등을 그 기간 내에 이행할 수 없는 경우에는 조치명령 등을 명령한 소방관서장에게 대통령령으로 정하는 바에 따라 조치명령 등의 이행시기를 연장하여 줄 것을 신청할 수 있다.

1. 제14조에 따른 소방대상물의 개수 · 이전 · 제거, 사용의 금지 또는 제한, 사용폐쇄, 공사의 정지 또는 중지, 그 밖의 필요한 조치명령
2. 제28조 제1항에 따른 소방안전관리자 또는 소방안전관리보조자 선임명령
3. 제28조 제2항에 따른 소방안전관리업무 이행명령

② 제1항에 따라 연장신청을 받은 소방관서장은 연장신청 승인 여부를 결정하고 그 결과를 조치명령 등의 이행 기간 내에 관계인 등에게 알려 주어야 한다.

화재의 예방 및 안전관리에 관한 법률 시행령

제47조【조치명령등의 기간연장】 ① 법 제45조 제1항 각 호 외의 부분에서 "대통령령으로 정하는 사유"란 다음 각 호의 어느 하나에 해당하는 사유를 말한다.

1. 「재난 및 안전관리 기본법」 제3조 제1호에 해당하는 재난이 발생한 경우
2. 경매 등의 사유로 소유권이 변동 중이거나 변동된 경우
3. 관계인의 질병, 사고, 장기출장의 경우
4. 시장 · 상가 · 복합건축물 등 소방대상물의 관계인이 여러 명으로 구성되어 법 제45조 제1항 각 호에 따른 조치명령 · 선임명령 또는 이행명령(이하 "조치명령등"이라 한다)의 이행에 대한 의견을 조정하기 어려운 경우
5. 그 밖에 관계인이 운영하는 사업에 부도 또는 도산 등 중대한 위기가 발생하여 조치명령등을 그 기간 내에 이행할 수 없는 경우

② 법 제45조 제1항에 따라 조치명령등의 이행시기 연장을 신청하려는 관계인 등은 행정안전부령으로 정하는 바에 따라 연장신청서에 기간연장의 사유 및 기간 등을 적어 소방관서장에게 제출해야 한다.
③ 제2항에 따른 기간연장의 신청 및 연장신청서의 처리에 필요한 사항은 행정안전부령으로 정한다.

화재의 예방 및 안전관리에 관한 법률 시행규칙

제48조【조치명령등의 기간연장】 ① 법 제45조 제1항에 따른 조치명령 · 선임명령 또는 이행명령(이하 "조치명령등"이라 한다)의 기간연장을 신청하려는 관계인 등은 영 제47조 제2항에 따라 별지 제38호 서식에 따른 조치명령등의 기간연장 신청서(전자문서를 포함한다)에 조치명령등을 이행할 수 없음을 증명할 수 있는 서류(전자문서를 포함한다)를 첨부하여 소방관서장에게 제출해야 한다.
② 제1항에 따른 신청서를 제출받은 소방관서장은 신청받은 날부터 3일 이내에 조치명령등의 기간연장 여부를 결정하여 별지 제39호 서식의 조치명령등의 기간연장 신청 결과 통지서를 관계인 등에게 통지해야 한다.

<제47조> ❶ 2명

화재의 예방 및 안전관리에 관한 법률

제46조【청문】 소방청장 또는 시 · 도지사는 다음 각 호의 어느 하나에 해당하는 처분을 하려면 청문을 하여야 한다.

1. 제31조 제1항에 따른 ❶ 의 자격 취소
2. 제42조 제2항에 따른 진단기관의 지정 취소

제47조【수수료 등】 다음 각 호의 어느 하나에 해당하는 자는 행정안전부령으로 정하는 수수료 또는 교육비를 내야 한다.

1. 제30조 제1항에 따른 소방안전관리자 자격시험에 응시하려는 사람
2. 제30조 제2항 및 제3항에 따른 소방안전관리자 자격증을 발급 또는 재발급 받으려는 사람
3. 제34조에 따른 강습교육 또는 실무교육을 받으려는 사람
4. 제41조 제1항에 따라 화재예방안전진단을 받으려는 관계인

화재의 예방 및 안전관리에 관한 법률 시행령

화재의 예방 및 안전관리에 관한 법률 시행규칙

제49조【수수료 및 교육비】 ① 법 제47조에 따른 수수료 및 교육비는 별표 9와 같다.

② 별표 9에 따른 수수료 또는 교육비를 반환하는 경우에는 다음 각 호의 구분에 따라 반환해야 한다.

1. 수수료 또는 교육비를 과오납한 경우: 그 과오납한 금액의 전부
2. 시험시행기관 또는 교육실시기관에 책임이 있는 사유로 시험에 응시하지 못하거나 교육을 받지 못한 경우: 납입한 수수료 또는 교육비의 전부
3. 직계가족의 사망, 본인의 사고 또는 질병, 격리가 필요한 감염병이나 예견할 수 없는 기상상황 등으로 인해 시험에 응시하지 못하거나 교육을 받지 못한 경우(해당 사실을 증명하는 서류 등을 제출한 경우로 한정한다): 납입한 수수료 또는 교육비의 전부
4. 원서접수기간 또는 교육신청기간에 접수를 철회한 경우: 납입한 수수료 또는 교육비의 전부
5. 시험시행일 또는 교육실시일 ❶ 전까지 접수를 취소한 경우: 납입한 수수료 또는 교육비의 전부
6. 시험시행일 또는 교육실시일 10일 전까지 접수를 취소한 경우: 납입한 수수료 또는 교육비의 100분의 50

화재의 예방 및 안전관리에 관한 법률	화재의 예방 및 안전관리에 관한 법률 시행령	화재의 예방 및 안전관리에 관한 법률 시행규칙
제48조【권한의 위임 · 위탁 등】 ① 이 법에 따른 소방청장 또는 시 · 도지사의 권한은 그 일부를 대통령령으로 정하는 바에 따라 시 · 도지사, 소방본부장 또는 소방서장에게 위임할 수 있다. ② 소방관서장은 다음 각 호에 해당하는 업무를 ❷ 에 위탁할 수 있다. 1. 제26조 제1항에 따른 소방안전관리자 또는 소방안전관리보조자 선임신고의 접수 2. 제26조 제2항에 따른 소방안전관리자 또는 소방안전관리보조자 해임 사실의 확인 3. 제29조 제1항에 따른 건설현장 소방안전관리자 선임신고의 접수 4. 제30조 제1항 제1호에 따른 소방안전관리자 자격시험 5. 제30조 제2항 및 제3항에 따른 소방안전관리자 자격증의 발급 및 재발급 6. 제33조에 따른 소방안전관리 등에 관한 종합정보망의 구축 · 운영 7. 제34조에 따른 강습교육 및 실무교육 ③ 제2항에 따라 위탁받은 업무에 종사하고 있거나 종사하였던 사람은 업무를 수행하면서 알게 된 비밀을 이 법에서 정한 목적 외의 용도로 사용하거나 다른 사람 또는 기관에 제공하거나 누설하여서는 아니 된다. ▶**3백(벌)**	**제48조【권한의 위임 · 위탁 등】** ❶ 은 법 제48조 제1항에 따라 법 제31조에 따른 소방안전관리자 자격의 정지 및 취소에 관한 업무를 소방서장에게 위임한다.	**제50조【안전원이 갖춰야 하는 시설 기준 등】** ① 안전원의 장은 화재예방안전진단을 원활하게 수행하기 위하여 영 별표 8에 따른 진단기관이 갖춰야 하는 시설, 전문인력 및 장비를 갖춰야 한다. ② 안전원은 법 제48조 제2항 제7호에 따른 업무를 위탁받은 경우 별표 10의 시설기준을 갖춰야 한다.

화재의 예방 및 안전관리에 관한 법률 시행령

제49조【고유식별정보의 처리】 소방관서장(제48조 및 법 제48조 제2항에 따라 소방관서장의 권한 또는 업무를 위임받거나 위탁받은 자를 포함한다) 또는 시 · 도지사(해당 권한 또는 업무가 위임되거나 위탁된 경우에는 그 권한 또는 업무를 위임받거나 위탁받은 자를 포함한다)는 다음 각 호의 사무를 수행하기 위하여 불가피한 경우 「개인정보 보호법 시행령」 제19조 제1호 또는 제4호에 따른 주민등록번호 또는 외국인등록번호가 포함된 자료를 처리할 수 있다.

1. 법 제7조 및 제8조에 따른 화재안전조사에 관한 사무
2. 법 제14조에 따른 화재안전조사 결과에 따른 조치명령에 관한 사무
3. 법 제15조에 따른 손실보상에 관한 사무
4. 법 제17조에 따른 화재의 예방조치 등에 관한 사무
5. 법 제19조에 따른 화재의 예방 등에 대한 지원에 관한 사무
6. 법 제23조에 따른 화재안전취약자 지원에 관한 사무
7. 법 제24조, 제26조, 제28조 및 제29조에 따른 소방안전관리자, 소방안전관리보조자 및 건설현장 소방안전관리자의 선임신고 등에 관한 사무
8. 법 제30조에 따른 소방안전관리자 자격증의 발급 · 재발급 및 법 제31조에 따른 자격의 정지 · 취소에 관한 사무
9. 법 제32조에 따른 소방안전관리자 자격시험에 관한 사무
10. 법 제33조에 따른 소방안전관리 등에 관한 종합정보망의 구축 · 운영에 관한 사무
11. 법 제34조에 따른 소방안전관리자 등에 대한 교육에 관한 사무
12. 법 제42조에 따른 화재예방안전진단기관의 지정 및 취소
13. 법 제44조에 따른 우수 소방대상물 관계인에 대한 포상 등에 관한 사무
14. 법 제45조에 따른 조치명령등의 기간연장에 관한 사무

<제46조> ❶ 소방안전관리자
<제48조> ❷ 안전원

<제48조> ❶ 소방청장

<제49조> ❶ 20일

화재의 예방 및 안전관리에 관한 법률	화재의 예방 및 안전관리에 관한 법률 시행령	화재의 예방 및 안전관리에 관한 법률 시행규칙
제49조【벌칙 적용에서 공무원 의제】 다음 각 호의 어느 하나에 해당하는 자 중 공무원이 아닌 사람은 「형법」 제129조부터 제132조까지의 규정을 적용할 때에는 공무원으로 본다. 1. 제9조에 따른 화재안전조사단의 구성원 2. 제10조에 따른 화재안전조사위원회의 위원 3. 제11조에 따라 화재안전조사에 참여하는 자 4. 제22조에 따른 화재안전영향평가심의회 위원 5. 제41조 제1항에 따른 화재예방안전진단업무 수행 기관의 임원 및 직원 6. 제48조 제2항에 따라 위탁받은 업무에 종사하는 안전원의 담당 임원 및 직원	15. 법 제46조에 따른 청문에 관한 사무 16. 법 제47조에 따른 수수료 징수에 관한 사무 **제50조【규제의 재검토】** 소방청장은 다음 각 호의 사항에 대하여 해당 호에서 정하는 날을 기준일로 하여 3년마다(매 3년이 되는 해의 기준일과 같은 날 전까지를 말한다) 그 타당성을 검토하여 개선 등의 조치를 해야 한다. 1. 제25조에 따른 소방안전관리자를 두어야 하는 특정소방대상물: 2022년 12월 1일 2. 제25조에 따른 소방안전관리보조자를 두어야 하는 특정소방대상물: 2022년 12월 1일 3. 제25조에 따른 소방안전관리자 및 소방안전관리보조자의 선임 대상별 자격 및 선임인원: 2022년 12월 1일 4. 제28조에 따른 소방안전관리 업무의 대행 대상 및 업무: 2022년 12월 1일	

화재의 예방 및 안전관리에 관한 법률	화재의 예방 및 안전관리에 관한 법률 시행령	화재의 예방 및 안전관리에 관한 법률 시행규칙
제8장 벌칙		
제50조【벌칙】 ① 다음 각 호의 어느 하나에 해당하는 자는 3년 이하의 징역 또는 3천만원 이하의 벌금에 처한다. 1. 제14조 제1항 및 제2항에 따른 조치명령을 정당한 사유 없이 위반한 자 2. 제28조 제1항 및 제2항에 따른 명령을 정당한 사유 없이 위반한 자 3. 제41조 제5항에 따른 보수·보강 등의 조치명령을 정당한 사유 없이 위반한 자 4. 거짓이나 그 밖의 부정한 방법으로 제42조 제1항에 따른 진단기관으로 지정을 받은 자 ② 다음 각 호의 어느 하나에 해당하는 자는 1년 이하의 징역 또는 1천만원 이하의 벌금에 처한다. 1. 제12조 제2항을 위반하여 관계인의 정당한 업무를 방해하거나, 조사업무를 수행하면서 취득한 자료나 알게 된 비밀을 다른 사람 또는 기관에게 제공 또는 누설하거나 목적 외의 용도로 사용한 자 2. 제30조 제4항을 위반하여 자격증을 다른 사람에게 빌려 주거나 빌리거나 이를 알선한 자 3. 제41조 제1항을 위반하여 진단기관으로부터 화재예방안전진단을 받지 아니한 자 ③ 다음 각 호의 어느 하나에 해당하는 자는 300만원 이하의 벌금에 처한다. 1. 제7조 제1항에 따른 화재안전조사를 정당한 사유 없이 거부·방해 또는 기피한 자		

화재의 예방 및 안전관리에 관한 법률

2. 제17조 제2항 각 호의 어느 하나에 따른 명령을 정당한 사유 없이 따르지 아니하거나 방해한 자
3. 제24조 제1항·제3항, 제29조 제1항 및 제35조 제1항·제2항을 위반하여 소방안전관리자, 총괄소방안전관리자 또는 소방안전관리보조자를 선임하지 아니한 자
4. 제27조 제3항을 위반하여 소방시설·피난시설·방화시설 및 방화구획 등이 법령에 위반된 것을 발견하였음에도 필요한 조치를 할 것을 요구하지 아니한 소방안전관리자
5. 제27조 제4항을 위반하여 소방안전관리자에게 불이익한 처우를 한 관계인
6. 제41조 제6항 및 제48조 제3항을 위반하여 업무를 수행하면서 알게 된 비밀을 이 법에서 정한 목적 외의 용도로 사용하거나 다른 사람 또는 기관에 제공하거나 누설한 자

제51조【양벌규정】 법인의 대표자나 법인 또는 개인의 대리인, 사용인, 그 밖의 종업원이 그 법인 또는 개인의 업무에 관하여 제50조에 해당하는 위반행위를 하면 그 행위자를 벌하는 외에 그 법인 또는 개인에게도 해당 조문의 벌금형을 과(科)한다. 다만, 법인 또는 개인이 그 위반행위를 방지하기 위하여 해당 업무에 관하여 상당한 주의와 감독을 게을리하지 아니한 경우에는 그러하지 아니하다.

제52조【과태료】 ① 다음 각 호의 어느 하나에 해당하는 자에게는 300만원 이하의 과태료를 부과한다.
1. 정당한 사유 없이 제17조 제1항 각 호의 어느 하나에 해당하는 행위를 한 자
2. 제24조 제2항을 위반하여 소방안전관리자를 겸한 자
3. 제24조 제5항에 따른 소방안전관리업무를 하지 아니한 특정소방대상물의 관계인 또는 소방안전관리대상물의 소방안전관리자

화재의 예방 및 안전관리에 관한 법률 시행령

제51조【과태료의 부과기준】 법 제52조 제1항부터 제3항까지의 규정에 따른 과태료의 부과기준은 별표 9와 같다.

화재의 예방 및 안전관리에 관한 법률 시행규칙

화재의 예방 및 안전관리에 관한 법률	화재의 예방 및 안전관리에 관한 법률 시행령	화재의 예방 및 안전관리에 관한 법률 시행규칙
4. 제27조 제2항을 위반하여 소방안전관리업무의 지도·감독을 하지 아니한 자 5. 제29조 제2항에 따른 건설현장 소방안전관리대상물의 소방안전관리자의 업무를 하지 아니한 소방안전관리자 6. 제36조 제3항을 위반하여 피난유도 안내정보를 제공하지 아니한 자 7. 제37조 제1항을 위반하여 소방훈련 및 교육을 하지 아니한 자 8. 제41조 제4항을 위반하여 화재예방안전진단 결과를 제출하지 아니한 자 ② 다음 각 호의 어느 하나에 해당하는 자에게는 200만원 이하의 과태료를 부과한다. 1. 제17조 제4항에 따른 불을 사용할 때 지켜야 하는 사항 및 같은 조 제5항에 따른 특수가연물의 저장 및 취급 기준을 위반한 자 2. 제18조 제4항에 따른 소방설비 등의 설치 명령을 정당한 사유 없이 따르지 아니한 자 3. 제26조 제1항을 위반하여 기간 내에 선임신고를 하지 아니하거나 소방안전관리자의 성명 등을 게시하지 아니한 자 4. 제29조 제1항을 위반하여 기간 내에 선임신고를 하지 아니한 자 5. 제37조 제2항을 위반하여 기간 내에 소방훈련 및 교육 결과를 제출하지 아니한 자 ③ 제34조 제1항 제2호를 위반하여 실무교육을 받지 아니한 소방안전관리자 및 소방안전관리보조자에게는 100만원 이하의 과태료를 부과한다. ④ 제1항부터 제3항까지에 따른 과태료는 대통령령으로 정하는 바에 따라 소방청장, 시·도지사, 소방본부장 또는 소방서장이 부과·징수한다.	[영 별표 9] 과태료의 부과기준 1. 일반기준 가. 위반행위의 횟수에 따른 과태료의 가중된 부과기준은 최근 1년간 같은 위반행위로 과태료 부과처분을 받은 경우에 적용한다. 이 경우 기간의 계산은 위반행위에 대하여 과태료 부과처분을 받은 날과 그 처분 후 다시 같은 위반행위를 하여 적발된 날을 기준으로 한다. 나. 가목에 따라 가중된 부과처분을 하는 경우 가중처분의 적용 차수는 그 위반행위 전 부과처분 차수(가목에 따른 기간 내에 과태료 부과처분이 둘 이상 있었던 경우에는 높은 차수를 말한다)의 다음 차수로 한다. 다. 부과권자는 다음의 어느 하나에 해당하는 경우에는 제2호의 개별기준에 따른 과태료의 2분의 1 범위에서 그 금액을 줄여 부과할 수 있다. 다만, 과태료를 체납하고 있는 위반행위자에 대해서는 그렇지 않다. 1) 위반행위가 사소한 부주의나 오류로 인한 것으로 인정되는 경우 2) 위반행위자가 법 위반상태를 시정하거나 해소하기 위하여 노력한 사실이 인정되는 경우 3) 위반행위자가 처음 위반행위를 한 경우로서 3년 이상 해당 업종을 모범적으로 영위한 사실이 인정되는 경우 4) 위반행위자가 화재 등 재난으로 재산에 현저한 손실을 입거나 사업 여건의 악화로 그 사업이 중대한 위기에 처하는 등 사정이 있는 경우 5) 위반행위자가 같은 위반행위로 다른 법률에 따라 과태료·벌금·영업정지 등의 처분을 받은 경우 6) 그 밖에 위반행위의 정도, 위반행위의 동기와 그 결과 등을 고려하여 과태료 금액을 줄일 필요가 있다고 인정되는 경우	

제3편

소방시설 설치 및 관리에 관한 법률

소방시설 설치 및 관리에 관한 법률
[시행 2024.12.1]
[법률 제18522호, 2021.11.30 전부개정]

제1장 총칙

제1조【목적】 이 법은 ❶ 등에 설치하여야 하는 소방시설 등의 설치·관리와 소방용품 성능관리에 필요한 사항을 규정함으로써 국민의 생명·신체 및 재산을 보호하고 공공의 안전과 복리 증진에 이바지함을 목적으로 한다.

제2조【정의】 ① 이 법에서 사용하는 용어의 뜻은 다음과 같다.

1. "소방시설"이란 소화설비, 경보설비, 피난구조설비, 소화용수설비, 그 밖에 소화활동설비로서 대통령령으로 정하는 것을 말한다.
2. "소방시설 등"이란 소방시설과 비상구(非常口), 그 밖에 소방 관련 시설로서 대통령령으로 정하는 것을 말한다.
3. "특정소방대상물"이란 건축물 등의 규모·용도 및 수용인원 등을 고려하여 소방시설을 설치하여야 하는 소방대상물로서 대통령령으로 정하는 것을 말한다.
4. "화재안전성능"이란 화재를 예방하고 화재발생 시 피해를 최소화하기 위하여 소방대상물의 재료, 공간 및 설비 등에 요구되는 안전성능을 말한다.
5. "❷ "란 건축물 등의 재료, 공간, 이용자, 화재 특성 등을 종합적으로 고려하여 공학적 방법으로 화재 위험성을 평가하고 그 결과에 따라 화재안전성능이 확보될 수 있도록 특정소방대상물을 설계하는 것을 말한다.
6. "화재안전기준"이란 소방시설 설치 및 관리를 위한 다음 각 목의 기준을 말한다.

소방시설 설치 및 관리에 관한 법률 시행령
[시행 2024.5.17]
[대통령령 제34488호, 2024.5.17 타법개정]

제1조【목적】 이 영은 「소방시설 설치 및 관리에 관한 법률」에서 위임된 사항과 그 시행에 필요한 사항을 규정함을 목적으로 한다.

제2조【정의】 이 영에서 사용하는 용어의 뜻은 다음과 같다.

1. "무창층(無窓層)"이란 지상층 중 다음 각 목의 요건을 모두 갖춘 개구부(건축물에서 채광·환기·통풍 또는 출입 등을 위하여 만든 창·출입구, 그 밖에 이와 비슷한 것을 말한다. 이하 같다)의 면적의 합계가 해당 층의 바닥면적(「건축법 시행령」 제119조 제1항 제3호에 따라 산정된 면적을 말한다. 이하 같다)의 ❶ 이하가 되는 층을 말한다.
   가. 크기는 지름 50센티미터 이상의 원이 통과할 수 있을 것
   나. 해당 층의 바닥면으로부터 개구부 밑부분까지의 높이가 1.2미터 이내일 것
   다. 도로 또는 차량이 진입할 수 있는 빈터를 향할 것
   라. 화재 시 건축물로부터 쉽게 피난할 수 있도록 창살이나 그 밖의 장애물이 설치되지 않을 것
   마. 내부 또는 외부에서 쉽게 부수거나 열 수 있을 것
2. "피난층"이란 곧바로 지상으로 갈 수 있는 출입구가 있는 층을 말한다.

제3조【소방시설】 「소방시설 설치 및 관리에 관한 법률」(이하 "법"이라 한다) 제2조 제1항 제1호에서 "대통령령으로 정하는 것"이란 별표 1의 설비를 말한다.

소방시설 설치 및 관리에 관한 법률 시행규칙
[시행 2024.12.1]
[행정안전부령 제360호, 2022.12.1 전부개정]

제1조【목적】 이 규칙은 「소방시설 설치 및 관리에 관한 법률」 및 같은 법 시행령에서 위임된 사항과 그 시행에 필요한 사항을 규정함을 목적으로 한다.

제2조【기술기준의 제정·개정 절차】 ① ❶ 은 화재안전기준 중 기술기준(이하 "기술기준"이라 한다)을 제정·개정하려는 경우 제정안·개정안을 작성하여 「소방시설 설치 및 관리에 관한 법률」(이하 "법"이라 한다) 제18조 제1항에 따른 ❷ 의 심의·의결을 거쳐야 한다. 이 경우 제정안·개정안의 작성을 위해 소방 관련 기관·단체 및 개인 등의 의견을 수렴할 수 있다.
② 국립소방연구원장은 제1항에 따라 중앙위원회의 심의·의결을 거쳐 다음 각 호의 사항이 포함된 승인신청서를 소방청장에게 제출해야 한다.
1. 기술기준의 제정안 또는 개정안
2. 기술기준의 제정 또는 개정 이유
3. 기술기준의 심의 경과 및 결과

③ 제2항에 따라 승인신청서를 제출받은 소방청장은 제정안 또는 개정안이 화재안전기준 중 성능기준 등을 충족하는지를 검토하여 승인 여부를 결정하고 국립소방연구원장에게 통보해야 한다.

소방시설 설치 및 관리에 관한 법률	소방시설 설치 및 관리에 관한 법률 시행령	소방시설 설치 및 관리에 관한 법률 시행규칙

가. 성능기준: 화재안전 확보를 위하여 재료, 공간 및 설비 등에 요구되는 안전성능으로서 소방청장이 고시로 정하는 기준

나. 기술기준: 가목에 따른 성능기준을 충족하는 상세한 규격, 특정한 수치 및 시험방법 등에 관한 기준으로서 행정안전부령으로 정하는 절차에 따라 소방청장의 승인을 받은 기준

7. "소방용품"이란 소방시설 등을 구성하거나 소방용으로 사용되는 제품 또는 기기로서 대통령령으로 정하는 것을 말한다.

② 이 법에서 사용하는 용어의 뜻은 제1항에서 규정하는 것을 제외하고는 「소방기본법」, 「화재의 예방 및 안전관리에 관한 법률」, 「소방시설공사업법」, 「위험물안전관리법」 및 「건축법」에서 정하는 바에 따른다.

제4조【소방시설등】 법 제2조 제1항 제2호에서 "대통령령으로 정하는 것"이란 방화문 및 ❷ 를 말한다.

제5조【특정소방대상물】 법 제2조 제1항 제3호에서 "대통령령으로 정하는 것"이란 별표 2의 소방대상물을 말한다.

제6조【소방용품】 법 제2조 제1항 제7호에서 "대통령령으로 정하는 것"이란 별표 3의 제품 또는 기기를 말한다.

소방시설법상 소방시설 세부 용어의 정의

소화설비	물 또는 그 밖의 소화약제를 사용하여 소화하는 기계 · 기구 또는 설비
경보설비	화재발생 사실을 통보하는 기계 · 기구 또는 설비
피난구조설비	화재가 발생할 경우 피난하기 위하여 사용하는 기계 · 기구 또는 설비
소화용수설비	화재를 진압하는 데 필요한 물을 공급하거나 저장하는 설비
소화활동설비	화재를 진압하거나 인명구조활동을 위하여 사용하는 설비

④ 제3항에 따라 승인을 통보받은 국립소방연구원장은 승인받은 기술기준을 관보에 게재하고, 국립소방연구원 인터넷 홈페이지를 통해 공개해야 한다.

⑤ 제1항부터 제4항까지에서 규정한 사항 외에 기술기준의 제정 · 개정을 위하여 필요한 사항은 국립소방연구원장이 정한다.

<제1조> ❶ 특정소방대상물
<제2조> ❷ 성능위주설계

<제2조> ❶ 30분의 1
<제4조> ❷ 자동방화셔터

<제2조> ❶ 국립소방연구원장
❷ 중앙소방기술위원회(이하 "중앙위원회")

소방시설 설치 및 관리에 관한 법률	소방시설 설치 및 관리에 관한 법률 시행령	소방시설 설치 및 관리에 관한 법률 시행규칙

[영 별표 1] 소방시설

1. 소화설비: 물 또는 그 밖의 소화약제를 사용하여 소화하는 기계·기구 또는 설비로서 다음 각 목의 것
   가. 소화기구
      1) 소화기
      2) 간이소화용구: 에어로졸식 소화용구, 투척용 소화용구, 소공간용 소화용구 및 소화약제 외의 것을 이용한 간이소화용구
      3) 자동확산소화기
   나. 자동소화장치
      1) 주거용 주방자동소화장치
      2) 상업용 주방자동소화장치
      3) 캐비닛형 자동소화장치
      4) 가스자동소화장치
      5) 분말자동소화장치
      6) ❶
   다. 옥내소화전설비[호스릴(hose reel) 옥내소화전설비를 포함한다]
   라. 스프링클러설비등
      1) 스프링클러설비
      2) 간이스프링클러설비(캐비닛형 간이스프링클러설비를 포함한다)
      3) 화재조기진압용 스프링클러설비
   마. 물분무등소화설비
      1) 물분무소화설비
      2) 미분무소화설비
      3) 포소화설비
      4) 이산화탄소소화설비
      5) 할론소화설비
      6) 할로겐화합물 및 불활성기체(다른 원소와 화학반응을 일으키기 어려운 기체를 말한다. 이하 같다) 소화설비
      7) 분말소화설비
      8) ❷
      9) 고체에어로졸소화설비
   바. 옥외소화전설비
2. 경보설비: 화재발생 사실을 통보하는 기계·기구 또는 설비로서 다음 각 목의 것
   가. 단독경보형 감지기
   나. 비상경보설비
      1) 비상벨설비
      2) 자동식사이렌설비
   다. 자동화재탐지설비
   라. 시각경보기
   마. ❸
   바. 비상방송설비
   사. 자동화재속보설비
   아. 통합감시시설
   자. 누전경보기
   차. 가스누설경보기
3. 피난구조설비: 화재가 발생할 경우 피난하기 위하여 사용하는 기구 또는 설비로서 다음 각 목의 것
   가. 피난기구
      1) 피난사다리 2) 구조대
      3) 완강기 4) 간이완강기
      5) 그 밖에 화재안전기준으로 정하는 것
   나. 인명구조기구
      1) 방열복, 방화복(안전모, 보호장갑 및 안전화를 포함한다)
      2) 공기호흡기
      3) 인공소생기
   다. 유도등
      1) 피난유도선 2) 피난구유도등
      3) 통로유도등 4) 객석유도등
      5) 유도표지
   라. 비상조명등 및 휴대용비상조명등
4. 소화용수설비: 화재를 진압하는 데 필요한 물을 공급하거나 저장하는 설비로서 다음 각 목의 것
   가. 상수도소화용수설비
   나. 소화수조·저수조, 그 밖의 소화용수설비
5. 소화활동설비: 화재를 진압하거나 인명구조활동을 위하여 사용하는 설비로서 다음 각 목의 것
   가. 제연설비 나. 연결송수관설비
   다. 연결살수설비 라. 비상콘센트설비
   마. 무선통신보조설비 바. 연소방지설비

[영 별표 2] 특정소방대상물

1. 공동주택
  가. 아파트등: 주택으로 쓰는 층수가 ❹ 이상인 주택
  나. 연립주택: 주택으로 쓰는 1개 동의 바닥면적(2개 이상의 동을 지하주차장으로 연결하는 경우에는 각각의 동으로 본다) 합계가 660㎡를 초과하고, 층수가 4개 층 이하인 주택 [시행일: 2024.12.1]
  다. 다세대주택: 주택으로 쓰는 1개 동의 바닥면적(2개 이상의 동을 지하주차장으로 연결하는 경우에는 각각의 동으로 본다) 합계가 660㎡ 이하이고, 층수가 4개 층 이하인 주택 [시행일: 2024.12.1]
  라. 기숙사: 학교 또는 공장 등의 학생 또는 종업원 등을 위하여 쓰는 것으로서 1개 동의 공동취사시설 이용 세대 수가 전체의 50퍼센트 이상인 것(「교육기본법」 제27조 제2항에 따른 학생복지주택 및 「공공주택 특별법」 제2조 제1호의3에 따른 공공매입임대주택 중 독립된 주거의 형태를 갖추지 않은 것을 포함한다)
2. 근린생활시설
  가. 슈퍼마켓과 일용품(식품, 잡화, 의류, 완구, 서적, 건축자재, 의약품, 의료기기 등) 등의 소매점으로서 같은 건축물(하나의 대지에 두 동 이상의 건축물이 있는 경우에는 이를 같은 건축물로 본다. 이하 같다)에 해당 용도로 쓰는 바닥면적의 합계가 1천㎡ 미만인 것
  나. 휴게음식점, 제과점, 일반음식점, 기원(棋院), 노래연습장 및 단란주점(단란주점은 같은 건축물에 해당 용도로 쓰는 바닥면적의 합계가 150㎡ 미만인 것만 해당한다)
  다. 이용원, 미용원, 목욕장 및 세탁소(공장에 부설된 것과 「대기환경보전법」, 「물환경보전법」 또는 「소음 · 진동관리법」에 따른 배출시설의 설치허가 또는 신고의 대상인 것은 제외한다)
  라. 의원, 치과의원, 한의원, 침술원, 접골원(接骨院), 조산원, 산후조리원 및 안마원(「의료법」 제82조 제4항에 따른 안마시술소를 포함한다)
  마. 탁구장, 테니스장, 체육도장, 체력단련장, 에어로빅장, 볼링장, 당구장, 실내낚시터, 골프연습장, 물놀이형 시설(「관광진흥법」 제33조에 따른 안전성검사의 대상이 되는 물놀이형 시설을 말한다. 이하 같다), 그 밖에 이와 비슷한 것으로서 같은 건축물에 해당 용도로 쓰는 바닥면적의 합계가 500㎡ 미만인 것
  바. 공연장(극장, 영화상영관, 연예장, 음악당, 서커스장, 「영화 및 비디오물의 진흥에 관한 법률」 제2조 제16호 가목에 따른 비디오물감상실업의 시설, 같은 호 나목에 따른 비디오물소극장업의 시설, 그 밖에 이와 비슷한 것을 말한다. 이하 같다) 또는 종교집회장[교회, 성당, 사찰, 기도원, 수도원, 수녀원, 제실(祭室), 사당, 그 밖에 이와 비슷한 것을 말한다. 이하 같다]으로서 같은 건축물에 해당 용도로 쓰는 바닥면적의 합계가 300㎡ 미만인 것
  사. 금융업소, 사무소, 부동산중개사무소, 결혼상담소 등 소개업소, 출판사, 서점, 그 밖에 이와 비슷한 것으로서 같은 건축물에 해당 용도로 쓰는 바닥면적의 합계가 500㎡ 미만인 것
  아. 제조업소, 수리점, 그 밖에 이와 비슷한 것으로서 같은 건축물에 해당 용도로 쓰는 바닥면적의 합계가 500㎡ 미만인 것(「대기환경보전법」, 「물환경보전법」 또는 「소음 · 진동관리법」에 따른 배출시설의 설치허가 또는 신고의 대상인 것은 제외한다)
  자. 「게임산업진흥에 관한 법률」 제2조 제6호의2에 따른 청소년게임제공업 및 일반게임제공업의 시설, 같은 조 제7호에 따른 인터넷컴퓨터게임시설제공업의 시설 및 같은 조 제8호에 따른 복합유통게임제공업의 시설로서 같은 건축물에 해당 용도로 쓰는 바닥면적의 합계가 500㎡ 미만인 것
  차. 사진관, 표구점, 학원(같은 건축물에 해당 용도로 쓰는 바닥면적의 합계가 500㎡ 미만인 것만 해당하며, 자동차학원 및 무도학원은 제외한다), 독서실, 고시원(「다중이용업소의 안전관리에 관한 특별법」에 따른 다중이용업 중 고시원업의 시설로서 독립된 주거의 형태를 갖추지 않은 것으로서 같은 건축물에 해당 용도로 쓰는 바닥면적의 합계가 ❺ 미만인 것을 말한다), 장의사, 동물병원, 총포판매사, 그 밖에 이와 비슷한 것
  카. 의약품 판매소, 의료기기 판매소 및 자동차영업소로서 같은 건축물에 해당 용도로 쓰는 바닥면적의 합계가 1천㎡ 미만인 것

[영 별표 1] ❶ 고체에어로졸자동소화장치 ❷ 강화액소화설비 ❸ 화재알림설비
[영 별표 2] ❹ 5층 ❺ 500㎡

소방시설 설치 및 관리에 관한 법률	소방시설 설치 및 관리에 관한 법률 시행령	소방시설 설치 및 관리에 관한 법률 시행규칙

3. 문화 및 집회시설
  가. 공연장으로서 근린생활시설에 해당하지 않는 것
  나. 집회장: 예식장, 공회당, 회의장, 마권(馬券) 장외 발매소, 마권 전화투표소, 그 밖에 이와 비슷한 것으로서 근린생활시설에 해당하지 않는 것
  다. 관람장: 경마장, 경륜장, 경정장, 자동차 경기장, 그 밖에 이와 비슷한 것과 체육관 및 운동장으로서 관람석의 바닥면적의 합계가 1천m^2 이상인 것
  라. 전시장: 박물관, 미술관, 과학관, 문화관, 체험관, 기념관, 산업전시장, 박람회장, 견본주택, 그 밖에 이와 비슷한 것
  마. 동·식물원: 동물원, 식물원, 수족관, 그 밖에 이와 비슷한 것
4. 종교시설
  가. 종교집회장으로서 근린생활시설에 해당하지 않는 것
  나. 가목의 종교집회장에 설치하는 봉안당(奉安堂)
5. 판매시설
  가. 도매시장
  나. 소매시장
  다. 전통시장
  라. 상점
    1) 제2호 가목에 해당하는 용도로서 같은 건축물에 해당 용도로 쓰는 바닥면적 합계가 1천m^2 이상인 것
    2) 제2호 자목에 해당하는 용도로서 같은 건축물에 해당 용도로 쓰는 바닥면적 합계가 500m^2 이상인 것
6. 운수시설
  가. 여객자동차터미널
  나. 철도 및 도시철도 시설[정비창(整備廠) 등 관련 시설을 포함한다]
  다. 공항시설(항공관제탑을 포함한다)
  라. 항만시설 및 종합여객시설
7. 의료시설
  가. 병원: 종합병원, 병원, 치과병원, 한방병원, 요양병원
  나. 격리병원: 전염병원, 마약진료소, 그 밖에 이와 비슷한 것
  다. 정신의료기관
  라. 「장애인복지법」 제58조 제1항 제4호에 따른 장애인 의료재활시설
8. 교육연구시설
  가. 학교
    1) 초등학교, 중학교, 고등학교, 특수학교, 그 밖에 이에 준하는 학교: 「학교시설사업 촉진법」 제2조 제1호 나목의 교사(校舍)(교실·도서실 등 교수·학습활동에 직접 또는 간접적으로 필요한 시설물을 말하되, 병설유치원으로 사용되는 부분은 제외한다. 이하 같다), 체육관, 「학교급식법」 제6조에 따른 급식시설, 합숙소(학교의 운동부, 기능선수 등이 집단으로 숙식하는 장소를 말한다. 이하 같다)
    2) 대학, 대학교, 그 밖에 이에 준하는 각종 학교: 교사 및 합숙소
  나. 교육원(연수원, 그 밖에 이와 비슷한 것을 포함한다)
  다. 직업훈련소
  라. 학원(근린생활시설에 해당하는 것과 자동차운전학원·정비학원 및 무도학원은 제외한다)

마. 연구소(연구소에 준하는 시험소와 계량계측소를 포함한다)
바. 도서관

9. 노유자 시설
가. 노인 관련 시설
나. 아동 관련 시설
다. 장애인 관련 시설
라. 정신질환자 관련 시설
마. 노숙인 관련 시설
바. 가목부터 마목까지에서 규정한 것 외에 「사회복지사업법」에 따른 사회복지시설 중 결핵환자 또는 한센인 요양시설 등 다른 용도로 분류되지 않는 것

10. 수련시설
가. 생활권 수련시설: 「청소년활동 진흥법」에 따른 청소년수련관, 청소년문화의집, 청소년특화시설, 그 밖에 이와 비슷한 것
나. 자연권 수련시설: 「청소년활동 진흥법」에 따른 청소년수련원, 청소년야영장, 그 밖에 이와 비슷한 것
다. 「청소년활동 진흥법」에 따른 ❶

11. 운동시설
가. 탁구장, 체육도장, 테니스장, 체력단련장, 에어로빅장, 볼링장, 당구장, 실내낚시터, 골프연습장, 물놀이형 시설, 그 밖에 이와 비슷한 것으로서 근린생활시설에 해당하지 않는 것
나. 체육관으로서 관람석이 없거나 관람석의 바닥면적이 1천㎡ 미만인 것
다. 운동장: 육상장, 구기장, 볼링장, 수영장, 스케이트장, 롤러스케이트장, 승마장, 사격장, 궁도장, 골프장 등과 이에 딸린 건축물로서 관람석이 없거나 관람석의 바닥면적이 1천㎡ 미만인 것

12. 업무시설
가. 공공업무시설: 국가 또는 지방자치단체의 청사와 외국공관의 건축물로서 근린생활시설에 해당하지 않는 것
나. 일반업무시설: 금융업소, 사무소, 신문사, 오피스텔[업무를 주로 하며, 분양하거나 임대하는 구획 중 일부의 구획에서 숙식을 할 수 있도록 한 건축물로서 「건축법 시행령」 별표 1 제14호 나목 2)에 따라 국토교통부장관이 고시하는 기준에 적합한 것을 말한다], 그 밖에 이와 비슷한 것으로서 근린생활시설에 해당하지 않는 것
다. 주민자치센터(동사무소), 경찰서, 지구대, 파출소, 소방서, 119안전센터, 우체국, 보건소, 공공도서관, 국민건강보험공단, 그 밖에 이와 비슷한 용도로 사용하는 것
라. 마을회관, 마을공동작업소, 마을공동구판장, 그 밖에 이와 유사한 용도로 사용되는 것
마. 변전소, 양수장, 정수장, 대피소, 공중화장실, 그 밖에 이와 유사한 용도로 사용되는 것

13. 숙박시설
가. 일반형 숙박시설: 「공중위생관리법 시행령」 제4조 제1호에 따른 숙박업의 시설
나. 생활형 숙박시설: 「공중위생관리법 시행령」 제4조 제2호에 따른 숙박업의 시설
다. 고시원(근린생활시설에 해당하지 않는 것을 말한다)
라. 그 밖에 가목부터 다목까지의 시설과 비슷한 것

[영 별표 2] ❶ 유스호스텔

소방시설 설치 및 관리에 관한 법률	소방시설 설치 및 관리에 관한 법률 시행령	소방시설 설치 및 관리에 관한 법률 시행규칙

14. 위락시설
  가. 단란주점으로서 근린생활시설에 해당하지 않는 것
  나. 유흥주점, 그 밖에 이와 비슷한 것
  다. 「관광진흥법」에 따른 유원시설업(遊園施設業)의 시설, 그 밖에 이와 비슷한 시설(근린생활시설에 해당하는 것은 제외한다)
  라. 무도장 및 ❶
  마. 카지노영업소
15. 공장
  물품의 제조·가공[세탁·염색·도장(塗裝)·표백·재봉·건조·인쇄 등을 포함한다] 또는 수리에 계속적으로 이용되는 건축물로서 근린생활시설, 위험물 저장 및 처리 시설, 항공기 및 자동차 관련 시설, 자원순환 관련 시설, 묘지 관련 시설 등으로 따로 분류되지 않는 것
16. 창고시설(위험물 저장 및 처리 시설 또는 그 부속용도에 해당하는 것은 제외한다)
  가. 창고(물품저장시설로서 냉장·냉동 창고를 포함한다)
  나. 하역장
  다. 「물류시설의 개발 및 운영에 관한 법률」에 따른 ❷
  라. 「유통산업발전법」 제2조 제15호에 따른 집배송시설
17. 위험물 저장 및 처리 시설
  가. 제조소등
  나. 가스시설: 산소 또는 가연성 가스를 제조·저장 또는 취급하는 시설 중 지상에 노출된 산소 또는 가연성 가스 탱크의 저장용량의 합계가 100톤 이상이거나 저장용량이 30톤 이상인 탱크가 있는 가스시설로서 다음의 어느 하나에 해당하는 것
    1) 가스 제조시설
    2) 가스 저장시설
    3) 가스 취급시설
18. 항공기 및 자동차 관련 시설(건설기계 관련 시설을 포함한다)
  가. 항공기 격납고
  나. 차고, 주차용 건축물, 철골 조립식 주차시설(바닥면이 조립식이 아닌 것을 포함한다) 및 기계장치에 의한 주차시설
  다. 세차장
  라. 폐차장
  마. 자동차 검사장
  바. 자동차 매매장
  사. 자동차 정비공장
  아. ❸ ·정비학원
  자. 다음의 건축물을 제외한 건축물의 내부(「건축법 시행령」 제119조 제1항 제3호 다목에 따른 필로티와 건축물의 지하를 포함한다)에 설치된 주차장
    1) 「건축법 시행령」 별표 1 제1호에 따른 단독주택
    2) 「건축법 시행령」 별표 1 제2호에 따른 공동주택 중 50세대 미만인 연립주택 또는 50세대 미만인 다세대주택
  차. 「여객자동차 운수사업법」, 「화물자동차 운수사업법」 및 「건설기계관리법」에 따른 차고 및 주기장(駐機場)

소방시설 설치 및 관리에 관한 법률	소방시설 설치 및 관리에 관한 법률 시행령	소방시설 설치 및 관리에 관한 법률 시행규칙

19. 동물 및 식물 관련 시설
  가. 축사[부화장(孵化場)을 포함한다]
  나. 가축시설: 가축용 운동시설, 인공수정센터, 관리사(管理舍), 가축용 창고, 가축시장, 동물검역소, 실험동물 사육시설, 그 밖에 이와 비슷한 것
  다. ❹
  라. 도계장
  마. 작물 재배사(栽培舍)
  바. 종묘배양시설
  사. 화초 및 분재 등의 온실
  아. 식물과 관련된 마목부터 사목까지의 시설과 비슷한 것(동 · 식물원은 제외한다)
20. 자원순환 관련 시설
  가. 하수 등 처리시설
  나. ❺
  다. 폐기물재활용시설
  라. 폐기물처분시설
  마. 폐기물감량화시설
21. 교정 및 군사시설
  가. 보호감호소, 교도소, 구치소 및 그 지소
  나. 보호관찰소, 갱생보호시설, 그 밖에 범죄자의 갱생 · 보호 · 교육 · 보건 등의 용도로 쓰는 시설
  다. 치료감호시설
  라. 소년원 및 소년분류심사원
  마. 「출입국관리법」 제52조 제2항에 따른 보호시설
  바. 「경찰관 직무집행법」 제9조에 따른 유치장
  사. 국방 · 군사시설(「국방 · 군사시설 사업에 관한 법률」 제2조 제1호 가목부터 마목까지의 시설을 말한다)
22. 방송통신시설
  가. 방송국(방송프로그램 제작시설 및 송신 · 수신 · 중계시설을 포함한다)
  나. 전신전화국
  다. 촬영소
  라. 통신용 시설
  마. 그 밖에 가목부터 라목까지의 시설과 비슷한 것

[영 별표 2] ❶ 무도학원 ❷ 물류터미널 ❸ 운전학원 ❹ 도축장 ❺ 고물상

소방시설 설치 및 관리에 관한 법률	소방시설 설치 및 관리에 관한 법률 시행령	소방시설 설치 및 관리에 관한 법률 시행규칙

23. 발전시설
   가. 원자력발전소
   나. 화력발전소
   다. 수력발전소(조력발전소를 포함한다)
   라. 풍력발전소
   마. 전기저장시설[20킬로와트시(kWh)를 초과하는 리튬·나트륨·레독스플로우 계열의 2차 전지를 이용한 전기저장장치의 시설을 말한다. 이하 같다]
   바. 그 밖에 가목부터 마목까지의 시설과 비슷한 것(집단에너지 공급시설을 포함한다)
24. 묘지 관련 시설
   가. 화장시설
   나. 봉안당(제4호 나목의 봉안당은 제외한다)
   다. 묘지와 자연장지에 부수되는 건축물
   라. 동물화장시설, 동물건조장(乾燥葬)시설 및 동물 전용의 납골시설
25. 관광 휴게시설
   가. 야외음악당
   나. 야외극장
   다. 어린이회관
   라. 관망탑
   마. 휴게소
   바. 공원·유원지 또는 관광지에 부수되는 건축물
26. 장례시설
   가. 장례식장[의료시설의 부수시설(「의료법」 제36조 제1호에 따른 의료기관의 종류에 따른 시설을 말한다)은 제외한다]
   나. 동물 전용의 장례식장
27. 지하가
   지하의 인공구조물 안에 설치되어 있는 상점, 사무실, 그 밖에 이와 비슷한 시설이 연속하여 지하도에 면하여 설치된 것과 그 지하도를 합한 것
   가. 지하상가
   나. 터널: 차량(궤도차량용은 제외한다) 등의 통행을 목적으로 지하, 수저 또는 산을 뚫어서 만든 것
28. 지하구 24. 경채
   가. 전력·통신용의 전선이나 가스·냉난방용의 배관 또는 이와 비슷한 것을 집합수용하기 위하여 설치한 지하 인공구조물로서 사람이 점검 또는 보수를 하기 위하여 출입이 가능한 것 중 다음의 어느 하나에 해당하는 것
      1) 전력 또는 통신사업용 지하 인공구조물로서 전력구(케이블 접속부가 없는 경우는 제외한다) 또는 통신구 방식으로 설치된 것
      2) 1)외의 지하 인공구조물로서 폭이 1.8m 이상이고 높이가 2m 이상이며 길이가 ❶ 이상인 것
   나. 「국토의 계획 및 이용에 관한 법률」 제2조 제9호에 따른 공동구
29. 국가유산
   가. 지정문화유산 중 건축물
   나. 천연기념물 중 건축물

30. 복합건축물
  가. 하나의 건축물이 제1호부터 제27호까지의 것 중 둘 이상의 용도로 사용되는 것. 다만, 다음의 어느 하나에 해당하는 경우에는 복합건축물로 보지 않는다.
    1) 관계 법령에서 주된 용도의 부수시설로서 그 설치를 의무화하고 있는 용도 또는 시설
    2) 「주택법」 제35조 제1항 제3호 및 제4호에 따라 주택 안에 부대시설 또는 복리시설이 설치되는 특정소방대상물
    3) 건축물의 주된 용도의 기능에 필수적인 용도로서 다음의 어느 하나에 해당하는 용도
      가) 건축물의 설비(제23호 마목의 전기저장시설을 포함한다), 대피 또는 위생을 위한 용도, 그 밖에 이와 비슷한 용도
      나) 사무, 작업, 집회, 물품저장 또는 주차를 위한 용도, 그 밖에 이와 비슷한 용도
      다) 구내식당, 구내세탁소, 구내운동시설 등 종업원후생복리시설(기숙사는 제외한다) 또는 구내소각시설의 용도, 그 밖에 이와 비슷한 용도
  나. 하나의 건축물이 근린생활시설, 판매시설, 업무시설, 숙박시설 또는 위락시설의 용도와 ❷ ______ 의 용도로 함께 사용되는 것

비고
1. 내화구조로 된 하나의 특정소방대상물이 개구부 및 연소 확대 우려가 없는 내화구조의 바닥과 벽으로 구획되어 있는 경우에는 그 구획된 부분을 각각 별개의 특정소방대상물로 본다. 다만, 제9조에 따라 성능위주설계를 해야 하는 범위를 정할 때에는 하나의 특정소방대상물로 본다.
2. 둘 이상의 특정소방대상물이 다음 각 목의 어느 하나에 해당되는 구조의 복도 또는 통로(이하 이 표에서 "연결통로"라 한다)로 연결된 경우에는 이를 하나의 특정소방대상물로 본다.
  가. 내화구조로 된 연결통로가 다음의 어느 하나에 해당되는 경우
    1) 벽이 없는 구조로서 그 길이가 ❸ ______ 이하인 경우
    2) 벽이 있는 구조로서 그 길이가 10m 이하인 경우. 다만, 벽 높이가 바닥에서 천장까지의 높이의 2분의 1 이상인 경우에는 벽이 있는 구조로 보고, 벽 높이가 바닥에서 천장까지의 높이의 2분의 1 미만인 경우에는 벽이 없는 구조로 본다.
  나. 내화구조가 아닌 연결통로로 연결된 경우
  다. 컨베이어로 연결되거나 플랜트설비의 배관 등으로 연결되어 있는 경우
  라. 지하보도, 지하상가, 지하가로 연결된 경우
  마. 자동방화셔터 또는 60분+ 방화문이 설치되지 않은 피트(전기설비 또는 배관설비 등이 설치되는 공간을 말한다)로 연결된 경우
  바. 지하구로 연결된 경우
3. 제2호에도 불구하고 연결통로 또는 지하구와 특정소방대상물의 양쪽에 다음 각 목의 어느 하나에 해당하는 시설이 적합하게 설치된 경우에는 각각 별개의 특정소방대상물로 본다.
  가. 화재 시 경보설비 또는 자동소화설비의 작동과 연동하여 자동으로 닫히는 자동방화셔터 또는 60분+ 방화문이 설치된 경우
  나. 화재 시 자동으로 방수되는 방식의 드렌처설비 또는 개방형 스프링클러헤드가 설치된 경우
4. 위 제1호부터 제30호까지의 특정소방대상물의 지하층이 지하가와 연결되어 있는 경우 해당 지하층의 부분을 지하가로 본다. 다만, 다음 지하가와 연결되는 지하층에 지하층 또는 지하가에 설치된 자동방화셔터 또는 60분+ 방화문이 화재 시 경보설비 또는 자동소화설비의 작동과 연동하여 자동으로 닫히는 구조이거나 그 윗부분에 드렌처설비가 설치된 경우에는 지하가로 보지 않는다.

[영 별표 2] ❶ 50m ❷ 주택 ❸ 6m

소방시설 설치 및 관리에 관한 법률	소방시설 설치 및 관리에 관한 법률 시행령	소방시설 설치 및 관리에 관한 법률 시행규칙

소방시설 설치 및 관리에 관한 법률

제3조【국가 및 지방자치단체의 책무】 ① 국가와 지방자치단체는 소방시설 등의 설치·관리와 소방용품의 품질 향상 등을 위하여 필요한 정책을 수립하고 시행하여야 한다.

② 국가와 지방자치단체는 새로운 소방 기술·기준의 개발 및 조사·연구, 전문인력 양성 등 필요한 노력을 하여야 한다.

③ 국가와 지방자치단체는 제1항 및 제2항에 따른 정책을 수립·시행하는 데 있어 필요한 행정적·재정적 지원을 하여야 한다.

제4조【관계인의 의무】 ① 관계인(「소방기본법」 제2조 제3호에 따른 관계인을 말한다. 이하 같다)은 소방시설 등의 기능과 성능을 보전·향상시키고 이용자의 편의와 안전성을 높이기 위하여 노력하여야 한다.

② 관계인은 매년 소방시설 등의 관리에 필요한 재원을 확보하도록 노력하여야 한다.

③ 관계인은 국가 및 지방자치단체의 소방시설 등의 설치 및 관리 활동에 적극 협조하여야 한다.

④ 관계인 중 점유자는 소유자 및 관리자의 소방시설 등 관리 업무에 적극 협조하여야 한다.

제5조【다른 법률과의 관계】 특정소방대상물 가운데 「위험물안전관리법」에 따른 위험물 제조소등의 안전관리와 위험물 제조소등에 설치하는 소방시설 등의 설치기준에 관하여는 「위험물안전관리법」에서 정하는 바에 따른다.

소방시설 설치 및 관리에 관한 법률 시행령

[영 별표 3] 소방용품

1. 소화설비를 구성하는 제품 또는 기기
   가. 소화기구
      1) 소화기
      2) 간이소화용구: 에어로졸식 소화용구, 투척용 소화용구, 소공간용 소화용구(소화약제 외의 것을 이용한 간이소화용구 제외)
      3) 자동확산소화기
   나. 자동소화장치
   다. 소화설비를 구성하는 소화전, 관창(菅槍), 소방호스, 스프링클러헤드, 기동용 수압개폐장치, 유수제어밸브 및 가스관선택밸브
2. 경보설비를 구성하는 제품 또는 기기
   가. 누전경보기 및 가스누설경보기
   나. 경보설비를 구성하는 발신기, 수신기, 중계기, 감지기 및 음향장치(경종만 해당)
3. 피난구조설비를 구성하는 제품 또는 기기
   가. 피난사다리, 구조대, 완강기(간이완강기 및 지지대 포함)
   나. 공기호흡기(충전기 포함)
   다. 피난구유도등, 통로유도등, 객석유도등 및 예비 전원이 내장된 비상조명등
4. 소화용으로 사용하는 제품 또는 기기
   가. 소화약제
      1) 자동소화장치: 상업용자동소화장치, 캐비닛형자동소화장치
      2) 소화설비: 포소화설비, 이산화탄소소화설비, 할론소화설비, 할로겐화합물 및 불활성기체 소화설비, 분말소화설비, 강화액소화설비
   나. 방염제(방염액·방염도료 및 방염성물질)
5. 행정안전부령으로 정하는 소방 관련 제품 또는 기기

소방시설 설치 및 관리에 관한 법률	소방시설 설치 및 관리에 관한 법률 시행령	소방시설 설치 및 관리에 관한 법률 시행규칙
제2장 소방시설 등의 설치 · 관리 및 방염		
제1절 건축허가 등의 동의 등		
제6조【건축허가 등의 동의 등】 ① 건축물 등의 신축 · 증축 · 개축 · 재축(再築) · 이전 · 용도변경 또는 대수선(大修繕)의 허가 · 협의 및 사용승인(「주택법」 제15조에 따른 승인 및 같은 법 제49조에 따른 사용검사, 「학교시설사업 촉진법」 제4조에 따른 승인 및 같은 법 제13조에 따른 사용승인을 포함하며, 이하 "건축허가 등"이라 한다)의 권한이 있는 행정기관은 건축허가 등을 할 때 ❶ 그 건축물 등의 시공지(施工地) 또는 소재지를 관할하는 소방본부장이나 소방서장의 동의를 받아야 한다. ② 건축물 등의 증축 · 개축 · 재축 · 용도변경 또는 대수선의 신고를 수리(受理)할 권한이 있는 행정기관은 그 신고를 수리하면 그 건축물 등의 시공지 또는 소재지를 관할하는 소방본부장이나 소방서장에게 지체 없이 그 사실을 알려야 한다. ③ 제1항에 따른 건축허가 등의 권한이 있는 행정기관과 제2항에 따른 신고를 수리할 권한이 있는 행정기관은 제1항에 따라 건축허가 등의 동의를 받거나 제2항에 따른 신고를 수리한 사실을 알릴 때 관할 소방본부장이나 소방서장에게 건축허가 등을 하거나 신고를 수리할 때 건축허가 등을 받으려는 자 또는 신고를 한 자가 제출한 설계도서 중 건축물의 내부구조를 알 수 있는 설계도면을 제출하여야 한다. 다만, 국가안보상 중요하거나 국가기밀에 속하는 건축물을 건축하는 경우로서 관계 법령에 따라 행정기관이 설계도면을 확보할 수 없는 경우에는 그러하지 아니하다.	**제7조【건축허가등의 동의대상물의 범위 등】** ① 법 제6조 제1항에 따라 건축물 등의 신축 · 증축 · 개축 · 재축 · 이전 · 용도변경 또는 대수선의 허가 · 협의 및 사용승인(「주택법」 제15조에 따른 승인 및 같은 법 제49조에 따른 사용검사, 「학교시설사업 촉진법」 제4조에 따른 승인 및 같은 법 제13조에 따른 사용승인을 포함하며, 이하 "건축허가등"이라 한다)을 할 때 미리 소방본부장 또는 소방서장의 동의를 받아야 하는 건축물 등의 범위는 다음 각 호와 같다. 24. 공채 · 경채 1. 연면적(「건축법 시행령」 제119조 제1항 제4호에 따라 산정된 면적을 말한다. 이하 같다)이 ❶ 이상인 건축물이나 시설. 다만, 다음 각 목의 어느 하나에 해당하는 건축물이나 시설은 해당 목에서 정한 기준 이상인 건축물이나 시설로 한다. 가. 「학교시설사업 촉진법」 제5조의2 제1항에 따라 건축등을 하려는 학교시설: 100제곱미터 나. 별표 2의 특정소방대상물 중 노유자(老幼者) 시설 및 수련시설: 200제곱미터 다. 「정신건강증진 및 정신질환자 복지서비스 지원에 관한 법률」 제3조 제5호에 따른 정신의료기관(입원실이 없는 정신건강의학과 의원은 제외하며, 이하 "정신의료기관"이라 한다): 300제곱미터	**제3조【건축허가등의 동의 요구】** ① 법 제6조 제1항에 따른 건축물 등의 신축 · 증축 · 개축 · 재축 · 이전 · 용도변경 또는 대수선의 허가 · 협의 및 사용승인(「주택법」 제15조에 따른 승인 및 같은 법 제49조에 따른 사용검사, 「학교시설사업 촉진법」 제4조에 따른 승인 및 같은 법 제13조에 따른 사용승인을 포함하며, 이하 "건축허가등"이라 한다)의 동의 요구는 다음 각 호의 권한이 있는 행정기관이 「소방시설 설치 및 관리에 관한 법률 시행령」(이하 "영"이라 한다) 제7조 제1항 각 호에 따른 동의대상물의 시공지 또는 소재지를 관할하는 소방본부장 또는 소방서장에게 해야 한다. 1. 「건축법」 제11조에 따른 허가 및 같은 법 제29조 제2항에 따른 협의의 권한이 있는 행정기관 2. 「주택법」 제15조에 따른 승인 및 같은 법 제49조에 따른 사용검사의 권한이 있는 행정기관 3. 「학교시설사업 촉진법」 제4조에 따른 승인 및 같은 법 제13조에 따른 사용승인의 권한이 있는 행정기관 4. 「고압가스 안전관리법」 제4조에 따른 허가의 권한이 있는 행정기관 5. 「도시가스사업법」 제3조에 따른 허가의 권한이 있는 행정기관 6. 「액화석유가스의 안전관리 및 사업법」 제5조 및 제6조에 따른 허가의 권한이 있는 행정기관

<제6조> ❶ 미리

<제7조> ❶ 400제곱미터

소방시설 설치 및 관리에 관한 법률

④ 소방본부장 또는 소방서장은 제1항에 따른 동의를 요구받은 경우 해당 건축물 등이 다음 각 호의 사항을 따르고 있는지를 검토하여 행정안전부령으로 정하는 기간 내에 해당 행정기관에 동의 여부를 알려야 한다.

1. 이 법 또는 이 법에 따른 명령
2. 「소방기본법」 제21조의2에 따른 소방자동차 전용구역의 설치

⑤ 소방본부장 또는 소방서장은 제4항에 따른 건축허가등의 동의 여부를 알릴 경우에는 원활한 소방활동 및 건축물 등의 화재안전성능을 확보하기 위하여 필요한 다음 각 호의 사항에 대한 검토 자료 또는 의견서를 첨부할 수 있다.

1. 「건축법」 제49조 제1항 및 제2항에 따른 피난시설, 방화구획(防火區劃)
2. 「건축법」 제49조 제3항에 따른 소방관 진입창
3. 「건축법」 제50조, 제50조의2, 제51조, 제52조, 제52조의2 및 제53조에 따른 방화벽, 마감재료 등(이하 "방화시설"이라 한다)
4. 그 밖에 소방자동차의 접근이 가능한 통로의 설치 등 대통령령으로 정하는 사항

⑥ 제1항에 따라 ❶ 에 대한 동의를 할 때에는 「소방시설공사업법」 제14조 제3항에 따른 소방시설공사의 완공검사증명서를 발급하는 것으로 동의를 갈음할 수 있다. 이 경우 제1항에 따른 건축허가 등의 권한이 있는 행정기관은 소방시설공사의 완공검사증명서를 확인하여야 한다.

⑦ 제1항에 따른 건축허가 등을 할 때 소방본부장이나 소방서장의 동의를 받아야 하는 건축물 등의 범위는 대통령령으로 정한다.

소방시설 설치 및 관리에 관한 법률 시행령

라. 「장애인복지법」 제58조 제1항 제4호에 따른 장애인 의료재활시설(이하 "의료재활시설"이라 한다): 300제곱미터

2. 지하층 또는 무창층이 있는 건축물로서 바닥면적이 150제곱미터(공연장의 경우에는 100제곱미터) 이상인 층이 있는 것
3. 차고·주차장 또는 주차 용도로 사용되는 시설로서 다음 각 목의 어느 하나에 해당하는 것
   가. 차고·주차장으로 사용되는 바닥면적이 200제곱미터 이상인 층이 있는 건축물이나 주차시설
   나. 승강기 등 기계장치에 의한 주차시설로서 자동차 20대 이상을 주차할 수 있는 시설
4. 층수(「건축법 시행령」 제119조 제1항 제9호에 따라 산정된 층수를 말한다. 이하 같다)가 ❶ 이상인 건축물
5. 항공기 격납고, 관망탑, 항공관제탑, 방송용 송수신탑
6. 별표 2의 특정소방대상물 중 의원(입원실이 있는 것으로 한정한다)·조산원·산후조리원, 위험물 저장 및 처리 시설, 발전시설 중 풍력발전소·전기저장시설, 지하구(地下溝)

7. 제1호 나목에 해당하지 않는 노유자 시설 중 다음 각 목의 어느 하나에 해당하는 시설. 다만, 가목 2) 및 나목부터 바목까지의 시설 중「건축법 시행령」 별표 1의 단독주택 또는 공동주택에 설치되는 시설은 제외한다.
   가. 별표 2 제9호 가목에 따른 노인 관련 시설 중 다음의 어느 하나에 해당하는 시설
      1) 「노인복지법」 제31조 제1호에 따른 노인주거복지시설, 같은 조 제2호에 따른 노인의료복지시설 및 같은 조 제4호에 따른 재가노인복지시설

소방시설 설치 및 관리에 관한 법률 시행규칙

7. 「전기안전관리법」 제8조에 따른 자가용전기설비의 공사계획의 인가의 권한이 있는 행정기관
8. 「전기사업법」 제61조에 따른 전기사업용전기설비의 공사계획에 대한 인가의 권한이 있는 행정기관
9. 「국토의 계획 및 이용에 관한 법률」 제88조 제2항에 따른 도시·군계획시설사업 실시계획 인가의 권한이 있는 행정기관

② 제1항 각 호의 어느 하나에 해당하는 기관은 영 제7조 제3항에 따라 건축허가등의 동의를 요구하는 경우에는 동의요구서(전자문서로 된 요구서를 포함한다)에 다음 각 호의 서류(전자문서를 포함한다)를 첨부해야 한다.

1. 「건축법 시행규칙」 제6조에 따른 건축허가신청서, 같은 법 시행규칙 제8조에 따른 건축허가서 또는 같은 법 시행규칙 제12조에 따른 건축·대수선·용도변경 신고서 등 건축허가등을 확인할 수 있는 서류의 사본. 이 경우 동의 요구를 받은 담당 공무원은 특별한 사정이 있는 경우를 제외하고는 「전자정부법」 제36조 제1항에 따른 행정정보의 공동이용을 통하여 건축허가서를 확인함으로써 첨부서류의 제출을 갈음할 수 있다.
2. 다음 각 목의 설계도서. 다만, 가목 및 나목 2)·4)의 설계도서는 「소방시설공사업법 시행령」 제4조에 따른 소방시설공사 착공신고 대상에 해당되는 경우에만 제출한다.
   가. 건축물 설계도서
      1) 건축물 개요 및 배치도
      2) 주단면도 및 입면도(立面圖: 물체를 정면에서 본 대로 그린 그림을 말한다. 이하 같다)
      3) 층별 평면도(용도별 기준층 평면도를 포함한다. 이하 같다)
      4) 방화구획도(창호도를 포함한다)
      5) 실내·실외 마감재료표
      6) 소방자동차 진입 동선도 및 부서 공간 위치도(조경계획을 포함한다)

소방시설 설치 및 관리에 관한 법률	소방시설 설치 및 관리에 관한 법률 시행령	소방시설 설치 및 관리에 관한 법률 시행규칙
⑧ 다른 법령에 따른 인가·허가 또는 신고 등(건축허가등과 제2항에 따른 신고는 제외하며, 이하 이 항에서 "인허가 등"이라 한다)의 시설기준에 소방시설 등의 설치·관리 등에 관한 사항이 포함되어 있는 경우 해당 인허가 등의 권한이 있는 행정기관은 인허가 등을 할 때 미리 그 시설의 소재지를 관할하는 소방본부장이나 소방서장에게 그 시설이 이 법 또는 이 법에 따른 명령을 따르고 있는지를 확인하여 줄 것을 요청할 수 있다. 이 경우 요청을 받은 소방본부장 또는 소방서장은 행정안전부령으로 정하는 기간 내에 확인 결과를 알려야 한다.	2) 「노인복지법」 제31조 제7호에 따른 학대피해노인 전용쉼터 나. 「아동복지법」 제52조에 따른 아동복지시설(아동상담소, 아동전용시설 및 지역아동센터는 제외한다) 다. 「장애인복지법」 제58조 제1항 제1호에 따른 장애인 거주시설 라. 정신질환자 관련 시설(「정신건강증진 및 정신질환자 복지서비스 지원에 관한 법률」 제27조 제1항 제2호에 따른 공동생활가정을 제외한 재활훈련시설과 같은 법 시행령 제16조 제3호에 따른 종합시설 중 24시간 주거를 제공하지 않는 시설은 제외한다) 마. 별표 2 제9호 마목에 따른 노숙인 관련 시설 중 노숙인자활시설, 노숙인재활시설 및 노숙인요양시설 바. 결핵환자나 한센인이 24시간 생활하는 노유자시설 8. 「의료법」 제3조 제2항 제3호 라목에 따른 요양병원(이하 "요양병원"이라 한다). 다만, 의료재활시설은 제외한다. 9. 별표 2의 특정소방대상물 중 공장 또는 창고시설로서 「화재의 예방 및 안전관리에 관한 법률 시행령」 별표 2에서 정하는 수량의 750배 이상의 특수가연물을 저장·취급하는 것 10. 별표 2 제17호 나목에 따른 가스시설로서 지상에 노출된 탱크의 저장용량의 합계가 100톤 이상인 것	나. 소방시설 설계도서 1) 소방시설(기계·전기 분야의 시설을 말한다)의 계통도(시설별 계산서를 포함한다) 2) 소방시설별 층별 평면도 3) 실내장식물 방염대상물품 설치 계획(「건축법」 제52조에 따른 건축물의 마감재료는 제외한다) 4) 소방시설의 내진설계 계통도 및 기준층 평면도(내진 시방서 및 계산서 등 세부 내용이 포함된 상세 설계도면은 제외한다) 3. 소방시설 설치계획표 4. 임시소방시설 설치계획서(설치시기·위치·종류·방법 등 임시소방시설의 설치와 관련된 세부 사항을 포함한다) 5. 「소방시설공사업법」 제4조 제1항에 따라 등록한 소방시설설계업등록증과 소방시설을 설계한 기술인력의 기술자격증 사본 6. 「소방시설공사업법」 제21조 및 제21조의3 제2항에 따라 체결한 소방시설설계 계약서 사본 ③ 제1항에 따른 동의 요구를 받은 소방본부장 또는 소방서장은 법 제6조 제4항에 따라 건축허가등의 동의 요구서류를 접수한 날부터 ❶ (허가를 신청한 건축물 등이 「화재의 예방 및 안전관리에 관한 법률 시행령」 별표 4 제1호 가목의 어느 하나에 해당하는 경우에는 10일) 이내에 건축허가등의 동의 여부를 회신해야 한다.

<제6조> ❶ 사용승인

<제7조> ❶ 6층

<제3조> ❶ 5일

소방시설 설치 및 관리에 관한 법률

소방시설 설치 및 관리에 관한 법률 시행령

② 제1항에도 불구하고 다음 각 호의 어느 하나에 해당하는 특정소방대상물은 소방본부장 또는 소방서장의 건축허가등의 동의대상에서 제외한다.

1. 별표 4에 따라 특정소방대상물에 설치되는 소화기구, 자동소화장치, 누전경보기, 단독경보형감지기, 가스누설경보기 및 피난구조설비(비상조명등은 제외한다)가 화재안전기준에 적합한 경우 해당 특정소방대상물
2. 건축물의 증축 또는 용도변경으로 인하여 해당 특정소방대상물에 추가로 소방시설이 설치되지 않는 경우 해당 특정소방대상물
3. 「소방시설공사업법 시행령」 제4조에 따른 소방시설공사의 착공신고 대상에 해당하지 않는 경우 해당 특정소방대상물

③ 법 제6조 제1항에 따라 건축허가등의 권한이 있는 행정기관은 건축허가등의 동의를 받으려는 경우에는 동의요구서에 행정안전부령으로 정하는 서류를 첨부하여 해당 건축물 등의 소재지를 관할하는 소방본부장 또는 소방서장에게 동의를 요구해야 한다. 이 경우 동의 요구를 받은 소방본부장 또는 소방서장은 첨부서류 등이 미비한 경우에는 그 서류의 보완을 요구할 수 있다.

④ 법 제6조 제5항 제4호에서 "소방자동차의 접근이 가능한 통로의 설치 등 대통령령으로 정하는 사항"이란 다음 각 호의 사항을 말한다.

1. 소방자동차의 접근이 가능한 통로의 설치
2. 「건축법」 제64조 및 「주택건설기준 등에 관한 규정」 제15조에 따른 승강기의 설치
3. 「주택건설기준 등에 관한 규정」 제26조에 따른 주택단지 안 도로의 설치
4. 「건축법 시행령」 제40조 제2항에 따른 옥상광장, 같은 조 제3항에 따른 비상문자동개폐장치 또는 같은 조 제4항에 따른 헬리포트의 설치

소방시설 설치 및 관리에 관한 법률 시행규칙

④ 소방본부장 또는 소방서장은 제3항에도 불구하고 제2항에 따른 동의요구서 및 첨부서류의 보완이 필요한 경우에는 ❶ 이내의 기간을 정하여 보완을 요구할 수 있다. 이 경우 보완 기간은 제3항에 따른 회신 기간에 산입하지 않으며 보완 기간 내에 보완하지 않는 경우에는 동의요구서를 반려해야 한다.

⑤ 제1항에 따라 건축허가등의 동의를 요구한 기관이 그 건축허가등을 취소했을 때에는 취소한 날부터 ❷ 이내에 건축물 등의 시공지 또는 소재지를 관할하는 소방본부장 또는 소방서장에게 그 사실을 통보해야 한다.

⑥ 소방본부장 또는 소방서장은 제3항에 따라 동의 여부를 회신하는 경우에는 별지 제1호 서식의 건축허가등의 동의대장에 이를 기록하고 관리해야 한다.

⑦ 법 제6조 제8항 후단에서 "행정안전부령으로 정하는 기간"이란 7일을 말한다.

소방시설 설치 및 관리에 관한 법률	소방시설 설치 및 관리에 관한 법률 시행령	소방시설 설치 및 관리에 관한 법률 시행규칙
	5. 그 밖에 소방본부장 또는 소방서장이 소화활동 및 피난을 위해 필요하다고 인정하는 사항	
제7조【소방시설의 내진설계기준】「지진 · 화산재해대책법」 제14조 제1항 각 호의 시설 중 대통령령으로 정하는 특정소방대상물에 대통령령으로 정하는 소방시설을 설치하려는 자는 지진이 발생할 경우 소방시설이 정상적으로 작동될 수 있도록 ❶ 이 정하는 내진설계기준에 맞게 소방시설을 설치하여야 한다.	**제8조【소방시설의 내진설계】** ① 법 제7조에서 "대통령령으로 정하는 특정소방대상물"이란 「건축법」 제2조 제1항 제2호에 따른 건축물로서 「지진 · 화산재해대책법 시행령」 제10조 제1항 각 호에 해당하는 시설을 말한다. ② 법 제7조에서 "대통령령으로 정하는 소방시설"이란 소방시설 중 옥내소화전설비, ❶ 및 물분무등소화설비를 말한다. 24. 공채 · 경채	
제8조【성능위주설계】 ① 연면적 · 높이 · 층수 등이 일정 규모 이상인 대통령령으로 정하는 특정소방대상물(❷ 하는 것만 해당한다)에 소방시설을 설치하려는 자는 성능위주설계를 하여야 한다. ② 제1항에 따라 소방시설을 설치하려는 자가 성능위주설계를 한 경우에는 「건축법」 제11조에 따른 건축허가를 신청하기 전에 해당 특정소방대상물의 시공지 또는 소재지를 관할하는 소방서장에게 신고하여야 한다. 해당 특정소방대상물의 연면적 · 높이 · 층수의 변경 등 행정안전부령으로 정하는 사유로 신고한 성능위주설계를 변경하려는 경우에도 또한 같다. ③ 소방서장은 제2항에 따른 신고 또는 변경신고를 받은 경우 그 내용을 검토하여 이 법에 적합하면 신고를 수리하여야 한다.	**제9조【성능위주설계를 해야 하는 특정소방대상물의 범위】** 법 제8조 제1항에서 "대통령령으로 정하는 특정소방대상물"이란 다음 각 호의 어느 하나에 해당하는 특정소방대상물(신축하는 것만 해당한다)을 말한다. 1. 연면적 20만제곱미터 이상인 특정소방대상물. 다만, 별표 2 제1호 가목에 따른 아파트등(이하 "아파트등"이라 한다)은 제외한다. 2. 50층 이상(지하층은 제외한다)이거나 지상으로부터 높이가 200미터 이상인 아파트등 3. 30층 이상(지하층을 포함한다)이거나 지상으로부터 높이가 120미터 이상인 특정소방대상물(아파트등은 제외한다)	**제4조【성능위주설계의 신고】** ① 성능위주설계를 한 자는 법 제8조 제2항에 따라 「건축법」 제11조에 따른 건축허가를 신청하기 전에 별지 제2호 서식의 성능위주설계 신고서(전자문서로 된 신고서를 포함한다)에 다음 각 호의 서류(전자문서를 포함한다)를 첨부하여 관할 소방서장에게 신고해야 한다. 이 경우 다음 각 호의 서류에는 사전검토 결과에 따라 보완된 내용을 포함해야 하며, 제7조 제1항에 따른 사전검토 신청 시 제출한 서류와 동일한 내용의 서류는 제외한다. 1. 다음 각 목의 사항이 포함된 설계도서 가. 건축물의 개요(위치, 구조, 규모, 용도) 나. 부지 및 도로의 설치 계획(소방차량 진입 동선을 포함한다) 다. 화재안전성능의 확보 계획

<제7조> ❶ 소방청장
<제8조> ❷ 신축

<제8조> ❶ 스프링클러설비

<제3조> ❶ 4일 ❷ 7일

소방시설 설치 및 관리에 관한 법률

④ 제2항에 따라 성능위주설계의 신고 또는 변경신고를 하려는 자는 해당 특정소방대상물이 「건축법」 제4조의2에 따른 건축위원회의 심의를 받아야 하는 건축물인 경우에는 그 심의를 신청하기 전에 성능위주설계의 기본설계도서(基本設計圖書) 등에 대해서 해당 특정소방대상물의 시공지 또는 소재지를 관할하는 소방서장의 ❶ 를 받아야 한다.

⑤ 소방서장은 제2항 또는 제4항에 따라 성능위주설계의 신고, 변경신고 또는 사전검토 신청을 받은 경우에는 소방청 또는 관할 소방본부에 설치된 제9조 제1항에 따른 성능위주설계평가단의 검토·평가를 거쳐야 한다. 다만, 소방서장은 신기술·신공법 등 검토·평가에 고도의 기술이 필요한 경우에는 제18조 제1항에 따른 ❷ 에 심의를 요청할 수 있다.

⑥ 소방서장은 제5항에 따른 검토·평가 결과 성능위주설계의 수정 또는 보완이 필요하다고 인정되는 경우에는 성능위주설계를 한 자에게 그 수정 또는 보완을 요청할 수 있으며, 수정 또는 보완 요청을 받은 자는 정당한 사유가 없으면 그 요청에 따라야 한다.

⑦ 제2항부터 제6항까지에서 규정한 사항 외에 성능위주설계의 신고, 변경신고 및 사전검토의 절차·방법 등에 필요한 사항과 성능위주설계의 기준은 행정안전부령으로 정한다.

소방시설 설치 및 관리에 관한 법률 시행령

4. 연면적 3만제곱미터 이상인 특정소방대상물로서 다음 각 목의 어느 하나에 해당하는 특정소방대상물
   가. 별표 2 제6호 나목의 철도 및 도시철도 시설
   나. 별표 2 제6호 다목의 공항시설
5. 별표 2 제16호의 창고시설 중 연면적 10만제곱미터 이상인 것 또는 지하층의 층수가 2개 층 이상이고 지하층의 바닥면적의 합계가 ❶ 이상인 것
6. 하나의 건축물에 「영화 및 비디오물의 진흥에 관한 법률」 제2조 제10호에 따른 영화상영관이 10개 이상인 특정소방대상물
7. 「초고층 및 지하연계 복합건축물 재난관리에 관한 특별법」 제2조 제2호에 따른 지하연계 복합건축물에 해당하는 특정소방대상물
8. 별표 2 제27호의 터널 중 수저(水底)터널 또는 길이가 ❷ 이상인 것

소방시설 설치 및 관리에 관한 법률 시행규칙

라. 성능위주설계 요소에 대한 성능평가(화재 및 피난 모의실험 결과를 포함한다)
마. 성능위주설계 적용으로 인한 화재안전성능 비교표
바. 다음의 건축물 설계도면
   1) 주단면도 및 입면도
   2) 층별 평면도 및 창호도
   3) 실내·실외 마감재료표
   4) 방화구획도(화재 확대 방지계획을 포함한다)
   5) 건축물의 구조 설계에 따른 피난계획 및 피난동선도
사. 소방시설의 설치계획 및 설계 설명서
아. 다음의 소방시설 설계도면
   1) 소방시설 계통도 및 층별 평면도
   2) 소화용수설비 및 연결송수구 설치 위치 평면도
   3) 종합방재실 설치 및 운영계획
   4) 상용전원 및 비상전원의 설치계획
   5) 소방시설의 내진설계 계통도 및 기준층 평면도(내진 시방서 및 계산서 등 세부 내용이 포함된 상세 설계도면은 제외한다)
자. 소방시설에 대한 전기부하 및 소화펌프 등 용량계산서

2. 「소방시설공사업법 시행령」 별표 1의2에 따른 성능위주설계를 할 수 있는 자의 자격·기술인력을 확인할 수 있는 서류
3. 「소방시설공사업법」 제21조 및 제21조의3 제2항에 따라 체결한 성능위주설계 계약서 사본

② 소방서장은 제1항에 따라 성능위주설계 신고서를 받은 경우 성능위주설계 대상 및 자격 여부 등을 확인하고, 첨부서류의 보완이 필요한 경우에는 7일 이내의 기간을 정하여 성능위주설계를 한 자에게 보완을 요청할 수 있다.

[규칙 별표 1] 성능위주설계 평가단 및 중앙소방심의위원회의 검토·평가 구분 및 통보 시기(보완기간: 21일 이내)

구분		성립요건	통보 시기
수리	원안 채택	신고서(도면 등) 내용에 수정이 없거나 경미한 경우 원안대로 수리	지체 없이
	보완	보완이 요구되는 경우로서 보완이 완료되면 수리	보완완료 후 지체 없이 통보
불수리	재검토	보완이 요구되나 단기간에 보완될 수 없는 경우	지체 없이
	부결	소방 관련 법령 및 건축 법령에 위반되거나 평가 기준을 충족하지 못한 경우	지체 없이

소방시설 설치 및 관리에 관한 법률 시행규칙

제5조【신고된 성능위주설계에 대한 검토 · 평가】 ① 제4조 제1항에 따라 성능위주설계의 신고를 받은 소방서장은 필요한 경우 같은 조 제2항에 따른 보완 절차를 거쳐 소방청장 또는 관할 소방본부장에게 법 제9조 제1항에 따른 성능위주설계 평가단(이하 "평가단"이라 한다)의 검토 · 평가를 요청해야 한다.

② 제1항에 따라 검토 · 평가를 요청받은 소방청장 또는 소방본부장은 요청을 받은 날부터 20일 이내에 평가단의 심의 · 의결을 거쳐 해당 건축물의 성능위주설계를 검토 · 평가하고, 별지 제3호 서식의 성능위주설계 검토 · 평가 결과서를 작성하여 관할 소방서장에게 지체 없이 통보해야 한다.

③ 제4조 제1항에 따라 성능위주설계 신고를 받은 소방서장은 제1항에도 불구하고 신기술 · 신공법 등 검토 · 평가에 고도의 기술이 필요한 경우에는 중앙위원회에 심의를 요청할 수 있다.

④ 중앙위원회는 제3항에 따라 요청된 사항에 대하여 20일 이내에 심의 · 의결을 거쳐 별지 제3호 서식의 성능위주설계 검토 · 평가 결과서를 작성하고 관할 소방서장에게 지체 없이 통보해야 한다.

⑤ 제2항 또는 제4항에 따라 성능위주설계 검토 · 평가 결과서를 통보받은 소방서장은 성능위주설계 신고를 한 자에게 별표 1에 따라 수리 여부를 통보해야 한다.

제6조【성능위주설계의 변경신고】 ① 법 제8조 제2항 후단에서 "해당 특정소방대상물의 연면적 · 높이 · 층수의 변경 등 행정안전부령으로 정하는 사유"란 특정소방대상물의 연면적 · 높이 · 층수의 변경이 있는 경우를 말한다. 다만, 「건축법」 제16조 제1항 단서 및 같은 조 제2항에 따른 경우는 제외한다.

② 성능위주설계를 한 자는 법 제8조 제2항 후단에 따라 해당 성능위주설계를 한 특정소방대상물이 제1항에 해당하는 경우 별지 제4호 서식의 성능위주설계 변경 신고서(전자문서로 된 신고서를 포함한다)에 제4조 제1항 각 호의 서류(전자문서를 포함하며, 변경되는 부분만 해당한다)를 첨부하여 관할 소방서장에게 신고해야 한다.

③ 제2항에 따른 성능위주설계의 변경신고에 대한 검토 · 평가, 수리 여부 결정 및 통보에 관하여는 제5조 제2항부터 제5항까지의 규정을 준용한다. 이 경우 같은 조 제2항 및 제4항 중 "20일 이내"는 각각 "14일 이내"로 본다.

제7조【성능위주설계의 사전검토 신청】 ① 성능위주설계를 한 자는 법 제8조 제4항에 따라 「건축법」 제4조의2에 따른 건축위원회의 심의를 받아야 하는 건축물인 경우에는 그 심의를 신청하기 전에 별지 제5호 서식의 성능위주설계 사전검토 신청서(전자문서로 된 신청서를 포함한다)에 다음 각 호의 서류(전자문서를 포함한다)를 첨부하여 관할 소방서장에게 사전검토를 신청해야 한다.

1. 건축물의 개요(위치, 구조, 규모, 용도)
2. 부지 및 도로의 설치 계획(소방차량 진입 동선을 포함한다)
3. 화재안전성능의 확보 계획
4. 화재 및 피난 모의실험 결과
5. 다음 각 목의 건축물 설계도면
   가. 주단면도 및 입면도
   나. 층별 평면도 및 창호도
   다. 실내 · 실외 마감재료표

<제8조> ❶ 사전검토 ❷ 중앙소방기술심의위원회

<제9조> ❶ 3만제곱미터 ❷ 5천미터

소방시설 설치 및 관리에 관한 법률	소방시설 설치 및 관리에 관한 법률 시행령	소방시설 설치 및 관리에 관한 법률 시행규칙

라. 방화구획도(화재 확대 방지계획을 포함한다)

마. 건축물의 구조 설계에 따른 피난계획 및 피난 동선도

6. 소방시설 설치계획 및 설계 설명서(소방시설 기계·전기 분야의 기본계통도를 포함한다)
7. 「소방시설공사업법 시행령」 별표 1의2에 따른 성능위주설계를 할 수 있는 자의 자격·기술인력을 확인할 수 있는 서류
8. 「소방시설공사업법」 제21조 및 제21조의3 제2항에 따라 체결한 성능위주설계 계약서 사본

② 소방서장은 제1항에 따른 성능위주설계 사전검토 신청서를 받은 경우 성능위주설계 대상 및 자격 여부 등을 확인하고, 첨부서류의 보완이 필요한 경우에는 7일 이내의 기간을 정하여 성능위주설계를 한 자에게 보완을 요청할 수 있다.

제8조【사전검토가 신청된 성능위주설계에 대한 검토·평가】 ① 제7조 제1항에 따라 사전검토의 신청을 받은 소방서장은 필요한 경우 같은 조 제2항에 따른 보완 절차를 거쳐 소방청장 또는 관할 소방본부장에게 평가단의 검토·평가를 요청해야 한다.

② 제1항에 따라 검토·평가를 요청받은 소방청장 또는 소방본부장은 평가단의 심의·의결을 거쳐 해당 건축물의 성능위주설계를 검토·평가하고, 별지 제6호 서식의 성능위주설계 사전검토 결과서를 작성하여 관할 소방서장에게 지체 없이 통보해야 한다.

③ 제1항에도 불구하고 제7조 제1항에 따라 성능위주설계 사전검토의 신청을 받은 소방서장은 신기술·신공법 등 검토·평가에 고도의 기술이 필요한 경우에는 중앙위원회에 심의를 요청할 수 있다.

④ 중앙위원회는 제3항에 따라 요청된 사항에 대하여 심의를 거쳐 별지 제6호 서식의 성능위주설계 사전검토 결과서를 작성하고, 관할 소방서장에게 지체 없이 통보해야 한다.

⑤ 제2항 또는 제4항에 따라 성능위주설계 사전검토 결과서를 통보받은 소방서장은 성능위주설계 사전검토를 신청한 자 및 「건축법」 제4조에 따른 해당 건축위원회에 그 결과를 지체 없이 통보해야 한다.

제9조【성능위주설계 기준】 ① 법 제8조 제7항에 따른 성능위주설계의 기준은 다음 각 호와 같다.

1. 소방자동차 진입(통로) 동선 및 소방관 진입 경로 확보
2. 화재·피난 모의실험을 통한 화재위험성 및 피난안전성 검증
3. 건축물의 규모와 특성을 고려한 최적의 소방시설 설치
4. 소화수 공급시스템 최적화를 통한 화재피해 최소화 방안 마련
5. 특별피난계단을 포함한 피난경로의 안전성 확보
6. 건축물의 용도별 방화구획의 적정성
7. 침수 등 재난상황을 포함한 지하층 안전확보 방안 마련

② 제1항에 따른 성능위주설계의 세부 기준은 소방청장이 정한다.

소방시설 설치 및 관리에 관한 법률	소방시설 설치 및 관리에 관한 법률 시행령	소방시설 설치 및 관리에 관한 법률 시행규칙

제9조【성능위주설계평가단】 ① 성능위주설계에 대한 전문적·기술적인 검토 및 평가를 위하여 ❶ 또는 소방본부에 성능위주설계 평가단(이하 "평가단"이라 한다)을 둔다.

② 평가단에 소속되거나 소속되었던 사람은 평가단의 업무를 수행하면서 알게 된 비밀을 이 법에서 정한 목적 외의 용도로 사용하거나 다른 사람 또는 기관에 제공하거나 누설하여서는 아니 된다. ▶3백(벌)

③ 평가단의 구성 및 운영 등에 필요한 사항은 행정안전부령으로 정한다.

소방시설법 기한 정리

1. 건축허가등의 동의(규칙) - 회신기한 5일 이내(특급 10일 이내), 보완기한 - 4일 이내
2. 행정기관이 건축허가 취소한 경우(규칙): 7일 이내 통보
3. 성능위주설계(규칙): 첨부서류 보완 - 7일 이내
4. 성능위주설계(규칙): 신고 20일(변경신고 14일) 이내 평가단의 검토·평가
5. 성능위주설계(규칙): 신고 20일(변경신고 14일) 이내 중앙위원회의 검토·평가
6. 성능위주설계 평가단 및 중앙위원회 보완으로 결정(규칙): 보완기간은 21일 이내
7. 성능위주설계 평가단(규칙): 임기 2년, 2회 한정 연임
8. 소방시설의 정비(법): 3년에 1회 이상
9. 소방용품의 내용연수(영): 10년

소방시설 설치 및 관리에 관한 법률 시행규칙

제10조【평가단의 구성】 ① 평가단은 평가단장을 포함하여 50명 이내의 평가단원으로 성별을 고려하여 구성한다.

② 평가단장은 화재예방 업무를 담당하는 부서의 장 또는 제3항에 따라 임명 또는 위촉된 평가단원 중에서 학식·경험·전문성 등을 종합적으로 고려하여 소방청장 또는 소방본부장이 임명하거나 위촉한다.

③ 평가단원은 다음 각 호의 어느 하나에 해당하는 사람 중에서 소방청장 또는 관할 소방본부장이 임명하거나 위촉한다. 다만, 관할 소방서의 해당 업무 담당 과장은 당연직 평가단원으로 한다.

1. 소방공무원 중 다음 각 목의 어느 하나에 해당하는 사람
   가. 소방기술사
   나. 소방시설관리사
   다. 다음의 어느 하나에 해당하는 자격을 갖춘 사람으로서 「소방공무원 교육훈련규정」 제3조 제2항에 따른 중앙소방학교에서 실시하는 성능위주설계 관련 교육과정을 이수한 사람
      1) 소방설비기사 이상의 자격을 가진 사람으로서 제3조에 따른 건축허가등의 동의 업무를 1년 이상 담당한 사람
      2) 건축 또는 소방 관련 석사 이상의 학위를 취득한 사람으로서 제3조에 따른 건축허가등의 동의 업무를 1년 이상 담당한 사람
2. 건축 분야 및 소방방재 분야 전문가 중 다음 각 목의 어느 하나에 해당하는 사람
   가. 위원회 위원 또는 법 제18조 제2항에 따른 지방소방기술심의위원회 위원
   나. 「고등교육법」 제2조에 따른 학교 또는 이에 준하는 학교나 공인된 연구기관에서 부교수 이상의 직(職) 또는 이에 상당하는 직에 있거나 있었던 사람으로서 화재안전 또는 관련 법령이나 정책에 전문성이 있는 사람
   다. 소방기술사
   라. 소방시설관리사
   마. 건축계획, 건축구조 또는 도시계획과 관련된 업종에 종사하는 사람으로서 건축사 또는 건축구조기술사 자격을 취득한 사람
   바. 「소방시설공사업법」 제28조 제3항에 따른 특급감리원 자격을 취득한 사람으로 소방공사 현장 감리업무를 10년 이상 수행한 사람

④ 위촉된 평가단원의 임기는 2년으로 하되, 2회에 한정하여 연임할 수 있다.

<제9조> ❶ 소방청

소방시설 설치 및 관리에 관한 법률	소방시설 설치 및 관리에 관한 법률 시행령	소방시설 설치 및 관리에 관한 법률 시행규칙

⑤ 평가단장은 평가단을 대표하고 평가단의 업무를 총괄한다.
⑥ 평가단장이 부득이한 사유로 직무를 수행할 수 없을 때에는 평가단장이 미리 지정한 평가단원이 그 직무를 대리한다.

제11조【평가단의 운영】 ① 평가단의 회의는 평가단장과 평가단장이 회의마다 지명하는 ❶ ______의 평가단원으로 구성·운영하며, 과반수의 출석으로 개의(開議)하고 출석 평가단원 과반수의 찬성으로 의결한다. 다만, 제6조 제2항에 따른 성능위주설계의 변경신고에 대한 심의·의결을 하는 경우에는 제5조 제2항에 따라 건축물의 성능위주설계를 검토·평가한 평가단원 중 5명 이상으로 평가단을 구성·운영할 수 있다.

② 평가단의 회의에 참석한 평가단원에게는 예산의 범위에서 수당, 여비, 그 밖에 필요한 경비를 지급할 수 있다. 다만, 소방공무원인 평가단원이 소관 업무와 관련하여 평가단의 회의에 참석하는 경우에는 그렇지 않다.
③ 제1항 및 제2항에서 규정한 사항 외에 평가단의 운영에 필요한 세부적인 사항은 소방청장 또는 관할 소방본부장이 정한다.

제12조【평가단원의 제척·기피·회피】 ① 평가단원이 다음 각 호의 어느 하나에 해당하는 경우에는 평가단의 심의·의결에서 제척(除斥)된다.
1. 평가단원 또는 그 배우자나 배우자였던 사람이 해당 안건의 당사자(당사자가 법인·단체 등인 경우에는 그 임원을 포함한다. 이하 이 호 및 제2호에서 같다)가 되거나 그 안건의 당사자와 공동권리자 또는 공동의무자인 경우
2. 평가단원이 해당 안건의 당사자와 친족인 경우
3. 평가단원이 해당 안건에 관하여 증언, 진술, 자문, 연구, 용역 또는 감정을 한 경우
4. 평가단원이나 평가단원이 속한 법인·단체 등이 해당 안건의 당사자의 대리인이거나 대리인이었던 경우

② 당사자는 제1항에 따른 제척사유가 있거나 평가단원에게 공정한 심의·의결을 기대하기 어려운 사정이 있는 경우에는 평가단에 기피신청을 할 수 있고, 평가단은 의결로 기피 여부를 결정한다. 이 경우 기피 신청의 대상인 평가단원은 그 의결에 참여하지 못한다.
③ 평가단원이 제1항 각 호의 사유에 해당하는 경우에는 스스로 해당 안건의 심의·의결에서 회피(回避)해야 한다.

제13조【평가단원의 해임·해촉】 소방청장 또는 관할 소방본부장은 평가단원이 다음 각 호의 어느 하나에 해당하는 경우에는 해당 평가단원을 해임하거나 해촉(解囑)할 수 있다.
1. 심신장애로 직무를 수행할 수 없게 된 경우
2. 직무와 관련된 비위사실이 있는 경우
3. 직무태만, 품위손상이나 그 밖의 사유로 평가단원으로 적합하지 않다고 인정되는 경우
4. 제12조 제1항 각 호의 어느 하나에 해당하는데도 불구하고 회피하지 않은 경우
5. 평가단원 스스로 직무를 수행하기 어렵다는 의사를 밝히는 경우

소방시설 설치 및 관리에 관한 법률	소방시설 설치 및 관리에 관한 법률 시행령	소방시설 설치 및 관리에 관한 법률 시행규칙
제10조【주택에 설치하는 소방시설】 ① 다음 각 호의 주택의 소유자는 소화기 등 대통령령으로 정하는 소방시설(이하 "주택용소방시설"이라 한다)을 설치하여야 한다. 1. 「건축법」 제2조 제2항 제1호의 단독주택 2. 「건축법」 제2조 제2항 제2호의 공동주택(아파트 및 기숙사는 제외한다) ② 국가 및 지방자치단체는 주택용소방시설의 설치 및 국민의 자율적인 안전관리를 촉진하기 위하여 필요한 시책을 마련하여야 한다. ③ 주택용소방시설의 설치기준 및 자율적인 안전관리 등에 관한 사항은 특별시 · 광역시 · 특별자치시 · 도 또는 특별자치도(이하 "시 · 도"라 한다)의 조례로 정한다.	**제10조【주택용소방시설】** 법 제10조 제1항 각 호 외의 부분에서 "소화기 등 대통령령으로 정하는 소방시설"이란 소화기 및 ❶ ________ 를 말한다.	
제11조【자동차에 설치 또는 비치하는 소화기】 ① 「자동차관리법」 제3조 제1항에 따른 자동차 중 다음 각 호의 어느 하나에 해당하는 자동차를 제작 · 조립 · 수입 · 판매하려는 자 또는 해당 자동차의 소유자는 차량용 소화기를 설치하거나 비치하여야 한다. 1. 5인승 이상의 승용자동차 2. 승합자동차 3. 화물자동차 4. 특수자동차 ② 제1항에 따른 차량용 소화기의 설치 또는 비치 기준은 행정안전부령으로 정한다. ③ 국토교통부장관은 「자동차관리법」 제43조 제1항에 따른 자동차검사 시 차량용 소화기의 설치 또는 비치 여부 등을 확인하여야 하며, 그 결과를 매년 12월 31일까지 소방청장에게 통보하여야 한다. [시행일: 2024.12.1]		**제14조【차량용 소화기의 설치 또는 비치 기준】** 법 제11조 제1항에 따른 차량용 소화기의 설치 또는 비치 기준은 별표 2와 같다.

<제10조> ❶ 단독경보형 감지기

<제11조> ❶ 6명 이상 8명 이하

소방시설 설치 및 관리에 관한 법률	소방시설 설치 및 관리에 관한 법률 시행령	소방시설 설치 및 관리에 관한 법률 시행규칙

차량용 소화기의 설치 또는 비치기준

구분		능력단위	수량(이상)
승용자동차		1 이상	1개
승합자동차	경형 승합자동차	1 이상	1개
	15인 이하	1 이상	2개
		2 이상	1개
	16인 이상 35인 이하	2 이상	2개
	36인 이상	2 이상 및 3 이상	각 1개
화물(견인자동차 제외)	중형 이하	1 이상	1개
	대형 이상	1 이상	2개
		2 이상	1개
고압가스를 운송하는 특수자동차(견인자동차 포함)		이동탱크저장소 자동차용 소화기 설치 기준	

소방시설 설치 및 관리에 관한 법률	소방시설 설치 및 관리에 관한 법률 시행령	소방시설 설치 및 관리에 관한 법률 시행규칙
제2절 특정소방대상물에 설치하는 소방시설의 관리 등		

제12조【특정소방대상물에 설치하는 소방시설의 관리 등】 ① 특정소방대상물의 관계인은 대통령령으로 정하는 소방시설을 화재안전기준에 따라 설치·관리하여야 한다. 이 경우 「장애인·노인·임산부 등의 편의증진 보장에 관한 법률」 제2조 제1호에 따른 장애인등이 사용하는 소방시설(경보설비 및 피난구조설비를 말한다)은 대통령령으로 정하는 바에 따라 장애인등에 적합하게 설치·관리하여야 한다. ▶3백(과)

② 소방본부장이나 소방서장은 제1항에 따른 소방시설이 화재안전기준에 따라 설치·관리되고 있지 아니할 때에는 해당 특정소방대상물의 관계인에게 필요한 조치를 명할 수 있다. ▶3년/3천(벌)

③ 특정소방대상물의 관계인은 제1항에 따라 소방시설을 설치·관리하는 경우 화재 시 소방시설의 기능과 성능에 지장을 줄 수 있는 폐쇄(잠금을 포함한다. 이하 같다)·차단 등의 행위를 하여서는 아니 된다. 다만, 소방시설의 점검·정비를 위하여 필요한 경우 폐쇄·차단은 할 수 있다.

▶5년/5천(벌), 상해: 7년/7천(벌), 사망: 10년/1억(벌)

④ ❶ ______은 제3항 단서에 따라 특정소방대상물의 관계인이 소방시설의 점검·정비를 위하여 폐쇄·차단을 하는 경우 안전을 확보하기 위하여 필요한 행동요령에 관한 지침을 마련하여 고시하여야 한다.

제11조【특정소방대상물에 설치·관리해야 하는 소방시설】 ① 법 제12조 제1항 전단에 따라 특정소방대상물의 관계인이 특정소방대상물에 설치·관리해야 하는 소방시설의 종류는 별표 4와 같다.

② 법 제12조 제1항 후단에 따라 「장애인·노인·임산부 등의 편의증진 보장에 관한 법률」 제2조 제1호에 따른 장애인등이 사용하는 소방시설은 별표 4 제2호 및 제3호에 따라 장애인등에 적합하게 설치·관리해야 한다.

제12조【소방시설정보관리시스템 구축·운영 대상 등】 ① 소방청장, 소방본부장 또는 소방서장이 법 제12조 제4항에 따라 소방시설의 작동정보 등을 실시간으로 수집·분석할 수 있는 시스템(이하 "소방시설정보관리시스템"이라 한다)을 구축·운영하는 경우 그 구축·운영의 대상은 「화재의 예방 및 안전관리에 관한 법률」 제24조 제1항 전단에 따른 소방안전관리대상물 중 다음 각 호의 특정소방대상물로 한다.

1. 문화 및 집회시설
2. 종교시설
3. ❶ ______
4. 의료시설
5. 노유자 시설
6. 숙박이 가능한 수련시설
7. 업무시설
8. 숙박시설
9. 공장

암기법
문종매료무
노 숙수 숙
공창위지구가

제15조【소방시설정보관리시스템 운영방법 및 통보 절차 등】 ① 소방청장, 소방본부장 또는 소방서장은 법 제12조 제4항에 따른 소방시설의 작동정보 등을 실시간으로 수집·분석할 수 있는 시스템(이하 "소방시설정보관리시스템"이라 한다)으로 수집되는 소방시설의 작동정보 등을 분석하여 해당 특정소방대상물의 관계인에게 해당 소방시설의 정상적인 작동에 필요한 사항과 관리 방법 등 개선사항에 관한 정보를 제공할 수 있다.

② 소방청장, 소방본부장 또는 소방서장은 소방시설정보관리시스템을 통하여 소방시설의 고장 등 비정상적인 작동정보를 수집한 경우에는 해당 특정소방대상물의 관계인에게 그 사실을 알려주어야 한다.

③ 소방청장, 소방본부장 또는 소방서장은 소방시설정보관리시스템의 체계적·효율적·전문적인 운영을 위해 전담인력을 둘 수 있다.

④ 제1항부터 제3항까지에서 규정한 사항 외에 소방시설정보관리시스템의 운영방법 및 통보 절차 등에 관하여 필요한 세부 사항은 소방청장이 정한다.

제16조【소방시설을 설치해야 하는 터널】 ① 영 별표 4 제1호 다목 4) 나)에서 "행정안전부령으로 정하는 터널"이란 「도로의 구조·시설 기준에 관한 규칙」 제48조에 따라 국토교통부장관이 정하는 도로의 구조 및 시설에 관한 세부 기준에 따라 옥내소화전설비를 설치해야 하는 터널을 말한다.

<제12조> ❶ 소방서장

<제12조> ❶ 판매시설

소방시설 설치 및 관리에 관한 법률	소방시설 설치 및 관리에 관한 법률 시행령	소방시설 설치 및 관리에 관한 법률 시행규칙
⑤ 소방청장, 소방본부장 또는 소방서장은 제1항에 따른 소방시설의 작동정보 등을 실시간으로 수집·분석할 수 있는 시스템(이하 "소방시설정보관리시스템"이라 한다)을 구축·운영할 수 있다. ⑥ 소방청장, 소방본부장 또는 소방서장은 제5항에 따른 작동정보를 해당 특정소방대상물의 관계인에게 통보하여야 한다. ⑦ 소방시설정보관리시스템 구축·운영의 대상은 「화재의 예방 및 안전관리에 관한 법률」 제24조 제1항 전단에 따른 소방안전관리대상물 중 소방안전관리의 취약성 등을 고려하여 ❶ 으로 정하고, 그 밖에 운영방법 및 통보 절차 등에 필요한 사항은 행정안전부령으로 정한다.	10. 창고시설 11. 위험물 저장 및 처리 시설 12. 지하가(地下街) 13. 지하구 14. 그 밖에 소방청장, 소방본부장 또는 소방서장이 소방안전관리의 취약성과 화재위험성을 고려하여 필요하다고 인정하는 특정소방대상물 ② 제1항 각 호에 따른 특정소방대상물의 관계인은 소방청장, 소방본부장 또는 소방서장이 법 제12조 제4항에 따라 소방시설정보관리시스템을 구축·운영하려는 경우 특별한 사정이 없으면 이에 협조해야 한다.	② 영 별표 4 제1호 바목 7) 전단에서 "행정안전부령으로 정하는 터널"이란 「도로의 구조·시설 기준에 관한 규칙」 제48조에 따라 국토교통부장관이 정하는 도로의 구조 및 시설에 관한 세부 기준에 따라 물분무소화설비를 설치해야 하는 터널을 말한다. ③ 영 별표 4 제5호 가목 6)에서 "행정안전부령으로 정하는 터널"이란 「도로의 구조·시설 기준에 관한 규칙」 제48조에 따라 국토교통부장관이 정하는 도로의 구조 및 시설에 관한 세부 기준에 따라 제연설비를 설치해야 하는 터널을 말한다. **제17조【연소 우려가 있는 건축물의 구조】** 영 별표 4 제1호 사목 1) 후단에서 "행정안전부령으로 정하는 연소(延燒) 우려가 있는 구조"란 다음 각 호의 기준에 모두 해당하는 구조를 말한다. 1. 건축물대장의 건축물 현황도에 표시된 대지경계선 안에 둘 이상의 건축물이 있는 경우 2. 각각의 건축물이 다른 건축물의 외벽으로부터 수평거리가 1층의 경우에는 6미터 이하, 2층 이상의 층의 경우에는 10미터 이하인 경우 3. 개구부(영 제2조 제1호 각 목 외의 부분에 따른 개구부를 말한다)가 다른 건축물을 향하여 설치되어 있는 경우

소방시설 설치 및 관리에 관한 법률	소방시설 설치 및 관리에 관한 법률 시행령	소방시설 설치 및 관리에 관한 법률 시행규칙

[영 별표 4] 특정소방대상물의 관계인이 특정소방대상물에 설치·관리해야 하는 소방시설의 종류

1. 소화설비
  가. 화재안전기준에 따라 소화기구를 설치해야 하는 특정소방대상물은 다음의 어느 하나에 해당하는 것으로 한다.
    1) 연면적 ❶ 이상인 것. 다만, 노유자 시설의 경우에는 투척용 소화용구 등을 화재안전기준에 따라 산정된 소화기 수량의 2분의 1 이상으로 설치할 수 있다.
    2) 1)에 해당하지 않는 시설로서 가스시설, 발전시설 중 전기저장시설 및 국가유산
    3) 터널
    4) 지하구
  나. 자동소화장치를 설치해야 하는 특정소방대상물은 다음의 어느 하나에 해당하는 특정소방대상물 중 후드 및 덕트가 설치되어 있는 주방이 있는 특정소방대상물로 한다. 이 경우 해당 주방에 자동소화장치를 설치해야 한다.
    1) 주거용 주방자동소화장치를 설치해야 하는 것: 아파트등 및 오피스텔의 모든 층
    2) 상업용 주방자동소화장치를 설치해야 하는 것
      가) 판매시설 중 「유통산업발전법」 제2조 제3호에 해당하는 대규모점포에 입점해 있는 일반음식점
      나) 「식품위생법」 제2조 제12호에 따른 집단급식소
    3) 캐비닛형 자동소화장치, 가스자동소화장치, 분말자동소화장치 또는 고체에어로졸자동소화장치를 설치해야 하는 것: 화재안전기준에서 정하는 장소
  다. 옥내소화전설비를 설치해야 하는 특정소방대상물은 다음의 어느 하나에 해당하는 것으로 한다. 다만, 위험물 저장 및 처리 시설 중 가스시설, 지하구 및 업무시설 중 무인변전소(방재실 등에서 스프링클러설비 또는 물분무등소화설비를 원격으로 조정할 수 있는 무인변전소로 한정한다)는 제외한다.
    1) 다음의 어느 하나에 해당하는 경우에는 모든 층
      가) 연면적 3천㎡ 이상인 것(지하가 중 터널은 제외한다)
      나) 지하층·무창층(축사는 제외한다)으로서 바닥면적이 ❷ 이상인 층이 있는 것
      다) 층수가 4층 이상인 것 중 바닥면적이 600㎡ 이상인 층이 있는 것
    2) 1)에 해당하지 않는 근린생활시설, 판매시설, 운수시설, 의료시설, 노유자 시설, 업무시설, 숙박시설, 위락시설, 공장, 창고시설, 항공기 및 자동차 관련 시설, 교정 및 군사시설 중 국방·군사시설, 방송통신시설, 발전시설, 장례시설 또는 복합건축물로서 다음의 어느 하나에 해당하는 경우에는 모든 층
      가) 연면적 1천5백㎡ 이상인 것
      나) 지하층·무창층으로서 바닥면적이 300㎡ 이상인 층이 있는 것
      다) 층수가 4층 이상인 것 중 바닥면적이 300㎡ 이상인 층이 있는 것

암기법

근판수료/노무숙락
공창항교/방전장복

소방시설

1. 터널
  - 터널 길이 500m 이상: 비상조명등, 비상경보설비, 비상콘센트설비, 무선통신보조설비
  - 터널 길이 1,000m 이상: 옥내소화전설비, 자동화재탐지설비, 연결송수관설비
2. 지하가(터널 제외) 연면적 1천㎡ 이상: 스프링클러설비, 자동화재탐지설비, 제연설비, 무선통신보조설비
3. 특수가연물
  - 500배 이상: 자동화재탐지설비
  - 750배 이상: 옥내소화전설비, 옥외소화전설비
  - 1천배 이상: 스프링클러설비
4. 수용인원
  - 50명 이상: 비상경보설비(근로자, 옥내자업장)
  - 100명 이상
    - 스프링클러설비(문·종·운)
    - 자동화재탐지설비(노·숙수)
    - 인명구조기구(공기호흡기)
    - 인명구조기구(휴대용비상조명등)
    - 제연설비(문화집회시설 - 영화상영관)
  - 500명 이상: 스프링클러설비[판·운·창(물류)]

<제12조> ❶ 대통령령　　[영 별표 4] ❶ 33㎡ ❷ 600㎡

소방시설 설치 및 관리에 관한 법률	소방시설 설치 및 관리에 관한 법률 시행령	소방시설 설치 및 관리에 관한 법률 시행규칙

3) 건축물의 옥상에 설치된 차고·주차장으로서 사용되는 면적이 200㎡ 이상인 경우 해당 부분
4) 지하가 중 터널로서 다음에 해당하는 터널
가) 길이가 1천m 이상인 터널
나) 예상교통량, 경사도 등 터널의 특성을 고려하여 행정안전부령으로 정하는 터널
5) 1) 및 2)에 해당하지 않는 공장 또는 창고시설로서 「화재의 예방 및 안전관리에 관한 법률 시행령」 별표 2에서 정하는 수량의 750배 이상의 특수가연물을 저장·취급하는 것

라. 스프링클러설비를 설치해야 하는 특정소방대상물(위험물 저장 및 처리 시설 중 가스시설 및 지하구는 제외한다)은 다음의 어느 하나에 해당하는 것으로 한다.
1) 층수가 ❶ 이상인 특정소방대상물의 경우에는 모든 층. 다만, 다음의 어느 하나에 해당하는 경우는 제외한다.
가) 주택 관련 법령에 따라 기존의 아파트등을 리모델링하는 경우로서 건축물의 연면적 및 층의 높이가 변경되지 않는 경우. 이 경우 해당 아파트등의 사용검사 당시의 소방시설의 설치에 관한 대통령령 또는 화재안전기준을 적용한다.
나) 스프링클러설비가 없는 기존의 특정소방대상물을 용도변경하는 경우. 다만, 2)부터 6)까지 및 9)부터 12)까지의 규정에 해당하는 특정소방대상물로 용도변경하는 경우에는 해당 규정에 따라 스프링클러설비를 설치한다.
2) 기숙사(교육연구시설·수련시설 내에 있는 학생 수용을 위한 것을 말한다) 또는 복합건축물로서 연면적 5천㎡ 이상인 경우에는 모든 층
3) 문화 및 집회시설(동·식물원은 제외한다), 종교시설(주요구조부가 목조인 것은 제외한다), 운동시설(물놀이형 시설 및 바닥이 불연재료이고 관람석이 없는 운동시설은 제외한다)로서 다음의 어느 하나에 해당하는 경우에는 모든 층

> 가) 수용인원이 100명 이상인 것
> 나) 영화상영관의 용도로 쓰는 층의 바닥면적이 지하층 또는 무창층인 경우에는 500㎡ 이상, 그 밖의 층의 경우에는 1천㎡ 이상인 것
> 다) 무대부가 지하층·무창층 또는 4층 이상의 층에 있는 경우에는 무대부의 면적이 ❷ 이상인 것
> 라) 무대부가 다) 외의 층에 있는 경우에는 무대부의 면적이 500㎡ 이상인 것

4) 판매시설, 운수시설 및 창고시설(물류터미널로 한정한다)로서 바닥면적의 합계가 5천㎡ 이상이거나 수용인원이 500명 이상인 경우에는 모든 층
5) 다음의 어느 하나에 해당하는 용도로 사용되는 시설의 바닥면적의 합계가 600㎡ 이상인 것은 모든 층

> 가) 근린생활시설 중 조산원 및 산후조리원
> 나) 의료시설 중 정신의료기관
> 다) 의료시설 중 종합병원, 병원, 치과병원, 한방병원 및 요양병원
> 라) 노유자 시설
> 마) 숙박이 가능한 수련시설
> 바) 숙박시설

6) 창고시설(물류터미널은 제외한다)로서 바닥면적 합계가 5천㎡ 이상인 경우에는 모든 층

소방시설 설치 및 관리에 관한 법률	소방시설 설치 및 관리에 관한 법률 시행령	소방시설 설치 및 관리에 관한 법률 시행규칙

7) 특정소방대상물의 지하층 · 무창층(축사는 제외한다) 또는 층수가 4층 이상인 층으로서 바닥면적이 1천㎡ 이상인 층이 있는 경우에는 해당 층

8) 랙식 창고(rack warehouse): 랙(물건을 수납할 수 있는 선반이나 이와 비슷한 것을 말한다. 이하 같다)을 갖춘 것으로서 천장 또는 반자(반자가 없는 경우에는 지붕의 옥내에 면하는 부분을 말한다)의 높이가 10m를 초과하고, 랙이 설치된 층의 바닥면적의 합계가 1천5백㎡ 이상인 경우에는 모든 층

9) 공장 또는 창고시설로서 다음의 어느 하나에 해당하는 시설
   가) 「화재의 예방 및 안전관리에 관한 법률 시행령」 별표 2에서 정하는 수량의 1천 배 이상의 특수가연물을 저장 · 취급하는 시설
   나) 「원자력안전법 시행령」 제2조 제1호에 따른 중 · 저준위방사성폐기물(이하 "중 · 저준위방사성폐기물"이라 한다)의 저장시설 중 소화수를 수집 · 처리하는 설비가 있는 저장시설

10) 지붕 또는 외벽이 불연재료가 아니거나 내화구조가 아닌 공장 또는 창고시설로서 다음의 어느 하나에 해당하는 것
   가) 창고시설(물류터미널로 한정한다) 중 4)에 해당하지 않는 것으로서 바닥면적의 합계가 2천5백㎡ 이상이거나 수용인원이 250명 이상인 경우에는 모든 층
   나) 창고시설(물류터미널은 제외한다) 중 6)에 해당하지 않는 것으로서 바닥면적의 합계가 2천5백㎡ 이상인 경우에는 모든 층
   다) 공장 또는 창고시설 중 7)에 해당하지 않는 것으로서 지하층 · 무창층 또는 층수가 4층 이상인 것 중 바닥면적이 500㎡ 이상인 경우에는 모든 층
   라) 랙식 창고 중 8)에 해당하지 않는 것으로서 바닥면적의 합계가 750㎡ 이상인 경우에는 모든 층
   마) 공장 또는 창고시설 중 9) 가)에 해당하지 않는 것으로서 「화재의 예방 및 안전관리에 관한 법률 시행령」 별표 2에서 정하는 수량의 500배 이상의 특수가연물을 저장 · 취급하는 시설

11) 교정 및 군사시설 중 다음의 어느 하나에 해당하는 경우에는 해당 장소
   가) 보호감호소, 교도소, 구치소 및 그 지소, 보호관찰소, 갱생보호시설, 치료감호시설, 소년원 및 소년분류심사원의 수용거실
   나) 「출입국관리법」 제52조 제2항에 따른 보호시설(외국인보호소의 경우에는 보호대상자의 생활공간으로 한정한다. 이하 같다)로 사용하는 부분. 다만, 보호시설이 임차건물에 있는 경우는 제외한다.
   다) 「경찰관 직무집행법」 제9조에 따른 유치장

12) 지하가(터널은 제외한다)로서 연면적 1천㎡ 이상인 것

13) 발전시설 중 전기저장시설

14) 1)부터 13)까지의 특정소방대상물에 부속된 보일러실 또는 연결통로 등

[영 별표 4] ❶ 6층 ❷ 300㎡

소방시설 설치 및 관리에 관한 법률	소방시설 설치 및 관리에 관한 법률 시행령	소방시설 설치 및 관리에 관한 법률 시행규칙

마. 간이스프링클러설비를 설치해야 하는 특정소방대상물은 다음의 어느 하나에 해당하는 것으로 한다.

1) 공동주택 중 연립주택 및 다세대주택(연립주택 및 다세대주택에 설치하는 간이스프링클러설비는 화재안전기준에 따른 주택전용 간이스프링클러설비를 설치한다)

2) 근린생활시설 중 다음의 어느 하나에 해당하는 것

가) 근린생활시설로 사용하는 부분의 바닥면적 합계가 ❶ 이상인 것은 모든 층
나) 의원, 치과의원 및 한의원으로서 입원실이 있는 시설
다) 조산원 및 산후조리원으로서 연면적 600㎡ 미만인 시설

3) 의료시설 중 다음의 어느 하나에 해당하는 시설

가) 종합병원, 병원, 치과병원, 한방병원 및 요양병원(의료재활시설은 제외한다)으로 사용되는 바닥면적의 합계가 600㎡ 미만인 시설
나) 정신의료기관 또는 의료재활시설로 사용되는 바닥면적의 합계가 300㎡ 이상 600㎡ 미만인 시설
다) 정신의료기관 또는 의료재활시설로 사용되는 바닥면적의 합계가 300㎡ 미만이고, 창살(철재·플라스틱 또는 목재 등으로 사람의 탈출 등을 막기 위하여 설치한 것을 말하며, 화재 시 자동으로 열리는 구조로 되어 있는 창살은 제외한다)이 설치된 시설

4) 교육연구시설 내에 합숙소로서 연면적 100㎡ 이상인 경우에는 모든 층

5) 노유자 시설로서 다음의 어느 하나에 해당하는 시설

가) 제7조 제1항 제7호 각 목에 따른 시설[같은 호 가목 2) 및 같은 호 나목부터 바목까지의 시설 중 단독주택 또는 공동주택에 설치되는 시설은 제외하며, 이하 "노유자 생활시설"이라 한다]
나) 가)에 해당하지 않는 노유자 시설로 해당 시설로 사용하는 바닥면적의 합계가 300㎡ 이상 600㎡ 미만인 시설
다) 가)에 해당하지 않는 노유자 시설로 해당 시설로 사용하는 바닥면적의 합계가 300㎡ 미만이고, 창살(철재·플라스틱 또는 목재 등으로 사람의 탈출 등을 막기 위하여 설치한 것을 말하며, 화재 시 자동으로 열리는 구조로 되어 있는 창살은 제외한다)이 설치된 시설

6) 숙박시설로 사용되는 바닥면적의 합계가 300㎡ 이상 600㎡ 미만인 시설

7) 건물을 임차하여 「출입국관리법」 제52조 제2항에 따른 보호시설로 사용하는 부분

8) 복합건축물(별표 2 제30호 나목의 복합건축물만 해당한다)로서 연면적 1천㎡ 이상인 것은 모든 층

바. 물분무등소화설비를 설치해야 하는 특정소방대상물(위험물 저장 및 처리 시설 중 가스시설 및 지하구는 제외한다)은 다음의 어느 하나에 해당하는 것으로 한다.

1) 항공기 및 자동차 관련 시설 중 항공기 격납고

2) 차고, 주차용 건축물 또는 철골 조립식 주차시설. 이 경우 연면적 ❷ 이상인 것만 해당한다.

3) 건축물의 내부에 설치된 차고·주차장으로서 차고 또는 주차의 용도로 사용되는 면적이 200㎡ 이상인 경우 해당 부분(50세대 미만 연립주택 및 다세대주택은 제외한다)

4) 기계장치에 의한 주차시설을 이용하여 20대 이상의 차량을 주차할 수 있는 시설

소방시설 설치 및 관리에 관한 법률	소방시설 설치 및 관리에 관한 법률 시행령	소방시설 설치 및 관리에 관한 법률 시행규칙

5) 특정소방대상물에 설치된 전기실 · 발전실 · 변전실(가연성 절연유를 사용하지 않는 변압기 · 전류차단기 등의 전기기기와 가연성 피복을 사용하지 않은 전선 및 케이블만을 설치한 전기실 · 발전실 및 변전실은 제외한다) · 축전지실 · 통신기기실 또는 전산실, 그 밖에 이와 비슷한 것으로서 바닥면적이 300㎡ 이상인 것[하나의 방화구획 내에 둘 이상의 실(室)이 설치되어 있는 경우에는 이를 하나의 실로 보아 바닥면적을 산정한다]. 다만, 내화구조로 된 공정제어실 내에 설치된 주조정실로서 양압시설(외부 오염 공기 침투를 차단하고 내부의 나쁜 공기가 자연스럽게 외부로 흐를 수 있도록 한 시설을 말한다)이 설치되고 전기기기에 220볼트 이하인 저전압이 사용되며 종업원이 24시간 상주하는 곳은 제외한다.

6) 소화수를 수집 · 처리하는 설비가 설치되어 있지 않은 중 · 저준위방사성폐기물의 저장시설. 이 시설에는 이산화탄소소화설비, 할론소화설비 또는 할로겐화합물 및 불활성기체 소화설비를 설치해야 한다.

7) 지하가 중 예상 교통량, 경사도 등 터널의 특성을 고려하여 행정안전부령으로 정하는 터널. 이 시설에는 물분무소화설비를 설치해야 한다.

8) 문화재 중 「문화재보호법」 제2조 제3항 제1호 또는 제2호에 따른 지정문화재로서 소방청장이 문화재청장과 협의하여 정하는 것

사. 옥외소화전설비를 설치해야 하는 특정소방대상물(아파트등, 위험물 저장 및 처리 시설 중 가스시설, 지하구 및 지하가 중 터널은 제외한다)은 다음의 어느 하나에 해당하는 것으로 한다.

1) 지상 1층 및 2층의 바닥면적의 합계가 9천㎡ 이상인 것. 이 경우 같은 구(區) 내의 둘 이상의 특정소방대상물이 행정안전부령으로 정하는 연소(延燒) 우려가 있는 구조인 경우에는 이를 하나의 특정소방대상물로 본다.

2) 문화유산 중 보물 또는 국보로 지정된 목조건축물

3) 1)에 해당하지 않는 공장 또는 창고시설로서 「화재의 예방 및 안전관리에 관한 법률 시행령」 별표 2에서 정하는 수량의 750배 이상의 특수가연물을 저장 · 취급하는 것

2. 경보설비

가. 단독경보형 감지기를 설치해야 하는 특정소방대상물은 다음의 어느 하나에 해당하는 것으로 한다. 이 경우 5)의 연립주택 및 다세대주택에 설치하는 단독경보형 감지기는 연동형으로 설치해야 한다.

1) 교육연구시설 내에 있는 기숙사 또는 합숙소로서 연면적 2천㎡ 미만인 것

2) 수련시설 내에 있는 기숙사 또는 합숙소로서 연면적 2천㎡ 미만인 것

3) 다목 7)에 해당하지 않는 수련시설(숙박시설이 있는 것만 해당한다)

4) 연면적 400㎡ 미만의 유치원

5) 공동주택 중 연립주택 및 다세대주택

나. 비상경보설비를 설치해야 하는 특정소방대상물(모래 · 석재 등 불연재료 공장 및 창고시설, 위험물 저장 및 처리 시설 중 가스시설, 사람이 거주하지 않거나 벽이 없는 축사 등 동물 및 식물 관련 시설 및 지하구는 제외한다)은 다음의 어느 하나에 해당하는 것으로 한다.

[영 별표 4] ❶ 1천㎡ ❷ 800㎡

소방시설 설치 및 관리에 관한 법률	소방시설 설치 및 관리에 관한 법률 시행령	소방시설 설치 및 관리에 관한 법률 시행규칙

1) 연면적 ❶ 이상인 것은 모든 층
2) 지하층 또는 무창층의 바닥면적이 150㎡(공연장의 경우 100㎡) 이상인 것은 모든 층
3) 지하가 중 터널로서 길이가 500m 이상인 것
4) ❷ 의 근로자가 작업하는 옥내 작업장

다. 자동화재탐지설비를 설치해야 하는 특정소방대상물은 다음의 어느 하나에 해당하는 것으로 한다.
1) 공동주택 중 아파트등·기숙사 및 숙박시설의 경우에는 모든 층
2) 층수가 6층 이상인 건축물의 경우에는 모든 층
3) 근린생활시설(목욕장은 제외한다), 의료시설(정신의료기관 및 요양병원은 제외한다), 위락시설, 장례시설 및 복합건축물로서 연면적 600㎡ 이상인 경우에는 모든 층
4) 근린생활시설 중 목욕장, 문화 및 집회시설, 종교시설, 판매시설, 운수시설, 운동시설, 업무시설, 공장, 창고시설, 위험물 저장 및 처리 시설, 항공기 및 자동차 관련 시설, 교정 및 군사시설 중 국방·군사시설, 방송통신시설, 발전시설, 관광 휴게시설, 지하가(터널은 제외한다)로서 연면적 1천㎡ 이상인 경우에는 모든 층
5) 교육연구시설(교육시설 내에 있는 기숙사 및 합숙소를 포함한다), 수련시설(수련시설 내에 있는 기숙사 및 합숙소를 포함하며, 숙박시설이 있는 수련시설은 제외한다), 동물 및 식물 관련 시설(기둥과 지붕만으로 구성되어 외부와 기류가 통하는 장소는 제외한다), 자원순환 관련 시설, 교정 및 군사시설(국방·군사시설은 제외한다) 또는 묘지 관련 시설로서 연면적 2천㎡ 이상인 경우에는 모든 층
6) 노유자 생활시설의 경우에는 모든 층
7) 6)에 해당하지 않는 노유자 시설로서 연면적 400㎡ 이상인 노유자 시설 및 숙박시설이 있는 수련시설로서 수용인원 100명 이상인 경우에는 모든 층
8) 의료시설 중 정신의료기관 또는 요양병원으로서 다음의 어느 하나에 해당하는 시설
   가) 요양병원(의료재활시설은 제외한다)
   나) 정신의료기관 또는 의료재활시설로 사용되는 바닥면적의 합계가 300㎡ 이상인 시설
   다) 정신의료기관 또는 의료재활시설로 사용되는 바닥면적의 합계가 300㎡ 미만이고, 창살(철재·플라스틱 또는 목재 등으로 사람의 탈출 등을 막기 위하여 설치한 것을 말하며, 화재 시 자동으로 열리는 구조로 되어 있는 창살은 제외한다)이 설치된 시설
9) 판매시설 중 전통시장
10) 지하가 중 터널로서 길이가 1천m 이상인 것
11) 지하구
12) 3)에 해당하지 않는 근린생활시설 중 조산원 및 산후조리원
13) 4)에 해당하지 않는 공장 및 창고시설로서 「화재의 예방 및 안전관리에 관한 법률 시행령」 별표 2에서 정하는 수량의 500배 이상의 특수가연물을 저장·취급하는 것
14) 4)에 해당하지 않는 발전시설 중 전기저장시설

라. 시각경보기를 설치해야 하는 특정소방대상물은 다목에 따라 자동화재탐지설비를 설치해야 하는 특정소방대상물 중 다음의 어느 하나에 해당하는 것으로 한다.

소방시설 설치 및 관리에 관한 법률	소방시설 설치 및 관리에 관한 법률 시행령	소방시설 설치 및 관리에 관한 법률 시행규칙

1) 근린생활시설, 문화 및 집회시설, 종교시설, 판매시설, 운수시설, 의료시설, 노유자 시설
2) 운동시설, 업무시설, 숙박시설, 위락시설, 창고시설 중 물류터미널, 발전시설 및 장례시설
3) 교육연구시설 중 도서관, 방송통신시설 중 방송국
4) 지하가 중 지하상가

마. 화재알림설비를 설치해야 하는 특정소방대상물은 판매시설 중 ❸ ________ 으로 한다.

바. 비상방송설비를 설치해야 하는 특정소방대상물(위험물 저장 및 처리 시설 중 가스시설, 사람이 거주하지 않거나 벽이 없는 축사 등 동물 및 식물 관련 시설, 지하가 중 터널 및 지하구는 제외한다)은 다음의 어느 하나에 해당하는 것으로 한다.
1) 연면적 3천5백㎡ 이상인 것은 모든 층
2) 층수가 11층 이상인 것은 모든 층
3) 지하층의 층수가 3층 이상인 것은 모든 층

사. 자동화재속보설비를 설치해야 하는 특정소방대상물은 다음의 어느 하나에 해당하는 것으로 한다. 다만, 방재실 등 화재 수신기가 설치된 장소에 24시간 화재를 감시할 수 있는 사람이 근무하고 있는 경우에는 자동화재속보설비를 설치하지 않을 수 있다.
1) 노유자 생활시설
2) 노유자 시설로서 바닥면적이 ❹ ________ 이상인 층이 있는 것
3) 수련시설(숙박시설이 있는 것만 해당한다)로서 바닥면적이 500㎡ 이상인 층이 있는 것
4) 문화유산 중 보물 또는 국보로 지정된 목조건축물
5) 근린생활시설 중 다음의 어느 하나에 해당하는 시설
   가) 의원, 치과의원 및 한의원으로서 입원실이 있는 시설
   나) 조산원 및 산후조리원
6) 의료시설 중 다음의 어느 하나에 해당하는 것
   가) 종합병원, 병원, 치과병원, 한방병원 및 요양병원(의료재활시설은 제외한다)
   나) 정신병원 및 의료재활시설로 사용되는 바닥면적의 합계가 500㎡ 이상인 층이 있는 것
7) 판매시설 중 전통시장

아. 통합감시시설을 설치해야 하는 특정소방대상물은 지하구로 한다.

자. 누전경보기는 계약전류용량(같은 건축물에 계약 종류가 다른 전기가 공급되는 경우에는 그중 최대계약전류용량을 말한다)이 100암페어를 초과하는 특정소방대상물(내화구조가 아닌 건축물로서 벽·바닥 또는 반자의 전부나 일부를 불연재료 또는 준불연재료가 아닌 재료에 철망을 넣어 만든 것만 해당한다)에 설치해야 한다. 다만, 위험물 저장 및 처리 시설 중 가스시설, 지하가 중 터널 및 지하구의 경우에는 그렇지 않다.

[영 별표 4] ❶ 400㎡ ❷ 50명 이상 ❸ 전통시장 ❹ 500㎡

소방시설 설치 및 관리에 관한 법률	소방시설 설치 및 관리에 관한 법률 시행령	소방시설 설치 및 관리에 관한 법률 시행규칙

차. 가스누설경보기를 설치해야 하는 특정소방대상물(가스시설이 설치된 경우만 해당한다)은 다음의 어느 하나에 해당하는 것으로 한다.
1) 문화 및 집회시설, 종교시설, 판매시설, 운수시설, 의료시설, 노유자 시설
2) 수련시설, 운동시설, 숙박시설, 창고시설 중 물류터미널, 장례시설

3. 피난구조설비

가. 피난기구는 특정소방대상물의 모든 층에 화재안전기준에 적합한 것으로 설치해야 한다. 다만, 피난층, 지상 1층, 지상 2층(노유자 시설 중 피난층이 아닌 지상 1층과 피난층이 아닌 지상 2층은 제외한다), 층수가 11층 이상인 층과 위험물 저장 및 처리시설 중 가스시설, 지하가 중 터널 및 지하구의 경우에는 그렇지 않다.

나. 인명구조기구를 설치해야 하는 특정소방대상물은 다음의 어느 하나에 해당하는 것으로 한다.
1) 방열복 또는 방화복(안전모, 보호장갑 및 안전화를 포함한다), 인공소생기 및 공기호흡기를 설치해야 하는 특정소방대상물: 지하층을 포함하는 층수가 7층 이상인 것 중 관광호텔 용도로 사용하는 층
2) 방열복 또는 방화복(안전모, 보호장갑 및 안전화를 포함한다) 및 공기호흡기를 설치해야 하는 특정소방대상물: 지하층을 포함하는 층수가 5층 이상인 것 중 병원 용도로 사용하는 층
3) 공기호흡기를 설치해야 하는 특정소방대상물은 다음의 어느 하나에 해당하는 것으로 한다.

가) 수용인원 100명 이상인 문화 및 집회시설 중 영화상영관
나) 판매시설 중 대규모점포
다) 운수시설 중 지하역사
라) 지하가 중 지하상가
마) 제1호 바목 및 화재안전기준에 따라 이산화탄소소화설비(호스릴이산화탄소소화설비는 제외한다)를 설치해야 하는 특정소방대상물

다. 유도등을 설치해야 하는 특정소방대상물은 다음의 어느 하나에 해당하는 것으로 한다.
1) 피난구유도등, 통로유도등 및 유도표지는 특정소방대상물에 설치한다. 다만, 다음의 어느 하나에 해당하는 경우는 제외한다.
가) 동물 및 식물 관련 시설 중 축사로서 가축을 직접 가두어 사육하는 부분
나) 지하가 중 터널
2) 객석유도등은 다음의 어느 하나에 해당하는 특정소방대상물에 설치한다.
가) 유흥주점영업시설(「식품위생법 시행령」 제21조 제8호 라목의 유흥주점영업 중 손님이 춤을 출 수 있는 무대가 설치된 카바레, 나이트클럽 또는 그 밖에 이와 비슷한 영업시설만 해당한다)
나) 문화 및 집회시설
다) 종교시설
라) 운동시설
3) 피난유도선은 화재안전기준에서 정하는 장소에 설치한다.

라. 비상조명등을 설치해야 하는 특정소방대상물(창고시설 중 창고 및 하역장, 위험물 저장 및 처리 시설 중 가스시설 및 사람이 거주하지 않거나 벽이 없는 축사 등 동물 및 식물 관련 시설은 제외한다)은 다음의 어느 하나에 해당하는 것으로 한다.

소방시설 설치 및 관리에 관한 법률	소방시설 설치 및 관리에 관한 법률 시행령	소방시설 설치 및 관리에 관한 법률 시행규칙

1) 지하층을 포함하는 층수가 ❶ 이상인 건축물로서 연면적 3천m² 이상인 경우에는 모든 층
2) 1)에 해당하지 않는 특정소방대상물로서 그 지하층 또는 무창층의 바닥면적이 450m² 이상인 경우에는 해당 층
3) 지하가 중 터널로서 그 길이가 500m 이상인 것

마. 휴대용비상조명등을 설치해야 하는 특정소방대상물은 다음의 어느 하나에 해당하는 것으로 한다.
1) 숙박시설
2) 수용인원 100명 이상의 영화상영관, 판매시설 중 대규모점포, 철도 및 도시철도 시설 중 지하역사, 지하가 중 지하상가

4. 소화용수설비

상수도소화용수설비를 설치해야 하는 특정소방대상물은 다음 각 목의 어느 하나에 해당하는 것으로 한다. 다만, 상수도소화용수설비를 설치해야 하는 특정소방대상물의 대지 경계선으로부터 180m 이내에 지름 75㎜ 이상인 상수도용 배수관이 설치되지 않은 지역의 경우에는 화재안전기준에 따른 소화수조 또는 저수조를 설치해야 한다.

가. 연면적 5천m² 이상인 것. 다만, 위험물 저장 및 처리 시설 중 가스시설, 지하가 중 터널 또는 지하구의 경우에는 제외한다.
나. 가스시설로서 지상에 노출된 탱크의 저장용량의 합계가 100톤 이상인 것
다. 자원순환 관련 시설 중 폐기물재활용시설 및 폐기물처분시설

5. 소화활동설비

가. 제연설비를 설치해야 하는 특정소방대상물은 다음의 어느 하나에 해당하는 것으로 한다.
1) 문화 및 집회시설, 종교시설, 운동시설 중 무대부의 바닥면적이 200m² 이상인 경우에는 해당 무대부
2) 문화 및 집회시설 중 영화상영관으로서 수용인원 100명 이상인 경우에는 해당 영화상영관
3) 지하층이나 무창층에 설치된 근린생활시설, 판매시설, 운수시설, 숙박시설, 위락시설, 의료시설, 노유자 시설 또는 창고시설(물류터미널로 한정한다)로서 해당 용도로 사용되는 바닥면적의 합계가 1천m² 이상인 경우 해당 부분
4) 운수시설 중 시외버스정류장, 철도 및 도시철도 시설, 공항시설 및 항만시설의 대기실 또는 휴게시설로서 지하층 또는 무창층의 바닥면적이 1천m² 이상인 경우에는 모든 층
5) 지하가(터널은 제외한다)로서 연면적 1천m² 이상인 것
6) 지하가 중 예상 교통량, 경사도 등 터널의 특성을 고려하여 행정안전부령으로 정하는 터널
7) 특정소방대상물(갓복도형 아파트등은 제외한다)에 부설된 특별피난계단, 비상용 승강기의 승강장 또는 피난용 승강기의 승강장

나. 연결송수관설비를 설치해야 하는 특정소방대상물(위험물 저장 및 처리 시설 중 가스시설 및 지하구는 제외한다)은 다음의 어느 하나에 해당하는 것으로 한다.
1) 층수가 5층 이상으로서 연면적 6천m² 이상인 경우에는 모든 층
2) 1)에 해당하지 않는 특정소방대상물로서 지하층을 포함하는 층수가 7층 이상인 경우에는 모든 층

[영 별표 4] ❶ 5층

소방시설 설치 및 관리에 관한 법률	소방시설 설치 및 관리에 관한 법률 시행령	소방시설 설치 및 관리에 관한 법률 시행규칙

3) 1) 및 2)에 해당하지 않는 특정소방대상물로서 지하층의 층수가 3층 이상이고 지하층의 바닥면적의 합계가 1천㎡ 이상인 경우에는 모든 층
4) 지하가 중 터널로서 길이가 1천m 이상인 것

다. 연결살수설비를 설치해야 하는 특정소방대상물(지하구는 제외한다)은 다음의 어느 하나에 해당하는 것으로 한다.
1) 판매시설, 운수시설, 창고시설 중 물류터미널로서 해당 용도로 사용되는 부분의 바닥면적의 합계가 1천㎡ 이상인 경우에는 해당 시설
2) 지하층(피난층으로 주된 출입구가 도로와 접한 경우는 제외한다)으로서 바닥면적의 합계가 150㎡ 이상인 경우에는 지하층의 모든 층. 다만, 「주택법 시행령」 제46조 제1항에 따른 국민주택규모 이하인 아파트등의 지하층(대피시설로 사용하는 것만 해당한다)과 교육연구시설 중 학교의 지하층의 경우에는 700㎡ 이상인 것으로 한다.
3) 가스시설 중 지상에 노출된 탱크의 용량이 30톤 이상인 탱크시설
4) 1) 및 2)의 특정소방대상물에 부속된 연결통로

라. 비상콘센트설비를 설치해야 하는 특정소방대상물(위험물 저장 및 처리 시설 중 가스시설 및 지하구는 제외한다)은 다음의 어느 하나에 해당하는 것으로 한다.
1) 층수가 11층 이상인 특정소방대상물의 경우에는 11층 이상의 층
2) 지하층의 층수가 3층 이상이고 지하층의 바닥면적의 합계가 1천㎡ 이상인 것은 지하층의 모든 층
3) 지하가 중 터널로서 길이가 500m 이상인 것

마. 무선통신보조설비를 설치해야 하는 특정소방대상물(위험물 저장 및 처리 시설 중 가스시설은 제외한다)은 다음의 어느 하나에 해당하는 것으로 한다.
1) 지하가(터널은 제외한다)로서 연면적 1천㎡ 이상인 것
2) 지하층의 바닥면적의 합계가 3천㎡ 이상인 것 또는 지하층의 층수가 3층 이상이고 지하층의 바닥면적의 합계가 1천㎡ 이상인 것은 지하층의 모든 층
3) 지하가 중 터널로서 길이가 500m 이상인 것
4) 지하구 중 공동구
5) 층수가 30층 이상인 것으로서 16층 이상 부분의 모든 층

바. 연소방지설비는 지하구(전력 또는 통신사업용인 것만 해당한다)에 설치해야 한다.

암기법
공: 소자탐감유연
자: 소자탐감유연
노: 간자단
의: 간자자스

소방시설 설치 및 관리에 관한 법률	소방시설 설치 및 관리에 관한 법률 시행령	소방시설 설치 및 관리에 관한 법률 시행규칙

소방시설 설치 및 관리에 관한 법률

제13조【소방시설기준 적용의 특례】 ① 소방본부장이나 소방서장은 제12조 제1항 전단에 따른 대통령령 또는 화재안전기준이 변경되어 그 기준이 강화되는 경우 기존의 특정소방대상물(건축물의 신축·개축·재축·이전 및 대수선 중인 특정소방대상물을 포함한다)의 소방시설에 대하여는 변경 전의 대통령령 또는 화재안전기준을 적용한다. 다만, 다음 각 호의 어느 하나에 해당하는 소방시설의 경우에는 대통령령 또는 화재안전기준의 변경으로 ❶ 을 적용할 수 있다.

1. 다음 각 목의 소방시설 중 대통령령 또는 화재안전기준으로 정하는 것
   가. 소화기구
   나. 비상경보설비
   다. 자동화재탐지설비
   라. 자동화재속보설비
   마. 피난구조설비
2. 다음 각 목의 특정소방대상물에 설치하는 소방시설 중 대통령령 또는 화재안전기준으로 정하는 것
   가. 「국토의 계획 및 이용에 관한 법률」 제2조 제9호에 따른 공동구
   나. 전력 및 통신사업용 지하구
   다. 노유자(老幼者) 시설
   라. ❷

암기법
소경탐속구
공구노료

② 소방본부장이나 소방서장은 특정소방대상물에 설치하여야 하는 소방시설 가운데 기능과 성능이 유사한 스프링클러설비, 물분무등 소화설비, 비상경보설비 및 비상방송설비 등의 소방시설의 경우에는 대통령령으로 정하는 바에 따라 유사한 소방시설의 설치를 면제할 수 있다.

소방시설 설치 및 관리에 관한 법률 시행령

제13조【강화된 소방시설기준의 적용대상】 법 제13조 제1항 제2호 각 목 외의 부분에서 "대통령령으로 정하는 것"이란 다음 각 호의 소방시설을 말한다.

1. 「국토의 계획 및 이용에 관한 법률」 제2조 제9호에 따른 공동구에 설치하는 소화기, 자동소화장치, 자동화재탐지설비, ❶ , 유도등 및 연소방지설비
2. 전력 및 통신사업용 지하구에 설치하는 소화기, 자동소화장치, 자동화재탐지설비, 통합감시시설, 유도등 및 연소방지설비
3. 노유자 시설에 설치하는 간이스프링클러설비, 자동화재탐지설비 및 ❷
4. 의료시설에 설치하는 스프링클러설비, 간이스프링클러설비, 자동화재탐지설비 및 자동화재속보설비

제14조【유사한 소방시설의 설치 면제의 기준】 법 제13조 제2항에 따라 소방본부장 또는 소방서장은 특정소방대상물에 설치해야 하는 소방시설 가운데 기능과 성능이 유사한 소방시설의 설치를 면제하려는 경우에는 별표 5의 기준에 따른다.

제15조【특정소방대상물의 증축 또는 용도변경 시의 소방시설기준 적용의 특례】 ① 법 제13조 제3항에 따라 소방본부장 또는 소방서장은 특정소방대상물이 증축되는 경우에는 기존 부분을 포함한 특정소방대상물의 전체에 대하여 증축 당시의 소방시설의 설치에 관한 대통령령 또는 화재안전기준을 적용해야 한다. 다만, 다음 각 호의 어느 하나에 해당하는 경우에는 기존 부분에 대해서는 증축 당시의 소방시설의 설치에 관한 대통령령 또는 화재안전기준을 적용하지 않는다.

소방시설 설치 및 관리에 관한 법률 시행규칙

강화된 소방시설기준의 적용대상

특정소방대상물	소방시설
공동구	소화기, 자동소화장치, 자동화재탐지설비, 통합감시시설, 유도등 및 연소방지설비
전력·통신사업용 지하구	소화기, 자동소화장치, 자동화재탐지설비, 통합감시시설, 유도등 및 연소방지설비
노유자시설	간이스프링클러설비, 자동화재탐지설비 및 단독경보형 감지기
의료시설	간이스프링클러설비, 자동화재탐지설비, 자동화재속보설비 및 스프링클러설비

<제13조> ❶ 강화된 기준 ❷ 의료시설

<제13조> ❶ 통합감시시설 ❷ 단독경보형감지기

소방시설 설치 및 관리에 관한 법률

③ 소방본부장이나 소방서장은 기존의 특정소방대상물이 증축되거나 용도변경되는 경우에는 대통령령으로 정하는 바에 따라 증축 또는 용도변경 당시의 소방시설의 설치에 관한 대통령령 또는 화재안전기준을 적용한다.

④ 다음 각 호의 어느 하나에 해당하는 특정소방대상물 가운데 대통령령으로 정하는 특정소방대상물에는 제12조 제1항 전단에도 불구하고 대통령령으로 정하는 소방시설을 설치하지 아니할 수 있다.

1. 화재 위험도가 낮은 특정소방대상물
2. 화재안전기준을 적용하기 어려운 특정소방대상물
3. 화재안전기준을 다르게 적용하여야 하는 특수한 용도 또는 구조를 가진 특정소방대상물
4. 「위험물안전관리법」 제19조에 따른 자체소방대가 설치된 특정소방대상물

⑤ 제4항 각 호의 어느 하나에 해당하는 특정소방대상물에 구조 및 원리 등에서 공법이 특수한 설계로 인정된 소방시설을 설치하는 경우에는 제18조 제1항에 따른 중앙소방기술심의위원회의 심의를 거쳐 제12조 제1항 전단에 따른 화재안전기준을 적용하지 아니할 수 있다.

소방시설 설치 및 관리에 관한 법률 시행령

1. 기존 부분과 증축 부분이 내화구조(耐火構造)로 된 바닥과 벽으로 구획된 경우
2. 기존 부분과 증축 부분이 「건축법 시행령」 제46조 제1항 제2호에 따른 자동방화셔터(이하 "자동방화셔터"라 한다) 또는 같은 영 제64조 제1항 제1호에 따른 60분+ 방화문(이하 "60분+ 방화문"이라 한다)으로 구획되어 있는 경우
3. 자동차 생산공장 등 화재 위험이 낮은 특정소방대상물 내부에 연면적 33제곱미터 이하의 직원 휴게실을 증축하는 경우
4. 자동차 생산공장 등 화재 위험이 낮은 특정소방대상물에 캐노피(기둥으로 받치거나 매달아 놓은 덮개를 말하며, 3면 이상에 벽이 없는 구조의 것을 말한다)를 설치하는 경우

② 법 제13조 제3항에 따라 소방본부장 또는 소방서장은 특정소방대상물이 용도변경되는 경우에는 용도변경되는 부분에 대해서만 용도변경 당시의 소방시설의 설치에 관한 대통령령 또는 화재안전기준을 적용한다. 다만, 다음 각 호의 어느 하나에 해당하는 경우에는 특정소방대상물 전체에 대하여 용도변경 전에 해당 특정소방대상물에 적용되던 소방시설의 설치에 관한 대통령령 또는 화재안전기준을 적용한다.

1. 특정소방대상물의 구조·설비가 화재연소 확대 요인이 적어지거나 피난 또는 화재진압활동이 쉬워지도록 변경되는 경우
2. 용도변경으로 인하여 천장·바닥·벽 등에 고정되어 있는 가연성 물질의 양이 줄어드는 경우

제16조【소방시설을 설치하지 않을 수 있는 특정소방대상물의 범위】 법 제13조 제4항에 따라 소방시설을 설치하지 않을 수 있는 특정소방대상물 및 소방시설의 범위는 별표 6과 같다.

소방시설 설치 및 관리에 관한 법률 시행규칙

암기법
낮: 외
적: 스상 / 자상
알송달: 송
자: 내용송 + 연결살수설비

[영 별표 4] 소방시설을 설치하지 아니하는 특정소방대상물의 범위

구분	특정소방대상물	소방시설
1. 화재 위험도가 낮은 특정소방대상물	석재, 불연성금속, 불연성 건축재료 등의 가공공정 · 기계조립공장 · 불연성 물품을 저장하는 창고	옥외소화전 및 연결살수설비
2. 화재안전기준을 적용하기 어려운 특정소방대상물	펄프 공장의 작업장, 음료수 공장의 세정 또는 충전을 하는 작업장	스프링클러설비, 상수도소화용수설비 및 연결살수설비
	정수장, 수영장, 목욕장, 농예 · 축산 · 어류양식용 시설	자동화재탐지설비, 상수도소화용수설비 및 연결살수설비
3. 화재안전기준을 달리 적용하여야 하는 특정소방대상물	원자력발전소, 중 · 저준위 방사성 폐기물의 저장시설	연결송수관설비 및 연결살수설비
4. 자체소방대	자체소방대에 설치된 제조소등에 부속된 사무실	옥내소화전설비, 소화용수설비, 연결살수설비 및 ❶

[영 별표 5] 유사한 소방시설의 설치 면제의 기준

1. 소방시설

설치가 면제되는 소방시설	설치면제 기준(화재안전기준에 적합하게 설치한 경우 유효범위에서 설치가 면제된다)
① 자동소화장치	자동소화장치(주거용 주방자동소화장치 제외)를 설치하여야 경우: 물분무등소화설비
② 옥내소화전설비	소방본부장 또는 소방서장이 옥내소화전설비의 설치가 곤란하다고 인정하는 경우: 호스릴 방식의 미분무소화설비 또는 옥외소화전설비
③ 스프링클러설비	자동소화장치 및 물분무등소화설비(발전시설 중 전기저장시설 제외)
④ 간이스프링클러설비 24. 공채 · 경채	스프링클러설비, 물분무소화설비 또는 미분무소화설비
⑤ 물분무등소화설비	차고 · 주차장에 스프링클러설비
⑥ 옥외소화전설비	보물 또는 국보로 지정된 문화재인 목조문화재에 상수도 소화용수설비(방수압력 · 방수량 · 옥외소화전함 및 호스의 기준)

[영 별표 4] ❶ 연결송수관설비

소방시설 설치 및 관리에 관한 법률	소방시설 설치 및 관리에 관한 법률 시행령	소방시설 설치 및 관리에 관한 법률 시행규칙

2. 경보설비

설치가 면제되는 소방시설	설치면제 기준
① 비상경보설비	단독경보형 감지기를 2개 이상의 단독경보형 감지기와 연동하여 설치하는 경우
② 비상경보설비 또는 단독경보형 감지기	자동화재탐지설비 또는 화재알림설비
③ 자동화재탐지설비	자동화재탐지설비의 기능(감지·수신·경보기능)과 성능을 가진 화재알림설비, 스프링클러설비 또는 물분무등소화설비
④ 화재알림설비	자동화재탐지설비
⑤ 비상방송설비	자동화재탐지설비 또는 비상경보설비와 같은 수준 이상의 음향을 발하는 장치를 부설한 방송설비
⑥ 자동화재속보설비	화재알림설비
⑦ 누전경보기	아크경보기 또는 전기 관련 법령에 따른 지락차단장치

암기법

소화설비	경보설비
자: 물(쇠) 내: 호미 외 간: 스 물 미 물: 차 스 외: 상	비: 단 경: 자 일 자: 알 스 물 알: 자 방: 자 경 속: 알

소화활동설비	피난구조설비
송: 내 스 간 살 살: 스 간 물 미 소: 스 물 미	조 구 통

3. 피난구조설비

설치가 면제되는 소방시설	설치면제 기준
① 피난구조설비	위치·구조 또는 설비의 상황에 따라 피난상 지장이 없다고 인정되는 경우
② 비상조명등	피난구유도등 또는 통로유도등

4. 소화용수설비

설치가 면제되는 소방시설	설치면제 기준
① 상수도소화용수 설비	가. 각 부분으로부터 수평거리 140미터 이내에 공공의 소방을 위한 소화전 나. 소방본부장 또는 소방서장이 상수도소화용수설비의 설치가 곤란하다고 인정하는 경우: 소화수조 또는 저수조

5. 소화활동설비

설치가 면제되는 소방시설	설치면제 기준
① 제연설비	가. 제연설비를 설치하여야 하는 특정소방대상물[별표 4 제5호 가목 6)은 제외한다](공기조화설비, 제연경계구역 바닥면적의 100분의 1 이상이고 배출구 수평거리 30m 이내) 나. 별표 4 제5호 가목 6)에 따라 제연설비를 설치하여야 하는 특정소방대상물 중 노대(露臺)와 연결된 특별피난계단, 노대가 설치된 비상용 승강기의 승강장 또는 배연설비가 설치된 피난용 승강기의 승강장에는 설치가 면제된다.
② 연결송수관설비	가. 옥외에 연결송수구 및 옥내에 방수구가 부설된 옥내소화전설비, ❶ , 간이스프링클러설비 또는 연결살수설비 나. 다만, 지표면에서 최상층 방수구의 높이가 70미터 이상인 경우에는 설치하여야 한다.
③ 연결살수설비	가. 송수구를 부설한 스프링클러설비, 간이스프링클러설비, 물분무소화설비 또는 미분무소화설비 나. 가스 관계 법령에 따라 설치되는 물분무장치 등에 소방대가 사용할 수 있는 연결송수구가 설치되거나 물분무장치 등에 6시간 이상 공급할 수 있는 수원이 확보된 경우
④ 연소방지설비	스프링클러설비, 물분무소화설비 또는 미분무소화설비를 화재안전기준에 적합하게 설치한 경우
⑤ 무선통신보조설비	이동통신 구내 중계기 선로설비 또는 무선이동중계기 등

소방시설 설치 및 관리에 관한 법률	소방시설 설치 및 관리에 관한 법률 시행령	소방시설 설치 및 관리에 관한 법률 시행규칙
제14조【특정소방대상물별로 설치하여야 하는 소방시설의 정비 등】 ① 제12조 제1항에 따라 대통령령으로 소방시설을 정할 때에는 특정소방대상물의 규모·용도·수용인원 및 이용자 특성 등을 고려하여야 한다. ② ❶ ________ 은 건축 환경 및 화재위험특성 변화사항을 효과적으로 반영할 수 있도록 제1항에 따른 소방시설 규정을 3년에 1회 이상 정비하여야 한다. ③ 소방청장은 건축 환경 및 화재위험특성 변화 추세를 체계적으로 연구하여 제2항에 따른 정비를 위한 개선방안을 마련하여야 한다. ④ 제3항에 따른 연구의 수행 등에 필요한 사항은 행정안전부령으로 정한다.	**제17조【특정소방대상물의 수용인원 산정】** 법 제14조 제1항에 따른 특정소방대상물의 수용인원은 별표 7에 따라 산정한다.	**제18조【소방시설 규정의 정비】** 소방청장은 법 제14조 제3항에 따라 다음 각 호의 연구과제에 대하여 건축 환경 및 화재위험 변화 추세를 체계적으로 연구하여 소방시설 규정의 정비를 위한 개선방안을 마련해야 한다. 1. 공모과제: 공모에 의하여 심의·선정된 과제 2. 지정과제: 소방청장이 필요하다고 인정하여 발굴·기획하고, 주관 연구기관 및 주관 연구책임자를 지정하는 과제

특정소방대상물의 수용인원 산정

1. 숙박시설이 있는 특정소방대상물
   가. 침대가 있는 숙박시설: 해당 특정소방방물의 종사자 수에 침대 수(2인용 침대는 2개로 산정한다)를 합한 수
   나. 침대가 없는 숙박시설: 해당 특정소방대상물의 종사자 수에 숙박시설 바닥면적의 합계를 3㎡로 나누어 얻은 수를 합한 수
2. 숙박시설 외의 특정소방대상물
   가. 강의실·교무실·상담실·실습실·휴게실 용도로 쓰이는 특정소방대상물: 해당 용도로 사용하는 바닥면적의 합계를 1.9㎡로 나누어 얻은 수
   나. 강당, 문화 및 집회시설, 운동시설, 종교시설: 해당 용도로 사용하는 바닥면적의 합계를 4.6㎡로 나누어 얻은 수(관람석이 있는 경우 고정식 의자를 설치한 부분은 그 부분의 의자 수로 하고, 긴 의자의 경우에는 의자의 정면너비를 0.45m로 나누어 얻은 수로 한다)
   다. 그 밖의 특정소방대상물: 해당 용도로 사용하는 바닥면적의 합계를 3㎡로 나누어 얻은 수

비고
1. 위 표에서 바닥면적을 산정할 때에는 복도(「건축법 시행령」 제2조 제11호에 따른 준불연재료 이상의 것을 사용하여 바닥에서 천장까지 벽으로 구획한 것을 말한다), 계단 및 화장실의 바닥면적을 포함하지 않는다.
2. 계산 결과 소수점 이하의 수는 반올림한다.

<제14조> ❶ 소방청장

[영 별표 5] ❶ 스프링클러설비

소방시설 설치 및 관리에 관한 법률

제15조【건설현장의 임시소방시설 설치 및 관리】 ①「건설산업기본법」 제2조 제4호에 따른 건설공사를 하는 자(이하 "공사시공자"라 한다)는 특정소방대상물의 신축·증축·개축·재축·이전·용도변경·대수선 또는 설비 설치 등을 위한 공사 현장에서 인화성(引火性) 물품을 취급하는 작업 등 대통령령으로 정하는 작업(이하 "화재위험작업"이라 한다)을 하기 전에 설치 및 철거가 쉬운 화재대비시설(이하 "임시소방시설"이라 한다)을 설치하고 관리하여야 한다. ▶3백(과)

② 제1항에도 불구하고 소방시설공사업자가 화재위험작업 현장에 소방시설 중 임시소방시설과 기능 및 성능이 유사한 것으로서 대통령령으로 정하는 소방시설을 화재안전기준에 맞게 설치 및 관리하고 있는 경우에는 공사시공자가 임시소방시설을 설치하고 관리한 것으로 본다.

③ 소방본부장 또는 소방서장은 제1항이나 제2항에 따라 임시소방시설 또는 소방시설이 설치 및 관리되지 아니할 때에는 해당 공사시공자에게 필요한 조치를 명할 수 있다. ▶3년/3천(벌)

④ 제1항에 따라 임시소방시설을 설치하여야 하는 공사의 종류와 규모, 임시소방시설의 종류 등에 필요한 사항은 ❶ 으로 정하고, 임시소방시설의 설치 및 관리 기준은 소방청장이 정하여 고시한다.

제16조【피난시설, 방화구획 및 방화시설의 관리】 ① 특정소방대상물의 관계인은 「건축법」 제49조에 따른 피난시설, 방화구획 및 방화시설에 대하여 정당한 사유가 없는 한 다음 각 호의 행위를 하여서는 아니 된다. ▶3백(과)

1. 피난시설, 방화구획 및 방화시설을 폐쇄하거나 훼손하는 등의 행위

소방시설 설치 및 관리에 관한 법률 시행령

제18조【화재위험작업 및 임시소방시설 등】 ① 법 제15조 제1항에서 "인화성(引火性) 물품을 취급하는 작업 등 대통령령으로 정하는 작업"이란 다음 각 호의 어느 하나에 해당하는 작업을 말한다.

1. 인화성·가연성·폭발성 물질을 취급하거나 가연성 가스를 발생시키는 작업
2. 용접·용단(금속·유리·플라스틱 따위를 녹여서 절단하는 일을 말한다) 등 불꽃을 발생시키거나 화기(火氣)를 취급하는 작업
3. 전열기구, 가열전선 등 열을 발생시키는 기구를 취급하는 작업
4. 알루미늄, 마그네슘 등을 취급하여 ❶ 부유분진(공기 중에 떠다니는 미세한 입자를 말한다)을 발생시킬 수 있는 작업
5. 그 밖에 제1호부터 제4호까지와 비슷한 작업으로 소방청장이 정하여 고시하는 작업

② 법 제15조 제1항에 따른 임시소방시설(이하 "임시소방시설"이라 한다)의 종류와 임시소방시설을 설치해야 하는 공사의 종류 및 규모는 별표 8 제1호 및 제2호와 같다.

③ 법 제15조 제2항에 따른 임시소방시설과 기능 및 성능이 유사한 소방시설은 별표 8 제3호와 같다.

소방시설 설치 및 관리에 관한 법률 시행규칙

[영 별표 8] 임시소방시설 설치 대상 공사의 종류와 규모

종류	임시소방시설 설치 대상 공사의 종류와 규모
소화기	건축허가 등을 할 때 소방본부장 또는 소방서장의 동의를 받아야 하는 특정소방대상물의 건축·대수선·용도변경 또는 설치 등을 위한 공사 중 화재위험작업 현장
간이소화장치	• 연면적 3천제곱미터 이상 • 지하층, 무창층 또는 4층 이상의 층. 해당 층 바닥면적 600제곱미터 이상
비상경보장치	• 연면적 400제곱미터 이상 • 지하층·무창층. 해당 층 바닥면적 150제곱미터 이상
가스누설경보기	바닥면적 150제곱미터 이상 지하층·무창층 작업현장
간이피난유도선	바닥면적 150제곱미터 이상 지하층·무창층 작업현장
비상조명등	바닥면적 150제곱미터 이상 지하층·무창층 작업현장
방화포	용접·용단 작업이 진행되는 모든 작업장

소방시설 설치 및 관리에 관한 법률

2. 피난시설, 방화구획 및 방화시설의 주위에 물건을 쌓아두거나 장애물을 설치하는 행위
3. 피난시설, 방화구획 및 방화시설의 용도에 장애를 주거나 「소방기본법」 제16조에 따른 소방활동에 지장을 주는 행위
4. 그 밖에 피난시설, 방화구획 및 방화시설을 변경하는 행위

② 소방본부장이나 소방서장은 특정소방대상물의 관계인이 제1항 각 호의 어느 하나에 해당하는 행위를 한 경우에는 피난시설, 방화구획 및 방화시설의 관리를 위하여 필요한 조치를 명할 수 있다. ▶ **3년/3천(벌)**

제17조【소방용품의 내용연수 등】 ① 특정소방대상물의 관계인은 내용연수가 경과한 소방용품을 교체하여야 한다. 이 경우 내용연수를 설정하여야 하는 소방용품의 종류 및 그 내용연수 연한에 필요한 사항은 대통령령으로 정한다.

② 제1항에도 불구하고 행정안전부령으로 정하는 절차 및 방법 등에 따라 소방용품의 성능을 확인받은 경우에는 그 사용기한을 연장할 수 있다.

소방시설 설치 및 관리에 관한 법률 시행령

제19조【내용연수 설정대상 소방용품】 ① 법 제17조 제1항 후단에 따라 내용연수를 설정해야 하는 소방용품은 ❷ 의 소화약제를 사용하는 소화기로 한다.

② 제1항에 따른 소방용품의 내용연수는 10년으로 한다. 24. 경채

소방시설 설치 및 관리에 관한 법률 시행규칙

[영 별표 8] 임시소방시설과 기능 및 성능이 유사한 소방시설로서 임시소방시설을 설치한 것으로 보는 소방시설

종류	임시소방시설 설치 대상 공사의 종류와 규모
간이소화장치	소방청장이 정하여 고시하는 기준에 맞는 소화기(연결송수관설비의 방수구 인근에 설치한 경우로 한정한다) 또는 옥내소화전설비
비상경보장치	비상방송설비 또는 자동화재탐지설비
간이피난유도선	피난유도선, 피난구유도등, 통로유도등 또는 비상조명등

<제15조> ❶ 대통령령

<제18조> ❶ 폭발성
<제19조> ❷ 분말형태

소방시설 설치 및 관리에 관한 법률

제18조【소방기술심의위원회】 ① 다음 각 호의 사항을 심의하기 위하여 소방청에 중앙소방기술심의위원회(이하 "중앙위원회"라 한다)를 둔다.

1. 화재안전기준에 관한 사항
2. 소방시설의 구조 및 원리 등에서 공법이 특수한 설계 및 시공에 관한 사항
3. 소방시설의 설계 및 공사감리의 방법에 관한 사항
4. 소방시설공사의 하자를 판단하는 ❶ 에 관한 사항
5. 제8조 제5항 단서에 따라 신기술·신공법 등 검토·평가에 고도의 기술이 필요한 경우로서 중앙위원회에 심의를 요청한 사항
6. 그 밖에 소방기술 등에 관하여 대통령령으로 정하는 사항

② 다음 각 호의 사항을 심의하기 위하여 시·도에 지방소방기술심의위원회(이하 "지방위원회"라 한다)를 둔다.

1. 소방시설에 하자가 있는지의 ❷ 에 관한 사항
2. 그 밖에 소방기술 등에 관하여 대통령령으로 정하는 사항

③ 중앙위원회 및 지방위원회의 구성·운영 등에 필요한 사항은 대통령령으로 정한다.

소방시설 설치 및 관리에 관한 법률 시행령

제20조【소방기술심의위원회의 심의사항】 ① 법 제18조 제1항 제6호에서 "대통령령으로 정하는 사항"이란 다음 각 호의 사항을 말한다.

1. 연면적 ❶ 이상의 특정소방대상물에 설치된 소방시설의 설계·시공·감리의 하자 유무에 관한 사항
2. 새로운 소방시설과 소방용품 등의 도입 여부에 관한 사항
3. 그 밖에 소방기술과 관련하여 소방청장이 소방기술심의위원회의 심의에 부치는 사항

② 법 제18조 제2항 제2호에서 "대통령령으로 정하는 사항"이란 다음 각 호의 사항을 말한다.

1. 연면적 10만제곱미터 미만의 특정소방대상물에 설치된 소방시설의 설계·시공·감리의 하자 유무에 관한 사항
2. 소방본부장 또는 소방서장이 「위험물안전관리법」 제2조 제1항 제6호에 따른 제조소등(이하 "제조소등"이라 한다)의 시설기준 또는 화재안전기준의 적용에 관하여 기술검토를 요청하는 사항
3. 그 밖에 소방기술과 관련하여 특별시장·광역시장·특별자치시장·도지사 또는 특별자치도지사(이하 "시·도지사"라 한다)가 소방기술심의위원회의 의에 부치는 사항

소방시설 설치 및 관리에 관한 법률 시행규칙

소방시설 설치 및 관리에 관한 법률	소방시설 설치 및 관리에 관한 법률 시행령	소방시설 설치 및 관리에 관한 법률 시행규칙

제21조【소방기술심의위원회의 구성 등】 ① 법 제18조 제1항에 따른 중앙소방기술심의위원회(이하 "중앙위원회"라 한다)는 위원장을 포함하여 60명 이내의 위원으로 성별을 고려하여 구성한다.

② 법 제18조 제2항에 따른 지방소방기술심의위원회(이하 "지방위원회"라 한다)는 위원장을 포함하여 ❷ 의 위원으로 구성한다.

③ 중앙위원회의 회의는 위원장과 위원장이 회의마다 지정하는 6명 이상 12명 이하의 위원으로 구성한다.

④ 중앙위원회는 분야별 소위원회를 구성·운영할 수 있다.

소방시설 설치 및 관리에 관한 법률 시행령

제22조【위원의 임명·위촉】 ① 중앙위원회의 위원은 과장급 직위 이상의 소방공무원과 다음 각 호의 어느 하나에 해당하는 사람 중에서 소방청장이 임명하거나 성별을 고려하여 위촉한다.

1. 소방기술사
2. 석사 이상의 소방 관련 학위를 소지한 사람
3. 소방시설관리사
4. 소방 관련 법인·단체에서 소방 관련 업무에 5년 이상 종사한 사람
5. 소방공무원 교육기관, 대학교 또는 연구소에서 소방과 관련된 교육이나 연구에 5년 이상 종사한 사람

② 지방위원회의 위원은 해당 시·도 소속 소방공무원과 제1항 각 호의 어느 하나에 해당하는 사람 중에서 시·도지사가 임명하거나 성별을 고려하여 위촉한다.

③ 중앙위원회의 위원장은 소방청장이 해당 위원 중에서 위촉하고, 지방위원회의 위원장은 시·도지사가 해당 위원 중에서 위촉한다.

④ 중앙위원회 및 지방위원회의 위원 중 위촉위원의 임기는 2년으로 하되, 한 차례만 연임할 수 있다.

제23조【위원장 및 위원의 직무】 ① 중앙위원회 및 지방위원회(이하 "위원회"라 한다)의 각 위원장(이하 "위원장"이라 한다)은 각각 위원회의 회의를 소집하고 그 의장이 된다.

② 위원장이 부득이한 사유로 직무를 수행할 수 없을 때에는 위원장이 지정한 위원이 그 직무를 대리한다.

소방기술심의위원회의 비교

구분	중앙위원회	지방위원회
설치기관	소방청	시·도 및 특별자치도
위원회 구성	• 위원장 포함 60명 이내(성별 고려하여 구성) • 회의: 위원장과 6명 이상 12명 이하 위원으로 구성	위원장 포함 5~9명 위원으로 구성
심의사항 (법)	• 화재안전기준 • 소방시설 - 공법이 특수한 설계·시공 • 소방시설 설계 및 공사감리 방법 • 소방시설공사의 하자 판단 기준 • 신기술·신공법 등 검토·평가에 고도의 기술이 필요한 경우 중앙위원회 심의요청한 경우	소방시설에 하자가 있는지의 판단
심의사항 (시행령)	• 연면적 10만제곱미터 이상 - 소방시설 설계·시공·감리의 하자 유무 • 새로운 소방시설과 소방용품 등의 도입 • 소방청장이 심의에 부치는 사항	• 연면적 10만제곱미터 미만 - 소방시설 설계·시공·감리의 하자 유무 • 소·본·소·서 - 시설기준 검토 요청사항 • 시·도지사가 심의에 부치는 사항

<제18조> ❶ 기준 ❷ 판단

<제20조> ❶ 10만제곱미터
<제21조> ❷ 5명 이상 9명 이하

소방시설 설치 및 관리에 관한 법률	소방시설 설치 및 관리에 관한 법률 시행령	소방시설 설치 및 관리에 관한 법률 시행규칙

제24조【위원의 제척·기피·회피】 ① 위원회의 위원(이하 "위원"이라 한다)이 다음 각 호의 어느 하나에 해당하는 경우에는 위원회의 심의·의결에서 제척(除斥)된다.

1. 위원 또는 그 배우자나 배우자였던 사람이 해당 안건의 당사자(당사자가 법인·단체 등인 경우에는 그 임원을 포함한다. 이하 이 호 및 제2호에서 같다)가 되거나 그 안건의 당사자와 공동권리자 또는 공동의무자인 경우
2. 위원이 해당 안건의 당사자와 친족인 경우
3. 위원이 해당 안건에 관하여 증언, 진술, 자문, 연구, 용역 또는 감정을 한 경우
4. 위원이나 위원이 속한 법인·단체 등이 해당 안건의 당사자의 대리인이거나 대리인이었던 경우

② 당사자는 제1항에 따른 제척사유가 있거나 위원에게 공정한 심의·의결을 기대하기 어려운 사정이 있는 경우에는 위원회에 기피신청을 할 수 있고, 위원회는 의결로 기피 여부를 결정한다. 이 경우 기피신청의 대상인 위원은 그 의결에 참여하지 못한다.

③ 위원이 제1항 또는 제2항의 사유에 해당하는 경우에는 스스로 해당 안건의 심의·의결에서 회피(回避)해야 한다.

제25조【위원의 해임·해촉】 소방청장 또는 시·도지사는 위원이 다음 각 호의 어느 하나에 해당하는 경우에는 해당 위원을 해임하거나 해촉(解囑)할 수 있다.

1. 심신장애로 직무를 수행할 수 없게 된 경우
2. 직무와 관련된 비위사실이 있는 경우
3. 직무태만, 품위손상이나 그 밖의 사유로 위원으로 적합하지 않다고 인정되는 경우
4. 제24조 제1항 각 호의 어느 하나에 해당하는 데도 불구하고 회피하지 않은 경우
5. 위원 스스로 직무를 수행하기 어렵다는 의사를 밝히는 경우

제26조【시설 등의 확인 및 의견청취】 소방청장 또는 시·도지사는 위원회의 원활한 운영을 위하여 필요하다고 인정하는 경우 위원회 위원으로 하여금 관련 시설 등을 확인하게 하거나 해당 분야의 전문가 또는 이해관계자 등으로부터 의견을 청취하게 할 수 있다.

제27조【위원의 수당】 위원회의 위원에게는 예산의 범위에서 수당, 여비, 그 밖에 필요한 경비를 지급할 수 있다. 다만, 공무원이 그 소관 업무와 직접 관련하여 출석하는 경우에는 그렇지 않다.

제28조【운영세칙】 이 영에서 정한 것 외에 위원회의 운영에 필요한 사항은 소방청장 또는 시·도지사가 정한다.

소방시설 설치 및 관리에 관한 법률	소방시설 설치 및 관리에 관한 법률 시행령	소방시설 설치 및 관리에 관한 법률 시행규칙
제19조 【화재안전기준의 관리 · 운영】 소방청장은 화재안전기준을 효율적으로 관리 · 운영하기 위하여 다음 각 호의 업무를 수행하여야 한다. 1. 화재안전기준의 제정 · 개정 및 운영 2. 화재안전기준의 연구 · 개발 및 보급 3. 화재안전기준의 검증 및 평가 4. 화재안전기준의 정보체계 구축 5. 화재안전기준에 대한 교육 및 홍보 6. 국외 화재안전기준의 제도 · 정책 동향 조사 · 분석 7. 화재안전기준 발전을 위한 국제협력 8. 그 밖에 화재안전기준 발전을 위하여 대통령령으로 정하는 사항	**제29조 【화재안전기준의 관리 · 운영】** 법 제19조 제8호에서 "대통령령으로 정하는 사항"이란 다음 각 호의 사항을 말한다. 1. 화재안전기준에 대한 자문 2. 화재안전기준에 대한 해설서 제작 및 보급 3. 화재안전에 관한 국외 신기술 · 신제품의 조사 · 분석 4. 그 밖에 화재안전기준의 발전을 위하여 소방청장이 필요하다고 인정하는 사항 **제48조 【권한 또는 업무의 위임 · 위탁 등】** ① 소방청장은 법 제50조 제1항에 따라 화재안전기준 중 기술기준에 대한 법 제19조 각 호에 따른 관리 · 운영 권한을 국립소방연구원장에게 위임한다.	

소방시설 설치 및 관리에 관한 법률	소방시설 설치 및 관리에 관한 법률 시행령	소방시설 설치 및 관리에 관한 법률 시행규칙
제3절 방염		

소방시설 설치 및 관리에 관한 법률

제20조【특정소방대상물의 방염 등】 ① 대통령령으로 정하는 특정소방대상물에 실내장식 등의 목적으로 설치 또는 부착하는 물품으로서 대통령령으로 정하는 물품(이하 "방염대상물품"이라 한다)은 방염성능기준 이상의 것으로 설치하여야 한다. ▶**3백(과)**

② 소방본부장 또는 소방서장은 방염대상물품이 제1항에 따른 방염성능기준에 미치지 못하거나 제21조 제1항에 따른 방염성능검사를 받지 아니한 것이면 특정소방대상물의 관계인에게 방염대상물품을 제거하도록 하거나 방염성능검사를 받도록 하는 등 필요한 조치를 명할 수 있다. ▶**3년/3천(벌)**

③ 제1항에 따른 방염성능기준은 ❶ 으로 정한다.

소방시설 설치 및 관리에 관한 법률 시행령

제30조【방염성능기준 이상의 실내장식물 등을 설치해야 하는 특정소방대상물】 법 제20조 제1항에서 "대통령령으로 정하는 특정소방대상물"이란 다음 각 호의 것을 말한다.

1. 근린생활시설 중 의원, 조산원, 산후조리원, 체력단련장, 공연장 및 종교집회장
2. 건축물의 옥내에 있는 다음 각 목의 시설
   가. 문화 및 집회시설
   나. 종교시설
   다. 운동시설(수영장은 제외한다)
3. 의료시설
4. 교육연구시설 중 합숙소
5. 노유자 시설
6. 숙박이 가능한 수련시설
7. 숙박시설
8. 방송통신시설 중 ❶
9. 「다중이용업소의 안전관리에 관한 특별법」 제2조 제1항 제1호에 따른 다중이용업의 영업소(이하 "다중이용업소"라 한다)
10. 제1호부터 제9호까지의 시설에 해당하지 않는 것으로서 층수가 11층 이상인 것(아파트등은 제외한다)

소방시설 설치 및 관리에 관한 법률 시행규칙

암기법

친근한 것(뜰·종·운)
의교합 / 노숙수숙
다방 11층(아제)
(근위병조산체공종)

소방시설 설치 및 관리에 관한 법률 시행령

제31조【방염대상물품 및 방염성능기준】 ① 법 제20조 제1항에서 "대통령령으로 정하는 물품"이란 다음 각 호의 것을 말한다.

1. 제조 또는 가공 공정에서 방염처리를 한 다음 각 목의 물품
   가. 창문에 설치하는 커튼류(블라인드를 포함한다)
   나. 카펫
   다. 벽지류(두께가 ❷ 미만인 종이벽지는 제외한다)
   라. 전시용 합판·목재 또는 섬유판, 무대용 합판·목재 또는 섬유판(합판·목재류의 경우 불가피하게 설치 현장에서 방염처리한 것을 포함한다)

마. 암막·무대막(「영화 및 비디오물의 진흥에 관한 법률」 제2조 제10호에 따른 영화상영관에 설치하는 스크린과 「다중이용업소의 안전관리에 관한 특별법 시행령」 제2조 제7호의4에 따른 가상체험 체육시설업에 설치하는 스크린을 포함한다)

바. 섬유류 또는 합성수지류 등을 원료로 하여 제작된 소파·의자(「다중이용업소의 안전관리에 관한 특별법 시행령」 제2조 제1호 나목 및 같은 조 제6호에 따른 단란주점영업, 유흥주점영업 및 노래연습장업의 영업장에 설치하는 것으로 한정한다)

2. 건축물 내부의 천장이나 벽에 부착하거나 설치하는 다음 각 목의 것. 다만, 가구류(옷장, 찬장, 식탁, 식탁용 의자, 사무용 책상, 사무용 의자, 계산대, 그 밖에 이와 비슷한 것을 말한다. 이하 이 조에서 같다)와 너비 10센티미터 이하인 반자돌림대 등과 「건축법」 제52조에 따른 내부 마감재료는 제외한다.

가. 종이류(두께 2밀리미터 이상인 것을 말한다)·합성수지류 또는 섬유류를 주원료로 한 물품

나. 합판이나 목재

다. 공간을 구획하기 위하여 설치하는 간이 칸막이(접이식 등 이동 가능한 벽체나 천장 또는 반자가 실내에 접하는 부분까지 구획하지 않는 벽체를 말한다)

라. 흡음(吸音)을 위하여 설치하는 흡음재(흡음용 커튼을 포함한다)

마. 방음(防音)을 위하여 설치하는 방음재(방음용 커튼을 포함한다)

② 법 제20조 제3항에 따른 방염성능기준은 다음 각 호의 기준에 따르되, 제1항에 따른 방염대상물품의 종류에 따른 구체적인 방염성능기준은 다음 각 호의 기준의 범위에서 소방청장이 정하여 고시하는 바에 따른다.

1. 버너의 불꽃을 제거한 때부터 불꽃을 올리며 연소하는 상태가 그칠 때까지 시간은 20초 이내일 것
2. 버너의 불꽃을 제거한 때부터 불꽃을 올리지 않고 연소하는 상태가 그칠 때까지 시간은 30초 이내일 것
3. 탄화(炭化)한 면적은 50제곱센티미터 이내, 탄화한 길이는 20센티미터 이내일 것
4. 불꽃에 의하여 완전히 녹을 때까지 불꽃의 접촉 횟수는 3회 이상일 것
5. 소방청장이 정하여 고시한 방법으로 발연량(發煙量)을 측정하는 경우 최대연기밀도는 400 이하일 것

③ 소방본부장 또는 소방서장은 제1항에 따른 방염대상물품 외에 다음 각 호의 물품은 방염처리된 물품을 사용하도록 권장할 수 있다.

1. 다중이용업소, 의료시설, 노유자 시설, 숙박시설 또는 장례식장에서 사용하는 침구류·소파 및 의자
2. 건축물 내부의 천장 또는 벽에 부착하거나 설치하는 가구류

<제20조> ❶ 대통령령

<제30조> ❶ 방송국 및 촬영소
<제31조> ❷ 2밀리미터

소방시설 설치 및 관리에 관한 법률

제21조【방염성능의 검사】 ① 제20조 제1항에 따른 특정소방대상물에 사용하는 방염대상물품은 ❶ 이 실시하는 방염성능검사를 받은 것이어야 한다. 다만, 대통령령으로 정하는 방염대상물품의 경우에는 특별시장·광역시장·특별자치시장·도지사 또는 특별자치도지사(이하 "시·도지사"라 한다)가 실시하는 방염성능검사를 받은 것이어야 한다. ▶ **3백(벌)**

② 「소방시설공사업법」 제4조에 따라 방염처리업의 등록을 한 자는 제1항에 따른 방염성능검사를 할 때에 거짓 시료(試料)를 제출하여서는 아니 된다. ▶ **3백(벌)**

③ 제1항에 따른 방염성능검사의 방법과 검사 결과에 따른 합격 표시 등에 필요한 사항은 행정안전부령으로 정한다.

소방시설 설치 및 관리에 관한 법률 시행령

제32조【시·도지사가 실시하는 방염성능검사】 법 제21조 제1항 단서에서 "대통령령으로 정하는 방염대상물품"이란 다음 각 호의 것을 말한다.

1. 제31조 제1항 제1호 라목의 전시용 합판·목재 또는 무대용 합판·목재 중 설치 현장에서 방염처리를 하는 합판·목재류
2. 제31조 제1항 제2호에 따른 방염대상물품 중 설치 현장에서 방염처리를 하는 합판·목재류

소방시설 설치 및 관리에 관한 법률 시행규칙

벌칙정리

1년 이하의 징역 또는 1천만원 이하의 벌금	제22조 제1항을 위반하여 소방시설등에 대하여 스스로 점검을 하지 아니하거나 관리업자등으로 하여금 정기적으로 점검하게 하지 아니한 자
3백만원 이하의 과태료	• 제22조 제1항 전단을 위반하여 점검능력 평가를 받지 아니하고 점검을 한 관리업자 • 제22조 제1항 후단을 위반하여 관계인에게 점검 결과를 제출하지 아니한 관리업자등 • 제22조 제2항에 따른 점검인력의 배치기준 등 자체점검 시 준수사항을 위반한 자

소방시설 설치 및 관리에 관한 법률	소방시설 설치 및 관리에 관한 법률 시행령	소방시설 설치 및 관리에 관한 법률 시행규칙
제3장 소방시설 등의 자체점검		

소방시설 설치 및 관리에 관한 법률

제3장 소방시설 등의 자체점검

제22조【소방시설 등의 자체점검】 ① 특정소방대상물의 관계인은 그 대상물에 설치되어 있는 소방시설 등이 이 법이나 이 법에 따른 명령 등에 적합하게 설치·관리되고 있는지에 대하여 다음 각 호의 구분에 따른 기간 내에 스스로 점검하거나 제34조에 따른 점검능력 평가를 받은 관리업자 또는 행정안전부령으로 정하는 기술자격자(이하 "관리업자 등"이라 한다)로 하여금 정기적으로 점검(이하 "자체점검"이라 한다)하게 하여야 한다. 이 경우 관리업자 등이 점검한 경우에는 그 점검 결과를 행정안전부령으로 정하는 바에 따라 관계인에게 제출하여야 한다.

▶ **1년/1천(벌), 전단: 3백(과), 후단: 3백(과)**

1. 해당 특정소방대상물의 소방시설 등이 신설된 경우: 「건축법」 제22조에 따라 건축물을 사용할 수 있게 된 날부터 ❷
2. 제1호 외의 경우: 행정안전부령으로 정하는 기간

② 자체점검의 구분 및 대상, 점검인력의 배치기준, 점검자의 자격, 점검 장비, 점검 방법 및 횟수 등 자체점검 시 준수하여야 할 사항은 행정안전부령으로 정한다.

▶ **3백(과)**

③ 제1항에 따라 관리업자 등으로 하여금 자체점검하게 하는 경우의 점검 대가는 「엔지니어링산업 진흥법」 제31조에 따른 엔지니어링사업의 대가 기준 가운데 행정안전부령으로 정하는 방식에 따라 산정한다.

소방시설 설치 및 관리에 관한 법률 시행령

제33조【소방시설등의 자체점검 면제 또는 연기】 ① 법 제22조 제6항 전단에서 "대통령령으로 정하는 사유"란 다음 각 호의 어느 하나에 해당하는 사유를 말한다.

1. 「재난 및 안전관리 기본법」 제3조 제1호에 해당하는 재난이 발생한 경우
2. 경매 등의 사유로 소유권이 변동 중이거나 변동된 경우
3. 관계인의 질병, 사고, 장기출장의 경우
4. 그 밖에 관계인이 운영하는 사업에 부도 또는 도산 등 중대한 위기가 발생하여 자체점검을 실시하기 곤란한 경우

② 법 제22조 제1항에 따른 자체점검(이하 "자체점검"이라 한다)의 면제 또는 연기를 신청하려는 관계인은 행정안전부령으로 정하는 면제 또는 연기신청서에 면제 또는 연기의 사유 및 기간 등을 적어 소방본부장 또는 소방서장에게 제출해야 한다. 이 경우 제1항 제1호에 해당하는 경우에만 면제를 신청할 수 있다.

③ 제2항에 따른 면제 또는 연기의 신청 및 신청서의 처리에 필요한 사항은 행정안전부령으로 정한다.

소방시설 설치 및 관리에 관한 법률 시행규칙

제19조【기술자격자의 범위】 법 제22조 제1항 각 호 외의 부분 전단에서 "행정안전부령으로 정하는 기술자격자"란 「화재의 예방 및 안전관리에 관한 법률」 제24조 제1항 전단에 따라 소방안전관리자(이하 "소방안전관리자"라 한다)로 선임된 소방시설관리사 및 ❶ 를 말한다.

제20조【소방시설등 자체점검의 구분 및 대상 등】 ① 법 제22조 제1항에 따른 자체점검(이하 "자체점검"이라 한다)의 구분 및 대상, 점검자의 자격, 점검 장비, 점검 방법 및 횟수 등 자체점검 시 준수해야 할 사항은 별표 3과 같고, 점검인력의 배치기준은 별표 4와 같다.

② 법 제29조에 따라 소방시설관리업을 등록한 자(이하 "관리업자"라 한다)는 제1항에 따라 자체점검을 실시하는 경우 점검 대상과 점검 인력 배치상황을 점검인력을 배치한 날 이후 자체점검이 끝난 날부터 ❷ 에 법 제50조 제5항에 따라 관리업자에 대한 점검능력 평가 등에 관한 업무를 위탁받은 법인 또는 단체(이하 "평가기관"이라 한다)에 통보해야 한다.

③ 제1항의 자체점검 구분에 따른 점검사항, 소방시설등 점검표, 점검인원 배치상황 통보 및 세부 점검방법 등 자체점검에 필요한 사항은 소방청장이 정하여 고시한다.

제21조【소방시설등의 자체점검 대가】 법 제22조 제3항에서 "행정안전부령으로 정하는 방식"이란 「엔지니어링산업 진흥법」 제31조에 따라 산업통상자원부장관이 고시한 엔지니어링사업의 대가 기준 중 실비정액가산방식을 말한다.

<제21조> ❶ 소방청장
<제22조> ❷ 60일

<제19조> ❶ 소방기술사
<제20조> ❷ 5일 이내

소방시설 설치 및 관리에 관한 법률

④ 제3항에도 불구하고 소방청장은 소방시설 등 자체점검에 대한 품질확보를 위하여 필요하다고 인정하는 경우에는 특정소방대상물의 규모, 소방시설 등의 종류 및 점검인력 등에 따라 관계인이 부담하여야 할 자체점검 비용의 표준이 될 금액(이하 "표준자체점검비"라 한다)을 정하여 공표하거나 관리업자 등에게 이를 소방시설 등 자체점검에 관한 표준가격으로 활용하도록 권고할 수 있다.

⑤ 표준자체점검비의 공표 방법 등에 관하여 필요한 사항은 소방청장이 정하여 고시한다.

⑥ 관계인은 천재지변이나 그 밖에 대통령령으로 정하는 사유로 자체점검을 실시하기 곤란한 경우에는 대통령령으로 정하는 바에 따라 소방본부장 또는 소방서장에게 면제 또는 연기 신청을 할 수 있다. 이 경우 소방본부장 또는 소방서장은 그 면제 또는 연기 신청 승인 여부를 결정하고 그 결과를 관계인에게 알려주어야 한다.

소방시설 설치 및 관리에 관한 법률 시행령

소방시설 설치 및 관리에 관한 법률 시행규칙

제22조【소방시설등의 자체점검 면제 또는 연기 등】 ① 법 제22조 제6항 및 영 제33조 제2항에 따라 자체점검의 면제 또는 연기를 신청하려는 특정소방대상물의 관계인은 자체점검의 실시 만료일 3일 전까지 별지 제7호 서식의 소방시설등의 자체점검 면제 또는 연기신청서(전자문서로 된 신청서를 포함한다)에 자체점검을 실시하기 곤란함을 증명할 수 있는 서류(전자문서를 포함한다)를 첨부하여 소방본부장 또는 소방서장에게 제출해야 한다.

② 제1항에 따른 자체점검의 면제 또는 연기 신청서를 제출받은 소방본부장 또는 소방서장은 면제 또는 연기의 신청을 받은 날부터 3일 이내에 자체점검의 면제 또는 연기 여부를 결정하여 별지 제8호 서식의 자체점검 면제 또는 연기 신청 결과 통지서를 면제 또는 연기 신청을 한 자에게 통보해야 한다.

[규칙 별표 3] 소방시설등 자체점검의 구분 및 대상, 점검자의 자격, 점검 장비, 점검 방법 및 횟수 등 자체점검 시 준수해야할 사항

1. 소방시설등에 대한 자체점검은 다음과 같이 구분한다.
   가. 작동점검: 소방시설등을 인위적으로 조작하여 소방시설이 정상적으로 작동하는지를 소방청장이 정하여 고시하는 소방시설등 작동점검표에 따라 점검하는 것을 말한다.
   나. 종합점검: 소방시설등의 작동점검을 포함하여 소방시설등의 설비별 주요 구성 부품의 구조기준이 화재안전기준과 「건축법」 등 관련 법령에서 정하는 기준에 적합한 지 여부를 소방청장이 정하여 고시하는 소방시설등 종합점검표에 따라 점검하는 것을 말하며, 다음과 같이 구분한다.
      1) 최초점검: 법 제22조 제1항 제1호에 따라 소방시설이 새로 설치되는 경우 「건축법」 제22조에 따라 건축물을 사용할 수 있게 된 날부터 60일 이내 점검하는 것을 말한다.
      2) 그 밖의 종합점검: 최초점검을 제외한 종합점검을 말한다.

- 중략 -

3. 종합점검은 다음의 구분에 따라 실시한다.
   가. 종합점검은 다음의 어느 하나에 해당하는 특정소방대상물을 대상으로 한다.
      1) 법 제22조 제1항 제1호에 해당하는 특정소방대상물
      2) 스프링클러설비가 설치된 특정소방대상물

소방시설 설치 및 관리에 관한 법률	소방시설 설치 및 관리에 관한 법률 시행령	소방시설 설치 및 관리에 관한 법률 시행규칙

3) 물분무등소화설비[호스릴(hose reel) 방식의 물분무등소화설비만을 설치한 경우는 제외한다]가 설치된 연면적 5,000㎡ 이상인 특정소방대상물(제조소등은 제외한다)

4) 「다중이용업소의 안전관리에 관한 특별법 시행령」에 따른 다중이용업의 영업장이 설치된 특정소방대상물로서 연면적이 2,000㎡ 이상인 것

5) 제연설비가 설치된 터널

6) 「공공기관의 소방안전관리에 관한 규정」에 따른 공공기관 중 연면적(터널 · 지하구의 경우 그 길이와 평균 폭을 곱하여 계산된 값을 말한다)이 1,000㎡ 이상인 것으로서 옥내소화전설비 또는 자동화재탐지설비가 설치된 것. 다만, 소방대가 근무하는 공공기관은 제외한다.

다. 종합점검의 점검 횟수는 다음과 같다.

1) 연 1회 이상(특급 소방안전관리대상물은 반기에 1회 이상) 실시한다.

2) 1)에도 불구하고 소방본부장 또는 소방서장은 소방청장이 소방안전관리가 우수하다고 인정한 특정소방대상물에 대해서는 3년의 범위에서 소방청장이 고시하거나 정한 기간 동안 종합점검을 면제할 수 있다. 다만, 면제기간 중 화재가 발생한 경우는 제외한다.

라. 종합점검의 점검 시기는 다음과 같다.

1) 가목 1)에 해당하는 특정소방대상물은 「건축법」 제22조에 따라 건축물을 사용할 수 있게 된 날부터 60일 이내 실시한다.

2) 1)을 제외한 특정소방대상물은 건축물의 사용승인일이 속하는 달에 실시한다. 다만, 「공공기관의 안전관리에 관한 규정」 제2조 제2호 또는 제5호에 따른 학교의 경우에는 해당 건축물의 사용승인일이 1월에서 6월 사이에 있는 경우에는 6월 30일까지 실시할 수 있다.

- 중략 -

4. 공공기관의 장은 공공기관에 설치된 소방시설등의 유지 · 관리상태를 맨눈 또는 신체감각을 이용하여 점검하는 외관점검을 월 1회 이상 실시(작동점검 또는 종합점검을 실시한 달에는 실시하지 않을 수 있다)하고, 그 점검 결과를 2년간 자체 보관해야 한다.

- 중략 -

6. 공동주택(아파트등으로 한정한다) 세대별 점검방법은 다음과 같다.

가. 관리자(관리소장, 입주자대표회의 및 소방안전관리자를 포함한다. 이하 같다) 및 입주민(세대 거주자를 말한다)은 2년 이내 모든 세대에 대하여 점검을 해야 한다.

소방시설 설치 및 관리에 관한 법률	소방시설 설치 및 관리에 관한 법률 시행령	소방시설 설치 및 관리에 관한 법률 시행규칙

다. 관리자는 수신기에서 원격 점검이 불가능한 경우 매년 작동점검만 실시하는 공동주택은 1회 점검 시 마다 전체 세대수의 50퍼센트 이상, 종합점검을 실시하는 공동주택은 1회 점검 시 마다 전체 세대수의 30퍼센트 이상 점검하도록 자체점검 계획을 수립 · 시행해야 한다.

- 중략 -

[규칙 별표 4] 소방시설등의 자세점검 시 점검인력의 배치기준

1. 점검인력 1단위는 다음과 같다.
   가. 관리업자가 점검하는 경우에는 소방시설관리사 또는 특급점검자 1명과 영 별표 9에 따른 보조 기술인력 2명을 점검인력 1단위로 하되, 점검인력 1단위에 2명(같은 건축물을 점검할 때는 4명) 이내의 보조 기술인력을 추가할 수 있다.
   나. 소방안전관리자로 선임된 소방시설관리사 및 소방기술사가 점검하는 경우에는 소방시설관리사 또는 소방기술사 중 1명과 보조 기술인력 2명을 점검인력 1단위로 하되, 점검인력 1단위에 2명 이내의 보조 기술인력을 추가할 수 있다. 다만, 보조 기술인력은 해당 특정소방대상물의 관계인 또는 소방안전관리보조자로 할 수 있다.
   다. 관계인 또는 소방안전관리자가 점검하는 경우에는 관계인 또는 소방안전관리자 1명과 보조 기술인력 2명을 점검인력 1단위로 하되, 보조 기술인력은 해당 특정소방대상물의 관리자, 점유자 또는 소방안전관리보조자로 할 수 있다.
2. 관리업자가 점검하는 경우 특정소방대상물의 규모 등에 따른 점검인력의 배치기준은 다음과 같다.

구분	주된 인력	보조인력
가. 50층 이상 또는 성능위주설계한 특정소방대상물	소방시설관리사경력 5년 이상 1명 이상	고급점검자 이상 1명 이상, 중급점검자 이상 1명 이상
나. 특급 소방안전관리대상물("가"의 특정소방대상물은 제외한다)	소방시설관리사 경력 3년 이상 1명 이상	고급점검자 이상 1명 이상, 초급점검자 이상 1명 이상
다. 1급 또는 2급 소방안전관리대상물	소방시설관리사 1명 이상	중급점검자 이상 1명 이상, 초급점검자 이상 1명 이상
라. 3급 소방안전관리대상물	소방시설관리사 1명 이상	초급점검자 이상의 기술인력 2명 이상

비고
1. 라목에는 주된 기술인력으로 특급점검자를 배치할 수 있다.
2. 보조 기술인력의 등급구분(특급점검자, 고급점검자, 중급점검자, 초급점검자)은 「소방시설공사업법 시행규칙」 별표 4의2에서 정하는 기준에 따른다.

3. 점검인력 1단위가 하루 동안 점검할 수 있는 특정소방대상물의 연면적(이하 "점검한도 면적"이라 한다)은 다음 각 목과 같다.
   가. 종합점검: 8,000㎡
   나. 작동점검: 10,000㎡

점검한도면적

점검구분	점검한도면적	보조인력 1명 추가 시 마다
종합점검	8,000㎡	2,000㎡
작동점검	10,000㎡	2,500㎡

* 다만, 하루에 2개 이상의 특정소방대상물을 점검할 경우 투입된 점검인력에 따른 점검 한도면적의 평균값으로 적용하여 계산한다.

4. 점검인력 1단위에 보조 기술인력을 1명씩 추가할 때마다 종합점검의 경우에는 2,000㎡, 작동점검의 경우에는 2,500㎡씩을 점검한도 면적에 더한다. 다만, 하루에 2개 이상의 특정소방대상물을 배치할 경우 1일 점검 한도면적은 특정소방대상물별로 투입된 점검인력에 따른 점검 한도면적의 평균값으로 적용하여 계산한다.
5. 점검인력은 하루에 5개의 특정소방대상물에 한하여 배치할 수 있다. 다만 2개 이상의 특정소방대상물을 2일 이상 연속하여 점검하는 경우에는 배치기한을 초과해서는 안 된다.
6. 관리업자 등이 하루 동안 점검한 면적은 실제 점검면적(지하구는 그 길이에 폭의 길이 1.8m를 곱하여 계산된 값을 말하며, 터널은 3차로 이하인 경우에는 그 길이에 폭의 길이 3.5m를 곱하고, 4차로 이상인 경우에는 그 길이에 폭의 길이 7m를 곱한 값을 말한다. 다만, 한쪽 측벽에 소방시설이 설치된 4차로 이상인 터널의 경우에는 그 길이와 폭의 길이 3.5m를 곱한 값을 말한다. 이하 같다)에 다음의 각 목의 기준을 적용하여 계산한 면적(이하 "점검면적"이라 한다)으로 하되, 점검면적은 점검한도 면적을 초과해서는 안 된다.

점검면적 산정방법

구분	산정방법	비고
지하구	길이 × 1.8(폭)	지하구
3차로 이하인 터널	길이 × 3.5(폭)	
4차로 이하인 터널	길이 × 7(폭)	
4차로 이상인 터널	길이 × 3.5(폭)	한쪽 측벽에 소방시설이 설치된 경우

소방시설 설치 및 관리에 관한 법률	소방시설 설치 및 관리에 관한 법률 시행령	소방시설 설치 및 관리에 관한 법률 시행규칙

가. 실제 점검면적에 다음의 가감계수를 곱한다.

구분	대상용도	가감계수
1류	문화 및 집회시설, 종교시설, 판매시설, 의료시설, 노유자시설, 수련시설, 숙박시설, 위락시설, 창고시설, 교정시설, 발전시설, 지하가, 복합건축물	1.1
2류	공동주택, 근린생활시설, 운수시설, 교육연구시설, 운동시설, 업무시설, 방송통신시설, 공장, 항공기 및 자동차 관련 시설, 군사시설, 관광휴게시설, 장례시설, 지하구	1.0
3류	위험물 저장 및 처리시설, 문화재, 동물 및 식물 관련 시설, 자원순환 관련 시설, 묘지 관련 시설,	0.9

나. 점검한 특정소방대상물이 다음의 어느 하나에 해당할 때에는 다음에 따라 계산된 값을 가목에 따라 계산된 값에서 뺀다.
1) 스프링클러설비가 설치되지 않은 경우: 가목에 따라 계산된 값에 0.1을 곱한 값
2) 물분무등소화설비(호스릴 방식의 물분무등소화설비는 제외한다)가 설치되지 않은 경우: 가목에 따라 계산된 값에 0.1을 곱한 값
3) 제연설비가 설치되지 않은 경우: 가목에 따라 계산된 값에 0.1을 곱한 값

점검면적 계산

구분	계산값	비고
스프링클러설비가 설치되지 않은 경우	가목에 따라 계산된 값에 0.1을 곱한 값	가목에 따라 계산된 값에서 뺀다.
물분무등소화설비가 설치되지 않은 경우	가목에 따라 계산된 값에 0.1을 곱한 값	가목에 따라 계산된 값에서 뺀다.
제연설비가 설치되지 않은 경우	가목에 따라 계산된 값에 0.1을 곱한 값	가목에 따라 계산된 값에서 뺀다.

다. 2개 이상의 특정소방대상물을 하루에 점검하는 경우에는 특정소방대상물 상호간의 좌표 최단거리 5km마다 점검 한도면적에 0.02를 곱한 값을 점검 한도면적에서 뺀다.

7. 제3호부터 제6호까지의 규정에도 불구하고 아파트등(공용시설, 부대시설 또는 복리시설은 포함하고, 아파트등이 포함된 복합건축물의 아파트등 외의 부분은 제외한다. 이하 이 표에서 같다)를 점검할 때에는 다음 각 목의 기준에 따른다.

가. 점검인력 1단위가 하루 동안 점검할 수 있는 아파트등의 세대수(이하 "점검한도 세대수"라 한다)는 종합점검 및 작동점검에 관계없이 250세대로 한다.

나. 점검인력 1단위에 보조 기술인력을 1명씩 추가할 때마다 60세대씩을 점검한도 세대수에 더한다.

점검한도 세대수

점검구분	점검한도 세대수	보조인력 1명 추가 시 마다
종합점검	250세대	60세대
작동점검	250세대	60세대

다. 관리업자등이 하루 동안 점검한 세대수는 실제 점검 세대수에 다음의 기준을 적용하여 계산한 세대수(이하 "점검세대수"라 한다)로 하되, 점검세대수는 점검한도 세대수를 초과해서는 안 된다.

1) 점검한 아파트등이 다음의 어느 하나에 해당할 때에는 다음에 따라 계산된 값을 실제 점검 세대수에서 뺀다.

가) 프링클러설비가 설치되지 않은 경우: 실제 점검 세대수에 0.1을 곱한 값

나) 물분무등소화설비(호스릴 방식의 물분무등소화설비는 제외한다)가 설치되지 않은 경우: 실제 점검 세대수에 0.1을 곱한 값

다) 제연설비가 설치되지 않은 경우: 실제 점검 세대수에 0.1을 곱한 값

점검 세대수 계산

구분	계산값	비고
스프링클러설비가 설치되지 않은 경우	실제 점검 세대수에 0.1을 곱한 값	계산된 값을 실제 점검 세대수에서 뺀다.
물분무등소화설비가 설치되지 않은 경우	실제 점검 세대수에 0.1을 곱한 값	계산된 값을 실제 점검 세대수에서 뺀다.
제연설비가 설치되지 않은 경우	실제 점검 세대수에 0.1을 곱한 값	계산된 값을 실제 점검 세대수에서 뺀다.

2) 2개 이상의 아파트를 하루에 점검하는 경우에는 아파트 상호간의 좌표 최단거리 5km마다 점검 한도세대수에 0.02를 곱한 값을 점검한도 세대수에서 뺀다.

- 중략 -

소방시설 설치 및 관리에 관한 법률

제23조【소방시설 등의 자체점검 결과의 조치 등】 ① 특정소방대상물의 관계인은 제22조 제1항에 따른 자체점검 결과 소화펌프 고장 등 대통령령으로 정하는 중대위반사항(이하 이 조에서 "중대위반사항"이라 한다)이 발견된 경우에는 지체 없이 수리 등 필요한 조치를 하여야 한다. ▶3백(벌)
② 관리업자 등은 자체점검 결과 중대위반사항을 발견한 경우 즉시 관계인에게 알려야 한다. 이 경우 관계인은 지체 없이 수리 등 필요한 조치를 하여야 한다. ▶3백(벌)

③ 특정소방대상물의 관계인은 제22조 제1항에 따라 자체점검을 한 경우에는 그 점검 결과를 행정안전부령으로 정하는 바에 따라 소방시설 등에 대한 수리·교체·정비에 관한 이행계획(중대위반사항에 대한 조치사항을 포함한다. 이하 이 조에서 같다)을 첨부하여 소방본부장 또는 소방서장에게 보고하여야 한다. 이 경우 소방본부장 또는 소방서장은 점검 결과 및 이행계획이 적합하지 아니하다고 인정되는 경우에는 관계인에게 보완을 요구할 수 있다. ▶3백(벌)

④ 특정소방대상물의 관계인은 제3항에 따른 이행계획을 행정안전부령으로 정하는 바에 따라 기간 내에 완료하고, 소방본부장 또는 소방서장에게 이행계획 완료 결과를 보고하여야 한다. 이 경우 소방본부장 또는 소방서장은 이행계획 완료 결과가 거짓 또는 허위로 작성되었다고 판단되는 경우에는 해당 특정소방대상물을 방문하여 그 이행계획 완료 여부를 확인할 수 있다. ▶3백(과)

⑤ 제4항에도 불구하고 특정소방대상물의 관계인은 천재지변이나 그 밖에 대통령령으로 정하는 사유로 제3항에 따른 이행계획을 완료하기 곤란한 경우에는 소방본부장 또는 소방서장에게 대통령령으로 정하는 바에 따라 이행계획 완료를 연기하여 줄 것을 신청할 수 있다. 이 경우 소방본부장 또는 소방서장은 연기 신청 승인 여부를 결정하고 그 결과를 관계인에게 알려주어야 한다.

소방시설 설치 및 관리에 관한 법률 시행령

제34조【소방시설등의 자체점검 결과의 조치 등】 법 제23조 제1항에서 "소화펌프 고장 등 대통령령으로 정하는 중대위반사항"이란 다음 각 호의 어느 하나에 해당하는 경우를 말한다. 24. 공채·경채

1. 소화펌프(가압송수장치를 포함한다. 이하 같다), 동력·감시 제어반 또는 소방시설용 전원(비상전원을 포함한다)의 고장으로 소방시설이 작동되지 않는 경우
2. ❶ [blank]의 고장으로 화재경보음이 자동으로 울리지 않거나 화재 수신기와 연동된 소방시설의 작동이 불가능한 경우
3. 소화배관 등이 폐쇄·차단되어 소화수(消火水) 또는 소화약제가 자동 방출되지 않는 경우
4. 방화문 또는 자동방화셔터가 훼손되거나 철거되어 본래의 기능을 못하는 경우

제35조【자체점검 결과에 따른 이행계획 완료의 연기】 ① 법 제23조 제5항 전단에서 "대통령령으로 정하는 사유"란 다음 각 호의 어느 하나에 해당하는 사유를 말한다.
1. 「재난 및 안전관리 기본법」 제3조 제1호에 해당하는 재난이 발생한 경우
2. 경매 등의 사유로 소유권이 변동 중이거나 변동된 경우
3. 관계인의 질병, 사고, 장기출장 등의 경우
4. 그 밖에 관계인이 운영하는 사업에 부도 또는 도산 등 중대한 위기가 발생하여 이행계획을 완료하기 곤란한 경우

② 법 제23조 제5항에 따라 이행계획 완료의 연기를 신청하려는 관계인은 행정안전부령으로 정하는 바에 따라 연기신청서에 연기의 사유 및 기간 등을 적어 소방본부장 또는 소방서장에게 제출해야 한다.
③ 제2항에 따른 연기의 신청 및 연기신청서의 처리에 필요한 사항은 행정안전부령으로 정한다.

소방시설 설치 및 관리에 관한 법률 시행규칙

제23조【소방시설등의 자체점검 결과의 조치 등】 ① 관리업자 또는 소방안전관리자로 선임된 소방시설관리사 및 소방기술사(이하 "관리업자등"이라 한다)는 자체점검을 실시한 경우에는 법 제22조 제1항 각 호 외의 부분 후단에 따라 그 점검이 끝난 날부터 10일 이내에 별지 제9호 서식의 소방시설등 자체점검 실시결과 보고서(전자문서로 된 보고서를 포함한다)에 소방청장이 정하여 고시하는 소방시설등점검표를 첨부하여 관계인에게 제출해야 한다.
② 제1항에 따른 자체점검 실시결과 보고서를 제출받거나 스스로 자체점검을 실시한 관계인은 법 제23조 제3항에 따라 자체점검이 끝난 날부터 ❶ [blank] 이내에 별지 제9호 서식의 소방시설등 자체점검 실시결과 보고서(전자문서로 된 보고서를 포함한다)에 다음 각 호의 서류를 첨부하여 소방본부장 또는 소방서장에게 서면이나 소방청장이 지정하는 전산망을 통하여 보고해야 한다.
1. 점검인력 배치확인서(관리업자가 점검한 경우만 해당한다)
2. 별지 제10호 서식의 소방시설등의 자체점검 결과 이행계획서

③ 제1항 및 제2항에 따른 자체점검 실시결과의 보고기간에는 공휴일 및 토요일은 산입하지 않는다.
④ 제2항에 따라 소방본부장 또는 소방서장에게 자체점검 실시결과 보고를 마친 관계인은 소방시설등 자체점검 실시결과 보고서(소방시설등점검표를 포함한다)를 점검이 끝난 날부터 2년간 자체 보관해야 한다.

⑤ 제2항에 따라 소방시설등의 자체점검 결과 이행계획서를 보고받은 소방본부장 또는 소방서장은 다음 각 호의 구분에 따라 이행계획의 완료 기간을 정하여 관계인에게 통보해야 한다. 다만, 소방시설등에 대한 수리·교체·정비의 규모 또는 절차가 복잡하여 다음 각 호의 기간 내에 이행을 완료하기가 어려운 경우에는 그 기간을 달리 정할 수 있다.

소방시설 설치 및 관리에 관한 법률	소방시설 설치 및 관리에 관한 법률 시행령	소방시설 설치 및 관리에 관한 법률 시행규칙

소방시설 설치 및 관리에 관한 법률

⑥ 소방본부장 또는 소방서장은 관계인이 제4항에 따라 이행계획을 완료하지 아니한 경우에는 필요한 조치의 이행을 명할 수 있고, 관계인은 이에 따라야 한다.

▶ **3년/3천(벌)**

소방시설법 기한 정리

1. 소방시설등의 자체점검 신설된 경우(법): 사용할 수 있게 된 날부터 60일 이내
2. 공공기관의 외관점검(규칙): 월 1회 이상
3. 관리업자가 자체점검을 실시하는 경우 자체점검 평가기관 통보(규칙): 자체점검 끝난 날부터 5일 이내(점검대상과 점검인력 배치상황)
4. 자체점검의 면제 및 연기 신청(규칙): 실시 만료일 3일 전까지
5. 자제점검의 면제 및 연기 여부 결정(규칙): 신청을 받은 날부터 3일 이내
6. 자체점검 결과보고서 관계인에게 제출(규칙): 점검이 끝난 날부터 10일 이내
7. 자체점검 결과보고서 소방본부장 또는 소방서장에게 보고(규칙): 제출받거나 끝난 날부터 15일 이내
8. 이행계획완료 기간을 정하여 관계인에게 통보(규칙)
   - 수리 · 정비: 보고일부터 10일 이내
   - 철거 · 교체: 보고일부터 20일 이내
9. 이행완료 보고(규칙): 완료한 날부터 10일 이내
10. 자체점검기록표 게시(규칙): 보고한 날부터 10일 이내 작성 30일 이상 게시
11. 자체점검결과 공개(규칙): 30일 이상, 10일 이내 이의신청, 10일 이내 심사 · 결정

소방시설 설치 및 관리에 관한 법률 시행령

소방시설 설치 및 관리에 관한 법률 시행규칙

1. 소방시설등을 구성하고 있는 기계 · 기구를 수리하거나 정비하는 경우: 보고일부터 10일 이내
2. 소방시설등의 전부 또는 일부를 철거하고 새로 교체하는 경우: 보고일부터 ❷ ______ 이내

⑥ 제5항에 따른 완료기간 내에 이행계획을 완료한 관계인은 이행을 완료한 날부터 10일 이내에 별지 제11호 서식의 소방시설등의 자체점검 결과 이행완료 보고서(전자문서로 된 보고서를 포함한다)에 다음 각 호의 서류(전자문서를 포함한다)를 첨부하여 소방본부장 또는 소방서장에게 보고해야 한다.
1. 이행계획 건별 전 · 후 사진 증명자료
2. 소방시설공사 계약서

제24조【이행계획 완료의 연기 신청 등】 ① 법 제23조 제5항 및 영 제35조 제2항에 따라 이행계획 완료의 연기를 신청하려는 관계인은 제23조 제5항에 따른 완료기간 만료일 3일 전까지 별지 제12호 서식의 소방시설등의 자체점검 결과 이행계획 완료 연기신청서(전자문서로 된 신청서를 포함한다)에 기간 내에 이행계획을 완료하기 곤란함을 증명할 수 있는 서류(전자문서를 포함한다)를 첨부하여 소방본부장 또는 소방서장에게 제출해야 한다.

② 제1항에 따른 이행계획 완료의 연기 신청서를 제출받은 소방본부장 또는 소방서장은 연기 신청을 받은 날부터 3일 이내에 제23조 제5항에 따른 완료기간의 연기 여부를 결정하여 별지 제13호 서식의 소방시설등의 자체점검 결과 이행계획 완료 연기신청 결과 통지서를 연기 신청을 한 자에게 통보해야 한다.

<제34조> ❶ 화재 수신기

<제23조> ❶ 15일 ❷ 20일

소방시설 설치 및 관리에 관한 법률

제24조【점검기록표 게시 등】 ① 제23조 제3항에 따라 자체점검 결과 보고를 마친 관계인은 관리업자 등, 점검일시, 점검자 등 자체점검과 관련된 사항을 점검기록표에 기록하여 특정소방대상물의 출입자가 쉽게 볼 수 있는 장소에 게시하여야 한다. 이 경우 점검기록표의 기록 등에 필요한 사항은 행정안전부령으로 정한다. ▶ 3백(과)

② 소방본부장 또는 소방서장은 다음 각 호의 사항을 제48조에 따른 전산시스템 또는 인터넷 홈페이지 등을 통하여 국민에게 공개할 수 있다. 이 경우 공개 절차, 공개 기간 및 공개 방법 등 필요한 사항은 대통령령으로 정한다.
1. 자체점검 기간 및 점검자
2. 특정소방대상물의 정보 및 자체점검 결과
3. 그 밖에 소방본부장 또는 소방서장이 특정소방대상물을 이용하는 불특정다수인의 안전을 위하여 공개가 필요하다고 인정하는 사항

소방시설 설치 및 관리에 관한 법률 시행령

제36조【자체점검 결과 공개】 ① 소방본부장 또는 소방서장은 법 제24조 제2항에 따라 자체점검 결과를 공개하는 경우 ❶ 이상 법 제48조에 따른 전산시스템 또는 인터넷 홈페이지 등을 통해 공개해야 한다.

② 소방본부장 또는 소방서장은 제1항에 따라 자체점검 결과를 공개하려는 경우 공개 기간, 공개 내용 및 공개 방법을 해당 특정소방대상물의 관계인에게 미리 알려야 한다.

③ 특정소방대상물의 관계인은 제2항에 따라 공개 내용 등을 통보받은 날부터 10일 이내에 관할 소방본부장 또는 소방서장에게 이의신청을 할 수 있다.

④ 소방본부장 또는 소방서장은 제3항에 따라 이의신청을 받은 날부터 10일 이내에 심사·결정하여 그 결과를 지체 없이 신청인에게 알려야 한다.

⑤ 자체점검 결과의 공개가 제3자의 법익을 침해하는 경우에는 제3자와 관련된 사실을 제외하고 공개해야 한다.

소방시설 설치 및 관리에 관한 법률 시행규칙

제25조【자체점검 결과의 게시】 소방본부장 또는 소방서장에게 자체점검 결과 보고를 마친 관계인은 법 제24조 제1항에 따라 보고한 날부터 10일 이내에 별표 5의 소방시설등 자체점검기록표를 작성하여 특정소방대상물의 출입자가 쉽게 볼 수 있는 장소에 ❶ 이상 게시해야 한다.

소방시설 설치 및 관리에 관한 법률	소방시설 설치 및 관리에 관한 법률 시행령	소방시설 설치 및 관리에 관한 법률 시행규칙
제4장 소방시설관리사 및 소방시설관리업		
제1절 소방시설관리사		
제25조【소방시설관리사】 ① 소방시설관리사(이하 "관리사"라 한다)가 되려는 사람은 ❶ 이 실시하는 관리사시험에 합격하여야 한다. ② 제1항에 따른 관리사시험의 응시자격, 시험방법, 시험과목, 시험위원, 그 밖에 관리사시험에 필요한 사항은 대통령령으로 정한다. ③ 관리사시험의 최종 합격자 발표일을 기준으로 제27조의 결격사유에 해당하는 사람은 관리사 시험에 응시할 수 없다. ④ 소방기술사 등 대통령령으로 정하는 사람에 대하여는 대통령령으로 정하는 바에 따라 제2항에 따른 관리사 시험 과목 가운데 일부를 면제할 수 있다. ⑤ 소방청장은 제1항에 따른 관리사시험에 합격한 사람에게는 행정안전부령으로 정하는 바에 따라 소방시설관리사증을 발급하여야 한다. ⑥ 제5항에 따라 소방시설관리사증을 발급받은 사람이 소방시설관리사증을 잃어버렸거나 못 쓰게 된 경우에는 행정안전부령으로 정하는 바에 따라 소방시설관리사증을 재발급받을 수 있다. ⑦ 관리사는 제5항 또는 제6항에 따라 발급 또는 재발급받은 소방시설관리사증을 다른 사람에게 빌려주거나 빌려서는 아니 되며, 이를 알선하여서도 아니 된다. ▶**1년/1천(벌)** ⑧ 관리사는 동시에 둘 이상의 업체에 취업하여서는 아니 된다. ▶**1년/1천(벌)**	**제37조【소방시설관리사시험의 응시자격】** 법 제25조 제1항에 따른 소방시설관리사시험(이하 "관리사시험"이라 한다)에 응시할 수 있는 사람은 다음 각 호와 같다. 1. 소방기술사 · 건축사 · 건축기계설비기술사 · 건축전기설비기술사 또는 공조냉동기계기술사 2. 위험물기능장 3. 소방설비기사 4. 「국가과학기술 경쟁력 강화를 위한 이공계지원 특별법」 제2조 제1호에 따른 이공계 분야의 박사학위를 취득한 사람 5. 소방청장이 정하여 고시하는 소방안전 관련 분야의 석사 이상의 학위를 취득한 사람 6. 소방설비산업기사 또는 소방공무원 등 소방청장이 정하여 고시하는 사람 중 소방에 관한 실무경력(자격 취득 후의 실무경력으로 한정한다)이 3년 이상인 사람 **제38조【시험의 시행방법】** ① 관리사시험은 제1차 시험과 제2차 시험으로 구분하여 시행한다. 이 경우 소방청장은 제1차 시험과 제2차 시험을 같은 날에 시행할 수 있다. ② 제1차 시험은 선택형을 원칙으로 하고, 제2차 시험은 논문형을 원칙으로 하되, 제2차 시험에는 기입형을 포함할 수 있다. ③ 제1차 시험에 합격한 사람에 대해서는 다음 회의 관리사시험만 제1차 시험을 면제한다. 다만, 면제받으려는 시험의 응시자격을 갖춘 경우로 한정한다.	**제26조【소방시설관리사증의 발급】** 영 제48조 제3항 제2호에 따라 소방시설관리사증의 발급 · 재발급에 관한 업무를 위탁받은 법인 또는 단체(이하 "소방시설관리사증발급자"라 한다)는 법 제25조 제5항에 따라 소방시설관리사 시험에 합격한 사람에게 합격자 공고일부터 1개월 이내에 별지 제14호 서식의 소방시설관리사증을 발급해야 하며, 이를 별지 제15호 서식의 소방시설관리사증 발급대장에 기록하고 관리해야 한다. **제27조【소방시설관리사증의 재발급】** ① 법 제25조 제6항에 따라 소방시설관리사가 소방시설관리사증을 잃어버렸거나 못 쓰게 되어 소방시설관리사증의 재발급을 신청하는 경우에는 별지 제16호 서식의 소방시설관리사증 재발급 신청서(전자문서로 된 신청서를 포함한다)에 다음 각 호의 서류를 첨부하여 소방시설관리사증발급자에게 제출해야 한다. 1. 소방시설관리사증(못 쓰게 된 경우만 해당한다) 2. 신분증 사본 3. 사진(3센티미터 × 4센티미터) 1장 ② 소방시설관리사증발급자는 제1항에 따라 재발급신청서를 제출받은 경우에는 3일 이내에 소방시설관리사증을 재발급해야 한다. **제28조【소방시설관리사시험 과목의 세부 항목 등】** 영 제39조 제2항에 따른 소방시설관리사시험 과목의 세부 항목은 별표 6과 같다.

<제25조> ❶ 소방청장

<제36조> ❶ 30일

<제25조> ❶ 30일

소방시설 설치 및 관리에 관한 법률

⑨ 제22조 제1항에 따른 기술자격자 및 제29조 제2항에 따라 관리업의 기술인력으로 등록된 관리사는 이 법과 이 법에 따른 명령에 따라 성실하게 자체점검 업무를 수행하여야 한다.

소방시설관리사시험에 관한 특례(부칙 제6조 제1항)

법 제25조 제2항에 따른 소방시설관리사시험(이하 "관리사시험"이라 한다)에 응시할 수 있는 사람은 제37조의 개정규정에도 불구하고 2026년 12월 31일까지는 다음 각 호에 따른 사람으로 한다.

1. 소방기술사·위험물기능장·건축사·건축기계설비기술사·건축전기설비기술사 또는 공조냉동기계기술사
2. 소방설비기사 자격을 취득한 후 2년 이상 소방청장이 정하여 고시하는 소방에 관한 실무경력(이하 "소방실무경력"이라 한다)이 있는 사람
3. 소방설비산업기사 자격을 취득한 후 3년 이상 소방실무경력이 있는 사람
4. 「국가과학기술 경쟁력 강화를 위한 이공계지원 특별법」 제2조 제1호에 따른 이공계(이하 "이공계"라 한다) 분야를 전공한 사람으로서 다음 각 목의 어느 하나에 해당하는 사람
   가. 이공계 분야의 박사학위를 취득한 사람
   나. 이공계 분야의 석사학위를 취득한 후 2년 이상 소방실무 경력이 있는 사람
   다. 이공계 분야의 학사학위를 취득한 후 3년 이상 소방실무 경력이 있는 사람
5. 소방안전공학(소방방재공학, 안전공학을 포함한다) 분야를 전공한 후 다음 각 목의 어느 하나에 해당하는 사람
   가. 해당 분야의 석사학위 이상을 취득한 사람
   나. 2년 이상 소방실무경력이 있는 사람
6. 위험물산업기사 또는 위험물기능사 자격을 취득한 후 3년 이상 소방실무경력이 있는 사람

소방시설 설치 및 관리에 관한 법률 시행령

④ 제2차 시험은 제1차 시험에 합격한 사람만 응시할 수 있다. 다만, 제1항 후단에 따라 제1차 시험과 제2차 시험을 병행하여 시행하는 경우에 제1차 시험에 불합격한 사람의 제2차 시험 응시는 무효로 한다.

제39조【시험 과목】 ① 관리사시험의 제1차 시험 및 제2차 시험 과목은 다음 각 호와 같다.

1. 제1차 시험
   가. 소방안전관리론(소방 및 화재의 기초이론으로 연소이론, 화재현상, 위험물 및 소방안전관리 등의 내용을 포함한다)
   나. 소방기계 점검실무(소방시설 기계 분야 점검의 기초이론 및 실무능력을 측정하기 위한 과목으로 소방유체역학, 소방 관련 열역학, 소방기계 분야의 화재안전기준을 포함한다)
   다. 소방전기 점검실무(소방시설 전기·통신 분야 점검의 기초이론 및 실무능력을 측정하기 위한 과목으로 전기회로, 전기기기, 제어회로, 전자회로 및 소방전기 분야의 화재안전기준을 포함한다)
   라. 다음의 소방 관계 법령
      1) 「소방시설 설치 및 관리에 관한 법률」 및 그 하위법령
      2) 「화재의 예방 및 안전관리에 관한 법률」 및 그 하위법령
      3) 「소방기본법」 및 그 하위법령
      4) 「다중이용업소의 안전관리에 관한 특별법」 및 그 하위법령
      5) 「건축법」 및 그 하위법령(소방 분야로 한정한다)
      6) 「초고층 및 지하연계 복합건축물 재난관리에 관한 특별법」 및 그 하위법령

소방시설 설치 및 관리에 관한 법률 시행규칙

제29조【소방시설관리사시험 응시원서 등】 ① 영 제43조 제1항에 따른 소방시설관리사시험 응시원서는 별지 제17호 서식 또는 별지 제18호 서식과 같다.

② 영 제43조 제3항 본문에 따른 경력·재직증명서는 별지 제19호 서식과 같다.

소방시설관리사시험에 관한 특례(부칙 제6조 제2항)

관리사시험의 시험과목은 제39조의 개정규정에도 불구하고 2026년 12월 31일까지는 다음 각 호에 따른 과목으로 한다.

1. 제1차 시험
   가. 소방안전관리론(연소 및 소화, 화재예방관리, 건축물소방안전기준, 인원수용 및 피난계획에 관한 부분으로 한정한다) 및 화재역학[화재의 성질·상태, 화재하중(火災荷重), 열전달, 화염 확산, 연소속도, 구획화재, 연소생성물 및 연기의 생성·이동에 관한 부분으로 한정한다]
   나. 소방수리학, 약제화학 및 소방전기(소방 관련 전기공사재료 및 전기제어에 관한 부분으로 한정한다)
   다. 다음의 소방 관련 법령
      1) 「소방기본법」, 같은 법 시행령 및 같은 법 시행규칙
      2) 「소방시설공사업법」, 같은 법 시행령 및 같은 법 시행규칙
      3) 「소방시설 설치 및 관리에 관한 법률」, 같은 법 시행령 및 같은 법 시행규칙
      4) 「화재의 예방 및 안전관리에 관한 법률」, 같은 법 시행령 및 같은 법 시행규칙
      5) 「위험물안전관리법」, 같은 법 시행령 및 같은 법 시행규칙
      6) 「다중이용업소의 안전관리에 관한 특별법」, 같은 법 시행령 및 같은 법 시행규칙
   라. 위험물의 성질·상태 및 시설기준
   마. 소방시설의 구조 원리(고장진단 및 정비를 포함한다)

소방시설 설치 및 관리에 관한 법률	소방시설 설치 및 관리에 관한 법률 시행령	소방시설 설치 및 관리에 관한 법률 시행규칙
7. 소방공무원으로 5년 이상 근무한 경력이 있는 사람 8. 소방안전 관련 학과의 학사학위를 취득한 후 3년 이상 소방실무경력이 있는 사람 9. 산업안전기사 자격을 취득한 후 3년 이상 소방실무경력이 있는 사람 10. 다음 각 목의 어느 하나에 해당하는 사람 가. 특급 소방안전관리대상물의 소방안전관리자로 2년 이상 근무한 실무경력이 있는 사람 나. 1급 소방안전관리대상물의 소방안전관리자로 3년 이상 근무한 실무경력이 있는 사람 다. 2급 소방안전관리대상물의 소방안전관리자로 5년 이상 근무한 실무경력이 있는 사람 라. 3급 소방안전관리대상물의 소방안전관리자로 7년 이상 근무한 실무경력이 있는 사람 마. 10년 이상 소방실무경력이 있는 사람	2. 제2차 시험 가. 소방시설등 점검실무(소방시설등의 점검에 필요한 종합적 능력을 측정하기 위한 과목으로 소방시설등의 현장점검 시 점검절차, 성능확인, 이상판단 및 조치 등의 내용을 포함한다) 나. 소방시설등 관리실무(소방시설등 점검 및 관리 관련 행정업무 및 서류작성 등의 업무능력을 측정하기 위한 과목으로 점검보고서의 작성, 인력 및 장비 운용 등 실제 현장에서 요구되는 사무 능력을 포함한다) ② 제1항에 따른 관리사시험 과목의 세부 항목은 행정안전부령으로 정한다. **제40조【시험위원의 임명 · 위촉】** ① 소방청장은 법 제25조 제2항에 따라 관리사시험의 출제 및 채점을 위하여 다음 각 호의 어느 하나에 해당하는 사람 중에서 시험위원을 임명하거나 위촉해야 한다. 1. 소방 관련 분야의 박사학위를 취득한 사람 2. 대학에서 소방안전 관련 학과 조교수 이상으로 2년 이상 재직한 사람 3. 소방위 이상의 소방공무원 4. 소방시설관리사 5. 소방기술사 ② 제1항에 따른 시험위원의 수는 다음 각 호의 구분에 따른다. 1. 출제위원: 시험 과목별 3명 2. 채점위원: 시험 과목별 5명 이내(제2차 시험의 경우로 한정한다)	2. 제2차 시험 가. 소방시설의 점검실무행정(점검절차 및 점검기구 사용법을 포함한다) 나. 소방시설의 설계 및 시공

소방시설 설치 및 관리에 관한 법률	소방시설 설치 및 관리에 관한 법률 시행령	소방시설 설치 및 관리에 관한 법률 시행규칙

소방시설 설치 및 관리에 관한 법률 시행령

③ 제1항에 따라 시험위원으로 임명되거나 위촉된 사람은 소방청장이 정하는 시험문제 등의 출제 시 유의사항 및 서약서 등에 따른 준수사항을 성실히 이행해야 한다.

④ 제1항에 따라 임명되거나 위촉된 시험위원과 시험감독 업무에 종사하는 사람에게는 예산의 범위에서 수당과 여비를 지급할 수 있다.

제41조【시험 과목의 일부 면제】 법 제25조 제4항에 따라 관리사시험의 제1차 시험 과목 가운데 일부를 면제받을 수 있는 사람과 그 면제 과목은 다음 각 호의 구분에 따른다. 다만, 다음 각 호 중 둘 이상에 해당하는 경우에는 본인이 선택한 호의 과목만 면제받을 수 있다.

1. 소방기술사 자격을 취득한 사람: 제39조 제1항 제1호 가목부터 다목까지의 과목
2. 소방공무원으로 15년 이상 근무한 경력이 있는 사람으로서 5년 이상 소방청장이 정하여 고시하는 소방 관련 업무 경력이 있는 사람: 제39조 제1항 제1호 나목부터 라목까지의 과목
3. 다음 각 목의 어느 하나에 해당하는 사람: 제39조 제1항 제1호 나목·다목의 과목
   가. 소방설비기사(기계 또는 전기) 자격을 취득한 후 8년 이상 소방기술과 관련된 경력(「소방시설공사업법」 제28조 제3항에 따른 소방기술과 관련된 경력을 말한다)이 있는 사람
   나. 소방설비산업기사(기계 또는 전기) 자격을 취득한 후 법 제29조에 따른 소방시설관리업에서 10년 이상 자체점검 업무를 수행한 사람

제42조【시험의 시행 및 공고】 ① 관리사시험은 매년 1회 시행하는 것을 원칙으로 하되, 소방청장이 필요하다고 인정하는 경우에는 그 횟수를 늘리거나 줄일 수 있다.

소방시설 설치 및 관리에 관한 법률 시행규칙

소방시설관리사시험에 관한 특례(부칙 제6조 제3항 및 제4항)

1. 제3항

법 제25조 제4항에 따라 관리사시험의 제1차 시험 과목 가운데 일부를 면제받을 수 있는 사람과 그 면제과목은 제41조의 개정규정에도 불구하고 2026년 12월 31일까지는 다음 각 호의 구분에 따른다. 다만, 제1호 및 제2호에 모두 해당하는 사람은 본인이 선택한 한 과목만 면제받을 수 있다.

1. 소방기술사 자격을 취득한 후 15년 이상 소방실무경력이 있는 사람: 제2항 제1호 나목의 과목
2. 소방공무원으로 15년 이상 근무한 경력이 있는 사람으로서 5년 이상 소방청장이 정하여 고시하는 소방 관련 업무 경력이 있는 사람: 제2항 제1호 다목의 과목

2. 제4항

법 제25조 제4항에 따라 관리사시험의 제2차 시험 과목 가운데 일부를 면제받을 수 있는 사람과 그 면제과목은 제41조의 개정규정에도 불구하고 2026년 12월 31일까지는 다음 각 호의 구분에 따른다. 다만, 제1호 및 제2호에 모두 해당하는 사람은 본인이 선택한 한 과목만 면제받을 수 있다.

소방시설 설치 및 관리에 관한 법률	소방시설 설치 및 관리에 관한 법률 시행령	소방시설 설치 및 관리에 관한 법률 시행규칙
	② 소방청장은 관리사시험을 시행하려면 응시자격, 시험 과목, 일시·장소 및 응시절차 등을 모든 응시 희망자가 알 수 있도록 관리사시험 시행일 90일 전까지 인터넷 홈페이지에 공고해야 한다. **제43조【응시원서 제출 등】** ① 관리사시험에 응시하려는 사람은 행정안전부령으로 정하는 바에 따라 관리사시험 응시원서를 소방청장에게 제출해야 한다. ② 제41조에 따라 시험 과목의 일부를 면제받으려는 사람은 제1항에 따른 응시원서에 면제 과목과 그 사유를 적어야 한다. ③ 관리사시험에 응시하는 사람은 제37조에 따른 응시자격에 관한 증명서류를 소방청장이 정하는 원서 접수기간 내에 제출해야 하며, 증명서류는 해당 자격증(「국가기술자격법」에 따른 국가기술자격 취득자의 자격증은 제외한다) 사본과 행정안전부령으로 정하는 경력·재직증명서 또는 「소방시설공사업법 시행령」 제20조 제4항에 따른 수탁기관이 발행하는 경력증명서로 한다. 다만, 국가·지방자치단체, 「공공기관의 운영에 관한 법률」 제4조에 따른 공공기관, 「지방공기업법」에 따른 지방공사 또는 지방공단이 증명하는 경력증명원은 해당 기관에서 정하는 서식에 따를 수 있다. ④ 제1항에 따라 응시원서를 받은 소방청장은 「전자정부법」 제36조 제1항에 따른 행정정보의 공동이용을 통하여 다음 각 호의 서류를 확인해야 한다. 다만, 응시자가 확인에 동의하지 않는 경우에는 그 사본을 첨부하게 해야 한다. 1. 응시자의 해당 국가기술자격증 2. 국민연금가입자가입증명 또는 건강보험자격득실확인서	1. 제1항 제1호에 해당하는 사람: 제2항 제2호 나목의 과목 2. 제1항 제7호에 해당하는 사람: 제2항 제2호 가목의 과목 **소방시설관리사시험에 관한 특례(부칙 제6조 제5항)** 2026년 소방시설관리사시험 제1차 시험에 합격한 사람은 제44조의 개정규정에 따라 제1차 시험에 합격한 사람으로 보며, 제2차 시험의 응시자격에 관하여는 제37조의 개정규정에도 불구하고 제1항에 따른다.

소방시설 설치 및 관리에 관한 법률	소방시설 설치 및 관리에 관한 법률 시행령	소방시설 설치 및 관리에 관한 법률 시행규칙
	제44조【시험의 합격자 결정 등】 ① 제1차 시험에서는 과목당 100점을 만점으로 하여 모든 과목의 점수가 40점 이상이고, 전 과목 평균 점수가 60점 이상인 사람을 합격자로 한다. ② 제2차 시험에서는 과목당 100점을 만점으로 하되, 시험위원의 채점점수 중 최고점수와 최저점수를 제외한 점수가 모든 과목에서 40점 이상, 전 과목에서 평균 60점 이상인 사람을 합격자로 한다. ③ 소방청장은 제1항과 제2항에 따라 관리사시험 합격자를 결정했을 때에는 이를 인터넷 홈페이지에 공고해야 한다.	
제26조【부정행위자에 대한 제재】 소방청장은 시험에서 부정한 행위를 한 응시자에 대하여는 그 시험을 정지 또는 무효로 하고, 그 처분이 있은 날부터 2년간 시험 응시자격을 정지한다. **제27조【관리사의 결격사유】** 다음 각 호의 어느 하나에 해당하는 사람은 관리사가 될 수 없다. 1. 피성년후견인 2. 이 법, 「소방기본법」, 「화재의 예방 및 안전관리에 관한 법률」, 「소방시설공사업법」 또는 「위험물안전관리법」을 위반하여 금고 이상의 실형을 선고받고 그 집행이 끝나거나(집행이 끝난 것으로 보는 경우를 포함한다) 집행이 면제된 날부터 2년이 지나지 아니한 사람 3. 이 법, 「소방기본법」, 「화재의 예방 및 안전관리에 관한 법률」, 「소방시설공사업법」 또는 「위험물안전관리법」을 위반하여 금고 이상의 형의 집행유예를 선고받고 그 유예기간 중에 있는 사람 4. 제28조에 따라 자격이 취소(이 조 제1호에 해당하여 자격이 취소된 경우는 제외한다)된 날부터 2년이 지나지 아니한 사람		

소방시설 설치 및 관리에 관한 법률	소방시설 설치 및 관리에 관한 법률 시행령	소방시설 설치 및 관리에 관한 법률 시행규칙
제28조【자격의 취소 · 정지】 소방청장은 관리사가 다음 각 호의 어느 하나에 해당할 때에는 행정안전부령으로 정하는 바에 따라 그 자격을 취소하거나 1년 이내의 기간을 정하여 그 자격의 정지를 명할 수 있다. 다만, 제1호, 제4호, 제5호 또는 제7호에 해당하면 그 자격을 취소하여야 한다. ▶**1년/1천(벌)** 1. 거짓이나 그 밖의 부정한 방법으로 시험에 합격한 경우 2. 「화재의 예방 및 안전관리에 관한 법률」 제25조 제2항에 따른 대행인력의 배치기준 · 자격 · 방법 등 준수사항을 지키지 아니한 경우 3. 제22조에 따른 점검을 하지 아니하거나 거짓으로 한 경우 4. 제25조 제7항을 위반하여 소방시설관리사증을 다른 사람에게 빌려준 경우 5. 제25조 제8항을 위반하여 동시에 둘 이상의 업체에 취업한 경우 6. 제25조 제9항을 위반하여 성실하게 자체점검 업무를 수행하지 아니한 경우 7. 제27조 각 호의 어느 하나에 따른 결격사유에 해당하게 된 경우		**제39조【행정처분의 기준】** 법 제28조에 따른 소방시설관리사 자격의 취소 및 정지 처분과 법 제35조에 따른 소방시설관리업의 등록취소 및 영업정지 처분 기준은 별표 8과 같다.

소방시설 설치 및 관리에 관한 법률	소방시설 설치 및 관리에 관한 법률 시행령	소방시설 설치 및 관리에 관한 법률 시행규칙

[규칙 별표 8] 행정처분기준 일반기준

가. 위반행위가 둘 이상이면 그 중 무거운 처분기준(무거운 처분기준이 동일한 경우에는 그 중 하나의 처분기준을 말한다. 이하 같다)에 따른다. 다만, 둘 이상의 처분기준이 모두 영업정지이거나 사용정지인 경우에는 각 처분기준을 합산한 기간을 넘지 않는 범위에서 무거운 처분기준에 각각 나머지 처분기준의 2분의 1 범위에서 가중한다.

나. 영업정지 또는 사용정지 처분기간 중 영업정지 또는 사용정지에 해당하는 위반사항이 있는 경우에는 종전의 처분기간 만료일의 다음 날부터 새로운 위반사항에 따른 영업정지 또는 사용정지의 행정처분을 한다.

다. 위반행위의 횟수에 따른 행정처분의 기준은 최근 1년간 같은 위반행위로 행정처분을 받은 경우에 적용한다. 이 경우 적용일은 위반행위에 대한 행정처분일과 그 처분 후에 한 위반행위가 다시 적발된 날을 기준으로 한다.

라. 다목에 따라 가중된 부과처분을 하는 경우 가중처분의 적용 차수는 그 위반행위 전 부과처분 차수(다목에 따른 기간 내에 행정처분이 둘 이상 있었던 경우에는 높은 차수를 말한다)의 다음 차수로 한다.

마. 처분권자는 위반행위의 동기·내용·횟수 및 위반 정도 등 다음에 해당하는 사유를 고려하여 그 처분을 가중하거나 감경할 수 있다. 이 경우 그 처분이 영업정지 또는 자격정지인 경우에는 그 처분기준의 2분의 1의 범위에서 가중하거나 감경할 수 있고, 등록취소 또는 자격취소인 경우에는 등록취소 또는 자격취소 전 차수의 행정처분이 영업정지 또는 자격정지이면 그 처분기준의 2배 이하의 영업정지 또는 자격정지로 감경(법 제28조 제1호·제4호·제5호·제7호 및 법 제35조 제1항 제1호·제4호·제5호를 위반하여 등록취소 또는 자격취소된 경우는 제외한다) 할 수 있다.

1) 가중 사유
   가) 위반행위가 사소한 부주의나 오류가 아닌 고의나 중대한 과실에 의한 것으로 인정되는 경우
   나) 위반의 내용·정도가 중대하여 관계인에게 미치는 피해가 크다고 인정되는 경우

2) 감경 사유
   가) 위반행위가 사소한 부주의나 오류 등 과실로 인한 것으로 인정되는 경우
   나) 위반의 내용·정도가 경미하여 관계인에게 미치는 피해가 적다고 인정되는 경우
   다) 위반 행위자가 처음 해당 위반행위를 한 경우로서 5년 이상 소방시설관리사의 업무, 소방시설관리업 등을 모범적으로 해 온 사실이 인정되는 경우
   라) 그 밖에 다음의 경미한 위반사항에 해당되는 경우
      (1) 스프링클러설비 헤드가 살수반경에 미치지 못하는 경우
      (2) 자동화재탐지설비 감지기 2개 이하가 설치되지 않은 경우
      (3) 유도등이 일시적으로 점등되지 않는 경우
      (4) 유도표지가 정해진 위치에 붙어 있지 않은 경우

바. 처분권자는 고의 또는 중과실이 없는 위반행위자가 「소상공인기본법」 제2조에 따른 소상공인인 경우에는 다음의 사항을 고려하여 제2호 나목의 개별기준에 따른 처분을 감경할 수 있다. 이 경우 그 처분이 영업정지인 경우에는 그 처분기준의 100분의 70 범위에서 감경할 수 있고, 그 처분이 등록취소(법 제35조 제1항 제1호·제4호·제5호를 위반하여 등록취소된 경우는 제외한다)인 경우에는 3개월의 영업정지 처분으로 감경할 수 있다. 다만, 마목에 따른 감경과 중복하여 적용하지 않는다.

1) 해당 행정처분으로 위반행위자가 더 이상 영업을 영위하기 어렵다고 객관적으로 인정되는지 여부
2) 경제위기 등으로 위반행위자가 속한 시장·산업 여건이 현저하게 변동되거나 지속적으로 악화된 상태인지 여부

소방시설 설치 및 관리에 관한 법률	소방시설 설치 및 관리에 관한 법률 시행령	소방시설 설치 및 관리에 관한 법률 시행규칙
제2절 소방시설관리업		
제29조【소방시설관리업의 등록 등】 ① 소방시설 등의 점검 및 관리를 업으로 하려는 자 또는 「화재의 예방 및 안전관리에 관한 법률」 제25조에 따른 소방안전관리업무의 대행을 하려는 자는 대통령령으로 정하는 업종별로 ❶ 에게 소방시설관리업(이하 "관리업"이라 한다) 등록을 하여야 한다. ▶ **3년/3천(벌)** ② 제1항에 따른 업종별 기술인력 등 관리업의 등록기준 및 영업범위 등에 필요한 사항은 대통령령으로 정한다. ③ 관리업의 등록신청과 등록증·등록수첩의 발급·재발급 신청, 그 밖에 관리업의 등록에 필요한 사항은 행정안전부령으로 정한다.	**제45조【소방시설관리업의 등록기준 등】** ① 법 제29조 제1항에 따른 소방시설관리업의 업종별 등록기준 및 영업범위는 별표 9와 같다. ② 시·도지사는 법 제29조 제1항에 따른 등록신청이 다음 각 호의 어느 하나에 해당하는 경우를 제외하고는 등록을 해 주어야 한다. 1. 제1항에 따른 등록기준에 적합하지 않은 경우 2. 등록을 신청한 자가 법 제30조 각 호의 어느 하나에 해당하는 경우 3. 그 밖에 이 법 또는 제39조 제1항 제1호 라목의 소방 관계 법령에 따른 제한에 위배되는 경우	**제30조【소방시설관리업의 등록신청 등】** ① 소방시설관리업을 하려는 자는 법 제29조 제1항에 따라 별지 제20호 서식의 소방시설관리업 등록신청서(전자문서로 된 신청서를 포함한다)에 별지 제21호 서식의 소방기술인력대장 및 기술자격증(경력수첩을 포함한다)을 첨부하여 특별시장·광역시장·특별자치시장·도지사 또는 특별자치도지사(이하 "시·도지사"라 한다)에게 제출(전자문서로 제출하는 경우를 포함한다)해야 한다. ② 제1항에 따른 신청서를 제출받은 담당 공무원은 「전자정부법」 제36조 제1항에 따라 행정정보의 공동이용을 통하여 법인등기부 등본(법인인 경우만 해당한다)과 제1항에 따라 제출하는 소방기술인력대장에 기록된 소방기술인력의 국가기술자격증을 확인해야 한다. 다만, 신청인이 국가기술자격증의 확인에 동의하지 않는 경우에는 그 사본을 제출하도록 해야 한다. **제31조【소방시설관리업의 등록증 및 등록수첩 발급 등】** ① 시·도지사는 제30조에 따른 소방시설관리업의 등록신청 내용이 영 제45조 제1항 및 별표 9에 따른 소방시설관리업의 업종별 등록기준에 적합하다고 인정되면 신청인에게 별지 제22호 서식의 소방시설관리업 등록증과 별지 제23호 서식의 소방시설관리업 등록수첩을 발급하고, 별지 제24호 서식의 소방시설관리업 등록대장을 작성하여 관리해야 한다. 이 경우 시·도지사는 제30조 제1항에 따라 제출된 소방기술인력의 기술자격증(경력수첩을 포함한다)에 해당 소방기술인력이 그 관리업자 소속임을 기록하여 내주어야 한다.

<제29조> ❶ 시·도지사

소방시설 설치 및 관리에 관한 법률	소방시설 설치 및 관리에 관한 법률 시행령	소방시설 설치 및 관리에 관한 법률 시행규칙

[영 별표 9] 소방시설관리업의 업종별 등록기준 및 영업범위

기술인력 등 / 업종별	기술인력	영업범위
전문 소방시설관리업	가. 주된 기술인력 1) 소방시설관리사 자격을 취득한 후 소방 관련 실무경력이 5년 이상인 사람 1명 이상 2) 소방시설관리사 자격을 취득한 후 소방 관련 실무경력이 3년 이상인 사람 1명 이상 나. 보조 기술인력 1) 고급점검자 이상의 기술인력: 2명 이상 2) 중급점검자 이상의 기술인력: 2명 이상 3) 초급점검자 이상의 기술인력: 2명 이상	모든 특정소방대상물
일반 소방시설관리업	가. 주된 기술인력: 소방시설관리사 자격을 취득한 후 소방 관련 실무경력이 1년 이상인 사람 1명 이상 나. 보조 기술인력 1) 중급점검자 이상의 기술인력: 1명 이상 2) 초급점검자 이상의 기술인력: 1명 이상	특정소방대상물 중 「화재의 예방 및 안전관리에 관한 법률 시행령」 별표 4에 따른 1급, 2급, 3급 소방안전관리대상물

비고
1. "소방 관련 실무경력"이란 「소방시설공사업법」 제28조 제3항에 따른 소방기술과 관련된 경력을 말한다.
2. 보조 기술인력의 종류별 자격은 「소방시설공사업법」 제28조 제3항에 따라 소방기술과 관련된 자격·학력 및 경력을 가진 사람 중에서 행정안전부령으로 정한다.

② 시·도지사는 제30조 제1항에 따라 제출된 서류를 심사한 결과 다음 각 호의 어느 하나에 해당하는 경우에는 10일 이내의 기간을 정하여 이를 보완하게 할 수 있다.
1. 첨부서류가 미비되어 있는 경우
2. 신청서 및 첨부서류의 기재내용이 명확하지 않은 경우

③ 시·도지사는 제1항에 따라 소방시설관리업 등록증을 발급하거나 법 제35조에 따라 등록을 취소한 경우에는 이를 시·도의 공보에 공고해야 한다.

④ 영 별표 9에 따른 소방시설관리업의 업종별 등록기준 중 보조 기술인력의 종류별 자격은 「소방시설공사업법 시행규칙」 별표 4의2에서 정하는 기준에 따른다.

제32조 【소방시설관리업의 등록증·등록수첩의 재발급 및 반납】 ① 관리업자는 소방시설관리업 등록증 또는 등록수첩을 잃어버렸거나 소방시설관리업등록증 또는 등록수첩이 헐어 못 쓰게 된 경우에는 법 제29조 제3항에 따라 시·도지사에게 소방시설관리업 등록증 또는 등록수첩의 재발급을 신청할 수 있다.

② 관리업자는 제1항에 따라 재발급을 신청하는 경우에는 별지 제25호 서식의 소방시설관리업 등록증(등록수첩) 재발급 신청서(전자문서로 된 신청서를 포함한다)에 못 쓰게 된 소방시설관리업 등록증 또는 등록수첩(잃어버린 경우는 제외한다)을 첨부하여 시·도지사에게 제출해야 한다.

③ 시·도지사는 제2항에 따른 재발급 신청서를 제출받은 경우에는 3일 이내에 소방시설관리업 등록증 또는 등록수첩을 재발급해야 한다.

④ 관리업자는 다음 각 호의 어느 하나에 해당하는 경우에는 지체 없이 시·도지사에게 그 소방시설관리업 등록증 및 등록수첩을 반납해야 한다.
1. 법 제35조에 따라 등록이 취소된 경우
2. 소방시설관리업을 폐업한 경우
3. 제1항에 따라 재발급을 받은 경우. 다만, 등록증 또는 등록수첩을 잃어버리고 재발급을 받은 경우에는 이를 다시 찾은 경우로 한정한다.

소방시설 설치 및 관리에 관한 법률	소방시설 설치 및 관리에 관한 법률 시행령	소방시설 설치 및 관리에 관한 법률 시행규칙
제30조【등록의 결격사유】 다음 각 호의 어느 하나에 해당하는 자는 관리업의 등록을 할 수 없다. 1. 피성년후견인 2. 이 법, 「소방기본법」, 「화재의 예방 및 안전관리에 관한 법률」, 「소방시설공사업법」 또는 「위험물안전관리법」을 위반하여 금고 이상의 실형을 선고받고 그 집행이 끝나거나(집행이 끝난 것으로 보는 경우를 포함한다) 집행이 면제된 날부터 2년이 지나지 아니한 사람 3. 이 법, 「소방기본법」, 「화재의 예방 및 안전관리에 관한 법률」, 「소방시설공사업법」 또는 「위험물안전관리법」을 위반하여 금고 이상의 형의 집행유예를 선고받고 그 유예기간 중에 있는 사람 4. 제35조 제1항에 따라 관리업의 등록이 취소(제1호에 해당하여 등록이 취소된 경우는 제외한다)된 날부터 2년이 지나지 아니한 자 5. 임원 중에 제1호부터 제4호까지의 어느 하나에 해당하는 사람이 있는 법인		
제31조【등록사항의 변경신고】 관리업자(관리업의 등록을 한 자를 말한다. 이하 같다)는 제29조에 따라 등록한 사항 중 행정안전부령으로 정하는 중요 사항이 변경되었을 때에는 행정안전부령으로 정하는 바에 따라 ❶ 에게 변경사항을 신고하여야 한다. ▶3백(과)		**제33조【등록사항의 변경신고 사항】** 법 제31조에서 "행정안전부령으로 정하는 중요 사항"이란 다음 각 호의 어느 하나에 해당하는 사항을 말한다. 1. 명칭 · 상호 또는 ❶ 2. 대표자 3. 기술인력

<제31조> ❶ 시 · 도지사

<제33조> ❶ 영업소 소재지

소방시설 설치 및 관리에 관한 법률	소방시설 설치 및 관리에 관한 법률 시행령	소방시설 설치 및 관리에 관한 법률 시행규칙
		제34조【등록사항의 변경신고 등】 ① 관리업자는 등록사항 중 제33조 각 호의 사항이 변경됐을 때에는 법 제31조에 따라 변경일부터 ❶ 이내에 별지 제26호 서식의 소방시설관리업 등록사항 변경신고서(전자문서로 된 신고서를 포함한다)에 그 변경사항별로 다음 각 호의 구분에 따른 서류(전자문서를 포함한다)를 첨부하여 시·도지사에게 제출해야 한다. 1. 명칭·상호 또는 영업소 소재지가 변경된 경우: 소방시설관리업 등록증 및 등록수첩 2. 대표자가 변경된 경우: 소방시설관리업 등록증 및 등록수첩 3. 기술인력이 변경된 경우 가. 소방시설관리업 등록수첩 나. 변경된 기술인력의 기술자격증(경력수첩을 포함한다) 다. 별지 제21호 서식의 소방기술인력대장 ② 제1항에 따라 신고서를 제출받은 담당 공무원은 「전자정부법」 제36조 제1항에 따라 법인등기부 등본(법인인 경우만 해당한다), 사업자등록증(개인인 경우만 해당한다) 및 국가기술자격증을 확인해야 한다. 다만, 신고인이 확인에 동의하지 않는 경우에는 이를 첨부하도록 해야 한다. ③ 시·도지사는 제1항에 따라 변경신고를 받은 경우 5일 이내에 소방시설관리업 등록증 및 등록수첩을 새로 발급하거나 제1항에 따라 제출된 소방시설관리업 등록증 및 등록수첩과 기술인력의 기술자격증(경력수첩을 포함한다)에 그 변경된 사항을 적은 후 내주어야 한다. 이 경우 별지 제24호 서식의 소방시설관리업 등록대장에 변경사항을 기록하고 관리해야 한다.

소방시설 설치 및 관리에 관한 법률	소방시설 설치 및 관리에 관한 법률 시행령	소방시설 설치 및 관리에 관한 법률 시행규칙
제32조【관리업자의 지위승계】 ① 다음 각 호의 어느 하나에 해당하는 자는 종전의 관리업자의 지위를 승계한다. 1. 관리업자가 사망한 경우 그 상속인 2. 관리업자가 그 영업을 양도한 경우 그 양수인 3. 법인인 관리업자가 합병한 경우 합병 후 존속하는 법인이나 합병으로 설립되는 법인 ② 「민사집행법」에 따른 경매, 「채무자 회생 및 파산에 관한 법률」에 따른 환가, 「국세징수법」, 「관세법」 또는 「지방세징수법」에 따른 압류재산의 매각과 그 밖에 이에 준하는 절차에 따라 관리업의 시설 및 장비의 전부를 인수한 자는 종전의 관리업자의 지위를 승계한다. ③ 제1항이나 제2항에 따라 종전의 관리업자의 지위를 승계한 자는 행정안전부령으로 정하는 바에 따라 시·도지사에게 신고하여야 한다. ▶**3백(과)** ④ 제1항이나 제2항에 따라 지위를 승계한 자의 결격사유에 관하여는 제30조를 준용한다. 다만, 상속인이 제30조 각 호의 어느 하나에 해당하는 경우에는 상속받은 날부터 ❶ 동안은 그러하지 아니하다.		**제35조【지위승계 신고 등】** ① 법 제32조 제1항 제1호·제2호 또는 같은 조 제2항에 따라 관리업자의 지위를 승계한 자는 같은 조 제3항에 따라 그 지위를 승계한 날부터 30일 이내에 별지 제27호 서식의 소방시설관리업 지위승계 신고서(전자문서로 된 신고서를 포함한다)에 다음 각 호의 서류(전자문서를 포함한다)를 첨부하여 시·도지사에게 제출해야 한다. 1. 소방시설관리업 등록증 및 등록수첩 2. 계약서 사본 등 지위승계를 증명하는 서류 3. 별지 제21호 서식의 소방기술인력대장 및 기술자격증(경력수첩을 포함한다) ② 법 제32조 제1항 제3호에 따라 관리업자의 지위를 승계한 자는 같은 조 제3항에 따라 그 지위를 승계한 날부터 30일 이내에 별지 제28호 서식의 소방시설관리업 합병 신고서(전자문서로 된 신고서를 포함한다)에 제1항 각 호의 서류(전자문서를 포함한다)를 첨부하여 시·도지사에게 제출해야 한다. ③ 제1항 또는 제2항에 따라 신고서를 제출받은 담당 공무원은 「전자정부법」 제36조 제1항에 따라 행정정보의 공동이용을 통하여 다음 각 호의 서류를 확인해야 한다. 다만, 신고인이 사업자등록증 및 국가기술자격증의 확인에 동의하지 않는 경우에는 그 사본을 첨부하도록 해야 한다. 1. 법인등기부 등본(지위승계인이 법인인 경우만 해당한다) 2. 사업자등록증(지위승계인이 개인인 경우만 해당한다) 3. 제30조 제1항에 따라 제출하는 소방기술인력대장에 기록된 소방기술인력의 국가기술자격증

<제32조> ❶ 3개월

<제34조> ❶ 30일

소방시설 설치 및 관리에 관한 법률	소방시설 설치 및 관리에 관한 법률 시행령	소방시설 설치 및 관리에 관한 법률 시행규칙
		④ 시 · 도지사는 제1항 또는 제2항에 따라 신고를 받은 경우에는 소방시설관리업 등록증 및 등록수첩을 새로 발급하고, 기술인력의 자격증 및 경력수첩에 그 변경사항을 적은 후 내주어야 하며, 별지 제24호 서식의 소방시설관리업 등록대장에 지위승계에 관한 사항을 기록하고 관리해야 한다.
제33조【관리업의 운영】 ① 관리업자는 이 법이나 이 법에 따른 명령 등에 맞게 소방시설등을 점검하거나 관리하여야 한다. ② 관리업자는 관리업의 등록증이나 등록수첩을 다른 자에게 빌려주거나 빌려서는 아니 되며, 이를 알선하여서도 아니 된다. ▶**1년/1천(벌)** ③ 관리업자는 다음 각 호의 어느 하나에 해당하는 경우에는 「화재의 예방 및 안전관리에 관한 법률」 제25조에 따라 소방안전관리업무를 대행하게 하거나 제22조 제1항에 따라 소방시설등의 점검업무를 수행하게 한 특정소방대상물의 관계인에게 지체 없이 그 사실을 알려야 한다. 1. 제32조에 따라 관리업자의 지위를 승계한 경우 2. 제35조 제1항에 따라 관리업의 등록취소 또는 ❶ 처분을 받은 경우 3. 휴업 또는 폐업을 한 경우 ④ 관리업자는 제22조 제1항 및 제2항에 따라 자체점검을 하거나 「화재의 예방 및 안전관리에 관한 법률」 제25조에 따른 소방안전관리업무의 대행을 하는 때에는 행정안전부령으로 정하는 바에 따라 소속 기술인력을 참여시켜야 한다. ▶**3백(과)** ⑤ 제35조 제1항에 따라 등록취소 또는 영업정지 처분을 받은 관리업자는 그 날부터 소방안전관리업무를 대행하거나 소방시설 등에 대한 점검을 하여서는 아니 된다. 다만, 영업정지처분의 경우 도급계약이 해지되지 아니한 때에는 대행 또는 점검 중에 있는 특정소방대상물의 소방안전관리업무 대행과 자체점검은 할 수 있다.		**제36조【기술인력 참여기준】** 법 제33조 제4항에 따라 관리업자가 자체점검 또는 소방안전관리업무의 대행을 할 때 참여시켜야 하는 기술인력의 자격 및 배치기준은 다음 각 호와 같다. 1. 자체점검: 별표 3 및 별표 4에 따른 점검인력의 자격 및 배치기준 2. 소방안전관리업무의 대행: 「화재의 예방 및 안전관리에 관한 법률 시행규칙」 별표 1에 따른 대행인력의 자격 및 배치기준

소방시설 설치 및 관리에 관한 법률	소방시설 설치 및 관리에 관한 법률 시행령	소방시설 설치 및 관리에 관한 법률 시행규칙
제34조【점검능력 평가 및 공시 등】 ① ❷은 특정소방대상물의 관계인이 적정한 관리업자를 선정할 수 있도록 하기 위하여 관리업자의 신청이 있는 경우 해당 관리업자의 점검능력을 종합적으로 평가하여 공시하여야 한다. ② 제1항에 따라 점검능력 평가를 신청하려는 관리업자는 소방시설 등의 점검실적을 증명하는 서류 등을 행정안전부령으로 정하는 바에 따라 소방청장에게 제출하여야 한다. ③ 제1항에 따른 점검능력 평가 및 공시방법, 수수료 등 필요한 사항은 행정안전부령으로 정한다. ④ 소방청장은 제1항에 따른 점검능력을 평가하기 위하여 관리업자의 기술인력, 장비 보유현황, 점검실적 및 행정처분 이력 등 필요한 사항에 대하여 데이터베이스를 구축·운영할 수 있다. ▶ **3백(과)**	소방시설관리업자의 점검능력 평가의 세부 기준 (규칙 [별표 7]) 점검능력평가액 = 실적평가액 + 기술력평가액 + 경력평가액 ± 신인도평가액 1. 실적평가액 = (연평균 점검실적액 + 연평균 대행실적액)×50/100 2. 기술력평가액 = 전년도 기술인력 가중치 1단위당 평균 점검면적 실적액×보유기술인력 가중치합계×40/100 3. 경력평가액 = 실적평가액×관리업 경영기간 평점×10/100 4. 신인도평가액 = (실적평가액 + 기술력평가액 + 경력평가액)×신인도 반영비율 합계 5. 점검능력평가액 = (전년도 전체 평가업체의 평균 실적액×10/100) + (기술인력 가중치 1단위당 평균 점검면적액×보유기술인력 가중치 합계×50/100)	**제37조【점검능력 평가의 신청 등】** ① 법 제34조 제2항에 따라 점검능력을 평가받으려는 관리업자는 별지 제29호 서식의 소방시설등 점검능력 평가신청서(전자문서로 된 신청서를 포함한다)에 다음 각 호의 서류(전자문서를 포함한다)를 첨부하여 평가기관에 매년 2월 15일까지 제출해야 한다. 1. 소방시설등의 점검실적을 증명하는 서류로서 다음 각 목의 구분에 따른 서류 가. 국내 소방시설등에 대한 점검실적: 발주자가 별지 제30호 서식에 따라 발급한 소방시설등의 점검실적 증명서 및 세금계산서(공급자 보관용을 말한다) 사본 나. 해외 소방시설등에 대한 점검실적: 외국환은행이 발행한 외화입금증명서 및 재외공관장이 발행한 해외점검실적 증명서 또는 점검계약서 사본 다. 주한 외국군의 기관으로부터 도급받은 소방시설등에 대한 점검실적: 외국환은행이 발행한 외화입금증명서 및 도급계약서 사본 2. 소방시설관리업 등록수첩 사본 3. 별지 제31호 서식의 소방기술인력 보유 현황 및 국가기술자격증 사본 등 이를 증명할 수 있는 서류 4. 별지 제32호 서식의 신인도평가 가점사항 확인서 및 가점사항을 확인할 수 있는 다음 각 목의 해당 서류 가. 품질경영인증서(ISO 9000 시리즈) 사본 나. 소방시설등의 점검 관련 표창 사본 다. 특허증 사본 라. 소방시설관리업 관련 기술 투자를 증명할 수 있는 서류

<제33조> ❶ 영업정지
<제34조> ❷ 소방청장

소방시설 설치 및 관리에 관한 법률

소방시설법 기한 정리

1. 소방시설관리업 등록신청 서류 보완(규칙): 10일 이내
2. 소방시설관리업 등록사항의 변경신고(규칙): 변경일로부터 30일 이내, 5일 이내 발급
3. 소방시설관리업 지위승계 신고(규칙): 승계한 날부터 30일 이내
4. 점검능력 평가 및 공시 서류 보완(규칙): 15일 이내
5. 점검능력 평가 결과 공시(규칙): 3일 이내
6. 점검능력 평가의 유효기간(규칙): 1년간
7. 우수품질인증의 유효기간(법): 5년의 범위
8. 조치명령 등의 연기 신청(규칙): 조치명령 등의 이행기간 만료일 5일 전까지
9. 조치명령 연기 신청 승인 여부(규칙): 신청 받은 날부터 3일 이내
10. 위반행위 신고 내용 처리 결과의 통지(규칙): 10일 이내

소방시설 설치 및 관리에 관한 법률 시행령

소방시설 설치 및 관리에 관한 법률 시행규칙

② 제1항에 따른 신청을 받은 평가기관의 장은 제1항 각 호의 서류가 첨부되어 있지 않은 경우에는 신청인에게 ❶ 이내의 기간을 정하여 보완하게 할 수 있다.

③ 제1항에도 불구하고 다음 각 호의 어느 하나에 해당하는 자는 상시 점검능력 평가를 신청할 수 있다. 이 경우 신청서·첨부서류의 제출 및 보완에 관하여는 제1항 및 제2항에 따른다.

1. 법 제29조에 따라 신규로 소방시설관리업의 등록을 한 자
2. 법 제32조 제1항 또는 제2항에 따라 관리업자의 지위를 승계한 자
3. 제38조 제3항에 따라 점검능력 평가 공시 후 다시 점검능력 평가를 신청하는 자

④ 제1항부터 제3항까지에서 규정한 사항 외에 점검능력 평가 등 업무수행에 필요한 세부 규정은 평가기관이 정하되, 소방청장의 승인을 받아야 한다.

제38조【점검능력의 평가】 ① 법 제34조 제1항에 따른 점검능력 평가의 항목은 다음 각 호와 같고, 점검능력 평가의 세부 기준은 별표 7과 같다

1. 실적
   - 가. 점검실적(법 제22조 제1항에 따른 소방시설등에 대한 자체점검 실적을 말한다). 이 경우 점검실적(제37조 제1항 제1호 나목 및 다목에 따른 점검실적은 제외한다)은 제20조 제1항 및 별표 4에 따른 점검인력 배치기준에 적합한 것으로 확인된 것만 인정한다.
   - 나. 대행실적(「화재의 예방 및 안전관리에 관한 법률」 제25조 제1항에 따라 소방안전관리 업무를 대행하여 수행한 실적을 말한다)

소방시설 설치 및 관리에 관한 법률	소방시설 설치 및 관리에 관한 법률 시행령	소방시설 설치 및 관리에 관한 법률 시행규칙
		2. 기술력 3. 경력 4. ❷ ② 평가기관은 제1항에 따른 점검능력 평가 결과를 지체 없이 소방청장 및 시·도지사에게 통보해야 한다. ③ 평가기관은 제37조 제1항에 따른 점검능력 평가 결과는 매년 7월 31일까지 평가기관의 인터넷 홈페이지를 통하여 공시하고, 같은 조 제3항에 따른 점검능력 평가 결과는 소방청장 및 시·도지사에게 통보한 날부터 3일 이내에 평가기관의 인터넷 홈페이지를 통하여 공시해야 한다. ④ 점검능력 평가의 유효기간은 제3항에 따라 점검능력 평가 결과를 공시한 날부터 ❸ 으로 한다.
제35조【등록의 취소와 영업정지 등】 ① 시·도지사는 관리업자가 다음 각 호의 어느 하나에 해당하는 경우에는 행정안전부령으로 정하는 바에 따라 그 등록을 취소하거나 6개월 이내의 기간을 정하여 이의 시정이나 그 영업의 정지를 명할 수 있다. 다만, 제1호·제4호 또는 제5호에 해당할 때에는 등록을 취소하여야 한다. ▶**1년/1천(벌)** 1. 거짓이나 그 밖의 부정한 방법으로 등록을 한 경우 2. 제22조에 따른 점검을 하지 아니하거나 거짓으로 한 경우 3. 제29조 제2항에 따른 등록기준에 미달하게 된 경우		**제39조【행정처분의 기준】** 법 제28조에 따른 소방시설관리사 자격의 취소 및 정지 처분과 법 제35조에 따른 소방시설관리업의 등록취소 및 영업정지 처분 기준은 별표 8과 같다.

[규칙 별표 8] 행정처분기준 일반기준(요약본)

1. 일반기준
   가. 위반행위가 둘 이상이면 그 중 무거운 처분기준(무거운 처분기준이 동일한 경우에는 그 중 하나의 처분기준을 말한다. 이하 같다)에 따른다. 다만, 둘 이상의 처분기준이 모두 영업정지이거나 사용정지인 경우에는 각 처분기준을 합산한 기간을 넘지 않는 범위에서 무거운 처분기준에 각각 나머지 처분기준의 2분의 1 범위에서 가중한다.
   다. 위반행위의 횟수에 따른 행정처분의 기준은 최근 1년간 같은 위반행위로 행정처분을 받은 경우에 적용한다. 이 경우 적용일은 위반행위에 대한 행정처분일과 그 처분 후에 한 위반행위가 다시 적발된 날을 기준으로 한다.
   마. 처분권자는 위반행위의 동기·내용·횟수 및 위반 정도 등 다음에 해당하는 사유를 고려하여 그 처분을 가중하거나 감경할 수 있다.

<제37조> ❶ 15일
<제38조> ❷ 신인도 ❸ 1년간

소방시설 설치 및 관리에 관한 법률

4. 제30조 각 호의 어느 하나에 해당하게 된 경우. 다만, 제30조 제5호에 해당하는 법인으로서 결격사유에 해당하게 된 날부터 2개월 이내에 그 임원을 결격사유가 없는 임원으로 바꾸어 선임한 경우는 제외한다.
5. 제33조 제2항을 위반하여 등록증 또는 등록수첩을 빌려준 경우
6. 제34조 제1항에 따른 점검능력 평가를 받지 아니하고 자체점검을 한 경우

② 제32조에 따라 관리업자의 지위를 승계한 상속인이 제30조 각 호의 어느 하나에 해당하는 경우에는 상속을 개시한 날부터 6개월 동안은 제1항 제4호를 적용하지 아니한다.

제36조【과징금처분】 ① 시·도지사는 제35조 제1항에 따라 영업정지를 명하는 경우로서 그 영업정지가 이용자에게 불편을 주거나 그 밖에 공익을 해칠 우려가 있을 때에는 영업정지처분을 갈음하여 ❶ [illegible] 이하의 과징금을 부과할 수 있다.

② 제1항에 따른 과징금을 부과하는 위반행위의 종류와 위반 정도 등에 따른 과징금의 금액, 그 밖에 필요한 사항은 행정안전부령으로 정한다

③ 시·도지사는 제1항에 따른 과징금을 내야 하는 자가 납부기한까지 내지 아니하면 「지방행정제재·부과금의 징수 등에 관한 법률」에 따라 징수한다.

소방시설 설치 및 관리에 관한 법률 시행령

1) 가중 사유
   가) 위반행위가 사소한 부주의나 오류가 아닌 고의나 중대한 과실에 의한 것으로 인정되는 경우
   나) 위반의 내용·정도가 중대하여 관계인에게 미치는 피해가 크다고 인정되는 경우
2) 감경 사유
   가) 위반행위가 사소한 부주의나 오류 등 과실로 인한 것으로 인정되는 경우
   나) 위빈의 내용·정도가 경미하여 관계인에게 미치는 피해가 적다고 인정되는 경우
   다) 위반 행위자가 처음 해당 위반행위를 한 경우로서 5년 이상 소방시설관리사의 업무, 소방시설관리업 등을 모범적으로 해 온 사실이 인정되는 경우
   라) 그 밖에 다음의 경미한 위반사항에 해당되는 경우
      (1) 스프링클러설비 헤드가 살수반경에 미치지 못하는 경우
      (2) 자동화재탐지설비 감지기 2개 이하가 설치되지 않은 경우
      (3) 유도등이 일시적으로 점등되지 않는 경우
      (4) 유도표지가 정해진 위치에 붙어 있지 않은 경우

소방시설 설치 및 관리에 관한 법률 시행규칙

제40조【과징금의 부과기준 등】 ① 법 제36조 제1항에 따라 과징금을 부과하는 위반행위의 종류와 위반 정도 등에 따른 과징금의 부과기준은 별표 9와 같다.

② 법 제36조 제1항에 따른 과징금의 징수절차에 관하여는 「국고금관리법 시행규칙」을 준용한다.

소방시설 설치 및 관리에 관한 법률	소방시설 설치 및 관리에 관한 법률 시행령	소방시설 설치 및 관리에 관한 법률 시행규칙
④ 시 · 도지사는 제1항에 따른 과징금의 부과를 위하여 필요한 경우에는 다음 각 호의 사항을 적은 문서로 관할 세무관서의 장에게 「국세기본법」 제81조의13에 따른 과세정보의 제공을 요청할 수 있다. 1. 납세자의 인적사항 2. 과세정보의 사용 목적 3. 과징금의 부과 기준이 되는 매출액		

<제36조> ① 3천만원

소방시설 설치 및 관리에 관한 법률	소방시설 설치 및 관리에 관한 법률 시행령	소방시설 설치 및 관리에 관한 법률 시행규칙
제5장 소방용품의 품질관리		

제37조【소방용품의 형식승인 등】 ① 대통령령으로 정하는 소방용품을 제조하거나 수입하려는 자는 소방청장의 형식승인을 받아야 한다. 다만, 연구개발 목적으로 제조하거나 수입하는 소방용품은 그러하지 아니하다.

② 제1항에 따른 형식승인을 받으려는 자는 행정안전부령으로 정하는 기준에 따라 형식승인을 위한 시험시설을 갖추고 소방청장의 심사를 받아야 한다. 다만, 소방용품을 수입하는 자가 판매를 목적으로 하지 아니하고 자신의 건축물에 직접 설치하거나 사용하려는 경우 등 행정안전부령으로 정하는 경우에는 시험시설을 갖추지 아니할 수 있다.

③ 제1항과 제2항에 따라 형식승인을 받은 자는 그 소방용품에 대하여 소방청장이 실시하는 ❶ 를 받아야 한다.

④ 제1항에 따른 형식승인의 방법·절차 등과 제3항에 따른 제품검사의 구분·방법·순서·합격표시 등에 필요한 사항은 행정안전부령으로 정한다.

⑤ 소방용품의 형상·구조·재질·성분·성능 등(이하 "형상 등"이라 한다)의 형식승인 및 제품검사의 기술기준 등에 필요한 사항은 소방청장이 정하여 고시한다.

⑥ 누구든지 다음 각 호의 어느 하나에 해당하는 소방용품을 판매하거나 판매 목적으로 진열하거나 소방시설공사에 사용할 수 없다.

1. ❷ 을 받지 아니한 것
2. 형상 등을 임의로 변경한 것
3. 제품검사를 받지 아니하거나 합격표시를 하지 아니한 것

제46조【형식승인 대상 소방용품】 법 제37조 제1항 본문에서 "대통령령으로 정하는 소방용품"이란 별표 3의 소방용품(같은 표 제1호 나목의 자동소화장치 중 ❶ 주방자동소화장치는 제외한다)을 말한다. [24. 경채]

소방시설 설치 및 관리에 관한 법률

제38조【형식승인의 변경】 ① 제37조 제1항 및 제10항에 따른 형식승인을 받은 자가 해당 소방용품에 대하여 형상 등의 일부를 변경하려면 소방청장의 변경승인을 받아야 한다. ▶ **1년/1천(벌)**

② 제1항에 따른 변경승인의 대상·구분·방법 및 절차 등에 필요한 사항은 행정안전부령으로 정한다.

제39조【형식승인의 취소 등】 ① 소방청장은 소방용품의 형식승인을 받았거나 제품검사를 받은 자가 다음 각 호의 어느 하나에 해당할 때에는 행정안전부령으로 정하는 바에 따라 그 형식승인을 취소하거나 ❸ 이내의 기간을 정하여 제품검사의 중지를 명할 수 있다. 다만, 제1호·제3호 또는 제5호의 경우에는 해당 소방용품의 형식승인을 취소하여야 한다.

1. 거짓이나 그 밖의 부정한 방법으로 제37조 제1항 및 제10항에 따른 형식승인을 받은 경우
2. 제37조 제2항에 따른 시험시설의 시설기준에 미달되는 경우
3. 거짓이나 그 밖의 부정한 방법으로 제37조 제3항에 따른 제품검사를 받은 경우
4. 제품검사 시 제37조 제5항에 따른 기술기준에 미달되는 경우
5. 제38조에 따른 변경승인을 받지 아니하거나 거짓이나 그 밖의 부정한 방법으로 변경승인을 받은 경우

② 제1항에 따라 소방용품의 형식승인이 취소된 자는 그 취소된 날부터 2년 이내에는 형식승인이 취소된 소방용품과 동일한 품목에 대하여 형식승인을 받을 수 없다.

제40조【소방용품의 성능인증 등】 ① 소방청장은 제조자 또는 수입자 등의 요청이 있는 경우 소방용품에 대하여 성능인증을 할 수 있다. ▶ **3년/3천(벌)**

② 제1항에 따라 성능인증을 받은 자는 그 소방용품에 대하여 소방청장의 제품검사를 받아야 한다.

③ 제1항에 따른 성능인증의 대상·신청·방법 및 성능인증서 발급에 관한 사항과 제2항에 따른 제품검사의 구분·대상·절차·방법·합격표시 및 수수료 등에 필요한 사항은 행정안전부령으로 정한다.

④ 제1항에 따른 성능인증 및 제2항에 따른 제품검사의 기술기준 등에 필요한 사항은 소방청장이 정하여 고시한다.

⑤ 제2항에 따른 제품검사에 합격하지 아니한 소방용품에는 성능인증을 받았다는 표시를 하거나 제품검사에 합격하였다는 표시를 하여서는 아니 되며, 제품검사를 받지 아니하거나 합격표시를 하지 아니한 소방용품을 판매 또는 판매 목적으로 진열하거나 소방시설공사에 사용하여서는 아니 된다. ▶ **3년/3천(벌), 1년/1천(벌)**

소방시설 설치 및 관리에 관한 법률	소방시설 설치 및 관리에 관한 법률 시행령	소방시설 설치 및 관리에 관한 법률 시행규칙

⑦ 소방청장, 소방본부장 또는 소방서장은 제6항을 위반한 소방용품에 대하여는 그 제조자·수입자·판매자 또는 시공자에게 수거·폐기 또는 교체 등 행정안전부령으로 정하는 필요한 조치를 명할 수 있다.

⑧ 소방청장은 소방용품의 작동기능, 제조방법, 부품 등이 제5항에 따라 소방청장이 고시하는 형식승인 및 제품검사의 기술기준에서 정하고 있는 방법이 아닌 새로운 기술이 적용된 제품의 경우에는 관련 전문가의 평가를 거쳐 행정안전부령으로 정하는 바에 따라 제4항에 따른 방법 및 절차와 다른 방법 및 절차로 형식승인을 할 수 있으며, 외국의 공인기관으로부터 인정받은 신기술 제품은 형식승인을 위한 시험 중 일부를 생략하여 형식승인을 할 수 있다.

⑨ 다음 각 호의 어느 하나에 해당하는 소방용품의 형식승인 내용에 대하여 공인기관의 평가 결과가 있는 경우 형식승인 및 제품검사 시험 중 일부만을 적용하여 형식승인 및 제품검사를 할 수 있다.

1. 「군수품관리법」 제2조에 따른 군수품
2. 주한외국공관 또는 주한외국군 부대에서 사용되는 소방용품
3. 외국의 차관이나 국가 간의 협약 등에 따라 건설되는 공사에 사용되는 소방용품으로서 사전에 합의된 것
4. 그 밖에 특수한 목적으로 사용되는 소방용품으로서 소방청장이 인정하는 것

⑥ 하나의 소방용품에 성능인증 사항이 두 가지 이상 결합된 경우에는 해당 성능인증 시험을 모두 실시하고 하나의 성능인증을 할 수 있다.

⑦ 제6항에 따른 성능인증의 방법 및 절차 등에 필요한 사항은 행정안전부령으로 정한다.

제41조 【성능인증의 변경】 ① 제40조 제1항 및 제6항에 따른 성능인증을 받은 자가 해당 소방용품에 대하여 형상 등의 일부를 변경하려면 소방청장의 변경인증을 받아야 한다. ▶**1년/1천(벌)**

② 제1항에 따른 변경인증의 대상·구분·방법 및 절차 등에 필요한 사항은 행정안전부령으로 정한다.

제42조 【성능인증의 취소 등】 ① 소방청장은 소방용품의 성능인증을 받았거나 제품검사를 받은 자가 다음 각 호의 어느 하나에 해당하는 때에는 행정안전부령으로 정하는 바에 따라 해당 소방용품의 성능인증을 취소하거나 6개월 이내의 기간을 정하여 해당 소방용품의 제품검사 중지를 명할 수 있다. 다만, 제1호·제2호 또는 제5호에 해당하는 경우에는 해당 소방용품의 성능인증을 취소하여야 한다.

1. 거짓이나 그 밖의 부정한 방법으로 제40조 제1항 및 제6항에 따른 성능인증을 받은 경우
2. 거짓이나 그 밖의 부정한 방법으로 제40조 제2항에 따른 제품검사를 받은 경우
3. 제품검사 시 제40조 제4항에 따른 기술기준에 미달되는 경우
4. 제40조 제5항을 위반한 경우
5. 제41조에 따라 변경인증을 받지 아니하고 해당 소방용품에 대하여 형상 등의 일부를 변경하거나 거짓이나 그 밖의 부정한 방법으로 변경인증을 받은 경우

② 제1항에 따라 소방용품의 성능인증이 취소된 자는 그 취소된 날부터 2년 이내에는 성능인증이 취소된 소방용품과 동일한 품목에 대하여는 성능인증을 받을 수 없다.

제43조 【우수품질 제품에 대한 인증】 ① 소방청장은 제37조에 따른 형식승인의 대상이 되는 소방용품 중 품질이 우수하다고 인정하는 소방용품에 대하여 인증(이하 "우수품질인증"이라 한다)을 할 수 있다. ▶**1년/1천(벌)**

② 우수품질인증을 받으려는 자는 행정안전부령으로 정하는 바에 따라 소방청장에게 신청하여야 한다.

③ 우수품질인증을 받은 소방용품에는 우수품질인증 표시를 할 수 있다.

④ 우수품질인증의 유효기간은 ❹ ______ 의 범위에서 행정안전부령으로 정한다.

⑤ 소방청장은 다음 각 호의 어느 하나에 해당하는 경우에는 우수품질인증을 취소할 수 있다. 다만, 제1호에 해당하는 경우에는 우수품질인증을 취소하여야 한다.

1. 거짓이나 그 밖의 부정한 방법으로 우수품질인증을 받은 경우

<제37조> ❶ 제품검사 ❷ 형식승인
<제39조> ❸ 6개월
<제43조> ❹ 5년

<제46조> ❶ 상업용

소방시설 설치 및 관리에 관한 법률	소방시설 설치 및 관리에 관한 법률 시행령	소방시설 설치 및 관리에 관한 법률 시행규칙

소방시설 설치 및 관리에 관한 법률

⑩ 하나의 소방용품에 두 가지 이상의 형식승인 사항 또는 형식승인과 성능인증 사항이 결합된 경우에는 두 가지 이상의 형식승인 또는 형식승인과 성능인증 시험을 함께 실시하고 하나의 형식승인을 할 수 있다.

⑪ 제9항 및 제10항에 따른 형식승인의 방법 및 절차 등에 필요한 사항은 행정안전부령으로 정한다.

2. 우수품질인증을 받은 제품이 「발명진흥법」 제2조 제4호에 따른 산업재산권 등 타인의 권리를 침해하였다고 판단되는 경우

⑥ 제1항부터 제5항까지에서 규정한 사항 외에 우수품질인증을 위한 기술기준, 제품의 품질관리 평가, 우수품질인증의 갱신, 수수료, 인증표시 등 우수품질인증에 필요한 사항은 행정안전부령으로 정한다.

벌칙

3년 이하의 징역 또는 3천만원 이하의 벌금	• 제37조 제1항, 제2항 및 제10항을 위반하여 소방용품의 형식승인을 받지 아니하고 소방용품을 제조하거나 수입한 자 또는 거짓이나 그 밖의 부정한 방법으로 형식승인을 받은 자 • 제37조 제3항을 위반하여 제품검사를 받지 아니한 자 또는 거짓이나 그 밖의 부정한 방법으로 제품검사를 받은 자 • 제37조 제6항을 위반하여 소방용품을 판매·진열하거나 소방시설공사에 사용한 자 • 제37조 제7항에 따른 명령을 정당한 사유 없이 위반한 자
1년 이하의 징역 또는 1천만원 이하의 벌금	제37조 제3항에 따른 제품검사에 합격하지 아니한 제품에 합격표시를 하거나 합격표시를 위조 또는 변조하여 사용한 자

벌칙

3년 이하의 징역 또는 3천만원 이하의 벌금	제40조 제5항을 위반하여 제품검사를 받지 아니하거나 합격표시를 하지 아니한 소방용품을 판매·진열하거나 소방시설공사에 사용한 자
1년 이하의 징역 또는 1천만원 이하의 벌금	제40조 제5항을 위반하여 제품검사에 합격하지 아니한 소방용품에 성능인증을 받았다는 표시 또는 제품검사에 합격하였다는 표시를 하거나 성능인증을 받았다는 표시 또는 제품검사에 합격하였다는 표시를 위조 또는 변조하여 사용한 자

소방시설 설치 및 관리에 관한 법률	소방시설 설치 및 관리에 관한 법률 시행령	소방시설 설치 및 관리에 관한 법률 시행규칙
제44조【우수품질인증 소방용품에 대한 지원 등】 다음 각 호의 어느 하나에 해당하는 기관 및 단체는 건축물의 신축·증축 및 개축 등으로 소방용품을 변경 또는 신규 비치하여야 하는 경우 우수품질인증 소방용품을 우선 구매·사용하도록 노력하여야 한다. 1. 중앙행정기관 2. 지방자치단체 3. 「공공기관의 운영에 관한 법률」 제4조에 따른 공공기관(이하 "공공기관"이라 한다) 4. 그 밖에 대통령령으로 정하는 기관	**제47조【우수품질인증 소방용품 우선 구매·사용 기관】** 법 제44조 제4호에서 "대통령령으로 정하는 기관"이란 다음 각 호의 기관을 말한다. 1. 「지방공기업법」 제49조에 따라 설립된 지방공사 및 같은 법 제76조에 따라 설립된 지방공단 2. 「지방자치단체 출자·출연 기관의 운영에 관한 법률」 제2조에 따른 출자·출연 기관	
제45조【소방용품의 제품검사 후 수집검사 등】 ① ❶ 은 소방용품의 품질관리를 위하여 필요하다고 인정할 때에는 유통 중인 소방용품을 수집하여 검사할 수 있다. ② 소방청장은 제1항에 따른 수집검사 결과 행정안전부령으로 정하는 중대한 결함이 있다고 인정되는 소방용품에 대하여는 그 제조자 및 수입자에게 행정안전부령으로 정하는 바에 따라 회수·교환·폐기 또는 판매중지를 명하고, 형식승인 또는 성능인증을 취소할 수 있다. ▶**3년/3천(벌)** ③ 제2항에 따라 소방용품의 회수·교환·폐기 또는 판매중지 명령을 받은 제조자 및 수입자는 해당 소방용품이 이미 판매되어 사용 중인 경우 행정안전부령으로 정하는 바에 따라 구매자에게 그 사실을 알리고 회수 또는 교환 등 필요한 조치를 하여야 한다.		

<제45조> ❶ 소방청장

소방시설 설치 및 관리에 관한 법률	소방시설 설치 및 관리에 관한 법률 시행령	소방시설 설치 및 관리에 관한 법률 시행규칙
④ 소방청장은 제2항에 따라 회수·교환·폐기 또는 판매중지를 명하거나 형식승인 또는 성능인증을 취소한 때에는 행정안전부령으로 정하는 바에 따라 그 사실을 소방청 홈페이지 등에 공표하여야 한다.		

소방시설 설치 및 관리에 관한 법률	소방시설 설치 및 관리에 관한 법률 시행령	소방시설 설치 및 관리에 관한 법률 시행규칙
제6장 보칙		
제46조 【제품검사 전문기관의 지정 등】 ① 소방청장은 제37조 제3항 및 제40조 제2항에 따른 제품검사를 전문적 · 효율적으로 실시하기 위하여 다음 각 호의 요건을 모두 갖춘 기관을 제품검사 전문기관(이하 "전문기관"이라 한다)으로 지정할 수 있다. ▶**3년/3천(벌)** 1. 다음 각 목의 어느 하나에 해당하는 기관일 것 가. 「과학기술분야 정부출연연구기관 등의 설립 · 운영 및 육성에 관한 법률」 제8조에 따라 설립된 연구기관 나. 공공기관 다. 소방용품의 시험 · 검사 및 연구를 주된 업무로 하는 비영리 법인 2. 「국가표준기본법」 제23조에 따라 인정을 받은 시험 · 검사기관일 것 3. 행정안전부령으로 정하는 검사인력 및 검사설비를 갖추고 있을 것 4. 기관의 대표자가 제27조 제1호부터 제3호까지의 어느 하나에 해당하지 아니할 것 5. 제47조에 따라 전문기관의 지정이 취소된 경우 그 지정이 취소된 날부터 2년이 경과하였을 것 ② 전문기관 지정의 방법 및 절차 등에 필요한 사항은 행정안전부령으로 정한다.		

소방시설 설치 및 관리에 관한 법률	소방시설 설치 및 관리에 관한 법률 시행령	소방시설 설치 및 관리에 관한 법률 시행규칙
③ 소방청장은 제1항에 따라 전문기관을 지정하는 경우에는 소방용품의 품질 향상, 제품검사의 기술개발 등에 드는 비용을 부담하게 하는 등 필요한 조건을 붙일 수 있다. 이 경우 그 조건은 공공의 이익을 증진하기 위하여 필요한 최소한도에 그쳐야 하며, 부당한 의무를 부과하여서는 아니 된다. ④ 전문기관은 행정안전부령으로 정하는 바에 따라 제품검사 실시 현황을 소방청장에게 보고하여야 한다. ⑤ 소방청장은 전문기관을 지정한 경우에는 행정안전부령으로 정하는 바에 따라 전문기관의 제품검사 업무에 대한 평가를 실시할 수 있으며, 제품검사를 받은 소방용품에 대하여 확인검사를 할 수 있다. ⑥ 소방청장은 제5항에 따라 전문기관에 대한 평가를 실시하거나 확인검사를 실시한 때에는 그 평가 결과 또는 확인검사 결과를 행정안전부령으로 정하는 바에 따라 공표할 수 있다. ⑦ 소방청장은 제5항에 따른 확인검사를 실시하는 때에는 행정안전부령으로 정하는 바에 따라 전문기관에 대하여 확인검사에 드는 비용을 부담하게 할 수 있다. **제47조【전문기관의 지정취소 등】** 소방청장은 전문기관이 다음 각 호의 어느 하나에 해당할 때에는 그 지정을 취소하거나 6개월 이내의 기간을 정하여 그 업무의 정지를 명할 수 있다. 다만, 제1호에 해당할 때에는 그 지정을 취소하여야 한다. 1. 거짓이나 그 밖의 부정한 방법으로 지정을 받은 경우 2. 정당한 사유 없이 1년 이상 계속하여 제품검사 또는 실무교육 등 지정받은 업무를 수행하지 아니한 경우 3. 제46조 제1항 각 호의 요건을 갖추지 못하거나 제46조 제3항에 따른 조건을 위반한 경우		

소방시설 설치 및 관리에 관한 법률	소방시설 설치 및 관리에 관한 법률 시행령	소방시설 설치 및 관리에 관한 법률 시행규칙

4. 제52조 제1항 제7호에 따른 감독 결과 이 법이나 다른 법령을 위반하여 전문기관으로서의 업무를 수행하는 것이 부적당하다고 인정되는 경우

제48조【전산시스템 구축 및 운영】 ① 소방청장, 소방본부장 또는 소방서장은 특정소방대상물의 체계적인 안전관리를 위하여 다음 각 호의 정보가 포함된 전산시스템을 구축·운영하여야 한다.

1. 제6조 제3항에 따라 제출받은 설계도면의 관리 및 활용
2. 제23조 제3항에 따라 보고받은 자체점검 결과의 관리 및 활용
3. 그 밖에 소방청장, 소방본부장 또는 소방서장이 필요하다고 인정하는 자료의 관리 및 활용

② 소방청장, 소방본부장 또는 소방서장은 제1항에 따른 전산시스템의 구축·운영에 필요한 자료의 제출 또는 정보의 제공을 관계 행정기관의 장에게 요청할 수 있다. 이 경우 자료의 제출이나 정보의 제공을 요청받은 관계 행정기관의 장은 정당한 사유가 없으면 이에 따라야 한다.

제49조【청문】 소방청장 또는 시·도지사는 다음 각 호의 어느 하나에 해당하는 처분을 하려면 청문을 하여야 한다.

1. 제28조에 따른 관리사 자격의 취소 및 정지
2. 제35조 제1항에 따른 관리업의 등록취소 및 영업정지
3. 제39조에 따른 소방용품의 형식승인 취소 및 제품검사 중지
4. 제42조에 따른 성능인증의 취소
5. 제43조 제5항에 따른 우수품질인증의 취소
6. 제47조에 따른 전문기관의 지정취소 및 업무정지

청문대상

청문대상	취소	정지	중지
관리사	자격 ○	자격 ○	
관리업	등록 ○	영업정지 ○	
소방용품	형식승인 ○		
	성능인증 ○		제품검사 ○
우수품질인증	○		
전문기관	지정취소 ○	업무정지 ○	

■ 소방관련법규상의 청문대상(참고)

「소방시설공사업법」	• 소방시설업의 등록취소처분 • 소방시설업의 영업정지처분 • 소방기술 인정 자격취소처분
「위험물안전관리법」	• 제조소등 설치허가의 취소 • 탱크시험자의 등록취소
화재예방법	• 소방안전관리자의 자격 취소 • 진단기관의 지정 취소

소방시설 설치 및 관리에 관한 법률	소방시설 설치 및 관리에 관한 법률 시행령	소방시설 설치 및 관리에 관한 법률 시행규칙
제50조【권한 또는 업무의 위임 · 위탁 등】 ① 이 법에 따른 소방청장 또는 시 · 도지사의 권한은 대통령령으로 정하는 바에 따라 그 일부를 소속 기관의 장, 시 · 도지사, 소방본부장 또는 소방서장에게 위임할 수 있다. ② 소방청장은 다음 각 호의 업무를 「소방산업의 진흥에 관한 법률」 제14조에 따른 한국소방산업기술원(이하 "기술원"이라 한다)에 위탁할 수 있다. 이 경우 소방청장은 기술원에 소방시설 및 소방용품에 관한 기술개발 · 연구 등에 필요한 경비의 일부를 보조할 수 있다. 1. 제21조에 따른 방염성능검사 중 대통령령으로 정하는 검사 2. 제37조 제1항 · 제2항 및 제8항부터 제10항까지의 규정에 따른 소방용품의 형식승인 3. 제38조에 따른 형식승인의 변경승인 4. 제39조 제1항에 따른 형식승인의 취소 5. 제40조 제1항 · 제6항에 따른 성능인증 및 제42조에 따른 성능인증의 취소 6. 제41조에 따른 성능인증의 변경인증 7. 제43조에 따른 우수품질인증 및 그 취소 ③ 소방청장은 제37조 제3항 및 제40조 제2항에 따른 제품검사 업무를 기술원 또는 전문기관에 위탁할 수 있다. ④ 제2항 및 제3항에 따라 위탁받은 업무를 수행하는 기술원 및 전문기관이 갖추어야 하는 시설기준 등에 관하여 필요한 사항은 행정안전부령으로 정한다. ⑤ 소방청장은 다음 각 호의 업무를 대통령령으로 정하는 바에 따라 소방기술과 관련된 법인 또는 단체에 위탁할 수 있다. 1. 표준자체점검비의 산정 및 공표 2. 제25조 제5항 및 제6항에 따른 소방시설관리사증의 발급 · 재발급 3. 제34조 제1항에 따른 점검능력 평가 및 공시 4. 제34조 제4항에 따른 데이터베이스 구축 · 운영	**제48조【권한 또는 업무의 위임 · 위탁 등】** ① 소방청장은 법 제50조 제1항에 따라 화재안전기준 중 기술기준에 대한 법 제19조 각 호에 따른 관리 · 운영 권한을 국립소방연구원장에게 위임한다. ② 법 제50조 제2항 제1호에서 "대통령령으로 정하는 검사"란 제31조 제1항에 따른 방염대상물품에 대한 방염성능검사(제32조 각 호에 따라 설치 현장에서 방염처리를 하는 합판 · 목재류에 대한 방염성능검사는 제외한다)를 말한다. ③ 소방청장은 법 제50조 제5항에 따라 다음 각 호의 업무를 소방청장의 허가를 받아 설립한 소방기술과 관련된 법인 또는 단체 중 해당 업무를 처리하는 데 필요한 관련 인력과 장비를 갖춘 법인 또는 단체에 위탁한다. 이 경우 소방청장은 위탁받는 기관의 명칭 · 주소 · 대표자 및 위탁 업무의 내용을 고시해야 한다. 1. 표준자체점검비의 산정 및 공표 2. 법 제25조 제5항 및 제6항에 따른 소방시설관리사증의 발급 · 재발급 3. 법 제34조 제1항에 따른 점검능력 평가 및 공시 4. 법 제34조 제4항에 따른 데이터베이스 구축 · 운영	

소방시설 설치 및 관리에 관한 법률	소방시설 설치 및 관리에 관한 법률 시행령	소방시설 설치 및 관리에 관한 법률 시행규칙
⑥ 소방청장은 제14조 제3항에 따른 건축 환경 및 화재위험특성 변화 추세 연구에 관한 업무를 대통령령으로 정하는 바에 따라 화재안전 관련 전문연구기관에 위탁할 수 있다. 이 경우 소방청장은 연구에 필요한 경비를 지원할 수 있다. ⑦ 제2항부터 제6항까지의 규정에 따라 위탁받은 업무에 종사하고 있거나 종사하였던 사람은 업무를 수행하면서 알게 된 비밀을 이 법에서 정한 목적 외의 용도로 사용하거나 다른 사람 또는 기관에 제공하거나 누설하여서는 아니 된다. ▶**3백(벌)** **제51조【벌칙 적용에서 공무원 의제】** 다음 각 호의 어느 하나에 해당하는 자는 「형법」 제129조부터 제132조까지의 규정을 적용할 때에는 공무원으로 본다. 1. 평가단의 구성원 중 공무원이 아닌 사람 2. 중앙위원회 및 지방위원회의 위원 중 공무원이 아닌 사람 3. 제50조 제2항부터 제6항까지의 규정에 따라 위탁받은 업무를 수행하는 기술원, 전문기관, 법인 또는 단체, 화재안전 관련 전문연구기관의 담당 임직원 **제52조【감독】** ① 소방청장, 시·도지사, 소방본부장 또는 소방서장은 다음 각 호의 어느 하나에 해당하는 자, 사업체 또는 소방대상물 등의 감독을 위하여 필요하면 관계인에게 필요한 보고 또는 자료제출을 명할 수 있으며, 관계 공무원으로 하여금 소방대상물·사업소·사무소 또는 사업장에 출입하여 관계 서류·시설 및 제품 등을 검사하게 하거나 관계인에게 질문하게 할 수 있다. ▶**3백(과)**		

소방시설 설치 및 관리에 관한 법률

1. 제22조에 따라 관리업자 등이 점검한 특정소방대상물
2. 제25조에 따른 관리사
3. 제29조 제1항에 따른 등록한 관리업자
4. 제37조 제1항부터 제3항까지 및 제10항에 따른 소방용품의 형식승인, 제품검사 또는 시험시설의 심사를 받은 자
5. 제38조 제1항에 따라 변경승인을 받은 자
6. 제40조 제1항, 제2항 및 제6항에 따라 성능인증 및 제품검사를 받은 자
7. 제46조 제1항에 따라 지정을 받은 전문기관
8. 소방용품을 판매하는 자

② 제1항에 따라 출입·검사 업무를 수행하는 관계 공무원은 그 권한을 표시하는 증표를 지니고 이를 관계인에게 내보여야 한다.

③ 제1항에 따라 출입·검사 업무를 수행하는 관계 공무원은 관계인의 정당한 업무를 방해하거나 출입·검사 업무를 수행하면서 알게 된 비밀을 다른 사람에게 누설하여서는 아니 된다. ▶**1년/1천(벌)**

제53조【수수료 등】 다음 각 호의 어느 하나에 해당하는 자는 행정안전부령으로 정하는 수수료를 내야 한다.

1. 제21조에 따른 방염성능검사를 받으려는 자
2. 제25조 제1항에 따른 관리사시험에 응시하려는 사람
3. 제25조 제5항 및 제6항에 따라 소방시설관리사증을 발급받거나 재발급받으려는 자
4. 제29조 제1항에 따른 관리업의 등록을 하려는 자
5. 제29조 제3항에 따라 관리업의 등록증이나 등록수첩을 재발급 받으려는 자
6. 제32조 제3항에 따라 관리업자의 지위승계를 신고하려는 자
7. 제34조 제1항에 따라 점검능력 평가를 받으려는 자

소방시설 설치 및 관리에 관한 법률 시행령

소방시설 설치 및 관리에 관한 법률 시행규칙

제41조【수수료】 ① 법 제53조에 따른 수수료 및 납부방법은 별표 10과 같다.

② 별표 10의 수수료를 반환하는 경우에는 다음 각 호의 구분에 따라 반환해야 한다.

1. 수수료를 과오납한 경우: 그 과오납한 금액의 전부
2. 시험시행기관에 책임이 있는 사유로 시험에 응시하지 못한 경우: 납입한 수수료의 전부
3. 직계 가족의 사망, 본인의 사고 또는 질병, 격리가 필요한 감염병이나 예견할 수 없는 기상상황 등으로 시험에 응시하지 못한 경우(해당 사실을 증명하는 서류 등을 제출한 경우로 한정한다): 납입한 수수료의 전부
4. 원서접수기간에 접수를 철회한 경우: 납입한 수수료의 전부

소방시설 설치 및 관리에 관한 법률	소방시설 설치 및 관리에 관한 법률 시행령	소방시설 설치 및 관리에 관한 법률 시행규칙
8. 제37조 제1항 및 제10항에 따라 소방용품의 형식승인을 받으려는 자 9. 제37조 제2항에 따라 시험시설의 심사를 받으려는 자 10. 제37조 제3항에 따라 형식승인을 받은 소방용품의 제품검사를 받으려는 자 11. 제38조 제1항에 따라 형식승인의 변경승인을 받으려는 자 12. 제40조 제1항 및 제6항에 따라 소방용품의 성능인증을 받으려는 자 13. 제40조 제2항에 따라 성능인증을 받은 소방용품의 제품검사를 받으려는 자 14. 제41조 제1항에 따른 성능인증의 변경인증을 받으려는 자 15. 제43조 제1항에 따른 우수품질인증을 받으려는 자 16. 제46조에 따라 전문기관으로 지정을 받으려는 자		5. 시험시행일 20일 전까지 접수를 취소하는 경우: 납입한 수수료의 전부 6. 시험시행일 10일 전까지 접수를 취소하는 경우: 납입한 수수료의 100분의 50
제54조【조치명령 등의 기간연장】 ① 다음 각 호에 따른 조치명령 또는 이행명령(이하 "조치명령 등"이라 한다)을 받은 관계인 등은 천재지변이나 그 밖에 대통령령으로 정하는 사유로 조치명령 등을 그 기간 내에 이행할 수 없는 경우에는 조치명령 등을 명령한 소방청장, 소방본부장 또는 소방서장에게 대통령령으로 정하는 바에 따라 조치명령 등을 연기하여 줄 것을 신청할 수 있다. 1. 제12조 제2항에 따른 소방시설에 대한 조치명령 2. 제16조 제2항에 따른 피난시설, 방화구획 또는 방화시설에 대한 조치명령	**제49조【조치명령등의 기간연장】** ① 법 제54조 제1항 각 호 외의 부분에서 "대통령령으로 정하는 사유"란 다음 각 호의 어느 하나에 해당하는 사유를 말한다. 1. 「재난 및 안전관리 기본법」 제3조 제1호에 해당하는 재난이 발생한 경우 2. 경매 등의 사유로 소유권이 변동 중이거나 변동된 경우 3. 관계인의 질병, 사고, 장기출장의 경우 4. 시장·상가·복합건축물 등 소방대상물의 관계인이 여러 명으로 구성되어 법 제54조 제1항 각 호에 따른 조치명령 또는 이행명령(이하 "조치명령등"이라 한다)의 이행에 대한 의견을 조정하기 어려운 경우	**제42조【조치명령등의 연기 신청】** ① 법 제54조 제1항에 따라 조치명령 또는 이행명령(이하 "조치명령등"이라 한다)의 연기를 신청하려는 관계인 등은 영 제49조 제2항에 따라 조치명령등의 이행기간 만료일 ❶ 별지 제33호 서식에 따른 조치명령등의 연기신청서(전자문서로 된 신청서를 포함한다)에 조치명령등을 그 기간 내에 이행할 수 없음을 증명할 수 있는 서류(전자문서를 포함한다)를 첨부하여 소방청장, 소방본부장 또는 소방서장에게 제출해야 한다.

<제42조> ❶ 5일 전까지

소방시설 설치 및 관리에 관한 법률	소방시설 설치 및 관리에 관한 법률 시행령	소방시설 설치 및 관리에 관한 법률 시행규칙
3. 제20조 제2항에 따른 방염대상물품의 제거 또는 방염성능검사 조치명령 4. 제23조 제6항에 따른 소방시설에 대한 이행계획 조치명령 5. 제37조 제7항에 따른 형식승인을 받지 아니한 소방용품의 수거·폐기 또는 교체 등의 조치명령 6. 제45조 제2항에 따른 중대한 결함이 있는 소방용품의 회수·교환·폐기 조치명령 ② 제1항에 따라 연기신청을 받은 소방청장, 소방본부장 또는 소방서장은 연기 신청 승인 여부를 결정하고 그 결과를 조치명령 등의 이행 기간 내에 관계인 등에게 알려 주어야 한다.	5. 그 밖에 관계인이 운영하는 사업에 부도 또는 도산 등 중대한 위기가 발생하여 조치명령등을 그 기간 내에 이행할 수 없는 경우 ② 법 제54조 제1항에 따라 조치명령등의 연기를 신청하려는 관계인 등은 행정안전부령으로 정하는 연기신청서에 연기의 사유 및 기간 등을 적어 소방청장, 소방본부장 또는 소방서장에게 제출해야 한다. ③ 제2항에 따른 연기의 신청 및 연기신청서의 처리에 필요한 사항은 행정안전부령으로 정한다.	② 제1항에 따른 신청서를 제출받은 소방청장, 소방본부장 또는 소방서장은 신청받은 날부터 3일 이내에 조치명령등의 연기 신청 승인 여부를 결정하여 별지 제34호 서식의 조치명령등의 연기 통지서를 관계인 등에게 통지해야 한다.
제55조【위반행위의 신고 및 신고포상금의 지급】 ① 누구든지 소방본부장 또는 소방서장에게 다음 각 호의 어느 하나에 해당하는 행위를 한 자를 신고할 수 있다. 1. 제12조 제1항을 위반하여 소방시설을 설치 또는 관리한 자 2. 제12조 제3항을 위반하여 폐쇄·차단 등의 행위를 한 자 3. 제16조 제1항 각 호의 어느 하나에 해당하는 행위를 한 자 ② 소방본부장 또는 소방서장은 제1항에 따른 신고를 받은 경우 신고 내용을 확인하여 이를 신속하게 처리하고, 그 처리결과를 행정안전부령으로 정하는 방법 및 절차에 따라 신고자에게 통지하여야 한다. ③ 소방본부장 또는 소방서장은 제1항에 따른 신고를 한 사람에게 예산의 범위에서 포상금을 지급할 수 있다. ④ 제3항에 따른 신고포상금의 지급대상, 지급기준, 지급절차 등에 필요한 사항은 ❶ [illegible] 로 정한다.	**제50조【고유식별정보의 처리】** 소방청장(제48조에 따라 소방청장의 업무를 위탁받은 자를 포함한다), 시·도지사(해당 권한 또는 업무가 위임되거나 위탁된 경우에는 그 권한 또는 업무를 위임받거나 위탁받은 자를 포함한다), 소방본부장 또는 소방서장은 다음 각 호의 사무를 수행하기 위하여 불가피한 경우 「개인정보 보호법 시행령」 제19조 제1호 또는 제4호에 따른 주민등록번호 또는 외국인등록번호가 포함된 자료를 처리할 수 있다. 1. 법 제6조에 따른 건축허가등의 동의에 관한 사무 2. 법 제12조에 따른 특정소방대상물에 설치하는 소방시설의 설치·관리 등에 관한 사무 3. 법 제20조에 따른 특정소방대상물의 방염 등에 관한 사무 4. 법 제25조에 따른 소방시설관리사시험 및 소방시설관리사증 발급 등에 관한 사무 5. 법 제26조에 따른 부정행위자에 대한 제재에 관한 사무 6. 법 제28조에 따른 자격의 취소·정지에 관한 사무 7. 법 제29조에 따른 소방시설관리업의 등록 등에 관한 사무	**제43조【위반행위 신고 내용 처리결과의 통지 등】** ① 소방본부장 또는 소방서장은 법 제55조 제2항에 따라 위반행위의 신고 내용을 확인하여 이를 처리한 경우에는 처리한 날부터 10일 이내에 별지 제35호 서식의 위반행위 신고 내용 처리결과 통지서를 신고자에게 통지해야 한다. ② 제1항에 따른 통지는 우편, 팩스, 정보통신망, 전자우편 또는 휴대전화 문자메시지 등의 방법으로 할 수 있다.

소방시설 설치 및 관리에 관한 법률	소방시설 설치 및 관리에 관한 법률 시행령	소방시설 설치 및 관리에 관한 법률 시행규칙
	8. 법 제31조에 따른 등록사항의 변경신고에 관한 사무 9. 법 제32조에 따른 관리업자의 지위승계에 관한 사무 10. 법 제34조에 따른 점검능력 평가 및 공시 등에 관한 사무 11. 법 제35조에 따른 등록의 취소와 영업정지 등에 관한 사무 12. 법 제36조에 따른 과징금처분에 관한 사무 13. 법 제39조에 따른 형식승인의 취소 등에 관한 사무 14. 법 제46조에 따른 전문기관의 지정 등에 관한 사무 15. 법 제47조에 따른 전문기관의 지정취소 등에 관한 사무 16. 법 제49조에 따른 청문에 관한 사무 17. 법 제52조에 따른 감독에 관한 사무 18. 법 제53조에 따른 수수료 등 징수에 관한 사무	

<제55조> ❶ 시 · 도의 조례

소방시설 설치 및 관리에 관한 법률	소방시설 설치 및 관리에 관한 법률 시행령	소방시설 설치 및 관리에 관한 법률 시행규칙
제7장 벌칙		
제56조【벌칙】 ① 제12조 제3항 본문을 위반하여 소방시설에 폐쇄·차단 등의 행위를 한 자는 5년 이하의 징역 또는 5천만원 이하의 벌금에 처한다. ② 제1항의 죄를 범하여 사람을 상해에 이르게 한 때에는 7년 이하의 징역 또는 7천만원 이하의 벌금에 처하며, ❶ 에 이르게 한 때에는 10년 이하의 징역 또는 1억원 이하의 벌금에 처한다. **제57조【벌칙】** 다음 각 호의 어느 하나에 해당하는 자는 3년 이하의 징역 또는 3천만원 이하의 벌금에 처한다. 1. 제12조 제2항, 제15조 제3항, 제16조 제2항, 제20조 제2항, 제23조 제6항, 제37조 제7항 또는 제45조 제2항에 따른 명령을 정당한 사유 없이 위반한 자 2. 제29조 제1항을 위반하여 관리업의 등록을 하지 아니하고 영업을 한 자 3. 제37조 제1항, 제2항 및 제10항을 위반하여 소방용품의 형식승인을 받지 아니하고 소방용품을 제조하거나 수입한 자 또는 거짓이나 그 밖의 부정한 방법으로 형식승인을 받은 자 4. 제37조 제3항을 위반하여 제품검사를 받지 아니한 자 또는 거짓이나 그 밖의 부정한 방법으로 제품검사를 받은 자 5. 제37조 제6항을 위반하여 소방용품을 판매·진열하거나 소방시설공사에 사용한 자 6. 제40조 제1항 및 제2항을 위반하여 거짓이나 그 밖의 부정한 방법으로 성능인증 또는 제품검사를 받은 자 7. 제40조 제5항을 위반하여 제품검사를 받지 아니하거나 합격표시를 하지 아니한 소방용품을 판매·진열하거나 소방시설공사에 사용한 자		

소방시설 설치 및 관리에 관한 법률	소방시설 설치 및 관리에 관한 법률 시행령	소방시설 설치 및 관리에 관한 법률 시행규칙
8. 제45조 제3항을 위반하여 구매자에게 명령을 받은 사실을 알리지 아니하거나 필요한 조치를 하지 아니한 자 9. 거짓이나 그 밖의 부정한 방법으로 제46조 제1항에 따른 전문기관으로 지정을 받은 자 **제58조【벌칙】** 다음 각 호의 어느 하나에 해당하는 자는 1년 이하의 징역 또는 1천만원 이하의 벌금에 처한다. 1. 제22조 제1항을 위반하여 소방시설 등에 대하여 스스로 점검을 하지 아니하거나 관리업자 등으로 하여금 정기적으로 점검하게 하지 아니한 자 2. 제25조 제7항을 위반하여 소방시설관리사증을 다른 사람에게 빌려주거나 빌리거나 이를 알선한 자 3. 제25조 제8항을 위반하여 동시에 둘 이상의 업체에 취업한 자 4. 제28조에 따라 자격정지처분을 받고 그 자격정지기간 중에 관리사의 업무를 한 자 5. 제33조 제2항을 위반하여 관리업의 등록증이나 등록수첩을 다른 자에게 빌려주거나 빌리거나 이를 알선한 자 6. 제35조 제1항에 따라 영업정지처분을 받고 그 영업정지기간 중에 관리업의 업무를 한 자 7. 제37조 제3항에 따른 제품검사에 합격하지 아니한 제품에 합격표시를 하거나 합격표시를 위조 또는 변조하여 사용한 자 8. 제38조 제1항을 위반하여 형식승인의 변경승인을 받지 아니한 자		

<제56조> ❶ 사망

소방시설 설치 및 관리에 관한 법률	소방시설 설치 및 관리에 관한 법률 시행령	소방시설 설치 및 관리에 관한 법률 시행규칙
9. 제40조 제5항을 위반하여 제품검사에 합격하지 아니한 소방용품에 성능인증을 받았다는 표시 또는 제품검사에 합격하였다는 표시를 하거나 성능인증을 받았다는 표시 또는 제품검사에 합격하였다는 표시를 위조 또는 변조하여 사용한 자 10. 제41조 제1항을 위반하여 성능인증의 변경인증을 받지 아니한 자 11. 제43조 제1항에 따른 우수품질인증을 받지 아니한 제품에 우수품질인증 표시를 하거나 우수품질인증 표시를 위조하거나 변조하여 사용한 자 12. 제52조 제3항을 위반하여 관계인의 정당한 업무를 방해하거나 출입·검사 업무를 수행하면서 알게 된 비밀을 다른 사람에게 누설한 자 **제59조【벌칙】** 다음 각 호의 어느 하나에 해당하는 자는 300만원 이하의 벌금에 처한다. 1. 제9조 제2항 및 제50조 제7항을 위반하여 업무를 수행하면서 알게 된 비밀을 이 법에서 정한 목적 외의 용도로 사용하거나 다른 사람 또는 기관에 제공하거나 누설한 자 2. 제21조를 위반하여 방염성능검사에 합격하지 아니한 물품에 합격표시를 하거나 합격표시를 위조하거나 변조하여 사용한 자 3. 제21조 제2항을 위반하여 거짓 시료를 제출한 자 4. 제23조 제1항 및 제2항을 위반하여 필요한 조치를 하지 아니한 관계인 또는 관계인에게 중대위반사항을 알리지 아니한 관리업자 등		

소방시설 설치 및 관리에 관한 법률	소방시설 설치 및 관리에 관한 법률 시행령	소방시설 설치 및 관리에 관한 법률 시행규칙
제60조【양벌규정】 법인의 대표자나 법인 또는 개인의 대리인, 사용인, 그 밖의 종업원이 그 법인 또는 개인의 업무에 관하여 제56조부터 제59조까지의 어느 하나에 해당하는 위반행위를 하면 그 행위자를 벌하는 외에 그 법인 또는 개인에게도 해당 조문의 벌금형을 과(科)한다. 다만, 법인 또는 개인이 그 위반행위를 방지하기 위하여 해당 업무에 관하여 상당한 주의와 감독을 게을리하지 아니한 경우에는 그러하지 아니하다.		
제61조【과태료】 ① 다음 각 호의 어느 하나에 해당하는 자에게는 300만원 이하의 과태료를 부과한다. 1. 제12조 제1항을 위반하여 소방시설을 화재안전기준에 따라 설치·관리하지 아니한 자 2. 제15조 제1항을 위반하여 공사 현장에 임시소방시설을 설치·관리하지 아니한 자 3. 제16조 제1항을 위반하여 피난시설, 방화구획 또는 방화시설의 폐쇄·훼손·변경 등의 행위를 한 자 4. 제20조 제1항을 위반하여 방염대상물품을 방염성능기준 이상으로 설치하지 아니한 자 5. 제22조 제1항 전단을 위반하여 점검능력 평가를 받지 아니하고 점검을 한 관리업자 6. 제22조 제1항 후단을 위반하여 관계인에게 점검 결과를 제출하지 아니한 관리업자등 7. 제22조 제2항에 따른 점검인력의 배치기준 등 자체점검 시 준수사항을 위반한 자 8. 제23조 제3항을 위반하여 점검 결과를 보고하지 아니하거나 거짓으로 보고한 자	**제51조【규제의 재검토】** 소방청장은 다음 각 호의 사항에 대하여 해당 호에서 정하는 날을 기준일로 하여 3년마다(매 3년이 되는 해의 기준일과 같은 날 전까지를 말한다) 그 타당성을 검토하여 개선 등의 조치를 해야 한다. 1. 제7조에 따른 건축허가등의 동의대상물의 범위 등: 2022년 12월 1일 2. 삭제 3. 제11조 및 별표 4에 따른 특정소방대상물의 규모, 용도, 수용인원 및 이용자 특성 등을 고려하여 설치·관리해야 하는 소방시설: 2022년 12월 1일 4. 제13조에 따른 강화된 소방시설기준의 적용대상: 2022년 12월 1일 5. 제15조에 따른 특정소방대상물의 증축 또는 용도변경 시의 소방시설기준 적용의 특례: 2022년 12월 1일 6. 제18조 및 별표 8에 따른 임시소방시설의 종류 및 설치기준 등: 2022년 12월 1일 7. 제30조에 따른 방염성능기준 이상의 실내장식물 등을 설치해야 하는 특정소방대상물: 2022년 12월 1일 8. 제31조에 따른 방염성능기준: 2022년 12월 1일	**제44조【규제의 재검토】** 소방청장은 다음 각 호의 사항에 대하여 해당 호에서 정하는 날을 기준일로 하여 3년마다(매 3년이 되는 해의 기준일과 같은 날 전까지를 말한다) 그 타당성을 검토하여 개선 등의 조치를 해야 한다. 1. 제19조에 따른 소방시설등 자체점검 기술자격자의 범위: 2022년 12월 1일 2. 제20조 및 별표 3에 따른 소방시설등 자체점검의 구분 및 대상: 2022년 12월 1일 3. 제20조 및 별표 4에 따른 소방시설등 자체점검 시 점검인력 배치기준: 2022년 12월 1일 4. 제34조에 따른 소방시설관리업 등록사항의 변경신고 시 첨부서류: 2022년 12월 1일 5. 제39조 및 별표 8에 따른 행정처분 기준: 2022년 12월 1일

소방시설 설치 및 관리에 관한 법률	소방시설 설치 및 관리에 관한 법률 시행령	소방시설 설치 및 관리에 관한 법률 시행규칙
9. 제23조 제4항을 위반하여 이행계획을 기간 내에 완료하지 아니한 자 또는 이행계획 완료 결과를 보고하지 아니하거나 거짓으로 보고한 자 10. 제24조 제1항을 위반하여 점검기록표를 기록하지 아니하거나 특정소방대상물의 출입자가 쉽게 볼 수 있는 장소에 게시하지 아니한 관계인 11. 제31조 또는 제32조 제3항을 위반하여 신고를 하지 아니하거나 거짓으로 신고한 자 12. 제33조 제3항을 위반하여 지위승계, 행정처분 또는 휴업·폐업의 사실을 특정소방대상물의 관계인에게 알리지 아니하거나 거짓으로 알린 관리업자 13. 제33조 제4항을 위반하여 소속 기술인력의 참여 없이 자체점검을 한 관리업자 14. 제34조 제2항에 따른 점검실적을 증명하는 서류 등을 거짓으로 제출한 자 15. 제52조 제1항에 따른 명령을 위반하여 보고 또는 자료제출을 하지 아니하거나 거짓으로 보고 또는 자료제출을 한 자 또는 정당한 사유 없이 관계 공무원의 출입 또는 검사를 거부·방해 또는 기피한 자 ② 제1항에 따른 과태료는 대통령령으로 정하는 바에 따라 소방청장, 시·도지사, 소방본부장 또는 소방서장이 부과·징수한다.	**제52조【과태료의 부과기준】** 법 제61조 제1항에 따른 과태료의 부과기준은 별표 10과 같다.	

[영 별표 10] 과태료의 부과기준

1. 일반기준
   가. 위반행위의 횟수에 따른 과태료의 가중된 부과기준은 최근 1년간 같은 위반행위로 과태료 부과처분을 받은 경우에 적용한다. 이 경우 기간의 계산은 위반행위에 대하여 과태료 부과처분을 받은 날과 그 처분 후 다시 같은 위반행위를 하여 적발된 날을 기준으로 한다.
   나. 가목에 따라 가중된 부과처분을 하는 경우 가중처분의 적용 차수는 그 위반행위 전 부과처분 차수(가목에 따른 기간 내에 과태료 부과처분이 둘 이상 있었던 경우에는 높은 차수를 말한다)의 다음 차수로 한다.
   다. 부과권자는 다음의 어느 하나에 해당하는 경우에는 제2호의 개별기준에 따른 과태료의 2분의 1 범위에서 그 금액을 줄여 부과할 수 있다. 다만, 과태료를 체납하고 있는 위반행위자에 대해서는 그렇지 않다.
      1) 위반행위가 사소한 부주의나 오류로 인한 것으로 인정되는 경우
      2) 위반행위자가 법 위반상태를 시정하거나 해소하기 위하여 노력한 사실이 인정되는 경우
      3) 위반행위자가 처음 위반행위를 한 경우로서 3년 이상 해당 업종을 모범적으로 영위한 사실이 인정되는 경우
      4) 위반행위자가 화재 등 재난으로 재산에 현저한 손실을 입거나 사업 여건의 악화로 그 사업이 중대한 위기에 처하는 등 사정이 있는 경우
      5) 위반행위자가 같은 위반행위로 다른 법률에 따라 과태료·벌금·영업정지 등의 처분을 받은 경우
      6) 그 밖에 위반행위의 정도, 위반행위의 동기와 그 결과 등을 고려하여 과태료 금액을 줄일 필요가 있다고 인정되는 경우

제4편

소방의 화재조사에 관한 법률

소방의 화재조사에 관한 법률 [시행 2022.6.9] [법률 제18204호, 2021.6.8 제정]	소방의 화재조사에 관한 법률 시행령 [시행 2022.12.1] [대통령령 제33005호, 2022.11.29 타법개정]	소방의 화재조사에 관한 법률 시행규칙 [시행 2022.6.15] [행정안전부령 제336호, 2022.6.15 제정]
제1장 총칙		
제1조【목적】 이 법은 화재예방 및 소방정책에 활용하기 위하여 화재원인, 화재성장 및 확산, 피해현황 등에 관한 과학적·전문적인 조사에 필요한 사항을 규정함을 목적으로 한다.	**제1조【목적】** 이 영은 「소방의 화재조사에 관한 법률」에서 위임된 사항과 그 시행에 필요한 사항을 규정함을 목적으로 한다.	**제1조【목적】** 이 규칙은 「소방의 화재조사에 관한 법률」 및 같은 법 시행령에서 위임된 사항과 그 시행에 필요한 사항을 규정함을 목적으로 한다.

제2조【정의】 ① 이 법에서 사용하는 용어의 뜻은 다음과 같다.

1. "화재"란 사람의 의도에 반하거나 고의 또는 과실에 의하여 발생하는 연소 현상으로서 소화할 필요가 있는 현상 또는 사람의 의도에 반하여 발생하거나 확대된 ❶ 폭발현상을 말한다.
2. "화재조사"란 소방청장, 소방본부장 또는 소방서장이 화재원인, 피해상황, 대응활동 등을 파악하기 위하여 자료의 수집, 관계인 등에 대한 질문, ❷ , 감식, 감정 및 실험 등을 하는 일련의 행위를 말한다.
3. "화재조사관"이란 화재조사에 전문성을 인정받아 화재조사를 수행하는 소방공무원을 말한다.
4. "관계인 등"이란 화재가 발생한 소방대상물의 소유자·관리자 또는 점유자(이하 "관계인"이라 한다) 및 다음 각 목의 사람을 말한다.
   가. 화재 현장을 발견하고 신고한 사람
   나. 화재 현장을 목격한 사람
   다. 소화활동을 행하거나 인명구조활동(유도대피 포함)에 관계된 사람
   라. 화재를 발생시키거나 ❸ 과 관계된 사람

6개분법상 '목적'

구분	목적
소방기본법	이 법은 화재를 예방·경계하거나 진압하고 화재, 재난·재해, 그 밖의 위급한 상황에서의 구조·구급 활동 등을 통하여 국민의 생명·신체 및 재산을 보호함으로써 공공의 안녕 및 질서 유지와 복리증진에 이바지함을 목적으로 한다.
화재예방법	이 법은 화재의 예방과 안전관리에 필요한 사항을 규정함으로써 화재로부터 국민의 생명·신체 및 재산을 보호하고 공공의 안전과 복리 증진에 이바지함을 목적으로 한다.
소방시설법	이 법은 특정소방대상물 등에 설치하여야 하는 소방시설등의 설치·관리와 소방용품 성능관리에 필요한 사항을 규정함으로써 국민의 생명·신체 및 재산을 보호하고 공공의 안전과 복리 증진에 이바지함을 목적으로 한다.
화재조사법	이 법은 화재예방 및 소방정책에 활용하기 위하여 화재원인, 화재성장 및 확산, 피해현황 등에 관한 과학적·전문적인 조사에 필요한 사항을 규정함을 목적으로 한다.
소방시설공사업법	이 법은 소방시설공사 및 소방기술의 관리에 필요한 사항을 규정함으로써 소방시설업을 건전하게 발전시키고 소방기술을 진흥시켜 화재로부터 공공의 안전을 확보하고 국민경제에 이바지함을 목적으로 한다.
위험물안전관리법	이 법은 위험물의 저장·취급 및 운반과 이에 따른 안전관리에 관한 사항을 규정함으로써 위험물로 인한 위해를 방지하여 공공의 안전을 확보함을 목적으로 한다.

소방의 화재조사에 관한 법률	소방의 화재조사에 관한 법률 시행령	소방의 화재조사에 관한 법률 시행규칙
② 이 법에서 사용하는 용어의 뜻은 제1항에서 규정하는 것을 제외하고는 「소방기본법」, 「화재예방, 소방시설 설치 · 유지 및 안전관리에 관한 법률」에서 정하는 바에 따른다. **제3조【국가 등의 책무】** ① 국가와 지방자치단체는 화재조사에 필요한 기술의 연구 · 개발 및 화재조사의 정확도를 향상시키기 위한 시책을 강구하고 추진하여야 한다. ② 관계인 등은 화재조사가 적절하게 이루어질 수 있도록 협력하여야 한다. **제4조【다른 법률과의 관계】** 화재조사에 관하여 다른 법률에 특별한 규정이 있는 경우를 제외하고는 이 법에서 정하는 바에 따른다.		

<제2조> ❶ 화학적 ❷ 현장 확인 ❸ 화재발생

소방의 화재조사에 관한 법률	소방의 화재조사에 관한 법률 시행령	소방의 화재조사에 관한 법률 시행규칙
제2장 화재조사의 실시 등		
제5조 【화재조사의 실시】 ① 소방청장, 소방본부장 또는 소방서장(이하 "소방관서장"이라 한다)은 화재발생 사실을 알게 된 때에는 지체 없이 화재조사를 하여야 한다. 이 경우 수사기관의 범죄수사에 지장을 주어서는 아니 된다. ② 소방관서장은 제1항에 따라 화재조사를 하는 경우 다음 각 호의 사항에 대하여 조사하여야 한다. 1. 화재원인에 관한 사항 2. 화재로 인한 인명·재산피해상황 3. ❶ 에 관한 사항 4. 소방시설 등의 설치·관리 및 작동 여부에 관한 사항 5. 화재발생건축물과 구조물, 화재유형별 화재위험성 등에 관한 사항 6. 그 밖에 대통령령으로 정하는 사항 ③ 제1항 및 제2항에 따른 화재조사의 대상 및 절차 등에 필요한 사항은 대통령령으로 정한다.	**제2조 【화재조사의 대상】** 「소방의 화재조사에 관한 법률」(이하 "법"이라 한다) 제5조에 따라 소방청장, 소방본부장 또는 소방서장(이하 "소방관서장"이라 한다)이 화재조사를 실시해야 할 대상은 다음 각 호와 같다. 1. 「소방기본법」에 따른 소방대상물에서 발생한 화재 2. 그 밖에 소방관서장이 화재조사가 필요하다고 인정하는 화재 **제3조 【화재조사의 내용·절차】** ① 법 제5조 제2항 제6호에서 "대통령령으로 정하는 사항"이란 「화재의 예방 및 안전관리에 관한 법률」 제7조에 따른 화재안전조사의 실시 결과에 관한 사항을 말한다. ② 화재조사는 다음 각 호의 절차에 따라 실시한다. 24. 경채 1. 현장출동 중 조사: 화재발생 접수, 출동 중 화재상황 파악 등 2. 화재현장 조사: 화재의 발화(發火)원인, 연소상황 및 피해상황 조사 등 3. 정밀조사: 감식·감정, ❶ 등 4. 화재조사 결과 보고 ③ 소방관서장은 화재조사를 하는 경우 「산림보호법」 제42조에 따른 산불 조사 등 다른 법률에 따른 화재 관련 조사가 원활히 수행될 수 있도록 협조해야 한다.	
제6조 【화재조사전담부서의 설치·운영 등】 ① 소방관서장은 전문성에 기반하는 화재조사를 위하여 화재조사전담부서(이하 "전담부서"라 한다)를 설치·운영하여야 한다.	**제4조 【화재조사전담부서의 구성·운영】** ① 소방관서장은 법 제6조 제1항에 따른 화재조사전담부서(이하 "전담부서"라 한다)에 화재조사관을 2명 이상 배치해야 한다. 24. 경채 ② 전담부서에는 화재조사를 위한 감식·감정 장비 등 행정안전부령으로 정하는 장비와 시설을 갖추어 두어야 한다.	**제2조 【화재조사 결과의 보고】** ① 「소방의 화재조사에 관한 법률」(이하 "법"이라 한다) 제6조 제1항에 따른 화재조사전담부서(이하 "전담부서"라 한다)가 화재조사를 완료한 경우에는 화재조사 결과를 소방청장, 소방본부장 또는 소방서장(이하 "소방관서장"이라 한다)에게 보고해야 한다.

소방의 화재조사에 관한 법률

② 전담부서는 다음 각 호의 업무를 수행한다.

1. 화재조사의 실시 및 ❷ 　　　　　　　　분석 · 관리
2. 화재조사 관련 기술개발과 화재조사관의 역량증진
3. 화재조사에 필요한 시설 · 장비의 관리 · 운영
4. 그 밖의 화재조사에 관하여 필요한 업무

③ 소방관서장은 화재조사관으로 하여금 화재조사 업무를 수행하게 하여야 한다.

④ 화재조사관은 ❸ 　　　　　　　　이 실시하는 화재조사에 관한 시험에 합격한 소방공무원 등 화재조사에 관한 전문적인 자격을 가진 소방공무원으로 한다.

⑤ 전담부서의 구성 · 운영, 화재조사관의 구체적인 자격기준 및 교육훈련 등에 필요한 사항은 대통령령으로 정한다.

소방의 화재조사에 관한 법률 시행령

③ 제1항 및 제2항에서 규정한 사항 외에 전담부서의 구성 · 운영에 필요한 사항은 행정안전부령으로 정한다.

제5조 【화재조사관의 자격기준 등】 ① 법 제6조 제3항에 따라 화재조사 업무를 수행하는 화재조사관은 다음 각 호의 어느 하나에 해당하는 ❷ 　　　　　　　　으로 한다.

1. 소방청장이 실시하는 화재조사에 관한 시험에 합격한 소방공무원
2. 「국가기술자격법」에 따른 국가기술자격의 직무분야 중 화재감식평가 분야의 기사 또는 산업기사 자격을 취득한 소방공무원

② 제1항 제1호의 화재조사에 관한 시험의 방법, 과목, 그 밖에 시험 시행에 필요한 사항은 행정안전부령으로 정한다.

제6조 【화재조사에 관한 교육훈련】 ① 소방관서장은 다음 각 호의 구분에 따라 화재조사관에 대한 교육훈련을 실시한다.

1. 화재조사관 양성을 위한 전문교육
2. 화재조사관의 전문능력 향상을 위한 전문교육
3. 전담부서에 배치된 화재조사관을 위한 의무 보수교육

② 소방관서장은 필요한 경우 제1항에 따른 교육훈련을 다른 소방관서나 화재조사 관련 전문기관에 위탁하여 실시할 수 있다.

③ 제1항 및 제2항에서 규정한 사항 외에 화재조사에 관한 교육훈련에 필요한 사항은 행정안전부령으로 정한다.

소방의 화재조사에 관한 법률 시행규칙

② 제1항에 따른 보고는 소방청장이 정하는 화재발생종합보고서에 따른다.

제3조 【전담부서의 장비 · 시설】 「소방의 화재조사에 관한 법률 시행령」(이하 "영"이라 한다) 제4조 제2항에서 "화재조사를 위한 감식 · 감정 장비 등 행정안전부령으로 정하는 장비와 시설"이란 별표의 장비와 시설을 말한다.

구분	기자재명 및 시설규모
발굴용구 (8종)	공구세트, 전동 드릴, 전동 그라인더(절삭 · 연마기), 전동 드라이버, 이동용 진공청소기, 휴대용 열풍기, 에어컴프레서(공기압축기), 전동 절단기
기록용 기기 (13종)	디지털카메라(DSLR)세트, 비디오카메라세트, TV, 적외선거리측정기, 디지털온도 · 습도측정시스템, 디지털풍향풍속기록계, 정밀저울, 버니어캘리퍼스(아들자가 달려 두께나 지름을 재는 기구), 웨어러블캠, 3D 스캐너, 3D카메라(AR), 3D캐드시스템, 드론
감식 기기 (16종)	절연저항계, 멀티테스터기, 클램프미터, 정전기측정장치, 누설전류계, 검전기, 복합가스측정기, 가스(유증)검지기, 확대경, 산업용실체현미경, 적외선열상카메라, 접지저항계, 휴대용 디지털현미경, 디지털탄화심도계, 슈미트해머(콘크리트 반발 경도 측정기구), 내시경현미경

<제5조> ❶ 대응활동
<제6조> ❷ 조사결과 ❸ 소방청장

<제3조> ❶ 화재원인 판정
<제5조> ❷ 소방공무원

소방의 화재조사에 관한 법률

제7조【화재합동조사단의 구성·운영】 ① 소방관서장은 사상자가 많거나 사회적 이목을 끄는 화재 등 대통령령으로 정하는 대형화재 등이 발생한 경우 종합적이고 정밀한 화재조사를 위하여 유관기관 및 관계 전문가를 포함한 화재합동조사단을 구성·운영할 수 있다.

② 제1항에 따른 화재합동조사단의 구성과 운영 등에 필요한 사항은 대통령령으로 정한다.

소방의 화재조사에 관한 법률 시행령

제7조【화재합동조사단의 구성·운영】 ① 법 제7조 제1항에서 "사상자가 많거나 사회적 이목을 끄는 화재 등 대통령령으로 정하는 대형화재"란 다음 각 호의 화재를 말한다.

1. 사망자가 ❶ 이상 발생한 화재
2. 화재로 인한 사회적·경제적 영향이 광범위하다고 소방관서장이 인정하는 화재

② 법 제7조 제1항에 따른 화재합동조사단(이하 "화재합동조사단"이라 한다)의 단원은 다음 각 호의 어느 하나에 해당하는 사람 중에서 소방관서장이 임명하거나 위촉한다.

1. 화재조사관
2. 화재조사 업무에 관한 경력이 ❷ 이상인 소방공무원
3. 「고등교육법」 제2조에 따른 학교 또는 이에 준하는 교육기관에서 화재조사, 소방 또는 안전관리 등 관련 분야 조교수 이상의 직에 3년 이상 재직한 사람
4. 「국가기술자격법」에 따른 국가기술자격의 직무분야 중 안전관리 분야에서 산업기사 이상의 자격을 취득한 사람
5. 그 밖에 건축·안전 분야 또는 화재조사에 관한 학식과 경험이 풍부한 사람

③ 화재합동조사단의 단장은 단원 중에서 소방관서장이 지명하거나 위촉하는 사람이 된다.

④ 소방관서장은 화재합동조사단 운영을 위하여 관계 행정기관 또는 기관·단체의 장에게 소속 공무원 또는 소속 임직원의 파견을 요청할 수 있다.

소방의 화재조사에 관한 법률 시행규칙

구분	장비
감정용 기기 (21종)	가스크로마토그래피, 고속카메라세트, 화재시뮬레이션시스템, X선 촬영기, 금속현미경, 시편(試片)절단기, 시편성형기, 시편연마기, 접점저항계, 직류전압전류계, 교류전압전류계, 오실로스코프(변화가 심한 전기 현상의 파형을 눈으로 관찰하는 장치), 주사전자현미경, 인화점측정기, 발화점측정기, 미량융점측정기, 온도기록계, 폭발압력측정기세트, 전압조정기(직류, 교류), 적외선 분광광도계, 전기단락흔 실험장치[1차 용융흔(鎔融痕), 2차 용융흔(鎔融痕), 3차 용융흔(鎔融痕) 측정 가능]
화재조사 분석실 구성장비 (10종)	증거물보관함, 시료보관함, 실험작업대, 바이스(가공물 고정을 위한 기구), 개수대, 초음파세척기, 실험용 기구류(비커, 피펫, 유리병 등), 건조기, 항온항습기, 오토 데시케이터(물질 건조, 흡습성 시료 보존을 위한 유리 보존기)
화재조사 분석실	화재조사 분석실의 구성장비를 유효하게 보존·사용할 수 있고, 환기시설 및 수도·배관시설이 있는 30제곱미터(㎡) 이상의 실(室)

전담부서에서 갖추어야 할 장비

구분	카메라	현미경 등
기록용 기기	디지털카메라(DSLR)세트, 비디오카메라세트, 3D카메라(AR)	
감식기기	적외선열상카메라	절연저항계, 산업용실체현미경, 확대경, 휴대용디지털현미경, 내시경현미경
감정기기	고속카메라세트	금속현미경, 주사전자현미경

소방의 화재조사에 관한 법률	소방의 화재조사에 관한 법률 시행령	소방의 화재조사에 관한 법률 시행규칙
	⑤ 화재합동조사단은 화재조사를 완료하면 소방관서장에게 다음 각 호의 사항이 포함된 화재조사 결과를 보고해야 한다. 1. 화재합동조사단 운영 개요 2. 화재조사 개요 3. 화재조사에 관한 법 제5조 제2항 각 호의 사항 4. 다수의 인명피해가 발생한 경우 그 원인 5. 현행 제도의 문제점 및 개선 방안 6. 그 밖에 소방관서장이 필요하다고 인정하는 사항 ⑥ 소방관서장은 화재합동조사단의 단장 또는 단원에게 예산의 범위에서 수당 · 여비와 그 밖에 필요한 경비를 지급할 수 있다. 다만, 공무원이 소관 업무와 직접적으로 관련되어 참여하는 경우에는 지급하지 않는다. ⑦ 제1항부터 제6항까지에서 규정한 사항 외에 화재합동조사단의 구성 · 운영에 필요한 사항은 소방청장이 정한다.	**제4조 【화재조사에 관한 시험】** ① 소방청장이 영 제5조 제1항 제1호의 화재조사에 관한 시험(이하 "자격시험"이라 한다)을 실시하는 경우에는 시험의 과목 · 일시 · 장소 및 응시 자격 · 절차 등을 시험 실시 ❶ 전까지 소방청의 인터넷 홈페이지에 공고해야 한다. ② 자격시험에 응시할 수 있는 사람은 소방공무원 중 다음 각 호의 어느 하나에 해당하는 사람으로 한다. 1. 영 제6조 제1항 제1호의 화재조사관 양성을 위한 전문교육을 이수한 사람 2. 국립과학수사연구원 또는 소방청장이 인정하는 외국의 화재조사 관련 기관에서 ❷ 이상 화재조사에 관한 전문교육을 이수한 사람 ③ 자격시험은 1차 시험과 2차 시험으로 구분하여 실시하며, 1차 시험에 합격한 사람만이 2차 시험에 응시할 수 있다. ④ 소방청장은 영 제5조 제1항 각 호의 소방공무원에게 별지 제1호서식의 화재조사관 자격증을 발급해야 한다. ⑤ 소방청장은 자격시험에서 부정한 행위를 한 사람에 대해서는 그 시험을 정지 또는 무효로 하거나 합격을 취소한다.

<제7조> ❶ 5명 ❷ 3년

<제4조> ❶ 30일 ❷ 8주

소방의 화재조사에 관한 법률	소방의 화재조사에 관한 법률 시행령	소방의 화재조사에 관한 법률 시행규칙
		제5조【화재조사에 관한 교육훈련】 ① 영 제6조 제1항 제1호의 화재조사관 양성을 위한 전문교육의 내용은 다음 각 호와 같다. 1. 화재조사 이론과 실습 2. 화재조사 시설 및 장비의 사용에 관한 사항 3. 주요·특이 화재조사, 감식·감정에 관한 사항 4. 화재조사 관련 정책 및 법령에 관한 사항 5. 그 밖에 소방청장이 화재조사 관련 전문능력의 배양을 위해 필요하다고 인정하는 사항 ② 전담부서에 배치된 화재조사관은 영 제6조 제1항 제3호의 의무 보수교육을 ❶ 받아야 한다. 다만, 전담부서에 배치된 후 처음 받는 의무 보수교육은 배치 후 ❷ 이내에 받아야 한다. ③ 소방관서장은 제2항에 따라 의무 보수교육을 이수하지 않은 사람에게 보수교육을 이수할 때까지 화재조사 업무를 수행하게 해서는 안 된다. ④ 제1항부터 제3항까지에서 규정한 사항 외에 화재조사에 관한 교육훈련에 필요한 사항은 소방청장이 정한다.
제8조【화재현장 보존 등】 ① 소방관서장은 화재조사를 위하여 필요한 범위에서 화재현장 보존조치를 하거나 화재현장과 그 인근 지역을 통제구역으로 설정할 수 있다. 다만, 방화(放火) 또는 실화(失火)의 혐의로 수사의 대상이 된 경우에는 관할 경찰서장 또는 해양경찰서장(이하 "경찰서장"이라 한다)이 통제구역을 설정한다. ② 누구든지 소방관서장 또는 경찰서장의 허가 없이 제1항에 따라 설정된 통제구역에 출입하여서는 아니 된다. ▶ 2백(과)	**제8조【화재현장 보존조치 통지 등】** 소방관서장이나 관할 경찰서장 또는 해양경찰서장(이하 "경찰서장"이라 한다)은 법 제8조 제1항에 따라 화재현장 보존조치를 하거나 통제구역을 설정하는 경우 다음 각 호의 사항을 화재가 발생한 소방대상물의 소유자·관리자 또는 점유자(이하 "관계인"이라 한다)에게 알리고 해당 사항이 포함된 표지를 설치해야 한다. 1. 화재현장 보존조치나 통제구역 설정의 이유 및 주체 2. 화재현장 보존조치나 통제구역 설정의 범위 3. 화재현장 보존조치나 통제구역 설정의 기간	

소방의 화재조사에 관한 법률

③ 제1항에 따라 화재현장 보존조치를 하거나 통제구역을 설정한 경우 누구든지 소방관서장 또는 경찰서장의 허가 없이 화재현장에 있는 물건 등을 이동시키거나 변경 · 훼손하여서는 아니 된다. <u>다만, 공공의 이익에 중대한 영향을 미친다고 판단되거나 인명구조 등 긴급한 사유가 있는 경우에는 그러하지 아니하다.</u> ▶**3백(벌)**

④ 화재현장 보존조치, 통제구역의 설정 및 출입 등에 필요한 사항은 대통령령으로 정한다.

제9조【출입 · 조사 등】 ① 소방관서장은 화재조사를 위하여 필요한 경우에 관계인에게 보고 또는 자료 제출을 명하거나 화재조사관으로 하여금 해당 장소에 출입하여 화재조사를 하게 하거나 관계인 등에게 질문하게 할 수 있다.

② 제1항에 따라 화재조사를 하는 화재조사관은 그 권한을 표시하는 증표를 지니고 이를 관계인 등에게 보여주어야 한다.

③ 제1항에 따라 화재조사를 하는 화재조사관은 관계인의 정당한 업무를 방해하거나 화재조사를 수행하면서 알게 된 비밀을 다른 용도로 사용하거나 다른 사람에게 누설하여서는 아니 된다. ▶**3백(벌)**

소방의 화재조사에 관한 법률 시행령

제9조【화재현장 보존조치 등의 해제】 소방관서장이나 경찰서장은 다음 각 호의 경우에는 법 제8조 제1항에 따른 화재현장 보존조치나 통제구역의 설정을 지체 없이 해제해야 한다.

1. 화재조사가 완료된 경우
2. 화재현장 보존조치나 통제구역의 설정이 해당 화재조사와 관련이 없다고 인정되는 경우

제17조【과태료의 부과 · 징수】 ① 법 제23조 제1항에 따른 과태료는 ❶ ______이 부과 · 징수한다. 다만, 법 제8조 제2항을 위반하여 경찰서장이 설정한 통제구역을 허가 없이 출입한 사람에 대한 과태료는 경찰서장이 부과 · 징수한다.

② 제1항에 따른 과태료의 부과기준은 별표와 같다.

벌칙정리

3백만원 이하의 벌금	정당한 사유 없이 제9조 제1항에 따른 화재조사관의 출입 또는 조사를 거부 · 방해 또는 기피한 사람
2백만원 이하의 과태료	제9조 제1항에 따른 명령을 위반하여 보고 또는 자료 제출을 하지 아니하거나 거짓으로 보고 또는 자료를 제출한 사람

소방의 화재조사에 관한 법률 시행규칙

제6조【화재조사관 증표】 법 제9조 제2항에 따른 화재조사관의 권한을 표시하는 증표는 별지 제1호서식의 화재조사관 자격증으로 한다.

<제17조> ❶ 소방관서장

<제5조> ❶ 2년마다 ❷ 1년

소방의 화재조사에 관한 법률	소방의 화재조사에 관한 법률 시행령	소방의 화재조사에 관한 법률 시행규칙
제10조【관계인 등의 출석 등】 ① 소방관서장은 화재조사가 필요한 경우 관계인 등을 소방관서에 출석하게 하여 질문할 수 있다. ▶2백(과) ② 제1항에 따른 관계인 등의 출석 및 질문 등에 필요한 사항은 대통령령으로 정한다.	**제10조【관계인 등에 대한 출석요구 및 질문 등】** ① 소방관서장은 법 제10조 제1항에 따라 관계인 등의 출석을 요구하려면 출석일 3일 전까지 다음 각 호의 사항을 관계인 등에게 알려야 한다. 1. 출석 일시와 장소 2. 출석 요구 사유 3. 그 밖에 화재조사와 관련하여 필요한 사항 ② 관계인 등은 제1항에 따라 지정된 출석 일시에 출석하는 경우 업무 또는 생활에 지장이 있을 때에는 소방관서장에게 출석 일시를 변경하여 줄 것을 신청할 수 있다. 이 경우 소방관서장은 화재조사의 목적을 달성할 수 있는 범위에서 출석 일시를 변경할 수 있다. ③ 소방관서장은 법 제10조 제1항에 따라 출석한 관계인 등에게 수당과 여비를 지급할 수 있다.	
제11조【화재조사 증거물 수집 등】 ① 소방관서장은 화재조사를 위하여 필요한 경우 증거물을 수집하여 검사·시험·❶ 등을 할 수 있다. 다만, 범죄수사와 관련된 증거물인 경우에는 수사기관의 장과 협의하여 수집할 수 있다. ▶3백(벌) ② 소방관서장은 수사기관의 장이 방화 또는 실화의 혐의가 있어서 이미 피의자를 체포하였거나 증거물을 압수하였을 때에 화재조사를 위하여 필요한 경우에는 범죄수사에 지장을 주지 아니하는 범위에서 그 피의자 또는 압수된 증거물에 대한 조사를 할 수 있다. 이 경우 수사기관의 장은 소방관서장의 신속한 화재조사를 위하여 특별한 사유가 없으면 조사에 협조하여야 한다. ③ 제1항에 따른 증거물 수집의 범위, 방법 및 절차 등에 필요한 사항은 대통령령으로 정한다.	**제11조【화재조사 증거물 수집 등】** ① 소방관서장은 법 제11조에 따라 화재조사를 위하여 필요한 ❶ 범위에서 화재조사관에게 증거물을 수집하여 검사·시험·분석 등을 하게 할 수 있다. ② 소방관서장은 제1항에 따라 증거물을 수집한 경우 이를 관계인에게 알려야 한다. ③ 소방관서장은 제1항에 따라 수집한 증거물이 다음 각 호의 어느 하나에 해당하는 경우에는 증거물을 지체 없이 반환해야 한다. 1. 화재와 관련이 없다고 인정되는 경우 2. 화재조사가 완료되는 등 증거물을 보관할 필요가 없게 된 경우 ④ 제1항부터 제3항까지에서 규정한 사항 외에 증거물의 수집·관리에 필요한 사항은 행정안전부령으로 정한다.	**제7조【화재조사 증거물의 수집·관리】** ① 영 제11조 제1항에 따라 화재조사 증거물을 수집하는 경우 증거물의 수집과정을 사진 촬영 또는 ❶ 의 방법으로 기록해야 한다. ② 제1항에 따른 사진 또는 영상 파일은 법 제19조에 따른 국가화재정보시스템에 전송하여 보관한다. ③ 제1항 및 제2항에서 규정한 사항 외에 화재조사 증거물의 수집·관리에 필요한 사항은 소방청장이 정한다.

소방의 화재조사에 관한 법률	소방의 화재조사에 관한 법률 시행령	소방의 화재조사에 관한 법률 시행규칙
제12조【소방공무원과 경찰공무원의 협력 등】 ① 소방공무원과 경찰공무원(제주특별자치도의 자치경찰공무원을 포함한다)은 다음 각 호의 사항에 대하여 서로 협력하여야 한다. 1. 화재현장의 출입 · 보존 및 통제에 관한 사항 2. 화재조사에 필요한 증거물의 수집 및 보존에 관한 사항 3. 관계인 등에 대한 진술 확보에 관한 사항 4. 그 밖에 화재조사에 필요한 사항 ② 소방관서장은 방화 또는 실화의 혐의가 있다고 인정되면 지체 없이 경찰서장에게 그 사실을 알리고 필요한 증거를 수집 · 보존하는 등 그 범죄수사에 협력하여야 한다. **제13조【관계 기관 등의 협조】** ① 소방관서장, 중앙행정기관의 장, 지방자치단체의 장, 보험회사, 그 밖의 관련 기관 · 단체의 장은 화재조사에 필요한 사항에 대하여 서로 협력하여야 한다. ② 소방관서장은 화재원인 규명 및 피해액 산출 등을 위하여 필요한 경우에는 금융감독원, 관계 보험회사 등에 「개인정보 보호법」 제2조 제1호에 따른 개인정보를 포함한 보험가입 정보 등을 요청할 수 있다. 이 경우 정보 제공을 요청받은 기관은 정당한 사유가 없으면 이를 거부할 수 없다.		

<제11조> ❶ 분석

<제11조> ❶ 최소한

<제7조> ❶ 영상 녹화

소방의 화재조사에 관한 법률	소방의 화재조사에 관한 법률 시행령	소방의 화재조사에 관한 법률 시행규칙
제3장 화재조사 결과의 공표 등		
제14조【화재조사 결과의 공표】 ① 소방관서장은 국민이 유사한 화재로부터 피해를 입지 않도록 하기 위한 경우 등 필요한 경우 화재조사 결과를 공표할 수 있다. 다만, 수사가 진행 중이거나 수사의 필요성이 인정되는 경우에는 관계 수사기관의 장과 공표 여부에 관하여 사전에 협의하여야 한다. ② 제1항에 따른 공표의 범위·방법 및 절차 등에 관하여 필요한 사항은 행정안전부령으로 정한다.		**제8조【화재조사 결과의 공표】** ① 소방관서장은 법 제14조 제1항에 따라 다음 각 호의 경우에는 화재조사 결과를 공표할 수 있다. 1. 국민이 유사한 화재로부터 피해를 입지 않도록 하기 위해 필요한 경우 2. 사회적 관심이 집중되어 국민의 알 권리 충족 등 공공의 이익을 위해 필요한 경우 ② 소방관서장은 제1항에 따라 화재조사의 결과를 공표할 때에는 다음 각 호의 사항을 포함시켜야 한다. 1. 화재원인에 관한 사항 2. 화재로 인한 ❶ 에 관한 사항 3. 화재발생 건축물과 구조물에 관한 사항 4. 그 밖에 화재예방을 위해 공표할 필요가 있다고 소방관서장이 인정하는 사항 ③ 제1항에 따른 화재조사 결과의 공표는 소방관서의 인터넷 홈페이지에 게재하거나, 「신문 등의 진흥에 관한 법률」에 따른 신문 또는 「방송법」에 따른 방송을 이용하는 등 일반인이 쉽게 알 수 있는 방법으로 한다.
제15조【화재조사 결과의 통보】 소방관서장은 화재조사 결과를 중앙행정기관의 장, 지방자치단체의 장, 그 밖의 관련 기관·단체의 장 또는 관계인 등에게 통보하여 유사한 화재가 발생하지 않도록 필요한 조치를 취할 것을 요청할 수 있다.		

소방의 화재조사에 관한 법률	소방의 화재조사에 관한 법률 시행령	소방의 화재조사에 관한 법률 시행규칙
제16조 【화재증명원의 발급】 ① 소방관서장은 화재와 관련된 이해관계인 또는 화재발생 내용 입증이 필요한 사람이 화재를 증명하는 서류(이하 이 조에서 "화재증명원"이라 한다) 발급을 신청하는 때에는 화재증명원을 발급하여야 한다. ② 화재증명원의 발급신청 절차·방법·서식 및 기재사항, 온라인 발급 등에 필요한 사항은 행정안전부령으로 정한다.	**제16조 【민감정보 및 고유식별정보의 처리】** ① 소방관서장은 다음 각 호의 사무를 수행하기 위하여 불가피한 경우 「개인정보 보호법」 제23조 제1항에 따른 건강에 관한 정보가 포함된 자료를 처리할 수 있다. 1. 법 제5조 제2항 제2호에 따른 인명피해상황 조사에 관한 사무 2. 국가화재정보시스템의 운영에 관한 사무 ② 소방관서장은 법 제16조에 따른 화재증명원의 발급에 관한 사무를 수행하기 위하여 불가피한 경우 「개인정보 보호법 시행령」 제19조 각 호의 주민등록번호, 여권번호, 운전면허의 면허번호 또는 외국인등록번호가 포함된 자료를 처리할 수 있다.	**제9조 【화재증명원의 신청 및 발급】** ① 법 제16조 제1항에 따른 화재증명원(이하 "화재증명원"이라 한다)의 발급을 신청하려는 자는 별지 제2호서식의 화재증명원 발급신청서를 소방관서장에게 제출해야 한다. 이 경우 신청인은 본인의 신분이 확인될 수 있는 신분증명서 또는 법인 등기사항증명서(법인인 경우만 해당한다)를 제시해야 한다. ② 제1항에 따라 신청을 받은 소방관서장은 신청인이 화재와 관련된 이해관계인 또는 화재발생 내용 입증이 필요한 사람인 경우에는 별지 제3호서식의 화재증명원을 신청인에게 발급해야 한다. 이 경우 별지 제4호서식의 화재증명원 발급대장에 그 사실을 기록하고 이를 보관·관리해야 한다.

<제8조> ❶ 인명 · 재산피해

소방의 화재조사에 관한 법률

제4장 화재조사 기반구축

제17조【감정기관의 지정·운영 등】 ① ❶ 은 과학적이고 전문적인 화재조사를 위하여 대통령령으로 정하는 시설과 전문인력 등 지정기준을 갖춘 기관을 화재감정기관(이하 "감정기관"이라 한다)으로 지정·운영하여야 한다.

② 소방청장은 제1항에 따라 지정된 감정기관에서의 과학적 조사·분석 등에 소요되는 비용의 전부 또는 일부를 지원할 수 있다.

③ 소방청장은 감정기관으로 지정받은 자가 다음 각 호의 어느 하나에 해당하는 경우에는 지정을 취소할 수 있다. 다만, 제1호에 해당하는 경우에는 지정을 취소하여야 한다.

1. 거짓이나 그 밖의 부정한 방법으로 지정을 받은 경우
2. 제1항에 따른 지정기준에 적합하지 아니하게 된 경우
3. 고의 또는 중대한 과실로 감정 결과를 사실과 다르게 작성한 경우
4. 그 밖에 대통령령으로 정하는 사항을 위반한 경우

④ 소방청장은 제3항에 따라 감정기관의 지정을 취소하려면 청문을 하여야 한다.

⑤ 감정기관의 지정기준, 지정 절차, 지정 취소 및 운영 등에 필요한 사항은 대통령령으로 정한다.

소방의 화재조사에 관한 법률 시행령

제12조【화재감정기관의 지정기준】 ① 법 제17조 제1항에서 "대통령령으로 정하는 시설과 전문인력 등 지정기준"이란 다음 각 호의 기준을 말한다.

1. 화재조사를 수행할 수 있는 다음 각 목의 시설을 모두 갖출 것
   가. 증거물, 화재조사 장비 등을 안전하게 보호할 수 있는 설비를 갖춘 시설
   나. 증거물 등을 장기간 보존·보관할 수 있는 시설
   다. 증거물의 감식·감정을 수행하는 과정 등을 촬영하고 이를 디지털파일의 형태로 처리·보관할 수 있는 시설
2. 화재조사에 필요한 다음 각 목의 구분에 따른 전문인력을 각각 보유할 것
   가. 주된 기술인력: 다음의 어느 하나에 해당하는 사람을 2명 이상 보유할 것 24. 공채·경채
      1) 「국가기술자격법」에 따른 국가기술자격의 직무분야 중 화재감식평가 분야의 기사 자격 취득 후 화재조사 관련 분야에서 5년 이상 근무한 사람
      2) 화재조사관 자격 취득 후 화재조사 관련 분야에서 5년 이상 근무한 사람
      3) 이공계 분야의 박사학위 취득 후 화재조사 관련 분야에서 2년 이상 근무한 사람
   나. 보조 기술인력: 다음의 어느 하나에 해당하는 사람을 ❶ 이상 보유할 것
      1) 「국가기술자격법」에 따른 국가기술자격의 직무분야 중 화재감식평가 분야의 기사 또는 산업기사 자격을 취득한 사람
      2) 화재조사관 자격을 취득한 사람

소방의 화재조사에 관한 법률 시행규칙

제10조【화재감정기관의 지정 신청 및 지정서 발급】 ① 영 제13조 제1항 각 호 외의 부분 전단에서 "행정안전부령으로 정하는 화재감정기관 지정신청서"란 별지 제5호서식의 화재감정기관 지정신청서를 말한다.

② 제1항에 따른 화재감정기관 지정신청서를 받은 소방청장은 「전자정부법」 제36조 제1항에 따른 행정정보의 공동이용을 통하여 법인 등기사항증명서(법인인 경우만 해당한다)와 사업자등록증을 확인해야 한다. 다만, 신청인이 사업자등록증의 확인에 동의하지 않는 경우에는 그 사본을 첨부하도록 해야 한다.

③ 소방청장은 영 제13조 제1항 각 호 외의 부분 후단에 따라 화재감정기관 지정신청서 또는 첨부서류에 보완이 필요하다고 판단되면 ❶ 이내의 기간을 정하여 보완을 요구할 수 있다.

④ 영 제13조 제2항에서 "행정안전부령으로 정하는 화재감정기관 지정서"란 별지 제6호서식의 화재감정기관 지정서를 말한다.

⑤ 제4항에 따른 화재감정기관 지정서를 발급한 소방청장은 별지 제7호서식의 화재감정기관 지정대장에 그 사실을 기록하고 이를 보관·관리해야 한다.

⑥ 소방청장이 법 제17조 제1항에 따라 화재감정기관을 지정한 경우에는 그 사실을 소방청의 인터넷 홈페이지에 게재해야 한다.

제11조【감정의뢰 등】 ① 소방관서장이 법 제17조 제1항에 따라 지정된 화재감정기관(이하 "화재감정기관"이라 한다)에 감정을 의뢰할 때에는 별지 제8호서식의 감정의뢰서에 증거물 등 감정대상물을 첨부하여 제출해야 한다.

② 화재감정기관의 장은 제1항에 따라 제출된 감정의뢰서 등에 흠결이 있을 경우 보완을 요청할 수 있다.

소방의 화재조사에 관한 법률	소방의 화재조사에 관한 법률 시행령	소방의 화재조사에 관한 법률 시행규칙
	3) 소방청장이 인정하는 화재조사 관련 국제자격증 소지자 4) 이공계 분야의 석사 이상 학위 취득 후 화재조사 관련 분야에서 1년 이상 근무한 사람 3. 화재조사를 수행할 수 있는 감식·감정 장비, 증거물 수집 장비 등을 갖출 것 ② 법 제17조 제1항에 따라 지정된 화재감정기관(이하 "화재감정기관"이라 한다)이 갖추어야 할 시설과 전문인력 등에 관한 세부적인 기준은 소방청장이 정하여 고시한다. **제13조【화재감정기관 지정 절차 및 취소 등】** ① 화재감정기관으로 지정받으려는 자는 행정안전부령으로 정하는 화재감정기관 지정신청서에 다음 각 호의 서류를 첨부하여 소방청장에게 제출해야 한다. 이 경우 소방청장은 제출된 서류에 보완이 필요하다고 판단되면 보완에 필요한 기간을 정하여 보완을 요구할 수 있다. 1. 시설 현황에 관한 서류 2. 조직 및 인력 현황에 관한 서류(인력 현황의 경우에는 자격 및 경력을 증명하는 서류를 포함한다) 3. 화재조사 관련 장비 현황에 관한 서류 4. 법인의 정관 또는 단체의 규약(법인 또는 단체인 경우만 해당한다) ② 소방청장은 제1항에 따라 화재감정기관의 지정을 신청한 자가 제12조에 따른 지정기준을 충족하는 경우 화재감정기관으로 지정하고, 행정안전부령으로 정하는 화재감정기관 지정서를 발급해야 한다.	**제12조【감정 결과의 통보】** ① 화재감정기관의 장은 감정이 완료되면 감정 결과를 감정을 의뢰한 소방관서장에게 지체 없이 통보해야 한다. ② 제1항에 따른 통보는 별지 제9호서식의 감정 결과 통보서에 따른다. ③ 화재감정기관의 장은 제1항에 따라 감정 결과를 통보할 때 감정을 의뢰받았던 증거물 등 감정대상물을 반환해야 한다. 다만, 훼손 등의 사유로 증거물 등 감정대상물을 반환할 수 없는 경우에는 감정 결과만 통보할 수 있다. ④ 화재감정기관의 장은 소방청장이 정하는 기간 동안 제1항에 따른 감정 결과 및 감정 관련 자료(데이터 파일을 포함한다)를 보존해야 한다.

<제17조> ❶ 소방청장

<제12조> ❶ 3명

<제10조> ❶ 10일

소방의 화재조사에 관한 법률	소방의 화재조사에 관한 법률 시행령	소방의 화재조사에 관한 법률 시행규칙
	③ 법 제17조 제3항 제4호에서 "대통령령으로 정하는 사항을 위반한 경우"란 다음 각 호의 어느 하나에 해당하는 경우를 말한다. 1. 의뢰받은 감정을 정당한 사유 없이 거부하거나 1개월 이상 수행하지 않은 경우 2. 거짓이나 그 밖의 부정한 방법으로 감정 비용을 청구한 경우 ④ 법 제17조 제3항에 따라 지정이 취소된 화재감정기관은 지정이 취소된 날부터 10일 이내에 화재감정기관 지정서를 반환해야 한다. ⑤ 제1항부터 제4항까지에서 규정한 사항 외에 화재감정기관의 지정 및 지정 취소 등에 필요한 사항은 행정안전부령으로 정한다.	
제18조【벌칙 적용에서 공무원 의제】 제17조에 따라 지정된 감정기관의 임직원은 「형법」 제127조 및 제129조부터 제132조까지의 규정에 따른 벌칙을 적용할 때에는 공무원으로 본다.		
제19조【국가화재정보시스템의 구축·운영】 ① ❶ 은 화재조사 결과, 화재원인, 피해상황 등에 관한 화재정보를 종합적으로 수집·관리하여 화재예방과 소방활동에 활용할 수 있는 국가화재정보시스템을 구축·운영하여야 한다. ② 제1항에 따른 화재정보의 수집·관리 및 활용 등에 필요한 사항은 대통령령으로 정한다. 24. 공채·경채	**제14조【국가화재정보시스템의 운영】** ① 소방청장은 법 제19조 제1항에 따른 국가화재정보시스템(이하 "국가화재정보시스템"이라 한다)을 활용하여 다음 각 호의 화재정보를 수집·관리해야 한다. 1. 화재원인 2. 화재피해상황 3. 대응활동에 관한 사항 4. 소방시설 등의 설치·관리 및 작동 여부에 관한 사항 5. 화재발생건축물과 구조물, 화재유형별 화재위험성 등에 관한 사항 6. 화재예방 관계 법령 등의 이행 및 위반 등에 관한 사항 7. 법 제13조 제2항에 따른 관계인의 보험가입 정보 등에 관한 사항 8. 그 밖에 화재예방과 소방활동에 활용할 수 있는 정보	

소방의 화재조사에 관한 법률	소방의 화재조사에 관한 법률 시행령	소방의 화재조사에 관한 법률 시행규칙
	② 소방관서장은 국가화재정보시스템을 활용하여 제1항 각 호의 화재정보를 기록·유지 및 보관해야 한다. ③ 제1항 및 제2항에서 규정한 사항 외에 국가화재정보시스템의 운영 및 활용 등에 필요한 사항은 소방청장이 정한다. 24. 공채·경채	
제20조【연구개발사업의 지원】 ① 소방청장은 화재조사 기법에 필요한 연구·실험·조사·기술개발 등(이하 이 조에서 "연구개발사업"이라 한다)을 지원하는 시책을 수립할 수 있다. ② 소방청장은 연구개발사업을 효율적으로 추진하기 위하여 다음 각 호의 어느 하나에 해당하는 기관 또는 단체 등에게 연구개발사업을 수행하게 하거나 공동으로 수행할 수 있다. 1. 국공립 연구기관 2. 「특정연구기관 육성법」 제2조에 따른 특정연구기관 3. 「과학기술분야 정부출연연구기관 등의 설립·운영 및 육성에 관한 법률」에 따라 설립된 과학기술분야 정부출연연구기관 4. 「고등교육법」 제2조에 따른 대학·산업대학·전문대학·기술대학 5. 「민법」이나 다른 법률에 따라 설립된 법인으로서 화재조사 관련 연구기관 또는 법인 부설 연구소 6. 「기초연구진흥 및 기술개발지원에 관한 법률」 제14조의2 제1항에 따라 인정받은 기업부설연구소 또는 기업의 연구개발전담부서 7. 그 밖에 대통령령으로 정하는 화재조사와 관련한 연구·조사·기술개발 등을 수행하는 기관 또는 단체	**제15조【연구개발사업의 지원 등】** 법 제20조 제2항 제7호에서 "대통령령으로 정하는 화재조사와 관련한 연구·조사·기술개발 등을 수행하는 기관 또는 단체"란 화재감정기관을 말한다.	

<제19조> ❶ 소방청장

소방의 화재조사에 관한 법률	소방의 화재조사에 관한 법률 시행령	소방의 화재조사에 관한 법률 시행규칙
③ 소방청장은 제2항 각 호의 기관 또는 단체 등에 대하여 연구개발사업을 실시하는 데 필요한 경비의 전부 또는 일부를 출연하거나 보조할 수 있다. ④ 연구개발사업의 추진에 필요한 사항은 행정안전부령으로 정한다.		

소방의 화재조사에 관한 법률	소방의 화재조사에 관한 법률 시행령	소방의 화재조사에 관한 법률 시행규칙
제5장 벌칙		
제21조【벌칙】 다음 각 호의 어느 하나에 해당하는 사람은 ❶ 이하의 벌금에 처한다. 1. 제8조 제3항을 위반하여 허가 없이 화재현장에 있는 물건 등을 이동시키거나 변경 · 훼손한 사람 2. 정당한 사유 없이 제9조 제1항에 따른 화재조사관의 출입 또는 조사를 거부 · 방해 또는 기피한 사람 3. 제9조 제3항을 위반하여 관계인의 정당한 업무를 방해하거나 화재조사를 수행하면서 알게 된 비밀을 다른 용도로 사용하거나 다른 사람에게 누설한 사람 4. 정당한 사유 없이 제11조 제1항에 따른 증거물 수집을 거부 · 방해 또는 기피한 사람		
제22조【양벌규정】 법인의 대표자나 법인 또는 개인의 대리인, 사용인, 그 밖의 종업원이 그 법인 또는 개인의 업무에 관하여 제21조에 해당하는 위반행위를 하면 그 행위자를 벌하는 외에 그 법인 또는 개인에게도 해당 조문의 벌금형을 과(科)한다. 다만, 법인 또는 개인이 그 위반행위를 방지하기 위하여 해당 업무에 관하여 상당한 주의와 감독을 게을리 하지 아니한 경우에는 그러하지 아니하다.		
제23조【과태료】 ① 다음 각 호의 어느 하나에 해당하는 사람에게는 200만원 이하의 과태료를 부과한다. 1. 제8조 제2항을 위반하여 허가 없이 통제구역에 출입한 사람	**제17조【과태료의 부과 · 징수】** ① 법 제23조 제1항에 따른 과태료는 소방관서장이 부과 · 징수한다. 다만, 법 제8조 제2항을 위반하여 경찰서장이 설정한 통제구역을 허가 없이 출입한 사람에 대한 과태료는 경찰서장이 부과 · 징수한다.	

<제21조> ❶ 300만원

소방의 화재조사에 관한 법률	소방의 화재조사에 관한 법률 시행령	소방의 화재조사에 관한 법률 시행규칙

소방의 화재조사에 관한 법률

2. 제9조 제1항에 따른 명령을 위반하여 보고 또는 자료제출을 하지 아니하거나 거짓으로 보고 또는 자료를 제출한 사람
3. 정당한 사유 없이 제10조 제1항에 따른 출석을 거부하거나 질문에 대하여 거짓으로 진술한 사람

② 제1항에 따른 과태료는 대통령령으로 정하는 바에 따라 소방관서장 또는 ❶ 이 부과·징수한다.

소방의 화재조사에 관한 법률 시행령

② 제1항에 따른 과태료의 부과기준은 별표와 같다.

[영 별표] 과태료의 부과기준

1. 일반기준
   가. 위반행위의 횟수에 따른 과태료의 가중된 부과기준은 최근 1년간 같은 위반행위로 과태료 부과처분을 받은 경우에 적용한다. 이 경우 기간의 계산은 위반행위에 대하여 과태료 부과처분을 받은 날과 그 처분 후 다시 같은 위반행위를 하여 적발된 날을 기준으로 한다.
   나. 가목에 따라 가중된 부과처분을 하는 경우 가중처분의 적용 차수는 그 위반행위 전 부과처분 차수(가목에 따른 기간 내에 과태료 부과처분이 둘 이상 있었던 경우에는 높은 차수를 말한다)의 다음 차수로 한다.
   다. 과태료 부과권자는 다음 어느 하나에 해당하는 경우에는 제2호의 개별기준에 따른 과태료의 2분의 1 범위에서 그 금액을 줄여 부과할 수 있다. 다만, 줄여 부과할 사유가 여러 개 있는 경우라도 감경의 범위는 2분의 1을 넘을 수 없다.
      1) 위반행위자가 화재 등 재난으로 재산에 현저한 손실이 발생한 경우 또는 사업의 부도·경매 또는 소송 계속 등 사업여건이 악화된 경우로서 과태료 부과권자가 감경하는 것이 타당하다고 인정하는 경우. 다만, 최근 1년 이내에 소방 관계법령(「소방의 화재조사에 관한 법률」, 「소방기본법」, 「화재의 예방 및 안전관리에 관한 법률」, 「소방시설 설치 및 관리에 관한 법률」, 「소방시설공사업법」, 「위험물안전관리법」, 「다중이용업소의 안전관리에 관한 특별법」 및 그 하위법령을 말한다)을 2회 이상 위반한 자는 제외한다.
      2) 위반행위자가 위반행위로 인한 결과를 시정하거나 해소한 경우
2. 개별기준

위반행위	근거 법조문	과태료 금액(단위: 만원)		
		1회	2회	3회
가. 법 제8조 제2항을 위반하여 허가 없이 통제구역에 출입한 경우	법 제23조 제1항 제1호	100	150	200
나. 법 제9조 제1항에 따른 명령을 위반하여 보고 또는 자료 제출을 하지 않거나 거짓으로 보고 또는 자료 제출을 한 경우	법 제23조 제1항 제2호	100	150	200
다. 정당한 사유 없이 법 제10조 제1항에 따른 출석을 거부하거나 질문에 대하여 거짓으로 진술한 경우	법 제23조 제1항 제3호	100	150	200

<제23조> ❶ 경찰서장

소방관계법령 3단 비교표
[법률 – 시행령 – 시행규칙]

제5편

소방시설공사업법

소방시설공사업법 [시행 2025.1.31] [법률 제20157호, 2024.1.30 일부개정]	소방시설공사업법 시행령 [시행 2024.5.17] [대통령령 제34487호, 2024.5.7 타법개정]	소방시설공사업법 시행규칙 [시행 2024.8.1] [행정안전부령 제447호, 2024.1.4 일부개정]
제1장 총칙		
제1조【목적】 이 법은 소방시설공사 및 소방기술의 관리에 필요한 사항을 규정함으로써 소방시설업을 건전하게 발전시키고 소방기술을 진흥시켜 화재로부터 공공의 안전을 확보하고 국민경제에 이바지함을 목적으로 한다. **제2조【정의】** ① 이 법에서 사용하는 용어의 뜻은 다음과 같다. 1. "소방시설업"이란 다음 각 목의 영업을 말한다. 가. 소방시설설계업: 소방시설공사에 기본이 되는 공사계획, 설계도면, 설계 설명서, 기술계산서 및 이와 관련된 서류(이하 "설계도서"라 한다)를 작성(이하 "설계"라 한다)하는 영업 나. 소방시설공사업: 설계도서에 따라 소방시설을 신설, 증설, 개설, 이전 및 정비(이하 "시공"이라 한다)하는 영업 다. ❶ : 소방시설공사에 관한 발주자의 권한을 대행하여 소방시설공사가 설계도서와 관계 법령에 따라 적법하게 시공되는지를 확인하고, 품질·시공 관리에 대한 기술지도를 하는(이하 "감리"라 한다) 영업 라. 방염처리업: 「소방시설 설치 및 관리에 관한 법률」 제20조 제1항에 따른 방염대상물품에 대하여 방염처리(이하 "방염"이라 한다)하는 영업 2. "소방시설업자"란 소방시설업을 경영하기 위하여 제4조에 따라 소방시설업을 등록한 자를 말한다.	**제1조【목적】** 이 영은 「소방시설공사업법」에서 위임된 사항과 그 시행에 필요한 사항을 규정함을 목적으로 한다.	**제1조【목적】** 이 규칙은 「소방시설공사업법」 및 같은 법 시행령에서 위임된 사항과 그 시행에 필요한 사항을 규정함을 목적으로 한다.

소방시설공사업법	소방시설공사업법 시행령	소방시설공사업법 시행규칙
3. "감리원"이란 소방공사감리업자에 소속된 소방기술자로서 해당 소방시설공사를 감리하는 사람을 말한다. 4. "소방기술자"란 제28조에 따라 소방기술 경력 등을 인정받은 사람과 다음 각 목의 어느 하나에 해당하는 사람으로서 소방시설업과 「소방시설 설치 및 관리에 관한 법률」에 따른 소방시설관리업의 기술인력으로 등록된 사람을 말한다. 가. 「소방시설 설치 및 관리에 관한 법률」에 따른 소방시설관리사 나. 국가기술자격 법령에 따른 소방기술사, 소방설비기사, 소방설비산업기사, 위험물기능장, 위험물산업기사, 위험물기능사 5. "❷ 　　　"란 소방시설의 설계, 시공, 감리 및 방염(이하 "소방시설공사 등"이라 한다)을 소방시설업자에게 도급하는 자를 말한다. 다만, 수급인으로서 도급받은 공사를 하도급하는 자는 제외한다. ② 이 법에서 사용하는 용어의 뜻은 제1항에서 규정하는 것을 제외하고는 「소방기본법」, 「화재의 예방 및 안전관리에 관한 법률」, 「소방시설 설치 및 관리에 관한 법률」, 「위험물안전관리법」 및 「건설산업기본법」에서 정하는 바에 따른다.		

<제2조> ❶ 소방공사감리업 ❷ 발주자

소방시설공사업법	소방시설공사업법 시행령	소방시설공사업법 시행규칙
제2조의2【소방시설공사 등 관련 주체의 책무】 ① 소방청장은 소방시설공사 등의 품질과 안전이 확보되도록 소방시설공사 등에 관한 기준 등을 정하여 보급하여야 한다. ② 발주자는 소방시설이 공공의 안전과 복리에 적합하게 시공되도록 공정한 기준과 절차에 따라 능력 있는 소방시설업자를 선정하여야 하고, 소방시설공사 등이 적정하게 수행되도록 노력하여야 한다. ③ 소방시설업자는 소방시설공사 등의 품질과 안전이 확보되도록 소방시설공사 등에 관한 법령을 준수하고, 설계도서·시방서(示方書) 및 도급계약의 내용 등에 따라 성실하게 소방시설공사 등을 수행하여야 한다. **제3조【다른 법률과의 관계】** 소방시설공사 및 소방기술의 관리에 관하여 이 법에서 규정하지 아니한 사항에 대하여는 「화재의 예방 및 안전관리에 관한 법률」, 「소방시설 설치 및 관리에 관한 법률」과 「위험물안전관리법」을 적용한다.		

소방시설공사업법	소방시설공사업법 시행령	소방시설공사업법 시행규칙
제2장 소방시설업		
제4조【소방시설업의 등록】 ① 특정소방대상물의 소방시설공사 등을 하려는 자는 ❶ 로 자본금(개인인 경우에는 자산 평가액을 말한다), 기술인력 등 대통령령으로 정하는 요건을 갖추어 특별시장·광역시장·특별자치시장·도지사 또는 특별자치도지사(이하 "시·도지사"라 한다)에게 소방시설업을 등록하여야 한다. ▶**3년/3천(벌)** ② 제1항에 따른 소방시설업의 업종별 영업범위는 대통령령으로 정한다. ③ 제1항에 따른 소방시설업의 등록신청과 등록증·등록수첩의 발급·재발급 신청, 그 밖에 소방시설업 등록에 필요한 사항은 ❷ 으로 정한다. ④ 제1항에도 불구하고 「공공기관의 운영에 관한 법률」 제5조에 따른 공기업·준정부기관 및 「지방공기업법」 제49조에 따라 설립된 지방공사나 같은 법 제76조에 따라 설립된 지방공단이 다음 각 호의 요건을 모두 갖춘 경우에는 시·도지사에게 등록을 하지 아니하고 자체 기술인력을 활용하여 설계·감리를 할 수 있다. 이 경우 대통령령으로 정하는 기술인력을 보유하여야 한다. 1. 주택의 건설·공급을 목적으로 설립되었을 것 2. 설계·감리 업무를 주요 업무로 규정하고 있을 것	**제2조【소방시설업의 등록기준 및 영업범위】** ① 「소방시설공사업법」(이하 "법"이라 한다) 제4조 제1항 및 제2항에 따른 소방시설업의 업종별 등록기준 및 영업범위는 별표 1과 같다. ② 소방시설공사업의 등록을 하려는 자는 별표 1의 기준을 갖추어 소방청장이 지정하는 금융회사 또는 「소방산업의 진흥에 관한 법률」 제23조에 따른 소방산업공제조합이 별표 1에 따른 자본금 기준금액의 ❶ 이상에 해당하는 금액의 담보를 제공받거나 현금의 예치 또는 출자를 받은 사실을 증명하여 발행하는 확인서를 특별시장·광역시장·특별자치시장·도지사 또는 특별자치도지사(이하 "시·도지사"라 한다)에게 제출하여야 한다. ③ 시·도지사는 법 제4조 제1항에 따른 등록신청이 다음 각 호의 어느 하나에 해당되는 경우를 제외하고는 등록을 해주어야 한다. 1. 제1항에 따른 등록기준을 갖추지 못한 경우 2. 제2항에 따른 확인서를 제출하지 아니한 경우 3. 등록을 신청한 자가 법 제5조 각 호의 어느 하나에 해당하는 경우 4. 그 밖에 법, 이 영 또는 다른 법령에 따른 제한에 위반되는 경우	**제2조【소방시설업의 등록신청】** ① 「소방시설공사업법」(이하 "법"이라 한다) 제4조 제1항에 따라 소방시설업을 등록하려는 자는 별지 제1호서식의 소방시설업 등록신청서(전자문서로 된 소방시설업 등록신청서를 포함한다)에 다음 각 호의 서류(전자문서를 포함한다)를 첨부하여 「소방시설공사업법 시행령」(이하 "영"이라 한다) 제20조 제3항에 따라 법 제30조의2에 따른 소방시설업자협회(이하 "협회"라 한다)에 제출해야 한다. 다만, 「전자정부법」 제36조 제1항에 따른 행정정보의 공동이용을 통하여 첨부서류에 대한 정보를 확인할 수 있는 경우에는 그 확인으로 첨부서류를 갈음할 수 있다. 1. 신청인(외국인을 포함하되, 법인의 경우에는 대표자를 포함한 임원을 말한다)의 성명, 주민등록번호 및 주소지 등의 인적사항이 적힌 서류 2. 등록기준 중 기술인력에 관한 사항을 확인할 수 있는 다음 각 목의 어느 하나에 해당하는 서류(이하 "기술인력 증빙서류"라 한다) 가. 국가기술자격증 나. 법 제28조 제2항에 따라 발급된 소방기술 인정 자격수첩(이하 "자격수첩"이라 한다) 또는 소방기술자 경력수첩(이하 "경력수첩"이라 한다)

<제4조> ❶ 업종별 ❷ 행정안전부령

<제2조> ❶ 100분의 20

소방시설공사업법	소방시설공사업법 시행령	소방시설공사업법 시행규칙

소방시설공사업법 시행령

제3조【소방기술자의 배치기준 및 배치기간】 법 제4조 제1항에 따라 소방시설공사업을 등록한 자(이하 "공사업자"라 한다)는 법 제12조 제2항에 따라 별표 2의 배치기준 및 배치기간에 맞게 소속 소방기술자를 소방시설공사 현장에 배치하여야 한다.

[영 별표 1] 소방시설업의 업종별 등록기준 및 영업범위

1. 소방시설설계업

업종별 \ 항목		기술인력(이상)	영업범위
전문		가. 주된 기술인력: 소방기술사 1명 나. 보조기술인력: 1명	모든 특정소방대상물
일반	기계	가. 주된 기술인력: 소방기술사 또는 기계분야 소방설비기사 1명 나. 보조기술인력: 1명	가. 아파트(제연설비 제외) 나. 연면적 3만제곱미터(공장 1만제곱미터) 미만(제연설비 제외) 다. 위험물제조소등
일반	전기	가. 주된 기술인력: 소방기술사 또는 전기분야 소방설비기사 1명 나. 보조기술인력: 1명	가. 아파트 나. 연면적 3만제곱미터(공장 1만제곱미터) 미만 다. 위험물제조소등

2. 소방시설공사업

업종별 \ 항목		기술인력(이상, 동시취득자 1명)	영업범위
전문		가. 주된 기술인력: 소방기술사 또는 기계·전기기사 각 1명 나. 보조기술인력: 2명	특정 소방대상물
일반	기계	가. 주된 기술인력: 소방기술사 또는 기사 1명 나. 보조기술인력: 1명	가. 연면적 ❶ 미만 나. 위험물제조소등(공사·개설·이전·정비)
일반	전기	가. 주된 기술인력: 소방기술사 또는 기사 1명 나. 보조기술인력: 1명	가. 연면적 1만제곱미터 미만 나. 위험물제조소등(공사·개설·이전·정비)

소방시설공사업법 시행규칙

3. 영 제2조 제2항에 따라 소방청장이 지정하는 금융회사 또는 소방산업공제조합에 출자·예치·담보한 금액 확인서(이하 "출자·예치·담보 금액 확인서"라 한다) 1부(소방시설공사업만 해당한다). 다만, 소방청장이 지정하는 금융회사 또는 소방산업공제조합에 해당 금액을 확인할 수 있는 경우에는 그 확인으로 갈음할 수 있다.
4. 다음 각 목의 어느 하나에 해당하는 자가 신청일 전 최근 ❶ 이내에 작성한 자산평가액 또는 소방청장이 정하여 고시하는 바에 따라 작성된 기업진단 보고서(소방시설공사업만 해당한다)
   가. 「공인회계사법」 제7조에 따라 금융위원회에 등록한 공인회계사
   나. 「세무사법」 제6조에 따라 기획재정부에 등록한 세무사
   다. 「건설산업기본법」 제49조 제2항에 따른 전문경영진단기관
5. 신청인(법인인 경우에는 대표자)이 외국인인 경우에는 법 제5조 각 호의 어느 하나에 해당하는 사유와 같거나 비슷한 사유에 해당하지 않음을 확인할 수 있는 서류로서 다음 각 목의 어느 하나에 해당하는 서류
   가. 해당 국가의 정부나 공증인(법률에 따른 공증인의 자격을 가진 자만 해당한다), 그 밖의 권한이 있는 기관이 발행한 서류로서 해당 국가에 주재하는 우리나라 영사가 확인한 서류
   나. 「외국공문서에 대한 인증의 요구를 폐지하는 협약」을 체결한 국가의 경우에는 해당 국가의 정부나 공증인(법률에 따른 공증인의 자격을 가진 자만 해당한다), 그 밖의 권한이 있는 기관이 발행한 서류로서 해당 국가의 아포스티유(Apostille: 외국 공문서에 대한 인증 요구 폐지 협약) 확인서 발급 권한이 있는 기관이 그 확인서를 발급한 서류

② 제1항에 따른 신청서류는 업종별로 제출하여야 한다.

소방시설공사업법	소방시설공사업법 시행령	소방시설공사업법 시행규칙

3. 소방공사감리업

업종별 \ 항목		기술인력 (이상, 동시취득자 1명)	영업범위
전문		가. 소방기술사 1명 나. 기계 · 전기 특급 각 1명 다. 고급 각 1명 라. 중급 각 1명 마. 초급 각 1명	모든 특정소방대상물
일반	기계	가. 특급감리원 1명 나. 고급 · 중급 1명 다. 초급 1명	가. 아파트(제연설비 제외) 나. 연면적 3만제곱미터(공장 1만제곱미터) 미만(제연설비 제외) 다. 위험물제조소등(소방시설 감리)
	전기	가. 특급감리원 1명 나. 고급 · 중급 1명 다. 초급 1명	가. 아파트 나. 연면적 3만제곱미터(공장 1만제곱미터) 미만 다. 위험물제조소등(소방시설 감리)

③ 제1항에 따라 등록신청을 받은 협회는 「전자정부법」 제36조 제1항에 따른 행정정보의 공동이용을 통하여 다음 각 호의 서류를 확인하여야 한다. 다만, 신청인이 제2호부터 제4호까지의 서류의 확인에 동의하지 아니하는 경우에는 해당 서류를 제출하도록 하여야 한다.

1. 법인등기사항 전부증명서(법인인 경우만 해당한다)
2. 사업자등록증(개인인 경우만 해당한다)
3. 「출입국관리법」 제88조 제2항에 따른 외국인등록 사실증명(외국인인 경우만 해당한다)
4. 「국민연금법」 제16조에 따른 국민연금가입자 증명서(이하 "국민연금가입자 증명서"라 한다) 또는 「국민건강보험법」 제11조에 따라 건강보험의 가입자로서 자격을 취득하고 있다는 사실을 확인할 수 있는 증명서("건강보험자격취득 확인서"라 한다)

제2조의2【등록신청 서류의 보완】 협회는 제2조에 따라 받은 소방시설업의 등록신청 서류가 다음 각 호의 어느 하나에 해당되는 경우에는 10일 이내의 기간을 정하여 이를 보완하게 할 수 있다.

1. 첨부서류(전자문서를 포함한다)가 첨부되지 아니한 경우
2. 신청서(전자문서로 된 소방시설업 등록신청서를 포함한다) 및 첨부서류(전자문서를 포함한다)에 기재되어야 할 내용이 기재되어 있지 아니하거나 명확하지 아니한 경우

제2조의3【등록신청 서류의 검토 · 확인 및 송부】 ① 협회는 제2조에 따라 소방시설업 등록신청 서류를 받았을 때에는 영 제2조 및 영 별표 1에 따른 등록기준에 맞는지를 검토 · 확인하여야 한다.

[영 별표 1] ❶ 1만제곱미터

<제2조> ❶ 90일

소방시설공사업법	소방시설공사업법 시행령	소방시설공사업법 시행규칙

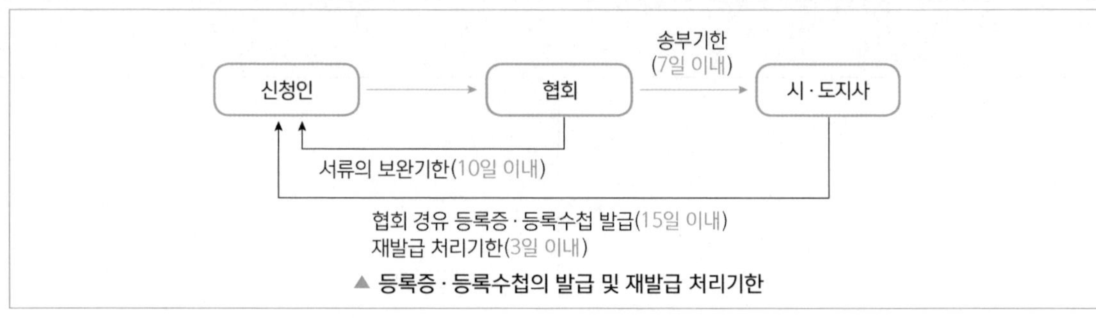

▲ 등록증·등록수첩의 발급 및 재발급 처리기한

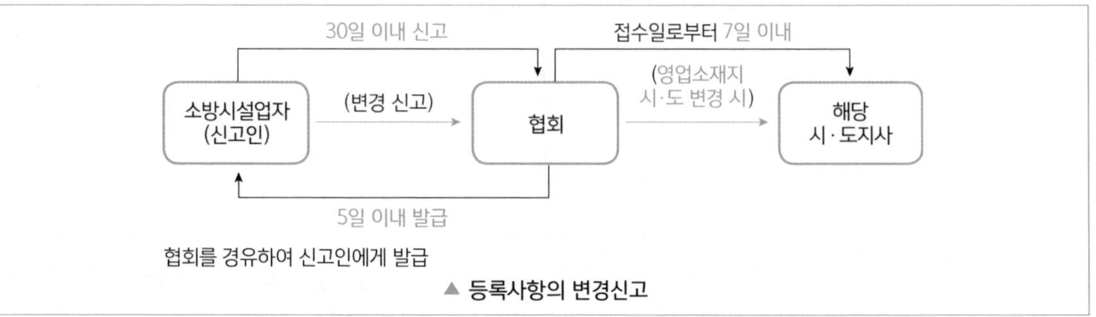

▲ 등록사항의 변경신고

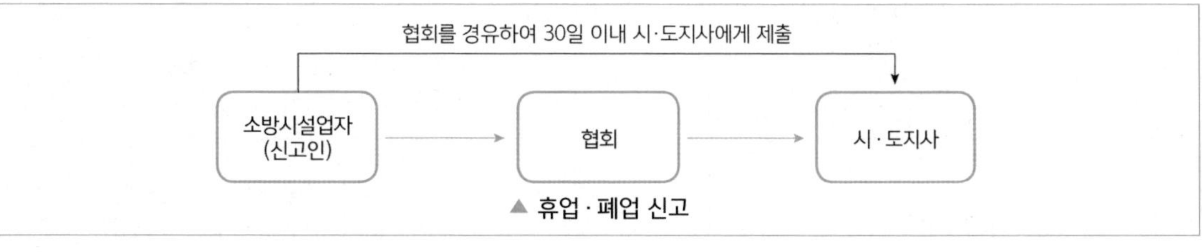

▲ 휴업·폐업 신고

② 협회는 제1항에 따른 검토·확인을 마쳤을 때에는 제2조에 따라 받은 소방시설업 등록신청 서류에 그 결과를 기재한 별지 제1호의2서식에 따른 소방시설업 등록신청서 서면심사 및 확인 결과를 첨부하여 접수일(제2조의2에 따라 신청서류의 보완을 요구한 경우에는 그 보완이 완료된 날을 말한다. 이하 같다)부터 7일 이내에 신청인의 주된 영업소 소재지(법인의 경우에는 등기사항전부증명서상 본점소재지, 개인사업자의 경우에는 사업자 등록상의 사업장 소재지를 말한다)를 관할하는 특별시장·광역시장·특별자치시장·도지사 또는 특별자치도지사(이하 "시·도지사"라 한다)에게 보내야 한다.

제3조【소방시설업 등록증 및 등록수첩의 발급】 시·도지사는 제2조에 따른 접수일부터 15일 이내에 협회를 경유하여 별지 제3호서식에 따른 소방시설업 등록증 및 별지 제4호서식에 따른 소방시설업 등록수첩을 신청인에게 발급해 주어야 한다.

제4조【소방시설업 등록증 또는 등록수첩의 재발급 및 반납】 ① 법 제4조 제3항에 따라 소방시설업자는 소방시설업 등록증 또는 등록수첩을 잃어버리거나 소방시설업 등록증 또는 등록수첩이 헐어 못 쓰게 된 경우에는 시·도지사에게 소방시설업 등록증 또는 등록수첩의 재발급을 신청할 수 있다.

② 소방시설업자는 제1항에 따라 재발급을 신청하는 경우에는 별지 제6호서식의 소방시설업 등록증(등록수첩) 재발급신청서[전자문서로 된 소방시설업 등록증(등록수첩) 재발급신청서를 포함한다]를 협회를 경유하여 시·도지사에게 제출하여야 한다.

③ 시·도지사는 제2항에 따른 재발급신청서[전자문서로 된 소방시설업 등록증(등록수첩) 재발급신청서를 포함한다]를 제출받은 경우에는 ❶ ＿＿＿＿ 에 협회를 경유하여 소방시설업 등록증 또는 등록수첩을 재발급하여야 한다.

소방시설공사업법	소방시설공사업법 시행령	소방시설공사업법 시행규칙
		④ 소방시설업자는 다음 각 호의 어느 하나에 해당하는 경우에는 지체 없이 협회를 경유하여 시·도지사에게 그 소방시설업 등록증 및 등록수첩을 반납하여야 한다. 1. 법 제9조에 따라 소방시설업 등록이 취소된 경우 2. 삭제 3. 제1항에 따라 재발급을 받은 경우. 다만, 소방시설업 등록증 또는 등록수첩을 잃어버리고 재발급을 받은 경우에는 이를 다시 찾은 경우에만 해당한다.

30일 이내

확인 후 그 결과를 7일 이내 신고

소방시설업자(지위승계인) → 협회 → 시·도지사

협회를 경유하여 3일 이내 지위승계인에게 등록증·등록수첩 발급

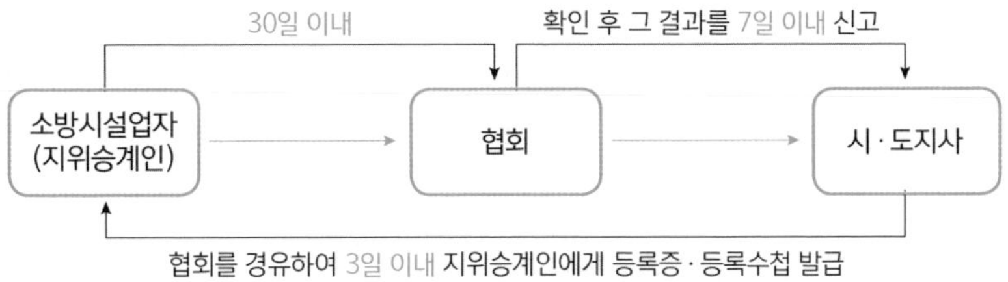

▲ 소방시설업자의 지위승계

소방시설공사업법	소방시설공사업법 시행령	소방시설공사업법 시행규칙
제5조【등록의 결격사유】 다음 각 호의 어느 하나에 해당하는 자는 소방시설업을 등록할 수 없다. 1. 피성년후견인 2. 삭제 3. 이 법, 「소방기본법」, 「화재의 예방 및 안전관리에 관한 법률」, 「소방시설 설치 및 관리에 관한 법률」 또는 「위험물안전관리법」에 따른 금고 이상의 실형을 선고받고 그 집행이 끝나거나(집행이 끝난 것으로 보는 경우를 포함한다) 면제된 날부터 ❶ ____ 이 지나지 아니한 사람 4. 이 법, 「소방기본법」, 「화재의 예방 및 안전관리에 관한 법률」, 「소방시설 설치 및 관리에 관한 법률」 또는 「위험물안전관리법」에 따른 금고 이상의 형의 집행유예를 선고받고 그 유예기간 중에 있는 사람 5. 등록하려는 소방시설업 등록이 취소(제1호에 해당하여 등록이 취소된 경우는 제외한다)된 날부터 2년이 지나지 아니한 자 6. 법인의 대표자가 제1호 또는 제3호부터 제5호까지에 해당하는 경우 그 법인 7. 법인의 임원이 제3호부터 제5호까지의 규정에 해당하는 경우 그 법인		

<제5조> ❶ 2년

<제4조> ❶ 3일 이내

소방시설공사업법

제6조【등록사항의 변경신고】 소방시설업자는 제4조에 따라 등록한 사항 중 행정안전부령으로 정하는 중요 사항을 변경할 때에는 행정안전부령으로 정하는 바에 따라 ❶ 에게 신고하여야 한다. ▶ **2백(과)**

소방시설공사업법 기한 정리

1. 등록신청 서류의 보완(규칙): 10일 이내
2. 등록신청 서류의 송부(협회 → 시·도지사)(규칙): 7일 이내
3. 등록증의 발급(규칙): 접수일부터 15일 이내
4. 등록증 재발급(규칙): 3일 이내
5. 등록사항 변경신고(규칙): 변경일부터 30일 이내, 5일 이내 발급
6. 휴업·폐업·재개업 시(규칙): 휴업·폐업 또는 재개업일부터 30일 이내
7. 지위승계(법): 상속일, 양수일 또는 합병일부터 30일 이내, (규칙) 협회 보고일부터 7일 이내 신고, 보고받은 날부터 3일 이내

소방시설공사업법 시행령

소방시설공사업법 시행규칙

제5조【등록사항의 변경신고사항】 법 제6조에서 "행정안전부령으로 정하는 중요 사항"이란 다음 각 호의 어느 하나에 해당하는 사항을 말한다.

1. 상호(명칭) 또는 영업소 소재지
2. 대표자
3. 기술인력

제6조【등록사항의 변경신고 등】 ① 법 제6조에 따라 소방시설업자는 제5조 각 호의 어느 하나에 해당하는 등록사항이 변경된 경우에는 변경일부터 ❶ 이내에 별지 제7호서식의 소방시설업 등록사항 변경신고서(전자문서로 된 소방시설업 등록사항 변경신고서를 포함한다)에 변경사항별로 다음 각 호의 구분에 따른 서류(전자문서를 포함한다)를 첨부하여 협회에 제출하여야 한다. 다만, 「전자정부법」 제36조 제1항에 따른 행정정보의 공동이용을 통하여 첨부서류에 대한 정보를 확인할 수 있는 경우에는 그 확인으로 첨부서류를 갈음할 수 있다.

1. 상호(명칭) 또는 영업소 소재지가 변경된 경우: 소방시설업 등록증 및 등록수첩
2. 대표자가 변경된 경우: 다음 각 목의 서류
   가. 소방시설업 등록증 및 등록수첩
   나. 변경된 대표자의 성명, 주민등록번호 및 주소지 등의 인적사항이 적힌 서류
   다. 외국인인 경우에는 제2조 제1항 제5호 각 목의 어느 하나에 해당하는 서류
3. 기술인력이 변경된 경우: 다음 각 목의 서류
   가. 소방시설업 등록수첩
   나. 기술인력 증빙서류
   다. 삭제

소방시설공사업법	소방시설공사업법 시행령	소방시설공사업법 시행규칙
		② 제1항에 따른 신고서를 제출받은 협회는 「전자정부법」 제36조 제1항에 따라 행정정보의 공동이용을 통하여 다음 각 호의 서류를 확인하여야 한다. 다만, 신청인이 제2호부터 제4호까지의 서류의 확인에 동의하지 아니하는 경우에는 해당 서류를 제출하도록 하여야 한다. 1. 법인등기사항 전부증명서(법인인 경우만 해당한다) 2. 사업자등록증(개인인 경우만 해당한다) 3. 「출입국관리법」 제88조 제2항에 따른 외국인등록 사실증명(외국인인 경우만 해당한다) 4. 국민연금가입자 증명서 또는 건강보험자격취득 확인서(기술인력을 변경하는 경우에만 해당한다) ③ 제1항에 따라 변경신고 서류를 제출받은 협회는 등록사항의 변경신고 내용을 확인하고 5일 이내에 제1항에 따라 제출된 소방시설업 등록증·등록수첩 및 기술인력 증빙서류에 그 변경된 사항을 기재하여 발급하여야 한다. ④ 제3항에도 불구하고 영업소 소재지가 등록된 특별시·광역시·특별자치시·도 및 특별자치도(이하 "시·도"라 한다)에서 다른 시·도로 변경된 경우에는 제1항에 따라 제출받은 변경신고 서류를 접수일로부터 ❷ 이내에 해당 시·도지사에게 보내야 한다. 이 경우 해당 시·도지사는 소방시설업 등록증 및 등록수첩을 협회를 경유하여 신고인에게 새로 발급하여야 한다. ⑤ 제1항에 따라 변경신고 서류를 제출받은 협회는 별지 제5호서식의 소방시설업 등록대장에 변경사항을 작성하여 관리(전자문서를 포함한다)하여야 한다.

<제6조> ❶ 시·도지사

<제6조> ❶ 30일 ❷ 7일

소방시설공사업법	소방시설공사업법 시행령	소방시설공사업법 시행규칙
		⑥ 협회는 등록사항의 변경신고 접수현황을 매월 말일을 기준으로 작성하여 다음 달 10일까지 별지 제7호의2서식에 따라 시·도지사에게 알려야 한다. ⑦ 변경신고 서류의 보완에 관하여는 제2조의2를 준용한다. 이 경우 "소방시설업의 등록신청 서류"는 "소방시설업의 등록사항 변경신고 서류"로 본다.
제6조의2【휴업·폐업 신고 등】 ① 소방시설업자는 소방시설업을 휴업·폐업 또는 재개업하는 때에는 행정안전부령으로 정하는 바에 따라 시·도지사에게 신고하여야 한다. ▶**2백(과)** ② 제1항에 따른 폐업신고를 받은 시·도지사는 소방시설업 등록을 말소하고 그 사실을 행정안전부령으로 정하는 바에 따라 공고하여야 한다. ③ 제1항에 따른 폐업신고를 한 자가 제2항에 따라 소방시설업 등록이 말소된 후 ❶ 이내에 같은 업종의 소방시설업을 다시 제4조에 따라 등록한 경우 해당 소방시설업자는 폐업신고 전 소방시설업자의 지위를 승계한다. ④ 제3항에 따라 소방시설업자의 지위를 승계한 자에 대해서는 폐업신고 전의 소방시설업자에 대한 행정처분의 효과가 승계된다.		**제6조의2【소방시설업의 휴업·폐업 등의 신고】** ① 소방시설업자는 법 제6조의2 제1항에 따라 휴업·폐업 또는 재개업 신고를 하려면 휴업·폐업 또는 재개업일부터 ❶ 이내에 별지 제7호의3서식의 소방시설업 휴업·폐업·재개업 신고서(전자문서로 된 신고서를 포함한다)에 다음 각 호의 구분에 따른 서류(전자문서를 포함한다)를 첨부하여 협회를 경유하여 시·도지사에게 제출하여야 한다. 다만, 「전자정부법」 제36조 제1항에 따른 행정정보의 공동이용을 통하여 첨부서류에 대한 정보를 확인할 수 있는 경우에는 그 확인으로 첨부서류를 갈음할 수 있다. 1. 휴업·폐업의 경우: 등록증 및 등록수첩 2. 재개업의 경우: 제2조 제1항 제2호 및 제3호, 같은 조 제3항 제4호에 해당하는 서류 ② 제1항에 따른 신고서를 제출받은 협회는 「전자정부법」 제36조 제1항에 따라 행정정보의 공동이용을 통하여 국민연금가입자 증명서 또는 건강보험자격취득 확인서를 확인하여야 한다. 다만, 신고인이 서류의 확인에 동의하지 아니하는 경우에는 해당 서류를 제출하도록 하여야 한다. ③ 제1항에 따른 신고서를 제출받은 협회는 법 제6조의2 제2항에 따라 다음 각 호의 사항을 협회 인터넷 홈페이지에 공고하여야 한다. 1. 등록업종 및 등록번호 2. 휴업·폐업 또는 재개업 연월일 3. 상호(명칭) 및 성명(법인의 경우에는 대표자의 성명을 말한다) 4. 영업소 소재지

소방시설공사업법	소방시설공사업법 시행령	소방시설공사업법 시행규칙
제7조【소방시설업자의 지위승계】 ① 다음 각 호의 어느 하나에 해당하는 자가 종전의 소방시설업자의 지위를 승계하려는 경우에는 그 상속일, 양수일 또는 합병일부터 ❷ 이내에 행정안전부령으로 정하는 바에 따라 그 사실을 시·도지사에게 신고하여야 한다. ▶2백(과) 1. 소방시설업자가 사망한 경우 그 상속인 2. 소방시설업자가 그 영업을 양도한 경우 그 양수인 3. 법인인 소방시설업자가 다른 법인과 합병한 경우 합병 후 존속하는 법인이나 합병으로 설립되는 법인 4. 삭제 ② 다음 각 호의 어느 하나에 해당하는 절차에 따라 소방시설업자의 소방시설의 전부를 인수한 자가 종전의 소방시설업자의 지위를 승계하려는 경우에는 그 인수일부터 30일 이내에 행정안전부령으로 정하는 바에 따라 그 사실을 시·도지사에게 신고하여야 한다. ▶2백(과) 1. 「민사집행법」에 따른 경매 2. 「채무자 회생 및 파산에 관한 법률」에 따른 환가(換價) 3. 「국세징수법」, 「관세법」 또는 「지방세징수법」에 따른 압류재산의 매각 4. 그 밖에 제1호부터 제3호까지의 규정에 준하는 절차 ③ 시·도지사는 제1항 또는 제2항에 따른 신고를 받은 경우 그 내용을 검토하여 이 법에 적합하면 신고를 수리하여야 한다. ④ 제1항이나 제2항에 따른 지위승계에 관하여는 제5조를 준용한다. 다만, 상속인이 제5조 각 호의 어느 하나에 해당하는 경우 상속받은 날부터 ❸ 동안은 그러하지 아니하다.		**제7조【지위승계 신고 등】** ① 법 제7조 제1항 및 제2항에 따라 소방시설업자 지위 승계를 신고하려는 자는 그 상속일, 양수일, 합병일 또는 인수일부터 ❷ 이내에 다음 각 호의 구분에 따른 서류(전자문서를 포함한다)를 협회에 제출해야 한다. 1. 양도·양수의 경우(분할 또는 분할합병에 따른 양도·양수의 경우를 포함한다. 이하 이 조에서 같다): 다음 각 목의 서류 가. 별지 제8호서식에 따른 소방시설업 지위승계신고서 나. 양도인 또는 합병 전 법인의 소방시설업 등록증 및 등록수첩 다. 양도·양수 계약서 사본, 분할계획서 사본 또는 분할합병계약서 사본(법인의 경우 양도·양수에 관한 사항을 의결한 주주총회 등의 결의서 사본을 포함한다) 라. 제2조 제1항 각 호에 해당하는 서류. 이 경우 같은 항 제1호 및 제5호의 "신청인"은 "신고인"으로 본다. 마. 양도·양수 공고문 사본 2. 상속의 경우: 다음 각 목의 서류 가. 별지 제8호서식에 따른 소방시설업 지위승계신고서 나. 피상속인의 소방시설업 등록증 및 등록수첩 다. 제2조 제1항 각 호에 해당하는 서류. 이 경우 같은 항 제1호 및 제5호의 "신청인"은 "신고인"으로 본다. 라. 상속인임을 증명하는 서류 3. 합병의 경우: 다음 각 목의 서류 가. 별지 제9호서식에 따른 소방시설업 합병신고서 나. 합병 전 법인의 소방시설업 등록증 및 등록수첩 다. 합병계약서 사본(합병에 관한 사항을 의결한 총회 또는 창립총회 결의서 사본을 포함한다)

<제6조의2> ❶ 6개월
<제7조> ❷ 30일 ❸ 3개월

<제6조의2> ❶ 30일
<제7조> ❷ 30일

소방시설공사업법	소방시설공사업법 시행령	소방시설공사업법 시행규칙
⑤ 제1항 또는 제2항에 따른 신고가 수리된 경우에는 제1항 각 호에 해당하는 자 또는 소방시설업자의 소방시설의 전부를 인수한 자는 그 상속일, 양수일, 합병일 또는 인수일부터 종전의 소방시설업자의 지위를 승계한다.		라. 제2조 제1항 각 호에 해당하는 서류. 이 경우 같은 항 제1호 및 제5호의 "신청인"은 "신고인"으로 본다. 마. 합병공고문 사본 ② 제1항에 따라 소방시설업자 지위 승계를 신고하려는 상속인이 법 제6조의2 제1항에 따른 폐업 신고를 함께 하려는 경우에는 제1항 제2호 다목 전단의 서류 중 제2조 제1항 제1호 및 제5호의 서류만을 첨부하여 제출할 수 있다. 이 경우 같은 항 제1호 및 제5호의 "신청인"은 "신고인"으로 본다. ③ 제1항에 따른 신고서를 제출받은 협회는 「전자정부법」 제36조 제1항에 따라 행정정보의 공동이용을 통하여 다음 각 호의 서류를 확인하여야 하며, 신고인이 제2호부터 제4호까지의 서류의 확인에 동의하지 아니하는 경우에는 해당 서류를 첨부하게 하여야 한다. 1. 법인등기사항 전부증명서(지위승계인이 법인인 경우에만 해당한다) 2. 사업자등록증(지위승계인이 개인인 경우에만 해당한다) 3. 「출입국관리법」 제88조 제2항에 따른 외국인등록 사실증명(지위승계인이 외국인인 경우에만 해당한다) 4. 국민연금가입자 증명서 또는 건강보험자격취득 확인서 ④ 제1항에 따른 지위승계 신고 서류를 제출받은 협회는 접수일부터 ❶ ______ 이내에 지위를 승계한 사실을 확인한 후 그 결과를 시·도지사에게 보고하여야 한다. ⑤ 시·도지사는 제4항에 따라 소방시설업의 지위승계 신고의 확인 사실을 보고받은 날부터 ❷ ______ 이내에 협회를 경유하여 법 제7조 제1항에 따른 지위승계인에게 등록증 및 등록수첩을 발급하여야 한다. ⑥ 제1항에 따라 지위승계 신고 서류를 제출받은 협회는 별지 제5호서식에 따른 소방시설업 등록대장에 지위승계에 관한 사항을 작성하여 관리(전자문서를 포함한다)하여야 한다. ⑦ 지위승계 신고 서류의 보완에 관하여는 제2조의2를 준용한다. 이 경우 "소방시설업의 등록신청 서류"는 "소방시설업의 지위승계 신고 서류"로 본다.

소방시설공사업법	소방시설공사업법 시행령	소방시설공사업법 시행규칙
제8조【소방시설업의 운영】 ① 소방시설업자는 다른 자에게 자기의 성명이나 상호를 사용하여 소방시설공사 등을 수급 또는 시공하게 하거나 소방시설업의 등록증 또는 등록수첩을 빌려 주어서는 아니 된다. ▶3백(벌) ② 제9조 제1항에 따라 영업정지처분이나 등록취소처분을 받은 소방시설업자는 그 날부터 소방시설공사 등을 하여서는 아니 된다. 다만, 소방시설의 착공신고가 수리(受理)되어 공사를 하고 있는 자로서 도급계약이 해지되지 아니한 소방시설공사업자 또는 ❶ 가 그 공사를 하는 동안이나 제4조 제1항에 따라 방염처리업을 등록한 자(이하 "방염처리업자"라 한다)가 도급을 받아 방염 중인 것으로서 도급계약이 해지되지 아니한 상태에서 그 방염을 하는 동안에는 그러하지 아니하다. ③ 소방시설업자는 다음 각 호의 어느 하나에 해당하는 경우에는 소방시설공사 등을 맡긴 특정소방대상물의 관계인에게 지체 없이 그 사실을 알려야 한다. ▶2백(과) 1. 제7조에 따라 소방시설업자의 지위를 승계한 경우 2. 제9조 제1항에 따라 소방시설업의 등록취소처분 또는 ❷ 을 받은 경우 3. 휴업하거나 폐업한 경우 ④ 소방시설업자는 행정안전부령으로 정하는 관계 서류를 제15조 제1항에 따른 하자보수 보증기간 동안 보관하여야 한다. ▶2백(과)		**제8조【소방시설업자가 보관하여야 하는 관계 서류】** 법 제8조 제4항에서 "행정안전부령으로 정하는 관계 서류"란 다음 각 호의 구분에 따른 해당 서류(전자문서를 포함한다)를 말한다. 1. 소방시설설계업: 별지 제10호서식의 소방시설 설계기록부 및 소방시설 설계도서 2. 소방시설공사업: 별지 제11호서식의 소방시설공사 기록부 3. 소방공사감리업: 별지 제12호서식의 소방공사 감리기록부, 별지 제13호서식의 소방공사 감리일지 및 소방시설의 ❸ 설계도서

<제8조> ❶ 소방공사감리업자 ❷ 영업정지처분

<제7조> ❶ 7일 ❷ 3일
<제8조> ❸ 완공 당시

소방시설공사업법

제9조【등록취소와 영업정지 등】 ① 시·도지사는 소방시설업자가 다음 각 호의 어느 하나에 해당하면 행정안전부령으로 정하는 바에 따라 그 등록을 취소하거나 6개월 이내의 기간을 정하여 시정이나 그 영업의 정지를 명할 수 있다. 다만, 제1호·제3호 또는 제7호에 해당하는 경우에는 그 등록을 취소하여야 한다. ▶**1년/1천(벌)**

1. 거짓이나 그 밖의 부정한 방법으로 등록한 경우
2. 제4조 제1항에 따른 등록기준에 미달하게 된 후 ❶ 이 경과한 경우. 다만, 자본금기준에 미달한 경우 중 「채무자 회생 및 파산에 관한 법률」에 따라 법원이 회생절차의 개시의 결정을 하고 그 절차가 진행 중인 경우 등 대통령령으로 정하는 경우는 30일이 경과한 경우에도 예외로 한다.
3. 제5조 각 호의 등록 결격사유에 해당하게 된 경우
4. 등록을 한 후 정당한 사유 없이 ❷ 이 지날 때까지 영업을 시작하지 아니하거나 계속하여 1년 이상 휴업한 때
5. 삭제
6. 제8조 제1항을 위반하여 다른 자에게 자기의 성명이나 상호를 사용하여 소방시설공사 등을 수급 또는 시공하게 하거나 소방시설업의 등록증 또는 등록수첩을 빌려준 경우
7. 제8조 제2항을 위반하여 영업정지 기간 중에 소방시설공사 등을 한 경우
8. 제8조 제3항 또는 제4항을 위반하여 통지를 하지 아니하거나 관계서류를 보관하지 아니한 경우
9. 제11조나 제12조 제1항을 위반하여 「소방시설 설치 및 관리에 관한 법률」 제2조 제1항 제6호에 따른 화재안전기준(이하 "화재안전기준"이라 한다) 등에 적합하게 설계·시공을 하지 아니하거나, 제16조 제1항에 따라 적합하게 감리를 하지 아니한 경우

소방시설공사업법 시행령

제2조의2【일시적인 등록기준 미달에 관한 예외】 법 제9조 제1항 제2호 단서에서 "「채무자 회생 및 파산에 관한 법률」에 따라 법원이 회생절차의 개시의 결정을 하고 그 절차가 진행 중인 경우 등 대통령령으로 정하는 경우"란 다음 각 호의 어느 하나에 해당하는 경우를 말한다.

1. 「상법」 제542조의8 제1항 단서의 적용 대상인 상장회사가 최근 사업연도 말 현재의 자산 총액 감소에 따라 등록기준에 미달하는 기간이 ❶ 이내인 경우
2. 제2조 제1항에 따른 업종별 등록기준 중 자본금 기준에 미달하는 경우로서 다음 각 목의 어느 하나에 해당하는 경우
   가. 「채무자 회생 및 파산에 관한 법률」에 따라 법원이 회생절차 개시의 결정을 하고, 그 절차가 진행 중인 경우
   나. 「채무자 회생 및 파산에 관한 법률」에 따라 법원이 회생계획의 수행에 지장이 없다고 인정하여 해당 소방시설업자에 대한 회생절차 종결의 결정을 하고, 그 회생계획을 수행 중인 경우
   다. 「기업구조조정 촉진법」에 따라 금융채권자협의회가 금융채권자협의회에 의한 공동관리절차 개시의 의결을 하고, 그 절차가 진행 중인 경우

소방시설공사업법 시행규칙

제9조【소방시설업의 행정처분기준】 법 제9조 제1항에 따른 소방시설업의 등록취소 등의 행정처분에 대한 기준은 별표 1과 같다.

[규칙 별표 1] 소방시설업에 대한 행정처분기준

1. 일반기준
   가. 위반행위가 동시에 둘 이상 발생한 경우에는 그 중 중한 처분기준(중한 처분기준이 동일한 경우에는 그 중 하나의 처분기준을 말한다. 이하 같다)에 따르되, 둘 이상의 처분기준이 동일한 영업정지인 경우에는 중한 처분의 2분의 1까지 가중하여 처분할 수 있다.
   나. 영업정지 처분기간 중 영업정지에 해당하는 위반사항이 있는 경우에는 종전의 처분기간 만료일의 다음날부터 새로운 위반사항에 대한 영업정지의 행정처분을 한다.
   다. 위반행위의 차수에 따른 행정처분기준은 최근 1년간 같은 위반행위로 행정처분을 받은 경우에 적용하되, 제2호 처목에 따른 위반행위의 차수는 재물 또는 재산상의 이익을 취득하거나 제공한 횟수로 산정한다. 이 경우 기준 적용일은 위반사항에 대한 행정처분일과 그 처분 후 다시 적발한 날을 기준으로 한다.

소방시설공사업법	소방시설공사업법 시행령	소방시설공사업법 시행규칙

10. 제11조, 제12조 제1항, 제16조 제1항 또는 제20조의2에 따른 소방시설공사 등의 업무수행의무 등을 고의 또는 과실로 위반하여 다른 자에게 상해를 입히거나 재산피해를 입힌 경우
11. 제12조 제2항을 위반하여 소속 소방기술자를 공사현장에 배치하지 아니하거나 거짓으로 한 경우
12. 제13조나 제14조를 위반하여 착공신고(변경신고를 포함한다)를 하지 아니하거나 거짓으로 한 때 또는 완공검사(부분완공검사를 포함한다)를 받지 아니한 경우
13. 제13조 제2항 후단을 위반하여 착공신고사항 중 중요한 사항에 해당하지 아니하는 변경사항을 같은 항 각 호의 어느 하나에 해당하는 서류에 포함하여 보고하지 아니한 경우
14. 제15조 제3항을 위반하여 하자보수 기간 내에 하자보수를 하지 아니하거나 하자보수계획을 통보하지 아니한 경우
15. 제17조 제3항을 위반하여 인수 · 인계를 거부 · 방해 · 기피한 경우
16. 제18조 제1항을 위반하여 소속 감리원을 공사현장에 배치하지 아니하거나 거짓으로 한 경우
17. 제18조 제3항의 감리원 배치기준을 위반한 경우
18. 제19조 제1항에 따른 요구에 따르지 아니한 경우
19. 제19조 제3항을 위반하여 보고하지 아니한 경우
20. 제20조를 위반하여 감리 결과를 알리지 아니하거나 거짓으로 알린 경우 또는 공사감리 결과보고서를 제출하지 아니하거나 거짓으로 제출한 경우

라. 다목에 따라 가중된 행정처분을 하는 경우 가중처분의 적용차수는 그 위반행위 전 행정처분 차수(다목에 따른 기간 내에 행정처분이 둘 이상 있었던 경우에는 높은 차수를 말한다)의 다음 차수로 한다. 다만, 적발된 날부터 소급하여 1년이 되는 날 전에 한 행정처분은 가중처분의 차수 산정 대상에서 제외한다.

마. 영업정지 등에 해당하는 위반사항으로서 위반행위의 동기 · 내용 · 횟수 · 사유 또는 그 결과를 고려하여 다음 각 목에 해당하는 경우 그 처분을 가중하거나 감경할 수 있다. 이 경우 그 처분이 영업정지일 때에는 그 처분기준의 2분의 1의 범위에서 가중하거나 감경할 수 있고, 그 처분이 등록취소(법 제9조 제1항 제1호, 제3호, 제6호 및 제7호를 위반하여 등록취소가 된 경우는 제외한다)인 경우에는 등록취소 전 차수의 행정처분이 영업정지일 경우 처분기준의 2배 이상의 영업정지 처분으로 감경할 수 있다.

1) 가중사유
   가) 위반행위가 사소한 부주의나 오류가 아닌 고의나 중대한 과실에 의한 것으로 인정되는 경우
   나) 위반의 내용 · 정도가 중대하여 관계인에게 미치는 피해가 크다고 인정되는 경우
2) 감경 사유
   가) 위반행위가 고의나 중대한 과실이 아닌 사소한 부주의나 오류로 인한 것으로 인정되는 경우
   나) 위반의 내용 · 정도가 경미하여 관계인에게 미치는 피해가 적다고 인정되는 경우
   다) 위반행위자의 위반행위가 처음이며 5년 이상 소방시설업을 모범적으로 해 온 사실이 인정되는 경우
   라) 위반행위자가 그 위반행위로 인하여 검사로부터 기소유예 처분을 받거나 법원으로부터 선고유예 판결을 받은 경우

바. 시 · 도지사는 고의 또는 중과실이 없는 위반행위자가 「소상공인기본법」 제2조에 따른 소상공인인 경우에는 다음의 사항을 고려하여 제2호의 개별기준에 따른 처분을 감경할 수 있다. 이 경우 그 처분이 영업정지인 경우에는 그 처분기준의 100분의 70 범위에서 감경할 수 있고, 그 처분이 등록취소(법 제9조 제1항 제1호, 제3호, 제6호 및 제7호를 위반하여 등록취소가 된 경우는 제외한다)인 경우에는 등록취소 전 차수의 행정처분이 영업정지일 경우 그 처분기준의 영업정지 처분으로 감경할 수 있다. 다만, 마목에 따른 감경과 중복하여 적용하지 않는다.

1) 해당 행정처분으로 위반행위자가 더 이상 영업을 영위하기 어렵다고 객관적으로 인정되는지 여부
2) 경제위기 등으로 위반행위자가 속한 시장 · 산업 여건이 현저하게 변동되거나 지속적으로 악화된 상태인지 여부

<제9조> ❶ 30일 ❷ 1년

<제2조의2> ❶ 50일

소방시설공사업법	소방시설공사업법 시행령	소방시설공사업법 시행규칙
20의2. 제20조의2를 위반하여 방염을 한 경우 20의3. 제20조의3 제2항에 따른 방염처리능력 평가에 관한 서류를 거짓으로 제출한 경우 20의4. 제21조의3 제4항을 위반하여 하도급 등에 관한 사항을 관계인과 발주자에게 알리지 아니하거나 거짓으로 알린 경우 20의5. 제21조의5 제1항 또는 제3항을 위반하여 부정한 청탁을 받고 재물 또는 재산상의 이익을 취득하거나 부정한 청탁을 하면서 재물 또는 재산상의 이익을 제공한 경우 21. 제22조 제1항 본문을 위반하여 도급받은 소방시설의 설계, 시공, 감리를 하도급한 경우 21의2. 제22조 제2항을 위반하여 하도급받은 소방시설공사를 다시 하도급한 경우 22. [제22호는 제20호의4로 이동]	23. 제22조의2 제2항을 위반하여 정당한 사유 없이 하수급인 또는 하도급 계약내용의 변경요구에 따르지 아니한 경우 23의2. 제22조의3을 위반하여 하수급인에게 대금을 지급하지 아니한 경우 24. 제24조를 위반하여 시공과 감리를 함께 한 경우 24의2. 제26조 제2항에 따른 시공능력 평가에 관한 서류를 거짓으로 제출한 경우 24의3. 제26조의2 제1항 후단에 따른 사업수행능력 평가에 관한 서류를 위조하거나 변조하는 등 거짓이나 그 밖의 부정한 방법으로 입찰에 참여한 경우 25. 제31조에 따른 명령을 위반하여 보고 또는 자료 제출을 하지 아니하거나 거짓으로 보고 또는 자료 제출을 한 경우 26. 정당한 사유 없이 제31조에 따른 관계 공무원의 출입 또는 검사·조사를 거부·방해 또는 기피한 경우	
② 제7조에 따라 소방시설업자의 지위를 승계한 상속인이 제5조 각 호의 어느 하나에 해당할 때에는 상속을 개시한 날부터 6개월 동안은 제1항 제3호를 적용하지 아니한다. ③ 발주자는 소방시설업자가 제1항 각 호의 어느 하나에 해당하는 경우 그 사실을 시·도지사에게 통보하여야 한다. ④ 시·도지사는 제1항 또는 제10조 제1항에 따라 등록취소, 영업정지 또는 과징금 부과 등의 처분을 하는 경우 해당 발주자에게 그 내용을 통보하여야 한다.		

소방시설공사업법	소방시설공사업법 시행령	소방시설공사업법 시행규칙

소방시설공사업법

제10조【과징금처분】 ① 시·도지사는 제9조 제1항 각 호의 어느 하나에 해당하는 경우로서 영업정지가 그 이용자에게 불편을 주거나 그 밖에 공익을 해칠 우려가 있을 때에는 영업정지처분을 갈음하여 ❶ 이하의 과징금을 부과할 수 있다.

② 제1항에 따른 과징금을 부과하는 위반행위의 종류와 위반 정도 등에 따른 과징금과 그 밖에 필요한 사항은 행정안전부령으로 정한다.

③ 시·도지사는 제1항에 따른 과징금을 내야 할 자가 납부기한까지 과징금을 내지 아니하면 「지방행정제재·부과금의 징수 등에 관한 법률」에 따라 징수한다.

소방시설공사업법 시행령

과징금

구분	과징금	비고
소방시설법	3,000만원 이하	• 부과권자: 시·도지사 • 영업정지처분(사용정지처분)에 갈음하여 부과할 수 있다.
소방시설 공사업법	2억원 이하	
위험물 안전관리법	2억원 이하	

소방시설공사업법 시행규칙

제10조【과징금을 부과하는 위반행위의 종류와 과징금의 부과기준】 법 제10조 제2항에 따라 과징금을 부과하는 위반행위의 종류와 그에 대한 과징금의 금액은 다음 각 호의 기준에 따라 산정한다.

1. 2021년 6월 10일부터 2023년 12월 31일까지의 기간 중에 위반행위를 한 경우: 별표 2
2. 2024년 1월 1일 이후에 위반행위를 한 경우: 별표 2의2

제11조【과징금 징수절차】 법 제10조 제2항에 따른 과징금의 징수절차는 「국고금관리법 시행규칙」을 준용한다.

제11조의2【소방시설업자 등의 처분통지】 소방청장 또는 시·도지사는 다음 각 호의 경우에는 처분일부터 7일 이내에 협회에 그 사실을 알려주어야 한다.

1. 법 제9조 제1항에 따라 등록취소·시정명령 또는 영업정지를 하는 경우
2. 법 제10조 제1항에 따라 과징금을 부과하는 경우
3. 법 제28조 제4항에 따라 자격을 취소하거나 정지하는 경우

<제10조> ❶ 2억원

소방시설공사업법	소방시설공사업법 시행령	소방시설공사업법 시행규칙
제3장 소방시설공사 등		
제1절 설계		

제11조【설계】 ① 제4조 제1항에 따라 소방시설설계업을 등록한 자(이하 "설계업자"라 한다)는 이 법이나 이 법에 따른 명령과 화재안전기준에 맞게 소방시설을 설계하여야 한다. 다만, 「소방시설 설치 및 관리에 관한 법률」 제18조 제1항에 따른 중앙소방기술심의위원회의 심의를 거쳐 소방시설의 구조와 원리 등에서 특수한 설계로 인정된 경우는 ❶ 을 따르지 아니할 수 있다. ▶1년/1천(벌) 24. 경채

② 제1항 본문에도 불구하고 「소방시설 설치 및 관리에 관한 법률」 제8조 제1항에 따른 특정소방대상물(신축하는 것만 해당한다)에 대해서는 그 용도, 위치, 구조, 수용인원, 가연물(可燃物)의 종류 및 양 등을 고려하여 설계(이하 "성능위주설계"라 한다)하여야 한다.

③ 성능위주설계를 할 수 있는 자의 자격, 기술인력 및 자격에 따른 설계의 범위와 그 밖에 필요한 사항은 대통령령으로 정한다.

④ 삭제

제2조의3【성능위주설계를 할 수 있는 자의 자격 등】 법 제11조 제3항에 따른 성능위주설계를 할 수 있는 자의 자격·기술인력 및 자격에 따른 설계범위는 별표 1의2와 같다.

[영 별표 1의2] 성능위주설계를 할 수 있는 자의 자격·기술인력 및 자격에 따른 설계범위 24. 경채

성능위주설계자의 자격	기술인력	설계범위
1. 법 제4조에 따라 전문 소방시설설계업을 등록한 자 2. 전문 소방시설설계업 등록기준에 따른 기술인력을 갖춘 자로서 소방청장이 정하여 고시하는 연구기관 또는 단체	소방기술사 2명 이상	「소방시설 설치 및 관리에 관한 법률」 제9조에 따라 성능위주설계를 하여야 하는 특정소방대상물

[영 별표 2] 소방기술자의 배치기준

소방기술자	연면적(㎡)	층수(지하층 포함)	아파트[연면적(㎡)]	기타
특급기술자	20만 이상	40F 이상		
고급기술자	3만~20만 미만 (아파트 제외)	16~40F 미만		
중급기술자	5천~3만 미만 (아파트 제외)		1만~20만 미만	물분무등 (호스릴 제외) 제연설비
초급기술자	1천~5천 미만 (아파트 제외)		1천~1만 미만	지하구
자격수첩	1천 미만			

소방시설공사업법	소방시설공사업법 시행령	소방시설공사업법 시행규칙
제2절 시공		
제12조【시공】 ① 제4조 제1항에 따라 소방시설공사업을 등록한 자(이하 "공사업자"라 한다)는 이 법이나 이 법에 따른 명령과 화재안전기준에 맞게 시공하여야 한다. 이 경우 소방시설의 구조와 원리 등에서 그 공법이 특수한 시공에 관하여는 제11조 제1항 단서를 준용한다. ▶ **1년/1천(벌)** ② 공사업자는 소방시설공사의 책임시공 및 기술관리를 위하여 대통령령으로 정하는 바에 따라 소속 소방기술자를 공사 현장에 배치하여야 한다. ▶ **2백(과)**	**제3조【소방기술자의 배치기준 및 배치기간】** 법 제4조 제1항에 따라 소방시설공사업을 등록한 자(이하 "공사업자"라 한다)는 법 제12조 제2항에 따라 별표 2의 배치기준 및 배치기간에 맞게 소속 소방기술자를 소방시설공사 현장에 배치하여야 한다.	**[영 별표 2] 소방기술자의 배치기준 및 배치기간 - 비고 마목** 공사업자는 다음의 경우를 제외하고는 1명의 소방기술자를 2개의 공사 현장을 초과하여 배치해서는 안 된다. 다만, 연면적 3만제곱미터 이상의 특정소방대상물(아파트는 제외한다)이거나 지하층을 포함한 층수가 16층 이상으로서 500세대 이상인 아파트에 대한 소방시설 공사의 경우에는 1개의 공사 현장에만 배치해야 한다. 1) 건축물의 연면적이 5천제곱미터 미만인 공사 현장에만 배치하는 경우. 다만, 그 연면적의 합계는 2만제곱미터를 초과해서는 안 된다. 2) 건축물의 연면적이 5천제곱미터 이상인 공사 현장 2개 이하와 5천제곱미터 미만인 공사 현장에 같이 배치하는 경우. 다만, 5천제곱미터 미만의 공사 현장의 연면적의 합계는 1만제곱미터를 초과해서는 안 된다.
제13조【착공신고】 ① ❷ 는 대통령령으로 정하는 소방시설공사를 하려면 행정안전부령으로 정하는 바에 따라 그 공사의 내용, 시공 장소, 그 밖에 필요한 사항을 소방본부장이나 소방서장에게 신고하여야 한다. ▶ **2백(과)** ② 공사업자가 제1항에 따라 신고한 사항 가운데 행정안전부령으로 정하는 중요한 사항을 변경하였을 때에는 행정안전부령으로 정하는 바에 따라 변경신고를 하여야 한다. 이 경우 중요한 사항에 해당하지 아니하는 변경 사항은 다음 각 호의 어느 하나에 해당하는 서류에 포함하여 소방본부장이나 소방서장에게 보고하여야 한다. ▶ **전단: 2백(과)**	**제4조(소방시설공사의 착공신고 대상)** 법 제13조 제1항에서 "대통령령으로 정하는 소방시설공사"란 다음 각 호의 어느 하나에 해당하는 소방시설공사를 말한다. 다만, 「위험물안전관리법」 제2조 제1항 제6호에 따른 제조소등 또는 「다중이용업소의 안전관리에 관한 특별법」 제2조 제1항 제4호에 따른 ❶ 에서의 소방시설공사는 제외한다. 1. 특정소방대상물에 다음 각 목의 어느 하나에 해당하는 설비를 신설하는 공사	**제12조【착공신고 등】** ① 법 제4조 제1항에 따라 소방시설공사업을 등록한 자(이하 "공사업자"라 한다)는 소방시설공사를 하려면 법 제13조 제1항에 따라 해당 소방시설공사의 착공 전까지 별지 제14호서식의 소방시설공사 착공(변경)신고서[전자문서로 된 소방시설공사 착공(변경)신고서를 포함한다]에 다음 각 호의 서류(전자문서를 포함한다)를 첨부하여 소방본부장 또는 소방서장에게 신고해야 한다. 다만, 「전자정부법」 제36조 제1항에 따른 행정정보의 공동이용을 통하여 첨부서류에 대한 정보를 확인할 수 있는 경우에는 그 확인으로 첨부서류를 갈음할 수 있다.

<제11조> ❶ 화재안전기준
<제13조> ❷ 공사업자

<제4조> ❶ 다중이용업소

소방시설공사업법

1. 제14조 제1항 또는 제2항에 따른 완공검사 또는 부분완공검사를 신청하는 서류
2. 제20조에 따른 공사감리 결과보고서

③ 소방본부장 또는 소방서장은 제1항 또는 제2항 전단에 따른 착공신고 또는 변경신고를 받은 날부터 ❶ 이내에 신고수리 여부를 신고인에게 통지하여야 한다.

④ 소방본부장 또는 소방서장이 제3항에서 정한 기간 내에 신고수리 여부 또는 민원 처리 관련 법령에 따른 처리기간의 연장을 신고인에게 통지하지 아니하면 그 기간(민원처리 관련 법령에 따라 처리기간이 연장 또는 재연장된 경우에는 해당 처리기간을 말한다)이 끝난 날의 다음 날에 신고를 수리한 것으로 본다.

착공신고(제조소등 또는 다중이용업소 제외)

① 신설	소방	② 증설
옥내·외, SP등, 물등	소화설비	옥내·외, SP·간이SP, 물등
자·비·경·방	경보설비	자·탐
해당하지 않음	피난구조설비	해당하지 않음
○	소화용수설비	해당하지 않음
○	소화활동설비	무·통 제외
③ 개설·이전·정비[수신반, 소화펌프, 동력(감시)제어반]		

소방시설공사업법 시행령

가. 옥내소화전설비(호스릴옥내소화전설비를 포함한다. 이하 같다), 옥외소화전설비, 스프링클러설비·간이스프링클러설비(캐비닛형 간이스프링클러설비를 포함한다. 이하 같다) 및 화재조기진압용 스프링클러설비(이하 "스프링클러설비 등"이라 한다), 물분무소화설비·포소화설비·이산화탄소소화설비·할론소화설비·할로겐화합물 및 불활성기체 소화설비·미분무소화설비·강화액소화설비 및 분말소화설비(이하 "물분무등 소화설비"라 한다), 연결송수관설비, 연결살수설비, 제연설비(소방용 외의 용도와 겸용되는 제연설비를 「건설산업기본법 시행령」 별표 1에 따른 기계가스설비공사업자가 공사하는 경우는 제외한다), 소화용수설비(소화용수설비를 「건설산업기본법 시행령」 별표 1에 따른 기계가스설비공사업자 또는 상·하수도설비공사업자가 공사하는 경우는 제외한다) 또는 연소방지설비

나. 자동화재탐지설비, 비상경보설비, 비상방송설비(소방용 외의 용도와 겸용되는 비상방송설비를 「정보통신공사업법」에 따른 정보통신공사업자가 공사하는 경우는 제외한다), 비상콘센트설비(비상콘센트설비를 「전기공사업법」에 따른 전기공사업자가 공사하는 경우는 제외한다) 또는 무선통신보조설비(소방용 외의 용도와 겸용되는 무선통신보조설비를 「정보통신공사업법」에 따른 정보통신공사업자가 공사하는 경우는 제외한다)

2. 특정소방대상물에 다음 각 목의 어느 하나에 해당하는 설비 또는 구역 등을 증설하는 공사
   가. 옥내·옥외소화전설비

소방시설공사업법 시행규칙

1. 공사업자의 소방시설공사업 등록증 사본 1부 및 등록수첩 사본 1부
2. 해당 소방시설공사의 책임시공 및 기술관리를 하는 기술인력의 기술등급을 증명하는 서류 사본 1부
3. 법 제21조의3 제2항에 따라 체결한 소방시설공사 계약서 사본 1부
4. 설계도서(설계설명서를 포함한다) 1부. 다만, 영 제4조 제3호에 해당하는 소방시설공사인 경우 또는 「소방시설 설치 및 관리에 관한 법률 시행규칙」 제3조 제2항에 따라 건축허가 등의 동의요구서에 첨부된 서류 중 설계도서가 변경되지 않은 경우에는 설계도서를 첨부하지 않을 수 있다.
5. 소방시설공사를 하도급하는 경우 다음 각 목의 서류
   가. 제20조 제1항 및 별지 제31호서식에 따른 소방시설공사 등의 하도급통지서 사본 1부
   나. 하도급대금 지급에 관한 다음의 어느 하나에 해당하는 서류
      1) 「하도급거래 공정화에 관한 법률」 제13조의2에 따라 공사대금 지급을 보증한 경우에는 하도급대금 지급보증서 사본 1부
      2) 「하도급거래 공정화에 관한 법률」 제13조의2 제1항 각 호 외의 부분 단서 및 같은 법 시행령 제8조 제1항에 따라 보증이 필요하지 않거나 보증이 적합하지 않다고 인정되는 경우에는 이를 증빙하는 서류 사본 1부

② 법 제13조 제2항에서 "행정안전부령으로 정하는 중요한 사항"이란 다음 각 호의 어느 하나에 해당하는 사항을 말한다.

1. ❶
2. 설치되는 소방시설의 종류
3. 책임시공 및 기술관리 소방기술자

소방시설공사업법	소방시설공사업법 시행령	소방시설공사업법 시행규칙
소방시설공사업법 기한 정리 1. 착공신고의 변경신고(규칙): 30일 이내, 2일 이내 통지 2. 소방공사감리자 변경신고(규칙): 30일 이내, 2일 이내 통지 3. 감리업자의 감리결과 통보(규칙): 7일 이내 4. 방염처리능력 평가 및 공시(규칙): 보완기간 - 15일 이내, 평가일로부터 10일 이내 공시	나. 스프링클러설비 · 간이스프링클러설비 또는 물분무등 소화설비의 방호구역, 자동화재탐지설비의 경계구역, 제연설비의 제연구역(소방용 외의 용도와 겸용되는 제연설비를 「건설산업기본법 시행령」 별표 1에 따른 기계가스설비공사업자가 공사하는 경우는 제외한다), 연결살수설비의 살수구역, 연결송수관설비의 송수구역, 비상콘센트설비의 전용회로, 연소방지설비의 살수구역 3. 특정소방대상물에 설치된 소방시설 등을 구성하는 다음 각 목의 어느 하나에 해당하는 것의 전부 또는 일부를 개설(改設), 이전(移轉) 또는 정비(整備)하는 공사. 다만, 고장 또는 파손 등으로 인하여 작동시킬 수 없는 소방시설을 긴급히 교체하거나 보수하여야 하는 경우에는 신고하지 않을 수 있다. 가. 수신반(受信盤) 나. 소화펌프 다. ❶	③ 법 제13조 제2항에 따라 공사업자는 제2항 각 호의 어느 하나에 해당하는 사항이 변경된 경우에는 변경일부터 ❷ 이내에 별지 제14호서식의 소방시설공사 착공(변경)신고서[전자문서로 된 소방시설공사 착공(변경)신고서를 포함한다]에 제1항 각 호의 서류(전자문서를 포함한다) 중 변경된 해당 서류를 첨부하여 소방본부장 또는 소방서장에게 신고하여야 한다. ④ 소방본부장 또는 소방서장은 소방시설공사 착공신고 또는 변경신고를 받은 경우에는 2일 이내에 처리하고 그 결과를 신고인에게 통보하며, 소방시설공사현장에 배치되는 소방기술자의 성명, 자격증 번호 · 등급, 시공현장의 명칭 · 소재지 · 면적 및 현장 배치기간을 법 제26조의3 제1항에 따른 소방시설업 종합정보시스템에 입력해야 한다. 이 경우 소방본부장 또는 소방서장은 별지 제15호서식의 소방시설 착공 및 완공대장에 필요한 사항을 기록하여 관리하여야 한다. ⑤ 소방본부장 또는 소방서장은 소방시설공사 착공신고 또는 변경신고를 받은 경우에는 공사업자에게 별지 제16호서식의 소방시설공사현황 표지에 따른 소방시설공사 현황의 게시를 요청할 수 있다.
제14조 【완공검사】 ① 공사업자는 소방시설공사를 완공하면 ❷ 의 완공검사를 받아야 한다. 다만, 제17조 제1항에 따라 공사감리자가 지정되어 있는 경우에는 공사감리 결과보고서로 완공검사를 갈음하되, 대통령령으로 정하는 특정소방대상물의 경우에는 소방본부장이나 소방서장이 소방시설공사가 공사감리 결과보고서대로 완공되었는지를 현장에서 확인할 수 있다. ▶2백(과)	**제5조 【완공검사를 위한 현장확인 대상 특정소방대상물의 범위】** 법 제14조 제1항 단서에서 "대통령령으로 정하는 특정소방대상물"이란 특정소방대상물 중 다음 각 호의 대상물을 말한다. 24. 공채 · 경채 1. 문화 및 집회시설, 종교시설, 판매시설, 노유자(老幼者)시설, 수련시설, 운동시설, 숙박시설, ❷ , 지하상가 및 「다중이용업소의 안전관리에 관한 특별법」에 따른 다중이용업소	**제13조 【소방시설의 완공검사 신청 등】** ① 공사업자는 소방시설공사의 완공검사 또는 부분완공검사를 받으려면 법 제14조 제4항에 따라 별지 제17호서식의 소방시설공사 완공검사신청서(전자문서로 된 소방시설공사 완공검사신청서를 포함한다) 또는 별지 제18호서식의 소방시설 부분완공검사신청서(전자문서로 된 소방시설 부분완공검사신청서를 포함한다)를 소방본부장 또는 소방서장에게 제출하여야 한다. 다만, 「전자정부법」 제36조 제1항에 따른 행정정보의 공동이용을 통하여 첨부서류에 대한 정보를 확인할 수 있는 경우에는 그 확인으로 첨부서류를 갈음할 수 있다.

<제13조> ❶ 2일
<제14조> ❷ 소방본부장 또는 소방서장

<제4조> ❶ 동력(감시)제어반
<제5조> ❷ 창고시설

<제12조> ❶ 시공자 ❷ 30일

소방시설공사업법

② 공사업자가 소방대상물 일부분의 소방시설공사를 마친 경우로서 전체 시설이 준공되기 전에 부분적으로 사용할 필요가 있는 경우에는 그 일부분에 대하여 소방본부장이나 소방서장에게 완공검사(이하 "부분완공검사"라 한다)를 신청할 수 있다. 이 경우 소방본부장이나 소방서장은 그 일부분의 공사가 완공되었는지를 확인하여야 한다.
③ 소방본부장이나 소방서장은 제1항에 따른 완공검사나 제2항에 따른 부분완공검사를 하였을 때에는 완공검사증명서나 부분완공검사증명서를 발급하여야 한다.
④ 제1항부터 제3항까지의 규정에 따른 완공검사 및 부분완공검사의 신청과 검사증명서의 발급, 그 밖에 완공검사 및 부분완공검사에 필요한 사항은 행정안전부령으로 정한다.

제15조【공사의 하자보수 등】 ① ❶ 는 소방시설공사 결과 자동화재탐지설비 등 대통령령으로 정하는 소방시설에 하자가 있을 때에는 대통령령으로 정하는 기간 동안 그 하자를 보수하여야 한다.
② 삭제
③ 관계인은 제1항에 따른 기간에 소방시설의 하자가 발생하였을 때에는 공사업자에게 그 사실을 알려야 하며, 통보를 받은 공사업자는 ❷ 이내에 하자를 보수하거나 보수 일정을 기록한 하자보수계획을 관계인에게 서면으로 알려야 한다. ▶ **2백(과)** 24. 경채
④ 관계인은 공사업자가 다음 각 호의 어느 하나에 해당하는 경우에는 소방본부장이나 소방서장에게 그 사실을 알릴 수 있다.

소방시설공사업법 시행령

2. 다음 각 목의 어느 하나에 해당하는 설비가 설치되는 특정소방대상물
   가. 스프링클러설비 등
   나. 물분무등 소화설비(호스릴 방식의 소화설비는 제외한다)
3. 연면적 1만제곱미터 이상이거나 ❶ 이상인 특정소방대상물(아파트는 제외한다)
4. 가연성가스를 제조·저장 또는 취급하는 시설 중 지상에 노출된 가연성가스탱크의 저장용량 합계가 ❷ 이상인 시설

제6조【하자보수 대상 소방시설과 하자보수 보증기간】 법 제15조 제1항에 따라 하자를 보수하여야 하는 소방시설과 소방시설별 하자보수 보증기간은 다음 각 호의 구분과 같다.

1. 피난기구, 유도등, 유도표지, 비상경보설비, 비상조명등, 비상방송설비 및 무선통신보조설비: 2년
2. 자동소화장치, 옥내소화전설비, 스프링클러설비, 간이스프링클러설비, 물분무등 소화설비, 옥외소화전설비, 자동화재탐지설비, 상수도소화용수설비 및 소화활동설비(무선통신보조설비는 제외한다): 3년

소방시설공사업법 시행규칙

② 제1항에 따라 소방시설 완공검사신청 또는 부분완공검사신청을 받은 소방본부장 또는 소방서장은 법 제14조 제1항 및 제2항에 따른 현장 확인 결과 또는 감리 결과보고서를 검토한 결과 해당 소방시설공사가 법령과 화재안전기준에 적합하다고 인정하면 별지 제19호서식의 소방시설 완공검사증명서 또는 별지 제20호서식의 소방시설 부분완공검사증명서를 공사업자에게 발급하여야 한다.

완공검사를 위한 현장확인대상

1. 문판숙노창수다지상 → 특정소방대상물
2. 스물등(호·제) → 소방시설
3. 가천 일만고가(아·제) → 규모

하자보수 대상 소방시설과 하자보수 보증기간

보증기간	하자보수 대상 소방시설
2년	• 피난기구, 유도등, 유도표지 • 비상조명등, 비상경보설비, 비상방송설비 • 무선통신보조설비
3년	• 자동소화장치, 옥내소화전설비, 옥외소화전설비 • 간이스프링클러설비, 스프링클러설비, 물분무등소화설비 • 자동화재탐지설비 • 상수도소화용수설비 • 소화활동설비(무선통신보조설비 제외)

소방시설공사업법	소방시설공사업법 시행령	소방시설공사업법 시행규칙

1. 제3항에 따른 기간에 하자보수를 이행하지 아니한 경우
2. 제3항에 따른 기간에 하자보수계획을 서면으로 알리지 아니한 경우
3. 하자보수계획이 불합리하다고 인정되는 경우

⑤ 소방본부장이나 소방서장은 제4항에 따른 통보를 받았을 때에는 「소방시설 설치 및 관리에 관한 법률」 제18조 제2항에 따른 ❸ ______________에 심의를 요청하여야 하며, 그 심의 결과 제4항 각 호의 어느 하나에 해당하는 것으로 인정할 때에는 시공자에게 기간을 정하여 하자보수를 명하여야 한다.

⑥ 삭제

[영 별표 2] 소방기술자의 배치기준, [영 별표 4] 소방공사 감리원의 배치기준

소방 기술자	연면적 (㎡)	층수 (지하층 포함)	아파트 (연면적 ㎡)	기타	책임 감리원	연면적 (㎡)	층수 (지하층 포함)	아파트 (연면적 ㎡)	기타
특급 기술자	20만 이상	40F 이상			특급 기술자	20만 이상	40F 이상		
고급 기술자	3만~20만 미만 (A · 제)	16~40F 미만			특급 감리원	3만~20만 미만 (A · 제)	16F~40F 미만		
중급 기술자	5천~3만 미만 (A · 제)		1만~20만 미만	물분등 (호 · 제) 제연설비	고급 감리원			3만~20만 미만	물분등 (호 · 제) 제연설비
초급 기술자	1천~5천 미만 (A · 제)		1천~1만 미만	지하구	중급 감리원	5천~3만 미만			
자격수첩	1천 미만				초급 감리원	5천 미만			지하구

[영 별표 4] 소방공사 감리원의 배치기준

감리원의 배치기준 책임감리원	소방시설공사 현장의 기준
1. 특급감리원 중 소방기술사 ※ 보조감리원(초급 이상) 배치	가. 연면적 20만제곱미터 이상인 특정소방대상물의 공사 현장 나. 지하층을 포함한 층수가 40층 이상인 특정소방대상물의 공사 현장
2. 특급감리원 이상 감리원(기계분야 및 전기분야) ※ 보조감리원(초급 이상) 배치	가. 연면적 3만제곱미터 이상 20만제곱미터 미만인 특정소방대상물(아파트는 제외한다)의 공사 현장 나. 지하층을 포함한 층수가 16층 이상 40층 미만인 특정소방대상물의 공사 현장
3. 고급감리원 이상 감리원(기계분야 및 전기분야) ※ 보조감리원(초급 이상) 배치	가. 물분무등소화설비(호스릴 방식의 소화설비는 제외한다) 또는 제연설비가 설치되는 특정소방대상물의 공사 현장 나. 연면적 3만제곱미터 이상 20만제곱미터 미만인 아파트의 공사 현장
4. 중급감리원 이상 감리원(기계분야 및 전기분야)	연면적 5천제곱미터 이상 3만제곱미터 미만인 특정소방대상물의 공사 현장
5. 초급감리원 이상 감리원(기계분야 및 전기분야)	가. 연면적 5천제곱미터 미만인 특정소방대상물의 공사 현장 나. 지하구의 공사 현장

<제15조> ❶ 공사업자 ❷ 3일 ❸ 지방소방기술심의위원회 <제5조> ❶ 11층 ❷ 1천톤

소방시설공사업법	소방시설공사업법 시행령	소방시설공사업법 시행규칙
제3절 감리		

소방시설공사업법

제16조【감리】 ① 제4조 제1항에 따라 소방공사감리업을 등록한 자(이하 "감리업자"라 한다)는 소방공사를 감리할 때 다음 각 호의 업무를 수행하여야 한다. ▶**1년/1천(벌)**

1. 소방시설 등의 설치계획표의 적법성 검토
2. 소방시설 등 설계도서의 적합성(적법성과 기술상의 합리성을 말한다. 이하 같다) 검토
3. 소방시설 등 설계 변경 사항의 ❶ 검토
4. 「소방시설 설치 및 관리에 관한 법률」 제2조 제1항 제7호의 소방용품의 위치·규격 및 사용 자재의 적합성 검토
5. 공사업자가 한 소방시설 등의 시공이 설계도서와 화재안전기준에 맞는지에 대한 지도·감독
6. 완공된 소방시설 등의 성능시험
7. ❷ 가 작성한 시공 상세 도면의 적합성 검토
8. 피난시설 및 방화시설의 적법성 검토
9. 실내장식물의 불연화(不燃化)와 방염 물품의 적법성 검토

② 용도와 구조에서 특별히 안전성과 보안성이 요구되는 소방대상물로서 대통령령으로 정하는 장소에서 시공되는 소방시설물에 대한 감리는 감리업자가 아닌 자도 할 수 있다.

③ 감리업자는 제1항 각 호의 업무를 수행할 때에는 대통령령으로 정하는 감리의 종류 및 대상에 따라 공사기간 동안 소방시설공사 현장에 소속 감리원을 배치하고 업무수행 내용을 감리일지에 기록하는 등 대통령령으로 정하는 감리의 방법에 따라야 한다.

소방시설공사업법 시행령

제8조【감리업자가 아닌 자가 감리할 수 있는 보안성 등이 요구되는 소방대상물의 시공 장소】 법 제16조 제2항에서 "대통령령으로 정하는 장소"란 「원자력안전법」 제2조 제10호에 따른 관계시설이 설치되는 장소를 말한다.

제9조【소방공사감리의 종류와 방법 및 대상】 법 제16조 제3항에 따른 소방공사감리의 종류, 방법 및 대상은 별표 3과 같다.

[영 별표 3] 소방공사 감리의 종류, 방법 및 대상

구분	상주공사감리	일반공사감리
대상	1. 연면적 3만제곱미터 이상의 특정소방대상물(아파트는 제외한다)에 대한 소방시설의 공사 2. 지하층을 포함한 층수가 16층 이상으로서 500세대 이상인 아파트에 대한 소방시설의 공사 24. 공채·경채	상주 공사감리에 해당하지 않는 소방시설의 공사
방법	1. 감리원은 행정안전부령으로 정하는 기간 동안 공사 현장에 상주하여 법 제16조 제1항 각 호에 따른 업무를 수행하고 감리일지에 기록해야 한다. 다만, 법 제16조 제1항 제9호에 따른 업무는 행정안전부령으로 정하는 기간 동안 공사가 이루어지는 경우만 해당한다. 2. 감리원이 행정안전부령으로 정하는 기간 중 부득이한 사유로 1일 이상 현장을 이탈하는 경우에는 감리일지 등에 기록하여 발주청 또는 발주자의 확인을 받아야 한다. 이 경우 감리업자는 감리원의 업무를 대행할 사람을 감리현장에 배치하여 감리업무에 지장이 없도록 해야 한다.	1. 감리원은 공사 현장에 배치되어 법 제16조 제1항 각 호에 따른 업무를 수행한다. 다만, 법 제16조 제1항 제9호에 따른 업무는 행정안전부령으로 정하는 기간 동안 공사가 이루어지는 경우만 해당한다. 2. 감리원은 행정안전부령으로 정하는 기간 중에는 주 1회 이상 공사 현장에 배치되어 제1호의 업무를 수행하고 감리일지에 기록해야 한다. 3. 감리업자는 감리원이 부득이한 사유로 14일 이내의 범위에서 제2호의 업무를 수행할 수 없는 경우에는 업무대행자를 지정하여 그 업무를 수행하게 해야 한다.

소방시설공사업법 시행규칙

감리업자의 업무

구분	내용
적법성	• 소방시설 등 - 설치계획표 • 피난·방화시설 • 실내장식물의 불연화와 방염물품
적합성	• 소방시설 등 - 설계도서 • 소방시설 등 - 설계변경사항 • 소방용품 - 위치·규격·사용자재 • 공사업자 - 시공상세도면
기타	• 공사업자 - 설계도서·화재안전기준 • 완공된 소방시설 등 - 성능시험

소방시설공사업법	소방시설공사업법 시행령	소방시설공사업법 시행규칙
	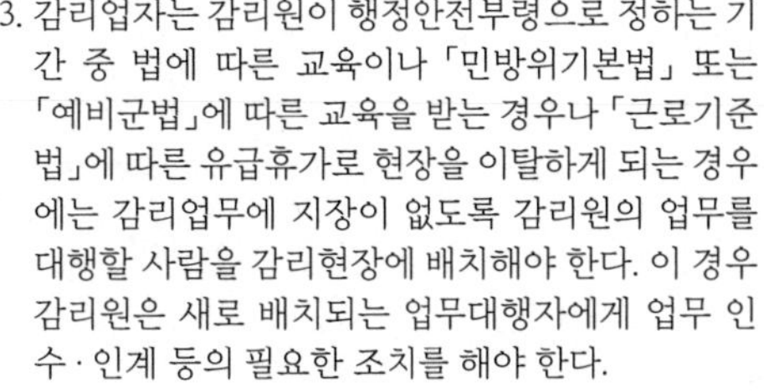	3. 감리업자는 감리원이 행정안전부령으로 정하는 기간 중 법에 따른 교육이나 「민방위기본법」 또는 「예비군법」에 따른 교육을 받는 경우나 「근로기준법」에 따른 유급휴가로 현장을 이탈하게 되는 경우에는 감리업무에 지장이 없도록 감리원의 업무를 대행할 사람을 감리현장에 배치해야 한다. 이 경우 감리원은 새로 배치되는 업무대행자에게 업무 인수·인계 등의 필요한 조치를 해야 한다. 4. 제3호에 따라 지정된 업무대행자는 주 2회 이상 공사 현장에 배치되어 제1호의 업무를 수행하며, 그 업무수행 내용을 감리원에게 통보하고 감리일지에 기록해야 한다.
제17조 【공사감리자의 지정 등】 ① 대통령령으로 정하는 특정소방대상물의 관계인이 특정소방대상물에 대하여 자동화재탐지설비, 옥내소화전설비 등 대통령령으로 정하는 소방시설을 시공할 때에는 소방시설공사의 감리를 위하여 ❸ 를 공사감리자로 지정하여야 한다. <u>다만, 제26조의2 제2항에 따라 시·도지사가 감리업자를 선정한 경우에는 그 감리업자를 공사감리자로 지정한다.</u> ▶**1년/1천(벌)** ② 관계인은 제1항에 따라 공사감리자를 지정하였을 때에는 행정안전부령으로 정하는 바에 따라 소방본부장이나 소방서장에게 신고하여야 한다. 공사감리자를 변경하였을 때에도 또한 같다. ▶**2백(과)** ③ 관계인이 제1항에 따른 공사감리자를 변경하였을 때에는 새로 지정된 공사감리자와 종전의 공사감리자는 감리 업무 수행에 관한 사항과 관계 서류를 인수·인계하여야 한다. ▶**2백(과)** ④ 소방본부장 또는 소방서장은 제2항에 따른 공사감리자 지정신고 또는 변경신고를 받은 날부터 ❹ 이내에 신고수리 여부를 신고인에게 통지하여야 한다.	**제10조 【공사감리자 지정대상 특정소방대상물의 범위】** ① 법 제17조 제1항에서 "대통령령으로 정하는 특정소방대상물"이란 「소방시설 설치 및 관리에 관한 법률」 제2조 제1항 제3호의 특정소방대상물을 말한다. ② 법 제17조 제1항에서 "자동화재탐지설비, 옥내소화전설비 등 대통령령으로 정하는 소방시설을 시공할 때"란 다음 각 호의 어느 하나에 해당하는 소방시설을 시공할 때를 말한다. 1. 옥내소화전설비를 신설·개설 또는 증설할 때 2. 스프링클러설비 등(캐비닛형 간이스프링클러설비는 제외한다)을 신설·개설하거나 방호·방수 구역을 증설할 때 3. 물분무등 소화설비(호스릴 방식의 소화설비는 제외한다)를 신설·개설하거나 방호·방수 구역을 증설할 때 4. 옥외소화전설비를 신설·개설 또는 증설할 때 5. 자동화재탐지설비를 ❶ 할 때	**제15조 【소방공사감리자의 지정신고 등】** ① 법 제17조 제2항에 따라 특정소방대상물의 관계인은 공사감리자를 지정한 경우에는 해당 소방시설공사의 착공 전까지 별지 제21호서식의 소방공사감리자 지정신고서에 다음 각 호의 서류(전자문서를 포함한다)를 첨부하여 소방본부장 또는 소방서장에게 제출해야 한다. 다만, 「전자정부법」 제36조 제1항에 따른 행정정보의 공동이용을 통하여 첨부서류에 대한 정보를 확인할 수 있는 경우에는 그 확인으로 첨부서류를 갈음할 수 있다. 1. 소방공사감리업 등록증 사본 1부 및 등록수첩 사본 1부 2. 해당 소방시설공사를 감리하는 소속 감리원의 감리원 등급을 증명하는 서류(전자문서를 포함한다) 각 1부 3. 별지 제22호서식의 소방공사감리계획서 1부 4. 법 제21조의3 제2항에 따라 체결한 소방시설설계 계약서 사본(「소방시설 설치 및 관리에 관한 법률 시행규칙」 제3조 제2항에 따라 건축허가 등의 동의요구서에 소방시설설계 계약서가 첨부되지 않았거나 첨부된 서류 중 소방시설설계 계약서가 변경된 경우에만 첨부한다) 1부 및 소방공사감리 계약서 사본 1부

<제16조> ❶ 적합성 ❷ 공사업자
<제17조> ❸ 감리업자 ❹ 2일

<제10조> ❶ 신설 또는 개설

소방시설공사업법

⑤ 소방본부장 또는 소방서장이 제4항에서 정한 기간 내에 신고수리 여부 또는 민원 처리 관련 법령에 따른 처리기간의 연장을 신고인에게 통지하지 아니하면 그 기간(민원처리 관련 법령에 따라 처리기간이 연장 또는 재연장된 경우에는 해당 처리기간을 말한다)이 끝난 날의 다음 날에 신고를 수리한 것으로 본다.

공사감리자 지정(관계인)

감리업자를 공사감리자로 지정대상

신설·개설		신설·개설·증설
	소화	옥내·외 SP(캐·간제)등 물·등(호·소제)
통·감 자·탐 비·방	경보	
	피·구	×
소·용	소·용	
연·송, 무·통	소·활	제·설, 연·살, 비·콘, 연·방

제18조【감리원의 배치 등】 ① 감리업자는 소방시설공사의 감리를 위하여 소속 감리원을 ❶ 으로 정하는 바에 따라 소방시설공사 현장에 배치하여야 한다. ▶3백(벌)

② 감리업자는 제1항에 따라 소속 감리원을 배치하였을 때에는 행정안전부령으로 정하는 바에 따라 소방본부장이나 소방서장에게 통보하여야 한다. 감리원의 배치를 변경하였을 때에도 또한 같다. ▶2백(과)

③ 제1항에 따른 감리원의 세부적인 배치 기준은 행정안전부령으로 정한다.

소방시설공사업법 시행령

5의2. 비상방송설비를 신설 또는 개설할 때
6. 통합감시시설을 신설 또는 개설할 때
6의2. <삭제>
7. 소화용수설비를 신설 또는 개설할 때
8. 다음 각 목에 따른 소화활동설비에 대하여 각 목에 따른 시공을 할 때
   가. 제연설비를 신설·개설하거나 제연구역을 증설할 때
   나. 연결송수관설비를 신설 또는 개설할 때
   다. 연결살수설비를 신설·개설하거나 송수구역을 증설할 때
   라. 비상콘센트설비를 신설·개설하거나 전용회로를 증설할 때
   마. 무선통신보조설비를 신설 또는 개설할 때
   바. 연소방지설비를 신설·개설하거나 살수구역을 증설할 때
9. 삭제

제11조【소방공사 감리원의 배치기준 및 배치기간】 법 제18조 제1항에 따라 감리업자는 별표 4의 배치기준 및 배치기간에 맞게 소속 감리원을 소방시설공사 현장에 배치하여야 한다.

소방시설공사업법 시행규칙

② 특정소방대상물의 관계인은 공사감리자가 변경된 경우에는 법 제17조 제2항 후단에 따라 변경일부터 ❶ 이내에 별지 제23호서식의 소방공사감리자 변경신고서(전자문서로 된 소방공사감리자 변경신고서를 포함한다)에 제1항 각 호의 서류(전자문서를 포함한다)를 첨부하여 소방본부장 또는 소방서장에게 제출하여야 한다. 다만, 「전자정부법」 제36조 제1항에 따른 행정정보의 공동이용을 통하여 첨부서류에 대한 정보를 확인할 수 있는 경우에는 그 확인으로 첨부서류를 갈음할 수 있다.

③ 소방본부장 또는 소방서장은 제1항 및 제2항에 따라 공사감리자의 지정신고 또는 변경신고를 받은 경우에는 2일 이내에 처리하고 그 결과를 신고인에게 통보해야 한다.

제16조【감리원의 세부 배치 기준 등】 ① 법 제18조 제3항에 따른 감리원의 세부적인 배치 기준은 다음 각 호의 구분에 따른다.
1. 영 별표 3에 따른 상주 공사감리 대상인 경우
   가. 기계분야의 감리원 자격을 취득한 사람과 전기분야의 감리원 자격을 취득한 사람 각 1명 이상을 감리원으로 배치할 것. 다만, 기계분야 및 전기분야의 감리원 자격을 함께 취득한 사람이 있는 경우에는 그에 해당하는 사람 1명 이상을 배치할 수 있다.
   나. 소방시설용 배관(전선관을 포함한다. 이하 같다)을 설치하거나 매립하는 때부터 소방시설 완공검사증명서를 발급받을 때까지 소방공사감리현장에 감리원을 배치할 것

소방시설공사업법	소방시설공사업법 시행령	소방시설공사업법 시행규칙
		2. 영 별표 3에 따른 일반 공사감리 대상인 경우 가. 기계분야의 감리원 자격을 취득한 사람과 전기분야의 감리원 자격을 취득한 사람 각 1명 이상을 감리원으로 배치할 것. 다만, 기계분야 및 전기분야의 감리원 자격을 함께 취득한 사람이 있는 경우에는 그에 해당하는 사람 1명 이상을 배치할 수 있다. 나. 별표 3에 따른 기간 동안 감리원을 배치할 것 다. 감리원은 주 1회 이상 소방공사감리현장에 배치되어 감리할 것 라. 1명의 감리원이 담당하는 소방공사감리현장은 ❷ (자동화재탐지설비 또는 옥내소화전설비 중 어느 하나만 설치하는 2개의 소방공사감리현장이 최단 차량주행거리로 30킬로미터 이내에 있는 경우에는 1개의 소방공사감리현장으로 본다)로서 감리현장 연면적의 총 합계가 10만제곱미터 이하일 것. 다만, 일반 공사감리 대상인 아파트의 경우에는 연면적의 합계에 관계없이 1명의 감리원이 5개 이내의 공사현장을 감리할 수 있다. ② 영 별표 3 상주 공사감리의 방법란 각 호에서 "행정안전부령으로 정하는 기간"이란 소방시설용 배관을 설치하거나 매립하는 때부터 소방시설 완공검사증명서를 발급받을 때까지를 말한다. ③ 영 별표 3 일반공사감리의 방법란 제1호 및 제2호에서 "행정안전부령으로 정하는 기간"이란 별표 3에 따른 기간을 말한다.

<제18조> ❶ 대통령령

<제15조> ❶ 30일
<제16조> ❷ 5개 이하

소방시설공사업법	소방시설공사업법 시행령	소방시설공사업법 시행규칙
		제17조【감리원 배치통보 등】 ① 소방공사감리업자는 법 제18조 제2항에 따라 감리원을 소방공사감리현장에 배치하는 경우에는 별지 제24호서식의 소방공사감리원 배치통보서(전자문서로 된 소방공사감리원 배치통보서를 포함한다)에, 배치한 감리원이 변경된 경우에는 별지 제25호서식의 소방공사감리원 배치변경통보서(전자문서로 된 소방공사감리원 배치변경통보서를 포함한다)에 다음 각 호의 구분에 따른 해당 서류(전자문서를 포함한다)를 첨부하여 감리원 배치일부터 ❶ 이내에 소방본부장 또는 소방서장에게 알려야 한다. 이 경우 소방본부장 또는 소방서장은 배치되는 감리원의 성명, 자격증 번호·등급, 감리현장의 명칭·소재지·면적 및 현장 배치기간을 법 제26조의3 제1항에 따른 소방시설업 종합정보시스템에 입력해야 한다. 1. 소방공사감리원 배치통보서에 첨부하는 서류(전자문서를 포함한다) 가. 별표 4의2 제3호 나목에 따른 감리원의 등급을 증명하는 서류 나. 법 제21조의3 제2항에 따라 체결한 소방공사 감리계약서 사본 1부 다. 삭제 2. 소방공사감리원 배치변경통보서에 첨부하는 서류(전자문서를 포함한다) 가. 변경된 감리원의 등급을 증명하는 서류(감리원을 배치하는 경우에만 첨부한다) 나. 변경 전 감리원의 등급을 증명하는 서류 다. 삭제

소방시설공사업법	소방시설공사업법 시행령	소방시설공사업법 시행규칙
제19조【위반사항에 대한 조치】 ① 감리업자는 감리를 할 때 소방시설공사가 설계도서나 화재안전기준에 맞지 아니할 때에는 관계인에게 알리고, 공사업자에게 그 공사의 시정 또는 보완 등을 요구하여야 한다. ② 공사업자가 제1항에 따른 요구를 받았을 때에는 그 요구에 따라야 한다. ▶**3백(벌)** ③ 감리업자는 공사업자가 제1항에 따른 요구를 이행하지 아니하고 그 공사를 계속할 때에는 행정안전부령으로 정하는 바에 따라 소방본부장이나 소방서장에게 그 사실을 보고하여야 한다. ▶**1년/1천(벌)** ④ 관계인은 감리업자가 제3항에 따라 소방본부장이나 소방서장에게 보고한 것을 이유로 감리계약을 해지하거나 감리의 대가 지급을 거부하거나 지연시키거나 그 밖의 불이익을 주어서는 아니 된다. ▶**3백(벌)** **제20조【공사감리 결과의 통보 등】** 감리업자는 소방공사의 감리를 마쳤을 때에는 행정안전부령으로 정하는 바에 따라 그 감리 결과를 그 특정소방대상물의 관계인, 소방시설공사의 도급인, 그 특정소방대상물의 공사를 감리한 ❶ 에게 서면으로 알리고, 소방본부장이나 소방서장에게 공사감리 결과보고서를 제출하여야 한다. ▶**1년/1천(벌)**		**제18조【위반사항의 보고 등】** 소방공사감리업자는 법 제19조 제1항에 따라 공사업자에게 해당 공사의 시정 또는 보완을 요구하였으나 이행하지 아니하고 그 공사를 계속할 때에는 법 제19조 제3항에 따라 시정 또는 보완을 이행하지 아니하고 공사를 계속하는 날부터 ❷ 이내에 별지 제28호서식의 소방시설공사 위반사항보고서(전자문서로 된 소방시설공사 위반사항보고서를 포함한다)를 소방본부장 또는 소방서장에게 제출하여야 한다. 이 경우 공사업자의 위반사항을 확인할 수 있는 사진 등 증명서류(전자문서를 포함한다)가 있으면 이를 소방시설공사 위반사항보고서(전자문서로 된 소방시설공사 위반사항보고서를 포함한다)에 첨부하여 제출하여야 한다. 다만, 「전자정부법」 제36조 제1항에 따른 행정정보의 공동이용을 통하여 첨부서류에 대한 정보를 확인할 수 있는 경우에는 그 확인으로 첨부서류를 갈음할 수 있다. **제19조【감리결과의 통보 등】** 법 제20조에 따라 감리업자가 소방공사의 감리를 마쳤을 때에는 별지 제29호서식의 소방공사감리 결과보고(통보)서[전자문서로 된 소방공사감리 결과보고(통보)서를 포함한다]에 다음 각 호의 서류(전자문서를 포함한다)를 첨부하여 공사가 완료된 날부터 7일 이내에 특정소방대상물의 관계인, 소방시설공사의 도급인 및 특정소방대상물의 공사를 감리한 건축사에게 알리고, 소방본부장 또는 소방서장에게 보고해야 한다. 1. 소방청장이 정하여 고시하는 소방시설 성능시험조사표 1부

<제20조> ❶ 건축사

<제17조> ❶ 7일
<제18조> ❷ 3일

소방시설공사업법	소방시설공사업법 시행령	소방시설공사업법 시행규칙
		2. 착공신고 후 변경된 소방시설설계도면(변경사항이 있는 경우에만 첨부하되, 법 제11조에 따른 설계업자가 설계한 도면만 해당된다) 1부 3. 별지 제13호서식의 소방공사 감리일지(소방본부장 또는 소방서장에게 보고하는 경우에만 첨부한다) 1부 4. 특정소방대상물의 사용승인(「건축법」 제22조에 따른 사용승인으로서 「주택법」 제49조에 따른 사용검사 또는 「학교시설사업 촉진법」 제13조에 따른 사용승인을 포함한다. 이하 같다) 신청서 등 사용승인 신청을 증빙할 수 있는 서류 1부

소방시설공사업법	소방시설공사업법 시행령	소방시설공사업법 시행규칙
제3절의2 방염		

제20조의2【방염】 방염처리업자는 「소방시설 설치 및 관리에 관한 법률」 제20조 제3항에 따른 방염성능기준 이상이 되도록 방염을 하여야 한다. ▶2백(과)

제20조의3【방염처리능력 평가 및 공시】 ① ❶ 은 방염처리업자의 방염처리능력 평가 요청이 있는 경우 해당 방염처리업자의 방염처리 실적 등에 따라 방염처리능력을 평가하여 공시할 수 있다.

② 제1항에 따른 평가를 받으려는 방염처리업자는 전년도 방염처리 실적이나 그 밖에 행정안전부령으로 정하는 서류를 소방청장에게 제출하여야 한다. ▶2백(과)

③ 제1항 및 제2항에 따른 방염처리능력 평가신청 절차, 평가방법 및 공시방법 등에 필요한 사항은 행정안전부령으로 정한다.

소방시설공사업법 시행규칙

제19조의2【방염처리능력 평가의 신청】 ① 법 제4조 제1항에 따라 방염처리업을 등록한 자(이하 "방염처리업자"라 한다)는 법 제20조의3 제2항에 따라 방염처리능력을 평가받으려는 경우에는 별지 제30호의2서식의 방염처리능력 평가 신청서(전자문서를 포함한다)를 협회에 매년 2월 15일까지 제출해야 한다. 다만, 제2항 제4호의 서류의 경우에는 법인은 매년 4월 15일, 개인은 매년 6월 10일(「소득세법」 제70조의2 제1항에 따른 성실신고확인대상사업자는 매년 7월 10일)까지 제출해야 한다.

② 별지 제30호의2서식의 방염처리능력 평가 신청서에는 다음 각 호의 서류(전자문서를 포함한다)를 첨부해야 하며, 협회는 방염처리업자가 첨부해야 할 서류를 갖추지 못한 경우에는 15일의 보완기간을 부여하여 보완하게 해야 한다. 이 경우 「전자정부법」 제36조 제1항에 따른 행정정보의 공동이용을 통하여 첨부서류에 대한 정보를 확인할 수 있는 경우에는 그 확인으로 첨부서류를 갈음할 수 있다.

1. 방염처리 실적을 증명하는 다음 각 목의 구분에 따른 서류
   가. 제조·가공 공정에서의 방염처리 실적
      1) 「소방시설 설치 및 관리에 관한 법률」 제21조 제1항에 따른 방염성능검사 결과를 증명하는 서류 사본
      2) 부가가치세법령에 따른 세금계산서(공급자 보관용) 사본 또는 소득세법령에 따른 계산서(공급자 보관용) 사본
   나. 현장에서의 방염처리 실적
      1) 「소방용품의 품질관리 등에 관한 규칙」 제5조 및 별지 제4호 서식에 따라 시·도지사가 발급한 현장처리 물품의 방염성능검사 성적서 사본
      2) 부가가치세법령에 따른 세금계산서(공급자 보관용) 사본 또는 소득세법령에 따른 계산서(공급자 보관용) 사본
   다. 가목 및 나목 외의 방염처리 실적
      1) 별지 제30호의3 서식의 방염처리 실적증명서

<제20조의3> ❶ 소방청장

소방시설공사업법	소방시설공사업법 시행령	소방시설공사업법 시행규칙

2) 부가가치세법령에 따른 세금계산서(공급자 보관용) 사본 또는 소득세법령에 따른 계산서(공급자 보관용) 사본

라. 해외 수출 물품에 대한 제조·가공 공정에서의 방염처리 실적 및 해외 현장에서의 방염처리 실적: 방염처리 계약서 사본 및 외국환은행이 발행한 외화입금증명서

마. 주한국제연합군 또는 그 밖의 외국군의 기관으로부터 도급받은 방염처리 실적: 방염처리 계약서 사본 및 외국환은행이 발행한 외화입금증명서

2. 별지 제30호의4 서식의 방염처리업 분야 기술개발투자비 확인서(해당하는 경우만 제출한다) 및 증빙서류
3. 별지 제30호의5 서식의 방염처리업 신인도평가신고서(다음 각 목의 어느 하나에 해당하는 경우만 제출한다) 및 증빙서류
   가. 품질경영인증(ISO 9000) 취득
   나. 우수방염처리업자 지정
   다. 방염처리 표창 수상
4. 경영상태 확인을 위한 다음 각 목의 어느 하나에 해당하는 서류
   가. 「법인세법」 또는 「소득세법」에 따라 관할 세무서장에게 제출한 조세에 관한 신고서(「세무사법」 제6조에 따라 등록한 세무사가 확인한 것으로서 재무상태표 및 손익계산서가 포함된 것을 말한다)
   나. 「주식회사 등의 외부감사에 관한 법률」에 따라 외부감사인의 회계감사를 받은 재무제표
   다. 「공인회계사법」 제7조에 따라 등록한 공인회계사 또는 같은 법 제24조에 따라 등록한 회계법인이 감사한 회계서류

③ 제1항에 따른 기간 내에 방염처리능력 평가를 신청하지 못한 방염처리업자가 다음 각 호의 어느 하나에 해당하는 경우에는 제1항의 신청 기간에도 불구하고 다음 각 호의 어느 하나의 경우에 해당하게 된 날부터 6개월 이내에 방염처리능력 평가를 신청할 수 있다.
1. 법 제4조 제1항에 따라 방염처리업을 등록한 경우
2. 법 제7조 제1항 또는 제2항에 따라 방염처리업을 상속·양수·합병하거나 소방시설 전부를 인수한 경우
3. 법 제9조에 따른 방염처리업 등록취소 처분의 취소 또는 집행정지 결정을 받은 경우

④ 제1항부터 제3항까지에서 규정한 사항 외에 방염처리능력 평가 신청에 필요한 세부규정은 협회가 정하되, 소방청장의 승인을 받아야 한다.

소방시설공사업법	소방시설공사업법 시행령	소방시설공사업법 시행규칙
[규칙 별표 3의2] 방염처리능력 평가 방법(요약본) 1. 방염처리능력평가액은 다음 계산식으로 산정한다. 방염처리능력평가액 = 실적평가액 + 자본금평가액 + 기술력평가액 + 경력평가액 ± 신인도평가액 2. 실적평가액은 다음 계산식으로 산정한다. 실적평가액 = 연평균 방염처리실적액 가. 방염처리업 업종별로 산정해야 한다. 나. 제조·가공 공정에서 방염처리한 물품을 수입한 경우에는 방염처리 실적에 포함되지 않는다. 다. 방염처리실적액(발주자가 공급하는 자재비 제외)은 해당 업체의 수급금액 중 하수급금액은 포함하고 하도급금액은 제외한다. 라. 방염물품의 종류 및 처리방법에 따른 실적인정 비율은 소방청장이 정하여 고시한다. 마. 종전 방염처리업자의 실적과 방염처리업을 승계한 자의 실적을 합산한다. 3. 자본금평가액은 다음 계산식으로 산정한다. 자본금평가액 = 실질자본금 4. 기술력평가액은 다음 계산식으로 산정한다. 기술력평가액 = 전년도 연구·인력개발비 + 전년도 방염처리시설 및 시험기기 구입비용 5. 경력평가액은 다음 계산식으로 산정한다. 경력평가액 = 실적평가액×방염처리업 경영기간 평점×20/100 6. 신인도평가액은 다음 계산식으로 산정하되, 실적평가액·자본금평가액·기술력평가액·경력평가액을 합친 금액의 ±10퍼센트의 범위를 초과할 수 없으며, 가점요소와 감점요소가 있는 경우에는 이를 상계한다. 신인도평가액 = (실적평가액 + 자본금평가액 + 기술력평가액 + 경력평가액)×신인도 반영비율 합계		**제19조의3【방염처리능력의 평가 및 공시 등】** ① 법 제20조의3 제1항에 따른 방염처리능력 평가의 방법은 별표 3의2와 같다. ② 협회는 방염처리능력을 평가한 경우에는 그 사실을 해당 방염처리업자의 등록수첩에 기재하여 발급해야 한다. ③ 협회는 제19조의2에 따라 제출된 서류가 거짓으로 확인된 경우에는 확인된 날부터 10일 이내에 해당 방염처리업자의 방염처리능력을 새로 평가하고 해당 방염처리업자의 등록수첩에 그 사실을 기재하여 발급해야 한다. ④ 협회는 방염처리능력을 평가한 경우에는 법 제20조의3 제1항에 따라 다음 각 호의 사항을 매년 7월 31일까지 협회의 인터넷 홈페이지에 공시해야 한다. 다만, 제19조의2 제3항 또는 제3항에 따라 방염처리능력을 평가한 경우에는 평가완료일부터 ❶ ______ 이내에 공시해야 한다. 1. 상호 및 성명(법인인 경우에는 대표자의 성명을 말한다) 2. 주된 영업소의 소재지 3. 업종 및 등록번호 4. 방염처리능력 평가 결과 ⑤ 방염처리능력 평가의 유효기간은 공시일부터 ❷ ______으로 한다. 다만, 제19조의2 제3항 또는 제3항에 따라 방염처리능력을 평가한 경우에는 해당 방염처리능력 평가 결과의 공시일부터 다음 해의 정기 공시일(제4항 본문에 따라 공시한 날을 말한다)의 전날까지로 한다. ⑥ 제1항부터 제5항까지에서 규정한 사항 외에 방염처리능력 평가 및 공시에 필요한 세부규정은 협회가 정하되, 소방청장의 승인을 받아야 한다.

<제19조의3> ❶ 10일 ❷ 1년간

소방시설공사업법

제4절 도급

제21조【소방시설공사 등의 도급】 ① 특정소방대상물의 관계인 또는 발주자는 소방시설공사 등을 도급할 때에는 해당 ❶ 에게 도급하여야 한다. ▶ **1년/1천(벌)**

② 소방시설공사는 다른 업종의 공사와 분리하여 도급하여야 한다. 다만, 공사의 성질상 또는 기술관리상 분리하여 도급하는 것이 곤란한 경우로서 대통령령으로 정하는 경우에는 다른 업종의 공사와 분리하지 아니하고 도급할 수 있다. ▶ **3백(벌)**

소방시설공사업법 시행령

제11조의2【소방시설공사 분리 도급의 예외】 법 제21조 제2항 단서에서 "대통령령으로 정하는 경우"란 다음 각 호의 어느 하나에 해당하는 경우를 말한다.

1. 「재난 및 안전관리 기본법」 제3조 제1호에 따른 재난의 발생으로 긴급하게 착공해야 하는 공사인 경우
2. 국방 및 국가안보 등과 관련하여 기밀을 유지해야 하는 공사인 경우
3. 제4조 각 호에 따른 소방시설공사에 해당하지 않는 공사인 경우
4. 연면적이 1천제곱미터 이하인 특정소방대상물에 ❶ 를 설치하는 공사인 경우
5. 다음 각 목의 어느 하나에 해당하는 입찰로 시행되는 공사인 경우
   가. 「국가를 당사자로 하는 계약에 관한 법률 시행령」 제79조 제1항 제4호 또는 제5호 및 「지방자치단체를 당사자로 하는 계약에 관한 법률 시행령」 제95조 제4호 또는 제5호에 따른 대안입찰 또는 일괄입찰
   나. 「국가를 당사자로 하는 계약에 관한 법률 시행령」 제98조 제2호 또는 제3호 및 「지방자치단체를 당사자로 하는 계약에 관한 법률 시행령」 제127조 제2호 또는 제3호에 따른 실시설계 기술제안입찰 또는 기본설계 기술제안입찰

5의2. 「국가첨단전략산업 경쟁력 강화 및 보호에 관한 특별조치법」 제2조 제1호에 따른 국가첨단전략기술 관련 연구시설·개발시설 또는 그 기술을 이용하여 제품을 생산하는 시설 공사인 경우

6. 그 밖에 국가유산수리 및 재개발·재건축 등의 공사로서 공사의 성질상 분리하여 도급하는 것이 곤란하다고 소방청장이 인정하는 경우

소방시설공사업법 시행규칙

「건설산업기본법」상 용어의 정의

용어	정의
도급	원도급, 하도급, 위탁 등 명칭에 관계없이 건설공사를 완성할 것을 약정하고, 상대방이 그 공사의 결과에 대하여 대가를 지급할 것을 약정하는 계약
수급인	발주자로부터 건설공사를 도급받은 건설업자(하도급의 경우 하도급하는 건설업자를 포함)
하도급	도급받은 건설공사의 전부 또는 일부를 다시 도급하기 위하여 수급인이 제3자와 체결하는 계약
하수급인	수급인으로부터 건설공사를 하도급받은 자

소방시설공사업법	소방시설공사업법 시행령	소방시설공사업법 시행규칙
제21조의2【임금에 대한 압류의 금지】 ① 공사업자가 도급받은 소방시설공사의 도급금액 중 그 공사(하도급한 공사를 포함한다)의 근로자에게 지급하여야 할 임금에 해당하는 금액은 압류할 수 없다. ② 제1항의 임금에 해당하는 금액의 범위와 산정방법은 대통령령으로 정한다.	**제11조의3【압류대상에서 제외되는 노임】** 법 제21조의2에 따라 압류할 수 없는 노임(勞賃)에 해당하는 금액은 해당 소방시설공사의 도급 또는 하도급 금액 중 설계도서에 기재된 노임을 합산하여 산정한다.	
제21조의3【도급의 원칙 등】 ① 소방시설공사 등의 도급 또는 하도급의 계약당사자는 서로 대등한 입장에서 합의에 따라 공정하게 계약을 체결하고, 신의에 따라 성실하게 계약을 이행하여야 한다. ② 소방시설공사 등의 도급 또는 하도급의 계약당사자는 그 계약을 체결할 때 도급 또는 하도급 금액, 공사기간, 그 밖에 대통령령으로 정하는 사항을 계약서에 분명히 밝혀야 하며, 서명날인한 계약서를 서로 내주고 보관하여야 한다. ▶ **2백(과)** ③ 수급인은 하수급인에게 하도급과 관련하여 자재구입처의 지정 등 하수급인에게 불리하다고 인정되는 행위를 강요하여서는 아니 된다. ④ 제21조에 따라 도급을 받은 자가 해당 소방시설공사등을 하도급할 때에는 행정안전부령으로 정하는 바에 따라 미리 관계인과 발주자에게 알려야 한다. 하수급인을 변경하거나 하도급 계약을 해지할 때에도 또한 같다. ▶ **2백(과)** ⑤ 하도급에 관하여 이 법에서 규정하는 것을 제외하고는 그 성질에 반하지 아니하는 범위에서 「하도급거래 공정화에 관한 법률」의 해당 규정을 준용한다.	**제11조의4【도급계약서의 내용】** ① 법 제21조의3 제2항에서 "그 밖에 대통령령으로 정하는 사항"이란 다음 각 호의 사항을 말한다. 1. 소방시설의 설계, 시공, 감리 및 방염(이하 "소방시설공사 등"이라 한다)의 내용 2. 도급(하도급을 포함한다. 이하 이 항에서 같다)금액 중 노임(勞賃)에 해당하는 금액 3. 소방시설공사 등의 착수 및 완성 시기 4. 도급금액의 선급금이나 기성금 지급을 약정한 경우에는 각각 그 지급의 시기 · 방법 및 금액 5. 도급계약당사자 어느 한쪽에서 설계변경, 공사중지 또는 도급계약의 해제를 요청하는 경우 손해부담에 관한 사항 6. 천재지변이나 그 밖의 불가항력으로 인한 면책의 범위에 관한 사항 7. 설계변경, 물가변동 등에 따른 도급금액 또는 소방시설공사 등의 내용 변경에 관한 사항 8. 「하도급거래 공정화에 관한 법률」 제13조의2에 따른 하도급대금 지급보증서의 발급에 관한 사항(하도급계약의 경우만 해당한다)	**제20조【하도급의 통지】** ① 소방시설업자는 소방시설의 설계, 시공, 감리 및 방염(이하 "소방시설공사 등"이라 한다)을 하도급하려고 하거나 하수급인을 변경하는 경우에는 법 제21조의3 제4항에 따라 별지 제31호서식의 소방시설공사 등의 하도급통지서(전자문서로 된 소방시설공사 등의 하도급통지서를 포함한다)에 다음 각 호의 서류(전자문서를 포함한다)를 첨부하여 미리 관계인 및 발주자에게 알려야 한다. 1. 하도급계약서(안) 1부 2. 예정공정표 1부 3. 하도급내역서 1부 4. 하수급인의 소방시설업 등록증 사본 1부 ② 제1항에 따라 하도급을 하려는 소방시설업자는 관계인 및 발주자에게 통지한 소방시설공사 등의 하도급통지서(전자문서로 된 소방시설공사 등의 하도급통지서를 포함한다) 사본을 하수급자에게 주어야 한다. ③ 소방시설업자는 하도급계약을 해지하는 경우에는 법 제21조의3 제4항에 따라 하도급계약 해지사실을 증명할 수 있는 서류(전자문서를 포함한다)를 관계인 및 발주자에게 알려야 한다.

<제21조> ❶ 소방시설업자

<제11조의2> ❶ 비상경보설비

소방시설공사업법	소방시설공사업법 시행령	소방시설공사업법 시행규칙
	9. 「하도급거래 공정화에 관한 법률」 제14조에 따른 하도급대금의 직접 지급 사유와 그 절차(하도급계약의 경우만 해당한다) 10. 「산업안전보건법」 제72조에 따른 산업안전보건관리비 지급에 관한 사항(소방시설공사업의 경우만 해당한다) 11. 해당 공사와 관련하여 「고용보험 및 산업재해보상보험의 보험료징수 등에 관한 법률」, 「국민연금법」 및 「국민건강보험법」에 따른 보험료 등 관계 법령에 따라 부담하는 비용에 관한 사항(소방시설공사업의 경우만 해당한다) 12. 도급목적물의 인도를 위한 검사 및 인도 시기 13. 소방시설공사등이 완성된 후 도급금액의 지급시기 14. 계약 이행이 지체되는 경우의 위약금 및 지연이자 지급 등 손해배상에 관한 사항 15. 하자보수 대상 소방시설과 하자보수 보증기간 및 하자담보 방법(소방시설공사업의 경우만 해당한다) 16. 해당 공사에서 발생된 폐기물의 처리방법과 재활용에 관한 사항(소방시설공사업의 경우만 해당한다) 17. 그 밖에 다른 법령 또는 계약 당사자 양쪽의 합의에 따라 명시되는 사항	
제21조의4【공사대금의 지급보증 등】 ① 수급인이 국가, 지방자치단체 또는 대통령령으로 정하는 공공기관 외의 자가 발주하는 공사를 도급받은 경우로서 수급인이 발주자에게 계약의 이행을 보증하는 때에는 발주자도 수급인에게 공사대금의 지급을 보증하거나 담보를 제공하여야 한다. 다만, 발주자는 공사대금의 지급보증 또는 담보 제공을 하기 곤란한 경우에는 수급인이 그에 상응하는 보험 또는 공제에 가입할 수 있도록 계약의 이행보증을 받은 날부터 ❶ 이내에 보험료 또는 공제료(이하 "보험료등"이라 한다)를 지급하여야 한다. ▶2백(과)	**제11조의5【공사대금의 지급보증 등의 예외가 되는 공공기관의 범위】** 법 제21조의4 제1항 본문에서 "대통령령으로 정하는 공공기관"이란 다음 각 호의 공공기관을 말한다. 1. 「공공기관의 운영에 관한 법률」 제5조에 따른 공기업 및 준정부기관 2. 「지방공기업법」 제49조에 따른 지방공사 및 같은 법 제76조에 따른 지방공단	**제20조의2【공사대금의 지급보증 등의 방법 및 절차】** ① 법 제21조의4 제1항 본문에 따라 발주자가 수급인에게 공사대금의 지급을 보증하거나 담보를 제공해야 하는 금액은 다음 각 호의 구분에 따른 금액으로 한다. 1. 공사기간이 4개월 이내인 경우: 도급금액에서 계약상 선급금을 제외한 금액 2. 공사기간이 4개월을 초과하는 경우로서 기성부분에 대한 대가를 지급하지 않기로 약정하거나 그 대가의 지급주기가 2개월 이내인 경우: 다음의 계산식에 따라 산출된 금액

소방시설공사업법	소방시설공사업법 시행령	소방시설공사업법 시행규칙
② 발주자 및 수급인은 소규모공사 등 대통령령으로 정하는 소방시설공사의 경우 제1항에 따른 계약이행의 보증이나 공사대금의 지급보증, 담보의 제공 또는 보험료 등의 지급을 아니할 수 있다. ③ 발주자가 제1항에 따른 공사대금의 지급보증, 담보의 제공 또는 보험료 등의 지급을 하지 아니한 때에는 수급인은 ❷ ______ 이내 기간을 정하여 발주자에게 그 이행을 촉구하고 공사를 중지할 수 있다. 발주자가 촉구한 기간 내에 그 이행을 하지 아니한 때에는 수급인은 도급계약을 해지할 수 있다. ④ 제3항에 따라 수급인이 공사를 중지하거나 도급계약을 해지한 경우에는 발주자는 수급인에게 공사 중지나 도급계약의 해지에 따라 발생하는 손해배상을 청구하지 못한다. ⑤ 제1항에 따른 공사대금의 지급보증, 담보의 제공 또는 보험료 등의 지급 방법이나 절차 및 제3항에 따른 촉구의 방법 등에 필요한 사항은 행정안전부령으로 정한다.	**제11조의6【공사대금의 지급보증 등의 예외가 되는 소방시설공사의 범위】** 법 제21조의4 제2항에서 "소규모공사 등 대통령령으로 정하는 소방시설공사"란 다음 각 호의 소방시설공사를 말한다. 1. 공사 1건의 도급금액이 1천만원 미만인 소규모 소방시설공사 2. 공사기간이 ❶ ______ 이내인 단기의 소방시설공사 **소방시설공사업법 기한 정리** 1. 소규모공사(영): 3개월 이내 2. 공사대금의 지급보증 및 담보의 제공(규칙): 30일 이내 3. 하도급대금의 지급 등(법): 준공금, 선급금, 기성금 - 15일 이내 4. 하도급계약심사위원회 위원임기(영): 3년 5. 하도급계약 자료의 공개(영): 30일 이내 6. 도급계약의 해지(법): 30일 이상 7. 시공능력평가 및 공시(규칙): 보완기간 - 15일 이내, 평가일로부터 10일 이내 공시, 거짓 - 10일 이내 8. 소방기술자 실무교육 통지(규칙): 10일 전까지	$\frac{\text{도급금액} - ❶}{\text{공사기간(월)}} \times 4$ 3. 공사기간이 4개월을 초과하는 경우로서 기성부분에 대한 대가의 지급주기가 2개월을 초과하는 경우: 다음의 계산식에 따라 산출된 금액 $\frac{\text{도급금액} - \text{계약상 선급금}}{\text{공사기간(월)}} \times \frac{\text{기성부분에 대한 대가의}}{\text{지급주기(월수)}} \times 2$ ② 제1항에 따른 공사대금의 지급 보증 또는 담보의 제공은 수급인이 발주자에게 계약의 이행을 보증한 날부터 30일 이내에 해야 한다. ③ 공사대금의 지급 보증은 현금(체신관서 또는 「은행법」에 따른 은행이 발행한 자기앞수표를 포함한다)의 지급 또는 다음 각 호의 기관이 발행하는 보증서의 교부에 따른다. 1. 「소방산업의 진흥에 관한 법률」에 따른 소방산업공제조합 2. 「보험업법」에 따른 보험회사 3. 「신용보증기금법」에 따른 신용보증기금 4. 「은행법」에 따른 은행 5. 「주택도시기금법」에 따른 주택도시보증공사 ④ 법 제21조의4 제1항 단서에 따라 발주자가 공사대금의 지급을 보증하거나 담보를 제공하기 곤란한 경우에 지급하는 보험료 또는 공제료는 제1항에 따라 산정된 금액을 기초로 발주자의 신용도 등을 고려하여 제3항 각 호의 기관이 정하는 금액으로 한다.

<제21조의4> ❶ 30일 ❷ 10일

<제11조의6> ❶ 3개월

<제20조의2> ❶ 계약상 선급금

소방시설공사업법	소방시설공사업법 시행령	소방시설공사업법 시행규칙
		⑤ 법 제21조의4 제3항 전단에 따른 이행촉구의 통지는 다음 각 호의 어느 하나에 해당하는 방법으로 한다. 1. 「우편법 시행규칙」 제25조 제1항 제4호 가목의 내용증명 2. 「전자문서 및 전자거래 기본법」에 따른 전자문서로서 다음 각 목의 이느 하나에 해당하는 요건을 갖춘 것 가. 「전자서명법」에 따른 전자서명(서명자의 실지명의를 확인할 수 있는 것으로 한정한다)이 있을 것 나. 「전자문서 및 전자거래 기본법」에 따른 공인전자주소를 이용할 것 3. 그 밖에 이행촉구의 내용 및 수신 여부를 객관적으로 확인할 수 있는 방법
제21조의5【부정한 청탁에 의한 재물 등의 취득 및 제공 금지】 ① 발주자·수급인·하수급인(발주자, 수급인 또는 하수급인이 법인인 경우 해당 법인의 임원 또는 직원을 포함한다) 또는 이해관계인은 도급계약의 체결 또는 소방시설공사등의 시공 및 수행과 관련하여 부정한 청탁을 받고 재물 또는 재산상의 이익을 취득하거나 부정한 청탁을 하면서 재물 또는 재산상의 이익을 제공하여서는 아니 된다. ② 국가, 지방자치단체 또는 대통령령으로 정하는 공공기관이 발주한 소방시설공사등의 업체 선정에 심사위원으로 참여한 사람은 그 직무와 관련하여 부정한 청탁을 받고 재물 또는 재산상의 이익을 취득하여서는 아니 된다. ▶ 3년/3천(벌) ③ 국가, 지방자치단체 또는 대통령령으로 정하는 공공기관이 발주한 소방시설공사등의 업체 선정에 참여한 법인, 해당 법인의 대표자, 상업사용인, 그 밖의 임원 또는 직원은 그 직무와 관련하여 부정한 청탁을 받고 재물 또는 재산상의 이익을 취득하거나 부정한 청탁을 하면서 재물 또는 재산상의 이익을 제공하여서는 아니 된다.	**제11조의7【부정한 청탁에 의한 재물 등의 취득 및 제공 금지 대상 공공기관의 범위】** 법 제21조의5 제2항 및 제3항에서 "대통령령으로 정하는 공공기관"이란 각각 제11조의5 각 호의 공공기관을 말한다.	

소방시설공사업법	소방시설공사업법 시행령	소방시설공사업법 시행규칙
제21조의6【위반사실의 통보】 국가, 지방자치단체 또는 대통령령으로 정하는 공공기관은 소방시설업자가 제21조의5를 위반한 사실을 발견하면 시·도지사가 제9조 제1항에 따라 그 등록을 취소하거나 6개월 이내의 기간을 정하여 그 영업의 정지를 명할 수 있도록 그 사실을 시·도지사에게 통보하여야 한다.	**제11조의8【위반사실 통보 대상 공공기관의 범위】** 법 제21조의6에서 "대통령령으로 정하는 공공기관"이란 제11조의5 각 호의 공공기관을 말한다.	
제22조【하도급의 제한】 ① 제21조에 따라 도급을 받은 자는 소방시설의 설계, 시공, ❶ ______를 제3자에게 하도급할 수 없다. <u>다만, 시공의 경우에는 대통령령으로 정하는 바에 따라 도급받은 소방시설공사의 일부를 다른 공사업자에게 하도급할 수 있다.</u> ▶**1년/1천(벌)** ② 하수급인은 제1항 단서에 따라 하도급받은 소방시설공사를 제3자에게 다시 하도급할 수 없다. ▶**1년/1천(벌)** ③ 삭제	**제12조【소방시설공사의 시공을 하도급할 수 있는 경우】** ① 소방시설공사업과 다음 각 호의 어느 하나에 해당하는 사업을 함께 하는 공사업자가 소방시설공사와 해당 사업의 공사를 함께 도급받은 경우에는 법 제22조 제1항 단서에 따라 도급받은 소방시설공사의 일부를 다른 공사업자에게 하도급할 수 있다. 1. 「주택법」 제4조에 따른 ❶ ______ 2. 「건설산업기본법」 제9조에 따른 건설업 3. 「전기공사업법」 제4조에 따른 전기공사업 4. 「정보통신공사업법」 제14조에 따른 정보통신공사업 ② 공사업자가 제1항에 따라 다른 공사업자에게 그 일부를 하도급할 수 있는 소방시설공사는 제4조 제1호 각 목의 소방설비 중 하나 이상의 소방설비를 설치하는 공사로 한다.	도급 발주자 → 수급인 → 하수급인 하도급 소방시설공사업 1. 주택건설사업 2. 건설업 3. 전기공사업 4. 정보통신공사업 소방시설공사 (일부를 한번만)

<제22조> ❶ 감리

<제12조> ❶ 주택건설사업

소방시설공사업법

제22조의2【하도급계약의 적정성 심사 등】 ① 발주자는 하수급인이 계약내용을 수행하기에 현저하게 부적당하다고 인정되거나 하도급계약금액이 대통령령으로 정하는 비율에 따른 금액에 미달하는 경우에는 하수급인의 시공 및 수행능력, 하도급계약 내용의 적정성 등을 심사할 수 있다. 이 경우, 국가, 지방자치단체 또는 대통령령으로 정하는 공공기관이 발주자인 때에는 적정성 심사를 ❶ ______.

② 발주자는 제1항에 따라 심사한 결과 하수급인의 시공 및 수행능력 또는 하도급계약 내용이 적정하지 아니한 경우에는 그 사유를 분명하게 밝혀 수급인에게 하수급인 또는 하도급계약 내용의 변경을 요구할 수 있다. 이 경우 제1항 후단에 따라 적정성 심사를 하였을 때에는 하수급인 또는 하도급계약 내용의 변경을 요구하여야 한다.

③ 발주자는 수급인이 정당한 사유 없이 제2항에 따른 요구에 따르지 아니하여 공사 등의 결과에 중대한 영향을 끼칠 우려가 있는 경우에는 해당 소방시설공사 등의 도급계약을 해지할 수 있다.

④ 제1항 후단에 따른 발주자는 하수급인의 시공 및 수행능력, 하도급계약 내용의 적정성 등을 심사하기 위하여 하도급계약심사위원회를 두어야 한다.

⑤ 제1항 및 제2항에 따른 하도급계약의 적정성 심사 기준, 하수급인 또는 하도급계약 내용의 변경 요구 절차, 그 밖에 필요한 사항 및 제4항에 따른 하도급계약심사위원회의 설치·구성 및 심사방법 등에 관하여 필요한 사항은 대통령령으로 정한다.

소방시설공사업법 시행령

제12조의2【하도급계약의 적정성 심사 등】 ① 법 제22조의2 제1항 전단에서 "하도급계약금액이 대통령령으로 정하는 비율에 따른 금액에 미달하는 경우"란 다음 각 호의 어느 하나에 해당하는 경우를 말한다.

1. 하도급계약금액이 도급금액 중 하도급부분에 상당하는 금액[하도급하려는 소방시설공사 등에 대하여 수급인의 도급금액 산출내역서의 계약단가(직접·간접 노무비, 재료비 및 경비를 포함한다)를 기준으로 산출한 금액에 일반관리비, 이윤 및 부가가치세를 포함한 금액을 말하며, 수급인이 하수급인에게 직접 지급하는 자재의 비용 등 관계 법령에 따라 수급인이 부담하는 금액은 제외한다]의 100분의 82에 해당하는 금액에 미달하는 경우
2. 하도급계약금액이 소방시설공사 등에 대한 발주자의 예정가격의 100분의 60에 해당하는 금액에 미달하는 경우

② 법 제22조의2 제1항 후단에서 "대통령령으로 정하는 공공기관"이란 제11조의5 각 호의 공공기관을 말한다.

1. 삭제
2. 삭제

③ 소방청장은 법 제22조의2 제1항에 따라 하수급인의 시공 및 수행능력, 하도급계약 내용의 적정성 등을 심사하는 경우에 활용할 수 있는 기준을 정하여 고시하여야 한다.

④ 발주자는 법 제22조의2 제2항에 따라 하수급인 또는 하도급계약 내용의 변경을 요구하려는 경우에는 법 제21조의3 제4항에 따라 하도급에 관한 사항을 통보받은 날 또는 그 사유가 있음을 안 날부터 ❶ ______ 이내에 서면으로 하여야 한다.

소방시설공사업법 시행규칙

소방시설공사업법	소방시설공사업법 시행령	소방시설공사업법 시행규칙
	제12조의3【하도급계약심사위원회의 구성 및 운영】 ① 법 제22조의2 제4항에 따른 하도급계약심사위원회(이하 "위원회"라 한다)는 위원장 1명과 부위원장 1명을 포함하여 ❷ 이내의 위원으로 구성한다. ② 위원회의 위원장(이하 "위원장"이라 한다)은 발주기관의 장(발주기관이 특별시·광역시·특별자치시·도 및 특별자치도인 경우에는 해당 기관 소속 2급 또는 3급 공무원 중에서, 발주기관이 제11조의5 각 호의 공공기관인 경우에는 1급 이상 임직원 중에서 발주기관의 장이 지명하는 사람을 각각 말한다)이 되고, 부위원장과 위원은 다음 각 호의 어느 하나에 해당하는 사람 중에서 위원장이 임명하거나 성별을 고려하여 위촉한다. 1. 해당 발주기관의 과장급 이상 공무원(제11조의5 각 호의 공공기관의 경우에는 2급 이상의 임직원을 말한다) 2. 소방 분야 연구기관의 연구위원급 이상인 사람 3. 소방 분야의 박사학위를 취득하고 그 분야에서 3년 이상 연구 또는 실무경험이 있는 사람 4. 대학(소방 분야로 한정한다)의 조교수 이상인 사람 5. 「국가기술자격법」에 따른 소방기술사 자격을 취득한 사람 ③ 제2항 제2호부터 제5호까지의 규정에 해당하는 위원의 임기는 3년으로 하며, 한 차례만 연임할 수 있다. ④ 위원회의 회의는 재적위원 과반수의 출석으로 개의(開議)하고, 출석위원 과반수의 찬성으로 의결한다. ⑤ 제1항부터 제4항까지에서 규정한 사항 외에 위원회의 운영에 필요한 사항은 위원회의 의결을 거쳐 위원장이 정한다.	위원회 등의 구성 운영 1. 하도급계약심사위원회(영): 위원장 1명과 부위원장 1명을 포함하여 10명 이내의 위원 2. 소방기술자 양성·인정 교육훈련 전담인력(규칙): 6명 이상 3. 소방기술자 실무교육에 필요한 기술인력(규칙 [별표 6]): 강사 4명 및 교무인원 2명 이상 4. 소방시설업자협회 설립인가(영): 소방시설업자 10명 이상 발기

<제22조의2> ❶ 실시하여야 한다

<제12조의2> ❶ 30일
<제12조의3> ❷ 10명

소방시설공사업법

제22조의3【하도급대금의 지급 등】 ① 수급인은 발주자로부터 도급받은 소방시설공사 등에 대한 준공금(竣工金)을 받은 경우에는 하도급대금의 전부를, 기성금(旣成金)을 받은 경우에는 하수급인이 시공하거나 수행한 부분에 상당한 금액을 각각 지급받은 날(수급인이 발주자로부터 대금을 어음으로 받은 경우에는 그 ❶ ______ 을 말한다)부터 15일 이내에 하수급인에게 현금으로 지급하여야 한다.

② 수급인은 발주자로부터 선급금을 받은 경우에는 하수급인이 자재의 구입, 현장근로자의 고용, 그 밖에 하도급 공사 등을 시작할 수 있도록 그가 받은 선급금의 내용과 비율에 따라 하수급인에게 선급을 받은 날(하도급 계약을 체결하기 전에 선급금을 받은 경우에는 하도급 계약을 체결한 날을 말한다)부터 15일 이내에 선급금을 지급하여야 한다. 이 경우 수급인은 하수급인이 선급금을 반환하여야 할 경우에 대비하여 하수급인에게 보증을 요구할 수 있다.

③ 수급인은 하도급을 한 후 설계변경 또는 물가변동 등의 사정으로 도급금액이 조정되는 경우에는 조정된 금액과 비율에 따라 하수급인에게 하도급 금액을 증액하거나 감액하여 지급할 수 있다.

소방시설공사업법 시행령

제12조의4【위원회 위원의 제척·기피·회피】 ① 위원회의 위원은 다음 각 호의 어느 하나에 해당하는 경우에는 해당 하도급계약심사에서 제척(除斥)된다.

1. 위원 또는 그 배우자나 배우자이었던 사람이 해당 안건의 당사자(당사자가 법인·단체 등인 경우에는 그 임원을 포함한다. 이하 이 호 및 제2호에서 같다)가 되거나 그 안건의 당사자와 공동권리자 또는 공동의무자인 경우
2. 위원이 해당 안건의 당사자와 친족이거나 친족이었던 경우
3. 위원이 해당 안건에 대하여 진술이나 감정을 한 경우
4. 위원이나 위원이 속한 법인·단체 등이 해당 안건의 당사자의 대리인이거나 대리인이었던 경우
5. 위원이 해당 안건의 원인이 된 처분 또는 부작위에 관여한 경우

② 해당 안건의 당사자는 위원에게 공정한 심사를 기대하기 어려운 사정이 있는 경우에는 위원회에 기피 신청을 할 수 있으며, 위원회는 의결로 이를 결정한다. 이 경우 기피 신청의 대상인 위원은 그 의결에 참여하지 못한다.

③ 위원이 제1항 각 호에 따른 제척 사유에 해당하는 경우에는 스스로 해당 안건의 심사에서 회피(回避)하여야 한다.

소방시설공사업법 시행규칙

소방시설공사업법	소방시설공사업법 시행령	소방시설공사업법 시행규칙
제22조의4【하도급계약 자료의 공개】 ① 국가 · 지방자치단체 또는 대통령령으로 정하는 공공기관이 발주하는 소방시설공사 등을 하도급한 경우 해당 발주자는 다음 각 호의 사항을 누구나 볼 수 있는 방법으로 공개하여야 한다. 1. 공사명 2. 예정가격 및 수급인의 도급금액 및 낙찰률 3. 수급인(상호 및 대표자, 영업소 소재지, 하도급 사유) 4. 하수급인(상호 및 대표자, 업종 및 등록번호, 영업소 소재지) 5. 하도급 공사업종 6. 하도급 내용(도급금액 대비 하도급 금액 비교명세, 하도급률) 7. 선급금 지급 방법 및 비율 8. 기성금 지급 방법(지급 주기, 현금지급 비율) 9. 설계변경 및 물가변동에 따른 대금 조정 여부 10. 하자담보 책임기간 11. 하도급대금 지급보증서 발급 여부(발급하지 아니한 경우에는 그 사유를 말한다) 12. 표준하도급계약서 사용 유무 13. 하도급계약 적정성 심사 결과 ② 제1항에 따른 하도급계약 자료의 공개와 관련된 절차 및 방법, 공개대상 계약규모 등에 관하여 필요한 사항은 대통령령으로 정한다.	**제12조의5【하도급계약 자료의 공개】** ① 법 제22조의4 제1항 각 호 외의 부분에서 "대통령령으로 정하는 공공기관"이란 제11조의5 각 호의 공공기관을 말한다. ② 법 제22조의4 제1항에 따른 소방시설공사 등의 하도급계약 자료의 공개는 법 제21조의3 제4항에 따라 하도급에 관한 사항을 통보받은 날부터 30일 이내에 해당 소방시설공사 등을 발주한 기관의 인터넷 홈페이지에 게재하는 방법으로 하여야 한다. ③ 법 제22조의4 제1항에 따른 소방시설공사 등의 하도급계약 자료의 공개대상 계약규모는 하도급계약금액[하수급인의 하도급금액 산출내역서의 계약단가(직접 · 간접 노무비, 재료비 및 경비를 포함한다)를 기준으로 산출한 금액에 일반관리비, 이윤 및 부가가치세를 포함한 금액을 말하며, 수급인이 하수급인에게 직접 지급하는 자재의 비용 등 관계 법령에 따라 수급인이 부담하는 금액은 제외한다]이 ❶ 이상인 경우로 한다.	

<제22조의3> ❶ 어음만기일

<제12조의5> ❶ 1천만원

소방시설공사업법	소방시설공사업법 시행령	소방시설공사업법 시행규칙
제23조【도급계약의 해지】 특정소방대상물의 관계인 또는 발주자는 해당 도급계약의 수급인이 다음 각 호의 어느 하나에 해당하는 경우에는 도급계약을 해지할 수 있다. 1. 소방시설업이 등록취소되거나 영업정지된 경우 2. 소방시설업을 휴업하거나 폐업한 경우 3. 정당한 사유 없이 30일 이상 소방시설공사를 계속하지 아니하는 경우 4. 제22조의2 제2항에 따른 요구에 정당한 사유 없이 따르지 아니하는 경우 **제24조【공사업자의 감리 제한】** 다음 각 호의 어느 하나에 해당되면 동일한 특정소방대상물의 소방시설에 대한 시공과 감리를 함께 할 수 없다. 1. 공사업자와 감리업자가 같은 자인 경우 2. 「독점규제 및 공정거래에 관한 법률」 제2조 제11호에 따른 기업집단의 관계인 경우 3. 법인과 그 법인의 임직원의 관계인 경우 4. 「민법」 제777조에 따른 친족관계인 경우 **제25조【소방 기술용역의 대가 기준】** 소방시설공사의 설계와 감리에 관한 약정을 할 때 그 대가는 「엔지니어링산업 진흥법」 제31조에 따른 엔지니어링사업의 대가 기준 가운데 행정안전부령으로 정하는 방식에 따라 산정한다.		**제21조【소방기술용역의 대가 기준 산정방식】** 법 제25조에서 "행정안전부령으로 정하는 방식"이란 「엔지니어링산업 진흥법」 제31조 제2항에 따라 산업통상자원부장관이 고시한 엔지니어링사업대가의 기준 중 다음 각 호에 따른 방식을 말한다. 1. 소방시설설계의 대가: 통신부문에 적용하는 공사비 요율에 따른 방식 2. 소방공사감리의 대가: ❶

소방시설공사업법	소방시설공사업법 시행령	소방시설공사업법 시행규칙

제26조【시공능력 평가 및 공시】 ① ❶ 은 관계인 또는 발주자가 적절한 공사업자를 선정할 수 있도록 하기 위하여 공사업자의 신청이 있으면 그 공사업자의 소방시설공사 실적, 자본금 등에 따라 시공능력을 평가하여 공시할 수 있다. ▶**후단: 2백(과)**

② 제1항에 따른 평가를 받으려는 공사업자는 전년도 소방시설공사 실적, 자본금, 그 밖에 행정안전부령으로 정하는 사항을 소방청장에게 제출하여야 한다.

③ 제1항 및 제2항에 따른 시공능력 평가신청 절차, 평가방법 및 공시방법 등에 필요한 사항은 행정안전부령으로 정한다.

[규칙 별표 4] 시공능력 평가의 방법

관계법령	소방시설법	소방시설공사업법	
구분	관리업 점검능력	방염처리업 능력평가	소방시설공사 시공능력 평가액
평가·공시 주체	소방청장	소방청장	소방청장
평가항목	대행실적 + 점검실적 + 기술력 + 경력 + 신인도	실적 + 자본금 + 기술력 + 경력 ± 신인도	실적 + 자본금 + 기술력 + 경력 ± 신인도
평가신청	소방시설관리업자는 평가기관에 제출	방염처리업자는 협회에 제출	공사업자는 협회에 제출
날짜	• 제출일자: 2월 15일 • 공시일자: 7월 31일		
비고		세부규정 → 협회결정(청장 승인)	

제22조【소방시설공사 시공능력 평가의 신청】 ① 법 제26조 제1항에 따라 소방시설공사의 시공능력을 평가받으려는 공사업자는 법 제26조 제2항에 따라 별지 제32호서식의 소방시설공사 시공능력평가신청서(전자문서로 된 소방시설공사 시공능력평가신청서를 포함한다)에 다음 각 호의 서류(전자문서를 포함한다)를 첨부하여 협회에 매년 2월 15일[제5호의 서류는 법인의 경우에는 매년 4월 15일, 개인의 경우에는 매년 6월 10일(「소득세법」 제70조의2 제1항에 따른 성실신고확인대상사업자는 매년 7월 10일)]까지 제출해야 하며, 이 경우 협회는 공사업자가 첨부해야 할 서류를 갖추지 못하였을 때에는 ❷ 의 보완기간을 부여하여 보완하게 해야 한다. 다만, 「전자정부법」 제36조 제1항에 따른 행정정보의 공동이용을 통하여 첨부서류에 대한 정보를 확인할 수 있는 경우에는 그 확인으로 첨부서류를 갈음할 수 있다.

1. 소방공사실적을 증명하는 다음 각 목의 구분에 따른 해당 서류(전자문서를 포함한다)

- 중략 -

② 제1항에서 규정한 사항 외에 시공능력 평가 등 업무수행에 필요한 세부규정은 협회가 정하되, 소방청장의 승인을 받아야 한다.

제23조【시공능력의 평가】 ① 법 제26조 제3항에 따른 시공능력 평가의 방법은 별표 4와 같다.

<제26조> ❶ 소방청장

<제21조> ❶ 실비정액 가산방식
<제22조> ❷ 15일

소방시설공사업법	소방시설공사업법 시행령	소방시설공사업법 시행규칙

평가의 방법

1. 시공능력평가액

> 시공능력평가액 = 실적평가액 + 자본금평가액 + 기술력평가액 + 경력평가액 ± 신인도평가액

2. 실석평가액 = 연평균공사실적액
   ① 공사실적액(발주자가 공급하는 자재비 제외): 하수급금액은 포함하고, 하도급금액은 제외한다.
   ② 기간에 따른 연평균공사실적액

기간	연평균공사실적액
3년 이상	최근 3년간의 공사실적을 합산하여 3으로 나눈 금액
1년 이상 3년 미만	(그 기간의 공사실적을 합산한 금액 / 그 기간의 개월 수) ×12
1년 미만	그 기간의 공사실적액

3. 자본금평가액

> 자본금평가액 = (실질자본금 × 실질자본금의 평점 + 소방청장이 지정한 금융회사 또는 소방산업공제조합에 출자·예치·담보한 금액) × 70/100

4. 기술력평가액

> 기술력평가액 = 전년도 공사업계의 기술자 1인당 평균생산액 × 보유기술인력 가중치합계 × 30/100 + 전년도 기술개발투자액

5. 경력평가액

> 경력평가액 = 실적평가액 × 공사업 경영기간 평점 × 20/100

6. 신인도평가액

> 신인도평가액 = (실적평가액 + 자본금평가액 + 기술력평가액 + 경력평가액) × 신인도 반영비율 합계(반영비율은 ±10%의 범위를 초과할 수 없으며, 가점요소와 감점요소가 있는 경우에는 이를 상계함)

② 제1항에 따라 평가된 시공능력은 공사업자가 도급받을 수 있는 1건의 공사도급금액으로 하고, 시공능력 평가의 유효기간은 공시일부터 1년간으로 한다. 다만, 다음 각 호의 어느 하나에 해당하는 사유로 평가된 시공능력의 유효기간은 그 시공능력 평가 결과의 공시일부터 다음 해의 정기 공시일(제3항 본문에 따라 공시한 날을 말한다)의 전날까지로 한다.

1. 법 제4조에 따라 소방시설공사업을 등록한 경우
2. 법 제7조 제1항이나 제2항에 따라 소방시설공사업을 상속·양수·합병하거나 소방시설 전부를 인수한 경우
3. 제22조 제1항 각 호의 서류가 거짓으로 확인되어 제4항에 따라 새로 평가한 경우

③ 협회는 시공능력을 평가한 경우에는 그 사실을 해당 공사업자의 등록수첩에 기재하여 발급하고, 매년 7월 31일까지 각 공사업자의 시공능력을 일간신문(「신문 등의 진흥에 관한 법률」 제2조 제1호 가목 또는 나목에 해당하는 일간신문으로서 같은 법 제9조 제1항에 따른 등록 시 전국을 보급지역으로 등록한 일간신문을 말한다. 이하 같다) 또는 인터넷 홈페이지를 통하여 공시하여야 한다. 다만, 제2항 각 호의 어느 하나에 해당하는 사유로 시공능력을 평가한 경우에는 인터넷 홈페이지를 통하여 공시하여야 한다.

④ 협회는 시공능력평가 및 공시를 위하여 제22조에 따라 제출된 자료가 거짓으로 확인된 경우에는 그 확인된 날부터 ❶ 이내에 제3항에 따라 공시된 해당 공사업자의 시공능력을 새로 평가하고 해당 공사업자의 등록수첩에 그 사실을 기재하여 발급하여야 한다.

소방시설공사업법

제26조의2【설계 · 감리업자의 선정】 ① 국가, 지방자치단체 또는 대통령령으로 정하는 공공기관은 그가 발주하는 소방시설의 설계 · 공사 감리 용역 중 소방청장이 정하여 고시하는 금액 이상의 사업에 대하여는 대통령령으로 정하는 바에 따라 집행 계획을 작성하여 공고하여야 한다. 이 경우 공고된 사업을 하려면 기술능력, 경영능력, 그 밖에 대통령령으로 정하는 사업수행능력 평가기준에 적합한 설계 · 감리업자를 선정하여야 한다.

② 시 · 도지사 또는 시장 · 군수가 「주택법」 제15조 제1항에 따라 주택건설사업계획을 승인하거나 특별자치시장, 특별자치도지사, 시장, 군수 또는 자치구의 구청장이 「도시 및 주거환경정비법」 제50조 제1항에 따라 사업시행계획을 인가할 때에는 그 주택건설공사에서 소방시설공사의 감리를 할 감리업자를 제1항 후단에 따른 사업수행능력 평가기준에 따라 선정하여야 한다. 이 경우 감리업자를 선정하는 주택건설공사의 규모 및 대상 등에 관하여 필요한 사항은 대통령령으로 정한다. [시행일: 2025.1.31.]

③ 제1항 및 제2항에 따른 설계 · 감리업자의 선정 절차 등에 필요한 사항은 대통령령으로 정한다.

소방시설공사업법 시행령

제12조의6【설계 및 공사 감리 용역사업의 집행 계획 작성 · 공고 대상자】 법 제26조의2 제1항 전단에서 "대통령령으로 정하는 공공기관"이란 제11조의5 각 호의 공공기관을 말한다.

제12조의7【설계 및 공사 감리 용역사업의 집행 계획의 내용 등】 ① 법 제26조의2 제1항 전단에 따른 집행 계획에는 다음 각 호의 사항이 포함되어야 한다.

1. 설계 · 공사 감리 용역명
2. 설계 · 공사 감리 용역사업 시행 기관명
3. 설계 · 공사 감리 용역사업의 주요 내용
4. 총사업비 및 해당 연도 예산 규모
5. 입찰 예정시기
6. 그 밖에 입찰 참가에 필요한 사항

② 법 제26조의2 제1항 전단에 따른 집행 계획의 공고는 입찰공고와 함께 할 수 있다.

제12조의8【설계 · 감리업자의 선정 절차 등】 ① 법 제26조의2 제1항 후단에서 "대통령령으로 정하는 사업수행능력 평가기준"이란 다음 각 호의 사항에 대한 평가기준을 말한다.

1. 참여하는 소방기술자의 실적 및 경력
2. 입찰참가 제한, 영업정지 등의 처분 유무 또는 재정상태 건실도 등에 따라 평가한 신용도
3. 기술개발 및 투자 실적
4. 참여하는 ❶ [　　　] 의 업무 중첩도
5. 그 밖에 행정안전부령으로 정하는 사항

소방시설공사업법 시행규칙

제23조의3【기술능력 평가기준 · 방법】 ① 국가 등은 법 제26조의2 및 영 제12조의8 제3항에 따라 기술과 가격을 분리하여 낙찰자를 선정하려는 경우에는 다음 각 호의 기준에 따라야 한다.

1. 설계용역의 경우: 별표 4의3의 평가기준에 따른 평가 결과 국가 등이 정하는 일정 점수 이상을 얻은 자를 입찰참가자로 선정한 후 기술제안서(입찰금액이 적힌 것을 말한다. 이하 이 조에서 같다)를 제출하게 하고, 기술제안서를 제출한 자를 별표 4의5의 평가기준에 따라 평가한 결과 그 점수가 가장 높은 업체부터 순서대로 기술제안서에 기재된 입찰금액이 예정가격 이내인 경우 그 업체와 협상하여 낙찰자를 선정한다.
2. 공사감리용역의 경우: 별표 4의4의 평가기준에 따른 평가 결과 국가 등이 정하는 일정 점수 이상을 얻은 자를 입찰참가자로 선정한 후 기술제안서를 제출하게 하고, 기술제안서를 제출한 자를 별표 4의6의 평가기준에 따라 평가한 결과 그 점수가 가장 높은 업체부터 순서대로 기술제안서에 기재된 입찰금액이 예정가격 이내인 경우 그 업체와 협상하여 낙찰자를 선정한다.

② 국가 등은 낙찰된 업체의 기술제안서를 설계용역 또는 감리용역 계약문서에 포함시켜야 한다.

<제12조의8> ❶ 소방기술자

<제23조> ❶ 10일

소방시설공사업법	소방시설공사업법 시행령	소방시설공사업법 시행규칙
	② 국가, 지방자치단체 또는 제12조의6에 따른 공공기관(이하 "국가 등"이라 한다. 이하 이 조에서 같다)은 법 제26조의2 제1항 전단에 따라 공고된 소방시설의 설계·공사감리 용역을 발주하는 경우(시·도지사가 제12조의9 제2항에 따라 감리업자를 선정하기 위하여 모집공고를 하는 경우를 포함한다)에는 입찰에 참가하려는 자를 제1항에 따른 사업수행능력 평가기준에 따라 평가하여 입찰에 참가할 자를 선정해야 한다. ③ 국가 등이 소방시설의 설계·공사감리 용역을 발주할 때 특별히 기술이 뛰어난 자를 낙찰자로 선정하려는 경우에는 제2항에 따라 선정된 입찰에 참가할 자에게 기술과 가격을 분리하여 입찰하게 하여 기술능력을 우선적으로 평가한 후 기술능력 평가점수가 높은 업체의 순서로 협상하여 낙찰자를 선정할 수 있다. ④ 제1항부터 제3항까지의 규정에 따른 사업수행능력 평가의 세부 기준 및 방법, 기술능력 평가 기준 및 방법, 협상 방법 등 설계·감리업자의 선정에 필요한 세부적인 사항은 행정안전부령으로 정한다. **제12조의9【감리업자를 선정하는 주택건설공사의 규모 및 대상 등】** ① 법 제26조의2 제2항 전단에 따라 시·도지사가 감리업자를 선정해야 하는 주택건설공사의 규모 및 대상은 「주택법」에 따른 공동주택(기숙사는 제외한다)으로서 300세대 이상인 것으로 한다. ② 시·도지사는 법 제26조의2 제2항 전단에 따라 감리업자를 선정하려는 경우에는 주택건설사업계획을 승인한 날부터 7일 이내에 다른 공사와는 별도로 소방시설공사의 감리를 할 감리업자의 모집공고를 해야 한다. ③ 시·도지사는 제2항에도 불구하고 「주택법 시행령」 제31조에 따른 공사 착수기간의 연장 등 부득이한 사유가 있어 사업주체가 요청하는 경우에는 그 사유가 없어진 날부터 7일 이내에 제2항에 따른 모집공고를 할 수 있다.	

소방시설공사업법	소방시설공사업법 시행령	소방시설공사업법 시행규칙
	④ 제2항에 따른 모집공고에는 다음 각 호의 사항이 포함되어야 한다. 1. 접수기간 2. 낙찰자 결정방법 3. 사업내용 및 제출서류 4. 감리원 응모자격 기준시점(신청접수 마감일을 원칙으로 한다) 5. 감리업자 실적과 감리원 경력의 기준시점(모집공고일을 원칙으로 한다) 6. 입찰의 전자적 처리에 관한 사항 7. 그 밖에 감리업자 모집에 필요한 사항 ⑤ 제2항에 따른 모집공고는 일간신문에 싣거나 해당 특별시 · 광역시 · 특별자치시 · 도 또는 특별자치도의 게시판과 인터넷 홈페이지에 7일 이상 게시하는 등의 방법으로 한다.	
제26조의3【소방시설업 종합정보시스템의 구축 등】 ① ❶ 은 다음 각 호의 정보를 종합적이고 체계적으로 관리 · 제공하기 위하여 소방시설업 종합정보시스템을 구축 · 운영할 수 있다. 1. 소방시설업자의 자본금 · 기술인력 보유 현황, 소방시설공사 등 수행상황, 행정처분 사항 등 소방시설업자에 관한 정보 2. 소방시설공사 등의 착공 및 완공에 관한 사항, 소방기술자 및 감리원의 배치 현황 등 소방시설공사 등과 관련된 정보		**제23조의4【소방시설업 종합정보시스템의 구축 · 운영】** ① 소방청장은 법 제26조의3 제1항에 따른 소방시설업 종합정보시스템(이하 "소방시설업 종합정보시스템"이라 한다)의 구축 및 운영 등을 위하여 다음 각 호의 업무를 수행할 수 있다. 1. 소방시설업 종합정보시스템의 구축 및 운영에 관한 연구개발 2. 법 제26조의3 제1항 각 호의 정보에 대한 수집 · 분석 및 공유 3. 소방시설업 종합정보시스템의 표준화 및 공동활용 촉진

<제26조의3> ❶ 소방청장

소방시설공사업법	소방시설공사업법 시행령	소방시설공사업법 시행규칙
② 소방청장은 제1항에 따른 정보의 종합관리를 위하여 소방시설업자, 발주자, 관련 기관 및 단체 등에게 필요한 자료의 제출을 요청할 수 있다. 이 경우 요청을 받은 자는 특별한 사유가 없으면 이에 따라야 한다. ③ 소방청장은 제1항에 따른 정보를 필요로 하는 관련 기관 또는 단체에 해당 정보를 제공할 수 있다. ④ 제1항에 따른 소방시설업 종합정보시스템의 구축 및 운영 등에 필요한 사항은 행정안전부령으로 정한다.		② 소방청장은 소방시설업 종합정보시스템의 효율적인 구축과 운영을 위하여 협회, 소방기술과 관련된 법인 또는 단체와 협의체를 구성·운영할 수 있다. ③ 소방청장은 법 제26조의3 제2항 전단에 따라 필요한 자료의 제출을 요청하는 경우에는 그 범위, 사용 목적, 제출기한 및 제출방법 등을 명시한 서면으로 해야 한다. ④ 법 제26조의3 제3항에 따른 관련 기관 또는 단체는 소방청장에게 필요한 정보의 제공을 요청하는 경우에는 그 범위, 사용 목적 및 제공방법 등을 명시한 서면으로 해야 한다.

소방시설공사업법	소방시설공사업법 시행령	소방시설공사업법 시행규칙
제4장 소방기술자		

제27조【소방기술자의 의무】 ① 소방기술자는 이 법과 이 법에 따른 명령과 「소방시설 설치 및 관리에 관한 법률」 및 같은 법에 따른 명령에 따라 업무를 수행하여야 한다. ▶**1년/1천(벌)**

② 소방기술자는 다른 사람에게 자격증[제28조에 따라 소방기술 경력 등을 인정받은 사람의 경우에는 소방기술 인정 자격수첩(이하 "자격수첩"이라 한다)과 소방기술자 경력수첩(이하 "경력수첩"이라 한다)을 말한다]을 빌려 주어서는 아니 된다. ▶**3백(벌)**

③ 소방기술자는 동시에 둘 이상의 업체에 취업하여서는 아니 된다. 다만, 제1항에 따른 소방기술자 업무에 영향을 미치지 아니하는 범위에서 근무시간 외에 소방시설업이 아닌 다른 업종에 종사하는 경우는 제외한다. ▶**3백(벌)**

소방기술자(제2조 제1항)

1. 제28조에 따라 소방기술 경력 등을 인정받은 사람
2. 소방시설관리업과 소방시설업의 기술인력으로 등록된 다음에 해당하는 자
   - 소방시설관리사
   - 소방기술사, 소방설비기사, 소방설비산업기사, 위험물기능장, 위험물산업기사, 위험물기능사

소방시설공사업법

제28조【소방기술 경력 등의 인정 등】 ① ❶ ________ 은 소방기술의 효율적인 활용과 소방기술의 향상을 위하여 소방기술과 관련된 자격·학력 및 경력을 가진 사람을 소방기술자로 인정할 수 있다.

② 소방청장은 제1항에 따라 자격·학력 및 경력을 인정받은 사람에게 소방기술 인정 자격수첩과 경력수첩을 발급할 수 있다.

③ 제1항에 따른 소방기술과 관련된 자격·학력 및 경력의 인정 범위와 제2항에 따른 자격수첩 및 경력수첩의 발급 절차 등에 관하여 필요한 사항은 행정안전부령으로 정한다.

제24조【소방기술과 관련된 자격·학력 및 경력의 인정 범위 등】 ① 법 제28조 제3항에 따른 소방기술과 관련된 자격·학력 및 경력의 인정 범위는 별표 4의2와 같다.

1. 삭제
2. 삭제
3. 삭제

<제28조> ❶ 소방청장

소방시설공사업법	소방시설공사업법 시행령	소방시설공사업법 시행규칙
④ 소방청장은 제2항에 따라 자격수첩 또는 경력수첩을 발급받은 사람이 다음 각 호의 어느 하나에 해당하는 경우에는 행정안전부령으로 정하는 바에 따라 그 자격을 취소하거나 6개월 이상 2년 이하의 기간을 정하여 그 자격을 정지시킬 수 있다. 다만, 제1호와 제2호에 해당하는 경우에는 그 자격을 취소하여야 한다. 1. 거짓이나 그 밖의 부정한 방법으로 자격수첩 또는 경력수첩을 발급받은 경우 2. 제27조 제2항을 위반하여 자격수첩 또는 경력수첩을 다른 사람에게 빌려준 경우 3. 제27조 제3항을 위반하여 동시에 둘 이상의 업체에 취업한 경우 4. 이 법 또는 이 법에 따른 명령을 위반한 경우 ⑤ 제4항에 따라 자격이 취소된 사람은 취소된 날부터 ❶ 자격수첩 또는 경력수첩을 발급받을 수 없다.		② 협회, 영 제20조 제4항에 따라 소방기술과 관련된 자격·학력 및 경력의 인정업무를 위탁받은 소방기술과 관련된 법인 또는 단체는 법 제28조 제1항에 따라 소방기술과 관련된 자격·학력 및 경력을 가진 사람을 소방기술자로 인정하려는 경우에는 법 제28조의2 제1항에 따른 소방기술자 양성·인정 교육훈련(이하 "소방기술자 양성·인정 교육훈련"이라 한다)의 수료 여부를 확인하고 별지 제39호서식의 소방기술 인정 자격수첩과 별지 제39호의2서식에 따른 소방기술자 경력수첩을 발급해야 한다. ③ 제1항 및 제2항에서 규정한 사항 외에 자격수첩과 경력수첩의 발급절차 수수료 등에 관하여 필요한 사항은 소방청장이 정하여 고시한다.

소방시설공사업법	소방시설공사업법 시행령	소방시설공사업법 시행규칙

소방기술자 기술등급(기술자격)(규칙 [별표 4의2])

기계분야	특급	고급	중급	초급
소방기술사	○	○	○	○
소방시설관리사	5년	○	○	○
건축사, 건축기계설비기술사	5년	3년	○	○
소방설비기사	8년	5년	○	○
소방설비산업기사	11년	8년	3년	○
건축기사, 위험물기능장	13년	11년	5년	2년
건축산업기사, 위험물산업기사	×	13년	8년	4년
위험물기능사	×	×	×	6년

전기분야	특급	고급	중급	초급
소방기술사	○	○	○	○
소방시설관리사	5년	○	○	○
건축사, 건축기계설비기술사	5년	3년	○	○
소방설비기사	8년	5년	○	○
소방설비산업기사	11년	8년	3년	○
전기기사, 위험물기능장	13년	11년	5년	2년
전기산업기사, 위험물산업기사	×	13년	8년	4년
위험물기능사	×	×	×	×

소방기술자 기술등급(학력 · 경력자, 경력자)(규칙 [별표 4의2])

학력 · 경력자	특급	고급	중급	초급
박사학위	3년	1년	○	○
석사학위	7년	4년	2년	○
학사학위	11년	7년	5년	○
전문학사	15년	10년	8년	2년
고등학교 소방학과	-	13년	10년	3년
고등학교(소방안전관리학과 외)	-	15년	12년	5년

경력자	특급	고급	중급	초급
박사학위	-	-	-	-
석사학위	-	-	-	-
학사학위	-	12년	9년	3년
전문학사	-	15년	12년	5년
고등학교	-	18년	15년	7년
소방관련 업무	-	22년	18년	9년

소방공사감리원 기술등급 자격(규칙 [별표 4의2])

기계 · 전기 분야	특급	고급	중급	초급
소방기술사	○	○	○	○
소방설비기사	8년	5년	3년	1년
소방설비산업기사	12년	8년	6년	2년
학사학위	-	-	-	1년
전문학사학위	-	-	-	3년
소방공무원	-	-	-	3년
소방관련업무	-	-	-	5년
소방학과(고교)	-	-	-	4년

소방시설 자체점검 점검자 기술등급(규칙 [별표 4의2])

구분	특급	고급	중급	초급
소방기술사	○			
소방시설관리사	○			
소방설비기사	8년	5년	○	
소방설비산업기사	10년	8년	3년	○
위험물기능장		15년	10년	○

<제28조> ❶ 2년간

소방시설공사업법

제28조의2【소방기술자 양성 및 교육 등】 ① 소방청장은 소방기술자를 육성하고 소방기술자의 전문기술능력 향상을 위하여 소방기술자와 제28조에 따라 소방기술과 관련된 자격·학력 및 경력을 인정받으려는 사람의 양성·인정 교육훈련(이하 "소방기술자 양성·인정 교육훈련"이라 한다)을 실시할 수 있다.

② ❶ 은 전문적이고 체계적인 소방기술자 양성·인정 교육훈련을 위하여 소방기술자 양성·인정 교육훈련기관을 지정할 수 있다.

③ 제2항에 따라 지정된 소방기술자 양성·인정 교육훈련기관의 지정취소, 업무정지 및 청문에 관하여는 「소방시설 설치 및 관리에 관한 법률」 제47조 및 제49조를 준용한다.

④ 제1항 및 제2항에 따른 소방기술자 양성·인정 교육훈련 및 교육훈련기관 지정 등에 필요한 사항은 행정안전부령으로 정한다.

제29조【소방기술자의 실무교육】 ① 화재 예방, 안전관리의 효율화, 새로운 기술 등 소방에 관한 지식의 보급을 위하여 소방시설업 또는 「소방시설 설치 및 관리에 관한 법률」 제29조에 따른 소방시설관리업의 기술인력으로 등록된 소방기술자는 행정안전부령으로 정하는 바에 따라 실무교육을 받아야 한다.

소방시설공사업법 시행령

소방시설공사업법 시행규칙

제25조【자격의 정지 및 취소에 관한 기준】 법 제28조 제4항에 따른 자격의 정지 및 취소기준은 별표 5와 같다.

제25조의2【소방기술자 양성·인정 교육훈련의 실시 등】
① 법 제28조의2 제2항에 따른 소방기술자 양성·인정 교육훈련기관(이하 "소방기술자 양성·인정 교육훈련기관"이라 한다)의 지정 요건은 다음 각 호와 같다.

1. 전국 ❶ 이상의 시·도에 이론교육과 실습교육이 가능한 교육·훈련장을 갖출 것
2. 소방기술자 양성·인정 교육훈련을 실시할 수 있는 전담인력을 ❷ 이상 갖출 것
3. 교육과목별 교재 및 강사 매뉴얼을 갖출 것
4. 교육훈련의 신청·수료, 성과측정, 경력관리 등에 필요한 교육훈련 관리시스템을 구축·운영할 것

② 소방기술자 양성·인정 교육훈련기관은 다음 각 호의 사항이 포함된 다음 연도 교육훈련계획을 수립하여 해당 연도 11월 30일까지 소방청장의 승인을 받아야 한다.

1. 교육운영계획
2. 교육 과정 및 과목
3. 교육방법
4. 그 밖에 소방기술자 양성·인정 교육훈련의 실시에 필요한 사항

③ 소방기술자 양성·인정 교육훈련기관은 교육 이수 사항을 기록·관리해야 한다.

제26조【소방기술자의 실무교육】 ① 소방기술자는 법 제29조 제1항에 따른 실무교육을 ❸ 1회 이상 받아야 한다. 다만, 실무교육을 받아야 할 기간 내에 소방기술자 양성·인정 교육훈련을 받은 경우에는 해당 실무교육을 받은 것으로 본다.

소방시설공사업법	소방시설공사업법 시행령	소방시설공사업법 시행규칙
② 제1항에 따른 소방기술자가 정하여진 교육을 받지 아니하면 그 교육을 이수할 때까지 그 소방기술자는 소방시설업 또는 「소방시설 설치 및 관리에 관한 법률」 제29조에 따른 소방시설관리업의 기술인력으로 등록된 사람으로 보지 아니한다. ③ ❷ 은 제1항에 따른 소방기술자에 대한 실무교육을 효율적으로 하기 위하여 실무교육기관을 지정할 수 있다. ④ 제3항에 따른 실무교육기관의 지정방법 · 절차 · 기준 등에 관하여 필요한 사항은 행정안전부령으로 정한다. ⑤ 제3항에 따라 지정된 실무교육기관의 지정취소, 업무정지 및 청문에 관하여는 「소방시설 설치 및 관리에 관한 법률」 제47조 및 제49조를 준용한다.		② 영 제20조 제1항에 따라 소방기술자 실무교육에 관한 업무를 위탁받은 실무교육기관 또는 「소방기본법」 제40조에 따른 한국소방안전원의 장(이하 "실무교육기관 등의 장"이라 한다)은 소방기술자에 대한 실무교육을 실시하려면 교육일정 등 교육에 필요한 계획을 수립하여 소방청장에게 보고한 후 교육 10일 전까지 교육대상자에게 알려야 한다. ③ 제1항에 따른 실무교육의 시간, 교육과목, 수수료, 그 밖에 실무교육에 관하여 필요한 사항은 소방청장이 정하여 고시한다.

소방시설공사업법 시행규칙

제27조【교육수료 사항의 기록 등】 ① 실무교육기관등의 장은 실무교육을 수료한 소방기술자의 기술자격증(자격수첩)에 교육수료 사항을 기재 · 날인하여 발급하여야 한다.

② 실무교육기관등의 장은 별지 제40호 서식의 소방기술자 실무교육수료자 명단을 교육대상자가 소속된 소방시설업의 업종별로 작성하고 필요한 사항을 기록하여 갖춰 두어야 한다.

제28조【감독】 소방청장은 실무교육기관등의 장이 실시하는 소방기술자 실무교육의 계획 · 실시 및 결과에 대하여 지도 · 감독하여야 한다.

제29조【소방기술자 실무교육기관의 지정기준】 ① 법 제29조 제4항에 따라 소방기술자에 대한 실무교육기관의 지정을 받으려는 자가 갖추어야 하는 실무교육에 필요한 기술인력 및 시설장비는 별표 6과 같다.

② 제1항에 따라 실무교육기관의 지정을 받으려는 자는 비영리법인이어야 한다.

제30조【지정신청】 ① 법 제29조 제4항에 따라 실무교육기관의 지정을 받으려는 자는 별지 제41호서식의 실무교육기관 지정신청서(전자문서로 된 실무교육기관 지정신청서를 포함한다)에 다음 각 호의 서류(전자문서를 포함한다)를 첨부하여 소방청장에게 제출하여야 한다. 다만, 「전자정부법」 제36조 제1항에 따른 행정정보의 공동이용을 통하여 첨부서류에 대한 정보를 확인할 수 있는 경우에는 그 확인으로 첨부서류를 갈음할 수 있다.

1. 정관 사본 1부
2. 대표자, 각 지부의 책임임원 및 기술인력의 자격을 증명할 수 있는 서류(전자문서를 포함한다)와 기술인력의 명단 및 이력서 각 1부
3. 건물의 소유자가 아닌 경우 건물임대차계약서 사본 및 그 밖에 사무실 보유를 증명할 수 있는 서류(전자문서를 포함한다) 각 1부

<제28조의2> ❶ 소방청장
<제29조> ❷ 소방청장

<제25조의2> ❶ 4개 ❷ 6명
<제26조> ❸ 2년마다

소방시설공사업법	소방시설공사업법 시행령	소방시설공사업법 시행규칙

4. 교육장 도면 1부
5. 시설 및 장비명세서 1부

② 제1항에 따른 신청서를 제출받은 담당 공무원은 「전자정부법」 제36조 제1항에 따라 행정정보의 공동이용을 통하여 다음 각 호의 서류를 확인하여야 한다.

1. 법인등기사항 전부증명서 1부
2. 건물등기사항 전부증명서(건물의 소유자인 경우에만 첨부한다)

제31조【서류심사 등】 ① 제30조에 따라 실무교육기관의 지정신청을 받은 소방청장은 제29조의 지정기준을 충족하였는지를 현장 확인하여야 한다. 이 경우 소방청장은 「소방기본법」 제40조에 따른 한국소방안전원에 소속된 사람을 현장 확인에 참여시킬 수 있다.

② 소방청장은 신청자가 제출한 신청서(전자문서로 된 신청서를 포함한다) 및 첨부서류(전자문서를 포함한다)가 미비되거나 현장 확인 결과 제29조에 따른 지정기준을 충족하지 못하였을 때에는 15일 이내의 기간을 정하여 이를 보완하게 할 수 있다. 이 경우 보완기간 내에 보완하지 않으면 신청서를 되돌려 보내야 한다.

제32조【지정서 발급 등】 ① 소방청장은 제30조에 따라 제출된 서류(전자문서를 포함한다)를 심사하고 현장 확인한 결과 제29조의 지정기준을 충족한 경우에는 신청일부터 30일 이내에 별지 제42호 서식의 실무교육기관 지정서(전자문서로 된 실무교육기관 지정서를 포함한다)를 발급하여야 한다.

② 제1항에 따라 실무교육기관을 지정한 소방청장은 지정한 실무교육기관의 명칭, 대표자, 소재지, 교육실시 범위 및 교육업무 개시일 등 교육에 필요한 사항을 관보에 공고하여야 한다.

제33조【지정사항의 변경】 제32조 제1항에 따라 실무교육기관으로 지정된 기관은 다음 각 호의 어느 하나에 해당하는 사항을 변경하려면 변경일부터 10일 이내에 소방청장에게 보고하여야 한다.

1. 대표자 또는 각 지부의 책임임원
2. 기술인력 또는 시설장비 등 지정기준
3. 교육기관의 명칭 또는 소재지

제34조【휴업·재개업 및 폐업 신고 등】 ① 제32조 제1항에 따라 지정을 받은 실무교육기관은 휴업·재개업 또는 폐업을 하려면 그 휴업 또는 재개업을 하려는 날의 14일 전까지 별지 제43호 서식의 휴업·재개업·폐업 보고서에 실무교육기관 지정서 1부를 첨부(폐업하는 경우에만 첨부한다)하여 소방청장에게 보고하여야 한다.

② 제1항에 따른 보고는 방문·전화·팩스 또는 컴퓨터통신으로 할 수 있다.

③ 소방청장은 제1항에 따라 휴업보고를 받은 경우에는 실무교육기관 지정서에 휴업기간을 기재하여 발급하고, 폐업보고를 받은 경우에는 실무교육기관 지정서를 회수하여야 한다. 이 경우 소방청장은 휴업·재개업·폐업 사실을 인터넷 등을 통하여 널리 알려야 한다.

제35조【교육계획의 수립·공고 등】 ① 실무교육기관등의 장은 매년 11월 30일까지 다음 해 교육계획을 실무교육의 종류별·대상자별·지역별로 수립하여 이를 일간신문에 공고하고 소방본부장 또는 소방서장에게 보고하여야 한다.

② 제1항에 따른 교육계획을 변경하는 경우에는 변경한 날부터 10일 이내에 이를 일간신문에 공고하고 소방본부장 또는 소방서장에게 보고하여야 한다.

제36조【교육대상자 관리 및 교육실적 보고】 ① 실무교육기관등의 장은 그 해의 교육이 끝난 후 직능별·지역별 교육수료자 명부를 작성하여 소방본부장 또는 소방서장에게 다음 해 1월 말까지 알려야 한다.

② 실무교육기관등의 장은 매년 1월 말까지 전년도 교육 횟수·인원 및 대상자 등 교육실적을 소방청장에게 보고하여야 한다.

소방시설공사업법	소방시설공사업법 시행령	소방시설공사업법 시행규칙
제5장 소방시설업자협회		
제30조 삭제		
제30조의2【소방시설업자협회의 설립】 ① ❶ 는 소방시설업자의 권익보호와 소방기술의 개발 등 소방시설업의 건전한 발전을 위하여 소방시설업자협회(이하 "협회"라 한다)를 설립할 수 있다. ② 협회는 법인으로 한다. ③ 협회는 소방청장의 인가를 받아 주된 사무소의 소재지에 설립등기를 함으로써 성립한다. ④ 협회의 설립인가 절차, 정관의 기재사항 및 협회에 대한 감독에 관하여 필요한 사항은 대통령령으로 정한다.	**제19조의2【소방시설업자협회의 설립인가 절차 등】** ① 법 제30조의2 제1항에 따라 소방시설업자협회(이하 "협회"라 한다)를 설립하려면 법 제2조 제1항 제2호에 따른 소방시설업자 ❶ 이상이 발기하고 창립총회에서 정관을 의결한 후 소방청장에게 인가를 신청하여야 한다. ② 소방청장은 제1항에 따른 인가를 하였을 때에는 그 사실을 공고하여야 한다. **제19조의3【정관의 기재사항】** 협회의 정관에는 다음 각 호의 사항이 포함되어야 한다. 1. 목적 2. 명칭 3. 주된 사무소의 소재지 4. 사업에 관한 사항 5. 회원의 가입 및 탈퇴에 관한 사항 6. 회비에 관한 사항 7. 자산과 회계에 관한 사항 8. 임원의 정원 · 임기 및 선출방법 9. 기구와 조직에 관한 사항 10. 총회와 이사회에 관한 사항 11. 정관의 변경에 관한 사항	

<제30조의2> ❶ 소방시설업자

<제19조의2> ❶ 10명

소방시설공사업법	소방시설공사업법 시행령	소방시설공사업법 시행규칙
	제19조의4【감독】 ① 법 제30조의2 제4항에 따라 소방청장은 협회에 다음 각 호의 사항을 보고하게 할 수 있다. 1. 총회 또는 이사회의 중요 의결사항 2. 회원의 가입·탈퇴와 회비에 관한 사항 3. 그 밖에 협회 및 회원에 관계되는 중요한 사항	

제30조의3【협회의 업무】 협회의 업무는 다음 각 호와 같다.

1. 소방시설업의 기술발전과 소방기술의 진흥을 위한 조사·연구·분석 및 평가
2. 소방산업의 발전 및 소방기술의 향상을 위한 지원
3. 소방시설업의 기술발전과 관련된 국제교류·활동 및 행사의 유치
4. 이 법에 따른 위탁 업무의 수행

제30조의4【「민법」의 준용】 협회에 관하여 이 법에 규정되지 아니한 사항은 「민법」 중 사단법인에 관한 규정을 준용한다.

소방관계법규상 단체

구분	소방기본법	소방산업 진흥에 관한 법률	소방시설공사업법
관련법령	제40조	제14조	제30조의2
협회 및 단체	한국소방안전원	한국소방산업기술원(기술원)	소방시설업자협회
설립목적	• 소방기술과 안전관리 기술의 향상 및 홍보 • 위탁업무의 수행 • 소방관계종사자의 기술향상	소방산업의 진흥·발전의 효율적 지원	• 소방시설업자의 권익보호 • 소방기술의 개발 • 소방시설업의 건전한 발전
업무	• 교육 및 조사·연구 • 각종 간행물 발간 • 대국민 홍보 • 위탁업무 • 국제협력	• 소방산업의 육성 • 기술진흥 정책·제도의 조사·연구 • 소방장비 품질확보·품질인증 • 소방용기계·기구, 소방시설 및 위험물안전에 관한 조사·연구·기술개발	• 조사·연구·분석·평가 • 지원사업 • 국제교류·활동 • 위탁업무
「민법」의 준용	「민법」상 재단법인 규정 준용	「민법」상 재단법인 규정 준용	「민법」상 사단법인 규정 준용
비고	• 원장 1명 포함 9명 이내 이사와 1명의 감사 • 원장과 감사는 청장이 임명	법인	법인

소방시설공사업법	소방시설공사업법 시행령	소방시설공사업법 시행규칙
제6장 보칙		

제31조【감독】 ① 시·도지사, 소방본부장 또는 소방서장은 소방시설업의 감독을 위하여 필요할 때에는 소방시설업자나 관계인에게 필요한 보고나 자료 제출을 명할 수 있고, 관계 공무원으로 하여금 소방시설업체나 특정소방대상물에 출입하여 관계 서류와 시설 등을 검사하거나 소방시설업자 및 관계인에게 질문하게 할 수 있다. ▶**1백(벌), 2백(과)**

② 소방청장은 제33조 제2항부터 제4항까지의 규정에 따라 소방청장의 업무를 위탁받은 제29조 제3항에 따른 실무교육기관(이하 "실무교육기관"이라 한다) 또는 「소방기본법」 제40조에 따른 한국소방안전원, 협회, 법인 또는 단체에 필요한 보고나 자료 제출을 명할 수 있고, 관계 공무원으로 하여금 실무교육기관, 한국소방안전원, 협회, 법인 또는 단체의 사무실에 출입하여 관계 서류 등을 검사하거나 관계인에게 질문하게 할 수 있다. ▶**1백(벌), 1백(벌)**

③ 제1항과 제2항에 따라 출입·검사를 하는 관계 공무원은 그 권한을 표시하는 증표를 지니고 이를 관계인에게 보여주어야 한다.

④ 제1항과 제2항에 따라 출입·검사업무를 수행하는 관계 공무원은 관계인의 정당한 업무를 방해하거나 출입·검사업무를 수행하면서 알게 된 비밀을 다른 자에게 누설하여서는 아니 된다. ▶**3백(벌)**

제32조【청문】 제9조 제1항에 따른 소방시설업 등록취소처분이나 ❶ ______ 또는 제28조 제4항에 따른 소방기술 인정 자격취소처분을 하려면 청문을 하여야 한다.

업무의 위탁

위임 및 위탁 대상	실무교육기관	한국소방안전원	협회	소방기술관련 법인·단체
소방청장의 업무 위탁				
① 소방기술자 실무교육	○	○		
② 1. 방염처리능력 평가 및 공시			○	
2. 시공능력 평가 및 공시			○	
3. 소방시설업 종합정보시스템의 구축·운영			○	
④ 소방기술과 관련된 자격·학력·경력의 인정 업무			○	○
③ 시·도지사의 업무 위탁				
1. 소방시설업 등록신청 접수 및 신청내용 확인			○	
2. 소방시설업 변경신고 접수			○	
3. 소방시설업 휴업·폐업·재개업 신고 접수			○	
4. 소방시설업자의 지위승계신고의 접수 및 신고내용의 확인			○	

<제32조> ❶ 영업정지처분

소방시설공사업법	소방시설공사업법 시행령	소방시설공사업법 시행규칙

벌칙정리

100만원 이하의 벌금	• 제31조 제2항에 따른 명령을 위반하여 보고 또는 자료 제출을 하지 아니하거나 거짓으로 한 자 • 제31조 제1항 및 제2항을 위반하여 정당한 사유 없이 관계 공무원의 출입 또는 검사·조사를 거부·방해 또는 기피한 자
200만원 이하의 과태료	제31조 제1항에 따른 명령을 위반하여 보고 또는 자료 제출을 하지 아니하거나 거짓으로 보고 또는 자료 제출을 한 자

「소방시설 설치 및 관리에 관한 법률」 제49조(청문)

청문대상	취소	정지	중지
관리사	자격 ○	자격 ○	
관리업	등록 ○	영업정지 ○	
소방용품	형식승인 ○		제품검사 ○
성능인증	○		
우수품질인증	○		
전문기관	지정취소 ○	업무정지 ○	

「화재의 예방 및 안전관리에 관한 법률」 제46조(청문)

청문대상	취소	정지	중지
소방안전관리자	자격 ○		
진단기관	지정취소 ○		

제33조【권한의 위임·위탁 등】 ① 소방청장은 이 법에 따른 권한의 일부를 대통령령으로 정하는 바에 따라 시·도지사에게 위임할 수 있다.

② 소방청장은 제29조에 따른 실무교육에 관한 업무를 대통령령으로 정하는 바에 따라 실무교육기관 또는 ❶ 에 위탁할 수 있다.

③ 소방청장 또는 시·도지사는 다음 각 호의 업무를 대통령령으로 정하는 바에 따라 협회에 위탁할 수 있다.

1. 제4조 제1항에 따른 소방시설업 등록신청의 접수 및 신청내용의 확인
2. 제6조에 따른 소방시설업 등록사항 변경신고의 접수 및 신고내용의 확인

2의2. 제6조의2에 따른 소방시설업 휴업·폐업 등 신고의 접수 및 신고내용의 확인

3. 제7조 제3항에 따른 소방시설업자의 지위승계 신고의 접수 및 신고내용의 확인
4. 제20조의3에 따른 방염처리능력 평가 및 공시

제20조【업무의 위탁】 ① 소방청장은 법 제33조 제2항에 따라 법 제29조에 따른 소방기술자 실무교육에 관한 업무를 법 제29조 제3항에 따라 소방청장이 지정하는 실무교육기관 또는 「소방기본법」 제40조에 따른 ❶ 에 위탁한다.

② 소방청장은 법 제33조 제3항에 따라 다음 각 호의 업무를 ❷ 에 위탁한다.

1. 법 제20조의3에 따른 방염처리능력 평가 및 공시에 관한 업무
2. 법 제26조에 따른 시공능력 평가 및 공시에 관한 업무
3. 법 제26조의3 제1항에 따른 소방시설업 종합정보시스템의 구축·운영

③ ❸ 는 법 제33조 제3항에 따라 다음 각 호의 업무를 협회에 위탁한다. 24. 공채·경채

1. 법 제4조 제1항에 따른 소방시설업 등록신청의 접수 및 신청내용의 확인

소방시설공사업법	소방시설공사업법 시행령	소방시설공사업법 시행규칙
5. 제26조에 따른 시공능력 평가 및 공시 6. 제26조의3 제1항에 따른 소방시설업 종합정보시스템의 구축 · 운영 ④ 소방청장은 다음 각 호의 업무를 대통령령으로 정하는 바에 따라 협회, 소방기술과 관련된 법인 또는 단체에 위탁할 수 있다. 1. 제28조에 따른 소방기술과 관련된 자격 · 학력 및 경력의 인정 업무 2. 제28조의2에 따른 소방기술자 양성 · 인정 교육훈련 업무 ⑤ 삭제	2. 법 제6조에 따른 소방시설업 등록사항 변경신고의 접수 및 신고내용의 확인 2의2. 법 제6조의2에 따른 소방시설업 휴업 · 폐업 또는 재개업 신고의 접수 및 신고내용의 확인 3. 법 제7조 제3항에 따른 소방시설업자의 지위승계 신고의 접수 및 신고내용의 확인 ④ 소방청장은 법 제33조 제4항에 따라 다음 각 호의 업무를 협회, 소방기술과 관련된 법인 또는 단체에 위탁한다. 이 경우 소방청장은 수탁기관을 지정하여 고시해야 한다. 1. 법 제28조에 따른 소방기술과 관련된 자격 · 학력 및 경력의 인정 업무 2. 법 제28조의2에 따른 소방기술자 양성 · 인정 교육훈련 업무	
제34조【수수료 등】 다음 각 호의 어느 하나에 해당하는 자는 행정안전부령으로 정하는 바에 따라 수수료나 교육비를 내야 한다. 1. 제4조 제1항에 따라 소방시설업을 등록하려는 자 2. 제4조 제3항에 따라 소방시설업 등록증 또는 등록수첩을 재발급 받으려는 자 3. 제7조 제3항에 따라 소방시설업자의 지위승계 신고를 하려는 자 4. 제20조의3 제2항에 따라 방염처리능력 평가를 받으려는 자 5. 제26조 제2항에 따라 시공능력 평가를 받으려는 자 6. 제28조 제2항에 따라 자격수첩 또는 경력수첩을 발급받으려는 사람 6의2. 제28조의2 제1항에 따른 소방기술자 양성 · 인정 교육훈련을 받으려는 사람 7. 제29조 제1항에 따라 실무교육을 받으려는 사람	**제20조의2【고유식별정보의 처리】** 소방청장(제20조에 따라 소방청장의 업무를 위탁받은 자를 포함한다), 시 · 도지사(해당 권한이 위임 · 위탁된 경우에는 그 권한을 위임 · 위탁받은 자를 포함한다), 소방본부장 또는 소방서장은 다음 각 호의 사무를 수행하기 위하여 불가피한 경우 「개인정보 보호법 시행령」 제19조 제1호 또는 제4호에 따른 주민등록번호 또는 외국인등록번호가 포함된 자료를 처리할 수 있다. 1. 법 제4조 제1항에 따른 소방시설업의 등록에 관한 사무 1의2. 법 제5조에 따른 등록의 결격사유 확인에 관한 사무 1의3. 법 제6조에 따른 소방시설업의 등록사항 변경신고에 관한 사무 1의4. 법 제7조에 따른 소방시설업자의 지위승계 신고에 관한 사무 2. 법 제9조 제1항에 따른 등록의 취소와 영업정지 등에 관한 사무	**제37조【수수료 기준】** ① 법 제34조에 따른 수수료 또는 교육비는 별표 7과 같다. ② 제1항에 따른 수수료는 다음 각 호의 어느 하나에 해당하는 방법으로 납부하여야 한다. 다만, 소방청장 또는 시 · 도지사(영 제20조 제2항 또는 제3항에 따라 업무가 위탁된 경우에는 위탁받은 기관을 말한다)는 정보통신망을 이용한 전자화폐 · 전자결제 등의 방법으로 이를 납부하게 할 수 있다. 1. 법 제34조 제1호부터 제3호에 따른 수수료: 해당 지방자치단체의 수입증지 2. 법 제34조 제4호부터 제7호까지의 규정에 따른 수수료: 현금

<제33조> ❶ 한국소방안전원

<제20조> ❶ 한국소방안전원 ❷ 협회 ❸ 시 · 도지사

소방시설공사업법	소방시설공사업법 시행령	소방시설공사업법 시행규칙
	3. 법 제10조에 따른 과징금처분에 관한 사무 3의2. 법 제26조에 따른 시공능력 평가 및 공시에 관한 사무 4. 법 제28조 제1항에 따른 소방기술과 관련된 자격·학력 및 경력의 인정 등에 관한 사무4의2. 법 제28조의2 제1항에 따른 소방기술자 양성·인정 교육훈련에 관한 사무 5. 법 제29조 제1항에 따른 소방기술자의 실무교육에 관한 사무 6. 법 제31조에 따른 감독에 관한 사무	
제34조의2【벌칙 적용 시의 공무원 의제】 다음 각 호의 어느 하나에 해당하는 사람은 「형법」 제129조부터 제132조까지의 규정을 적용할 때에는 공무원으로 본다. 1. 제16조, 제19조 및 제20조에 따라 그 업무를 수행하는 감리원 2. 제33조 제2항부터 제4항까지의 규정에 따라 위탁받은 업무를 수행하는 실무교육기관, 한국소방안전원, 협회 및 소방기술과 관련된 법인 또는 단체의 담당 임원 및 직원	**제20조의3【규제의 재검토】** 소방청장은 다음 각 호의 사항에 대하여 다음 각 호의 기준일을 기준으로 3년마다(매 3년이 되는 해의 기준일과 같은 날 전까지를 말한다) 그 타당성을 검토하여 개선 등의 조치를 해야 한다. 1. 제2조 제1항 및 별표 1에 따른 소방시설업의 업종별 등록기준 및 영업범위: 2014년 1월 1일 - 중략 - 12. 제12조에 따른 소방시설공사의 시공을 하도급할 수 있는 경우: 2015년 1월 1일 - 하략 -	

소방시설공사업법	소방시설공사업법 시행령	소방시설공사업법 시행규칙
제7장 벌칙		
제35조【벌칙】 제4조 제1항을 위반하여 소방시설업 등록을 하지 아니하고 영업을 한 자는 3년 이하의 징역 또는 3천만원 이하의 벌금에 처한다. **제36조【벌칙】** 다음 각 호의 어느 하나에 해당하는 자는 1년 이하의 징역 또는 1천만원 이하의 벌금에 처한다. 1. 제9조 제1항을 위반하여 영업정지처분을 받고 그 영업정지 기간에 영업을 한 자 2. 제11조나 제12조 제1항을 위반하여 설계나 시공을 한 자 3. 제16조 제1항을 위반하여 감리를 하거나 거짓으로 감리한 자 4. 제17조 제1항을 위반하여 공사감리자를 지정하지 아니한 자 4의2. 제19조 제3항에 따른 보고를 거짓으로 한 자 4의3. 제20조에 따른 공사감리 결과의 통보 또는 공사감리 결과보고서의 제출을 거짓으로 한 자 5. 제21조 제1항을 위반하여 해당 소방시설업자가 아닌 자에게 소방시설공사 등을 도급한 자 6. 제22조 제1항 본문을 위반하여 도급받은 소방시설의 설계, 시공, 감리를 하도급한 자 6의2. 제22조 제2항을 위반하여 하도급받은 소방시설공사를 다시 하도급한 자 7. 제27조 제1항을 위반하여 같은 항에 따른 법 또는 명령을 따르지 아니하고 업무를 수행한 자		

소방시설공사업법	소방시설공사업법 시행령	소방시설공사업법 시행규칙
제37조【벌칙】 다음 각 호의 어느 하나에 해당하는 자는 300만원 이하의 벌금에 처한다. 1. 제8조 제1항을 위반하여 다른 자에게 자기의 성명이나 상호를 사용하여 소방시설공사 등을 수급 또는 시공하게 하거나 소방시설업의 등록증이나 등록수첩을 빌려준 자 2. 제18조 제1항을 위반하여 소방시설공사 현장에 감리원을 배치하지 아니한 자 3. 제19조 제2항을 위반하여 감리업자의 보완 요구에 따르지 아니한 자 4. 제19조 제4항을 위반하여 공사감리 계약을 해지하거나 대가 지급을 거부하거나 지연시키거나 불이익을 준 자 4의2. 제21조 제2항 본문을 위반하여 소방시설공사를 다른 업종의 공사와 분리하여 도급하지 아니한 자 5. 제27조 제2항을 위반하여 자격수첩 또는 경력수첩을 빌려 준 사람 6. 제27조 제3항을 위반하여 동시에 둘 이상의 업체에 취업한 사람 7. 제31조 제4항을 위반하여 관계인의 정당한 업무를 방해하거나 업무상 알게 된 비밀을 누설한 사람 **제38조【벌칙】** 다음 각 호의 어느 하나에 해당하는 자는 100만원 이하의 벌금에 처한다. 1. 제31조 제2항에 따른 명령을 위반하여 보고 또는 자료제출을 하지 아니하거나 거짓으로 한 자 2. 제31조 제1항 및 제2항을 위반하여 정당한 사유 없이 관계 공무원의 출입 또는 검사·조사를 거부·방해 또는 기피한 자		

소방시설공사업법	소방시설공사업법 시행령	소방시설공사업법 시행규칙
제39조【양벌규정】 법인의 대표자나 법인 또는 개인의 대리인, 사용인, 그 밖의 종업원이 그 법인 또는 개인의 업무에 관하여 제35조부터 제38조까지의 어느 하나에 해당하는 위반행위를 하면 그 행위자를 벌하는 외에 그 법인 또는 개인에게도 해당 조문의 벌금형을 과(科)한다. 다만, 법인 또는 개인이 그 위반행위를 방지하기 위하여 해당 업무에 관하여 상당한 주의와 감독을 게을리하지 아니한 경우에는 그러하지 아니하다.		
제40조【과태료】 ① 다음 각 호의 어느 하나에 해당하는 자에게는 200만원 이하의 과태료를 부과한다. 1. 제6조, 제6조의2 제1항, 제7조 제3항, 제13조 제1항 및 제2항 전단, 제17조 제2항을 위반하여 신고를 하지 아니하거나 거짓으로 신고한 자 2. 제8조 제3항을 위반하여 관계인에게 지위승계, 행정처분 또는 휴업·폐업의 사실을 거짓으로 알린 자 3. 제8조 제4항을 위반하여 관계 서류를 보관하지 아니한 자 4. 제12조 제2항을 위반하여 소방기술자를 공사 현장에 배치하지 아니한 자 5. 제14조 제1항을 위반하여 완공검사를 받지 아니한 자 6. 제15조 제3항을 위반하여 3일 이내에 하자를 보수하지 아니하거나 하자보수계획을 관계인에게 거짓으로 알린 자 7. 삭제 8. 제17조 제3항을 위반하여 감리 관계 서류를 인수·인계하지 아니한 자 8의2. 제18조 제2항에 따른 배치통보 및 변경통보를 하지 아니하거나 거짓으로 통보한 자	**제21조【과태료의 부과기준】** 법 제40조 제1항에 따른 과태료의 부과기준은 별표 5와 같다.	

[영 별표 5] 과태료 부과기준

1. 일반기준
   가. 위반행위의 횟수에 따른 과태료의 가중된 부과기준은 최근 1년간 같은 위반행위로 과태료 부과처분을 받은 경우에 적용한다. 이 경우 기간의 계산은 위반행위에 대하여 과태료 부과처분을 받은 날과 그 처분 후 다시 같은 위반행위를 하여 적발된 날을 기준으로 한다.
   나. 가목에 따라 가중된 부과처분을 하는 경우 가중처분의 적용 차수는 그 위반행위 전 부과처분 차수(가목에 따른 기간 내에 과태료 부과처분이 둘 이상 있었던 경우에는 높은 차수를 말한다)의 다음 차수로 한다. 다만, 적발된 날부터 소급하여 1년이 되는 날 전에 한 부과처분은 가중처분의 차수 산정 대상에서 제외한다.
   다. 과태료 부과권자는 위반행위자가 다음의 어느 하나에 해당하는 경우에는 제2호에 따른 과태료 금액의 2분의 1의 범위에서 그 금액을 줄여 부과할 수 있다. 다만, 과태료를 체납하고 있는 위반행위자에 대해서는 그렇지 않다.
      1) 위반행위자가 「질서위반행위규제법 시행령」 제2조의2 제1항 각 호의 어느 하나에 해당하는 경우
      2) 위반행위자가 처음 위반행위를 한 경우로서 3년 이상 해당 업종을 모범적으로 영위한 사실이 인정되는 경우
      3) 위반행위자가 화재 등 재난으로 재산에 현저한 손실이 발생하거나 사업여건의 악화로 사업이 중대한 위기에 처하는 등의 사정이 있는 경우
      4) 위반행위가 사소한 부주의나 오류 등 과실로 인한 것으로 인정되는 경우
      5) 위반행위자가 같은 위반행위로 다른 법률에 따라 과태료·벌금 또는 영업정지 등의 처분을 받은 경우
      6) 위반행위자가 위법행위로 인한 결과를 시정하거나 해소한 경우
      7) 그 밖에 위반행위의 정도, 위반행위의 동기와 그 결과 등을 고려하여 과태료 금액을 줄일 필요가 있다고 인정되는 경우

소방시설공사업법	소방시설공사업법 시행령	소방시설공사업법 시행규칙

소방시설공사업법

9. 제20조의2를 위반하여 방염성능기준 미만으로 방염을 한 자
10. 제20조의3 제2항에 따른 방염처리능력 평가에 관한 서류를 거짓으로 제출한 자

10의2. 삭제

10의3. 제21조의3 제2항에 따른 도급계약 체결 시 의무를 이행하지 아니한 자(하도급 계약의 경우에는 하도급 받은 소방시설업자는 제외한다)

11. 제21조의3 제4항에 따른 하도급 등의 통지를 하지 아니한 자

11의2. 제21조의4 제1항에 따른 공사대금의 지급보증, 담보의 제공 또는 보험료 등의 지급을 정당한 사유 없이 이행하지 아니한 자

12. 삭제
13. 삭제

13의2. 제26조 제2항에 따른 시공능력 평가에 관한 서류를 거짓으로 제출한 자

13의3. 제26조의2 제1항 후단에 따른 사업수행능력 평가에 관한 서류를 위조하거나 변조하는 등 거짓이나 그 밖의 부정한 방법으로 입찰에 참여한 자

14. 제31조 제1항에 따른 명령을 위반하여 보고 또는 자료 제출을 하지 아니하거나 거짓으로 보고 또는 자료 제출을 한 자

② 제1항에 따른 과태료는 대통령령으로 정하는 바에 따라 관할 ❶ ________, 소방본부장 또는 소방서장이 부과 · 징수한다.

소방시설공사업법 시행령

2. 개별기준

위반행위	근거 법조문	과태료 금액(단위: 만원)		
		1차 위반	2차 위반	3차 이상 위반
가. 법 제6조, 제6조의2 제1항, 제7조 제3항, 제13조 제1항 및 제2항 전단, 제17조 제2항을 위반하여 신고를 하지 않거나 거짓으로 신고한 경우	법 제40조 제1항 제1호	60	100	200
나. 법 제8조 제3항을 위반하여 관계인에게 지위승계, 행정처분 또는 휴업 · 폐업의 사실을 거짓으로 알린 경우	법 제40조 제1항 제2호	60	100	200
다. 법 제8조 제4항을 위반하여 관계 서류를 보관하지 않은 경우	법 제40조 제1항 제3호	200		
라. 법 제12조 제2항을 위반하여 소방기술자를 공사 현장에 배치하지 않은 경우	법 제40조 제1항 제4호	200		
마. 법 제14조 제1항을 위반하여 완공검사를 받지 않은 경우	법 제40조 제1항 제5호	200		
바. 법 제15조 제3항을 위반하여 3일 이내에 하자를 보수하지 않거나 하자보수계획을 관계인에게 거짓으로 알린 경우	법 제40 조 제1항 제6호			
1) 4일 이상 30일 이내에 보수하지 않은 경우		60		
2) 30일을 초과하도록 보수하지 않은 경우		100		
3) 거짓으로 알린 경우		200		
사. 법 제17조 제3항을 위반하여 감리 관계 서류를 인수 · 인계하지 않은 경우	법 제40조 제1항 제8호	200		
아. 법 제18조 제2항에 따른 배치통보 및 변경통보를 하지 않거나 거짓으로 통보한 경우	법 제40조 제1항 제8호의2	60	100	200
자. 법 제20조의2를 위반하여 방염성능기준 미만으로 방염을 한 경우	법 제40조 제1항 제9호	200		

소방시설공사업법	소방시설공사업법 시행령	소방시설공사업법 시행규칙

위반행위	근거 법조문			
차. 법 제20조의3 제2항에 따른 방염처리능력 평가에 관한 서류를 거짓으로 제출한 경우	법 제40조 제1항 제10호	200		
카. 법 제21조의3 제2항에 따른 도급계약 체결 시 의무를 이행하지 않은 경우(하도급 계약의 경우에는 하도급 받은 소방시설업자는 제외한다)	법 제40조 제1항 제10호의3	200		
타. 법 제21조의3 제4항에 따른 하도급 등의 통지를 하지 않은 경우	법 제40조 제1항 제11호	60	100	200
파. 법 제21조의4 제1항에 따른 공사대금의 지급보증, 담보의 제공 또는 보험료등의 지급을 정당한 사유 없이 이행하지 않은 경우	법 제40조 제1항 제11호의2	200		
하. 법 제26조 제2항에 따른 시공능력 평가에 관한 서류를 거짓으로 제출한 경우	법 제40조 제1항 제13호의2	200		
거. 법 제26조의2 제1항 후단에 따른 사업수행능력 평가에 관한 서류를 위조하거나 변조하는 등 거짓이나 그 밖의 부정한 방법으로 입찰에 참여한 경우	법 제40조 제1항 제13호의3	200		
너. 법 제31조 제1항에 따른 명령을 위반하여 보고 또는 자료 제출을 하지 않거나 거짓으로 보고 또는 자료 제출을 한 경우	법 제40조 제1항 제14호	60	100	200

<제40조> ❶ 시 · 도지사

제6편

위험물안전관리법

위험물안전관리법

[시행 2025.2.21]
[법률 제20315호, 2024.2.20 일부개정]

제1장 총칙

제1조【목적】 이 법은 위험물의 저장·취급 및 운반과 이에 따른 안전관리에 관한 사항을 규정함으로써 위험물로 인한 위해를 방지하여 공공의 안전을 확보함을 목적으로 한다.

제2조【정의】 ① 이 법에서 사용하는 용어의 정의는 다음과 같다.

1. "위험물"이라 함은 인화성 또는 ❶ 등의 성질을 가지는 것으로서 대통령령이 정하는 물품을 말한다.
2. "지정수량"이라 함은 위험물의 종류별로 위험성을 고려하여 대통령령이 정하는 수량으로서 제6호의 규정에 의한 제조소등의 설치허가 등에 있어서 최저의 기준이 되는 수량을 말한다.
3. "제조소"라 함은 위험물을 제조할 목적으로 지정수량 이상의 위험물을 취급하기 위하여 제6조 제1항의 규정에 따른 허가(동조 제3항의 규정에 따라 허가가 면제된 경우 및 제7조 제2항의 규정에 따라 협의로써 허가를 받은 것으로 보는 경우를 포함한다. 이하 제4호 및 제5호에서 같다)를 받은 장소를 말한다.
4. "저장소"라 함은 지정수량 이상의 위험물을 저장하기 위한 대통령령이 정하는 장소로서 제6조 제1항의 규정에 따른 허가를 받은 장소를 말한다.
5. "취급소"라 함은 지정수량 이상의 위험물을 제조 외의 목적으로 취급하기 위한 대통령령이 정하는 장소로서 제6조 제1항의 규정에 따른 허가를 받은 장소를 말한다.
6. "제조소등"이라 함은 제3호 내지 제5호의 제조소·❷ 및 취급소를 말한다.

위험물안전관리법 시행령

[시행 2024.7.31]
[대통령령 제34733호, 2024.7.23 일부개정]

제1조【목적】 이 영은 「위험물안전관리법」에서 위임된 사항과 그 시행에 관하여 필요한 사항을 규정함을 목적으로 한다.

제2조【위험물】 「위험물안전관리법」(이하 "법"이라 한다) 제2조 제1항 제1호에서 "대통령령이 정하는 물품"이라 함은 별표 1에 규정된 위험물을 말한다.

제3조【위험물의 지정수량】 법 제2조 제1항 제2호에서 "대통령령이 정하는 수량"이라 함은 별표 1의 위험물별로 지정수량란에 규정된 수량을 말한다.

제4조【위험물을 저장하기 위한 장소 등】 법 제2조 제1항 제4호의 규정에 의한 지정수량 이상의 위험물을 저장하기 위한 장소와 그에 따른 저장소의 구분은 별표 2와 같다.

제5조【위험물을 취급하기 위한 장소 등】 법 제2조 제1항 제5호의 규정에 의한 지정수량 이상의 위험물을 제조 외의 목적으로 취급하기 위한 장소와 그에 따른 취급소의 구분은 별표 3과 같다.

위험물안전관리법 시행규칙

[시행 2024.8.21]
[행정안전부령 제482호, 2024.5.20 타법개정]

제1조【목적】 이 규칙은 「위험물안전관리법」 및 동법 시행령에서 위임된 사항과 그 시행에 관하여 필요한 사항을 규정함을 목적으로 한다.

제2조【정의】 이 규칙에서 사용하는 용어의 뜻은 다음과 같다.

1. "고속국도"란 「도로법」 제10조 제1호에 따른 고속국도를 말한다.
2. "도로"란 다음 각 목의 어느 하나에 해당하는 것을 말한다.
   가. 「도로법」 제2조 제1호에 따른 도로
   나. 「항만법」 제2조 제5호에 따른 항만시설 중 임항교통시설에 해당하는 도로
   다. 「사도법」 제2조의 규정에 의한 사도
   라. 그 밖에 일반교통에 이용되는 너비 2미터 이상의 도로로서 자동차의 통행이 가능한 것
3. "하천"이란 「하천법」 제2조 제1호에 따른 하천을 말한다.
4. "내화구조"란 「건축법 시행령」 제2조 제7호에 따른 내화구조를 말한다.
5. "불연재료"란 「건축법 시행령」 제2조 제10호에 따른 불연재료 중 ❶ 외의 것을 말한다.

제3조【위험물 품명의 지정】 ① 「위험물안전관리법 시행령」(이하 "영"이라 한다) 별표 1 제1류의 품명란 제10호에서 "행정안전부령으로 정하는 것"이라 함은 다음 각 호의 1에 해당하는 것을 말한다.

1. 과아이오딘산염류
2. 과아이오딘산
3. 크로뮴, 납 또는 아이오딘의 산화물
4. 아질산염류

위험물안전관리법

② 이 법에서 사용하는 용어의 정의는 제1항에서 규정하는 것을 제외하고는 「소방기본법」, 「화재의 예방 및 안전관리에 관한 법률」, 「소방시설 설치 및 관리에 관한 법률」 및 「소방시설공사업법」에서 정하는 바에 따른다.

[영 별표 1] 위험물 및 지정수량

유별/성질	품명/지정수량			
1. 일산고	아염과무	브질 요(아)	과 중(다이)	
	50	300	1천	
2. 이가고	황건 적 有(황)	철금 馬	인고	
	100	500	1천	
3. 삼자수	칼나알알	황린	알유	금수인 칼슘알탄
	10	20	50	300
4. 사인액	특	석 (1, 2, 3, 4)	알	동
	50리터	2백, 1천, 2천, 6천리터	400리터	1만리터
5. 오자	유질	나 · 소, 아조 · 다이, 하	하하록	
	• 제1종: 10킬로그램 • 제2종: 100킬로그램			
6. 육산액	과과질			
	300			

위험물안전관리법 시행령

위험물의 유별 정의

제1류 위험물	산화성 고체	고체로서 산화력의 잠재적인 위험성 또는 충격에 대한 민감성을 판단하기 위하여 소방청장이 정하여 고시(이하 "고시"라 한다)하는 시험에서 고시로 정하는 성질과 상태를 나타내는 것을 말한다.
제2류 위험물	가연성 고체	고체로서 화염에 의한 발화의 위험성 또는 인화의 위험성을 판단하기 위하여 고시로 정하는 시험에서 고시로 정하는 성질과 상태를 나타내는 것을 말한다.
제3류 위험물	자연발화성 및 금수성 물질	고체 또는 액체로서 공기 중에서 발화의 위험성이 있거나 물과 접촉하여 발화하거나 가연성가스를 발생하는 위험성이 있는 것을 말한다.
제4류 위험물	인화성 액체	액체(제3석유류, 제4석유류 및 동식물유류에 있어서는 1기압과 섭씨 20도에서 액상인 것에 한한다)로서 인화의 위험성이 있는 것을 말한다.
제5류 위험물	자기 반응성 물질	고체 또는 액체로서 폭발의 위험성 또는 가열분해의 격렬함을 판단하기 위하여 고시로 정하는 시험에서 고시로 정하는 성질과 상태를 나타내는 것을 말한다.
제6류 위험물	산화성 액체	액체로서 산화력의 잠재적인 위험성을 판단하기 위하여 고시로 정하는 시험에서 고시로 정하는 성질과 상태를 나타내는 것을 말한다.

위험물안전관리법 시행규칙

5. 차아염소산염류
6. 염소화아이소시아누르산
7. 퍼옥소이황산염류
8. 퍼옥소붕산염류

② 영 별표 1 제3류의 품명란 제11호에서 "행정안전부령으로 정하는 것"이라 함은 ❷ 을 말한다.

③ 영 별표 1 제5류의 품명란 제10호에서 "행정안전부령으로 정하는 것"이라 함은 다음 각 호의 1에 해당하는 것을 말한다.

1. 금속의 아지화합물
2. 질산구아니딘

④ 영 별표 1 제6류의 품명란 제4호에서 "행정안전부령으로 정하는 것"이라 함은 할로겐간화합물을 말한다.

제4조【위험물의 품명】 ① 제3조 제1항 및 제3항 각 호의 1에 해당하는 위험물은 각각 다른 품명의 위험물로 본다.

② 영 별표 1 제1류의 품명란 제11호, 동표 제2류의 품명란 제8호, 동표 제3류의 품명란 제12호, 동표 제5류의 품명란 제11호 또는 동표 제6류의 품명란 제5호의 위험물로서 당해 위험물에 함유된 위험물의 품명이 다른 것은 각각 다른 품명의 위험물로 본다.

제5조【탱크 용적의 산정기준】 ① 위험물을 저장 또는 취급하는 탱크의 용량은 해당 탱크의 내용적에서 공간용적을 뺀 용적으로 한다. 이 경우 위험물을 저장 또는 취급하는 영 별표 2 제6호에 따른 차량에 고정된 탱크(이하 "이동저장탱크"라 한다)의 용량은 「자동차 및 자동차부품의 성능과 기준에 관한 규칙」에 따른 최대적재량 이하로 하여야 한다.

위험물안전관리법	위험물안전관리법 시행령	위험물안전관리법 시행규칙
		② 제1항의 규정에 의한 탱크의 내용적 및 공간용적의 계산방법은 소방청장이 정하여 고시한다. ③ 제1항의 규정에 불구하고 제조소 또는 일반취급소의 위험물을 취급하는 탱크 중 특수한 구조 또는 설비를 이용함에 따라 당해 탱크내의 위험물의 최대량이 제1항의 규정에 의한 용량 이하인 경우에는 당해 최대량을 용량으로 한다.

제3조【적용제외】 이 법은 ❶ · 선박(선박법 제1조의2 제1항의 규정에 따른 선박을 말한다) · 철도 및 궤도에 의한 위험물의 저장 · 취급 및 운반에 있어서는 이를 적용하지 아니한다.

제3조의2【국가의 책무】 ① 국가는 위험물에 의한 사고를 예방하기 위하여 다음 각 호의 사항을 포함하는 시책을 수립 · 시행하여야 한다.

1. 위험물의 유통실태 분석
2. 위험물에 의한 사고 유형의 분석
3. 사고 예방을 위한 안전기술 개발
4. ❷
5. 그 밖에 사고 예방을 위하여 필요한 사항

② 국가는 지방자치단체가 위험물에 의한 사고의 예방 · 대비 및 대응을 위한 시책을 추진하는 데에 필요한 행정적 · 재정적 지원을 하여야 한다.

제4조【지정수량 미만인 위험물의 저장 · 취급】 지정수량 미만인 위험물의 저장 또는 취급에 관한 기술상의 기준은 특별시 · 광역시 · 특별자치시 · 도 및 특별자치도(이하 "시 · 도"라 한다)의 조례로 정한다.

[영 별표 2] 지정수량 이상의 위험물을 저장하기 위한 장소와 그에 따른 저장소의 구분

지정수량 이상의 위험물을 저장하기 위한 장소	저장소의 구분
1. 옥내(지붕과 기둥 또는 벽 등에 의하여 둘러싸인 곳을 말한다. 이하 같다)에 저장(위험물을 저장하는데 따르는 취급을 포함한다. 이하 이 표에서 같다)하는 장소. 다만, 제3호의 장소를 제외한다.	옥내저장소
2. 옥외에 있는 탱크(제4호 내지 제6호 및 제8호에 규정된 탱크를 제외한다. 이하 제3호에서 같다)에 위험물을 저장하는 장소	옥외탱크저장소
3. 옥내에 있는 탱크에 위험물을 저장하는 장소	옥내탱크저장소
4. 지하에 매설한 탱크에 위험물을 저장하는 장소	지하탱크저장소
5. 간이탱크에 위험물을 저장하는 장소	간이탱크저장소
6. 차량(피견인자동차에 있어서는 앞차축을 갖지 아니하는 것으로서 당해 피견인자동차의 일부가 견인자동차에 적재되고 당해 피견인자동차와 그 적재물의 중량의 상당부분이 견인자동차에 의하여 지탱되는 구조의 것에 한한다)에 고정된 탱크에 위험물을 저장하는 장소	이동탱크저장소
7. 옥외에 다음 각 목의 1에 해당하는 위험물을 저장하는 장소. 다만, 제2호의 장소를 제외한다. 가. 제2류 위험물중 황 또는 인화성고체(인화점이 섭씨 0도 이상인 것에 한한다) 나. 제4류 위험물중 제1석유류(인화점이 섭씨 0도 이상인 것에 한한다) · 알코올류 · 제2석유류 · 제3석유류 · 제4석유류 및 동식물유류 다. 제6류 위험물 라. 제2류 위험물 및 제4류 위험물 중 특별시 · 광역시 · 특별자치시 · 도 또는 특별자치도의 조례로 정하는 위험물(「관세법」 제154조에 따른 보세구역 안에 저장하는 경우로 한정한다) 마. 「국제해사기구에 관한 협약」에 의하여 설치된 국제해사기구가 채택한 「국제해상위험물규칙」(IMDG Code)에 적합한 용기에 수납된 위험물	옥외저장소
8. 암반 내의 공간을 이용한 탱크에 액체의 위험물을 저장하는 장소	암반탱크저장소

위험물안전관리법	위험물안전관리법 시행령	위험물안전관리법 시행규칙

위험물안전관리법

제5조【위험물의 저장 및 취급의 제한】 ① 지정수량 이상의 위험물을 저장소가 아닌 장소에서 저장하거나 제조소등이 아닌 장소에서 취급하여서는 아니된다. ▶**3년/3천(벌)**

② 제1항의 규정에 불구하고 다음 각 호의 어느 하나에 해당하는 경우에는 제조소등이 아닌 장소에서 지정수량 이상의 위험물을 취급할 수 있다. 이 경우 임시로 저장 또는 취급하는 장소에서의 저장 또는 취급의 기준과 임시로 저장 또는 취급하는 장소의 위치 · 구조 및 설비의 기준은 시 · 도의 조례로 정한다.

1. 시 · 도의 조례가 정하는 바에 따라 관할소방서장의 승인을 받아 지정수량 이상의 위험물을 ❸ 이내의 기간동안 임시로 저장 또는 취급하는 경우 ▶**5백(과)**
2. 군부대가 지정수량 이상의 위험물을 군사목적으로 임시로 저장 또는 취급하는 경우

③ 제조소등에서의 위험물의 저장 또는 취급에 관하여는 다음 각 호의 중요기준 및 세부기준에 따라야 한다.

1. 중요기준: 화재 등 위해의 예방과 응급조치에 있어서 큰 영향을 미치거나 그 기준을 위반하는 경우 직접적으로 화재를 일으킬 가능성이 큰 기준으로서 행정안전부령이 정하는 기준 ▶**1천5백(벌)**
2. 세부기준: 화재 등 위해의 예방과 응급조치에 있어서 중요기준보다 상대적으로 적은 영향을 미치거나 그 기준을 위반하는 경우 간접적으로 화재를 일으킬 수 있는 기준 및 위험물의 안전관리에 필요한 표시와 서류 · 기구 등의 비치에 관한 기준으로서 행정안전부령이 정하는 기준 ▶**5백(과)**

위험물안전관리법 시행규칙

제28조【제조소의 기준】 법 제5조 제4항의 규정에 의한 제조소등의 위치 · 구조 및 설비의 기준(법 제19조의2 제2항에 따른 금연구역 표지의 설치 기준 · 방법 등을 포함하며, 이하 제40조까지에서 같다) 중 제조소에 관한 것은 별표 4와 같다.

제29조【옥내저장소의 기준】 법 제5조 제4항의 규정에 의한 제조소등의 위치 · 구조 및 설비의 기준 중 옥내저장소에 관한 것은 별표 5와 같다.

제30조【옥외탱크저장소의 기준】 법 제5조 제4항의 규정에 의한 제조소등의 위치 · 구조 및 설비의 기준 중 옥외탱크저장소에 관한 것은 별표 6과 같다.

제31조【옥내탱크저장소의 기준】 법 제5조 제4항의 규정에 의한 제조소등의 위치 · 구조 및 설비의 기준 중 옥내탱크저장소에 관한 것은 별표 7과 같다.

제32조【지하탱크저장소의 기준】 법 제5조 제4항의 규정에 의한 제조소등의 위치 · 구조 및 설비의 기준 중 지하탱크저장소에 관한 것은 별표 8과 같다.

제33조【간이탱크저장소의 기준】 법 제5조 제4항의 규정에 의한 제조소등의 위치 · 구조 및 설비의 기준 중 간이탱크저장소에 관한 것은 별표 9와 같다.

제34조【이동탱크저장소의 기준】 법 제5조 제4항의 규정에 의한 제조소등의 위치 · 구조 및 설비의 기준 중 이동탱크저장소에 관한 것은 별표 10과 같다.

제35조【옥외저장소의 기준】 법 제5조 제4항의 규정에 의한 제조소등의 위치 · 구조 및 설비의 기준 중 옥외저장소에 관한 것은 별표 11과 같다.

제36조【암반탱크저장소의 기준】 법 제5조 제4항의 규정에 의한 제조소등의 위치 · 구조 및 설비의 기준 중 암반탱크저장소에 관한 것은 별표 12와 같다.

제37조【주유취급소의 기준】 법 제5조 제4항의 규정에 의한 제조소등의 위치 · 구조 및 설비의 기준 중 주유취급소에 관한 것은 별표 13과 같다.

제38조【판매취급소의 기준】 법 제5조 제4항의 규정에 의한 제조소등의 위치 · 구조 및 설비의 기준 중 판매취급소에 관한 것은 별표 14와 같다.

제39조【이송취급소의 기준】 법 제5조 제4항의 규정에 의한 제조소등의 위치 · 구조 및 설비의 기준 중 이송취급소에 관한 것은 별표 15와 같다.

제40조【일반취급소의 기준】 법 제5조 제4항의 규정에 의한 제조소등의 위치 · 구조 및 설비의 기준 중 일반취급소에 관한 것은 별표 16과 같다.

<제3조> ❶ 항공기
<제3조의2> ❷ 전문인력양성
<제5조> ❸ 90일

위험물안전관리법	위험물안전관리법 시행령	위험물안전관리법 시행규칙
④ 제1항의 규정에 따른 제조소등의 위치·구조 및 설비의 기술기준은 행정안전부령으로 정한다. ⑤ 둘 이상의 위험물을 같은 장소에서 저장 또는 취급하는 경우에 있어서 당해 장소에서 저장 또는 취급하는 각 위험물의 수량을 그 위험물의 지정수량으로 각각 나누어 얻은 수의 합계가 ❶ 이상인 경우 당해 위험물은 지정수량 이상의 위험물로 본다.		

위험물안전관리법 시행규칙

제41조【소화설비의 기준】 ① 법 제5조 제4항의 규정에 의하여 제조소등에는 화재발생시 소화가 곤란한 정도에 따라 그 소화에 적응성이 있는 소화설비를 설치하여야 한다.

② 제1항의 규정에 의한 소화가 곤란한 정도에 따른 소화난이도는 소화난이도등급Ⅰ, 소화난이도등급Ⅱ 및 소화난이도등급Ⅲ으로 구분하되, 각 소화난이도등급에 해당하는 제조소등의 규모, 저장 또는 취급하는 위험물의 품명 및 최대수량 등과 그에 따라 제조소등별로 설치하여야 하는 소화설비의 종류, 각 소화설비의 적응성 및 소화설비의 설치기준은 별표 17과 같다.

제42조【경보설비의 기준】 ① 법 제5조 제4항의 규정에 의하여 영 별표 1의 규정에 의한 지정수량의 ❶ 이상의 위험물을 저장 또는 취급하는 제조소등(이동탱크저장소를 제외한다)에는 화재발생시 이를 알릴 수 있는 경보설비를 설치하여야 한다.

② 제1항에 따른 경보설비는 자동화재탐지설비 · ❷ · 비상경보설비(비상벨장치 또는 경종을 포함한다) · 확성장치(휴대용확성기를 포함한다) 및 비상방송설비로 구분하되, 제조소등별로 설치하여야 하는 경보설비의 종류 및 설치기준은 별표 17과 같다.

③ 자동신호장치를 갖춘 스프링클러설비 또는 물분무등 소화설비를 설치한 제조소등에 있어서는 제2항의 규정에 의한 자동화재탐지설비를 설치한 것으로 본다.

제43조【피난설비의 기준】 ① 법 제5조 제4항의 규정에 의하여 주유취급소 중 건축물의 2층 이상의 부분을 점포 · 휴게음식점 또는 전시장의 용도로 사용하는 것과 ❸ 에는 피난설비를 설치하여야 한다.

② 제1항의 규정에 의한 피난설비의 설치기준은 별표 17과 같다.

제44조【소화설비 등의 설치에 관한 세부기준】 제41조 내지 제43조의 규정에 의한 기준 외에 소화설비 · 경보설비 및 피난설비의 설치에 관하여 필요한 세부기준은 소방청장이 정하여 고시한다.

제45조【소화설비 등의 형식】 소화설비 · 경보설비 및 피난설비는 「소방시설 설치 및 관리에 관한 법률」제37조에 따라 소방청장의 형식승인을 받은 것이어야 한다.

제46조【화재안전기준 등의 적용】 제조소등에 설치하는 소화설비 · 경보설비 및 피난설비의 설치 기준 등에 관하여 제41조부터 제44조까지의 규정에 따른 기준 외에는 「소방시설 설치 및 관리에 관한 법률」 제2조 제6호에 따른 화재안전기준 및 같은 법 제7조에 따른 내진설계기준에 따른다.

위험물안전관리법	위험물안전관리법 시행령	위험물안전관리법 시행규칙

제47조【제조소등의 기준의 특례】 ① 시 · 도지사 또는 소방서장은 다음 각 호의 1에 해당하는 경우에는 이 장의 규정을 적용하지 아니한다.

1. 위험물의 품명 및 최대수량, 지정수량의 배수, 위험물의 저장 또는 취급의 방법 및 제조소등의 주위의 지형 그 밖의 상황 등에 비추어 볼 때 화재의 발생 및 연소의 정도나 화재 등의 재난에 의한 피해가 이 장의 규정에 의한 제조소등의 위치 · 구조 및 설비의 기준에 의한 경우와 동등 이하가 된다고 인정되는 경우
2. 예상하지 아니한 특수한 구조나 설비를 이용하는 것으로서 이 장의 규정에 의한 제조소등의 위치 · 구조 및 설비의 기준에 의한 경우와 동등 이상의 효력이 있다고 인정되는 경우

② 시 · 도지사 또는 소방서장은 제조소등의 기준의 특례 적용 여부를 심사함에 있어서 전문기술적인 판단이 필요하다고 인정하는 사항에 대해서는 기술원이 실시한 해당 제조소등의 안전성에 관한 평가(이하 이 조에서 "안전성 평가"라 한다)를 참작할 수 있다.

③ 안전성 평가를 받으려는 자는 제6조 제1호부터 제4호까지 및 같은 조 제7호부터 제9호까지의 규정에 따른 서류 중 해당 서류를 기술원에 제출하여 안전성 평가를 신청할 수 있다.

④ 안전성 평가의 신청을 받은 기술원은 소방기술사, 위험물기능장 등 해당분야의 전문가가 참여하는 위원회(이하 이 조에서 "안전성평가위원회"라 한다)의 심의를 거쳐 안전성 평가 결과를 30일 이내에 신청인에게 통보하여야 한다.

⑤ 그 밖에 안전성평가위원회의 구성 및 운영과 신청절차 등 안전성 평가에 관하여 필요한 사항은 기술원의 원장이 정한다.

제48조【화약류에 해당하는 위험물의 특례】 염소산염류 · 과염소산염류 · 질산염류 · 황 · 철분 · 금속분 · 마그네슘 · 질산에스터류 · 니이트로화합물 중 「총포 · 도검 · 화약류 등의 안전관리에 관한 법률」에 따른 화약류에 해당하는 위험물을 저장 또는 취급하는 제조소 등에 대해서는 별표 4 Ⅱ · Ⅳ · Ⅸ · Ⅹ 및 별표 5 Ⅰ 제1호 · 제2호 · 제4호부터 제8호까지 · 제14호 · 제16호 · Ⅱ · Ⅲ을 적용하지 않는다.

제49조【제조소등에서의 위험물의 저장 및 취급의 기준】 법 제5조 제3항의 규정에 의한 제조소등에서의 위험물의 저장 및 취급에 관한 기준은 별표 18과 같다.

제66조【정기점검의 내용 등】 제조소등의 위치 · 구조 및 설비가 법 제5조 제4항의 기술기준에 적합한지를 점검하는데 필요한 정기점검의 내용 · 방법 등에 관한 기술상의 기준과 그 밖의 점검에 관하여 필요한 사항은 소방청장이 정하여 고시한다.

<제5조> ❶ 1

<제42조> ❶ 10배 ❷ 자동화재속보설비
<제43조> ❸ 옥내주유취급소

위험물안전관리법

제2장 위험물시설의 설치 및 변경

제6조【위험물시설의 설치 및 변경 등】 ① 제조소등을 설치하고자 하는 자는 ❶ 이 정하는 바에 따라 그 설치장소를 관할하는 특별시장·광역시장·특별자치시장·도지사 또는 특별자치도지사(이하 "시·도지사"라 한다)의 허가를 받아야 한다. 제조소등의 위치·구조 또는 설비 가운데 행정안전부령이 정하는 사항을 변경하고자 하는 때에도 또한 같다.

▶1년-10년, 후단: 1천5백(벌)

② 제조소등의 위치·구조 또는 설비의 변경없이 당해 제조소등에서 저장하거나 취급하는 위험물의 품명·수량 또는 지정수량의 배수를 변경하고자 하는 자는 변경하고자 하는 날의 ❷ 전까지 행정안전부령이 정하는 바에 따라 시·도지사에게 신고하여야 한다.

▶5백(과)

③ 제1항 및 제2항의 규정에 불구하고 다음 각 호의 어느 하나에 해당하는 제조소등의 경우에는 허가를 받지 아니하고 당해 제조소등을 설치하거나 그 위치·구조 또는 설비를 변경할 수 있으며, 신고를 하지 아니하고 위험물의 품명·수량 또는 지정수량의 배수를 변경할 수 있다.

1. 주택의 난방시설(공동주택의 중앙난방시설을 제외한다)을 위한 저장소 또는 취급소
2. 농예용·축산용 또는 수산용으로 필요한 난방시설 또는 건조시설을 위한 지정수량 ❸ 이하의 저장소

위험물안전관리법 시행령

제6조【제조소등의 설치 및 변경의 허가】 ① 법 제6조 제1항에 따라 제조소등의 설치허가 또는 변경허가를 받으려는 자는 설치허가 또는 변경허가신청서에 행정안전부령으로 정하는 서류를 첨부하여 특별시장·광역시장·특별자치시장·도지사 또는 특별자치도지사(이하 "시·도지사"라 한다)에게 제출하여야 한다.

② 시·도지사는 제1항에 따른 제조소등의 설치허가 또는 변경허가 신청 내용이 다음 각 호의 기준에 적합하다고 인정하는 경우에는 허가를 하여야 한다.

1. 제조소등의 위치·구조 및 설비가 법 제5조 제4항의 규정에 의한 기술기준에 적합할 것
2. 제조소등에서의 위험물의 저장 또는 취급이 공공의 안전유지 또는 재해의 발생방지에 지장을 줄 우려가 없다고 인정될 것
3. 다음 각 목의 제조소등은 해당 목에서 정한 사항에 대하여 「소방산업의 진흥에 관한 법률」 제14조에 따른 한국소방산업기술원(이하 "기술원"이라 한다)의 기술검토를 받고 그 결과가 행정안전부령으로 정하는 기준에 적합한 것으로 인정될 것. 다만, 보수 등을 위한 부분적인 변경으로서 소방청장이 정하여 고시하는 사항에 대해서는 기술원의 기술검토를 받지 않을 수 있으나 행정안전부령으로 정하는 기준에는 적합해야 한다.
   가. 지정수량의 1천배 이상의 위험물을 취급하는 제조소 또는 일반취급소: 구조·설비에 관한 사항
   나. 옥외탱크저장소(저장용량이 50만 리터 이상인 것만 해당한다) 또는 암반탱크저장소: 위험물탱크의 기초·지반, 탱크본체 및 소화설비에 관한 사항

위험물안전관리법 시행규칙

제6조【제조소등의 설치허가의 신청】 「위험물안전관리법」(이하 "법"이라 한다) 제6조 제1항 전단 및 영 제6조 제1항에 따라 제조소등의 설치허가를 받으려는 자는 별지 제1호서식 또는 별지 제2호서식의 신청서(전자문서로 된 신청서를 포함한다)에 다음 각 호의 서류(전자문서를 포함한다)를 첨부하여 특별시장·광역시장·특별자치시장·도지사 또는 특별자치도지사(이하 "시·도지사"라 한다)나 소방서장에게 제출하여야 한다. 다만, 「전자정부법」 제36조 제1항에 따른 행정정보의 공동이용을 통하여 첨부서류에 대한 정보를 확인할 수 있는 경우에는 그 확인으로 첨부서류에 갈음할 수 있다.

1. 다음 각 목의 사항을 기재한 제조소등의 위치·구조 및 설비에 관한 도면
   가. 당해 제조소등을 포함하는 사업소 안 및 주위의 주요 건축물과 공작물의 배치
   나. 당해 제조소등이 설치된 건축물 안에 제조소등의 용도로 사용되지 아니하는 부분이 있는 경우 그 부분의 배치 및 구조
   다. 당해 제조소등을 구성하는 건축물, 공작물 및 기계·기구 그 밖의 설비의 배치(제조소 또는 일반취급소의 경우에는 공정의 개요를 포함한다)
   라. 당해 제조소등에서 위험물을 저장 또는 취급하는 건축물, 공작물 및 기계·기구 그 밖의 설비의 구조(주유취급소의 경우에는 별표 13 V 제1호 각 목의 규정에 의한 건축물 및 공작물의 구조를 포함한다)
   마. 당해 제조소등에 설치하는 전기설비, 피뢰설비, 소화설비, 경보설비 및 피난설비의 개요

위험물안전관리법	위험물안전관리법 시행령	위험물안전관리법 시행규칙
	③ 제2항 제3호 각 목의 어느 하나에 해당하는 제조소등에 관한 설치허가 또는 변경허가를 신청하는 자는 그 시설의 설치계획에 관하여 미리 기술원의 기술검토를 받아 그 결과를 설치허가 또는 변경허가신청서류와 함께 제출할 수 있다.	바. 압력안전장치 · 누설점검장치 및 긴급차단밸브 등 긴급대책에 관계된 설비를 설치하는 제조소등의 경우에는 당해 설비의 개요 2. 당해 제조소등에 해당하는 별지 제3호서식 내지 별지 제15호서식에 의한 구조설비명세표 3. 소화설비(소화기구를 제외한다)를 설치하는 제조소등의 경우에는 당해 설비의 설계도서 4. 화재탐지설비를 설치하는 제조소등의 경우에는 당해 설비의 설계도서 5. 50만리터 이상의 옥외탱크저장소의 경우에는 당해 옥외탱크저장소의 탱크(이하 "옥외저장탱크"라 한다)의 기초 · 지반 및 탱크본체의 설계도서, 공사계획서, 공사공정표, 지질조사자료 등 기초 · 지반에 관하여 필요한 자료와 용접부에 관한 설명서 등 탱크에 관한 자료 6. 암반탱크저장소의 경우에는 당해 암반탱크의 탱크본체 · 갱도(坑道) 및 배관 그 밖의 설비의 설계도서, 공사계획서, 공사공정표 및 지질 · 수리(水理)조사서 7. 옥외저장탱크가 지중탱크(저부가 지반면 아래에 있고 상부가 지반면 이상에 있으며 탱크내 위험물의 최고액면이 지반면 아래에 있는 원통세로형식의 위험물탱크를 말한다. 이하 같다)인 경우에는 해당 지중탱크의 지반 및 탱크본체의 설계도서, 공사계획서, 공사공정표 및 지질조사자료 등 지반에 관한 자료 8. 옥외저장탱크가 해상탱크[해상의 동일장소에 정치(定置)되어 육상에 설치된 설비와 배관 등에 의하여 접속된 위험물탱크를 말한다. 이하 같다]인 경우에는 당해 해상탱크의 탱크본체 · 정치설비(해상탱크를 동일장소에 정치하기 위한 설비를 말한다. 이하 같다) 그 밖의 설비의 설계도서, 공사계획서 및 공사공정표

벌칙정리

1. 제조소등 또는 제6조 제1항에 따른 허가를 받지 않고 지정수량 이상의 위험물을 저장 또는 취급하는 장소에서 위험물을 유출 · 방출 또는 확산시켜 사람의 생명 · 신체 또는 재산에 대하여 위험을 발생시킨 자는 1년 이상 10년 이하의 징역에 처한다.
2. 1.의 규정에 따른 죄를 범하여 사람을 상해(傷害)에 이르게 한 때에는 무기 또는 3년 이상의 징역에 처하며, 사망에 이르게 한 때에는 무기 또는 5년 이상의 징역에 처한다.
3. 업무상 과실로 제33조 제1항의 죄를 범한 자는 7년 이하의 금고 또는 7천만원 이하의 벌금에 처한다.
4. 3.의 죄를 범하여 사람을 사상(死傷)에 이르게 한 자는 10년 이하의 징역 또는 금고나 1억원 이하의 벌금에 처한다.
5. 제6조 제1항 전단을 위반하여 제조소등의 설치허가를 받지 아니하고 제조소등을 설치한 자는 5년 이하의 징역 또는 1억원 이하의 벌금에 처한다.

인화성액체 분류

인화성액체	종류	그 밖의 것(1기압 상태에서)
특수인화물	이황화탄소, 디에틸에테르	• 발화점 섭씨 100도 이하 • 인화점 섭씨 −20도 이하이고 비점 섭씨 40도 이하
알코올류		탄소원자 수 1~3개 포화1가 알코올(변성알코올 포함)
제1석유류	아세톤, 휘발유	인화점 섭씨 21도 미만
제2석유류	등유, 경유	인화점 섭씨 21도 이상 섭씨 70도 미만
제3석유류	중유, 크레오소트유	인화점 섭씨 70도 이상 섭씨 200도 미만
제4석유류	기어유, 실린더유	인화점 섭씨 200도 이상 섭씨 250도 미만
동식물유류	동물의 지육 · 식물의 종자나 과육으로부터 추출한 것	인화점 섭씨 250도 미만

<제6조> ❶ 대통령령 ❷ 1일 ❸ 20배

위험물안전관리법	위험물안전관리법 시행령	위험물안전관리법 시행규칙
		9. 이송취급소의 경우에는 공사계획서, 공사공정표 및 별표 1의 규정에 의한 서류 10.「소방산업의 진흥에 관한 법률」 제14조에 따른 한국소방산업기술원(이하 "기술원"라 한다)이 발급한 기술검토서(영 제6조 제3항의 규정에 의하여 기술원의 기술검토를 미리 받은 경우에 한한다)

위험물안전관리법 시행규칙

제7조【제조소등의 변경허가의 신청】 법 제6조 제1항 후단 및 영 제6조 제1항에 따라 제조소등의 위치·구조 또는 설비의 변경허가를 받으려는 자는 별지 제16호 서식 또는 별지 제17호 서식의 신청서(전자문서로 된 신청서를 포함한다)에 다음 각 호의 서류(전자문서를 포함한다)를 첨부하여 설치허가를 한 시·도지사 또는 소방서장에게 제출해야 한다. 다만, 「전자정부법」 제36조 제1항에 따른 행정정보의 공동이용을 통하여 첨부서류에 대한 정보를 확인할 수 있는 경우에는 그 확인으로 첨부서류를 갈음할 수 있다.

1. 제조소등의 완공검사합격확인증
2. 제6조 제1호의 규정에 의한 서류(라목 내지 바목의 서류는 변경에 관계된 것에 한한다)
3. 제6조 제2호 내지 제10호의 규정에 의한 서류 중 변경에 관계된 서류
4. 법 제9조 제1항 단서의 규정에 의한 화재예방에 관한 조치사항을 기재한 서류(변경공사와 관계가 없는 부분을 완공검사 전에 사용하고자 하는 경우에 한한다)

제8조【제조소등의 변경허가를 받아야 하는 경우】 법 제6조 제1항 후단에서 "행정안전부령이 정하는 사항"이라 함은 별표 1의2에 따른 사항을 말한다.

제9조【기술검토의 신청 등】 ① 영 제6조 제3항에 따라 기술검토를 미리 받으려는 자는 다음 각 호의 구분에 따른 신청서(전자문서로 된 신청서를 포함한다)와 서류(전자문서를 포함한다)를 기술원에 제출하여야 한다. 다만, 「전자정부법」 제36조 제1항에 따른 행정정보의 공동이용을 통하여 제출하여야 하는 서류에 대한 정보를 확인할 수 있는 경우에는 그 확인으로 서류의 제출을 갈음할 수 있다.

1. 영 제6조 제2항 제3호 가목의 사항에 대한 기술검토 신청: 별지 제17호의2 서식의 신청서와 제6조 제1호(가목은 제외한다)부터 제4호까지의 서류 중 해당 서류(변경허가와 관련된 경우에는 변경에 관계된 서류로 한정한다)
2. 영 제6조 제2항 제3호 나목의 사항에 대한 기술검토 신청: 별지 제18호 서식의 신청서와 제6조 제3호 및 같은 조 제5호부터 제8호까지의 서류 중 해당 서류(변경허가와 관련된 경우에는 변경에 관계된 서류로 한정한다)

② 기술원은 제1항에 따른 신청의 내용이 다음 각 호의 구분에 따른 기준에 적합하다고 인정되는 경우에는 기술검토서를 교부하고, 적합하지 아니하다고 인정되는 경우에는 신청인에게 서면으로 그 사유를 통보하고 보완을 요구하여야 한다.

1. 영 제6조 제2항 제3호 가목의 사항에 대한 기술검토 신청: 별표 4 Ⅳ부터 Ⅻ까지의 기준, 별표 16 Ⅰ·Ⅵ·Ⅺ·Ⅻ의 기준 및 별표 17의 관련 규정
2. 영 제6조 제2항 제3호 나목의 사항에 대한 기술검토 신청: 별표 6 Ⅳ부터 Ⅷ까지, Ⅻ 및 XIII의 기준과 별표 12 및 별표 17 Ⅰ. 소화설비의 관련 규정

제10조【품명 등의 변경신고서】 법 제6조 제2항에 따라 저장 또는 취급하는 위험물의 품명·수량 또는 지정수량의 배수에 관한 변경신고를 하려는 자는 별지 제19호서식의 신고서(전자문서로 된 신고서를 포함한다)에 제조소등의 완공검사합격확인증을 첨부하여 시·도지사 또는 소방서장에게 제출해야 한다.

위험물안전관리법	위험물안전관리법 시행령	위험물안전관리법 시행규칙
제7조【군용위험물시설의 설치 및 변경에 대한 특례】 ① 군사목적 또는 군부대시설을 위한 제조소등을 설치하거나 그 위치 · 구조 또는 설비를 변경하고자 하는 군부대의 장은 대통령령이 정하는 바에 따라 미리 제조소등의 소재지를 관할하는 시 · 도지사와 협의하여야 한다. ② 군부대의 장이 제1항의 규정에 따라 제조소등의 소재지를 관할하는 시 · 도지사와 협의한 경우에는 제6조 제1항의 규정에 따른 허가를 받은 것으로 본다. ③ 군부대의 장은 제1항의 규정에 따라 협의한 제조소등에 대하여는 제8조 및 제9조의 규정에 불구하고 탱크안전성능검사와 완공검사를 자체적으로 실시할 수 있다. 이 경우 완공검사를 자체적으로 실시한 군부대의 장은 지체없이 행정안전부령이 정하는 사항을 시 · 도지사에게 통보하여야 한다.	**제7조【군용위험물시설의 설치 및 변경에 대한 특례】** ① 군부대의 장은 법 제7조 제1항의 규정에 의하여 군사목적 또는 군부대시설을 위한 제조소등을 설치하거나 그 위치 · 구조 또는 설비를 변경하고자 하는 경우에는 당해 제조소등의 설치공사 또는 변경공사를 착수하기 전에 그 공사의 설계도서와 행정안전부령이 정하는 서류를 시 · 도지사에게 제출하여야 한다. 다만, 국가안보상 중요하거나 국가기밀에 속하는 제조소등을 설치 또는 변경하는 경우에는 당해 공사의 설계도서의 제출을 생략할 수 있다. ② 시 · 도지사는 제1항의 규정에 의하여 제출받은 설계도서와 관계서류를 검토한 후 그 결과를 당해 군부대의 장에게 통지하여야 한다. 이 경우 시 · 도지사는 검토결과를 통지하기 전에 설계도서와 관계서류의 보완요청을 할 수 있고, 보완요청을 받은 군부대의 장은 특별한 사유가 없는 한 이에 응하여야 한다.	**제11조【군용위험물시설의 설치 등에 관한 서류 등】** ① 영 제7조 제1항 본문에서 "행정안전부령이 정하는 서류"라 함은 군사목적 또는 군부대시설을 위한 제조소등의 설치공사 또는 변경공사에 관한 제6조 또는 제7조의 규정에 의한 서류를 말한다. ② 법 제7조 제3항 후단에서 "행정안전부령이 정하는 사항"이라 함은 다음 각 호의 사항을 말한다. 1. 제조소등의 완공일 및 사용개시일 2. 탱크안전성능검사의 결과(영 제8조 제1항의 규정에 의한 탱크안전성능검사의 대상이 되는 위험물탱크가 있는 경우에 한한다) 3. 완공검사의 결과 4. 안전관리자 선임계획 5. 예방규정(영 제15조 각 호의 어느 하나에 해당하는 제조소등의 경우에 한한다)

위험물안전관리법

제8조【탱크안전성능검사】 ① 위험물을 저장 또는 취급하는 탱크로서 대통령령이 정하는 탱크(이하 "위험물탱크"라 한다)가 있는 제조소등의 설치 또는 그 위치·구조 또는 설비의 변경에 관하여 제6조 제1항의 규정에 따른 허가를 받은 자가 위험물탱크의 설치 또는 그 위치·구조 또는 설비의 변경공사를 하는 때에는 제9조 제1항의 규정에 따른 ❶ 를 받기 전에 제5조 제4항의 규정에 따른 기술기준에 적합한지의 여부를 확인하기 위하여 시·도지사가 실시하는 탱크안전성능검사를 받아야 한다. 이 경우 시·도지사는 제6조 제1항의 규정에 따른 허가를 받은 자가 제16조 제1항의 규정에 따른 탱크안전성능시험자 또는 「소방산업의 진흥에 관한 법률」 제14조에 따른 한국소방산업기술원(이하 "기술원"이라 한다)로부터 탱크안전성능시험을 받은 경우에는 <u>대통령령이 정하는 바에 따라 당해 탱크안전성능검사의 전부 또는 일부를 면제할 수 있다</u>.

② 제1항의 규정에 따른 탱크안전성능검사의 내용은 대통령령으로 정하고, 탱크안전성능검사의 실시 등에 관하여 필요한 사항은 행정안전부령으로 정한다.

위험물안전관리법 시행령

제8조【탱크안전성능검사의 대상이 되는 탱크 등】 ① 법 제8조 제1항 전단에 따라 탱크안전성능검사를 받아야 하는 위험물탱크는 제2항에 따른 탱크안전성능검사별로 다음 각 호의 어느 하나에 해당하는 탱크로 한다.

1. 기초·지반검사: 옥외탱크저장소의 액체위험물탱크 중 그 용량이 ❶ 이상인 탱크
2. ❷ : 액체위험물을 저장 또는 취급하는 탱크. 다만, 다음 각 목의 어느 하나에 해당하는 탱크는 제외한다.
   가. 제조소 또는 일반취급소에 설치된 탱크로서 용량이 지정수량 미만인 것
   나. 「고압가스 안전관리법」 제17조 제1항에 따른 특정설비에 관한 검사에 합격한 탱크
   다. 「산업안전보건법」 제84조 제1항에 따른 안전인증을 받은 탱크
   라. 삭제
3. 용접부검사: 제1호에 따른 탱크. 다만, 탱크의 저부에 관계된 변경공사(탱크의 옆판과 관련되는 공사를 포함하는 것을 제외한다)시에 행하여진 법 제18조 제3항에 따른 정기검사에 의하여 용접부에 관한 사항이 행정안전부령으로 정하는 기준에 적합하다고 인정된 탱크를 제외한다.
4. 암반탱크검사: 액체위험물을 저장 또는 취급하는 암반내의 공간을 이용한 탱크

② 법 제8조 제1항에 따른 탱크안전성능검사는 기초·지반검사, 충수·수압검사, 용접부검사 및 암반탱크검사로 구분하되, 그 내용은 별표 4와 같다.

위험물안전관리법 시행규칙

제18조【탱크안전성능검사의 신청 등】 ① 법 제8조 제1항에 따라 탱크안전성능검사를 받아야 하는 자는 별지 제20호서식의 신청서(전자문서로 된 신청서를 포함한다)를 해당 위험물탱크의 설치장소를 관할하는 소방서장 또는 기술원에 제출하여야 한다. 다만, 설치장소에서 제작하지 아니하는 위험물탱크에 대한 탱크안전성능검사(충수·수압검사에 한한다)의 경우에는 별지 제20호서식의 신청서(전자문서로 된 신청서를 포함한다)에 해당 위험물탱크의 구조명세서 1부를 첨부하여 해당 위험물탱크의 제작지를 관할하는 소방서장에게 신청할 수 있다.

② 법 제8조 제1항 후단에 따른 탱크안전성능시험을 받고자 하는 자는 별지 제20호서식의 신청서에 해당 위험물탱크의 구조명세서 1부를 첨부하여 기술원 또는 탱크시험자에게 신청할 수 있다.

③ 영 제9조 제2항에 따라 충수·수압검사를 면제받으려는 자는 별지 제21호서식의 탱크시험합격확인증에 탱크시험성적서를 첨부하여 소방서장에게 제출해야 한다.

④ 제1항의 규정에 의한 탱크안전성능검사의 신청시기는 다음 각 호의 구분에 의한다.

1. 기초·지반검사: 위험물탱크의 기초 및 지반에 관한 공사의 개시 전
2. 충수·수압검사: 위험물을 저장 또는 취급하는 탱크에 배관 그 밖의 부속설비를 ❶
3. 용접부검사: 탱크본체에 관한 공사의 개시 전
4. 암반탱크검사: 암반탱크의 본체에 관한 공사의 개시 전

위험물안전관리법	위험물안전관리법 시행령	위험물안전관리법 시행규칙

[영 별표 4] 탱크안전성능검사의 내용

기초·지반검사	가. 제8조 제1항 제1호의 규정에 의한 탱크 중 나목 외의 탱크: 탱크의 기초 및 지반에 관한 공사에 있어서 당해 탱크의 기초 및 지반이 행정안전부령으로 정하는 기준에 적합한지 여부를 확인함 나. 제8조 제1항 제1호의 규정에 의한 탱크 중 행정안전부령으로 정하는 탱크: 탱크의 기초 및 지반에 관한 공사에 상당한 것으로서 행정안전부령으로 정하는 공사에 있어서 당해 탱크의 기초 및 지반에 상당하는 부분이 행정안전부령으로 정하는 기준에 적합한지 여부를 확인함
충수·수압검사	탱크에 배관 그 밖의 부속설비를 부착하기 전에 당해 탱크 본체의 누설 및 변형에 대한 안전성이 행정안전부령으로 정하는 기준에 적합한지 여부를 확인함
용접부검사	탱크의 배관 그 밖의 부속설비를 부착하기 전에 행하는 당해 탱크의 본체에 관한 공사에 있어서 탱크의 용접부가 행정안전부령으로 정하는 기준에 적합한지 여부를 확인함
암반탱크검사	탱크의 본체에 관한 공사에 있어서 탱크의 구조가 행정안전부령으로 정하는 기준에 적합한지 여부를 확인함

제9조【탱크안전성능검사의 면제】 ① 법 제8조 제1항 후단의 규정에 의하여 시 · 도지사가 면제할 수 있는 탱크안전성능검사는 제8조 제2항 및 별표 4의 규정에 의한 ❸ 로 한다.

② 위험물탱크에 대한 충수 · 수압검사를 면제받고자 하는 자는 법 제16조 제1항에 따른 탱크안전성능시험자(이하 "탱크시험자"라 한다) 또는 기술원으로부터 충수 · 수압검사에 관한 탱크안전성능시험을 받아 법 제9조 제1항에 따른 완공검사를 받기 전(지하에 매설하는 위험물탱크에 있어서는 지하에 매설하기 전)에 해당 시험에 합격하였음을 증명하는 서류(이하 "탱크시험합격확인증"이라 한다)를 시 · 도지사에게 제출해야 한다.

③ 시 · 도지사는 제2항에 따라 제출받은 탱크시험합격확인증과 해당 위험물탱크를 확인한 결과 법 제5조 제4항에 따른 기술기준에 적합하다고 인정되는 때에는 해당 충수 · 수압검사를 면제한다.

⑤ 소방서장 또는 기술원은 탱크안전성능검사를 실시한 결과 제12조 제1항 · 제4항, 제13조 제1항, 제14조 제1항 및 제15조 제1항에 따른 기준에 적합하다고 인정되는 때에는 해당 탱크안전성능검사를 신청한 자에게 별지 제21호 서식의 탱크검사합격확인증을 교부하고, 적합하지 않다고 인정되는 때에는 신청인에게 서면으로 그 사유를 통보해야 한다.

⑥ 영 제22조 제1항 제1호 다목에서 "행정안전부령이 정하는 액체위험물탱크"라 함은 별표 8 Ⅱ에 따른 이중벽탱크를 말한다.

<제8조> ❶ 완공검사

<제8조> ❶ 100만리터 ❷ 충수(充水) · 수압검사
<제9조> ❸ 충수 · 수압검사

<제18조> ❶ 부착하기 전

위험물안전관리법	위험물안전관리법 시행령	위험물안전관리법 시행규칙

위험물안전관리법 시행규칙

제12조【기초 · 지반검사에 관한 기준 등】 ① 영 별표 4 제1호 가목에서 "행정안전부령으로 정하는 기준"이라 함은 당해 위험물탱크의 구조 및 설비에 관한 사항 중 별표 6 Ⅳ 및 Ⅴ의 규정에 의한 기초 및 지반에 관한 기준을 말한다.

② 영 별표 4 제1호 나목에서 "행정안전부령으로 정하는 탱크"라 함은 지중탱크 및 해상탱크(이하 "특수액체위험물탱크"라 한다)를 말한다.

③ 영 별표 4 제1호 나목에서 "행정안전부령으로 정하는 공사"라 함은 지중탱크의 경우에는 지반에 관한 공사를 말하고, 해상탱크의 경우에는 정치설비의 지반에 관한 공사를 말한다.

④ 영 별표 4 제1호 나목에서 "행정안전부령으로 정하는 기준"이라 함은 지중탱크의 경우에는 별표 6 XII 제2호 라목의 규정에 의한 기준을 말하고, 해상탱크의 경우에는 별표 6 XIII 제3호 라목의 규정에 의한 기준을 말한다.

⑤ 법 제8조 제2항에 따라 기술원은 100만리터 이상 옥외탱크저장소의 기초 · 지반검사를 「엔지니어링산업 진흥법」에 따른 엔지니어링사업자가 실시하는 기초 · 지반에 관한 시험의 과정 및 결과를 확인하는 방법으로 할 수 있다.

제13조【충수 · 수압검사에 관한 기준 등】 ① 영 별표 4 제2호에서 "행정안전부령으로 정하는 기준"이라 함은 다음 각 호의 1에 해당하는 기준을 말한다.

1. 100만리터 이상의 액체위험물탱크의 경우: 별표 6 VI 제1호의 규정에 의한 기준[충수시험(물 외의 적당한 액체를 채워서 실시하는 시험을 포함한다. 이하 같다) 또는 수압시험에 관한 부분에 한한다]
2. 100만리터 미만의 액체위험물탱크의 경우: 별표 4 IX 제1호 가목, 별표 6 VI 제1호, 별표 7 Ⅰ 제1호 마목, 별표 8 Ⅰ 제6호 · Ⅱ 제1호 · 제4호 · 제6호 · Ⅲ, 별표 9 제6호, 별표 10 Ⅱ 제1호 · X제1호 가목, 별표 13 Ⅲ 제3호, 별표 16 Ⅰ 제1호의 규정에 의한 기준(충수시험 · 수압시험 및 그 밖의 탱크의 누설 · 변형에 대한 안전성에 관련된 탱크안전성능시험의 부분에 한한다)

② 법 제8조 제2항의 규정에 의하여 기술원은 제18조 제6항의 규정에 의한 이중벽탱크에 대하여 제1항 제2호의 규정에 의한 수압검사를 법 제16조 제1항의 규정에 의한 탱크안전성능시험자(이하 "탱크시험자"라 한다)가 실시하는 수압시험의 과정 및 결과를 확인하는 방법으로 할 수 있다.

제14조【용접부검사에 관한 기준 등】 ① 영 별표 4 제3호에서 "행정안전부령으로 정하는 기준"이라 함은 다음 각 호의 1에 해당하는 기준을 말한다.

1. 특수액체위험물탱크 외의 위험물탱크의 경우: 별표 6 VI 제2호의 규정에 의한 기준
2. 지중탱크의 경우: 별표 6 XII 제2호 마목 4) 라)의 규정에 의한 기준(용접부에 관련된 부분에 한한다)

② 법 제8조 제2항의 규정에 의하여 기술원은 용접부검사를 탱크시험자가 실시하는 용접부에 관한 시험의 과정 및 결과를 확인하는 방법으로 할 수 있다.

제15조【암반탱크검사에 관한 기준 등】 ① 영 별표 4 제4호에서 "행정안전부령으로 정하는 기준"이라 함은 별표 12 Ⅰ의 규정에 의한 기준을 말한다.

② 법 제8조 제2항에 따라 기술원은 암반탱크검사를 「엔지니어링산업 진흥법」에 따른 엔지니어링사업자가 실시하는 암반탱크에 관한 시험의 과정 및 결과를 확인하는 방법으로 할 수 있다.

제16조【탱크안전성능검사에 관한 세부기준 등】 제13조부터 제15조까지에서 정한 사항 외에 탱크안전성능검사의 세부기준 · 방법 · 절차 및 탱크시험자 또는 엔지니어링사업자가 실시하는 탱크안전성능시험에 대한 기술원의 확인 등에 관하여 필요한 사항은 소방청장이 정하여 고시한다.

제17조【용접부검사의 제외기준】 ① 삭제

② 영 제8조 제1항 제3호 단서의 규정에 의하여 용접부검사 대상에서 제외되는 탱크로 인정되기 위한 기준은 별표 6 VI 제2호의 규정에 의한 기준으로 한다.

위험물안전관리법

제9조 【완공검사】 ① 제6조 제1항의 규정에 따른 허가를 받은 자가 제조소등의 설치를 마쳤거나 그 위치 · 구조 또는 설비의 변경을 마친 때에는 당해 제조소등마다 ❶ ______ 가 행하는 완공검사를 받아 제5조 제4항의 규정에 따른 기술기준에 적합하다고 인정받은 후가 아니면 이를 사용하여서는 아니된다. 다만, 제조소등의 위치 · 구조 또는 설비를 변경함에 있어서 제6조 제1항 후단의 규정에 따른 변경허가를 신청하는 때에 화재예방에 관한 조치사항을 기재한 서류를 제출하는 경우에는 당해 변경공사와 관계가 없는 부분은 완공검사를 받기 전에 미리 사용할 수 있다. ▶ **1천5백(벌)**

② 제1항 본문의 규정에 따른 완공검사를 받고자 하는 자가 제조소등의 일부에 대한 설치 또는 변경을 마친 후 그 일부를 미리 사용하고자 하는 경우에는 당해 제조소등의 일부에 대하여 완공검사를 받을 수 있다.

위험물안전관리법 시행령

제10조 【완공검사의 신청 등】 ① 법 제9조의 규정에 의한 제조소등에 대한 완공검사를 받고자 하는 자는 이를 시 · 도지사에게 신청하여야 한다.

② 제1항에 따른 신청을 받은 시 · 도지사는 제조소등에 대하여 완공검사를 실시하고, 완공검사를 실시한 결과 해당 제조소등이 법 제5조 제4항에 따른 기술기준(탱크안전성능검사에 관련된 것을 제외한다)에 적합하다고 인정하는 때에는 완공검사합격확인증을 교부해야 한다.

③ 제2항의 완공검사합격확인증을 교부받은 자는 완공검사합격확인증을 잃어버리거나 멸실 · 훼손 또는 파손한 경우에는 이를 교부한 시 · 도지사에게 재교부를 신청할 수 있다.

④ 완공검사합격확인증을 훼손 또는 파손하여 제3항에 따른 신청을 하는 경우에는 신청서에 해당 완공검사합격확인증을 첨부하여 제출해야 한다.

⑤ 제2항의 완공검사합격확인증을 잃어버려 재교부를 받은 자는 잃어버린 완공검사합격확인증을 발견하는 경우에는 이를 ❶ ______ 이내에 완공검사합격확인증을 재교부한 시 · 도지사에게 제출해야 한다.

위험물안전관리법 시행규칙

제19조 【완공검사의 신청 등】 ① 법 제9조에 따라 제조소등에 대한 완공검사를 받으려는 자는 별지 제22호서식 또는 별지 제23호서식의 신청서(전자문서로 된 신청서를 포함한다)에 다음 각 호의 서류(전자문서를 포함한다)를 첨부하여 시 · 도지사 또는 소방서장(영 제22조 제2항 제2호에 따라 완공검사를 기술원에 위탁하는 제조소등의 경우에는 기술원)에게 제출해야 한다. 다만, 첨부서류는 완공검사를 실시할 때까지 제출할 수 있되, 「전자정부법」 제36조 제1항에 따른 행정정보의 공동이용을 통하여 첨부서류에 대한 정보를 확인할 수 있는 경우에는 그 확인으로 첨부서류를 갈음할 수 있다.

1. 배관에 관한 내압시험, 비파괴시험 등에 합격하였음을 증명하는 서류(내압시험 등을 하여야 하는 배관이 있는 경우에 한한다)
2. 소방서장, 기술원 또는 탱크시험자가 교부한 탱크검사합격확인증 또는 탱크시험합격확인증(해당 위험물탱크의 완공검사를 실시하는 소방서장 또는 기술원이 그 위험물탱크의 탱크안전성능검사를 실시한 경우는 제외한다)
3. 재료의 성능을 증명하는 서류(이중벽탱크에 한한다)

② 영 제22조 제2항 제2호에 따라 기술원은 완공검사를 실시한 경우에는 완공검사결과서를 소방서장에게 송부하고, 검사대상명 · 접수일시 · 검사일 · 검사번호 · 검사자 · 검사결과 및 검사결과서 발송일 등을 기재한 완공검사업무대장을 작성하여 10년간 보관하여야 한다.

③ 영 제10조 제2항의 완공검사합격확인증은 별지 제24호서식 또는 별지 제25호서식에 따른다.

④ 영 제10조 제3항에 따른 완공검사합격확인증의 재교부신청은 별지 제26호서식의 신청서에 따른다.

<제9조> ❶ 시 · 도지사

<제10조> ❶ 10일

위험물안전관리법	위험물안전관리법 시행령	위험물안전관리법 시행규칙

완공검사의 비교

구분	소방시설공사업법	위험물안전관리법
관련법령	제14조	제9조
실시권자	소방본부장 또는 소방서장	시·도지사
신청시기	공사업자가 소방시설공사를 완료한 후	1. 지하탱크저장소 → 매설하기 전 2. 이동탱크저장소 → 완공하고 상치장소 확보 후 3. 이송취급소 → 공사의 전체 또는 일부 완료 후
대상	1. 소방시설공사의 완료 특·소 2. 참고 - 완공검사를 위한 현장확인 특정소방대상물의 범위(영 제5조) • 문판숙노 창수다지상 • 스·물(호·제)등가천(지상) • 일만고가(아제)	제조소등의 설치허가 및 변경허가

제20조【완공검사의 신청시기】 법 제9조 제1항에 따른 제조소등의 완공검사 신청시기는 다음 각 호의 구분에 따른다.

1. 지하탱크가 있는 제조소등의 경우: 당해 지하탱크를 매설하기 전
2. 이동탱크저장소의 경우: 이동저장탱크를 완공하고 상시 설치 장소(이하 "상치장소"라 한다)를 확보한 후
3. 이송취급소의 경우: 이송배관 공사의 전체 또는 일부를 완료한 후. 다만, 지하·하천 등에 매설하는 이송배관의 공사의 경우에는 이송배관을 매설하기 전
4. 전체 공사가 완료된 후에는 완공검사를 실시하기 곤란한 경우: 다음 각 목에서 정하는 시기
   가. 위험물설비 또는 배관의 설치가 완료되어 기밀시험 또는 내압시험을 실시하는 시기
   나. 배관을 지하에 설치하는 경우에는 시·도지사, 소방서장 또는 기술원이 지정하는 부분을 매몰하기 직전
   다. 기술원이 지정하는 부분의 비파괴시험을 실시하는 시기
5. 제1호 내지 제4호에 해당하지 아니하는 제조소등의 경우: 제조소등의 공사를 ❶ ______ 한 후

제21조【변경공사 중 가사용의 신청】 법 제9조 제1항 단서의 규정에 의하여 제조소등의 변경공사 중에 변경공사와 관계없는 부분을 사용하고자 하는 자는 별지 제16호서식 또는 별지 제17호서식의 신청서(전자문서로 된 신청서를 포함한다) 또는 별지 제27호서식의 신청서(전자문서로 된 신청서를 포함한다)에 변경공사에 따른 화재예방에 관한 조치사항을 기재한 서류(전자문서를 포함한다)를 첨부하여 시·도지사 또는 소방서장에게 신청하여야 한다.

위험물안전관리법	위험물안전관리법 시행령	위험물안전관리법 시행규칙
제10조【제조소등 설치자의 지위승계】 ① 제조소등의 설치자(제6조 제1항의 규정에 따라 허가를 받아 제조소등을 설치한 자를 말한다. 이하 같다)가 사망하거나 그 제조소등을 양도·인도한 때 또는 법인인 제조소등의 설치자의 합병이 있는 때에는 그 상속인, 제조소등을 양수·인수한 자 또는 합병후 존속하는 법인이나 합병에 의하여 설립되는 법인은 그 설치자의 지위를 승계한다. ② 민사집행법에 의한 경매, 「채무자 회생 및 파산에 관한 법률」에 의한 환가, 국세징수법·관세법 또는 「지방세징수법」에 따른 압류재산의 매각과 그 밖에 이에 준하는 절차에 따라 제조소등의 시설의 전부를 인수한 자는 그 설치자의 지위를 승계한다. ③ 제1항 또는 제2항의 규정에 따라 제조소등의 설치자의 지위를 승계한 자는 행정안전부령이 정하는 바에 따라 승계한 날부터 ❶ 이내에 시·도지사에게 그 사실을 신고하여야 한다. ▶5백(과)		**제22조【지위승계의 신고】** 법 제10조 제3항에 따라 제조소등의 설치자의 지위승계를 신고하려는 자는 별지 제28호서식의 신고서(전자문서로 된 신고서를 포함한다)에 제조소등의 완공검사합격확인증과 지위승계를 증명하는 서류(전자문서를 포함한다)를 첨부하여 시·도지사 또는 소방서장에게 제출해야 한다.
제11조【제조소등의 폐지】 제조소등의 관계인(소유자·점유자 또는 관리자를 말한다. 이하 같다)은 당해 제조소등의 용도를 폐지(장래에 대하여 위험물시설로서의 기능을 완전히 상실시키는 것을 말한다)한 때에는 행정안전부령이 정하는 바에 따라 제조소등의 용도를 폐지한 날부터 ❷ 이내에 시·도지사에게 신고하여야 한다. ▶5백(과)		**제23조【용도폐지의 신고】** ① 법 제11조에 따라 제조소등의 용도폐지신고를 하려는 자는 별지 제29호서식의 신고서(전자문서로 된 신고서를 포함한다)에 제조소등의 완공검사합격확인증을 첨부하여 시·도지사 또는 소방서장에게 제출해야 한다. ② 제1항의 규정에 의한 신고서를 접수한 시·도지사 또는 소방서장은 당해 제조소등을 확인하여 위험물시설의 철거 등 용도폐지에 필요한 안전조치를 한 것으로 인정하는 경우에는 당해 신고서의 사본에 수리사실을 표시하여 용도폐지신고를 한 자에게 통보하여야 한다.

<제10조> ❶ 30일
<제11조> ❷ 14일

<제20조> ❶ 완료

위험물안전관리법

제11조의2【제조소등의 사용 중지 등】 ① 제조소등의 관계인은 제조소등의 사용을 중지(경영상 형편, 대규모 공사 등의 사유로 3개월 이상 위험물을 저장하지 아니하거나 취급하지 아니하는 것을 말한다. 이하 같다)하려는 경우에는 위험물의 제거 및 제조소등에의 출입통제 등 행정안전부령으로 정하는 안전조치를 하여야 한다. 다만, 제조소등의 사용을 중지하는 기간에도 제15조 제1항 본문에 따른 위험물안전관리자가 계속하여 직무를 수행하는 경우에는 안전조치를 아니할 수 있다.

② 제조소등의 관계인은 제조소등의 사용을 중지하거나 중지한 제조소등의 사용을 재개하려는 경우에는 해당 제조소등의 사용을 중지하려는 날 또는 재개하려는 날의 14일 전까지 행정안전부령으로 정하는 바에 따라 제조소등의 사용 중지 또는 재개를 시·도지사에게 신고하여야 한다. ▶ **5백(과)**

③ ❶ 　　　　　　　　 는 제2항에 따라 신고를 받으면 제조소등의 관계인이 제1항 본문에 따른 안전조치를 적합하게 하였는지 또는 제15조 제1항 본문에 따른 위험물안전관리자가 직무를 적합하게 수행하는지를 확인하고 위해 방지를 위하여 필요한 안전조치의 이행을 명할 수 있다. ▶ **1천5백(벌)**

④ 제조소등의 관계인은 제2항의 사용 중지신고에 따라 제조소등의 사용을 중지하는 기간 동안에는 제15조 제1항 본문에도 불구하고 위험물안전관리자를 선임하지 아니할 수 있다.

위험물안전관리법 시행령

위험물안전관리법 시행규칙

제23조의2【사용 중지신고 또는 재개신고 등】 ① 법 제11조의2 제1항에서 "위험물의 제거 및 제조소등에의 출입통제 등 행정안전부령으로 정하는 안전조치"란 다음 각 호의 조치를 말한다.

1. 탱크·배관 등 위험물을 저장 또는 취급하는 설비에서 위험물 및 가연성 증기 등의 제거
2. 관계인이 아닌 사람에 대한 해당 제조소등에의 출입금지 조치
3. 해당 제조소등의 사용중지 사실의 게시
4. 그 밖에 위험물의 사고 예방에 필요한 조치

② 법 제11조의2 제2항에 따라 제조소등의 사용 중지신고 또는 재개신고를 하려는 자는 별지 제29호의2서식의 신고서(전자문서로 된 신고서를 포함한다)에 해당 제조소등의 완공검사합격확인증을 첨부하여 시·도지사 또는 소방서장에게 제출해야 한다.

③ 제2항에 따라 사용중지 신고서를 접수한 시·도지사 또는 소방서장은 해당 제조소등에 대한 법 제11조의2 제1항 본문에 따른 안전조치 또는 같은 항 단서에 따른 위험물안전관리자의 직무수행이 적합하다고 인정되면 해당 신고서의 사본에 수리사실을 표시하여 신고를 한 자에게 통보해야 한다.

위험물안전관리법	위험물안전관리법 시행령	위험물안전관리법 시행규칙
제12조 【제조소등 설치허가의 취소와 사용정지 등】 시·도지사는 제조소등의 관계인이 다음 각 호의 어느 하나에 해당하는 때에는 행정안전부령이 정하는 바에 따라 제6조 제1항에 따른 허가를 취소하거나 6월 이내의 기간을 정하여 제조소등의 전부 또는 일부의 사용정지를 명할 수 있다. ▶**1천5백(벌)** 1. 제6조 제1항 후단의 규정에 따른 변경허가를 받지 아니하고 제조소등의 위치·구조 또는 설비를 변경한 때 2. 제9조의 규정에 따른 완공검사를 받지 아니하고 제조소등을 사용한 때 2의2. 제11조의2 제3항에 따른 안전조치 이행명령을 따르지 아니한 때 3. 제14조 제2항의 규정에 따른 수리·개조 또는 이전의 명령을 위반한 때 4. 제15조 제1항 및 제2항의 규정에 따른 위험물안전관리자를 선임하지 아니한 때 5. 제15조 제5항을 위반하여 대리자를 지정하지 아니한 때 6. 제18조 제1항의 규정에 따른 정기점검을 하지 아니한 때 7. 제18조 제3항에 따른 정기검사를 받지 아니한 때 8. 제26조의 규정에 따른 저장·취급기준 준수명령을 위반한 때		**제24조 【처리결과의 통보】** ① 시·도지사가 영 제7조 제1항의 설치·변경 관련 서류제출, 제6조의 설치허가신청, 제7조의 변경허가신청, 제10조의 품명 등의 변경신고, 제19조 제1항의 완공검사신청, 제21조의 가사용승인신청, 제22조의 지위승계신고, 제23조 제1항의 용도폐지신고 또는 제23조의2 제2항의 사용 중지신고 또는 재개신고를 각각 접수하고 처리한 경우 그 신청서 또는 신고서와 첨부서류의 사본 및 처리결과를 관할 소방서장에게 송부해야 한다. ② 시·도지사 또는 소방서장이 영 제7조 제1항의 설치·변경 관련 서류제출, 제6조의 설치허가신청, 제7조의 변경허가신청, 제10조의 품명 등의 변경신고, 제19조 제1항의 완공검사신청, 제22조의 지위승계신고, 제23조 제1항의 용도폐지신고 또는 제23조의2 제2항의 사용 중지신고 또는 재개신고를 각각 접수하고 처리한 경우 그 신청서 또는 신고서와 구조설비명세표(설치허가신청 또는 변경허가신청에 한한다)의 사본 및 처리결과를 관할 시장·군수·구청장에게 송부해야 한다. **제25조 【허가취소 등의 처분기준】** 법 제12조의 규정에 의한 제조소등에 대한 허가취소 및 사용정지의 처분기준은 별표 2와 같다.

<제11조의2> ❶ 시·도지사

위험물안전관리법	위험물안전관리법 시행령	위험물안전관리법 시행규칙
제13조【과징금처분】 ① ❶ 는 제12조 각 호의 어느 하나에 해당하는 경우로서 제조소 등에 대한 사용의 정지가 그 이용자에게 심한 불편을 주거나 그 밖에 공익을 해칠 우려가 있는 때에는 사용정지처분에 갈음하여 2억원 이하의 과징금을 부과할 수 있다. ② 제1항의 규정에 따른 과징금을 부과하는 위반행위의 종별·정도 등에 따른 과징금의 금액 그 밖의 필요한 사항은 행정안전부령으로 정한다. ③ 시·도지사는 제1항의 규정에 따른 과징금을 납부하여야 하는 자가 납부기한까지 이를 납부하지 아니한 때에는 「지방행정제재·부과금의 징수 등에 관한 법률」에 따라 징수한다.		**제26조【과징금의 금액】** 법 제13조 제1항에 따라 과징금을 부과하는 위반행위의 종류와 위반 정도 등에 따른 과징금의 금액은 다음 각 호의 구분에 따른 기준에 따라 산정한다. 1. 2016년 2월 1일부터 2018년 12월 31일까지의 기간 중에 위반행위를 한 경우: 별표 3 2. 2019년 1월 1일 이후에 위반행위를 한 경우: 별표 3의2 **제27조【과징금 징수절차】** 법 제13조 제2항에 따른 과징금의 징수절차에 관하여는 「국고금 관리법 시행규칙」을 준용한다.

위험물안전관리법	위험물안전관리법 시행령	위험물안전관리법 시행규칙
제3장 위험물시설의 안전관리		

제14조【위험물시설의 유지 · 관리】 ① 제조소등의 관계인은 당해 제조소등의 위치 · 구조 및 설비가 제5조 제4항의 규정에 따른 기술기준에 적합하도록 유지 · 관리하여야 한다.
② ❷ , 소방본부장 또는 소방서장은 제1항의 규정에 따른 유지 · 관리의 상황이 제5조 제4항의 규정에 따른 기술기준에 부적합하다고 인정하는 때에는 그 기술기준에 적합하도록 제조소등의 위치 · 구조 및 설비의 수리 · 개조 또는 이전을 명할 수 있다. ▶**1천5백(벌)**

위험물취급자격자

위험물취급자격자의 구분	취급할 수 있는 위험물
위험물기능장 · 위험물산업기사 · 위험물기능사	모든 위험물
안전관리자교육이수자(소방청장이 실시하는 안전관리자교육이수자)	제4류 위험물(인화성액체)
소방공무원 경력자(소방공무원 근무 경력 3년 이상)	제4류 위험물(인화성액체)

제15조【위험물안전관리자】 ① 제조소등[제6조 제3항의 규정에 따라 허가를 받지 아니하는 제조소등과 이동탱크저장소(차량에 고정된 탱크에 위험물을 저장 또는 취급하는 저장소를 말한다)를 제외한다. 이하 이 조에서 같다]의 관계인은 위험물의 안전관리에 관한 직무를 수행하게 하기 위하여 제조소등마다 대통령령이 정하는 위험물의 취급에 관한 자격이 있는 자(이하 "위험물취급자격자"라 한다)를 위험물안전관리자(이하 "안전관리자"라 한다)로 선임하여야 한다. 다만, 제조소등에서 저장 · 취급하는 위험물이 「화학물질관리법」에 따른 유독물질에 해당하는 경우 등 대통령령이 정하는 경우에는 당해 제조소등을 설치한 자는 다른 법률에 의하여 안전관리업무를 하는 자로 선임된 자 가운데 대통령령이 정하는 자를 안전관리자로 선임할 수 있다. ▶**1천5백(벌)**

제11조【위험물안전관리자로 선임할 수 있는 위험물취급자격자 등】 ① 법 제15조 제1항 본문에서 "대통령령이 정하는 위험물의 취급에 관한 자격이 있는 자"라 함은 별표 5에 규정된 자를 말한다.
② 법 제15조 제1항 단서에서 "대통령령이 정하는 경우"란 다음 각 호의 어느 하나에 해당하는 경우를 말한다.
1. 제조소등에서 저장 · 취급하는 위험물이 「화학물질관리법」 제2조 제2호에 따른 유독물질에 해당하는 경우
2. 「소방시설 설치 및 관리에 관한 법률」 제2조 제1항 제3호에 따른 특정소방대상물의 난방 · 비상발전 또는 자가발전에 필요한 위험물을 저장 · 취급하기 위하여 설치된 저장소 또는 일반취급소가 해당 특정소방대상물 안에 있거나 인접하여 있는 경우

③ 법 제15조 제1항 단서에서 "대통령령이 정하는 자"란 다음 각 호의 어느 하나에 해당하는 자를 말한다.

제53조【안전관리자의 선임신고 등】 ① 제조소등의 관계인은 법 제15조 제3항에 따라 안전관리자(「기업활동 규제완화에 관한 특별조치법」 제29조 제1항 · 제3항 및 제32조 제1항에 따른 안전관리자와 제57조 제1항에 따른 안전관리대행기관을 포함한다)의 선임을 신고하려는 경우에는 별지 제32호서식의 신고서(전자문서로 된 신고서를 포함한다)에 다음 각 호의 해당 서류(전자문서를 포함한다)를 첨부하여 소방본부장 또는 소방서장에게 제출하여야 한다.
1. 위험물안전관리업무대행계약서(제57조 제1항에 따른 안전관리대행기관에 한한다)
2. 위험물안전관리교육 수료증(제78조 제1항 및 별표 24에 따른 안전관리자 강습교육을 받은 자에 한한다)
3. 위험물안전관리자를 겸직할 수 있는 관련 안전관리자로 선임된 사실을 증명할 수 있는 서류(「기업활동 규제완화에 관한 특별조치법」 제29조 제1항 제1호부터 제3호까지 및 제3항에 해당하는 안전관리자 또는 영 제11조 제3항 각 호의 어느 하나에 해당하는 사람으로서 위험물의 취급에 관한 국가기술자격자가 아닌 사람으로 한정한다)

<제13조> ❶ 시 · 도지사
<제14조> ❷ 시 · 도지사

위험물안전관리법

② 제1항의 규정에 따라 안전관리자를 선임한 제조소등의 관계인은 그 안전관리자를 해임하거나 안전관리자가 퇴직한 때에는 해임하거나 퇴직한 날부터 30일 이내에 다시 안전관리자를 선임하여야 한다. ▶1천5백(벌)

③ 제조소등의 관계인은 제1항 및 제2항에 따라 안전관리자를 선임한 경우에는 선임한 날부터 ❶ 이내에 행정안전부령으로 정하는 바에 따라 소방본부장 또는 소방서장에게 신고하여야 한다.

④ 제조소등의 관계인이 안전관리자를 해임하거나 안전관리자가 퇴직한 경우 그 관계인 또는 안전관리자는 소방본부장이나 소방서장에게 그 사실을 알려 해임되거나 퇴직한 사실을 확인받을 수 있다.

⑤ 제1항의 규정에 따라 안전관리자를 선임한 제조소등의 관계인은 안전관리자가 여행·질병 그 밖의 사유로 인하여 일시적으로 직무를 수행할 수 없거나 안전관리자의 해임 또는 퇴직과 동시에 다른 안전관리자를 선임하지 못하는 경우에는 국가기술자격법에 따른 위험물의 취급에 관한 자격취득자 또는 위험물안전에 관한 기본지식과 경험이 있는 자로서 ❷ 를 대리자(代理者)로 지정하여 그 직무를 대행하게 하여야 한다. 이 경우 대리자가 안전관리자의 직무를 대행하는 기간은 30일을 초과할 수 없다.

⑥ 안전관리자는 위험물을 취급하는 작업을 하는 때에는 작업자에게 안전관리에 관한 필요한 지시를 하는 등 행정안전부령이 정하는 바에 따라 위험물의 취급에 관한 안전관리와 감독을 하여야 하고, 제조소등의 관계인과 그 종사자는 안전관리자의 위험물 안전관리에 관한 의견을 존중하고 그 권고에 따라야 한다. ▶1천(벌)

위험물안전관리법 시행령

1. 제2항 제1호의 경우: 「화학물질관리법」 제32조 제1항에 따라 해당 제조소등의 유해화학물질관리자로 선임된 자로서 법 제28조 또는 「화학물질관리법」 제33조에 따라 유해화학물질 안전교육을 받은 자
2. 제2항 제2호의 경우: 「화재의 예방 및 안전관리에 관한 법률」 제24조 제1항 또는 「공공기관의 소방안전관리에 관한 규정」 제5조에 따라 소방안전관리자로 선임된 자로서 법 제15조 제9항에 따른 위험물안전관리자(이하 "안전관리자"라 한다)의 자격이 있는 자

제12조【1인의 안전관리자를 중복하여 선임할 수 있는 경우 등】 ① 법 제15조 제8항 전단에 따라 다수의 제조소등을 설치한 자가 1인의 안전관리자를 중복하여 선임할 수 있는 경우는 다음 각 호의 어느 하나와 같다.

1. 보일러·버너 또는 이와 비슷한 것으로서 위험물을 소비하는 장치로 이루어진 7개 이하의 일반취급소와 그 일반취급소에 공급하기 위한 위험물을 저장하는 저장소[일반취급소 및 저장소가 모두 동일구내(같은 건물 안 또는 같은 울 안을 말한다. 이하 같다)에 있는 경우에 한한다. 이하 제2호에서 같다]를 동일인이 설치한 경우
2. 위험물을 차량에 고정된 탱크 또는 운반용기에 옮겨 담기 위한 ❶ 이하의 일반취급소[일반취급소간의 거리(보행거리를 말한다. 제3호 및 제4호에서 같다)가 300미터 이내인 경우에 한한다]와 그 일반취급소에 공급하기 위한 위험물을 저장하는 저장소를 동일인이 설치한 경우
3. 동일구내에 있거나 상호 100미터 이내의 거리에 있는 저장소로서 저장소의 규모, 저장하는 위험물의 종류 등을 고려하여 행정안전부령이 정하는 저장소를 동일인이 설치한 경우

위험물안전관리법 시행규칙

4. 소방공무원 경력증명서(소방공무원 경력자에 한한다)

② 제1항에 따라 신고를 받은 담당 공무원은 「전자정부법」 제36조 제1항에 따른 행정정보의 공동이용을 통하여 다음 각 호의 행정정보를 확인하여야 한다. 다만, 신고인이 확인에 동의하지 아니하는 경우에는 그 서류(국가기술자격증의 경우에는 그 사본을 말한다)를 제출하도록 하여야한다.

1. 국가기술자격증(위험물의 취급에 관한 국가기술자격자에 한한다)
2. 국가기술자격증(「기업활동 규제완화에 관한 특별조치법」 제29조 제1항 및 제3항에 해당하는 자로서 국가기술자격자에 한한다)

제54조【안전관리자의 대리자】 법 제15조 제5항 전단에서 "행정안전부령이 정하는 자"란 다음 각 호의 어느 하나에 해당하는 사람을 말한다.

1. 법 제28조 제1항에 따른 안전교육을 받은 자
2. 삭제
3. 제조소등의 위험물 안전관리업무에 있어서 안전관리자를 지휘·감독하는 직위에 있는 자

제55조【안전관리자의 책무】 법 제15조 제6항에 따라 안전관리자는 위험물의 취급에 관한 안전관리와 감독에 관한 다음 각 호의 업무를 성실하게 수행하여야 한다.

1. 위험물의 취급작업에 참여하여 당해 작업이 법 제5조 제3항의 규정에 의한 저장 또는 취급에 관한 기술기준과 법 제17조의 규정에 의한 예방규정에 적합하도록 해당 작업자(당해 작업에 참여하는 위험물취급자격자를 포함한다)에 대하여 지시 및 감독하는 업무

위험물안전관리법	위험물안전관리법 시행령	위험물안전관리법 시행규칙
⑦ 제조소등에 있어서 위험물취급자격자가 아닌 자는 안전관리자 또는 제5항에 따른 대리자가 참여한 상태에서 위험물을 취급하여야 한다. ▶**1천(벌)** ⑧ 다수의 제조소등을 동일인이 설치한 경우에는 제1항의 규정에 불구하고 관계인은 대통령령이 정하는 바에 따라 1인의 안전관리자를 중복하여 선임할 수 있다. 이 경우 대통령령이 정하는 제조소등의 관계인은 제5항에 따른 대리자의 자격이 있는 자를 각 제조소등별로 지정하여 안전관리자를 보조하게 하여야 한다. ⑨ 제조소등의 종류 및 규모에 따라 선임하여야 하는 안전관리자의 자격은 대통령령으로 정한다.	4. 다음 각 목의 기준에 모두 적합한 5개 이하의 제조소등을 동일인이 설치한 경우 가. 각 제조소등이 동일구내에 위치하거나 상호 100미터 이내의 거리에 있을 것 나. 각 제조소등에서 저장 또는 취급하는 위험물의 최대수량이 지정수량의 3천배 미만일 것. 다만, 저장소의 경우에는 그러하지 아니하다. 5. 그 밖에 제1호 또는 제2호의 규정에 의한 제조소등과 비슷한 것으로서 행정안전부령이 정하는 제조소등을 동일인이 설치한 경우 ② 법 제15조 제8항 후단에서 "대통령령이 정하는 제조소등"이란 다음 각 호의 어느 하나에 해당하는 제조소등을 말한다. 1. 제조소 2. 이송취급소 3. 일반취급소. 다만, 인화점이 38도 이상인 제4류 위험물만을 지정수량의 30배 이하로 취급하는 일반취급소로서 다음 각 목의 1에 해당하는 일반취급소를 제외한다. 가. 보일러·버너 또는 이와 비슷한 것으로서 위험물을 소비하는 장치로 이루어진 일반취급소 나. 위험물을 용기에 옮겨 담거나 차량에 고정된 탱크에 주입하는 일반취급소	2. 화재 등의 재난이 발생한 경우 응급조치 및 소방관서 등에 대한 연락업무 3. 위험물시설의 안전을 담당하는 자를 따로 두는 제조소등의 경우에는 그 담당자에게 다음 각 목의 규정에 의한 업무의 지시, 그 밖의 제조소등의 경우에는 다음 각 목의 규정에 의한 업무 가. 제조소등의 위치·구조 및 설비를 법 제5조 제4항의 기술기준에 적합하도록 유지하기 위한 점검과 점검상황의 기록·보존 나. 제조소등의 구조 또는 설비의 이상을 발견한 경우 관계자에 대한 연락 및 응급조치 다. 화재가 발생하거나 화재발생의 위험성이 현저한 경우 소방관서 등에 대한 연락 및 응급조치 라. 제조소등의 계측장치·제어장치 및 안전장치 등의 적정한 유지·관리 마. 제조소등의 위치·구조 및 설비에 관한 설계도서 등의 정비·보존 및 제조소등의 구조 및 설비의 안전에 관한 사무의 관리 4. 화재 등의 재해의 방지와 응급조치에 관하여 인접하는 제조소등과 그 밖의 관련되는 시설의 관계자와 협조체제의 유지 5. 위험물의 취급에 관한 일지의 작성·기록 6. 그 밖에 위험물을 수납한 용기를 차량에 적재하는 작업, 위험물설비를 보수하는 작업 등 위험물의 취급과 관련된 작업의 안전에 관하여 필요한 감독의 수행

<제15조> ❶ 14일 ❷ 행정안전부령이 정하는 자

<제12조> ❶ 5개

위험물안전관리법	위험물안전관리법 시행령	위험물안전관리법 시행규칙
	제13조【위험물안전관리자의 자격】 법 제15조 제9항에 따라 제조소등의 종류 및 규모에 따라 선임하여야 하는 안전관리자의 자격은 별표 6과 같다.	**제56조【1인의 안전관리자를 중복하여 선임할 수 있는 저장소 등】** ① 영 제12조 제1항 제3호에서 "행정안전부령이 정하는 저장소"라 함은 다음 각 호의 1에 해당하는 저장소를 말한다. 1. 10개 이하의 옥내저장소 2. ❶ 이하의 옥외탱크저장소 3. ❷ 4. 지하탱크저장소 5. 간이탱크저장소 6. 10개 이하의 옥외저장소 7. 10개 이하의 암반탱크저장소 ② 영 제12조 제1항 제5호에서 "행정안전부령이 정하는 제조소등"이라 함은 선박주유취급소의 고정주유설비에 공급하기 위한 위험물을 저장하는 저장소와 당해 선박주유취급소를 말한다.

위험물안전관리법 시행규칙

제57조【안전관리대행기관의 지정 등】 ①「기업활동 규제완화에 관한 특별조치법」 제40조 제1항 제3호의 규정에 의하여 위험물안전관리자의 업무를 위탁받아 수행할 수 있는 관리대행기관(이하 "안전관리대행기관"이라 한다)은 다음 각 호의 1에 해당하는 기관으로서 별표 22의 안전관리대행기관의 지정기준을 갖추어 소방청장의 지정을 받아야 한다.

1. 법 제16조 제2항의 규정에 의한 탱크시험자로 등록한 법인
2. 다른 법령에 의하여 안전관리업무를 대행하는 기관으로 지정·승인 등을 받은 법인

② 안전관리대행기관으로 지정받고자 하는 자는 별지 제33호서식의 신청서(전자문서로 된 신청서를 포함한다)에 다음 각 호의 서류(전자문서를 포함한다)를 첨부하여 소방청장에게 제출하여야 한다.

1. 삭제
2. 기술인력 연명부 및 기술자격증
3. 사무실의 확보를 증명할 수 있는 서류
4. 장비보유명세서

③ 제2항의 규정에 의한 지정신청을 받은 소방청장은 자격요건·기술인력 및 시설·장비보유현황 등을 검토하여 적합하다고 인정하는 때에는 별지 제34호서식의 위험물안전관리대행기관지정서를 발급하고, 제2항 제2호의 규정에 의하여 제출된 기술인력의 기술자격증에는 그 자격자가 안전관리대행기관의 기술인력자임을 기재하여 교부하여야 한다.

④ 소방청장은 안전관리대행기관에 대하여 필요한 지도·감독을 하여야 한다.

⑤ 안전관리대행기관은 지정받은 사항의 변경이 있는 경우에는 그 사유가 있는 날부터 14일 이내에 별지 제35호서식의 위험물안전관리대행기관 변경신고서(전자문서로 된 신고서를 포함한다)에 다음 각 호의 구분에 따른 서류(전자문서를 포함한다)를 첨부하여 소방청장에게 제출해야 한다.

1. 영업소의 소재지, 법인명칭 또는 대표자를 변경하는 경우
   가. 삭제

나. 위험물안전관리대행기관지정서
2. 기술인력을 변경하는 경우
가. 기술인력자의 연명부
나. 변경된 기술인력자의 기술자격증
3. 삭제
⑥ 안전관리대행기관은 휴업 · 재개업 또는 폐업을 하려는 경우에는 휴업 · 재개업 또는 폐업하려는 날 1일 전까지 별지 제35호의2서식의 위험물안전관리대행기관 휴업 · 재개업 · 폐업 신고서(전자문서로 된 신고서를 포함한다)에 위험물안전관리대행기관지정서(전자문서를 포함한다)를 첨부하여 소방청장에게 제출해야 한다.
⑦ 제2항에 따른 신청서 또는 제5항 제1호에 따른 신고서를 제출받은 경우에 담당공무원은 법인 등기사항증명서를 제출받는 것에 갈음하여 그 내용을 「전자정부법」 제36조 제1항에 따른 행정정보의 공동이용을 통하여 확인하여야 한다.

제58조【안전관리대행기관의 지정취소 등】 ① 「기업활동 규제완화에 관한 특별조치법」 제40조 제3항의 규정에 의하여 소방청장은 안전관리대행기관이 다음 각 호의 어느 하나에 해당하는 때에는 별표 2의 기준에 따라 그 지정을 취소하거나 6월 이내의 기간을 정하여 그 업무의 정지를 명하거나 시정하게 할 수 있다. 다만, 제1호부터 제3호까지의 규정 중 어느 하나에 해당하는 때에는 그 지정을 취소하여야 한다.
1. 허위 그 밖의 부정한 방법으로 지정을 받은 때
2. 탱크시험자의 등록 또는 다른 법령에 의하여 안전관리업무를 대행하는 기관의 지정 · 승인 등이 취소된 때
3. 다른 사람에게 지정서를 대여한 때
4. 별표 22의 안전관리대행기관의 지정기준에 미달되는 때
5. 제57조 제4항의 규정에 의한 소방청장의 지도 · 감독에 정당한 이유 없이 따르지 아니하는 때
6. 제57조 제5항에 따른 변경 신고를 연간 2회 이상 하지 아니한 때
6의2. 제57조 제6항에 따른 휴업 또는 재개업 신고를 연간 2회 이상 하지 아니한 때
7. 안전관리대행기관의 기술인력이 제59조의 규정에 의한 안전관리업무를 성실하게 수행하지 아니한 때
② 소방청장은 안전관리대행기관의 지정 · 업무정지 또는 지정취소를 한 때에는 이를 관보에 공고하여야 한다.
③ 안전관리대행기관의 지정을 취소한 때에는 지정서를 회수하여야 한다.

제59조【안전관리대행기관의 업무수행】 ① 안전관리대행기관은 안전관리자의 업무를 위탁받는 경우에는 영 제13조 및 영 별표 6의 규정에 적합한 기술인력을 당해 제조소등의 안전관리자로 지정하여 안전관리자의 업무를 하게 하여야 한다.
② 안전관리대행기관은 제1항의 규정에 의하여 기술인력을 안전관리자로 지정함에 있어서 1인의 기술인력을 다수의 제조소등의 안전관리자로 중복하여 지정하는 경우에는 영 제12조 제1항 및 이 규칙 제56조의 규정에 적합하게 지정하거나 안전관리자의 업무를 성실히 대행할 수 있는 범위내에서 관리하는 제조소등의 수가 25를 초과하지 아니하도록 지정하여야 한다. 이 경우 각 제조소등(지정수량의 20배 이하를 저장하는 저장소는 제외한다)의 관계인은 당해 제조소등마다 위험물의 취급에 관한 국가기술자격자 또는 법 제28조 제1항에 따른 안전교육을 받은 자를 안전관리원으로 지정하여 대행기관이 지정한 안전관리자의 업무를 보조하게 하여야 한다.

<제56조> ❶ 30개 ❷ 옥내탱크저장소

위험물안전관리법	위험물안전관리법 시행령	위험물안전관리법 시행규칙

③ 제1항에 따라 안전관리자로 지정된 안전관리대행기관의 기술인력(이하 이항에서 "기술인력"이라 한다) 또는 제2항에 따라 안전관리원으로 지정된 자는 위험물의 취급작업에 참여하여 법 제15조 및 이 규칙 제55조에 따른 안전관리자의 책무를 성실히 수행하여야 하며, 기술인력이 위험물의 취급작업에 참여하지 아니하는 경우에 기술인력은 제55조 제3호 가목에 따른 점검 및 동조 제6호에 따른 감독을 매월 4회(저장소의 경우에는 매월 2회) 이상 실시하여야 한다.

④ 안전관리대행기관은 제1항의 규정에 의하여 안전관리자로 지정된 안전관리대행기관의 기술인력이 여행·질병 그 밖의 사유로 인하여 일시적으로 직무를 수행할 수 없는 경우에는 안전관리대행기관에 소속된 다른 기술인력을 안전관리자로 지정하여 안전관리자의 책무를 계속 수행하게 하여야 한다.

제16조【탱크시험자의 등록 등】 ① 시·도지사 또는 제조소등의 관계인은 안전관리업무를 전문적이고 효율적으로 수행하기 위하여 탱크안전성능시험자(이하 "탱크시험자"라 한다)로 하여금 이 법에 의한 검사 또는 점검의 일부를 실시하게 할 수 있다.

② 탱크시험자가 되고자 하는 자는 대통령령이 정하는 기술능력·시설 및 장비를 갖추어 ❶ 에게 등록하여야 한다. ▶1년/1천(벌)

③ 제2항의 규정에 따라 등록한 사항 가운데 행정안전부령이 정하는 중요사항을 변경한 경우에는 그 날부터 ❷ 이내에 시·도지사에게 변경신고를 하여야 한다. ▶5백(과)

④ 다음 각 호의 어느 하나에 해당하는 자는 탱크시험자로 등록하거나 탱크시험자의 업무에 종사할 수 없다.

1. 피성년후견인
2. 삭제
3. 이 법, 「소방기본법」, 「화재의 예방 및 안전관리에 관한 법률」, 「소방시설 설치 및 관리에 관한 법률」 또는 「소방시설공사업법」에 따른 금고 이상의 실형의 선고를 받고 그 집행이 종료(집행이 종료된 것으로 보는 경우를 포함한다)되거나 집행이 면제된 날부터 2년이 지나지 아니한 자
4. 이 법, 「소방기본법」, 「화재의 예방 및 안전관리에 관한 법률」, 「소방시설 설치 및 관리에 관한 법률」 또는 「소방시설공사업법」에 따른 금고 이상의 형의 집행유예 선고를 받고 그 유예기간 중에 있는 자

제14조【탱크시험자의 등록기준 등】 ① 법 제16조 제2항의 규정에 의하여 탱크시험자가 갖추어야 하는 기술능력·시설 및 장비는 별표 7과 같다.

② 탱크시험자로 등록하고자 하는 자는 등록신청서에 행정안전부령이 정하는 서류를 첨부하여 시·도지사에게 제출하여야 한다.

③ 시·도지사는 제2항에 따른 등록신청을 접수한 경우에 다음 각 호의 어느 하나에 해당하는 경우를 제외하고는 등록을 해 주어야 한다.

1. 제1항에 따른 기술능력·시설 및 장비 기준을 갖추지 못한 경우
2. 등록을 신청한 자가 법 제16조 제4항 각 호의 어느 하나에 해당하는 경우
3. 그 밖에 법, 이 영 또는 다른 법령에 따른 제한에 위반되는 경우

[영 별표 7] 탱크시험자 기술능력·시설 및 장비

1. 기술능력
   가. 필수인력
      1) 위험물기능장·위험물산업기사·위험물기능사 중 1명 이상
      2) 비파괴검사기술사 1명 이상 또는 초음파비파괴검사·자기비파괴검사 및 침투비파괴검사별로 기사 또는 산업기사 각 1명 이상

제60조【탱크시험자의 등록신청 등】 ① 법 제16조 제2항에 따라 탱크시험자로 등록하려는 자는 별지 제36호서식의 신청서(전자문서로 된 신청서를 포함한다)에 다음 각 호의 서류(전자문서를 포함한다)를 첨부하여 시·도지사에게 제출하여야 한다.

1. 삭제
2. 기술능력자 연명부 및 기술자격증
3. 안전성능시험장비의 명세서
4. 보유장비 및 시험방법에 대한 기술검토를 기술원으로부터 받은 경우에는 그에 대한 자료
5. 「원자력안전법」에 따른 방사성동위원소이동사용허가증 또는 방사선발생장치이동사용허가증의 사본 1부
6. 사무실의 확보를 증명할 수 있는 서류

② 제1항에 따른 신청서를 제출받은 경우에 담당공무원은 법인 등기사항증명서를 제출받는 것에 갈음하여 그 내용을 「전자정부법」 제36조 제1항에 따른 행정정보의 공동이용을 통하여 확인하여야 한다.

③ 시·도지사는 제1항의 신청서를 접수한 때에는 15일 이내에 그 신청이 영 제14조 제1항의 규정에 의한 등록기준에 적합하다고 인정하는 때에는 별지 제37호서식의 위험물탱크안전성능시험자등록증을 교부하고, 제1항의 규정에 의하여 제출된 기술인력자의 기술자격증에 그 기술인력자가 당해 탱크시험기관의 기술인력자임을 기재하여 교부하여야 한다.

위험물안전관리법	위험물안전관리법 시행령	위험물안전관리법 시행규칙
5. 제5항의 규정에 따라 탱크시험자의 등록이 취소(제1호에 해당하여 자격이 취소된 경우는 제외한다)된 날부터 2년이 지나지 아니한 자 6. 법인으로서 그 대표자가 제1호 내지 제5호의 1에 해당하는 경우 ⑤ 시 · 도지사는 탱크시험자가 다음 각 호의 어느 하나에 해당하는 경우에는 행정안전부령으로 정하는 바에 따라 그 등록을 취소하거나 6월 이내의 기간을 정하여 업무의 정지를 명할 수 있다. 다만, 제1호 내지 제3호에 해당하는 경우에는 그 등록을 취소하여야 한다. ▶ **1천5백(벌)** 1. 허위 그 밖의 부정한 방법으로 등록을 한 경우 2. 제4항 각 호의 어느 하나의 등록의 결격사유에 해당하게 된 경우 3. 등록증을 다른 자에게 빌려준 경우 4. 제2항의 규정에 따른 등록기준에 미달하게 된 경우 5. 탱크안전성능시험 또는 점검을 허위로 하거나 이 법에 의한 기준에 맞지 아니하게 탱크안전성능시험 또는 점검을 실시하는 경우 등 탱크시험자로서 적합하지 아니하다고 인정하는 경우 ⑥ 탱크시험자는 이 법 또는 이 법에 의한 명령에 따라 탱크안전성능시험 또는 점검에 관한 업무를 성실히 수행하여야 한다. ▶ **1천5백(벌)**	나. 필요한 경우에 두는 인력 1) 충 · 수압시험, 진공시험, 기밀시험 또는 내압시험의 경우: 누설비파괴검사기사, 산업기사 또는 기능사 2) 수직 · 수평도시험의 경우: 측량 및 지형공간정보 기술사, 기사, 산업기사 또는 측량기능사 3) 방사선투과시험의 경우: 방사선비파괴검사 기사 또는 산업기사 4) 필수 인력의 보조: 방사선비파괴검사 · 초음파비파괴검사 · 자기비파괴검사 또는 침투비파괴검사 기능사 2. 시설: 전용사무실 3. 장비 가. 필수장비: 자기탐상시험기, 초음파두께측정기 및 다음 1) 또는 2) 중 어느 하나 1) 영상초음파탐상시험기 2) 방사선투과시험기 및 초음파탐상시험기 나. 필요한 경우에 두는 장비: 1) 충 · 수압시험, 진공시험, 기밀시험 또는 내압시험의 경우 • 진공능력 53KPa 이상의 진공누설시험기 • 기밀시험장치 2) 수직 · 수평도 시험의 경우: 수직 · 수평도 측정기 비고: 둘 이상의 기능을 함께 가지고 있는 장비를 갖춘 경우에는 각각의 장비를 갖춘 것으로 본다.	**제61조【변경사항의 신고 등】** ① 탱크시험자는 법 제16조 제3항의 규정에 의하여 다음 각 호의 1에 해당하는 중요사항을 변경한 경우에는 별지 제38호서식의 신고서(전자문서로 된 신고서를 포함한다)에 다음 각 호의 구분에 따른 서류(전자문서를 포함한다)를 첨부하여 시 · 도지사에게 제출하여야 한다. 24. 경채 1. 영업소 소재지의 변경: 사무소의 사용을 증명하는 서류와 위험물탱크안전성능시험자등록증 2. 기술능력의 변경: 변경하는 기술인력의 자격증과 위험물탱크안전성능시험자등록증 3. 대표자의 변경: 위험물탱크안전성능시험자등록증 4. 상호 또는 명칭의 변경: 위험물탱크안전성능시험자등록증 ② 제1항에 따른 신고서를 제출받은 경우에 담당공무원은 법인 등기사항증명서를 제출받는 것에 갈음하여 그 내용을 「전자정부법」 제36조 제1항에 따른 행정정보의 공동이용을 통하여 확인하여야 한다. ③ 시 · 도지사는 제1항의 신고서를 수리한 때에는 등록증을 새로 교부하거나 제출된 등록증에 변경사항을 기재하여 교부하고, 기술자격증에는 그 변경된 사항을 기재하여 교부하여야 한다. **제62조【등록의 취소 등】** ① 법 제16조 제5항의 규정에 의한 탱크시험자의 등록취소 및 업무정지의 기준은 별표 2와 같다. ② 시 · 도지사는 법 제16조 제2항에 따라 탱크시험자의 등록을 받거나 법 제16조 제5항에 따라 등록의 취소 또는 업무의 정지를 한 때에는 이를 특별시 · 광역시 · 특별자치시 · 도 또는 특별자치도(이하 "시 · 도"라 한다)의 공보에 공고하여야 한다.

<제16조> ❶ 시 · 도지사 ❷ 30일

위험물안전관리법

제17조【예방규정】 ① 대통령령으로 정하는 제조소등의 관계인은 해당 제조소등의 화재예방과 화재 등 재해발생시의 비상조치를 위하여 행정안전부령으로 정하는 바에 따라 예방규정을 정하여 해당 제조소등의 사용을 시작하기 전에 ❶ 에게 제출하여야 한다. 예방규정을 변경한 때에도 또한 같다.

▶ **전단: 1천5백(벌), 후단: 1천(벌)**

② 시·도지사는 제1항에 따라 제출한 예방규정이 제5조 제3항에 따른 기준에 적합하지 아니하거나 화재예방이나 재해발생시의 비상조치를 위하여 필요하다고 인정하는 때에는 이를 반려하거나 그 변경을 명할 수 있다.

③ 제1항에 따른 제조소등의 관계인과 그 종업원은 예방규정을 충분히 잘 익히고 준수하여야 한다.

▶ **5백(과)**

④ 소방청장은 대통령령으로 정하는 제조소등에 대하여 행정안전부령으로 정하는 바에 따라 예방규정의 이행 실태를 정기적으로 평가할 수 있다.

위험물안전관리법 시행령

제15조【관계인이 예방규정을 정하여야 하는 제조소등】 ① 법 제17조 제1항에서 "대통령령이 정하는 제조소등"이라 함은 다음 각 호의 1에 해당하는 제조소등을 말한다.

1. 지정수량의 10배 이상의 위험물을 취급하는 제조소
2. 지정수량의 100배 이상의 위험물을 저장하는 옥외저장소
3. 지정수량의 150배 이상의 위험물을 저장하는 옥내저장소
4. 지정수량의 ❶ 이상의 위험물을 저장하는 옥외탱크저장소
5. 암반탱크저장소
6. 송취급소
7. 지정수량의 10배 이상의 위험물을 취급하는 일반취급소. 다만, 제4류 위험물(특수인화물을 제외한다)만을 지정수량의 50배 이하로 취급하는 일반취급소(제1석유류·알코올류의 취급량이 지정수량의 10배 이하인 경우에 한한다)로서 다음 각 목의 어느 하나에 해당하는 것을 제외한다.
   가. 보일러·버너 또는 이와 비슷한 것으로서 위험물을 소비하는 장치로 이루어진 일반취급소
   나. 위험물을 용기에 옮겨 담거나 차량에 고정된 탱크에 주입하는 일반취급소

② 법 제17조 제4항에서 "대통령령으로 정하는 제조소등"이란 제1항에 따른 제조소등 가운데 저장 또는 취급하는 위험물의 최대수량의 합이 지정수량의 3천배 이상인 제조소등을 말한다. 이 경우 소방청장은 예방규정 이행 실태 평가 대상인 제조소등의 위험성 등을 고려하여 행정안전부령으로 정하는 바에 따라 평가 방법을 다르게 할 수 있다.

위험물안전관리법 시행규칙

③ 시·도지사는 탱크시험자의 등록을 취소한 때에는 등록증을 회수하여야 한다.

제63조【예방규정의 작성 등】 ① 법 제17조 제1항에 따라 영 제15조 제1항 각 호의 어느 하나에 해당하는 제조소등의 관계인은 다음 각 호의 사항이 포함된 예방규정을 작성하여야 한다.

1. 위험물의 안전관리업무를 담당하는 자의 직무 및 조직에 관한 사항
2. 안전관리자가 여행·질병 등으로 인하여 그 직무를 수행할 수 없을 경우 그 직무의 대리자에 관한 사항
3. 영 제18조의 규정에 의하여 자체소방대를 설치하여야 하는 경우에는 자체소방대의 편성과 화학소방자동차의 배치에 관한 사항
4. 위험물의 안전에 관계된 작업에 종사하는 자에 대한 안전교육 및 훈련에 관한 사항
5. 위험물시설 및 작업장에 대한 안전순찰에 관한 사항
6. 위험물시설·소방시설 그 밖의 관련시설에 대한 점검 및 정비에 관한 사항
7. 위험물시설의 운전 또는 조작에 관한 사항
8. 위험물 취급작업의 기준에 관한 사항
9. 이송취급소에 있어서는 배관공사 현장책임자의 조건 등 배관공사 현장에 대한 감독체제에 관한 사항과 배관주위에 있는 이송취급소 시설 외의 공사를 하는 경우 배관의 안전확보에 관한 사항
10. 재난 그 밖의 비상시의 경우에 취하여야 하는 조치에 관한 사항
11. 위험물의 안전에 관한 기록에 관한 사항

위험물안전관리법	위험물안전관리법 시행령	위험물안전관리법 시행규칙
		12. 제조소등의 위치·구조 및 설비를 명시한 서류와 도면의 정비에 관한 사항 13. 그 밖에 위험물의 안전관리에 관하여 필요한 사항 ② 예방규정은 「산업안전보건법」 제25조에 따른 안전보건관리규정과 통합하여 작성할 수 있다. ③ 영 제15조 각 호의 어느 하나에 해당하는 제조소등의 관계인은 예방규정을 제정하거나 변경한 경우에는 별지 제39호서식의 예방규정제출서에 제정 또는 변경한 예방규정 1부를 첨부하여 시·도지사 또는 소방서장에게 제출하여야 한다. **제63조의2【예방규정의 이행 실태 평가】** ① 법 제17조 제4항에 따른 예방규정의 이행 실태 평가는 다음 각 호의 구분에 따라 실시한다. 1. 최초평가: 법 제17조 제1항 전단에 따라 예방규정을 최초로 제출한 날부터 ❶ ______ 이 되는 날이 속하는 연도에 실시 2. 정기평가: 최초평가 또는 직전 정기평가를 실시한 날을 기준으로 4년마다 실시. 다만, 제3호에 따라 수시평가를 실시한 경우에는 수시평가를 실시한 날을 기준으로 4년마다 실시한다. 3. 수시평가: 위험물의 누출·화재·폭발 등의 사고가 발생한 경우 소방청장이 제조소등의 관계인 또는 종업원의 예방규정 준수 여부를 평가할 필요가 있다고 인정하는 경우에 실시 ② 소방청장은 제1항에 따른 평가를 실시하는 경우 영 제15조 제2항 후단에 따라 제조소등의 위험성 등을 고려하여 서면점검 또는 현장검사의 방법으로 실시할 수 있다. 이 경우 현장검사는 소방청장이 정하여 고시하는 고위험군의 제조소등에 대하여만 실시한다.

<제17조> ❶ 시·도지사 <제15조> ❶ 200배 <제63조의 2> ❶ 3년

위험물안전관리법	위험물안전관리법 시행령	위험물안전관리법 시행규칙
		③ 소방청장은 제1항에 따른 평가를 실시하는 경우 평가실시일 30일 전까지(제1항 제3호의 경우에는 7일 전까지를 말한다) 제조소등의 관계인에게 평가실시일, 평가항목 및 세부 평가일정에 관한 사항을 통보해야 한다. ④ 제1항에 따른 평가는 제63조 제1항 각 호에 따른 예방규정의 세부항목에 대하여 실시한다. 다만, 평가실시일부터 직전 1년 동안 「산업안전보건법」 제46조 제4항에 따른 공정안전보고서의 이행 상태 평가 또는 「화학물질관리법」 제23조의2 제2항에 따른 화학사고예방관리계획서의 이행 여부 점검을 받은 경우로서 해당 평가 또는 점검 항목과 중복되는 항목이 있는 경우에는 해당 항목에 대한 평가를 면제할 수 있다. ⑤ 소방청장은 제1항부터 제4항까지의 규정에 따라 예방규정의 이행 실태 평가를 완료한 때에는 그 결과를 해당 제조소등의 관계인에게 통보해야 한다. 이 경우 소방청장은 제조소등의 관계인에게 화재예방과 화재 등 재해발생시 비상조치의 효율적 수행을 위하여 필요한 조치 등의 이행을 권고할 수 있다. ⑥ 제1항부터 제5항까지에서 규정한 사항 외에 예방규정의 이행 실태 평가의 내용·절차·방법 등에 관하여 필요한 사항은 소방청장이 정하여 고시한다.
	제22조의3【규제의 재검토】 소방청장은 제15조 제2항에 따른 예방규정의 이행 실태 평가 대상에 대하여 2025년 1월 1일을 기준으로 5년마다(매 5년이 되는 해의 1월 1일 전까지를 말한다) 그 타당성을 검토하여 개선 등의 조치를 해야 한다.	**제80조【규제의 재검토】** 소방청장은 제63조의2에 따른 예방규정의 이행 실태에 대한 평가방법 등에 대하여 2025년 1월 1일을 기준으로 5년마다(매 5년이 되는 해의 1월 1일 전까지를 말한다) 그 타당성을 검토하여 개선 등의 조치를 해야 한다.

위험물안전관리법	위험물안전관리법 시행령	위험물안전관리법 시행규칙

위험물안전관리법

제18조【정기점검 및 정기검사】 ① ❶ 은 그 제조소등에 대하여 행정안전부령이 정하는 바에 따라 제5조 제4항의 규정에 따른 기술기준에 적합한지의 여부를 정기적으로 점검하고 점검결과를 기록하여 보존하여야 한다. ▶ 1년/1천(백), 5백(과)

② 제1항에 따라 정기점검을 한 제조소등의 관계인은 점검을 한 날부터 30일 이내에 점검결과를 시·도지사에게 제출하여야 한다. ▶ 5백(과)

③ 제1항에 따른 정기점검의 대상이 되는 제조소등의 관계인 가운데 대통령령으로 정하는 제조소등의 관계인은 행정안전부령으로 정하는 바에 따라 소방본부장 또는 소방서장으로부터 해당 제조소등이 제5조 제4항에 따른 기술기준에 적합하게 유지되고 있는지의 여부에 대하여 정기적으로 검사를 받아야 한다. ▶ 1년/1천(벌)

위험물안전관리법 시행령

제16조【정기점검의 대상인 제조소등】 법 제18조 제1항에서 "대통령령이 정하는 제조소등"이라 함은 다음 각 호의 1에 해당하는 제조소등을 말한다.

1. 제15조 각 호의 어느 하나에 해당하는 제조소등
2. 지하탱크저장소
3. 이동탱크저장소
4. 위험물을 취급하는 탱크로서 지하에 매설된 탱크가 있는 제조소·주유취급소 또는 일반취급소

제17조【정기검사의 대상인 제조소등】 법 제18조 제3항에서 "대통령령으로 정하는 제조소등"이란 액체위험물을 저장 또는 취급하는 ❶ 이상의 옥외탱크저장소를 말한다.

위험물안전관리법 시행규칙

제64조【정기점검의 횟수】 법 제18조 제1항의 규정에 의하여 제조소등의 관계인은 당해 제조소등에 대하여 ❶ 이상 정기점검을 실시하여야 한다.

제65조【특정·준특정옥외탱크저장소의 정기점검】 ① 법 제18조 제1항에 따라 옥외탱크저장소 중 저장 또는 취급하는 액체위험물의 최대수량이 50만리터 이상인 것(이하 "특정·준특정옥외탱크저장소"라 한다)에 대해서는 제64조에 따른 정기점검 외에 다음 각 호의 어느 하나에 해당하는 기간 이내에 1회 이상 특정·준특정옥외저장탱크(특정·준특정옥외탱크저장소의 탱크)의 구조 등에 관한 안전점검(이하 "구조안전점검"이라 한다)을 해야 한다. 다만, 해당 기간 이내에 특정·준특정옥외저장탱크의 사용중단 등으로 구조안전점검을 실시하기가 곤란한 경우에는 별지 제39호의2서식에 따라 관할소방서장에게 구조안전점검의 실시기간 연장신청(전자문서에 의한 신청을 포함한다)을 할 수 있으며, 그 신청을 받은 소방서장은 1년(특정·준특정옥외저장탱크의 사용을 중지한 경우에는 사용중지기간)의 범위에서 실시기간을 연장할 수 있다.

1. 특정·준특정옥외탱크저장소의 설치허가에 따른 완공검사합격확인증을 발급받은 날부터 ❷
2. 제70조 제1항 제1호에 따른 최근의 정밀정기검사를 받은 날부터 11년
3. 제2항에 따라 특정·준특정옥외저장탱크에 안전조치를 한 후 제71조 제2항에 따라 구조안전점검시기 연장신청을 하여 해당 안전조치가 적정한 것으로 인정받은 경우에는 제70조 제1항 제1호에 따른 최근의 정밀정기검사를 받은 날부터 13년

벌칙정리

1년 이하의 징역 또는 1천만원 이하의 벌금	제18조 제1항의 규정을 위반하여 정기점검을 하지 아니하거나 점검기록을 허위로 작성한 관계인으로서 제6조 제1항의 규정에 따른 허가(제6조 제3항의 규정에 따라 허가가 면제된 경우 및 제7조 제2항의 규정에 따라 협의로써 허가를 받은 것으로 보는 경우를 포함한다. 이하 제5호·제6호, 제36조 제6호·제7호·제10호 및 제37조 제3호에서 같다)를 받은 자
5백만원 이하의 과태료	• 제18조 제1항의 규정을 위반하여 점검결과를 기록·보존하지 아니한 자 • 제18조 제2항을 위반하여 기간 이내에 점검결과를 제출하지 아니한 자

<제18조> ❶ 대통령령이 정하는 제조소등의 관계인

<제17조> ❶ 50만리터

<제64조> ❶ 연 1회
<제65조> ❷ 12년

위험물안전관리법	위험물안전관리법 시행령	위험물안전관리법 시행규칙
		② 제1항 제3호에 따른 특정·준특정옥외저장탱크의 안전조치는 특정·준특정옥외저장탱크의 부식 등에 대한 안전성을 확보하는 데 필요한 다음 각 호의 어느 하나의 조치로 한다.

1. 특정·준특정옥외저장탱크의 부식방지 등을 위한 다음 각 목의 조치
   가. 특정·준특정옥외저장탱크의 내부의 부식을 방지하기 위한 코팅[유리입자(글래스플레이크)코팅 또는 유리섬유강화플라스틱 라이닝(lining: 침식 및 부식 방지를 위해 재료의 접촉면에 약품재 등을 대는 일)에 한한다] 또는 이와 동등 이상의 조치
   나. 특정·준특정옥외저장탱크의 애뉼러 판(annular plate) 및 밑판 외면의 부식을 방지하는 조치
   다. 특정·준특정옥외저장탱크의 애뉼러 판 및 밑판의 두께가 적정하게 유지되도록 하는 조치
   라. 특정·준특정옥외저장탱크에 구조상의 영향을 줄 우려가 있는 보수를 하지 아니하거나 변형이 없도록 하는 조치
   마. 구조물이 현저히 불균형하게 가라앉는 현상(이하 "부등침하"라 한다)이 없도록 하는 조치
   바. 지반이 충분한 지지력을 확보하는 동시에 침하에 대하여 충분한 안전성을 확보하는 조치
   사. 특정·준특정옥외저장탱크의 유지관리체제의 적정 유지
2. 위험물의 저장관리 등에 관한 다음 각 목의 조치
   가. 부식의 발생에 영향을 주는 물 등의 성분의 적절한 관리
   나. 특정·준특정옥외저장탱크에 대하여 현저한 부식성이 있는 위험물을 저장하지 아니하도록 하는 조치
   다. 부식의 발생에 현저한 영향을 미치는 저장조건의 변경을 하지 아니하도록 하는 조치
   라. 특정·준특정옥외저장탱크의 애뉼러 판 및 밑판의 부식율(애뉼러 판 및 밑판이 부식에 의하여 감소한 값을 판의 경과연수로 나누어 얻은 값)이 연간 0.05밀리미터 이하일 것
   마. 특정·준특정옥외저장탱크의 애뉼러 판 및 밑판 외면의 부식을 방지하는 조치
   바. 특정·준특정옥외저장탱크의 애뉼러 판 및 밑판의 두께가 적정하게 유지되도록 하는 조치
   사. 특정·준특정옥외저장탱크에 구조상의 영향을 줄 우려가 있는 보수를 하지 아니하거나 변형이 없도록 하는 조치
   아. 현저한 부등침하가 없도록 하는 조치
   자. 지반이 충분한 지지력을 확보하는 동시에 침하에 대하여 충분한 안전성을 확보하는 조치
   차. 특정·준특정옥외저장탱크의 유지관리체제의 적정 유지

위험물안전관리법	위험물안전관리법 시행령	위험물안전관리법 시행규칙
		③ 제1항 제3호의 규정에 의한 신청은 별지 제40호서식 또는 별지 제41호서식의 신청서에 의한다.

위험물안전관리법 시행규칙

제66조【정기점검의 내용 등】 제조소등의 위치 · 구조 및 설비가 법 제5조 제4항의 기술기준에 적합한지를 점검하는데 필요한 정기점검의 내용 · 방법 등에 관한 기술상의 기준과 그 밖의 점검에 관하여 필요한 사항은 소방청장이 정하여 고시한다.

제67조【정기점검의 실시자】 ① 제조소등의 관계인은 법 제18조 제1항의 규정에 의하여 당해 제조소등의 정기점검을 안전관리자(제65조의 규정에 의한 정기점검에 있어서는 제66조의 규정에 의하여 소방청장이 정하여 고시하는 점검방법에 관한 지식 및 기능이 있는 자에 한한다) 또는 위험물운송자(이동탱크저장소의 경우에 한한다)로 하여금 실시하도록 하여야 한다. 이 경우 옥외탱크저장소에 대한 구조안전점검을 위험물안전관리자가 직접 실시하는 경우에는 점검에 필요한 영 별표 7의 인력 및 장비를 갖춘 후 이를 실시하여야 한다.

② 제1항에도 불구하고 제조소등의 관계인은 안전관리대행기관(제65조에 따른 특정 · 준특정옥외탱크저장소의 정기점검은 제외한다) 또는 탱크시험자에게 정기점검을 의뢰하여 실시할 수 있다. 이 경우 해당 제조소등의 안전관리자는 안전관리대행기관 또는 탱크시험자의 점검현장에 참관해야 한다.

제68조【정기점검의 기록 · 유지】 ① 법 제18조 제1항에 따라 제조소등의 관계인은 정기점검 후 다음 각 호의 사항을 기록해야 한다.

1. 점검을 실시한 제조소등의 명칭
2. 점검의 방법 및 결과
3. 점검연월일
4. 점검을 한 안전관리자 또는 점검을 한 탱크시험자와 점검에 참관한 안전관리자의 성명

② 제1항의 규정에 의한 정기점검기록은 다음 각 호의 구분에 의한 기간 동안 이를 보존하여야 한다.

1. 제65조 제1항의 규정에 의한 옥외저장탱크의 구조안전점검에 관한 기록: 25년(동항 제3호에 규정한 기간의 적용을 받는 경우에는 30년)
2. 제1호에 해당하지 아니하는 정기점검의 기록: ❶

제69조【정기점검의 의뢰 등】 ① 제조소등의 관계인은 법 제18조 제1항의 정기점검을 제67조 제2항의 규정에 의하여 탱크시험자에게 실시하게 하는 경우에는 별지 제42호서식의 정기점검의뢰서를 탱크시험자에게 제출하여야 한다.

② 탱크시험자는 정기점검을 실시한 결과 그 탱크 등의 유지관리상황이 적합하다고 인정되는 때에는 점검을 완료한 날부터 10일 이내에 별지 제43호서식의 정기점검결과서에 위험물탱크안전성능시험자등록증 사본 및 시험성적서를 첨부하여 제조소등의 관계인에게 교부하고, 적합하지 아니한 경우에는 개선하여야 하는 사항을 통보하여야 한다.

③ 제2항의 규정에 의하여 개선하여야 하는 사항을 통보 받은 제조소등의 관계인은 이를 개선한 후 다시 점검을 의뢰하여야 한다. 이 경우 탱크시험자는 정기점검결과서에 개선하게 한 사항(탱크시험자가 직접 보수한 경우에는 그 보수한 사항을 포함한다)을 기재하여야 한다.

④ 탱크시험자는 제2항의 규정에 의한 정기점검결과서를 교부한 때에는 그 내용을 정기점검대장에 기록하고 이를 제68조 제2항 각 호의 규정에 의한 기간동안 보관하여야 한다.

<제68조> ❶ 3년

위험물안전관리법	위험물안전관리법 시행령	위험물안전관리법 시행규칙

제70조【정기검사의 시기】 ① 법 제18조 제3항에 따른 정기검사(이하 "정기검사"라 한다)를 받아야 하는 특정·준특정옥외탱크저장소의 관계인은 다음 각 호의 구분에 따라 정밀정기검사 및 중간정기검사를 받아야 한다. 다만, 재난 그 밖의 비상사태의 발생, 안전유지상의 필요 또는 사용상황 등의 변경으로 해당 시기에 정기검사를 실시하는 것이 적당하지 않다고 인정되는 때에는 소방서장의 직권 또는 관계인의 신청에 따라 소방서장이 따로 지정하는 시기에 정기검사를 받을 수 있다.

1. 정밀정기검사: 다음 각 목의 어느 하나에 해당하는 기간 내에 1회
   가. 특정·준특정옥외탱크저장소의 설치허가에 따른 완공검사합격확인증을 발급받은 날부터 ❶
   나. 최근의 정밀정기검사를 받은 날부터 11년
2. 중간정기검사: 다음 각 목의 어느 하나에 해당하는 기간 내에 1회
   가. 특정·준특정옥외탱크저장소의 설치허가에 따른 완공검사합격확인증을 발급받은 날부터 ❷
   나. 최근의 정밀정기검사 또는 중간정기검사를 받은 날부터 4년

② 삭제
③ 제1항 제1호에 따른 정밀정기검사(이하 "정밀정기검사"라 한다)를 받아야 하는 특정·준특정옥외탱크저장소의 관계인은 제1항에도 불구하고 정밀정기검사를 제65조 제1항에 따른 구조안전점검을 실시하는 때에 함께 받을 수 있다.

제71조【정기검사의 신청 등】 ① 정기검사를 받아야 하는 특정·준특정옥외탱크저장소의 관계인은 별지 제44호서식의 신청서(전자문서로 된 신청서를 포함한다)에 다음 각 호의 서류(전자문서를 포함한다)를 첨부하여 기술원에 제출하고 별표 25 제8호에 따른 수수료를 기술원에 납부해야 한다. 다만, 제2호 및 제4호의 서류는 정기검사를 실시하는 때에 제출할 수 있다.

1. 별지 제5호서식의 구조설비명세표
2. 제조소등의 위치·구조 및 설비에 관한 도면
3. 완공검사합격확인증
4. 밑판, 옆판, 지붕판 및 개구부의 보수이력에 관한 서류

② 제65조 제1항 제3호에 따른 기간 이내에 구조안전점검을 받으려는 자는 별지 제40호서식 또는 별지 제41호서식의 신청서(전자문서로 된 신청서를 포함한다)를 제1항 각 호 외의 부분 본문에 따라 정기검사를 신청하는 때에 함께 기술원에 제출해야 한다.
③ 제70조 제1항 각 호 외의 부분 단서에 따라 정기검사 시기를 변경하려는 자는 별지 제45호서식의 신청서(전자문서로 된 신청서를 포함한다)에 정기검사 시기의 변경을 필요로 하는 사유를 기재한 서류(전자문서를 포함한다)를 첨부하여 소방서장에게 제출해야 한다.
④ 기술원은 제72조 제4항의 소방청장이 정하여 고시하는 기준에 따라 정기검사를 실시한 결과 다음 각 호의 구분에 따른 사항이 적합하다고 인정되면 검사종료일부터 10일 이내에 별지 제46호서식의 정기검사합격확인증을 관계인에게 발급하고, 그 결과보고서를 작성하여 소방서장에게 제출해야 한다.

1. 정밀정기검사 대상인 경우: 특정·준특정옥외저장탱크에 대한 다음 각 목의 사항
   가. 수직도·수평도에 관한 사항(지중탱크에 대한 것은 제외한다)
   나. 밑판(지중탱크의 경우에는 누액방지판을 말한다)의 두께에 관한 사항
   다. 용접부에 관한 사항
   라. 구조·설비의 외관에 관한 사항

위험물안전관리법	위험물안전관리법 시행령	위험물안전관리법 시행규칙

2. 제70조 제1항 제2호에 따른 중간정기검사 대상인 경우: 특정 · 준특정옥외저장탱크의 구조 · 설비의 외관에 관한 사항

⑤ 기술원은 정기검사를 실시한 결과 부적합한 경우에는 개선해야 하는 사항을 신청자 및 소방서장에게 통보하고 개선할 사항을 통보받은 관계인은 개선을 완료한 후 별지 제44호서식의 신청서를 기술원에 다시 제출해야 한다.

⑥ 정기검사를 받은 제조소등의 관계인과 정기검사를 실시한 기술원은 정기검사합격확인증 등 정기검사에 관한 서류를 해당 제조소등에 대한 차기 정기검사시까지 보관해야 한다.

제72조 【정기검사의 방법 등】 ① 정기검사는 특정 · 준특정옥외탱크저장소의 위치 · 구조 및 설비의 특성을 고려하여 안전성 확인에 적합한 검사방법으로 실시해야 한다.

② 특정 · 준특정옥외탱크저장소의 관계인이 제65조 제1항에 따른 구조안전점검 시에 제71조 제4항 제1호 각 목에 따른 사항을 미리 점검한 후에 정밀정기검사를 신청하는 때에는 그 사항에 대한 정밀정기검사는 전체의 검사범위 중 임의의 부위를 발췌하여 검사하는 방법으로 실시한다.

③ 특정옥외탱크저장소의 변경허가에 따른 탱크안전성능검사를 하는 때에 정밀정기검사를 같이 실시하는 경우 검사범위가 중복되면 해당 검사범위에 대한 어느 하나의 검사를 생략한다.

④ 제1항부터 제3항까지의 규정에 따른 검사방법과 판정기준 그 밖의 정기검사의 실시에 관하여 필요한 사항은 소방청장이 정하여 고시한다.

제19조 【자체소방대】 다량의 위험물을 저장 · 취급하는 제조소등으로서 ❶ 이 정하는 제조소등이 있는 동일한 사업소에서 ❷ 이 정하는 수량 이상의 위험물을 저장 또는 취급하는 경우 당해 사업소의 관계인은 ❸ 이 정하는 바에 따라 당해 사업소에 자체소방대를 설치하여야 한다. ▶ **1년/1천(벌)**

제18조 【자체소방대를 설치하여야 하는 사업소】 ① 법 제19조에서 "대통령령이 정하는 제조소등"이란 다음 각 호의 어느 하나에 해당하는 제조소등을 말한다.

1. 제4류 위험물을 취급하는 제조소 또는 일반취급소. 다만, 보일러로 위험물을 소비하는 일반취급소 등 행정안전부령으로 정하는 일반취급소는 제외한다.
2. 제4류 위험물을 저장하는 옥외탱크저장소

② 법 제19조에서 "대통령령이 정하는 수량 이상"이란 다음 각 호의 구분에 따른 수량을 말한다.

1. 제1항 제1호에 해당하는 경우: 제조소 또는 일반취급소에서 취급하는 제4류 위험물의 최대수량의 합이 지정수량의 3천배 이상
2. 제1항 제2호에 해당하는 경우: 옥외탱크저장소에 저장하는 제4류 위험물의 최대수량이 지정수량의 ❶ 이상

제73조 【자체소방대의 설치 제외대상인 일반취급소】 영 제18조 제1항 제1호 단서에서 "행정안전부령으로 정하는 일반취급소"란 다음 각 호의 어느 하나에 해당하는 일반취급소를 말한다.

1. 보일러, 버너 그 밖에 이와 유사한 장치로 위험물을 소비하는 일반취급소
2. 이동저장탱크 그 밖에 이와 유사한 것에 위험물을 주입하는 일반취급소
3. 용기에 위험물을 옮겨 담는 일반취급소
4. 유압장치, 윤활유순환장치 그 밖에 이와 유사한 장치로 위험물을 취급하는 일반취급소
5. 「광산안전법」의 적용을 받는 일반취급소

<제19조> ❶ 대통령령 ❷ 대통령령 ❸ 대통령령

<제18조> ❶ 50만배

<제70조> ❶ 12년 ❷ 4년

위험물안전관리법	위험물안전관리법 시행령	위험물안전관리법 시행규칙

③ 법 제19조의 규정에 의하여 자체소방대를 설치하는 사업소의 관계인(소유자·점유자 또는 관리자를 말한다. 이하 같다)은 별표 8의 규정에 의하여 자체소방대에 화학소방자동차 및 자체소방대원을 두어야 한다. 다만, 화재 그 밖의 재난발생시 다른 사업소 등과 상호응원에 관한 협정을 체결하고 있는 사업소에 있어서는 행정안전부령이 정하는 바에 따라 별표 8의 범위 안에서 화학소방자동차 및 인원의 수를 달리할 수 있다.

[영 별표 8] 자체소방대에 두는 화학소방자동차 및 인원

사업소의 구분(지정수량)	화학소방자동차	자체소방대원의 수
제조소 또는 일반취급소에서 취급하는 제4류 위험물의 최대수량의 합이 12만배 미만	1대	5인
제조소 또는 일반취급소에서 취급하는 제4류 위험물의 최대수량의 합이 12만배 이상 ~ 24만배 미만	2대	10인
제조소 또는 일반취급소에서 취급하는 제4류 위험물의 최대수량의 합이 24만배 이상 ~ 48만배 미만	3대	15인
제조소 또는 일반취급소에서 취급하는 제4류 위험물의 최대수량의 합이 48만배 이상	4대	20인
옥외탱크저장소에 저장하는 제4류 위험물의 최대수량이 지정수량의 50만배 이상인 사업소	2대	10인

비고: 화학소방자동차에는 소화능력 및 설비를 갖춰야 하고, 소화활동에 필요한 소화약제 및 기구를 비치하여야 한다.

[규칙 별표 23] 화학소방자동차에 갖추어야 하는 소화능력 및 설비의 기준

화학소방자동차의 구분	소화능력 및 설비의 기준
포수용액 방사차	포수용액의 방사능력이 매분 2천리터 이상
	소화약액탱크 및 소화약액혼합장치
	10만리터 이상 포수용액을 방사할 수 있는 양의 소화약제
분말 방사차	분말의 방사능력이 매초 35킬로그램 이상
	분말탱크 및 가압용가스설비
	1천400킬로그램 이상 분말
할로겐화합물 방사차	할로겐화합물의 방사능력이 매초 40킬로그램 이상
	할로겐화합물탱크 및 가압용가스설비
	1천킬로그램 이상 할로겐화합물

제74조【자체소방대 편성의 특례】 영 제18조 제3항 단서의 규정에 의하여 2 이상의 사업소가 상호응원에 관한 협정을 체결하고 있는 경우에는 당해 모든 사업소를 하나의 사업소로 보고 제조소 또는 취급소에서 취급하는 제4류 위험물을 합산한 양을 하나의 사업소에서 취급하는 제4류 위험물의 최대수량으로 간주하여 동항 본문의 규정에 의한 화학소방자동차의 대수 및 자체소방대원을 정할 수 있다. 이 경우 상호응원에 관한 협정을 체결하고 있는 각 사업소의 자체소방대에는 영 제18조 제3항 본문의 규정에 의한 화학소방차 대수의 ❶ 이상의 대수와 화학소방자동차마다 5인 이상의 자체소방대원을 두어야 한다.

제75조【화학소방차의 기준 등】 ① 영 별표 8 비고의 규정에 의하여 화학소방자동차(내폭화학차 및 제독차를 포함한다)에 갖추어야 하는 소화능력 및 설비의 기준은 별표 23과 같다.

② 포수용액을 방사하는 화학소방자동차의 대수는 영 제18조 제3항의 규정에 의한 화학소방자동차의 대수의 ❷ 이상으로 하여야 한다.

위험물안전관리법	위험물안전관리법 시행령	위험물안전관리법 시행규칙

이산화탄소 방사차	이산화탄소의 방사능력이 매초 40킬로그램 이상
	이산화탄소저장용기
	3천킬로그램 이상 이산화탄소
제독차	가성소오다 및 규조토를 각각 50킬로그램 이상

제19조의2【제조소등에서의 흡연 금지】 ① 누구든지 제조소등에서는 지정된 장소가 아닌 곳에서 흡연을 하여서는 아니 된다.

② 제조소등의 관계인은 해당 제조소등이 금연구역임을 알리는 표지를 설치하여야 한다.

③ 시·도지사는 제조소등의 관계인이 제2항을 위반하여 금연구역임을 알리는 표지를 설치하지 아니하거나 보완이 필요한 경우 일정한 기간을 정하여 그 시정을 명할 수 있다.

④ 제1항에 따른 지정 기준·방법 등은 대통령령으로 정하고, 제2항에 따른 표지를 설치하는 기준·방법 등은 ❶ 으로 정한다.

제18조의2【흡연장소의 지정기준 등】 ① 제조소등의 관계인은 법 제19조의2에 따라 제조소등에서 흡연장소를 지정할 필요가 있다고 인정하는 경우 다음 각 호의 기준에 따라 흡연장소를 지정해야 한다.

1. 흡연장소는 폭발위험장소(「산업표준화법」 제12조에 따른 한국산업표준에서 정한 폭발성 가스에 의한 폭발위험장소의 범위를 말한다) 외의 장소에 지정하는 등 위험물을 저장·취급하는 건축물, 공작물 및 기계·기구, 그 밖의 설비로부터 안전 확보에 필요한 일정한 거리를 둘 것
2. 흡연장소는 옥외로 지정할 것. 다만, 부득이한 경우에는 건축물 내에 지정할 수 있다.

② 제조소등의 관계인은 제1항에 따라 흡연장소를 지정하는 경우에는 다음 각 호의 방법에 따른 화재예방 조치를 해야 한다.

1. 흡연장소는 구획된 실(室)로 하되, 가연성의 증기 또는 미분이 실내에 체류하거나 실내로 유입되는 것을 방지하기 위한 구조 또는 설비를 갖출 것
2. 소형수동식소화기(이에 준하는 소화설비를 포함한다)를 1개 이상 비치할 것

③ 제1항 및 제2항에서 규정한 사항 외에 흡연장소의 지정 기준·방법 등에 관한 세부적인 기준은 소방청장이 정하여 고시한다.

<제19조의2조> ❶ 행정안전부령

<제74조> ❶ 2분의 1
<제75조> ❷ 3분의 2

위험물안전관리법

제4장 위험물의 운반 등

제20조【위험물의 운반】 ① 위험물의 운반은 그 용기·적재방법 및 운반방법에 관한 다음 각 호의 중요기준과 세부기준에 따라 행하여야 한다.

1. 중요기준: 화재 등 위해의 예방과 응급조치에 있어서 큰 영향을 미치거나 그 기준을 위반하는 경우 직접적으로 화재를 일으킬 가능성이 큰 기준으로서 행정안전부령이 정하는 기준 ▶**1천(벌)**
2. 세부기준: 화재 등 위해의 예방과 응급조치에 있어서 중요기준보다 상대적으로 적은 영향을 미치거나 그 기준을 위반하는 경우 간접적으로 화재를 일으킬 수 있는 기준 및 위험물의 안전관리에 필요한 표시와 서류·기구 등의 비치에 관한 기준으로서 행정안전부령이 정하는 기준 ▶**1천(벌), 5백(과)**

② 제1항에 따라 운반용기에 수납된 위험물을 지정수량 이상으로 차량에 적재하여 운반하는 차량의 운전자(이하 "위험물운반자"라 한다)는 다음 각 호의 어느 하나에 해당하는 요건을 갖추어야 한다.

1. 「국가기술자격법」에 따른 위험물 분야의 자격을 취득할 것
2. 제28조 제1항에 따른 교육을 수료할 것

③ ❶ ______________ 는 운반용기를 제작하거나 수입한 자 등의 신청에 따라 제1항의 규정에 따른 운반용기를 검사할 수 있다. 다만, 기계에 의하여 하역하는 구조로 된 대형의 운반용기로서 행정안전부령이 정하는 것을 제작하거나 수입한 자 등은 행정안전부령이 정하는 바에 따라 당해 용기를 사용하거나 유통시키기 전에 시·도지사가 실시하는 운반용기에 대한 검사를 받아야 한다.

▶**단서: 1년/1천(벌), 5백(과)**

위험물안전관리법 시행령

벌칙정리

벌칙	내용
1년 이하의 징역 또는 1천만원 이하의 벌금	제20조 제3항 단서를 위반하여 운반용기에 대한 검사를 받지 아니하고 운반용기를 사용하거나 유통시킨 자
1천만원 이하의 벌금	• 제20조 제1항 제1호의 규정을 위반하여 위험물의 운반에 관한 중요기준에 따르지 아니한 자 • 제20조 제2항을 위반하여 요건을 갖추지 아니한 위험물운반자
5백만원 이하의 과태료	• 제20조 제1항 제2호의 규정에 따른 위험물의 운반에 관한 세부기준을 위반한 자 • 제21조 제3항의 규정을 위반하여 위험물의 운송에 관한 기준을 따르지 아니한 자

위험물안전관리법 시행규칙

제50조【위험물의 운반기준】 법 제20조 제1항의 규정에 의한 위험물의 운반에 관한 기준은 별표 19와 같다.

제51조【운반용기의 검사】 ① 법 제20조 제3항 단서에서 "행정안전부령이 정하는 것"이란 별표 20에 따른 운반용기를 말한다.

② 법 제20조 제3항에 따라 운반용기의 검사를 받고자 하는 자는 별지 제30호서식의 신청서(전자문서로 된 신청서를 포함한다)에 용기의 설계도면과 재료에 관한 설명서를 첨부하여 기술원에 제출해야 한다. 다만, UN의 위험물 운송에 관한 권고(RTDG, Recommendations on the Transport of Dangerous Goods)에서 정한 기준에 따라 관련 검사기관으로부터 검사를 받은 때에는 그렇지 않다.

③ 기술원은 제2항에 따른 검사신청을 한 운반용기가 별표 19 Ⅰ에 따른 기준에 적합하고 위험물의 운반상 지장이 없다고 인정되는 때에는 별지 제31호서식의 용기검사합격확인증을 교부해야 한다.

④ 기술원의 원장은 운반용기 검사업무의 처리절차와 방법을 정하여 운용해야 한다.

⑤ 기술원의 원장은 전년도의 운반용기 검사업무 처리결과를 매년 1월 31일까지 시·도지사에게 보고해야 하고, 시·도지사는 기술원으로부터 보고받은 운반용기 검사업무 처리결과를 매년 2월 말까지 소방청장에게 제출해야 한다.

위험물안전관리법	위험물안전관리법 시행령	위험물안전관리법 시행규칙
제21조【위험물의 운송】 ① 이동탱크저장소에 의하여 위험물을 운송하는 자(운송책임자 및 이동탱크저장소운전자를 말하며, 이하 "위험물운송자"라 한다)는 제20조 제2항 각 호의 어느 하나에 해당하는 요건을 갖추어야 한다. ▶1천(벌) ② 대통령령이 정하는 위험물의 운송에 있어서는 운송책임자(위험물 운송의 감독 또는 지원을 하는 자를 말한다. 이하 같다)의 감독 또는 지원을 받아 이를 운송하여야 한다. 운송책임자의 범위, 감독 또는 지원의 방법 등에 관한 구체적인 기준은 행정안전부령으로 정한다. ▶1천(벌) ③ 위험물운송자는 이동탱크저장소에 의하여 위험물을 운송하는 때에는 행정안전부령으로 정하는 기준을 준수하는 등 당해 위험물의 안전확보를 위하여 세심한 주의를 기울여야 한다.	**제19조【운송책임자의 감독·지원을 받아 운송하여야 하는 위험물】** 법 제21조 제2항에서 "대통령령이 정하는 위험물"이라 함은 다음 각 호의 1에 해당하는 위험물을 말한다. 24. 공채·경채 1. 알킬알루미늄 2. ❶ 3. 제1호 또는 제2호의 물질을 함유하는 위험물	**제52조【위험물의 운송기준】** ① 법 제21조 제2항의 규정에 의한 위험물 운송책임자는 다음 각 호의 1에 해당하는 자로 한다. 1. 당해 위험물의 취급에 관한 국가기술자격을 취득하고 관련 업무에 1년 이상 종사한 경력이 있는 자 2. 법 제28조 제1항의 규정에 의한 위험물의 운송에 관한 안전교육을 수료하고 관련 업무에 2년 이상 종사한 경력이 있는 자 ② 법 제21조 제2항의 규정에 의한 위험물 운송책임자의 감독 또는 지원의 방법과 법제21조 제3항의 규정에 의한 위험물의 운송시에 준수하여야 하는 사항은 별표 21과 같다.

[규칙 별표 8] 제조소등에서의 위험물의 저장 및 취급에 관한 기준

Ⅰ. 저장·취급의 공통기준

\- 중략 -

Ⅱ. 위험물의 유별 저장·취급의 공통기준(중요기준)

1. 제1류 위험물은 가연물과의 접촉·혼합이나 분해를 촉진하는 물품과의 접근 또는 과열·충격·마찰 등을 피하는 한편, 알카리금속의 과산화물 및 이를 함유한 것에 있어서는 물과의 접촉을 피하여야 한다.
2. 제2류 위험물은 산화제와의 접촉·혼합이나 불티·불꽃·고온체와의 접근 또는 과열을 피하는 한편, 철분·금속분·마그네슘 및 이를 함유한 것에 있어서는 물이나 산과의 접촉을 피하고 인화성 고체에 있어서는 함부로 증기를 발생시키지 아니하여야 한다.
3. 제3류 위험물 중 자연발화성물질에 있어서는 불티·불꽃 또는 고온체와의 접근·과열 또는 공기와의 접촉을 피하고, 금수성물질에 있어서는 물과의 접촉을 피하여야 한다.
4. 제4류 위험물은 불티·불꽃·고온체와의 접근 또는 과열을 피하고, 함부로 증기를 발생시키지 아니하여야 한다.
5. 제5류 위험물은 불티·불꽃·고온체와의 접근이나 과열·충격 또는 마찰을 피 하여야 한다.
6. 제6류 위험물은 가연물과의 접촉·혼합이나 분해를 촉진하는 물품과의 접근 또는 과열을 피하여야 한다.
7. 제1호 내지 제6호의 기준은 위험물을 저장 또는 취급함에 있어서 당해 각호의 기준에 의하지 아니하는 것이 통상인 경우는 당해 각호를 적용하지 아니한다. 이 경우 당해 저장 또는 취급에 대하여는 재해의 발생을 방지하기 위한 충분한 조치를 강구하여야 한다.

<제20조> ❶ 시·도지사

<제19조> ❶ 알킬리튬

위험물안전관리법	위험물안전관리법 시행령	위험물안전관리법 시행규칙

[규칙 별표 19] 위험물의 운반에 관한 기준 – 적재방법

1. 위험물은 다음 각 목의 기준에 따라 수납하여 적재하여야 한다. 다만, 덩어리 상태의 황을 운반하기 위하여 적재하는 경우 또는 위험물을 동일구내에 있는 제조소등의 상호간에 운반하기 위하여 적재하는 경우에는 그러하지 아니하다(중요기준).
   가. 위험물이 온도변화 등에 의하여 누설되지 아니하도록 운반용기를 밀봉하여 수납할 것. 다만, 온도변화 등에 의한 위험물로부터의 가스의 발생으로 운반용기안의 압력이 상승할 우려가 있는 경우(발생한 가스가 독성 또는 인화성을 갖는 등 위험성이 있는 경우를 제외한다)에는 가스의 배출구(위험물의 누설 및 다른 물질의 침투를 방지하는 구조로 된 것에 한한다)를 설치한 운반용기에 수납할 수 있다.
   나. 수납하는 위험물과 위험한 반응을 일으키지 아니하는 등 당해 위험물의 성질에 적합한 재질의 운반용기에 수납할 것
   다. 고체위험물은 운반용기 내용적의 95% 이하의 수납율로 수납할 것
   라. 액체위험물은 운반용기 내용적의 98% 이하의 수납율로 수납하되, 55도의 온도에서 누설되지 아니하도록 충분한 공간용적을 유지하도록 할 것
   마. 하나의 외장용기에는 다른 종류의 위험물을 수납하지 아니할 것
   바. 제3류 위험물은 다음의 기준에 따라 운반용기에 수납할 것
      1) 자연발화성물질에 있어서는 불활성 기체를 봉입하여 밀봉하는 등 공기와 접하지 아니하도록 할 것
      2) 자연발화성물질외의 물품에 있어서는 파라핀·경유·등유 등의 보호액으로 채워 밀봉하거나 불활성 기체를 봉입하여 밀봉하는 등 수분과 접하지 아니하도록 할 것
      3) 라목의 규정에 불구하고 자연발화성물질중 알킬알루미늄등은 운반용기의 내용적의 90% 이하의 수납율로 수납하되, 50℃의 온도에서 5% 이상의 공간용적을 유지하도록 할 것
2. 기계에 의하여 하역하는 구조로 된 운반용기에 대한 수납은 제1호(다목을 제외한다)의 규정을 준용하는 외에 다음 각 목의 기준에 따라야 한다(중요기준).

- 중략 -

3. 위험물은 당해 위험물이 용기 밖으로 쏟아지거나 위험물을 수납한 운반용기가 전도·낙하 또는 파손되지 아니하도록 적재하여야 한다(중요기준).
4. 운반용기는 수납구를 위로 향하게 하여 적재하여야 한다(중요기준).
5. 적재하는 위험물의 성질에 따라 일광의 직사 또는 빗물의 침투를 방지하기 위하여 유효하게 피복하는 등 다음 각 목에 정하는 기준에 따른 조치를 하여야 한다(중요기준).
   가. 제1류 위험물, 제3류 위험물 중 자연발화성물질, 제4류 위험물 중 특수인화물, 제5류 위험물 또는 제6류 위험물은 차광성이 있는 피복으로 가릴 것
   나. 제1류 위험물 중 알칼리금속의 과산화물 또는 이를 함유한 것, 제2류 위험물 중 철분·금속분·마그네슘 또는 이들중 어느 하나 이상을 함유한 것 또는 제3류 위험물 중 금수성물질은 방수성이 있는 피복으로 덮을 것
   다. 제5류 위험물 중 55℃ 이하의 온도에서 분해될 우려가 있는 것은 보냉 컨테이너에 수납하는 등 적정한 온도관리를 할 것
   라. 액체위험물 또는 위험등급Ⅱ의 고체위험물을 기계에 의하여 하역하는 구조로 된 운반용기에 수납하여 적재하는 경우에는 당해 용기에 대한 충격 등을 방지하기 위한 조치를 강구할 것. 다만, 위험등급Ⅱ의 고체위험물을 플렉서블(flexible)의 운반용기, 파이버판제의 운반용기 및 목제의 운반용기 외의 운반용기에 수납하여 적재하는 경우에는 그러하지 아니하다.
6. 위험물은 다음 각 목의 규정에 의한 바에 따라 종류를 달리하는 그 밖의 위험물 또는 재해를 발생시킬 우려가 있는 물품과 함께 적재하지 아니하여야 한다(중요기준).
   가. 부표 2의 규정에서 혼재가 금지되고 있는 위험물
   나. 「고압가스 안전관리법」에 의한 고압가스(소방청장이 정하여 고시하는 것을 제외한다)
7. 위험물을 수납한 운반용기를 겹쳐 쌓는 경우에는 그 높이를 3m 이하로 하고, 용기의 상부에 걸리는 하중은 당해 용기 위에 당해 용기와 동종의 용기를 겹쳐 쌓아 3m의 높이로 하였을 때에 걸리는 하중 이하로 하여야 한다(중요기준).

위험물안전관리법	위험물안전관리법 시행령	위험물안전관리법 시행규칙
제5장 감독 및 조치명령		
제22조 【출입 · 검사 등】 ① 소방청장(중앙119구조본부장 및 그 소속 기관의 장을 포함한다. 이하 제22조의2에서 같다), 시 · 도지사, 소방본부장 또는 소방서장은 위험물의 저장 또는 취급에 따른 화재의 예방 또는 진압대책을 위하여 필요한 때에는 위험물을 저장 또는 취급하고 있다고 인정되는 장소의 관계인에 대하여 필요한 보고 또는 자료제출을 명할 수 있으며, 관계공무원으로 하여금 당해 장소에 출입하여 그 장소의 위치 · 구조 · 설비 및 위험물의 저장 · 취급상황에 대하여 검사하게 하거나 관계인에게 질문하게 하고 시험에 필요한 최소한의 위험물 또는 위험물로 의심되는 물품을 수거하게 할 수 있다. 다만, 개인의 주거는 관계인의 승낙을 얻은 경우 또는 화재발생의 우려가 커서 긴급한 필요가 있는 경우가 아니면 출입할 수 없다. ▶ **1년/1천(벌)** ② 소방공무원 또는 경찰공무원은 위험물운반자 또는 위험물운송자의 요건을 확인하기 위하여 필요하다고 인정하는 경우에는 주행 중인 위험물 운반 차량 또는 이동탱크저장소를 정지시켜 해당 위험물운반자 또는 위험물운송자에게 그 자격을 증명할 수 있는 국가기술자격증 또는 교육수료증의 제시를 요구할 수 있으며, 이를 제시하지 아니한 경우에는 주민등록증(모바일 주민등록증을 포함한다), 여권, 운전면허증 등 신원확인을 위한 증명서를 제시할 것을 요구하거나 신원확인을 위한 질문을 할 수 있다. 이 직무를 수행하는 경우에 있어서 소방공무원과 경찰공무원은 긴밀히 협력하여야 한다.		**제76조 【소방검사서】** 법 제22조 제1항의 규정에 의한 출입 · 검사 등을 행하는 관계공무원은 법 또는 법에 근거한 명령 또는 조례의 규정에 적합하지 아니한 사항을 발견한 때에는 그 내용을 기재한 별지 제47호서식의 위험물제조소등 소방검사서의 사본을 검사현장에서 제조소등의 관계인에게 교부하여야 한다. 다만, 도로상에서 주행중인 이동탱크저장소를 정지시켜 검사를 한 경우에는 그러하지 아니하다.

[규칙 별표 19] 위험물의 운반에 관한 기준 – 수납하는 위험물에 따라 다음의 규정에 의한 주의사항

1. 제1류 위험물 중 알칼리금속의 과산화물 또는 이를 함유한 것에 있어서는 "화기 · 충격주의", "물기엄금" 및 "가연물접촉주의", 그 밖의 것에 있어서는 "화기 · 충격주의" 및 "가연물접촉주의"
2. 제2류 위험물 중 철분 · 금속분 · 마그네슘 또는 이들중 어느 하나 이상을 함유한 것에 있어서는 "화기주의" 및 "물기엄금", 인화성고체에 있어서는 "화기엄금", 그 밖의 것에 있어서는 "화기주의"
3. 제3류 위험물 중 자연발화성물질에 있어서는 "화기엄금" 및 "공기접촉엄금", 금수성물질에 있어서는 "물기엄금"
4. 제4류 위험물에 있어서는 "화기엄금"
5. 제5류 위험물에 있어서는 "화기엄금" 및 "충격주의"
6. 제6류 위험물에 있어서는 "가연물접촉주의"

위험물안전관리법	위험물안전관리법 시행령	위험물안전관리법 시행규칙

위험물안전관리법

③ 제1항의 규정에 따른 출입·검사 등은 그 장소의 공개시간이나 근무시간내 또는 해가 뜬 후부터 해가 지기 전까지의 시간내에 행하여야 한다. 다만, 건축물 그 밖의 공작물의 관계인의 승낙을 얻은 경우 또는 화재발생의 우려가 커서 긴급한 필요가 있는 경우에는 그러하지 아니하다.

④ 제1항 및 제2항의 규정에 의하여 출입·검사 등을 행하는 관계공무원은 관계인의 정당한 업무를 방해하거나 출입·검사 등을 수행하면서 알게 된 비밀을 다른 자에게 누설하여서는 아니된다. ▶**1천(벌)**

⑤ 시·도지사, 소방본부장 또는 소방서장은 탱크시험자에게 탱크시험자의 등록 또는 그 업무에 관하여 필요한 보고 또는 자료제출을 명하거나 관계공무원으로 하여금 당해 사무소에 출입하여 업무의 상황·시험기구·장부·서류와 그 밖의 물건을 검사하게 하거나 관계인에게 질문하게 할 수 있다. ▶**1천5백(벌)**

⑥ 제1항·제2항 및 제5항의 규정에 따라 출입·검사 등을 하는 관계공무원은 그 권한을 표시하는 증표를 지니고 관계인에게 이를 내보여야 한다.

[규칙 별표 19] 위험물의 운반에 관한 기준 - 위험물의 위험등급

별표 18 V, 이 표 Ⅰ 및 Ⅱ에 있어서 위험물의 위험등급은 위험등급Ⅰ·위험등급Ⅱ 및 위험등급Ⅲ으로 구분하며, 각 위험등급에 해당하는 위험물은 다음 각 호와 같다.

1. 위험등급Ⅰ의 위험물
   가. 제1류 위험물 중 아염소산염류, 염소산염류, 과염소산염류, 무기과산화물 그 밖에 지정수량이 50kg인 위험물
   나. 제3류 위험물 중 칼륨, 나트륨, 알킬알루미늄, 알킬리튬, 황린 그 밖에 지정수량이 10kg 또는 20kg인 위험물
   다. 제4류 위험물 중 특수인화물
   라. 제5류 위험물 중 유기과산화물, 질산에스터류 그 밖에 지정수량이 10kg인 위험물
   마. 제6류 위험물
2. 위험등급Ⅱ의 위험물
   가. 제1류 위험물 중 브로민산염류, 질산염류, 아이오딘산염류 그 밖에 지정수량이 300kg인 위험물
   나. 제2류 위험물 중 황화인, 적린, 황 그 밖에 지정수량이 100kg인 위험물
   다. 제3류 위험물 중 알칼리금속(칼륨 및 나트륨을 제외한다) 및 알칼리토금속, 유기금속화합물(알킬알루미늄 및 알킬리튬을 제외한다) 그 밖에 지정수량이 50kg인 위험물
   라. 제4류 위험물 중 제1석유류 및 알코올류
   마. 제5류 위험물 중 제1호 라목에 정하는 위험물 외의 것
3. 위험등급Ⅲ의 위험물: 제1호 및 제2호에 정하지 아니한 위험물

제22조의2【위험물 누출 등의 사고 조사】 ① ❶ , 소방본부장 또는 소방서장은 위험물의 누출·화재·폭발 등의 사고가 발생한 경우 사고의 원인 및 피해 등을 조사하여야 한다.

② 제1항에 따른 조사에 관하여는 제22조 제1항·제3항·제4항 및 제6항을 준용한다.

③ 소방청장, 소방본부장 또는 소방서장은 제1항에 따른 사고 조사에 필요한 경우 자문을 하기 위하여 관련 분야에 전문지식이 있는 사람으로 구성된 사고조사위원회를 둘 수 있다.

④ 제3항에 따른 사고조사위원회의 구성과 운영 등에 필요한 사항은 대통령령으로 정한다.

위험물안전관리법 시행령

제19조의2【사고조사위원회의 구성 등】 ① 법 제22조의2 제3항에 따른 사고조사위원회(이하 이 조에서 "위원회"라 한다)는 위원장 1명을 포함하여 ❶ 이내의 위원으로 구성한다.

② 위원회의 위원은 다음 각 호의 어느 하나에 해당하는 사람 중에서 소방청장, 소방본부장 또는 소방서장이 임명하거나 위촉하고, 위원장은 위원 중에서 소방청장, 소방본부장 또는 소방서장이 임명하거나 위촉한다.

1. 소속 소방공무원
2. 기술원의 임직원 중 위험물 안전관리 관련 업무에 5년 이상 종사한 사람

위험물안전관리법	위험물안전관리법 시행령	위험물안전관리법 시행규칙
제23조【탱크시험자에 대한 명령】 ❷ , 소방본부장 또는 소방서장은 탱크시험자에 대하여 당해 업무를 적정하게 실시하게 하기 위하여 필요하다고 인정하는 때에는 감독상 필요한 명령을 할 수 있다. ▶ **1천5백(벌)**	3. 「소방기본법」 제40조에 따른 한국소방안전원(이하 "안전원"이라 한다)의 임직원 중 위험물 안전관리 관련 업무에 5년 이상 종사한 사람 4. 위험물로 인한 사고의 원인 · 피해 조사 및 위험물 안전관리 관련 업무 등에 관한 학식과 경험이 풍부한 사람 ③ 제2항 제2호부터 제4호까지의 규정에 따라 위촉되는 민간위원의 임기는 2년으로 하며, 한 차례만 연임할 수 있다. ④ 위원회에 출석한 위원에게는 예산의 범위에서 수당, 여비, 그 밖에 필요한 경비를 지급할 수 있다. 다만, 공무원인 위원이 그 소관 업무와 직접적으로 관련되어 위원회에 출석하는 경우에는 지급하지 않는다. ⑤ 제1항부터 제4항까지에서 규정한 사항 외에 위원회의 구성 및 운영에 필요한 사항은 소방청장이 정하여 고시할 수 있다.	

<제22조의2> ❶ 소방청장
<제23조> ❷ 시 · 도지사

<제19조의2> ❶ 7명

위험물안전관리법

제24조【무허가장소의 위험물에 대한 조치명령】 시·도지사, 소방본부장 또는 소방서장은 위험물에 의한 재해를 방지하기 위하여 제6조 제1항의 규정에 따른 허가를 받지 아니하고 지정수량 이상의 위험물을 저장 또는 취급하는 자(제6조 제3항의 규정에 따라 허가를 받지 아니하는 자를 제외한다)에 대하여 그 위험물 및 시설의 제거 등 필요한 조치를 명할 수 있다. ▶**1천5백(벌)**

제25조【제조소등에 대한 긴급 사용정지명령 등】 시·도지사, 소방본부장 또는 소방서장은 공공의 안전을 유지하거나 재해의 발생을 방지하기 위하여 긴급한 필요가 있다고 인정하는 때에는 제조소등의 관계인에 대하여 당해 제조소등의 사용을 일시정지하거나 그 사용을 제한할 것을 명할 수 있다. ▶**1년/1천(벌)**

제26조【저장·취급기준 준수명령 등】 ① 시·도지사, 소방본부장 또는 소방서장은 제조소등에서의 위험물의 저장 또는 취급이 제5조 제3항의 규정에 위반된다고 인정하는 때에는 당해 제조소등의 관계인에 대하여 동항의 기준에 따라 위험물을 저장 또는 취급하도록 명할 수 있다.

▶**1천5백(벌)**

② 시·도지사, 소방본부장 또는 소방서장은 관할하는 구역에 있는 이동탱크저장소에서의 위험물의 저장 또는 취급이 제5조 제3항의 규정에 위반된다고 인정하는 때에는 당해 이동탱크저장소의 관계인에 대하여 동항의 기준에 따라 위험물을 저장 또는 취급하도록 명할 수 있다.

▶**1천5백(벌)**

③ 시·도지사, 소방본부장 또는 소방서장은 제2항의 규정에 따라 이동탱크저장소의 관계인에 대하여 명령을 한 경우에는 행정안전부령이 정하는 바에 따라 제6조 제1항의 규정에 따라 당해 이동탱크저장소의 허가를 한 시·도지사, 소방본부장 또는 소방서장에게 신속히 그 취지를 통지하여야 한다.

위험물안전관리법 시행령

위험물안전관리법 시행규칙

제77조【이동탱크저장소에 관한 통보사항】 시·도지사, 소방본부장 또는 소방서장은 법 제26조 제3항의 규정에 의하여 이동탱크저장소의 관계인에 대하여 위험물의 저장 또는 취급기준 준수명령을 한 때에는 다음 각 호의 사항을 당해 이동탱크저장소의 허가를 한 소방서장에게 통보하여야 한다.

1. 명령을 한 시·도지사, 소방본부장 또는 소방서장
2. 명령을 받은 자의 성명·명칭 및 주소
3. 명령에 관계된 이동탱크저장소의 설치자, 상치장소 및 설치 또는 변경의 허가번호
4. 위반내용
5. 명령의 내용 및 그 이행사항
6. 그 밖에 명령을 한 시·도지사, 소방본부장 또는 소방서장이 통보할 필요가 있다고 인정하는 사항

위험물안전관리법	위험물안전관리법 시행령	위험물안전관리법 시행규칙
제27조【응급조치 · 통보 및 조치명령】 ① 제조소등의 관계인은 당해 제조소등에서 위험물의 유출 그 밖의 사고가 발생한 때에는 즉시 그리고 지속적으로 위험물의 유출 및 확산의 방지, 유출된 위험물의 제거 그 밖에 재해의 발생방지를 위한 응급조치를 강구하여야 한다. ▶ **1천5백(벌)** ② 제1항의 사태를 발견한 자는 즉시 그 사실을 소방서, 경찰서 또는 그 밖의 관계기관에 통보하여야 한다. ③ 소방본부장 또는 소방서장은 제조소등의 관계인이 제1항의 응급조치를 강구하지 아니하였다고 인정하는 때에는 제1항의 응급조치를 강구하도록 명할 수 있다. ④ 소방본부장 또는 소방서장은 그 관할하는 구역에 있는 이동탱크저장소의 관계인에 대하여 제3항의 규정의 예에 따라 제1항의 응급조치를 강구하도록 명할 수 있다.		

[규칙 별표 24] 교육과정 · 교육대상자 · 교육시간 · 교육시기 및 교육기관

교육과정	교육대상자	교육시간	교육시기	교육기관
강습교육	안전관리자가 되려는 사람	24시간	최초 선임되기 전	안전원
	위험물운반자가 되려는 사람	8시간	최초 종사하기 전	안전원
	위험물운송자가 되려는 사람	16시간	최초 종사하기 전	안전원
실무교육	안전관리자	8시간	가. 제조소등의 안전관리자로 선임된 날부터 6개월 이내 나. 가목에 따른 교육을 받은 후 2년마다 1회	안전원
	위험물운반자	4시간	가. 위험물운반자로 종사한 날부터 6개월 이내 나. 가목에 따른 교육을 받은 후 3년마다 1회	안전원
	위험물운송자	8시간	가. 이동탱크저장소의 위험물운송자로 종사한 날부터 6개월 이내 나. 가목에 따른 교육을 받은 후 3년마다 1회	안전원
	탱크시험자의 기술인력	8시간	가. 탱크시험자의 기술인력으로 등록한 날부터 6개월 이내 나. 가목에 따른 교육을 받은 후 2년마다 1회	기술원

위험물안전관리법	위험물안전관리법 시행령	위험물안전관리법 시행규칙
제6장 보칙		
제28조【안전교육】 ① 안전관리자·탱크시험자·위험물운반자·위험물운송자 등 위험물의 안전관리와 관련된 업무를 수행하는 자로서 대통령령이 정하는 자는 해당 업무에 관한 능력의 습득 또는 향상을 위하여 ❶ 이 실시하는 교육을 받아야 한다. ② 제조소등의 관계인은 제1항의 규정에 따른 교육대상자에 대하여 필요한 안전교육을 받게 하여야 한다. ③ 제1항의 규정에 따른 교육의 과정 및 기간과 그 밖에 교육의 실시에 관하여 필요한 사항은 행정안전부령으로 정한다. ④ ❷ , 소방본부장 또는 소방서장은 제1항의 규정에 따른 교육대상자가 교육을 받지 아니한 때에는 그 교육대상자가 교육을 받을 때까지 이 법의 규정에 따라 그 자격으로 행하는 행위를 제한할 수 있다. **제29조【청문】** 시·도지사, 소방본부장 또는 소방서장은 다음 각 호의 어느 하나에 해당하는 처분을 하고자 하는 경우에는 청문을 실시하여야 한다. 1. 제12조의 규정에 따른 제조소등 설치허가의 취소 2. 제16조 제5항의 규정에 따른 ❸ 의 등록취소 **제29조의2【위험물 안전관리에 관한 협회】** ① 제조소등의 관계인, 위험물운송자, 탱크시험자 및 안전관리자의 업무를 위탁받아 수행할 수 있는 안전관리대행기관으로 소방청장의 지정을 받은 자는 위험물의 안전관리, 사고 예방을 위한 안전기술 개발, 그 밖에 위험물 안전관리의 건전한 발전을 도모하기 위하여 위험물 안전관리에 관한 협회(이하 "협회"라 한다)를 설립할 수 있다.	**제20조【안전교육대상자】** 법 제28조 제1항에서 "대통령령이 정하는 자"란 다음 각 호의 자를 말한다. 1. 안전관리자로 선임된 자 2. 탱크시험자의 기술인력으로 종사하는 자 3. 법 제20조 제2항에 따른 위험물운반자로 종사하는 자 4. 법 제21조 제1항에 따른 위험물운송자로 종사하는 자	**제78조【안전교육】** ① 안전교육은 법 제28조 제1항 및 영 제20조 각 호의 사람을 대상으로 하는 교육(이하 "❶ "이라 한다)과 영 제22조 제1항 제1호 가목·나목의 사람을 대상으로 하는 교육(이하 "❷ "이라 한다)으로 구분한다. ② 제1항에 따른 안전교육의 과정·기간과 그 밖의 교육의 실시에 관한 사항은 별표 24와 같다. ③ 기술원 또는 「소방기본법」 제40조에 따른 한국소방안전원(이하 "안전원"이라 한다)은 매년 교육실시계획을 수립하여 교육을 실시하는 해의 전년도 말까지 소방청장의 승인을 받아야 하고, 해당 연도 교육실시결과를 교육을 실시한 해의 다음 연도 1월 31일까지 소방청장에게 보고하여야 한다. ④ 소방본부장은 매년 10월말까지 관할구역 안의 실무교육대상자 현황을 안전원에 통보하고 관할구역 안에서 안전원이 실시하는 안전교육에 관하여 지도·감독하여야 한다.

위험물안전관리법	위험물안전관리법 시행령	위험물안전관리법 시행규칙
② 협회는 법인으로 한다. ③ 협회는 소방청장의 인가를 받아 주된 사무소의 소재지에 설립등기를 함으로써 성립한다. ④ 협회의 설립인가 절차 및 정관의 기재사항 등에 관하여 필요한 사항은 대통령령으로 정한다. ⑤ 협회의 업무는 정관으로 정한다. ⑥ 협회에 관하여 이 법에서 규정한 것 외에는 「민법」 중 사단법인에 관한 규정을 준용한다.		
제30조【권한의 위임 · 위탁】 ① 소방청장 또는 시 · 도지사는 이 법에 따른 권한의 일부를 대통령령이 정하는 바에 따라 시 · 도지사, 소방본부장 또는 소방서장에게 위임할 수 있다. ② 소방청장, 시 · 도지사, 소방본부장 또는 소방서장은 이 법에 따른 업무의 일부를 대통령령이 정하는 바에 따라 소방기본법 제40조의 규정에 의한 한국소방안전원(이하 "안전원"이라 한다) 또는 기술원에 위탁할 수 있다.	**제21조【권한의 위임】** 시 · 도지사는 법 제30조 제1항에 따라 다음 각 호의 권한을 소방서장에게 위임한다. 다만, 동일한 시 · 도에 있는 둘 이상의 소방서장의 관할구역에 걸쳐 설치되는 이송취급소에 관련된 권한을 제외한다. 1. 법 제6조 제1항의 규정에 의한 제조소등의 설치허가 또는 변경허가 2. 법 제6조 제2항의 규정에 의한 위험물의 품명 · 수량 또는 지정수량의 배수의 변경신고의 수리 3. 법 제7조 제1항의 규정에 의하여 군사목적 또는 군부대시설을 위한 제조소등을 설치하거나 그 위치 · 구조 또는 설비의 변경에 관한 군부대의 장과의 협의 4. 법 제8조 제1항에 따른 탱크안전성능검사(제22조 제2항 제1호에 따라 기술원에 위탁하는 것을 제외한다) 5. 법 제9조에 따른 완공검사(제22조 제2항 제2호에 따라 기술원에 위탁하는 것을 제외한다) 6. 법 제10조 제3항의 규정에 의한 제조소등의 설치자의 지위승계신고의 수리 7. 법 제11조의 규정에 의한 제조소등의 용도폐지신고의 수리 7의2. 법 제11조의2 제2항에 따른 제조소등의 사용 중지신고 또는 재개신고의 수리	

<제28조> ❶ 소방청장 ❷ 시 · 도지사
<제29조> ❸ 탱크시험자

<제78조> ❶ 실무교육 ❷ 강습교육

위험물안전관리법	위험물안전관리법 시행령	위험물안전관리법 시행규칙
	7의3. 법 제11조의2 제3항에 따른 안전조치의 이행명령 8. 법 제12조의 규정에 의한 제조소등의 설치허가의 취소와 사용정지 9. 법 제13조의 규정에 의한 과징금처분 10. 법 제17조의 규정에 의한 예방규정의 수리·반려 및 변경명령 11. 법 제18조 제2항에 따른 정기점검 결과의 수리 12. 법 제19조의2 제3항에 따른 시정명령 **제22조【업무의 위탁】** ① 소방청장은 법 제30조 제2항에 따라 다음 각 호의 구분에 따른 안전교육에 관한 업무를 안전원 또는 기술원에 위탁한다. 1. 안전원: 다음 각 목의 어느 하나에 해당하는 사람에 대한 안전교육 가. 법 제20조 제2항 제2호 및 제21조 제1항에 따라 위험물운반자 또는 위험물운송자의 요건을 갖추려는 사람 나. 제11조 제1항 및 별표 5 제2호에 따라 위험물취급자격자의 자격을 갖추려는 사람 다. 제20조 제1호, 제3호 및 제4호에 해당하는 사람 2. 기술원: 제20조 제2호에 해당하는 사람에 대한 안전교육 ② 시·도지사는 법 제30조 제2항에 따라 다음 각 호의 업무를 기술원에 위탁한다. 1. 법 제8조 제1항에 따른 탱크안전성능검사 중 다음 각 목의 탱크에 대한 탱크안전성능검사 가. 용량이 100만리터 이상인 액체위험물을 저장하는 탱크 나. 암반탱크 다. 지하탱크저장소의 위험물탱크 중 행정안전부령으로 정하는 액체위험물탱크	

위험물안전관리법	위험물안전관리법 시행령	위험물안전관리법 시행규칙
	2. 법 제9조 제1항에 따른 완공검사 중 다음 각 목의 완공검사 가. 지정수량의 1천배 이상의 위험물을 취급하는 제조소 또는 일반취급소의 설치 또는 변경(사용 중인 제조소 또는 일반취급소의 보수 또는 부분적인 증설은 제외한다)에 따른 완공검사 나. 옥외탱크저장소(저장용량이 50만 리터 이상인 것만 해당한다) 또는 암반탱크저장소의 설치 또는 변경에 따른 완공검사 3. 법 제20조 제3항에 따른 운반용기 검사 ③ 소방본부장 또는 소방서장은 법 제30조 제2항에 따라 법 제18조 제3항에 따른 정기검사를 기술원에 위탁한다.	
제31조【수수료 등】 다음 각 호의 어느 하나에 해당하는 승인·허가·검사 또는 교육 등을 받으려는 자나 등록 또는 신고를 하려는 자는 행정안전부령으로 정하는 바에 따라 수수료 또는 교육비를 납부하여야 한다. 1. 제5조 제2항 제1호의 규정에 따른 임시저장·취급의 승인 2. 제6조 제1항의 규정에 따른 제조소등의 설치 또는 변경의 허가 3. 제8조의 규정에 따른 제조소등의 탱크안전성능검사 4. 제9조의 규정에 따른 제조소등의 완공검사 5. 제10조 제3항의 규정에 따른 설치자의 지위승계신고 6. 제16조 제2항의 규정에 따른 탱크시험자의 등록 7. 제16조 제3항의 규정에 따른 탱크시험자의 등록사항 변경신고 8. 제18조 제3항에 따른 정기검사 9. 제20조 제3항에 따른 운반용기의 검사 10. 제28조의 규정에 따른 안전교육		**제79조【수수료 등】** ① 법 제31조의 규정에 의한 수수료 및 교육비는 별표 25와 같다. ② 제1항의 규정에 의한 수수료 또는 교육비는 당해 허가 등의 신청 또는 신고시에 당해 허가 등의 업무를 직접 행하는 기관에 납부하되, 시·도지사 또는 소방서장에게 납부하는 수수료는 당해 시·도의 수입증지로 납부하여야 한다. 다만, 시·도지사 또는 소방서장은 정보통신망을 이용하여 전자화폐·전자결제 등의 방법으로 이를 납부하게 할 수 있다.

위험물안전관리법	위험물안전관리법 시행령	위험물안전관리법 시행규칙
제32조【벌칙적용에 있어서의 공무원 의제】 다음 각 호의 자는 형법 제129조 내지 제132조의 적용에 있어서는 이를 공무원으로 본다. 1. 제8조 제1항 후단의 규정에 따른 검사업무에 종사하는 기술원의 담당 임원 및 직원 2. 제16조 제1항의 규정에 따른 탱크시험자의 업무에 종사하는 자 3. 제30조 제2항의 규정에 따라 위탁받은 업무에 종사하는 안전원 및 기술원의 담당 임원 및 직원		

위험물안전관리법	위험물안전관리법 시행령	위험물안전관리법 시행규칙
제7장 벌칙		

제33조【벌칙】 ① 제조소등 또는 제6조 제1항에 따른 허가를 받지 않고 지정수량 이상의 위험물을 저장 또는 취급하는 장소에서 위험물을 유출·방출 또는 확산시켜 사람의 생명·신체 또는 재산에 대하여 위험을 발생시킨 자는 1년 이상 10년 이하의 징역에 처한다.
② 제1항의 규정에 따른 죄를 범하여 사람을 상해(傷害)에 이르게 한 때에는 무기 또는 3년 이상의 징역에 처하며, 사망에 이르게 한 때에는 무기 또는 5년 이상의 징역에 처한다.

제34조【벌칙】 ① 업무상 과실로 제33조 제1항의 죄를 범한 자는 7년 이하의 금고 또는 7천만원 이하의 벌금에 처한다.
② 제1항의 죄를 범하여 사람을 사상(死傷)에 이르게 한 자는 10년 이하의 징역 또는 금고나 1억원 이하의 벌금에 처한다.

제34조의2【벌칙】 제6조 제1항 전단을 위반하여 제조소등의 설치허가를 받지 아니하고 제조소등을 설치한 자는 5년 이하의 징역 또는 1억원 이하의 벌금에 처한다.

제34조의3【벌칙】 제5조 제1항을 위반하여 저장소 또는 제조소등이 아닌 장소에서 지정수량 이상의 위험물을 저장 또는 취급한 자는 3년 이하의 징역 또는 3천만원 이하의 벌금에 처한다.

1. 제조소 - 주의사항을 표시한 게시판 설치 24. 공채·경채

저장 또는 취급 위험물	주의사항	게시판의 색
• 제1류 위험물 중 알칼리금속의 과산화물 • 제3류 위험물 중 금수성물질	물기엄금	청색바탕에 백색문자
• 제2류 위험물(인화성고체 제외)	화기주의	적색바탕에 백색문자
• 제2류 위험물 중 인화성고체 • 제3류 위험물 중 자연발화성물질 • 제4류 위험물 • 제5류 위험물	화기엄금	적색바탕에 백색문자

1. 제조소등 - 보유공지

취급하는 위험물의 최대수량	공지의 너비
지정수량의 10배 이하	3m 이상
지정수량의 10배 초과	5m 이상

위험물안전관리법	위험물안전관리법 시행령	위험물안전관리법 시행규칙

제35조【벌칙】 다음 각 호의 어느 하나에 해당하는 자는 1년 이하의 징역 또는 1천만원 이하의 벌금에 처한다.

1. 삭제
2. 삭제
3. 제16조 제2항의 규정에 따른 탱크시험자로 등록하지 아니하고 탱크시험자의 업무를 한 자
4. 제18조 제1항의 규정을 위반하여 정기점검을 하지 아니하거나 점검기록을 허위로 작성한 관계인으로서 제6조 제1항의 규정에 따른 허가(제6조 제3항의 규정에 따라 허가가 면제된 경우 및 제7조 제2항의 규정에 따라 협의로써 허가를 받은 것으로 보는 경우를 포함한다. 이하 제5호·제6호, 제36조 제6호·제7호·제10호 및 제37조 제3호에서 같다)를 받은 자
5. 제18조 제3항을 위반하여 정기검사를 받지 아니한 관계인으로서 제6조 제1항에 따른 허가를 받은 자
6. 제19조의 규정을 위반하여 자체소방대를 두지 아니한 관계인으로서 제6조 제1항의 규정에 따른 허가를 받은 자
7. 제20조 제3항 단서를 위반하여 운반용기에 대한 검사를 받지 아니하고 운반용기를 사용하거나 유통시킨 자
8. 제22조 제1항(제22조의2 제2항에서 준용하는 경우를 포함한다)의 규정에 따른 명령을 위반하여 보고 또는 자료제출을 하지 아니하거나 허위의 보고 또는 자료제출을 한 자 또는 관계공무원의 출입·검사 또는 수거를 거부·방해 또는 기피한 자
9. 제25조의 규정에 따른 제조소등에 대한 긴급 사용정지·제한명령을 위반한 자

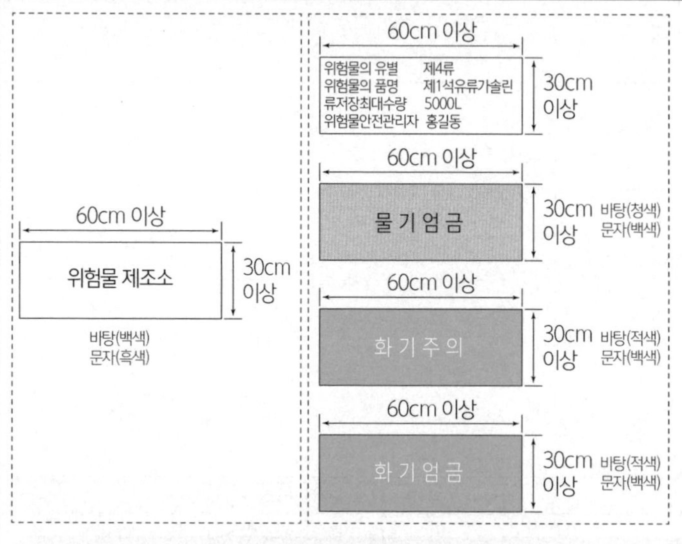

2. 옥내저장소 - 보유공지

저장 또는 취급하는 위험물의 최대수량	공지의 너비	
	내화구조 건축물	그 밖의 건축물
지정수량의 5배 이하		0.5m 이상
지정수량의 5배 초과 10배 이하	1m 이상	1.5m 이상
지정수량의 10배 초과 20배 이하	2m 이상	3m 이상
지정수량의 20배 초과 50배 이하	3m 이상	5m 이상
지정수량의 50배 초과 200배 이하	5m 이상	10m 이상
지정수량의 200배 초과	10m 이상	15m 이상

위험물안전관리법	위험물안전관리법 시행령	위험물안전관리법 시행규칙

제36조【벌칙】 다음 각 호의 어느 하나에 해당하는 자는 1천500만원 이하의 벌금에 처한다.

1. 제5조 제3항 제1호의 규정에 따른 위험물의 저장 또는 취급에 관한 중요기준에 따르지 아니한 자
2. 제6조 제1항 후단의 규정을 위반하여 변경허가를 받지 아니하고 제조소등을 변경한 자
3. 제9조 제1항의 규정을 위반하여 제조소등의 완공검사를 받지 아니하고 위험물을 저장 · 취급한 자

3의2. 제11조의2 제3항에 따른 안전조치 이행명령을 따르지 아니한 자

4. 제12조의 규정에 따른 제조소등의 사용정지명령을 위반한 자
5. 제14조 제2항의 규정에 따른 수리 · 개조 또는 이전의 명령에 따르지 아니한 자
6. 제15조 제1항 또는 제2항의 규정을 위반하여 안전관리자를 선임하지 아니한 관계인으로서 제6조 제1항의 규정에 따른 허가를 받은 자
7. 제15조 제5항을 위반하여 대리자를 지정하지 아니한 관계인으로서 제6조 제1항의 규정에 따른 허가를 받은 자
8. 제16조 제5항의 규정에 따른 업무정지명령을 위반한 자
9. 제16조 제6항의 규정을 위반하여 탱크안전성능시험 또는 점검에 관한 업무를 허위로 하거나 그 결과를 증명하는 서류를 허위로 교부한 자

2. 옥내저장소 – 하나의 저장창고의 바닥면적은 기준면적 이하로 하여야 한다.

저장창고의 위험물	저장창고의 기준면적
• 제1류 위험물 중 아염소산염류, 염소산염류, 과염소산염류, 무기과산화물 그 밖에 지정수량이 50kg인 위험물 • 제3류 위험물 중 칼륨, 나트륨, 알킬알루미늄, 알킬리튬 그 밖에 지정수량이 10kg인 위험물 및 황린 • 제4류 위험물 중 특수인화물, 제1석유류 및 알코올류 • 제5류 위험물 중 유기과산화물, 질산에스터류 그 밖에 지정수량이 10kg인 위험물 • 제6류 위험물	1,000m²
그 외 위험물	2,000m²
내화구조의 격벽으로 완전 구획된 실에 저장 시	각각 1,500m²

3. 옥외탱크저장소

저장 또는 취급하는 위험물의 최대수량	공지의 너비
지정수량의 500배 이하	3m 이상
지정수량의 500배 초과 1,000배 이하	5m 이상
지정수량의 1,000배 초과 2,000배 이하	9m 이상
지정수량의 2,000배 초과 3,000배 이하	12m 이상
지정수량의 3,000배 초과 4,000배 이하	15m 이상
지정수량의 4,000배 초과	탱크의 수평단면의 최대지름과 높이 중 큰 것과 같은 거리 이상 (30m 초과: 30m, 15m 미만: 15m)

위험물안전관리법	위험물안전관리법 시행령	위험물안전관리법 시행규칙

10. 제17조 제1항 전단의 규정을 위반하여 예방규정을 제출하지 아니하거나 동조 제2항의 규정에 따른 변경명령을 위반한 관계인으로서 제6조 제1항의 규정에 따른 허가를 받은 자
11. 제22조 제2항에 따른 정지지시를 거부하거나 국가기술자격증, 교육수료증·신원확인을 위한 증명서의 제시 요구 또는 신원확인을 위한 질문에 응하지 아니한 사람
12. 제22조 제5항의 규정에 따른 명령을 위반하여 보고 또는 자료제출을 하지 아니하거나 허위의 보고 또는 자료제출을 한 자 및 관계공무원의 출입 또는 조사·검사를 거부·방해 또는 기피한 자
13. 제23조의 규정에 따른 탱크시험자에 대한 감독상 명령에 따르지 아니한 자
14. 제24조의 규정에 따른 무허가장소의 위험물에 대한 조치명령에 따르지 아니한 자
15. 제26조 제1항·제2항 또는 제27조의 규정에 따른 저장·취급기준 준수명령 또는 응급조치명령을 위반한 자

4. 옥외저장소

저장 또는 취급하는 위험물의 최대수량	공지의 너비
지정수량의 10배 이하	3m 이상
지정수량의 10배 초과 20배 이하	5m 이상
지정수량의 20배 초과 50배 이하	9m 이상
지정수량의 50배 초과 200배 이하	12m 이상
지정수량의 200배 초과	15m 이상

5. 주유취급소 [24. 경채]

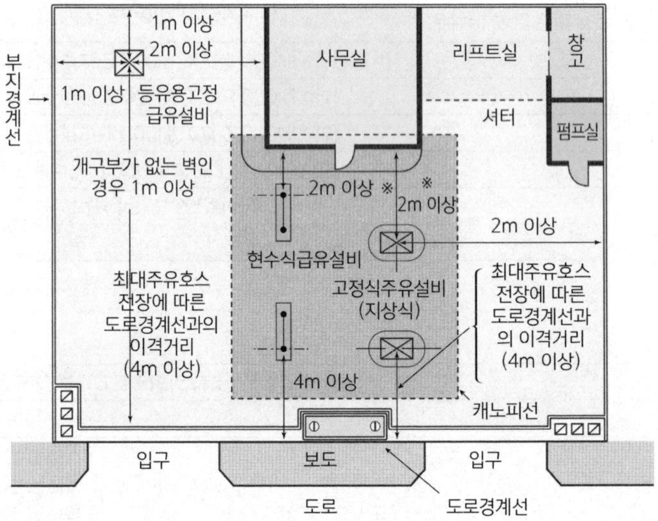

위험물안전관리법	위험물안전관리법 시행령	위험물안전관리법 시행규칙

제37조【벌칙】 다음 각 호의 어느 하나에 해당하는 자는 1천만원 이하의 벌금에 처한다.
1. 제15조 제6항을 위반하여 위험물의 취급에 관한 안전관리와 감독을 하지 아니한 자
2. 제15조 제7항을 위반하여 안전관리자 또는 그 대리자가 참여하지 아니한 상태에서 위험물을 취급한 자
3. 제17조 제1항 후단의 규정을 위반하여 변경한 예방규정을 제출하지 아니한 관계인으로서 제6조 제1항의 규정에 따른 허가를 받은 자
4. 제20조 제1항 제1호의 규정을 위반하여 위험물의 운반에 관한 중요기준에 따르지 아니한 자

4의2. 제20조 제2항을 위반하여 요건을 갖추지 아니한 위험물운반자

5. 제21조 제1항 또는 제2항의 규정을 위반한 위험물운송자
6. 제22조 제4항(제22조의2 제2항에서 준용하는 경우를 포함한다)의 규정을 위반하여 관계인의 정당한 업무를 방해하거나 출입·검사 등을 수행하면서 알게 된 비밀을 누설한 자

6. 이송취급소

시설물	안전거리
• 철도 또는 도로의 경계선 • 주택 또는 다수의 사람이 출입 또는 근무하는 것	25m 이상
고압가스제조시설, 고압가스저장시설, 액화산소소비시설, 액화석유가스제조시설, 액화석유가스저장시설	35m 이상
• 학교, 병원(종합병원, 병원, 치과병원, 한방병원, 요양병원), 공연장, 영화상영관, 복지시설(아동복지시설, 노인복지시설, 장애인복지시설 등) • 공공공지, 도시공원 • 판매시설, 숙박시설, 위락시설(연면적 1,000제곱미터 이상) • 기차역 또는 버스터미널(1일 평균 20,000명 이상)	45m 이상
지정문화재	65m 이상
수도시설(위험물이 유입될 가능성이 있는 것)	300m 이상

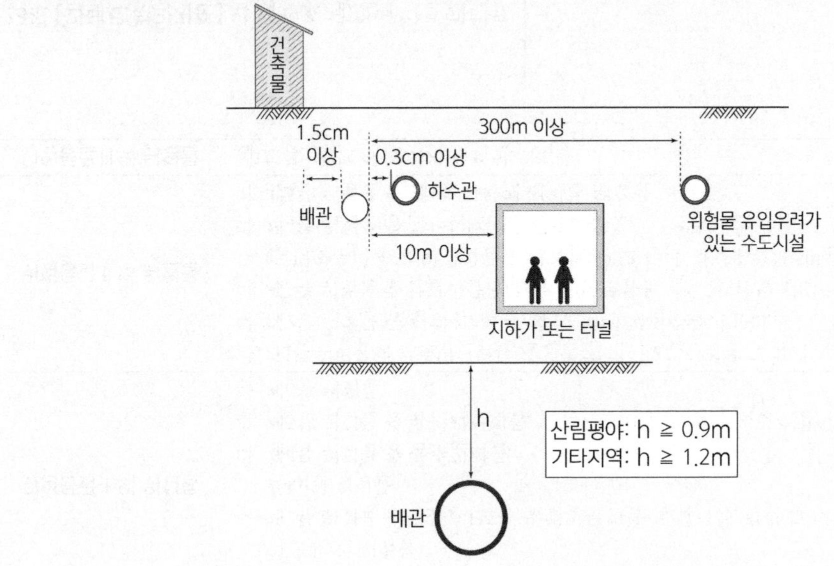

위험물안전관리법	위험물안전관리법 시행령	위험물안전관리법 시행규칙

위험물안전관리법

제38조【양벌규정】 ① 법인의 대표자나 법인 또는 개인의 대리인, 사용인, 그 밖의 종업원이 그 법인 또는 개인의 업무에 관하여 제33조 제1항의 위반행위를 하면 그 행위자를 벌하는 외에 그 법인 또는 개인을 5천만원 이하의 벌금에 처하고, 같은 조 제2항의 위반행위를 하면 그 행위자를 벌하는 외에 그 법인 또는 개인을 1억원 이하의 벌금에 처한다. 다만, 법인 또는 개인이 그 위반행위를 방지하기 위하여 해당 업무에 관하여 상당한 주의와 감독을 게을리하지 아니한 경우에는 그러하지 아니하다.

② 법인의 대표자나 법인 또는 개인의 대리인, 사용인, 그 밖의 종업원이 그 법인 또는 개인의 업무에 관하여 제34조부터 제37조까지의 어느 하나에 해당하는 위반행위를 하면 그 행위자를 벌하는 외에 그 법인 또는 개인에게도 해당 조문의 벌금형을 과(科)한다. 다만, 법인 또는 개인이 그 위반행위를 방지하기 위하여 해당 업무에 관하여 상당한 주의와 감독을 게을리하지 아니한 경우에는 그러하지 아니하다.

제39조【과태료】 ① 다음 각 호의 어느 하나에 해당하는 자에게는 500만원 이하의 과태료를 부과한다.

1. 제5조 제2항 제1호의 규정에 따른 승인을 받지 아니한 자
2. 제5조 제3항 제2호의 규정에 따른 위험물의 저장 또는 취급에 관한 세부기준을 위반한 자
3. 제6조 제2항의 규정에 따른 품명 등의 변경신고를 기간 이내에 하지 아니하거나 허위로 한 자
4. 제10조 제3항의 규정에 따른 지위승계신고를 기간 이내에 하지 아니하거나 허위로 한 자
5. 제11조의 규정에 따른 제조소등의 폐지신고 또는 제15조 제3항의 규정에 따른 안전관리자의 선임신고를 기간 이내에 하지 아니하거나 허위로 한 자

위험물안전관리법 시행령 / 시행규칙

[규칙 별표 19] 위험물의 운반에 관한 기준

위험등급 I 의 위험물	가. 제1류 위험물 중 아염소산염류, 염소산염류, 과염소산염류, 무기과산화물 그 밖에 지정수량이 50kg인 위험물 나. 제3류 위험물 중 칼륨, 나트륨, 알킬알루미늄, 알킬리튬, 황린 그 밖에 지정수량이 10kg 또는 20kg인 위험물 다. 제4류 위험물 중 특수인화물 라. 제5류 위험물 중 유기과산화물, 질산에스터류 그 밖에 지정수량이 10kg인 위험물 마. 제6류 위험물
위험등급 II 의 위험물	가. 제1류 위험물 중 브로민산염류, 질산염류, 아이오딘산염류 그 밖에 지정수량이 300kg인 위험물 나. 제2류 위험물 중 황화인, 적린, 황 그 밖에 지정수량이 100kg인 위험물 다. 제3류 위험물 중 알칼리금속(칼륨 및 나트륨을 제외한다) 및 알칼리토금속, 유기금속화합물(알킬알루미늄 및 알킬리튬을 제외한다) 그 밖에 지정수량이 50kg인 위험물 라. 제4류 위험물 중 제1석유류 및 알코올류 마. 제5류 위험물 중 제1호 라목에 정하는 위험물 외의 것
위험등급 III 의 위험물	제1호 및 제2호에 정하지 아니한 위험물

제23조【과태료 부과기준】 법 제39조 제1항에 따른 과태료의 부과기준은 별표 9와 같다.

[영 별표 9] 과태료의 부과기준

1. 일반기준
   가. 과태료 부과권자는 다음의 어느 하나에 해당하는 경우에는 제2호의 개별기준에 따른 과태료 금액의 2분의 1까지 그 금액을 줄일 수 있다. 다만, 과태료를 체납하고 있는 위반행위자에 대해서는 그러하지 아니하다.
      1) 위반행위자가 「질서위반행위규제법 시행령」 제2조의2 제1항 각 호의 어느 하나에 해당하는 경우
      2) 위반행위자가 처음 위반행위를 한 경우로서 3년 이상 해당 업종을 모범적으로 경영한 사실이 인정되는 경우
      3) 위반행위가 사소한 부주의나 오류 등 과실로 인한 것으로 인정되는 경우
      4) 위반행위자가 같은 위반행위로 다른 법률에 따라 과태료·벌금·영업정지 등의 처분을 받은 경우
      5) 위반행위자가 위법행위로 인한 결과를 시정하거나 해소한 경우
      6) 그 밖에 위반행위의 정도, 위반행위의 동기와 그 결과 등을 고려하여 과태료를 줄일 필요가 있다고 인정되는 경우

위험물안전관리법	위험물안전관리법 시행령	위험물안전관리법 시행규칙
5의2. 제11조의2 제2항을 위반하여 사용 중지신고 또는 재개신고를 기간 이내에 하지 아니하거나 거짓으로 한 자 6. 제16조 제3항의 규정을 위반하여 등록사항의 변경신고를 기간 이내에 하지 아니하거나 허위로 한 자 6의2. 제17조 제3항을 위반하여 예방규정을 준수하지 아니한 자 7. 제18조 제1항의 규정을 위반하여 점검결과를 기록 · 보존하지 아니한 자 7의2. 제18조 제2항을 위반하여 기간 이내에 점검결과를 제출하지 아니한 자 7의3. 제19조의2 제1항을 위반하여 흡연을 한 자 7의4. 제19조의2 제3항에 따른 시정명령을 따르지 아니한 자 8. 제20조 제1항 제2호의 규정에 따른 위험물의 운반에 관한 세부기준을 위반한 자 9. 제21조 제3항의 규정을 위반하여 위험물의 운송에 관한 기준을 따르지 아니한 자 ② 제1항의 규정에 따른 과태료는 대통령령이 정하는 바에 따라 시 · 도지사, 소방본부장 또는 소방서장(이하 "부과권자"라 한다)이 부과 · 징수한다. ③ 삭제 ④ 삭제 ⑤ 삭제 ⑥ 제4조 및 제5조 제2항 각 호 외의 부분 후단의 규정에 따른 조례에는 200만원 이하의 과태료를 정할 수 있다. 이 경우 과태료는 부과권자가 부과 · 징수한다. ⑦ 삭제	나. 부과권자는 고의 또는 중과실이 없는 위반행위자가 「소상공인기본법」 제2조에 따른 소상공인에 해당하고, 과태료를 체납하고 있지 않은 경우에는 다음의 사항을 고려하여 제2호의 개별기준에 따른 과태료의 100분의 70 범위에서 그 금액을 줄여 부과할 수 있다. 다만, 가목에 따른 감경과 중복하여 적용하지 않는다. 1) 위반행위자의 현실적인 부담능력 2) 경제위기 등으로 위반행위자가 속한 시장 · 산업 여건이 현저하게 변동되거나 지속적으로 악화된 상태인지 여부 다. 위반행위의 횟수에 따른 과태료의 부과기준은 최근 1년간 같은 위반행위로 과태료 부과처분을 받은 경우에 적용한다. 이 경우 기간의 계산은 위반행위에 대하여 과태료 부과처분을 받은 날과 그 처분 후 다시 같은 위반행위를 하여 적발된 날을 기준으로 한다. 라. 다목에 따라 가중된 부과처분을 하는 경우 가중처분의 적용 차수는 그 위반행위 전 부과처분 차수(다목에 따른 기간 내에 과태료 부과처분이 둘 이상 있었던 경우에는 높은 차수를 말한다)의 다음 차수로 한다.	

MEMO